Michael Schwartz
Homosexuelle, Seilschaften, Verrat

**Schriftenreihe
der Vierteljahrshefte
für Zeitgeschichte**

Im Auftrag des
Instituts für Zeitgeschichte München–Berlin
herausgegeben von
Helmut Altrichter, Horst Möller,
Margit Szöllösi-Janze und Andreas Wirsching

Redaktion:
Johannes Hürter und Thomas Raithel

Band 118

Michael Schwartz

Homosexuelle, Seilschaften, Verrat

Ein transnationales Stereotyp im 20. Jahrhundert

DE GRUYTER
OLDENBOURG

ISBN 978-3-11-063265-1
e-ISBN (PDF) 978-3-11-063650-5
e-ISBN (EPUB) 978-3-11-063280-4
ISSN 0506-9408

Library of Congress Control Number: 2018030913

Bibliografische Information der Deutschen Nationalbibliothek
Die Deutsche Nationalbibliothek verzeichnet diese Publikation in der
Deutschen Nationalbibliografie; detaillierte bibliografische Daten
sind im Internet über http://dnb.dnb.de abrufbar.

© 2019 Walter de Gruyter GmbH, Berlin/Boston
Titelbild: Philipp Fürst zu Eulenburg und Hertefeld, Graf von Sandels, 1906 (fec. Erwin Raupp), Wikimedia Commons; Alfred Redl (1864-1913), österreichisch-ungarischer Nachrichten-Offizier und Spion, ca. 1907, Wikimedia Commons; Ernst Röhm, Berlin, Deutsches Stadion, 13. August 1933, BArch, Bild 102-15282A / Georg Pahl
Satz: bsix information exchange GmbH, Braunschweig
Druck und Bindung: CPI books GmbH, Leck

www.degruyter.com

Für Zdeněk

Inhalt

Vorwort —— XI

I   Homosexuelle, Seilschaften, Verrat: Diskurse mit Untertönen —— 1

II Die „perverse Kamarilla": Der Eulenburg-Skandal 1907/08 und sein internationaler Kontext —— 16

III Die „homosexuelle Internationale": Eulenburg, Lecomte und das nationale Sicherheitsrisiko —— 77

IV Homosexuelle Verräter und unsichtbare Netzwerke: Skandale um Redl 1913, Casement 1916 und das „Black Book" 1918 —— 112

V   „Herrschaft der Homosexuellen": Die Röhm-Skandale 1932 und 1934 als öffentliche Provokation —— 160

VI „Sex Perversion" als Sicherheitsrisiko: Homosexuelle und Verrat im Kalten Krieg —— 212

VII „Homosexuelle Geheimclubs und Spionagegruppen": Konstruktion und Dekonstruktion eines Feindbildes im geteilten Deutschland —— 237

VIII „Sicherheitsrisiko" oder „Schmierenkomödie"? Der Wörner-Kießling-Skandal 1984 als Wendepunkt —— 278

IX Ausblick auf Überreste: Das homophobe Stereotyp und die gesellschaftliche Transformation —— 323

Zeittafel —— 333

Abkürzungen —— 339

Quellen und Literatur —— 342

Register —— 367

„‚Die Homosexualen im Staat': das Buch könnte nützlich werden.
Auch dem Spion gebührt ein Kapitel."[1]

(Maximilian Harden)

„Der wahre Patriot ist immer ein Denunziant der Vaterlandslosen, so wie der wahre Christ ein Denunziant der Gottlosen ist."[2]

(Karl Kraus)

---

[1] [Maximilian Harden], Trigeminus. Redl, in: Die Zukunft 83 (1913), 7.6.1913, S. 304–321, hier insb. S. 320.
[2] Karl Kraus, Der Patriot, in: März. Halbmonatsschrift für deutsche Kultur 2 (1908), Bd. 4, S. 422–432, hier insb. S. 425.

Vorwort

Die vorliegende Studie ist kein Resultat jahrelanger Vorausplanung, aber Ergebnis fortgesetzten Fragens und Vernetzens der hier behandelten Sachverhalte. Zugleich will es scheinen, als sei dieses Buch das „Surplus" der Verknüpfung unterschiedlichster Interessens- und Forschungsbereiche des Verfassers. Zunächst gilt dies für die Forschungen zum Thema „Geschichte der Sexualität in Deutschland 1965–2000" im Kontext des am Institut für Zeitgeschichte München-Berlin angesiedelten Clusters „Transformationen in der neuesten Zeitgeschichte". Hieraus ergibt sich die Frage nach dem Woher und Wohin in der vorliegenden Studie, nach Konstruktion und Dekonstruktion eines Stereotyps, nach dessen Entwicklung und letztendlicher Entschärfung im Kontext der Transformation von Sexualität(en) im späten 20. Jahrhundert.

Zum Zweiten fügt sich die vorliegende Studie ein in Forschungen ihres Verfassers zur Geschichte der Homosexualität(en) im gesamten 20. Jahrhundert, die sich auch dem Kontext der engen Kooperation zwischen dem Institut für Zeitgeschichte und der Bundesstiftung Magnus Hirschfeld verdanken. Diesem Schwerpunkt folgend legt das vorliegende Buch seinen Fokus auf (primär mann-männliche) Homosexualität und auf einen langfristigen Untersuchungszeitraum, der vom späten 19. Jahrhundert bis in unsere Gegenwart des frühen 21. Jahrhunderts reicht.

Schließlich hat der Autor dieser Studie versucht, diverse historische Interessensgebiete des 19. und 20. Jahrhunderts – namentlich die Geschichte Deutschlands, Österreich-Ungarns, Russlands bzw. der Sowjetunion, aber auch der USA, Großbritanniens und Frankreichs – miteinander zu verknüpfen. Wie valide dies gelungen ist, muss der Leser kritisch beurteilen. Jedenfalls resultiert daraus die transnationale und letztlich globalhistorische Perspektive des vorliegenden Buches.

Eine ebenso unerlässliche wie erfreuliche Aufgabe des Verfassers ist es, an dieser Stelle etlichen Kollegen des Instituts für Zeitgeschichte für ihr Interesse und ihre Hilfsbereitschaft bei der Erarbeitung dieses Buches ganz herzlich zu danken. An erster Stelle stehen hier die Berliner Kollegen Prof. Dr. Hermann Wentker und Prof. Dr. Dierk Hoffmann, die eine frühe Version des Manuskripts kritisch gegengelesen und zu seiner Verbesserung viel beigetragen haben, ohne für darin verbleibende Fehler oder Unschärfen mitverantwortlich zu sein. Herzlich danken darf der Verfasser auch dem betreuenden Redakteur und Kollegen Prof. Dr. Thomas Raithel in München für sein stetiges Interesse, seine sympathische Begleitung und seine klugen Anregungen. Das gilt ebenso für die Münchner Redaktionsassistentin Frau Angelika Reizle, die nicht nur viel Kenntnisreichtum und Engagement, zumal bei der Auswahl der Titelbilder, sondern auch stetige Geduld mit dem Verfasser bewiesen hat. Herzlicher Dank gilt schließlich der Berliner Wissenschaftlichen Hilfskraft Herrn Gerald Danner für stets zuverlässige Bibliotheksrecherchen.

Besonders danken möchte ich an dieser Stelle meinem Partner Zdeněk Hölke. Nicht allein dafür, dass er im Entstehungsprozess dieses Buches immer wieder der erste Leser oder Hörer seiner Inhalte gewesen ist, sondern vor allem dafür, dass er mich in allem trägt und hält und dadurch auch diese Studie ermöglicht hat. Ihm sei daher dieses Buch in Liebe gewidmet.

Das vorliegende Werk hat mich lange gefesselt, geplagt und begeistert. Jetzt ist die Zeit, es loszulassen. Ich wünsche ihm viele Leserinnen und Leser, die ebenso viel Interesse für seine Inhalte mitbringen mögen wie gütige Nachsicht für verbleibende Schwächen.

Berlin, im Januar 2019
Michael Schwartz

I Homosexuelle, Seilschaften, Verrat: Diskurse mit Untertönen

„So schnell entlarvt sich der Fake, aber es bleibt die Frage nach der Faszination der schwulen Verschwörung."[1]

(Elmar Kraushaar 2001)

Im November 2013 berichtete das Hamburger Nachrichtenmagazin „Der Spiegel" über „Homosexuelle Netzwerke". Der Tenor war positiv: „Sie sind talentiert und ehrgeizig. Sie schließen sich zusammen, kämpfen für Anerkennung und gleiche Rechte. Eine Menge Spaß haben sie auch und dazu beneidenswerte Kontakte: Homosexuelle sind bei vielen Arbeitgebern hochbegehrt." Als Beispiel wurde ein adliger Manager aus der Kreativbranche vorgestellt, der in seinem weltweit tätigen Konzern ein solches Netzwerk für Deutschland begründet hatte. Die „Spiegel"-Autorin Helene Endres wusste: „Die Zusammenschlüsse agieren meist diskret, nicht alle Mitglieder sind geoutet. Somit wissen selbst die Kollegen oft nicht, wer sich hier verbündet – schließlich ist Schwulsein außerhalb der Kreativbranche noch immer ein Tabu."[2] Das so positiv bewertete homosexuelle Netzwerk stand somit durchaus im Zusammenhang der Begriffsfelder Diskretion, Geheimnis, Tabu.

Um ein homosexuelles Netzwerk ging es auch 2003 in der Affäre um den Hamburger Ersten Bürgermeister Ole von Beust (CDU). Dieser hatte seine sexuelle Orientierung bislang privat gehalten, sah sich jedoch durch einen Erpressungsversuch seines Koalitionspartners, des rechtspopulistischen Zweiten Bürgermeisters und Innensenators Ronald Schill, zur Flucht in die Öffentlichkeit genötigt. Schill hatte Beust vorgeworfen, eine homosexuelle Liaison mit CDU-Justizsenator Roger Kusch zu unterhalten, den er nur deshalb zum Regierungsmitglied gemacht habe; damit habe Beust Privates und Politisches miteinander verquickt, während er dergleichen bei einem Senator der Schill-Partei und dessen Lebensgefährtin scharf verurteilt habe. Beust reagierte mit Schills sofortiger Entlassung und einem hastigen öffentlichen Coming-out. Während Beust darauf beharrte, Kusch und er seien lediglich alte Studienfreunde, konterte Schill, er verfüge über Zeugen für die homosexuelle Beziehung der Spitzenpolitiker. „Der Spiegel" – ebenso wie die Mehrheit der Medien – verurteilte jedoch Schills Griff „ganz tief in die Schmuddelkiste".[3] Im Endeffekt wurde dadurch nicht die Homosexualität skandalisiert, sondern der Versuch ihrer Skan-

---

[1] Elmar Kraushaar, Der homosexuelle Mann ... Anmerkungen und Beobachtungen aus zwei Jahrzehnten, Hamburg 2004, S. 173 f., Kolumne der taz vom 27.11.2001.
[2] Helene Endres, Homosexuelle Netzwerke: Guten Tag, ich bin anders, in: Spiegel online vom 4.11.2013; zitiert nach http://www.spiegel.de/karriere/homosexuelle-sind-begehrte-mitarbeiter-a-930002.html (1.12.2017).
[3] Vgl. http://www.spiegel.de/politik/deutschland/schill-entlassung-schlammschlacht-um-beusts-sexualitaet-a-261860.html (1.12.2017).

dalisierung. Selbst Schills Partei distanzierte sich vom Vorgehen ihres Anführers (der dadurch endgültig abstürzte) und entschuldigte sich „für das, was passiert ist".[4]

Lediglich das konservative Springer-Blatt „Die Welt" erhob 2003 die Forderung, angesichts des Skandals müsse „die Problematik schwuler Netzwerke in der Politik" *grundsätzlich* „zum Thema öffentlicher Debatten" werden. „Nur wenige homosexuelle Politiker" würden sich zu ihrer „Neigung" bekennen, wusste „Bild am Sonntag": „Doch hinter den Kulissen sind sie gut vernetzt, helfen einander bei der Karriere. ‚Rosa Netzwerke' gibt es in allen Parteien." Schwule Netzwerke seien zu einer Macht geworden: Wer in Großstädten wie Köln, Berlin oder Hamburg Bürgermeister werden wolle, dürfe sich „Homosexuelle nicht zum Feind machen", verkündete die Springer-Presse. Falls das stimmte – war das nun gut oder schlecht? Im Diskurs über die Affäre Beust zeigten sich im liberal-konservativen Spektrum durchaus homophobe Stereotype. So erklärte ein namentlich nicht genannter „Hamburger Christdemokrat" gegenüber dem liberalen Wochenmagazin „Die Zeit", dass sich „Leute, die gleichartig sind, [...] vielleicht in der Zusammenarbeit näher" stünden als andere. Sehr viel deutlicher attackierte der der CSU angehörende Politikwissenschaftler Heinrich Oberreuter gleich in mehreren Medien, von der „Welt" bis zum „Spiegel", das als Problem gewertete Phänomen homosexueller Seilschaften: „Wenn aber Homosexualität der Untergrund ist, auf dem politischer Filz gedeiht, muss es erlaubt sein, dies zum Thema zu machen". Doch auch „Der Spiegel" selbst verwies noch Jahre nach der Affäre auf die „verblüffende Nibelungentreue", mit der Beust an „seinem Justizsenator und Jugendfreund" Kusch „trotz diverser Eskapaden" festgehalten habe, und erinnerte daran, „dass die beiden auch homosexuell" seien – kurz bevor Beust Kusch dann doch im Zwist entließ. Selbst ein „Schwulenpolitiker" der „Grünen" namens Farid Müller hielt es 2003 in der alternativen Zeitung „taz" für dringend nötig, in Hamburg den „Vorwurf der Günstlingswirtschaft" aufzuklären[5], obschon oder gerade weil in seiner eigenen Partei schwul-lesbische Interessenpolitik schon seit den 1980er Jahren ganz offen organisiert wurde. Doch auch im Jahre 2003 war der Begriff der „schwulen Netzwerke" noch ziemlich neu, ähnlich wie Parallelbegriffe wie „Schwulenlobby" oder „Homolobby", die zuweilen positiv, öfter jedoch polemisch gemeint waren. Diese Neologismen entstanden parallel zum wachsenden Einfluss homosexueller Verbände und Politiker, die an der Schwelle zum 21. Jahrhundert nicht mehr nur in der linksalternativen Partei „Bündnis90/Die Grünen" sichtbar wurden, sondern auch in den länger etablierten Parteien CDU/CSU, SPD und FDP langsam aus dem Schatten zu treten wagten.

---

4 Vgl. http://www.zeit.de/2003/35/Hamburg/komplettansicht (1.12.2017).
5 Sämtliche Zitate nach Andreas Heilmann, Normalität auf Bewährung. Outings in der Politik und die Konstruktion homosexueller Männlichkeit, Bielefeld 2011, S. 266–268.

Seit der Jahrtausendwende findet sich zuweilen auch in geschichtswissenschaftlichen Beiträgen der Terminus der „homosexuellen Seilschaften" als analytischer Begriff. Dieser wurde meist auf jene Gruppe von Aristokraten um Fürst Philipp zu Eulenburg bezogen, die am Hofe Kaiser Wilhelms II. agierten und durch einen Medien-Skandal zwischen 1906 und 1908 öffentlich stigmatisiert und entmachtet wurden. Sprach die Literaturwissenschaftlerin Marita Keilson-Lauritz vorsichtig noch von „möglicherweise homosexuelle[n] Seilschaften"[6], verzichteten der Historiker Peter Winzen[7], Biograph des Reichskanzlers Fürst Bernhard von Bülow, und der britische Historiker John C. G. Röhl, Biograph des letzten deutschen Kaisers, bei ihren Erwähnungen „homosexueller Seilschaften" bereits auf die Möglichkeitsform.[8] Den Anfang mit dieser Terminologie scheint 2001 der Historiker Lothar Machtan mit seiner umstrittenen Studie über Hitlers angebliches homosexuelles Geheimnis gemacht zu haben, in der er ein Kapitel dem – anders als Hitler zweifelsfrei homosexuellen – SA-Stabschef Ernst Röhm widmete. Laut Machtan hatte Röhm mit seiner „eigenwilligen Personalpolitik" viele „Schlüsselpositionen innerhalb der SA [...] bevorzugt mit homosexuell veranlagten Männern" besetzt, „die nun ihrerseits bestimmte Freunde auf bestimmte Stellen zogen". „Die Folge solcher Seilschaften" sei gewesen, dass „die SA nach und nach in den Ruf eines Ordens zum Zwecke gleichgeschlechtlicher Ausschweifungen" geraten sei, was für die NS-Führung zu einer „offenen Flanke" geworden sei – zu „einem Einfallstor für politische Gegner, innerparteiliche Konkurrenten und braune Moralapostel". Trotz des Bemühens um sachliche Wortwahl transportiert diese Passage noch viel von der alten Polemik – wie sie auch der zeitgenössische Terminus der „homosexuellen Clique" spiegelt, den Machtan mehrfach zitiert.[9]

Diese Beispiele zeigen, dass offenbar die beiden historischen Figuren Eulenburg und Röhm – die in ihren Persönlichkeiten unterschiedlicher kaum gedacht werden können – mittlerweile zu den primären Anknüpfungspunkten für Analysen jener Skandalisierung homosexueller Seilschaften geworden sind, für die sie Jahrzehnte zuvor so heftig umstrittene Anlässe gewesen waren. Trotz solcher Ansätze der letzten Jahre gewinnt man den Eindruck, dass die Geschichtswissenschaft insgesamt

---

6 Marita Keilson-Lauritz, Tanten, Kerle und Skandale. Die Geburt des „modernen Homosexuellen" aus den Flügelkämpfen der Emanzipation, in: Susanne zur Nieden (Hrsg.), Homosexualität und Staatsräson. Männlichkeit, Homophobie und Politik in Deutschland 1900–1945, Frankfurt a. M./New York 2005, S. 81–99, hier insb. S. 89; wortgleich Marita Keilson-Lauritz, Kentaurenliebe. Seitenwege der Männerliebe im 20. Jahrhundert, Hamburg 2013, S. 18.
7 Peter Winzen, Freundesliebe am Hof Kaiser Wilhelms II., Norderstedt 2010, S. 8, wonach der Kaiser für Harden „das Opfer homosexueller Seilschaften am Hofe" gewesen sei.
8 Röhl scheint den Begriff der „homosexuellen Seilschaften" allerdings erst in einer späteren konzisen Taschenbuchdarstellung verwendet zu haben; vgl. John C. G. Röhl, Wilhelm II., München 2013, S. 77.
9 Lothar Machtan, Hitlers Geheimnis. Das Doppelleben eines Diktators, Berlin 2001, S. 210 f., 235 und 381.

die Sexualität – und namentlich die tatsächliche oder unterstellte Homosexualität – wichtiger Figuren der Zeitgeschichte weiterhin verschämt oder denkbar knapp thematisiert, was es kaum ermöglicht, die von der heterosexuellen Norm abweichende sexuelle Orientierung als zentralen Gegenstand öffentlicher Konflikte zu erkennen. Eine Kulturgeschichte der Sexualität in die Gesamtgeschichte unserer Moderne wirklich zu *integrieren* ist nach wie vor ein Desiderat.

Heutzutage begegnet man den einst so heftigen Konflikten um angeblich hochgefährliche homosexuelle Seilschaften mit postmoderner Ironie. In der „taz" persiflierte der homosexuelle Publizist Elmar Kraushaar im November 2001 die Überreste dieser Feindbilder, indem er in seiner Kolumne „Der homosexuelle Mann" feststellte, eben dieser homosexuelle Mann sei unausweichlich „Teil einer Verschwörung". Diese könne entweder „ganz klein ausfallen oder sehr viel größer" – jedenfalls habe „die Idee von den klandestinen Tunten, um die Disco-Kugel vereint und zum Schwur bereit, die Weltmacht zu erobern", offenbar nach wie vor „ihren Reiz". Für die Wirkmächtigkeit dieser „wüste[n] Fantasie" führte Kraushaar Machtans Buch „über den homosexuellen Adolf Hitler" an, das angeblich Hitlers „Weg an die Macht als einen Erfolg schwuler Seilschaften zu beweisen" versuchte. Eingehend beschäftigte sich Kraushaar mit dem „gleiche[n] Strickmuster" anhand eines Artikels in einem Hamburger „Lifestyle"-Magazin namens „Max", der den politischen Erfolg des neugewählten Regierenden Bürgermeisters von Berlin, des Sozialdemokraten Klaus Wowereit, trotz oder wegen dessen Coming-out zu erklären versuchte. Kraushaar kolportierte bissig: „Von ‚Berlins Pink Connection' schwafelt das moderne Blatt und präsentiert mit einem Bilderteppich die ‚wichtigsten Köpfe des schwul-lesbischen Netzwerks', 50 Lesben und Schwule, die durch bunte Striche und Schlaufen miteinander verquirlt, sich alle um den zentralen Wowereit ranken." Der Aufstieg des homosexuellen Regierungschefs wurde als Resultat eines eng verflochtenen homosexuellen Netzwerks in den Berliner Eliten präsentiert. Kraushaar wandte ein: „Das Unterfangen ist so dumm wie vergeblich, die genannten Personen eint nichts weiter als die vermeintliche Attraktion durch das gleiche Geschlecht, und zufällig wohnen alle in derselben Stadt. Mehr nicht! Und 95 Prozent der rosa Al-Qaida-Truppe hat [...] vor dem historischen [...] Tag des Wowereit'schen Coming-out [...], noch nicht einmal den Namen dieses Politikers gehört." Für die Unterstellung, Homosexuelle würden mächtige „Banden und Netzwerke" bilden, hatte Kraushaar nur Spott übrig: „Dafür haben Schwule kein Händchen, sonst wären sie nicht da, wo sie heute sind. Und müssten sich von keinem ‚Max' der Welt so affig vorführen lassen."[10]

Trotz dieser Philippika schloss der „taz"-Artikel mit einem Innehalten: Denn wenn es auch leicht gelinge, solchen „Fake" zu entlarven, blieb für Kraushaar am Ende „die Frage nach der Faszination der schwulen Verschwörung" offen.[11] Diese

---

10 Kraushaar, Der homosexuelle Mann ..., S. 173 f.
11 Ebenda, S. 174.

Faszination des Fakes beschäftigte auch den britischen Kulturhistoriker Gregory Woods, der 2016 seine Studie über den Einfluss „schwuler Kultur" auf die „Befreiung" unserer modernen Welt mit der zeitgenössischen Bezeichnung der homosexuellen Internationale – „Homintern" – betitelte. Zwar stellte Woods klar, dass es eine „Homintern" als festgefügte Organisation real nie gegeben habe; sie sei vielmehr – je nach Einstellung – ein Scherz, ein Alptraum oder ein Traum gewesen. Gleichwohl habe die *Vorstellung* von der *homosexuellen Internationale* eine unglaubliche Wirksamkeit entfaltet und einen prominenten Platz im Zentrum unseres modernen Lebens eingenommen.[12]

Was aber brachte viele Menschen im Laufe der letzten einhundert Jahre dazu, nicht nur an die Realität und die Macht homosexueller Seilschaften zu glauben (die es ja gab und gibt), sondern auch an deren grundsätzliche Bedrohlichkeit und Schädlichkeit? An ihre regelmäßige Neigung, ihr Volk und Vaterland zu verraten und ins Unglück zu stürzen? Es ist nur wenig mehr als fünfzig Jahre her, dass 1962 eine deutsche Bundesregierung in ihrem Reform-Entwurf für ein neues Strafgesetzbuch die Aufrechterhaltung der Bestrafung von einvernehmlichen homosexuellen Kontakten unter erwachsenen Männern auch mit dem angeblich schädlichen Einfluss „homosexueller Gruppen" begründete. Wörtlich hieß es: „Schon unter der Herrschaft des geltenden Rechts ist hier und da das Bestreben homosexueller Gruppen wirksam geworden, durch gegenseitige Hilfestellungen in öffentliche Einrichtungen einzudringen und sie durch planmäßiges Nachziehen gleichgeschlechtlich veranlagter Mitarbeiter zu beherrschen. Diese Form der Zersetzung würde bei einem Wegfall des § 175 StGB wesentlich erleichtert, weil dann die zu dem Zweck getroffenen Maßnahmen, Gruppen von Männern mit gleichgeschlechtlichen Neigungen innerhalb des öffentlichen Dienstes oder anderer öffentlicher Einrichtungen zu bilden, die daran Beteiligten nicht mehr ohne weiteres dem Verdacht strafbaren Verhaltens aussetzen würden. Sollte aber solche Tätigkeit in größerem Umfang um sich greifen, wäre das für die Allgemeinheit eine große Gefahr […]."[13]

Dieses Beispiel ist nur eines von vielen, denen im Zuge dieser Darstellung noch begegnen werden. Dabei konzentrieren wir uns auf Fälle öffentlicher Skandalisierung homosexueller „Seilschaften" und ihrer angeblichen politischen Schädlichkeit – bis hin zum Hoch- und Landesverrat. Wir durchmessen ein volles Jahrhundert in seinen unterschiedlichen Epochen, aber auch in deren vielfältigen Verbindungslinien. Deutlich wird dabei, dass die Entfaltung dieses homophoben Stereotyps keineswegs eine Besonderheit der deutschen Geschichte gewesen ist, sondern viele eu-

---

[12] Gregory Woods, Homintern. How Gay Culture Liberated the Modern World, New Haven/London 2017, S. 6.
[13] Zitiert nach Plädoyer für die Abschaffung des § 175. Beiträge von Tobias Brocher, Armand Mergen, Hans Bolewski und Herbert Ernst Müller, Frankfurt a. M. ²1967, S. 131 und 143 f., Auszug aus Bundestagsdrucksache IV/650 vom 4.10.1962 (Regierungsentwurf eines Strafgesetzbuches – E 1962).

ropäische und transatlantische Vernetzungen und Wechselwirkungen aufweist. Das Vorurteil ist ein Kind der westlichen Moderne und damit ein weiterer Beweis für deren tiefgreifendes Schwanken zwischen Humanität und Inhumanität in ihrem Umgang mit „Ambivalenz", über den Zygmunt Bauman Grundlegendes gesagt hat.[14] Seine Wurzeln hat dieses Stereotyp womöglich in der Epochenschwelle der Renaissance: Seither expandierte die religiös-mittelalterliche Definition von Homosexualität, indem die Sicht auf eine individuelle sündhafte Handlung mit zahlreichen gesellschaftlichen Abweichungen verknüpft wurde – nicht zuletzt der des Verräters. Der Staat trat als Strafender an die Stelle der Kirche und fahndete nicht mehr nur nach Individuen und deren Handlungen, sondern immer stärker nach größeren *Gruppen von Homosexuellen*; deren gemeinsame Handlungen machten sie als Vereinigung, als Bündnis sexueller Abweichler erkennbar, deren Existenz den Staat, die Kirche und die Bevölkerung bedrohte.[15] Diese offenbar in der Frühen Neuzeit entstandene Korrelation zwischen Homosexuellen, Seilschaften und Verrat gewann erst im 20. Jahrhundert eine umfassende innergesellschaftliche wie transnationale Wirksamkeit. Das 20. Jahrhundert erneuerte nicht nur das Feindbild der homosexuellen Seilschaften und ihrer verderblichen, verräterischen Wirkungen, sondern legitimierte mit diesem Feindbild auch eine nie dagewesene *gesellschaftliche Tiefendimension* von Diskriminierung und Verfolgung. Diese erhielt durch weltweite Wechselwirkungen erstmals auch eine *globalhistorische Dimension*.

Zugleich kann das transnationale, viele moderne Staaten und Gesellschaften prägende Stereotyp nicht als Kind des *gesamten* Westens reklamiert werden. Es gab deutliche Unterschiede: Die seit Napoleon I. besonders in romanisch-katholischen Ländern Europas geltende liberale Gesetzgebung zur einvernehmlichen Erwachsenen-Homosexualität, die dort – anders als in protestantischen Ländern und im orthodoxen Russland – entkriminalisiert wurde, hat dem Werden und Wirken des homophoben Stereotyps offenbar Schranken gesetzt. Was man in Frankreich oder Italien nicht findet, lässt sich als öffentliche Skandalisierung im Verbund mit strafrechtlicher Verfolgung umso stärker in Ländern wie Deutschland, Großbritannien, Österreich und schließlich – nach dem Zweiten Weltkrieg – in den Vereinigten Staaten von Amerika aufzeigen. Was den Osten angeht, fehlt eine vergleichbare Skandalisierung und Verfolgung trotz religiöser und juristischer Kriminalisierung im zaristischen Russland, um später jedoch in der stalinistischen Sowjetunion und in der Deutschen Demokratischen Republik (DDR) deutlichere Spuren zu hinterlassen.

Wir haben es folglich weder mit einem demokratischen noch totalitären, weder mit einem nationalsozialistischen noch einem kommunistischen, weder mit einem westlichen noch mit einem östlichen, sondern mit einem quer zu Systemgrenzen,

---

14 Vgl. Zygmunt Bauman, Moderne und Ambivalenz. Das Ende der Eindeutigkeit, Hamburg 2005; ders., Dialektik der Ordnung. Die Moderne und der Holocaust, Hamburg 2012.
15 Byrne Fone, Homophobia. A History, New York 2000, S. 8, 179 f., 190 f. und 224.

Staaten und Gesellschaftsordnungen verlaufenden Phänomen zu tun. Dieses lässt sich gleichwohl mit bestimmten übergreifenden Gemeinsamkeiten der Gesellschaftsentwicklung unserer Moderne im 20. Jahrhundert erklären. So setzten Skandalisierung und Verfolgung von Homosexuellen, homosexuellen Seilschaften und homosexuellen Verrätern zunächst ein modernes, auch wissenschaftlich formuliertes Bewusstsein von „Homosexualität" im Unterschied zur „heterosexuellen Normalität" voraus. Diese sexualpolitische Binarität wurde mit anderen brisanten Antagonismen der Moderne verknüpft und mittels solcher Verknüpfungen verschärft: Adel versus Bürgertum, Bürgertum versus Proletariat, Sittlichkeit gegen sexuelle Freiheit, Kollektiv gegen Individuum, Nationalismus gegen Kosmopolitismus – um nur die wichtigsten der im 20. Jahrhundert wirksamen Strukturkonflikte zu benennen, die das homophobe Stereotyp verschärft haben. Die gefährlichen, womöglich *lebens*gefährlichen Synthesen, die dabei besonders in der ersten Hälfte des 20. Jahrhunderts entstanden, aber weit in dessen zweite Hälfte hineinwirkten, konnten erst allmählich durch kritische Diskurse in halbwegs pluralistischen Öffentlichkeiten entschärft werden.

Die Geschichte des homophoben Stereotyps von gefährlich-verräterischen homosexuellen Seilschaften ist damit zugleich eine Geschichte der modernen Medien-Öffentlichkeit. Namentlich die Presse – intellektuell-bürgerliche „Qualitätsmedien" ebenso wie die Massenpresse der Boulevards oder der politischen Parteien – hatte, wie anhand verschiedener Fallbeispiele gezeigt werden soll, entscheidenden Anteil sowohl an der Konstruktion als auch an der Dekonstruktion des Stereotyps. Der seit den 1890er Jahren angesehene Publizist Maximilian Harden, der in seiner Zeitschrift „Die Zukunft" einen ähnlich unverwechselbaren Sprachstil entwickelte wie später Rudolf Augsteins Redaktion im Magazin „Der Spiegel" in der frühen Bundesrepublik[16], spielte die entscheidende Rolle bei der Skandalisierung der Eulenburg-Gruppe. Auf dem medialen Massenmarkt bedienten politisch-kulturelle Zeitschriften wie Hardens „Zukunft" freilich nur ein begrenztes – wenngleich sozial einflussreiches – Segment der Gesellschaft: Die zwischen 1892 und 1922 erscheinende „Zukunft" hatte um die Jahrhundertwende eine Auflage von 10 000 Exemplaren, die sie bis 1914 verdoppeln konnte. Den „Gipfelpunkt" erreichte das Blatt nicht zufällig auf dem Höhepunkt der Eulenburg-Affäre 1908 mit 23 000 Exemplaren. Während der Skandalprozesse 1907/08 soll sich die Auflage einzelner Hefte verzehnfacht haben.[17] Nach

---

16 Beide Stile sind heftig kritisiert worden; zwischen 1908 und 1927 nahm sich Karl Kraus in der „Fackel" zehnmal Hardens Stil als „Desperanto" vor, das er ins Deutsche zurückübersetzte; vgl. Ludwig Rohner, Die literarische Streitschrift. Themen – Motive – Formen, Wiesbaden 1987, S. 106; 1957 analysierte Hans Magnus Enzensberger im Rundfunk kritisch „Die Sprache des Spiegel", wobei das Magazin den Beitrag gekürzt abdruckte; vgl. Hans Magnus Enzensberger, Die Sprache des Spiegel, in: Der Spiegel 10/1957 vom 6.3.1957, zitiert nach http://www.spiegel.de/spiegel/print/d-32092775.html (2.12.2018).
17 Rohner, Die literarische Streitschrift, S. 108.

anderen Angaben soll die „Zukunft" zu dieser Zeit sogar bis zu 70 000 Exemplare pro Ausgabe abgesetzt haben, um erst später auf 23 000 abzusinken.[18] Die Reichweite des Mediums war noch größer, wenn man bedenkt, dass die Skandalberichterstattung der „Zukunft" auf die Massenpresse ausstrahlte, auch ins Ausland[19], und bis in die visualisierte Öffentlichkeit der Karikaturen hineinreichte.[20]

Die modernen Medien waren nicht nur unerlässliche Kommunikationsforen einer modernen Massengesellschaft, sondern – jedenfalls unter demokratischen oder zumindest rechtsstaatlichen Rahmenbedingungen – auch zentrale Akteure auf *allen* Seiten jener Geschichte, die hier geschrieben werden soll. Schon während des Eulenburg-Skandals schwankte die Rolle der Presse zwischen *Skandalisierung der Homosexualität* und entgegengesetzter *Skandalisierung der Skandalisierung* – personifiziert durch den Konflikt der Publizisten Maximilian Harden und Karl Kraus. Letzterer griff Harden wegen dessen sexueller Denunziationsstrategie in seiner Wiener Zeitschrift „Die Fackel" über Jahre hinweg an. Die 1899 in Nachahmung von Hardens „Die Zukunft" gegründete „Die Fackel" hatte einen sensationellen Start mit 30 000 Exemplaren erlebt, war aber danach auf 6000 abgesunken, um erst ab 1906 – infolge der Auseinandersetzungen mit Harden – auf 9000 zu steigen. Den Höhepunkt erreichte Kraus' Blatt 1911 mit 29 000, vielleicht sogar 38 000 verkauften Heften. Später sank die Auflage auf 10 000 ab und rutschte 1922 unter die Rentabilitätsgrenze, um bis zu Kraus' Tod 1936 nur noch ein Schattendasein zu fristen.[21] 1922 ging auch „Die Zukunft" ein, die zuletzt nicht einmal 1000 Exemplare hatte verkaufen können.[22]

In der zweiten Hälfte des 20. Jahrhunderts wird dieselbe Ambivalenz zwischen medialer Skandalisierung von Homosexualität und medialer Skandalisierung solcher Skandalisierung durch das Verhalten des für die Bundesrepublik sehr wichtigen Hamburger Nachrichtenmagazins „Der Spiegel" bezeichnet. Diese 1946 gegründete Zeitschrift war – jenseits des Massenmarktes der Boulevardpresse – jenes politische Wochenmagazin, das zu Beginn der 1980er Jahre als „unangefochtene[r] Marktführer" eine Auflage von fast einer Million Exemplaren erreichte; da die Marktforschung davon ausging, dass jedes „Spiegel"-Heft bis zu zehn Leser erreich-

---

18 Hans-Ulrich Wehler, Deutsche Gesellschaftsgeschichte, Bd. 3: Von der „Deutschen Doppelrevolution" bis zum Beginn des Ersten Weltkrieges 1849–1914, München 1995, S. 1237.
19 Vgl. Andreas Stuhlmann, Vom „Schlafwandler" zum Kriegsgegner: Die Wandlungen des Maximilian Harden, in: Jahrbuch des Simon-Dubnow-Instituts 13 (2014), S. 309–335, hier insb. S. 317–320.
20 Vgl. James D. Steakley/Jost Hermand, Die Freunde des Kaisers. Die Eulenburg-Affäre im Spiegel zeitgenössischer Karikaturen, Hamburg 2004.
21 Rohner, Die literarische Streitschrift, S. 110.
22 Stuhlmann, Vom „Schlafwandler" zum Kriegsgegner, S. 332; die Einstellung der Zeitschrift hatte allerdings auch mit einem rechtsradikalen Attentat auf Harden 1922 und der daraus resultierenden gesundheitlichen Beeinträchtigung des Herausgebers zu tun.

te, war die Breitenwirkung gewaltig.[23] Während dieses Medium 1954 die Skandalisierung der angeblichen Homosexualität des Verfassungsschutz-Präsidenten Otto John betrieb, sollte „Spiegel"-Herausgeber Rudolf Augstein dreißig Jahre später im Skandal um General Günter Kießling 1984 – auf dem Höhepunkt der Breitenwirkung seiner Zeitschrift – als prominenter Wortführer derer hervortreten, die auf die diffamierenden Folgen dieses Skandals für alle Homosexuellen hinwiesen.

„Der Spiegel" erreichte in den 1980er Jahren eine deutlich größere mediale Wirkung in der westdeutschen Öffentlichkeit als alle überregionalen Tageszeitungen wie „Süddeutsche Zeitung" (SZ), „Frankfurter Allgemeine Zeitung" (FAZ), „Die Welt" oder „Frankfurter Rundschau" (FR), die nur zwischen 340 000 (SZ) und 195 000 Exemplaren (FR) verkauften. Erst recht erzielte Augsteins Anti-Diskriminierungs-Plädoyer im „Spiegel" eine deutlich breitere Wirkung als die im Kießling-Skandal ebenfalls gegen Homosexuellen-Diskriminierung argumentierende West-Berliner „Tageszeitung" (taz). Dieses einzige langfristig überlebende Pressemedium der grün-alternativen Szene lavierte „mit knapp 30 000 Exemplaren kontinuierlich am Rande des kommerziellen Abgrunds". Damit vermochte die „taz" in den 1980er Jahren kaum mehr Leser zu erreichen als viele Jahrzehnte zuvor – unter ganz anderen Bedingungen – „Die Zukunft" oder „Die Fackel". Freilich musste selbst „Der Spiegel" vor dem Boulevardblatt „Bild" kapitulieren, das 1980 mit 4,5 Millionen Käufern fast ein Drittel aller erwachsenen Männer der Bundesrepublik Deutschland erreichte.[24]

Neben die Presse trat seit den 1920er Jahren der Film und später – massenwirksam seit den 1960er Jahren – das Fernsehen. Deren Beiträge zur Geschichte des homophoben Stereotyps können hier nur punktuell behandelt werden und verdienten eine eigene Untersuchung. Ein weiteres kommunikatives Feld, das schlaglichtartig betrachtet werden soll, bilden die Diskurswelten von Drama und Roman. Was auf den ersten Blick streng getrennt gehört – die vermeintlich faktenorientierten Nachrichten-Medien und die schriftstellerische Traumwelt der Fiktion –, erweist sich im Zuge unserer Rekonstruktion der Geschichte des homophoben Stereotyps als bemerkenswert eng ineinander verschränkt. Fakten und Fiktionen wurden nicht nur ständig vermischt, zum Teil gewannen Fiktionen sogar selbst das Gewicht unumstößlicher Fakten. Die Diskursgeschichte des homophoben Stereotyps ist daher immer auch die Geschichte der Konstruktion gesellschaftlicher Wirklichkeit in einer spezifischen Mischung aus *facts* und *fiction*. Im Laufe unseres Buches werden wir unsere moderne Welt nicht nur als Epoche fortschreitend rationaler Aufklärung, sondern zugleich auch als Epoche gefährlicher Mythenbildung kennenlernen – und damit die alte Erfahrung Max Horkheimers und Theodor W. Adornos von der „Dialektik

---

23 Hans-Ulrich Wehler, Deutsche Gesellschaftsgeschichte, Bd. 5: Bundesrepublik und DDR 1949–1990, München 2008, S. 393.
24 Sämtliche Zahlenangaben ebenda, S. 392 f.

der Aufklärung" bekräftigen. Zugleich aber lassen ebenfalls auffindbare mediale Kritik und Selbst-Kritik und dadurch bewirkte Dekonstruktionen des Stereotyps die Hoffnung auf faktenorientierte „Aufklärung" doch noch überleben.

Die Publizistin Gisela Bleibtreu-Ehrenberg, die erstmals 1978 die „Geschichte eines Vorurteils" gegen Homosexuelle aufzuarbeiten begann, bezeichnete als konstitutive Elemente die drei Feindbilder vom „typischen Wesen des männlichen Homosexuellen" – als feiger, sich im Geheimen verbergender *Unhold*, als effeminierte *Tunte* und als treuloser *Verräter*. Diese drei Bedeutungsschichten träten oft vermischt auf: „So gilt etwa die Tunte nicht bloß als weibisch, sondern auch als feige, der Verräter zwar als feige, aber nicht unbedingt als weibisch, und der Unhold, der mit Vorliebe im Verborgenen west, als feige, weil ‚hinterhältig', nicht aber zwangsläufig auch als weibisch. Das Moment des Unnatürlichen haftet sowohl dem Unhold wie der Tunte an, hingegen weniger dem Verräter; höchstens insofern, als für anständige Menschen Verräterei als solche bereits als unnatürlich gilt."[25]

Im Folgenden interessiert vor allem die Verbindung der Bilder des Unnatürlichen mit der Gefährlichkeit des Verräters. Der im Geheimen arbeitende homosexuelle „Unhold" galt häufig als effeminierte „Tunte", obschon er längst nicht immer als solche auftrat. Wichtiger aber ist, dass durch die von „Unholden" unsichtbar konstituierten Netzwerke „die Homosexuellen" nicht nur an einflussreiche Stellen des Staates und der Gesellschaft zu gelangen vermochten – sondern dass sie auch dazu tendierten, diese Stellungen für Eigennutz und nicht selten für Verrat zu missbrauchen. Durch die Synthese der drei Feindbilder des Unholds, der Tunte und des Verräters wurde für eine bestimmte Gruppe von Männern deren abweichendes sexuelles Verhalten im 20. Jahrhundert als *entscheidende Charaktereigenschaft* definiert. Einmal als „Homosexuelle" identifiziert oder stigmatisiert, konnten diese Männer in einem zweiten Schritt als Angehörige homosexueller Netzwerke, Seilschaften oder „Cliquen" zu einer gravierenden Bedrohung für Staat und Gesellschaft erklärt werden. Die Folge war eine wellenartige Skandalisierung einzelner Personen oder Gruppen, die zur Entstehung eines allgemeinen Vorurteils beitrug, auf dessen Grundlage generelle Diskriminierung und staatliche Verfolgung legitimiert werden konnten.

Es gab im Hinblick auf die Trias Homosexuelle – Seilschaften – Verrat nicht nur *homophobe* Phantasien, sondern auch *homophile* Traumbilder. Nicht zufällig waren es homosexuelle Angehörige transnationaler künstlerischer Avantgarden in Europa und den USA, die solche Hirngespinste entwarfen. In Anlehnung an die von Lenin 1919 begründete und von Stalin 1943 wieder aufgelöste „Kommunistische Internationale" („Komintern") beschrieb die von homosexuellen angelsächsischen Schriftstellern wie Harold Norse oder Whysten Hugh Auden um 1940 geprägte stolz-ironische Bezeichnung der „Homintern" – einer homosexuellen Internationale – die

---

[25] Gisela Bleibtreu-Ehrenberg, Homosexualität. Die Geschichte eines Vorurteils, Frankfurt a. M. 1981, S. 378 f. Die Erstausgabe erfolgte 1978.

Vorstellung vom Zusammenhalt einer globalen „Community", besonders in der künstlerischen Welt.²⁶ Gregory Woods dürfte Recht haben mit der Vermutung, dass dieses Konzept eine Erfindung vieler Köpfe gewesen sei, die zu einem mehr oder weniger identischen Zeitpunkt ähnliche Ideen gehabt hätten, ohne einander zu kennen. Homosexuelle Intellektuelle benannten eher im Scherz mit „Homintern" jene informellen Netzwerke, aus denen wenig später todernste Verschwörungstheoretiker des Kalten Krieges „die internationale homosexuelle Verschwörung" herauspräparieren sollten.²⁷ Homosexuelle wurden – so die neuseeländische Literaturwissenschaftlerin Erin Carlston – als „liminal citizens", als Gruppe im Grenzbereich zwischen dem Fremden und dem Normalen in unserer Moderne besonders angreifbar. Daraus resultierte laut Carlston auch das überproportionale Interesse an den Themen Spionage und Verrat, welches viele weiße homosexuelle Schriftsteller im Laufe des 20. Jahrhunderts entwickelten. Damit reagierten sie in spezifischer Weise auf jene enge Verknüpfung, die zwischen Homosexualität und Verrat in den dominanten Diskursen ihrer Mehrheitsgesellschaften bereits hergestellt worden sei.²⁸

Die fixe Idee vom eigenmächtigen internationalen Zusammenhalt der Homosexuellen war freilich weit älter als die „Homintern"-Wortspiele angelsächsischer Kulturschwuler. Sie tauchte in homophoben Diskursen der französischen Öffentlichkeit bereits nach homosexuellen Skandalen um 1900 auf. Schon damals findet sich in französischen Wörterbüchern die Gleichsetzung von „Päderast" und „Denunziant".²⁹ Der Homosexuelle als Verräter wurde zum selben Zeitpunkt in die Welt gesetzt, als es Homosexuelle erstmals wagten, organisiert ihre Emanzipation einzufordern. Das „Wissenschaftlich-humanitäre Komitee", das unter Führung des Berliner Sexualforschers Magnus Hirschfeld das wilhelminische Kaiserreich und die Weimarer Republik mitprägen sollte, bevor es von der NS-Diktatur zerschlagen wurde, war in Deutschland 1897 gegründet worden. Nur zehn Jahre später konstituierte dort die Medienkampagne gegen die Eulenburg-Gruppe jenen Zusammenhang zwischen Homosexuellen und Landesverrat, der als Topos öffentlicher Debatten globale Langzeitwirkung entfalten sollte.

Gegen Ende der Wirkmächtigkeit dieses Feindbildes führte Gisela Bleibtreu-Ehrenberg um 1980 das Syndrom *homosexueller Unholde, Tunten und Verräter* primär auf den Nationalsozialismus zurück. Nach der auf Hitlers Befehl erfolgten Ermordung der politisch unliebsam gewordenen teilweise homosexuellen SA-Führung um

---

26 David K. Johnson, The Lavender Scare. The Cold War Persecution of Gays and Lesbians in the Federal Government, Chicago/London 2004, S. 34.
27 Woods, Homintern, S. 6.
28 Erin G. Carlston, Double Agents. Espionage, Literature, and Liminal Citizens, New York/Chichester 2013, S. 272 f.
29 Régis Revenin, Homosexualité et Prostitution Masculines à Paris 1870–1918, Paris u. a. 2005, S. 100 und 137; im französischen Diskurs war der Begriff „Päderast" das Äquivalent zum „Homosexuellen".

Ernst Röhm habe 1934/35 eine massive Verfolgung eingesetzt, während bis dahin homophobe Politik für das NS-Regime „vergleichsweise wenig vordringlich" gewesen sei. Erst infolge des politischen Machtkampfs mit Röhm habe Hitler Homosexualität als „Rasseverrat" betrachtet und Homosexuelle als „Staatsfeinde" verfolgt.[30] Gewiss: Die Skandale um Röhm und die homosexuelle „Clique" in der SA-Führung – Skandale übrigens vor wie nach dem ominösen Jahr 1933 – sowie die nach Röhms Sturz folgende NS-Homosexuellenverfolgung sind zweifellos ein wichtiger Höhepunkt in der Geschichte des homophoben Stereotyps. Die NS-Zeit wirkte als Brandbeschleuniger, der nach 1945 sowohl auf die kommunistischen Diktaturen als auch auf die westlichen Demokratien massiv einwirkte. Die Stigmatisierung homosexueller Netzwerke als eigensüchtige und potentiell verräterische Seilschaften war jedoch keine Erfindung der Hitler-Diktatur. Dieses Stereotyp entstand bereits zu Beginn des 20. Jahrhunderts, und es nahm dadurch Gestalt an, dass diverse ältere Feindbilder des heterosexuellen Bürgertums, die sich gegen den Adel, gegen die Kirche, gegen die Freimaurer, gegen die Juden oder auch gegen Frauen richteten, kombiniert und *homo-sexualisiert* wurden. Das aggressive Vorurteil gegen Homosexuelle, homosexuelle Seilschaften und homosexuelle Verräter ist in seiner ganzen Wucht und Bedrohlichkeit nur dann zu erfassen, wenn man es in die Geschichte dieser älteren Feindbilder einreiht.

Das Stereotyp hatte gesellschaftliche wie politische Funktionen. Innerhalb einer Gesellschaft ging es um aggressive Durchsetzung sexualpolitischer Normalisierung, eines heterosexuellen Männerbildes, das sich zugleich mit den soziopolitischen Interessen einer gesellschaftlich aufstrebenden Schicht – sei es das „Bürgertum", sei es die „Arbeiterklasse" – verband. Insofern kam es nicht zufällig zu einer doppelten Aggression gegen Homosexuelle und gegen bisherige Oberschichten, sei es Aristokratie oder Großbürgertum. Politisch diente diese gesellschaftliche Normalisierung durch Skandalisierung von Homosexualität zugleich der Festigung nationalistischer Kollektiv-Identitäten – oder, nach 1945, der bipolaren Feindbilder im jahrzehntelangen globalen „Kalten Krieg". Erst nachdem diese lange selbstevidenten Kollektiv-Identitäten seit den 1990er Jahren ihre Bindekraft verloren und durch international-pluralistische Alternativen (wie UN und EU) abgelöst wurden, konnte sich innergesellschaftlich ein neuer Pluralismus der sexuellen Rollenbilder durchsetzen, der die Gleichberechtigung von Homosexuellen implizierte. Oder war es umgekehrt? Ging die innergesellschaftliche Transformation des Sexuellen in Richtung wachsender Pluralisierung der außenpolitischen „Entspannung" nicht seit den 1960er Jahren voran? War die gesellschaftliche Transformation Voraussetzung der politischen Wende? Oder haben wir es mit parallelen Prozessen und deren wechselseitiger Beeinflussung zu tun?

---

30 Bleibtreu-Ehrenberg, Homosexualität, S. 393.

Der Historiker Norman Domeier hat treffend beobachtet, dass der zu Beginn des 20. Jahrhunderts in Deutschland inszenierte Eulenburg-Skandal der Jahre 1907/08 „im deutschsprachigen Raum die Figur des homosexuellen Landesverräters etabliert" hat, „deren Wirkung [...] über die Traditionslinie Redl-Röhm-Kießling bis in die [neueste gegenwartsnahe] Zeitgeschichte reicht".[31] Diese Feststellung über langfristig wirksame diskursive und soziopolitische Kontinuitäten zwischen homophoben Skandalen der 1900er, 1910er, 1930er und 1980er Jahre hat eine wichtige Anregung für die im Sinne Michel Foucaults „genealogischen" Tiefenbohrungen unseres Buches gegeben. Daraus erklärt sich teilweise die Auswahl der Fallbeispiele, die sowohl für sich als auch im Hinblick auf diskursive Vernetzungen untersucht werden sollen. Ähnlich wie bei Domeier stehen prominente Fälle des deutsch-österreichischen Kulturraums im Vordergrund. Diese werden jedoch systematisch ergänzt durch Entwicklungen in anderen Staaten und Gesellschaften – namentlich Großbritannien, die USA und Russland bzw. die Sowjetunion. Aber auch Frankreich, wo homosexuelle Skandalisierung eine deutlich geringere Rolle spielte als im mitteleuropäischen oder angelsächsischen Raum, behält eine signifikante Rolle. Nur durch diese transnationale, globalgeschichtliche Perspektive lassen sich Fragen beantworten nach den Ähnlichkeiten und Unterschieden unserer Fallbeispiele, ihren Zusammenhängen und Wechselwirkungen.

Zugleich werden in ihrer homosexuellen Skandaldimension bislang kaum beachtete Fälle – wie der John-Skandal der frühen Bundesrepublik – einbezogen sowie bisher vernachlässigte, jedoch aus unserer Sicht zentrale Aspekte bekannter Fälle eingehend betrachtet. So wird einem einleitenden Kapitel, das den Eulenburg-Skandal der Jahre 1907/08 in diskursive Vorgeschichten und europäische Wirkzusammenhänge einbettet, ein vertiefendes Kapitel hinzugefügt, in dem es um die Thematisierung der transnationalen Freundschaft Eulenburgs zum französischen Diplomaten Raymond Lecomte geht. Diese hat, wenn überhaupt, bisher nur eine untergeordnete Rolle in den Analysen des Eulenburg-Skandals gespielt, obwohl derselbe gezielt als *transnationaler Skandal inszeniert* worden ist. Doch von der „Lecomte-Affäre" in der Eulenburg-Affäre scheinen in unserer Zeit nur wenige Historiker zu wissen[32], während deren entscheidende Bedeutung für die Konstruktion homophober Feindbilder von anderen völlig übersehen wird. Am intensivsten hat sich Norman Domeier in seiner Studie zum Eulenburg-Skandal der Lecomte-Dimension angenommen, auch wenn Letztere dort nur als eines von mehreren Deutungselementen behandelt wird.[33] Doch diese Transnationalität des vermeintlich verratsan-

---

31 Norman Domeier, Der Eulenburg-Skandal. Eine politische Kulturgeschichte des Kaiserreichs, Frankfurt a. M./New York 2010, S. 325.
32 Marion Aballéa, Un exercice de diplomatie chez l'ennemi. L'ambassade de France à Berlin, 1871–1933, Villeneuve d'Asq 2017, S. 63 f.
33 Vgl. Domeier, Der Eulenburg-Skandal, S. 301–326.

fälligen homosexuellen Netzwerks war kein Nebenaspekt, sondern zentral und soll in dieser grundlegenden Bedeutung für die Generierung des homophoben Stereotyps herausgearbeitet werden.

Zugleich ging es im 20. Jahrhundert immer wieder darum, Verrats- bzw. Spionagefälle von einzelnen Homo- oder Bisexuellen als Spitze eines gewaltigen, aber eben unsichtbaren Eisberges zu deuten, als sichtbarer Teil einer viel größeren homosexuellen Verschwörung. Schon der klassische homosexuelle Einzeltäter, der russische Spion in österreichisch-ungarischen Diensten Oberst Alfred Redl, wurde seit seiner Enttarnung 1913 immer wieder als Kopf oder Teil eines größeren homosexuellen Netzwerks imaginiert – und er sollte im Laufe des 20. Jahrhunderts, namentlich während des Kalten Krieges, zahlreiche Nachfolger finden.

Im Falle des NS-Führers Ernst Röhm wiederum, der durch seine wichtige Rolle als enger Freund und Paladin Hitlers, aber auch durch die politische Bedeutung seiner Entmachtung und Ermordung 1934 immer wieder ein (freilich knapp behandeltes) Thema in der unüberschaubaren Forschungsliteratur zum NS-Regime gewesen ist, wollen wir im Gegensatz zum bisherigen Trend versuchen, Röhms *Homosexualität als Politikum* ernst zu nehmen. Dadurch werden wesentliche Konfliktpunkte seines Sturzes („Zweite Revolution", Konflikt zwischen SA und Reichswehr) keineswegs in Abrede gestellt, jedoch signifikant ergänzt. Die zweimalige mediale Skandalisierung der sexuellen Orientierung Röhms – zuerst in der Endphase der Weimarer Republik 1931/32, sodann nach seinem Sturz 1934 durch die NS-Diktatur – muss neben politischen Konflikten dezidiert auch auf die *öffentliche Provokation ostentativer Homosexualität* zurückgeführt werden. Für diese wichtige Akzentverschiebung hat die neueste angelsächsische Forschung Impulse gegeben.[34]

So gut wie gar nicht berücksichtigt wurde die Skandalisierung angeblicher Homosexualität bisher in der wissenschaftlichen Beschäftigung mit dem Nachkriegsskandal um den ersten bundesrepublikanischen Verfassungsschutz-Präsidenten Otto John.[35] Zwar blieb der diffamierende homophobe Diskurs im John-Skandal von 1954 – anders als in den Skandalen um Eulenburg oder Röhm – in der Tat ein Nebenschauplatz, auch wenn dieser von einem späteren Bundeskanzler und einem späteren BND-Präsidenten prominent bevölkert wurde. Die unterstellte Homosexualität trug im Falle des früheren Widerstandskämpfers John *kurzfristig* wesentlich zu jener Zerstörung öffentlicher Reputation bei, wie sie schon 1916 seitens der briti-

---

34 Vgl. Eleanor Hancock, Ernst Röhm. Hitler's SA Chief of Staff, New York 2008; Laurie Marhoefer, Sex and the Weimar Republic. German Homosexual Emancipation and the Rise of the Nazis, Toronto 2015; nun aber auch Alexander Zinn, „Aus dem Volkskörper entfernt"? Homosexuelle Männer im Nationalsozialismus, Frankfurt a. M./New York 2018.
35 Die einzige Ausnahme bietet Jörg Friedrich, Die Affäre John, in: Georg M. Hafner/Edmund Jacoby, Die Skandale der Republik. 1949–1989: Von der Gründung bis zum Fall der Mauer, Reinbek 1994, S. 22–30, hier insb. S. 29 f.

schen Regierung gegen den weltweit bekannten Sir Roger Casement instrumentalisiert wurde.

Die Verbindungslinie Casement-John ist nicht die einzige, die vom Ersten Weltkrieg in die Zeit des Kalten Krieges hineinragt. Zur Begründung der Verfolgung von Homosexuellen in politisch-administrativen Elitepositionen der USA wurde in den 1950er Jahren immer wieder auf die lang zurückliegenden Skandalfälle Eulenburg und Redl rekurriert. Und ähnlich wie in Großbritannien 1918 eine imaginäre deutsche Liste („Black Book") von zehntausenden erpressbaren angelsächsischen Homosexuellen perhorresziert worden war, tauchten nach 1945 in den USA Gerüchte auf, die Sowjets hätten 1945 eine von den Nazis erstellte Liste angelsächsischer Homosexueller erbeutet, mit deren Hilfe sie nun Spionagedienste erpressten. Einzelne spektakuläre Fälle angelsächsischer homosexueller Sowjetspione – namentlich die „Cambridge Five", die zwischen 1951 und 1979 immer wieder skandalisiert wurden – schienen die Plausibilität solcher Kollektivschuldthesen zu belegen.

Schließlich soll der Skandal um den als angeblich homosexuelles „Sicherheitsrisiko" entlassenen deutschen General Günter Kießling, der im Jahre 1984 für Furore sorgte, im Hinblick auf unseren Zusammenhang von Homosexualität und Verrat ausgelotet werden. Für die hundertjährige Geschichte des homophoben Stereotyps bedeutet der Kießling-Skandal freilich nicht nur dessen Fortschreibung oder – nach vorherigen Ansätzen zu kritischer Dekonstruktion – gar einen gravierenden Rückfall. Dass der Skandal von 1984 solche Tendenzen aufweist, soll nicht bestritten, aber doch dezidiert ergänzt werden um die Beobachtung, dass er zugleich klärende Wirkungen zeitigte, indem er die öffentliche Infragestellung homophober Denkmuster provozierte. Es gilt die Dialektik damaliger Skandalisierung zu demonstrieren, durch welche die Homophobie der Sicherheitsapparate als überzogen und lächerlich erschien, was ungewollte emanzipatorische Konsequenzen zeitigte. Die Kießling-Affäre markiert gegen Mitte der 1980er Jahre somit einen Umschlagspunkt, der die Einstellungen der Mehrheitsgesellschaft gegenüber ihrer homosexuellen Minderheit grundlegend in Frage stellte. Daraus resultierte eine erstaunlich rasche gesellschaftliche Transformation seit den 1990er Jahren – ein grundlegender Wandel, den wenige Jahre zuvor kaum jemand vorauszusagen gewagt hätte.

Heute hat das homophobe Stereotyp an Bedrohlichkeit erheblich verloren. Gleichwohl ist es nicht vergangen. Seine Versatzstücke bilden weiterhin Bestandteile öffentlicher Diskurse – wenn auch abgeschwächt, auf soziale Teilmilieus beschränkt oder gar in positive Vorurteile verwandelt. Doch die Überreste dessen, was so lange wirksam war, sind noch vielfältig präsent und brisant.

II Die „perverse Kamarilla": Der Eulenburg-Skandal 1907/08 und sein internationaler Kontext

> „Wer ohne Fug eine Geschlechtshandlung ans Licht zerrt, ist ein Schwein oder ein Denunziant. Wer [...] auf das normwidrige Geschlechtsempfinden einer mächtigen Gruppe hinweist, kann nützlich wirken."[1]
>
> (Maximilian Harden 1913)

Die Skandalprozesse um einen dem deutschen Kaiser Wilhelm II. (1888–1918) nahestehenden aristokratischen Kreis um den Fürsten Philipp zu Eulenburg, die in den Jahren 1907/08 in Deutschland das Thema Homosexualität erstmals mit Blick auf Spitzen der Gesellschaft verhandelten, gingen mit einer medialen Skandalisierung einher, wie sie bis dahin noch nicht erlebt worden war. Folgt man der luziden Definition von Frank Bösch, sind Skandale stets als „Wertekonflikte" um Normen und Deutungsmuster zu verstehen, die durch gesellschaftliche Kommunikation „Verhaltensregeln und Deutungen schaffen, festigen oder verändern konnten".[2] Fortschrittsoptimistische Zeitgenossen wie der dezent-homosexuelle Graf Harry Kessler erblickten im Eulenburg-Skandal „eine Art von sexueller Revolution", die progressive gesellschaftliche Wirkungen entfalten konnte.[3] Der konservative Kriminalkommissar Hans von Tresckow – auch für die Berliner Homosexuellenszene zuständig – glaubte hingegen, diese Enthüllungen hätten „der Sache der Homosexuellen mehr geschadet, als genützt".[4] Obwohl die Folgen gewiss ambivalent waren, zeitigte der Skandal doch überwiegend negative Konsequenzen – namentlich durch den in der Öffentlichkeit entstandenen Eindruck, Homosexuelle seien ein Problem für staatliche Sicherheit und Wehrkraft.[5] Zusammen mit weiteren parallelen Skandalisierungen der Homosexualität von Angehörigen aristokratischer und großbürgerlicher Eliten[6] bewirkte der Eulenburg-Skandal eine Konstruktion homophober Stereotype, die fast das gesamte 20. Jahrhundert prägen sollten und die heute immer noch nachwirken.

---

1 Maximilian Harden, Fürst Eulenburg, in: Ders., Köpfe, Bd. 3, Berlin [19]1923 (Erstauflage 1913), S. 167–283, hier insb. S. 184.
2 Frank Bösch, Öffentliche Geheimnisse. Skandale, Politik und Medien in Deutschland und Großbritannien 1880–1914, München 2009, S. 5.
3 Harry Graf Kessler, Das Tagebuch, hrsg. von Jörg Schuster u. a., Bd. 4, Stuttgart 2005, S. 365.
4 Hans von Tresckow, Von Fürsten und anderen Sterblichen. Erinnerungen eines Kriminalkommissars, Berlin 1922, S.163.
5 Clayton J. Whisnant, Queer Identities and Politics in Germany. A History 1880–1945, New York/York 2016, S. 78.
6 Frank Arnau, Jenseits der Gesetze. Kriminalität von den biblischen Anfängen bis zur Gegenwart, München 1966, S. 222.

Man kann den Medien-Skandal um „Homosexuelle" im Umfeld des deutschen Kaisers und preußischen Königs, der zu Beginn des 20. Jahrhunderts das Ansehen der Berliner Hofaristokratie und des preußischen Offizierskorps massiv erschütterte und zu einer schweren „Krise der Monarchie" zehn Jahre vor ihrem Sturz beitrug[7], als Konflikt zwischen aristokratischen und bürgerlichen Sittenkodices begreifen. Die „Kölnische Zeitung" proklamierte 1907 in exemplarischer Deutlichkeit, „dass in Deutschland das Volk selbst berufen ist, den Maßstab zu bestimmen, mit dem es die Moralität der Männer gemessen wissen will, die es für würdig hält[,] neben seinem Kaiser zu stehen".[8] Aristokratische mann-männliche Beziehungen wurden von der bürgerlichen Gesellschaft in ihrer Vielschichtigkeit nicht mehr toleriert, sondern als *eindeutig homosexuell* (und damit als moralisch verwerflich und womöglich kriminell) definiert. Wenn der Eulenburg-Skandal die Vorstellung von der Existenz einer besonderen „homosexuellen Identität" gefördert hat[9], so ging diese Umdeutung homosexuellen *Verhaltens* in eine die gesamte Persönlichkeit prägende *Identität* im Verlauf des 20. Jahrhunderts mit wachsender Stigmatisierung und intensivierter Strafverfolgung einher – eine repressive Radikalisierung, die erst in der globalen „Reformzeit" um 1970 wieder abgebaut wurde. Bei diesem kulturellen Machtkampf, der vor dem Hintergrund von „Demokratisierung und Politisierung der Gesellschaft" mit dem Medium der Massenpresse gnadenlos ausgefochten wurde[10], ging es um Nivellierung vielfältiger Lebensformen zugunsten eines heterosexuell-patriarchalischen Leitbildes. „Das aufstrebende Bürgertum des 18. Jahrhunderts verfolgte die adlige Unmoral", so der Literaturwissenschaftler Hans Mayer, der mit Blick auf den 1902 von der SPD-Parteipresse entfachten Homosexualitätsskandal um den Großindustriellen Friedrich Alfred Krupp hinzufügte: „Die Arbeiterpresse wiederholte jetzt den Ritus."[11] Das traf im Fall Krupp zu, in dem das SPD-Zentralorgan „Vorwärts" 1902 italienische Presseberichte aufgegriffen und zur Skandal-Schlagzeile „Krupp auf Capri" verdichtet hatte.[12] Doch im sehr viel tiefer wirkenden Eulenburg-Skandal zwischen 1906 und 1908 trieben vor allem *bürgerliche* Medien diese Normalisie-

---

[7] Thomas Nipperdey, Deutsche Geschichte 1866–1918, Bd. 2: Machtstaat vor der Demokratie, München 1992, S. 480.
[8] Zitiert nach Norman Domeier, Die sexuelle Denunziation in der deutschen Politik seit dem frühen 20. Jahrhundert, in: Andreas Pretzel/Volker Weiss (Hrsg.), Politiken in Bewegung. Die Emanzipation Homosexueller im 20. Jahrhundert, Hamburg 2017, S. 101–113, hier insb. S. 105 f.
[9] Robert Beachy, Das andere Berlin. Die Erfindung der Homosexualität. Eine deutsche Geschichte 1867–1933, München 2014, S. 196.
[10] Bösch, Öffentliche Geheimnisse, S. 4.
[11] Hans Mayer, Außenseiter, Frankfurt a. M. 1975, S.180.
[12] Zum Krupp-Skandal von 1902 vgl. Bösch, Öffentliche Geheimnisse, S. 97–117; Dieter Richter, Friedrich Alfred Krupp auf Capri. Ein Skandal und seine Geschichte, in: Michael Epkenhans (Hrsg.), Friedrich Alfred Krupp. Ein Unternehmer im Kaiserreich, München 2010. S. 157–178; Harold James, Krupp. Deutsche Legende und globales Unternehmen, München 2011, S. 123–129; Anne Mickler, Der Krupp-Skandal und die Rolle der SPD, Saarbrücken 2008.

rungspolitik voran. Dadurch wurde die bisherige Respektierung des Privatlebens zerstört. Schon im Krupp-Skandal hatte der Wiener Publizist Karl Kraus das Vorgehen des „Vorwärts" wegen Missachtung der Privatsphäre heftig kritisiert: „Wohin gerathen wir, wenn selbst das Geschlechtsleben nicht mehr vor publicistischer Neugierde geschützt ist? Wenn eine ‚aufgeklärte' Presse das Beispiel einer veralteten Gesetzgebung befolgt und Perversitäten ahndet, die sich – ohne Vergewaltigung oder Missbrauch der Unmündigkeit – innerhalb von vier Wänden abspielten?"[13]

Homosexualitätsskandale waren somit in der Regel öffentliche Attacken von unten auf bisher fast unangreifbare Mitglieder sozialer Eliten. Als Harden den Eulenburg-Skandal entfachte, kommentierte der bayerische Schriftsteller Ludwig Thoma bissig, dass „in diesen Tagen unser Deutschland wieder einmal ein einziges Bedientenzimmer gewesen" sei, „angefüllt mit Neuigkeiten über die Herrschaft". Dabei müsse man fragen, was die Öffentlichkeit der private Umgang des Kaisers eigentlich angehe: „Je mehr wir das Privatleben des Herrschers zur öffentlichen Angelegenheit, zur Sache des Volkes machen, desto weiter entfernen wir uns von freiheitlicher Empfindung."[14] Ähnlich diagnostizierte 1908 Karl Kraus: „Was jetzt in Deutschland geschieht, ist ein Aufstand der Kammerdiener". Damit waren die sozialen Konfliktlinien des Sexualitäts-Skandals angesprochen: „Denn die Sittlichkeit, deren Gebäude auf dem Lügengrund der Wahrheit steht", sei „einst ein Vorurteil der höheren Stände gewesen", jetzt aber zum Besitz der „Demokratie" geworden, „eine Überzeugung des Pöbels, der sie als Waffe gegen die älteren Besitzer nützt".[15] Maximilian Harden demonstrierte 1908, wie recht Kraus hatte, ging es dem Skandalisierer doch auch darum, unantastbare Aristokraten der modernen Gleichheit *aller* vor dem Recht zu unterwerfen: Das Gesetz verfüge über „Waffen, die in einem ‚Rechtsstaat' auch gegen eine Durchlaucht und eine Excellenz nicht unwirksam sein können".[16]

Die „homophobe Hysterie", die um 1900 für Deutschland, für Großbritannien und für das Habsburgerreich beobachtet worden ist[17], richtete sich folglich *nicht* gegen die Unterschichten, die damals die Mehrheit der wegen homosexueller Handlungen Strafverfolgten stellten.[18] Es ging vielmehr gegen prominente Vertreter sozialer Eliten – wie den britisch-irischen Star-Schriftsteller Oscar Wilde[19], den Aristokra-

---

13 Karl Kraus, Psychiater, in: Die Fackel 4 (1902), Nr. 123 vom „Anfang December" 1902, S. 25.
14 Ludwig Thoma, Der große Skandal, in: März. Halbmonatsschrift für deutsche Kultur 1 (1907), Bd. 4, S. 269–273, hier insb. S. 269 f.
15 Karl Kraus, Die deutsche Schmach, in: Die Fackel 10 (1908), Nr. 253 vom 9.5.1908, S. 1–7, hier insb. S. 2 und 4.
16 [Maximilian Harden], Der zweite Prozeß. III, in: Die Zukunft 62 (1908), S. 417.
17 Ernst Hanisch, Männlichkeiten. Eine andere Geschichte des 20. Jahrhunderts, Wien 2005, S. 267.
18 Morus (Richard Lewinsohn), Eine Weltgeschichte der Sexualität, Hamburg ³1961, S. 299.
19 Zum Skandalprozess Queensberry-Wilde von 1895 vgl. David Boyle, Scandal. How Homosexuality became a Crime, London 2016; Richard Ellmann, Oscar Wilde, New York 1987; Vyvyan Holland, Son of Oscar Wilde, London 1999.

ten und hohen Diplomaten Fürst Eulenburg oder den österreichisch-ungarischen Generalstabsobersten und stellvertretenden Militärgeheimdienstchef Alfred Redl: „Alle drei Männer gehörten zur gesellschaftlichen Elite. Alle drei waren davon überzeugt, dass die mannmännliche Liebe eine überlegene Form der Kultur verkörpere."[20] Dass zwei der drei skandalisierten „Homosexuellen" – Wilde und Eulenburg – zugleich Ehefrauen und Kinder hatten, spielte für ihre öffentliche Stigmatisierung keine Rolle.[21]

Im Eulenburg-Skandal behauptete der prominente Journalist Maximilian Harden, der in seiner Bedeutung mit dem „Spiegel"-Herausgeber Rudolf Augstein zur Zeit der frühen Bundesrepublik gleichgesetzt worden ist[22], den schädlichen politischen Einfluss einer homosexuellen Elite-Clique. Schon im Krupp-Skandal war 1902 von der italienischen sozialistischen Zeitung „Propaganda" ein Bezug zwischen dem „reichen Widerling" und seinen „ekelhaftesten Lastern" zu einer von Krupp gegründeten „schweinischen Vereinigung" hergestellt worden, einem als „Bruderschaft" organisierten Freundeskreis auf Capri. Dieser stellte sich bei polizeilichen Nachforschungen zwar als harmlos heraus, trug jedoch in der Presse Züge „einer unsittlichen Geheimgesellschaft".[23] Der Topos des homosexuellen Geheimbundes scheint damals aber noch keine größere Rolle gespielt zu haben, obschon die „Bruderschaft Fra Felice, die sich in einer von Krupp ausgebauten Grotte abgeschottet traf", detailreich auch durch deutsche Blätter ging. Politisiert wurde mit dem Bild des reichen homosexuellen Verführers von linker Seite vielmehr die bürgerliche Doppelmoral und die faktische Rechtsungleichheit im Homosexuellen-Strafrecht. Auch wurde der Konzernerbe Krupp im Kontrast zu seinem Vater, dem harten Konzernschöpfer, „als schwach, dekadent und weiblich" gezeichnet[24] – aber eben nicht, schon gar nicht im Kontext einer geheimen Gruppe, als *politisch gefährlich*. Dass Krupp – ähnlich wie Eulenburg – ein Freund des deutschen Kaisers war, spielte ebenfalls noch keine Rolle. Auch Harden betonte 1902, dass seine etwaige Homosexualität Krupps „persönlichen Werth nicht gemindert" hätte; anders als die sozialistische Presse vermochte der bürgerliche Publizist keinen Missbrauch ökonomischer Macht zu erkennen, sondern allenfalls „nach heute noch herrschendem Sittendogma eine Familienschande, die der politische Gegner nicht auf den Markt zerren durfte".[25]

---

20 Hanisch, Männlichkeiten, S. 267.
21 Man fragt sich: Waren dies alles nur Schein-Ehen und Schein-Familien, um die „wahre" homosexuelle Orientierung zu verbergen? Oder müsste man statt dieser Ehen und Familien eher die eigenen auf „Eindeutigkeit" zielenden Denkkategorien in Frage stellen?
22 Nipperdey, Deutsche Geschichte 1866–1918, Bd. 2, S. 480.
23 Richter, Friedrich Alfred Krupp auf Capri, S. 172–174.
24 Bösch, Öffentliche Geheimnisse, S. 101 und 105 f.
25 Zitiert aus „Die Zukunft" von 1902 nach Harden, Fürst Eulenburg, S. 181; vgl. auch Bösch, Öffentliche Geheimnisse, S. 106 f.

War das Freizeitvergnügen der Krupp'schen „Fraternitá" 1902 noch nicht politisierbar, so verhielt sich die Sache im Falle des Eulenburg-Kreises wenige Jahre später völlig anders. Diese homosexuelle Gruppe um den Kaiser erschien zu mächtig, schien den Herrscher zu kontrollieren und von besseren Einflüssen abzuschotten, und sie erschien vor allem als zu weich und zu feige, um einen militärischen Konflikt mit den Feinden Deutschlands zu riskieren. Konkret warf Harden der höfischen Gruppe vor, den von ihr angeblich kontrollierten Wilhelm II. in einer schweren außenpolitischen Krise – der Marokko-Krise von 1905/06 – regelrecht irregeführt zu haben.[26] Hier verband sich bürgerliche Homophobie mit aggressivem Nationalismus, und wenig später sollte das chauvinistische alldeutsche Milieu innerhalb des deutschen Bürgertums den Kaiser selbst als zu schwächlich kritisieren, um Deutschlands Führer sein zu können.[27] Nach dem Eulenburg-Skandal fiel selbst homosexuellen Beobachtern wie Graf Kessler in der physischen Erscheinung Wilhelms II. neben bekannten brutalen Zügen plötzlich das „Feminine, jedenfalls süßlich-Geschlechtslose" ins Auge.[28] In seinem Presse- und Justizkampf gegen einflussreiche Aristokraten wollte der bürgerliche Journalist Harden nicht nur eine sexuell abweichende „Kamarilla" vernichten, sondern letztlich das „persönliche Regiment" des Kaisers in die Schranken weisen; „auf dem Höhepunkt der Krise hat er sogar daran gedacht, den Kaiser zur Thronentsagung nötigen zu können".[29]

Tatsächlich waren im wilhelminischen Deutschland „die ‚Entourage' des Kaisers, Kabinette, Nebenregierung, ‚Kamarilla', [...] keineswegs nur harmlose Beiläufigkeiten, sondern Elemente der Herrschaftspraxis, der Verfassungswirklichkeit". Und tatsächlich hatte Philipp Eulenburg in der zweiten Hälfte der 1890er Jahre großen Einfluss auf Personalentscheidungen des Kaisers gehabt[30], etwa auf die Ernennung des Reichskanzlers Fürst Chlodwig Hohenlohe 1894, aber auch auf die Förderung seines persönlichen Freundes Bernhard von Bülow als Leiter der Außenpolitik und Nachfolger Hohenlohes. Bülow sollte zudem vom Kaiser 1899 zunächst zum Grafen, 1905 sogar zum Fürsten erhoben werden – wie Eulenburg selbst schon im Jahre 1900. Die damalige deutsche Politik war zweifellos „von einem Netz persönlicher Kontakte bestimmt".[31] Philipp Eulenburg war kein sozialer Aufsteiger aus dem Nichts, sondern stammte aus alter preußischer Grafenfamilie, die den Hohenzollern viele hohe Beamte und Minister gestellt hatte. Sein Onkel war preußischer Innenminister unter Bismarck gewesen, ein Vetter ebenfalls Innenminister und nach Bis-

---

26 Domeier, Der Eulenburg-Skandal, S. 301–327.
27 Vgl. Daniel Frymann [i. e. Heinrich Claß], Wenn ich der Kaiser wär'. Politische Wahrheiten und Notwendigkeiten, Leipzig ³1912.
28 Kessler, Tagebuch, Bd. 4, S. 612.
29 Nipperdey, Deutsche Geschichte 1866–1918, Bd. 2, S. 480; vgl. auch Bösch, Öffentliche Geheimnisse, S. 152.
30 Nipperdey, Deutsche Geschichte 1866–1918, Bd. 2, S. 480.
31 Ebenda, S. 709 f.

marcks Sturz bis 1894 Ministerpräsident, ein weiterer Cousin bis 1918 königlicher Hausminister Wilhelms II.[32] Doch nicht nur aus elitärer familiärer Vernetzung, die auch gegenseitige politische Förderung beinhaltete[33], sondern auch aus früher eigener Leistung schöpfte Eulenburg genügend Selbstbewusstsein, um sich nach seinem Sturz gegen den Vorwurf des leistungslos aufgestiegenen Kaiserfreundes zu verwahren: „Als ‚Günstling' aber hatte ich gewisse Qualitäten, die Anerkennung erheischten. Ich war bereits Gesandter und hatte in legaler Weise meine Vorbildung genoßen."[34] Als illegitimer Aufsteiger, als Parvenu, konnte Eulenburg allenfalls Vertretern der alten Hocharistokratie wie Reichskanzler Chlodwig Hohenlohe erscheinen. Der aus einem alten Reichsfürstengeschlecht stammende Regierungschef, der persönlich mit der Kaiserfamilie verwandt war, mokierte sich jedenfalls im Jahre 1900 darüber, dass „‚Fürst' Philipp", wie er ironisch betonte, seinen neuen Fürstentitel vom Kaiser selbst erbeten habe, jedoch behaupte, der Rang sei ihm vom Kaiser aufgenötigt worden: „Es ist erschreckend, daß dieser ... der Freund des Kaisers ist."[35]

Insgesamt rangierte Philipp Eulenburg jahrzehntelang – wenn auch mit wechselnden Konjunkturen – im engsten Kreis des deutschen Herrschers oder, wie es der französische Botschafter Georges Bihourd 1906 ausdrückte, „au premier rang de ses intimes".[36] Diese enge Nähe zum Monarchen drückte sich auch darin aus, dass Eulenburg zum „Duzfreund des Kaisers" aufrückte, den er selbst „zwar offiziell respektvoll mit ‚Majestät' titulierte, im Kreis der Intimen aber ‚Liebchen' nannte".[37] Ein kaiserlicher Flügeladjutant, Prinz Heinrich von Schönburg, beobachtete um die Jahrhundertwende, wie sehr Eulenburg „durch seine freie Art sich zu geben" aus der sonstigen Umgebung des Kaisers herausstach.[38] Die Gelöstheit zwischen dem Kaiser und Eulenburg fiel auch dem russischen Regierungschef Sergej Witte auf, der als Besucher auf dem ostpreußischen Jagdschloss Rominten 1905 eine für höfische Verhältnisse überraschende Salonszene schilderte, bei der die „rechte Hand" des

---

32 Philipp zu Eulenburg-Hertefeld, Aus 50 Jahren. Erinnerungen, Tagebücher und Briefe aus dem Nachlaß des Fürsten, Berlin ²1925, S. 5.
33 Fürst Chlodwig zu Hohenlohe-Schillingsfürst, Denkwürdigkeiten, 2 Bde., hrsg. im Auftrage des Prinzen Alexander von Hohenlohe-Schillingsfürst von Friedrich Curtius, Stuttgart/Leipzig 1907, hier insb. Bd. 2, S. 505. Demnach setzte sich Philipp Eulenburg für einen Vetter als Nachfolger des wankenden Reichskanzlers Caprivi ein.
34 Eulenburg, Aus 50 Jahren, S. 250.
35 Fürst Chlodwig zu Hohenlohe-Schillingsfürst, Denkwürdigkeiten der Reichskanzlerzeit, hrsg. von Karl Alexander von Müller, Stuttgart/Berlin 1931, S. 553 f.; beim Zitat ist unklar, ob der Fürst selbst oder erst später der Herausgeber ein Schimpfwort weggelassen hat.
36 Documents Diplomatiques Français (1871–1914), 2e Sèrie (1901–1911), Tome X, Paris 1948, S. 411 f., Dokument Nr. 267, Bihourd an Außenminister Pichon, 9.11.1906.
37 Nicolaus Sombart, Wilhelm II. Sündenbock und Herr der Mitte, Berlin ²1997, S. 186.
38 Heinrich Prinz von Schönburg-Waldenburg, Erinnerungen aus kaiserlicher Zeit, Leipzig 1929, S. 148.

Kaisers „auf der Schulter" Eulenburgs gelegen habe, „als umarme er ihn". Wie Schönburg beobachtete auch Witte, dass sich Eulenburg gegenüber dem Monarchen „von allen am ungezwungensten" benommen habe.[39] Gegen den Vorwurf, Eulenburg sei ein beflissener Höfling gewesen, der dem Kaiser stets nach dem Munde geredet habe, stellte Eulenburg-Biograph Johannes Haller die Behauptung: „[...] Während andere, Militärs wie Zivilisten, sich in devoter Unterwürfigkeit nicht genug tun konnten, wahrte sich Eulenburg stets die respektvolle Freiheit und eine aufrechte Haltung."[40]

In jeder konstitutionellen Monarchie war die Figur des Höflings „eine wenn nicht gerade legitime, so doch dem System logisch innewohnende Erscheinung", wie der Publizist Christian Schütze 1967 festgestellt hat. Wenn dieser daraus ableitete, Hardens Skandalisierung sei keineswegs „ein Vernichtungsskandal aus Bosheit" gewesen, sondern vielmehr „der Versuch eines einzelnen, aus dem Deutschen Kaiserreich einen modernen Staat zu machen"[41], so ist das jedoch nur die halbe Wahrheit. Tatsächlich bedeutete der Eulenburg-Skandal beides – sowohl einen Modernisierungskonflikt[42] als auch einen eliteninternen Machtkampf. Eulenburg selbst nur als „einflussreichen politischen Intriganten" zu betrachten[43], unterschätzt dessen Bedeutung. Eulenburg war „einer der engsten Berater Wilhelms II."[44], auch wenn sein Einfluss mit dem Aufstieg des Reichskanzlers Bülows um 1900 deutlich zurückging, um erst infolge einer Vertrauenskrise zwischen Kaiser und Kanzler 1906 wieder zuzunehmen.[45] Eben Letzteres war eine Ursache des Skandals. Innerhalb der Berliner Elite gab es Gerüchte, dass der Journalist Harden – „in der Überzeugung, daß Eulenburgs politische Tätigkeit dem Reiche schädlich sei" – den Fürsten schon viel länger bekämpft und diesem kurz nach der Jahrhundertwende „eine Art Ultimatum gestellt habe": Wenn Eulenburg nicht von der politischen Bühne verschwinde, werde Harden „mit Enthüllungen gegen ihn vorgehen". Der langjährige

---

39 Graf [Sergei] Witte, Erinnerungen, Berlin 1923, S. 280. Der damals längst zum Fürsten erhobene Philipp Eulenburg wird dort irrtümlich noch als Graf bezeichnet.
40 Johannes Haller, Aus dem Leben des Fürsten Philipp zu Eulenburg-Hertefeld, Berlin 1924, S. 110. Auch der Kaiser habe sich Eulenburg gegenüber respektvoller verhalten als bei anderen Freunden.
41 Christian Schütze, Die Kunst des Skandals. Über die Gesetzmäßigkeit übler und nützlicher Ärgernisse, Olten u. a. 1967, S. 201. Dieser Modernisierungsversuch sei allerdings steckengeblieben und habe sich letztlich nur „am vordergründigen Ärgernis" abgearbeitet.
42 Auch der französische Historiker Nicolas Le Moigne, L'Affaire Eulenburg. Homosexualité, Pouvoir Monarchique et Dénonciation Publique dans l'Allemagne Imperiale (1906–1908), in: Politix 2005/3 (n. 71), S. 83–106, hier insb. S. 104, deutet die Eulenburg-Affäre als „une crise de modernisation".
43 Hanisch, Männlichkeiten, S. 267.
44 Wehler, Deutsche Gesellschaftsgeschichte, Bd. 3, S. 996.
45 Christopher Clark, Wilhelm II. Die Herrschaft des letzten deutschen Kaisers, München 2008, S. 147.

Vertraute des früheren Reichskanzlers Hohenlohe, Graf Bogdan von Hutten-Czapski, der auch mit dem gut informierten Berliner Kriminalkommissar Hans von Tresckow Beziehungen unterhielt[46], glaubte jedenfalls, dass der 1902 erfolgte Rücktritt Eulenburgs als Botschafter in Wien „zum erheblichen Teil ein Erfolg Hardens" gewesen sei. Als Eulenburg dann 1906 von der Presse als Nachfolger Bülows gehandelt worden sei, hätten Bülow und der Diplomat Friedrich von Holstein „in ihm eine wieder auftauchende Gefahr" erblickt, und Harden habe „in den sensationellen Zeitungsartikeln vom November 1906" den Skandal zur „Vernichtung Eulenburgs" entfacht.[47] Und dieser Skandal hatte sein Vorspiel: 1893/94 hatte das Satireblatt „Kladderadatsch" eine gefährliche Dreier-Clique im Berliner Auswärtigen Amt attackiert, wobei ein unvorsichtiger Redakteur offenbarte, dass es unter anderem gegen Eulenburg und Holstein ging. Es gab Mutmaßungen, dass Harden damals an der Presse-Attacke beteiligt war.[48] Auf jeden Fall war der Skandal von 1907/08 ein Machtkampf zwischen Männern, die zuvor einmal ein einheitliches Netzwerk um den Thron gebildet hatten: Eulenburg, Bülow, Holstein.

Dass der Wortführer der Angriffe auf die homosexuelle Clique am Kaiserhof jüdischer Herkunft war, löste antisemitische Gegenreflexe aus.[49] Eine ähnliche Konstellation sich bekämpfender Außenseiter der Herkunft und der sexuellen Orientierung war schon ein Jahrhundert zuvor im verbissenen Konflikt zwischen Heinrich Heine und Graf August von Platen zu beobachten gewesen[50] und wurde im Eulenburg-Skandal erneut in Erinnerung gerufen.[51] Der den attackierten Hofkreisen angehörende Graf Edgard von Wedel stellte im Juni 1907 – eben aus Italien zurück, „ganz konsterniert über die Hofskandale" und voller Angst, „selbst hineingezogen

---

46 Zu Hutten-Czapski als Vertrauensmann Hohenlohes vgl. Volker Stalmann, Fürst Chlodwig zu Hohenlohe-Schillingsfürst 1819–1901. Ein deutscher Reichskanzler, Paderborn 2009, S. 25; Peter Winzen, Reichskanzler Bernhard von Bülow. Mit Weltmachtphantasien in den Ersten Weltkrieg. Eine politische Biographie, Regensburg 2013; zu Hutten-Czapski und Tresckow vgl. Bogdan Graf von Hutten-Czapski, Sechzig Jahre Politik und Gesellschaft, 2 Bde., Berlin 1936, hier insb. Bd. 2, S. 51. Tresckow nennt Czapski in Tagebuch-Auszügen nur „Graf C.", legt jedoch durch Verweis auf dessen Funktion als Schlosshauptmann von Posen die Identität offen; vgl. Tresckow, Von Fürsten und anderen Sterblichen, S. 170, 172, 178 f., 188 f., 192 f. und 208 f.
47 Hutten-Czapski, Sechzig Jahre Politik und Gesellschaft, Bd. 1, S. 467; paraphrasiert bei Harry F. Young, Maximilian Harden – Censor Germaniae. Ein Publizist im Widerstreit von 1892 bis 1927, Münster 1971, S. 126 f.
48 Helga Neumann/Manfred Neumann, Maximilian Harden (1861–1927). Ein unerschrockener deutsch-jüdischer Kritiker und Publizist, Würzburg 2003, S. 96 f.
49 Vgl. ausführlich Domeier, Der Eulenburg-Skandal, S. 247–269.
50 Vgl. Mayer, Außenseiter, S. 181, sowie Rolf Hosfeld, Heinrich Heine. Die Erfindung des europäischen Intellektuellen. Biographie, München 2014, S. 215–219.
51 Max Kaufmann, Heinrich Heine contra Graf August von Platen und die Homo-Erotik, Leipzig o. J. [1907]. Dabei handelte es sich um eine Publikation des für Homosexuellenemanzipation engagierten Leipziger Max-Spohr-Verlags; vgl. Mark Lehmstedt, Bücher für das ‚Dritte Geschlecht'. Der Max Spohr Verlag in Leipzig. Verlagsgeschichte und Bibliographie (1881–1941), Wiesbaden 2002, S. 256.

zu werden" – mit Blick auf Harden die empörte Frage: „Regiert denn dieser Jude heute in Preußen und setzt Generale und Botschafter ab?"[52] Wedels Gesprächspartner Kommissar von Tresckow fand es „ganz richtig", dass sich der Eulenburg-Freund unverzüglich „auf sein Gut zurückziehen" wollte.[53] Der Anprangerung durch Harden entging dieser homosexuell veranlagte Aristokrat gleichwohl nicht, denn „Die Zukunft" spießte Wedel gnadenlos als jenen (namentlich nicht genannten, aber leicht zu erratenden) Grafen auf, „den die Enthüllung des in den Isaranlagen und auf der Sendlingertorwache Erlebten das Kammerherrnamt gekostet hat".[54]

Graf Wedel war nicht der Einzige, der auf das homophobe Vorgehen Hardens mit Antisemitismus reagierte. Auch in Paris verwies – kurz nach dem Ende der antisemitischen Dreyfus-Affäre[55] – ein französischer Gesprächspartner des Grafen Kessler auf die jüdische Herkunft Hardens und zog daraus den Schluss, allein schon deshalb könne dieser Journalist nicht aus lauteren Motiven handeln.[56] Der Mitbegründer der Jugendbewegung „Wandervogel", der bisexuelle Schriftsteller Hans Blüher, glaubte die wahren Motive Hardens zu kennen. Denn er machte 1953 dem Verstorbenen nicht nur dessen „hochgermanisierten Mimikrynamen" (anstelle des angeblich ursprünglichen „Isidor Witkowski") und einen Sprachstil voll „jiddischem Sprachbarock" zum Vorwurf, sondern stellte auch die Behauptung auf, Harden habe die „Liebenberger Tafelrunde" – benannt nach dem Landsitz des Fürsten Eulenburg – nur deshalb „,homosexueller' Praktiken" bezichtigt, weil diese den Kaiser „ausgesprochen antisemitisch" beeinflusst habe: „Damit war er der erste Litterat [sic!], der es unternahm, im politischen Kampfe nicht die Sache selber anzugreifen, sondern deren Träger persönlich zu diffamieren." Blüher hielt Harden deswegen sogar für den „jüdischen Lehrmeister" Hitlers, welcher die homophobe Diffamierung allerdings zu terroristischer Verfolgung gesteigert habe.[57] Nachklänge solch feindseliger Reaktionen auf Harden finden sich bis heute bei konservativen Bewunderern des „preußischen Edelmanns" Eulenburg.[58]

---

[52] Walter Frank, „Höre Israel!" Studien zur modernen Judenfrage, Hamburg ²1942, S. 179, auch Anm. 1, mit Verweis auf Tresckow, Von Fürsten und anderen Sterblichen, S. 183.
[53] Tresckow, Von Fürsten und anderen Sterblichen, S. 183.
[54] Vgl. die kritische Offenlegung dieser Attacke Hardens auf Wedel bei Karl Kraus, Harden-Lexikon, in: März. Halbmonatsschrift für deutsche Kultur 2 (1908), Bd. 3, S. 441–447, hier insb. S. 443.
[55] Vgl. Piers Paul Read, The Dreyfus Affair. The Story of the Most Infamous Miscarriage of Justice in French History, London u. a. 2012, S. 340–344.
[56] Kessler, Das Tagebuch, Bd. 4, S. 393 f.
[57] Hans Blüher, Werke und Tage. Geschichte eines Denkers, München 1953, S. 237 f. Tatsächlich war Eulenburg ein Bewunderer des Rassentheoretikers Arthur Comte de Gobineau und führte dessen Anhänger Houston Chamberlain bei Wilhelm II. ein. Zugleich unterstützten der Kaiser und Eulenburg den Zionismus Theodor Herzls; vgl. Domeier, Der Eulenburg-Skandal, S. 252–255 und 262 f.
[58] Vgl. die Skizzierung Hardens bei Alexander Gauland, Fürst Eulenburg. Ein preußischer Edelmann. Die konservative Alternative zur imperialen Weltpolitik Wilhelm[s] II., Potsdam 2010, S. 70 f.: „Es spricht nicht für die Stabilität des Reiches, dass ein aus dem Nichts aufgetauchter jüdi-

Maximilian Harden war der Künstlername jenes Schauspielers und späteren Publizisten, der 1861 in Berlin als Kind jüdischer Eltern unter dem Namen Felix Ernst Witkowski registriert worden war.[59] Doch immer wieder wurde dem umstrittenen Harden, der längst zum Christentum konvertiert war, in diversen Medien nachgesagt, sein eigentlicher Name laute „Isidor Witkowski". Nach dem Ersten Weltkrieg wurde lautstark gefragt: „Ob wohl Harden so viel Dumme gefunden hätte, wenn er unter seiner wahren Firma ‚Isidor Witkowski' gearbeitet hätte?"[60] Selbst jüdische Gegner Hardens schlugen in diese Kerbe – etwa der prominente Berliner Theaterkritiker Alfred Kerr, der – woran die Hamburger Wochenzeitung „Die Zeit" noch 1959 erinnerte – „seinen Feind Harden mit Namen wie ‚Isidor' oder ‚Schminkeles'" verunglimpft hatte.[61] Nachdem Harden 1922 ein rechtsradikales Attentat knapp überlebt hatte, fragte ihn der Richter im Prozess gegen die Täter, ob es stimme, dass er früher Isidor Witkowski geheißen habe. Harden bestätigte den Familiennamen, um dann zu bemerken: „Auf den schönen Vornamen Isidor habe ich keinen Anspruch. Viele Heilige der katholischen Kirche heißen so. Ich wurde bei meiner Geburt Maximilian Felix benannt."[62] Doch die Insinuation wurde derart oft wiederholt, dass die antisemitische Chiffre jahrzehntelang als Geburtsname Hardens galt.[63] Der junge Joseph Goebbels – noch kein Nationalsozialist, aber schon Antisemit – las 1924 den dritten Band der Harden'schen Portraitsammlung „Köpfe" (mit Beiträgen auch zum Eulenburg-Skandal) und glaubte daraufhin über Harden „alias Isidor Witkowski" bestens Bescheid zu wissen: „dieser verdammte Jude" sei „ein heuchlerischer Schweinehund" und ein „Verräter".[64] 1927 – unterdessen zum Berliner Gauleiter der NSDAP aufgestiegen – jubilierte Goebbels nicht nur, dass Harden „durch eine Lungenentzündung hingerichtet worden" sei, sondern belegte mit dem antisemitischen

---

scher Journalist, der als Schauspieler nicht reüssiert hatte, ein Mann ohne abgeschlossene höhere Schulbildung, ohne Stellung und Rang, bloß ausgestattet mit durchdringendem Verstand und einer raffinierten dialektischen Eloquenz, getrieben von Ehrgeiz und Leidenschaft, aber ohne jedes moralische Verantwortungsbewusstsein es allein auf sich gestellt fertig brachte, die wichtigsten Stützen des Thrones und anerkannten Freunde des Kaisers gesellschaftlich zu vernichten."
59 Sabine Armbrecht, Verkannte Liebe. Maximilian Hardens Haltung zu Deutschtum und Judentum, Oldenburg 1999, S. 45.
60 Paul Bang, Judas Schuldbuch. Eine deutsche Abrechnung, München 1919, S. 36.
61 Vgl. Wilhelm Herzog, Menschen, denen ich begegnete, Bern/München 1959, S. 75; Ludwig Marcuse, Wie alt kann Aktuelles sein? Literarische Porträts und Kritiken, München 1989, S. 321, mit dem Wiederabdruck seines „Zeit"-Artikels von 1959; Deborah Vietor-Engländer, Alfred Kerr. Die Biographie, Reinbek 2016, S. 254, wonach Kerr Harden 1915 wegen dessen in seinen Augen judenfeindlicher Shylock-Besprechung als „Schminkeles, der unzureichend getaufte Judenjunge", attackierte.
62 Zitiert nach Herzog, Menschen, denen ich begegnete, S. 84.
63 Björn Uwe Weller, Maximilian Harden und die „Zukunft", Bremen 1980, S. 11.
64 Zitiert nach Claus-Ekkehard Bärsch, Der junge Goebbels. Erlösung und Vernichtung, München 2004, S. 182.

Phantasie-Vornamen fortan den deutsch-jüdischen Vizepräsidenten der Berliner Polizei, Bernhard Weiß. Goebbels erläuterte: „Isidor: das ist kein Einzelmensch, keine Person im Sinne des Gesetzbuches. Isidor ist ein Typ, ein Geist, ein Gesicht, oder besser gesagt, eine Visage."[65]

Aus der bösartigen Melange widerstreitender homophober und antisemitischer Feindbilder ragte der österreichisch-jüdische Publizist Karl Kraus heraus. Letzterer brach im Skandaljahr 1907 öffentlich mit dem von ihm lange verehrten Harden, weil dieser „in das Geschlechtsleben politischer Gegner eingriff und im Namen des normalen Sexualempfindens im Gerichtssaal auftrat".[66] Kraus wurde zum ersten Kritiker der modernen *Politikstrategie des Outing*, die das ganze 20. Jahrhundert durchziehen sollte[67], und klagte Harden als Agenten heterosexueller Normalisierung an[68]: „Er ist der Schuldige jener neuzeitlichen Inquisition, [...] jener teuflischen Justiz, die in Schlafzimmern exorzisiert, Abweichungen von der ‚Norm' ahndet und das liebe Leben zum Tod durch den Samenstrang verurteilt." Kraus fand es empörend, dass – wie im Moltke-Harden-Prozess vorexerziert – „einem von einem Amtsrichter und zwei Schöffen, in Anwesenheit der Vertreter der Presse und unter Hinzuziehung des Dr. Magnus Hirschfeld das Geschlecht bestimmt wird".[69] Damit nahm Kraus auch die fragwürdige Sachverständigen-Rolle des Sexualwissenschaftlers Hirschfeld aufs Korn – schlug doch dessen „Stunde der Sexualwissenschaft" ausgerechnet im Dienste der „Harden-Partei".[70] Gerichtsgutachter Hirschfeld lieferte Versatzstücke für homophobe Feindbilder, wenn „der feminine Einschlag bei homosexuellen Männern" von ihm ebenso behauptet wurde wie deren systematisches Bestreben, „ihre Neigungen zu verbergen".[71] Die Stereotype der *Tunte* und des *Unholds*, welche Gisela Bleibtreu-Ehrenberg Jahrzehnte später ideologiekritisch thema-

---

65 Peter Longerich, Goebbels. Biographie, München 2010, S. 102 f.
66 Friedrich Rothe, Karl Kraus. Die Biographie, München/Zürich 2003, S. 206. Insofern hat Hans Blüher Kraus' Haltung im Eulenburg-Skandal gründlich missverstanden, wenn er dem „Jude[n] Karl Kraus" vorwarf, „die schrecklichsten Witze" über Homosexualität veröffentlicht zu haben; vgl. Blüher, Werke und Tage, S. 238. Solche Glossen dienten Kraus vielmehr zur Anprangerung von Homophobie.
67 Heilmann, Normalität auf Bewährung, S. 142, wo auf Eulenburg 1907/08 und Röhm 1931/32 verwiesen wird, aber auch auf Wörner/Kießling 1984 oder Barschel/Engholm 1987.
68 Hierzu luzide Mayer, Außenseiter, S. 181.
69 Karl Kraus, Maximilian Harden. Eine Erledigung, in: Die Fackel 9 (1907), Nr. 234–235 vom 31.10.1907, S. 1–36, hier insb. S. 25 f. und 36.
70 Domeier, Der Eulenburg-Skandal, S. 159 f.; Elena Mancini, Magnus Hirschfeld and the Quest for Sexual Freedom. A History of the First International Sexual Freedom Movement, New York 2010, S. 99–102.
71 Hugo Friedländer, Interessante Kriminal-Prozesse von kulturhistorischer Bedeutung. Darstellung merkwürdiger Strafrechtsfälle aus Gegenwart und Jüngstvergangenheit, Bd. 11, Berlin-Grunewald 1920, S. 67–69.

tisieren sollte⁷², erhielten ausgerechnet durch Magnus Hirschfeld ihre frühen wissenschaftlichen Weihen.

1907 rechnete der Medienmann Karl Kraus mit dem modernen Medienzeitalter ab: „Die Hölle der Neuzeit ist mit Druckerschwärze ausgepicht." Der Eulenburg-Skandal war für diesen hellsichtigen Kritiker nur der Höhepunkt einer Medienstrategie, die gezielt über privateste sexuelle Angelegenheiten berichtete (sei es „die Sexualität der sächsischen Kronprinzessin" oder der Tod einer Prostituierten), um daraus ein „Zeitungsgeschäft" zu machen. Neben dem Tabubruch gegenüber dem Privaten verübelte Kraus dem einst von ihm verehrten Harden vor allem die Strategie hemmungsloser Insinuation, die auf echte Beweise verzichtete: „Musikalische Anlage ist ein Verdacht, getrennte Schlafzimmer sind ein Beweis, das Taschentuch eines Freundes [...] wird zum homosexuellen Fetisch, und ein Scherzname, wie er sich zwischen Kindern einer Familie bis ins Alter erhält, wird zum Losungswort des Straßenpöbels. Und dem Herrn Harden, der seinem Gott nicht einmal dafür dankt, daß sein ehelicher Rufname ‚Maxi' ihn bis heute nicht in homosexuellen Verdacht gebracht hat, sieht man ‚Männer die Hand schütteln'." Am Ende erklärte Kraus dem Skandal-Journalismus mit Dialektik den Krieg: „Der Prozeß Harden-Moltke ist ein Sieg der Information über die Kultur. Um in solchen Schlachten zu bestehen, muß die Menschheit lernen, sich über den Journalismus zu informieren."⁷³

Es war eine folgerichtige Ironie, dass später auch Hardens eigene Geschlechtsidentität öffentlich in Zweifel gezogen wurde.⁷⁴ Zwar wurde selbst von Feinden als „unantastbares Verdienst" Hardens anerkannt, „daß er seinerzeit den Schleier von hohen und höchsten Kreisen" gehoben habe „und die homosexuellen Entartungen und ihre widerlichen Folgen unbarmherzig aufdeckte". Doch zugleich wurde von Harden-Gegnern, die einen „zu eindeutig antisemitischen" Angriff ablehnten, die böse Charakteristik vom „Weib in Mannsgestalt" lanciert: „Harden hat etwas Weibisches in seinem Äußern, in seinem Charakter, in seinen Schriften", hieß es in einer Schmähschrift von 1920; wie eine Dirne schminke der Journalist „sein stolzfinsteres Gesicht".⁷⁵ Dieselbe Nivellierung der Lebensformen durch Skandalisierung, die Harden einst gegen den Zirkel um Eulenburg ins Feld geführt hatte, traf nun ihn selbst.

---

72 Vgl. Bleibtreu-Ehrenberg, Homosexualität, S. 378 f.
73 Kraus, Maximilian Harden. Eine Erledigung, in: Die Fackel 9 (1907), S. 1 f., 21, 27 und 36. Neben Kraus nahm der Chefredakteur des „Berliner Tageblatts" Theodor Wolff Harden „den gerichtsnotorisch gewordenen Bruch der Privatsphäre in einer Phase seiner Eulenburg-Moltke-Prozesse besonders übel, ‚was mir sozusagen wider die Natur ging', wie er Harden schrieb und scharf, fast beleidigend hinzufügte, ‚obgleich es Ihnen vielleicht als etwas Selbstverständliches erscheint'"; vgl. Bernd Sösemann, Theodor Wolff. Ein Leben mit der Zeitung, Stuttgart 2012, S. 88.
74 Sombart, Wilhelm II., S. 201, vermutet, dass Harden durch „Negation der eigenen homosexuellen Komponente zum Typ des homosexuellen Verfolgers" geworden sei.
75 Dietrich Stürmer, Maximilian Harden: Der geheimnisvolle Gewaltige?! Eine Studie, Leipzig 1920, S. 17 und 19 f.

Schon sein berühmter jüdischer Gegner Alfred Kerr hatte Harden als „Isidor Schminkeles" verunglimpft[76] und dadurch die Feindbilder des Juden und des Effeminierten verknüpft. Später schuf der bekannte deutsch-jüdische Schriftsteller Jakob Wassermann in seiner letzten Veröffentlichung eine Negativfigur, in der man unschwer Maximilian Harden erkannte. Im 1933/34 erschienenen ersten Jahrgang der Exil-Zeitschrift „Neue Deutsche Blätter" prangerte Ludwig Marcuse dies als „große Ungerechtigkeit" an: „Was sieht Wassermann von Harden? Seinen Machttrieb! Seine feminine Eitelkeit! Seinen Zettelkasten! Seine Erpressungstaktik! Sonst nichts."[77] Noch lange nach dem Zweiten Weltkrieg musste ein Verteidiger Hardens betonen, bei seinen Begegnungen mit dem Journalisten habe er „von Schminke, die er – wie seine Feinde behaupteten – anwende, [...] nichts bemerkt".[78] Wurde in solchen Polemiken gegen den (übrigens verheirateten) Harden ungeniert ein homophobes Feindbild vom effeminierten Mann ins Feld geführt, verlegte sich die antisemitische NS-Historiographie zwischenzeitlich auf das noch gehässigere Bild von dem im Dunkeln lauernden *Unhold* und zeichnete Harden als hinterhältige Spinne oder Schlange.[79]

Wenn Adolf Hitler in seiner Reichstagsrede vom Juli 1934 ein homosexuelles Netzwerk um den liquidierten SA-Stabschef Ernst Röhm als Verschwörergruppe präsentierte[80], griff der Diktator auf jenes Feindbild von der homosexuellen Clique zurück, das mit dem Eulenburg-Skandal geschaffen geworden war. Dieses Feindbild war in der Weimarer Zeit erneut in Erinnerung gerufen worden – wenn etwa der frühere Kriminalkommissar Hans von Tresckow 1922 bekräftigte, dass „die Homosexuellen miteinander wie die Kletten zusammenhingen und keiner vor dem anderen ein Geheimnis hatte", dass deshalb der Eulenburg-Kreis systematisch „eine Mauer um den Kaiser" habe bilden können, „die ihm den freien Ausblick erschwerte" und „möglichst nur Leute ihres Schlages in die intime Nähe des Herrschers" gelassen habe. Tresckow äußerte gewisses Verständnis für die gegenseitige Solidarität unter Homosexuellen angesichts ihrer stets drohenden Ausgrenzung und erklärte damit deren angebliche Neigung zu Verstellung und Heuchelei.[81] Zugleich aber aktivierte der Ex-Kommissar ein tiefsitzendes Feindbild aller Konservativen in Deutschland, indem er die Homosexuellen mit den *Freimaurern* verglich: „Die Homosexuellen erkennen sich untereinander oft bei dem ersten Blick, es ist, als ob sie einem Freimaurerorden angehörten". Der einst auch für die Berliner Homosexuellen zuständig gewesene Kriminalist fuhr fort: „Ich habe es mir nicht erklären können, aber wenn man wie ich viele hunderte von Homosexuellen gesehen und gesprochen hat, in Si-

---

76 Herzog, Menschen, denen ich begegnete, S. 75; Marcuse, Wie alt kann Aktuelles sein?, S. 321.
77 Marcuse, Wie alt kann Aktuelles sein?, S. 77 f., mit dem Wiederabdruck der Exil-Rezension.
78 Herzog, Menschen, denen ich begegnete, S. 71.
79 Frank, „Höre Israel!", S. 171 und 178.
80 Hancock, Ernst Röhm, S. 162 f.
81 Tresckow, Von Fürsten und anderen Sterblichen, S. 134 f.

tuationen, wo sie sich natürlich geben, da merkt man am Mienenspiel, an den Bewegungen der Hand, am Tonfall der Sprache, an den wiegenden Hüftbewegungen während des Gehens und anderen Zeichen, wen man vor sich hat. Es gehört natürlich ein für diese Wesensart geschärfter und geschulter Blick dazu."[82]

Zwanzig Jahre nach Tresckow beschrieb der stellvertretende NS-Reichsgesundheitsführer Dr. Kurt Blome die eigenartigen Begrüßungsrituale unter Freimaurern, die er als Militärarzt während des Ersten Weltkrieges ahnungslos kennengelernt hatte: „Als mir gelegentlich wieder so etwas passiert war, fragte ich meine Kameraden, ob [...] der betreffende Offizier vielleicht homosexuell sei?" Letzteres wurde zur Beruhigung Blomes verneint, aber ihm blieb eine tiefe Empörung darüber, dass „die internationalen Bindungen durch die Freimaurerei [...] sogar so weit" gingen, „daß sich während des Weltkrieges Deutsche und Franzosen in besonderen *Feldlogen* zum ‚Mauern' zusammenfanden". Für Blome und „jeden, der seine fünf Sinne beisammen hat", war evident, „daß ein derartiges Treiben nicht nur schamlos ist, sondern auch der Spionage Vorschub leistet und in einem Krieg, wo es um Leben und Tod geht, ein unmöglicher Zustand ist".[83] Dabei waren kurzfristige Waffenstillstände an Frontabschnitten im Ersten Weltkrieg möglicherweise gar nicht so selten und auch nicht nur Blomes Freimaurern vorbehalten.[84]

Bereits 1905 hatte der bekannte Schweizer Psychiater Auguste Forel behauptet, homosexuelle Männer „erkennen sich wunderbar untereinander und bilden eine geheime Clique, eine Art Freimaurerei".[85] Schlug der sozialdemokratische „Vorwärts" – womöglich unbewusst – in dieselbe Kerbe, als er 1907 den Harden-Moltke-Prozess als „Prozeß der Unsichtbaren" apostrophierte?[86] In homophoben Pamphleten jener Jahre war die Gleichsetzung homosexueller Seilschaften mit der Freimaurerei nicht unüblich. Ein Kaleidoskop aller relevanten Feindbilder bot 1919 der Wiener Mediziner Eugen Fried, als er die ihm verhassten homosexuellen Netzwerke nicht nur als giftig-bedrohliches „Otterngezücht" attackierte, sondern auch als „die warmen Logenbrüder" – also homosexuelle Freimaurer oder freimaurerähnliche Homosexuelle –, als „Camorra der abwegig Orientierten" mit mafia-ähnlichen Geheimstrukturen, und schließlich auch noch als „urnische Camarilla".[87]

---

82 Vgl. ebenda, S. 113.
83 Kurt Blome, Arzt im Kampf. Erlebnisse und Gedanken, Leipzig 1942, S. 208 f.
84 Wolfgang Gans Edler Herr zu Putlitz, Laaske, London und Haiti. Zeitgeschichtliche Miniaturen, Berlin [Ost] 1965, S. 32–35 und 63–68, berichtet von Waffenstillständen zwischen aristokratischen Offizieren zwecks gemeinsamer Jagden und zwischen Soldaten zwecks Weihnachtsfeiern oder für Tauschhandel.
85 Auguste Forel, Die sexuelle Frage. Eine naturwissenschaftliche, psychologische, hygienische und soziologische Studie für Gebildete, München 1905, S. 249.
86 Zitiert nach Thoma, Der große Skandal, S. 269.
87 Eugen Fried, Das männliche Urningtum in seiner sozialen Bedeutung, Wien 1919, S. 9 und 22.

Dass ein Franko-Schweizer wie Professor Forel solche Vergleiche zog, kann nur überraschen, wenn man jene medizinischen und sittenpolizeilichen Diskurse in Frankreich nicht kennt, die bereits seit Mitte des 19. Jahrhunderts Homosexuelle als besondere und besonders verächtliche Spielart der Freimaurerei thematisierten. Ins Positive gewendet wurde diese Idee einer organisierten und solidarischen, ebenso wirkmächtigen wie diskreten „franc-maçonnerie" zu Beginn des 20. Jahrhunderts wiederum bei Schriftstellern wie Marcel Proust. Doch der Tenor der französischen Diskurse über eine homosexuelle „confrerie" (Bruderschaft) oder ein „syndicat" war eindeutig negativ und akzentuierte die Bedrohlichkeit solcher Vernetzung. Einerseits wünschte die tonangebende Öffentlichkeit nicht, dass Homosexuelle öffentlich sichtbar wurden, doch zur selben Zeit machte sie ihnen – wie Régis Revenin treffend feststellt – ihre Unsichtbarkeit zum Vorwurf.[88] Kommissar von Tresckows prominenter französischer Kollege François Carlier, zwischen 1850 und 1870 Chef der Sittlichkeitspolizei der Pariser Präfektur[89], prägte in Publikationen der 1880er Jahre nicht nur das öffentliche Bild vom homosexuellen Kriminellen mit[90], sondern auch die Vorstellung von einer gefährlichen, fremden und vor allem geheimen Gemeinschaft der Homosexuellen als einer spezifischen „Freimaurerei des Lasters".[91] Carlier zeichnete Homosexuelle als Angehörige einer national ungebundenen, „kosmopolitischen Gesellschaft", deren lasterhaftes Treiben zu keinem Land gehöre, sondern vielmehr allen Ländern aufgezwungen würde.[92] Zwanzig Jahre nach Carlier sollte Kommissar von Tresckow in Deutschland während des Eulenburg-Skandals beobachten, „wie die Homosexuellen sich gegenseitig helfen und weiterbefördern". Daraus zog er 1922 bissig den Schluss: „Früher mußte man, um Karriere zu machen, Freimaurer sein oder ein galanter Kurmacher einflußreicher Damen, heute ist es praktisch, homosexuelle Neigungen zu haben oder sie wenigstens vorzutäuschen."[93]

Die Freimaurerlogen des 18. und 19. Jahrhunderts waren ein durch Geheimhaltung geschützter ständeübergreifender politisch-soziokultureller Kommunikationsraum[94], doch schon vor der Französischen Revolution von 1789 unterstellte man ihnen auch die Tendenz zu revolutionären Verschwörungen. Zwar hatte lediglich im

---

[88] Revenin, Homosexualité et Prostitution Masculines à Paris, S. 99 f.
[89] Florence Tamagne, A History of Sexuality in Europe, Bd. 1 & 2: Berlin, London, Paris 1919–1939, New York 2006, S. 54, Anm. 145.
[90] Ebenda, S. 153.
[91] Christopher E. Forth, The Dreyfus Affair and the Crisis of French Manhood, Baltimore/London 2004, S. 45 und 249, Anm. 79.
[92] Ebenda, S. 46 und 249, Anm. 84.
[93] Tresckow, Von Fürsten und anderen Sterblichen, S. 191. „Kurmacher" bezeichnet jemanden, der Damen „den Hof (französisch: cour) macht", also galant „hofierte".
[94] Georg Gottfried Gervinus, Geschichte des neunzehnten Jahrhunderts seit den Wiener Verträgen, Bd. 2, Leipzig 1856, S. 112–114.

Falle der „Illuminaten" eine solche Politisierung bewiesen werden können: „Während die Freimaurer eher eine Art offenes Geheimnis praktizierten und daher repräsentative Treffpunkte und Logenhäuser unterhielten, operierten Geheimbünde wie die [...] 1776 gegründeten Illuminaten mit der Idee einer Aufklärung aus dem Untergrund".[95] Doch seit der Aufdeckung und Verfolgung des staatsgefährdenden Illuminaten-Ordens in den 1780er Jahren betrieben Konservative die generelle Stigmatisierung der Freimaurer durch den immer wieder artikulierten „Verdacht einer weltumspannenden Verschwörung, die von den Logen geplant werde", was zwischen dem späten 18. Jahrhundert bis ins 20. Jahrhundert hinein immer wieder staatliche Verfolgungsaktionen auslöste.[96] Die liberal-protestantische Geschichtsschreibung des 19. Jahrhunderts stellten den straff geführten katholischen Jesuitenorden und die protestantisch geprägte Freimaurerei als antagonistische Geheimorganisationen einander gegenüber.[97] Der frühere Chef der österreichisch-ungarischen Militärspionage, Feldmarschallleutnant August Urbanski von Ostrymiecz, bezeichnete nach dem Ersten Weltkrieg das internationale Freimaurertum als hochgefährlichen Feind der von der westlichen „Entente" besiegten, von Deutschland geführten „Mittelmächte". Urbanski hielt es für denkbar, dass die Freimaurer sogar hinter dem Attentat von Sarajevo gestanden hätten – hinter jenem Mord am österreichisch-ungarischen Thronfolgerpaar am 28. Juni 1914, der den unmittelbaren Anlass für den Ersten Weltkrieg gegeben hatte.[98] Vollends wurde die „Weltfreimaurerei" in den Augen alldeutscher Pamphletisten als Herrschaftsinstrument eines weltweit vernetzt vorgestellten „Judentums" stigmatisiert.[99] Hitler knüpfte in „Mein Kampf" an solche antisemitischen Verschwörungstheorien gerne an.[100]

Zur Dämonisierung einflussreicher Cliquen mit Zugang zum Machthaber stand neben den Freimaurern ein weiteres hochpolitisiertes Feindbild zur Verfügung: Die

---

[95] Steffen Martus, Aufklärung. Das deutsche 18. Jahrhundert – Ein Epochenbild, Berlin 2015, S. 739.
[96] Hans-Ulrich Wehler, Deutsche Gesellschaftsgeschichte, Bd. 1: Vom Feudalismus des „Alten Reiches" bis zur „defensiven Modernisierung" der Reformära (1700–1815), München 1987, S. 324.
[97] Karl Biedermann, Deutschlands geistige, sittliche und gesellige Zustände im Achtzehnten Jahrhundert, Bd. 2, Teilbd. 2, Leipzig 1880, S. 1109–1113.
[98] Vgl. August Urbanski von Ostrymiecz, Spionage und Freimaurertum, in: Die Weltkriegsspionage (Original-Spionage-Werk). Authentische Enthüllungen über Entstehung, Art, Arbeit, Technik, Schliche, Handlungen, Wirkungen und Geheimnisse der Spionage vor, während und nach dem Kriege auf Grund amtlichen Materials aus Kriegs-, Militär-, Gerichts- und Reichsarchiven. Vom Leben und Sterben, von den Taten und Abenteuern der bedeutendsten Agenten bei Freund und Feind, hrsg. mit einem Vorwort von Generalmajor von Lettow-Vorbeck von Ludwig Altmann u. a., München 1931, S. 312–322.
[99] Hans Wilhelm Hermann Freiherr von Liebig, Der Betrug am deutschen Volke, München 1920, S. 85 und 106.
[100] Hitler, Mein Kampf. Eine kritische Edition, im Auftrag des Instituts für Zeitgeschichte München-Berlin hrsg. von Christian Hartmann u. a., Bd. 1, München 2016, S. 823.

sogenannte *Kamarilla* – eine geheimnisvolle Gruppe im privaten „Kämmerlein" eines Monarchen oder Machthabers. Der damals linksliberale Publizist Ludwig Thoma definierte 1907: „Kamarilla ist das Böse, was den guten Fürsten umgibt". Als dieses Feindbild im Eulenburg-Skandal Verbreitung fand, sah Thoma darin „wieder einmal den Beweis, daß Schlagworte bei uns jeden eigenen Gedanken ersetzen". Die Anwendung des Begriffs „Kamarilla" bezeichne Eulenburg und dessen Kreis als geheimnisvolle und in ihrer Wirkung verhängnisvolle Gruppe in engster Umgebung des Kaisers, ohne dass bewiesen worden wäre, dass diese Gruppe tatsächlich „die verderblichen Einflüsse einer Kamarilla" ausgeübt habe.[101]

Das Feindbild der höfischen „Kamarilla" war bereits für aufgeklärte Bürger des 18. und liberale Bürger des 19. Jahrhunderts ein Begriff gewesen. Für die Restaurationszeit nach dem Sturz Napoleons definierte der liberale Historiker Georg Gottfried Gervinus 1856 diesen Terminus (mit Blick auf das bourbonische Spanien) als „Sitz der Ränke", „von wo der Auswurf der Gesellschaft nach und nach an alle Stellen gebracht wurde, wo [...] ein sinnloses System der Leidenschaft, der Rache, der Habsucht ausgebildet ward". Korruption und Sittenlosigkeit gehörten zu den geläufigen Anklagen.[102] Das liberale Unwerturteil über den „Schmutz der Camarilla" stand von vornherein fest[103] und wurde von einer nachrückenden Generation deutschnationaler Historiker vollauf geteilt.[104] Es war Heinrich von Treitschke, der den Kulturtransfer des Kampfbegriffs „Camarilla" nach Deutschland ins Revolutionsjahr 1848 datierte – auf einen Bauernaufstand gegen den Karlsruher Hof: „Die Schwarzwälder Bauern dachten sich darunter irgendein bösartiges Frauenzimmer. Was diese verrufene Kamarilla eigentlich trieb, das ließ sich aus der Masse der umlaufenden Klatschereien allerdings nicht erkennen".[105]

Hier fällt die *Geschlechter-Dimension* des Feindbilds ins Auge, die sich ähnlich auch in Österreich fand, wo die Flucht des Hofes aus dem revolutionären Wien 1848 „der Camarilla" und „der Aristokratie" als Trägern „einer reaktionären Verschwörung" zugeschrieben wurde. Der konservative Historiker Alexander von Helfert berichtete 1909 über „das endlose und blöde Geschwätz über die ‚Camarilla'", in deren Zentrum eine „leibhaftige Frauensperson" identifiziert worden sei, eine Kammerfrau der Kaiserin mit dem italienischem Namen Cibbini, während ein Graf Bombelles – aus einst vor der Französischen Revolution nach Österreich emigrierter Diplo-

---

101 Thoma, Der große Skandal, S. 270.
102 Gervinus, Geschichte des neunzehnten Jahrhunderts, Bd. 2, S. 163–165, hier insb. S. 163.
103 Ebenda, S. 184.
104 Heinrich von Treitschke, Deutsche Geschichte im Neunzehnten Jahrhundert, 5 Bde., Leipzig 1928, hier insb. Bd. 3, S. 153.
105 Treitschke, Deutsche Geschichte im Neunzehnten Jahrhundert, Bd. 5, S. 661.

matenfamilie – als der im Hintergrund intrigierende „Judas, der Erzschelm", angeprangert worden sei.[106]

Die Revolution bürgerlicher Nationalisten kombinierte Adels-, Frauen- und Fremdenhass. Der liberale Historiker Anton Springer hatte 1865 – wie später Helfert – festgestellt, dass viele Revolutionäre gar nicht gewusst hätten, „wer oder was eigentlich die Camarilla sei": „Die Kutte, der Weiberrock, die Soldatenuniform, der gestickte Diplomatenfrack wurden abwechselnd als die Tracht der Camarilla behauptet. So verschieden auch die Meinungen über das Wesen, das Aussehen, selbst das Geschlecht der Camarilla sein mochten, darin kam alle Welt überein, daß die Camarilla etwas Grundböses sei, das um keinen Preis geduldet werden dürfe."[107] Solche Unwissenheit fehlte auch im Eulenburg-Skandal nicht, als sich 1907 „ein oberbayrischer Milchmann spontan bei Hardens Verteidiger gemeldet" haben soll, um den Fürsten gemeinsamer Jugendsünden durch das Geständnis anzuklagen: „Mit mir hat er ja die Kramilla gemacht". Durch ein „Mißverständnis über das Wort ‚Kamarilla'" hielt der Belastungszeuge den politischen Kampfbegriff irrtümlich „für eine Vokabel aus dem Bereich des Sexuallebens", wie ein Sittenhistoriker der 1950er Jahre mit einer Spur Bildungshochmut kommentierte.[108] Der herablassende Kommentar übersah, dass der Zeuge aus der Unterschicht trotz Unwissenheit an der Spitze des Fortschritts marschiert war, denn durch den Eulenburg-Skandal wurde die „Kamarilla" tatsächlich aus einem politischen zu einem politisch-sexuellen Kampfbegriff umgeprägt. Aus der höfischen wurde eine „perverse" Kamarilla. Hardens Artikel galten als „Enthüllungen über eine angebliche Kamarilla", in der „krankhafte Neigungen" gepflegt würden.[109]

Das politische Feindbild besagte, dass eine „Kamarilla" stets reaktionär war; geheime Ratgeber mit progressiver Einstellung wurden mit dem Stigma kaum je belegt. Eine Ausnahme war, als SPD-Chef August Bebel im November 1907 im Reichstag gegen den „mittelalterlichen Spuk der Kamarillen- und Höflingswirtschaft" wetterte und Reichskanzler Fürst Bülow mit der Bemerkung konterte, es gebe „nicht nur eine höfische Kamarilla, es gibt auch eine rote Kamarilla", welche über die Medien die Massen manipuliere.[110] Ansonsten war es in Deutschland nach 1848 üblich, den Begriff primär auf jene um den preußischen König Friedrich Wilhelm IV. (1840–1861) gescharte „konservative", wenn nicht „ultrakonservative Kamarilla" der

---

[106] Joseph Alexander Freiherr von Helfert, Geschichte der österreichischen Revolution im Zusammenhange mit der mitteleuropäischen Bewegung der Jahre 1848–1849, Bd. 2, Freiburg/Wien 1909, S. 245 und 254.
[107] Anton Springer, Geschichte Österreichs seit dem Wiener Frieden 1809, Bd. 2, Leipzig 1865, S. 318f.
[108] Morus, Eine Weltgeschichte der Sexualität, S. 302.
[109] Schulthess' Europäischer Geschichtskalender, 81 Bde. (1860–1940), hrsg. von H.[einrich] Schulthess u. a., Nördlingen bzw. München 1861–1942, hier insb. Bd. 48 (1907), S. 120.
[110] Bösch, Öffentliche Geheimnisse, S. 152.

1850er Jahre zu beziehen, die sich um die Brüder Leopold und Ernst Ludwig von Gerlach gebildet und vergeblich versucht hatte, den Monarchen zum Staatsstreich gegen die Verfassung zu bewegen.[111] Auch in den Prozessen, die 1907/08 im Zentrum des Eulenburg-Skandals standen, fiel wiederholt das Stichwort „Kamarilla".[112] Harden selbst zog den Vergleich zur Gerlach-Kamarilla, als er mit Blick auf den Eulenburg-Kreis polemisch fragte: „Ist es normal, daß man vom Deutschen Kaiser als vom ‚Liebchen' spricht? Das sind schlimmere Dinge als die unter Friedrich Wilhelm IV."[113] Pikanterweise hatte zur „Camarilla" um den Großonkel Wilhelms II. mit ihrem „unerfreuliche[n] Bild von Hofkabalen, geheimen Einflüssen und persönlichen Bestrebungen" zeitweilig „auch Bismarck" gehört[114], den Harden 1907 als Kronzeugen gegen die Eulenburg-Gruppe ins Feld führte.

„*Die Kutte, der Weiberrock, die Soldatenuniform, der Diplomatenfrack*": Im Kampf gegen eine höfische „Kamarilla" wurden diverse Feindbilder des männlichen Bürgertums gebündelt – das Antiklerikale, das Antifeminine, das Antimilitaristische und das Antiaristokratische. Zweieinhalb Jahrzehnte später umgab Reichspräsident Paul von Hindenburg (1925–1934) in der Sicht kritischer Zeitgenossen ebenfalls eine „Kamarilla", die man für den Sturz des Reichskanzlers Heinrich Brüning 1932 ebenso verantwortlich machte wie für die Ernennung Hitlers zum Regierungschef im Januar 1933.[115] Wiederum ging es um eine politisch unverantwortliche, aus den Hinterzimmern der Macht handelnde geheime Entourage, die sich wesentlich aus Adligen und Militärs zusammensetzte.[116] Auch die sich angeblich um Fürst Eulenburg gruppierende „Kamarilla" am Hofe Wilhelms II. war fast exklusiv aristokratisch und teilte sich in Militärs und Diplomaten; zwar fehlten Frauen, doch deren Rolle konnte von effeminiert-homosexuellen „Hofschranzen" übernommen werden. Nur intrigante Geistliche kamen kaum zur Geltung, obschon in den Skandal-Prozessen auch ein adliger Klosterprobst am Rande Erwähnung fand.[117]

---

111 Heinrich August Winkler, Geschichte des Westens, Bd. 1: Von den Anfängen in der Antike bis zum 20. Jahrhundert, München 2009, S. 616 und 712; David E. Barclay, Anarchie und guter Wille. Friedrich Wilhelm IV. und die preußische Monarchie, Berlin 1995, S. 226–246; Hans-Christof Kraus, Ernst Ludwig von Gerlach. Politisches Denken und Handeln eines preußischen Altkonservativen, 2 Bde., Göttingen 1994.
112 Friedländer, Interessante Kriminal-Prozesse, Bd. 11, S. 21, S. 165 und 178.
113 Ebenda, S. 98. Zur Geschichte der Kamarilla-Kritik unter diversen Hohenzollern-Monarchen vgl. Domeier, Der Eulenburg-Skandal, S. 216–223.
114 Friedrich Meinecke, Die Tagebücher des Generals v. Gerlach, in: Ders., Preußen und Deutschland im 19. und 20. Jahrhundert. Historische und politische Aufsätze, München/Berlin 1918, S. 248–278, hier insb. S. 255–257.
115 Ulrich Herbert, Geschichte Deutschlands im 20. Jahrhundert, München 2014, S. 290–301.
116 Wolfram Pyta, Hindenburg. Herrschaft zwischen Hohenzollern und Hitler, München 2007, S. 471 und 559–568. Hier wird jedoch der einflussreiche Franz von Papen nicht erwähnt.
117 Vgl. Friedlaender, Interessante Kriminal-Prozesse, Bd. 11, S. 14.

Bis Jahresende 1907 war die Aufregung der deutschen Öffentlichkeit derart gestiegen, dass sich Fürst Bülow gezwungen sah, im Reichstag die Existenz einer Kamarilla ausdrücklich zu bestreiten: „Werfen wir dies Wort dahin, wo es hingehört, nämlich in die Vergangenheit!", rief der Kanzler und griff zum Hilfsmittel der Fremdenfeindlichkeit: „Kamarilla ist kein deutsches Wort, Kamarilla ist eine fremde Giftpflanze, und man hat nie versucht, diese Giftpflanze in Deutschland einzupflanzen ohne großen Schaden für die Fürsten und großen Schaden für das Volk."[118] Zahlreiche Zeitungs-Karikaturen übernahmen Bülows Bild von der „Kamarilla als Giftpflanze".[119] Noch 1931 kam eine Dramatisierung der „Kamarilla" um Fürst Eulenburg auf die Bühnenbretter, um an „ein Stück deutschen Schicksals" zu erinnern.[120] Denn dass „Eulenburg und Konsorten" zu jener Art höfischer „Lakaien" gehört hätten, die alles getan hatten, um dem deutschen Kaiser den freien Blick auf die Wirklichkeit zu versperren, wurde nach dem Skandal von 1907/08 in der deutschen Öffentlichkeit zur festen Gewissheit.[121]

Der Skandal um eine geheimnisvolle, schädliche und zu allem Überfluss auch noch *homosexuelle* „Kamarilla" um den deutschen Kaiser war im damaligen Europa einzigartig. Eine vergleichbare Skandalisierung von Homosexualität in den politischen Eliten kam nirgends sonst zum Durchbruch, obwohl auch London, Wien oder St. Petersburg Anknüpfungspunkte geboten hätten. Trotz einer Menge russischer Kandidaten für eine homosexuelle Skandalfigur produzierte das Zarenreich keinen russischen Oscar Wilde, Oberst Redl oder Fürst Eulenburg – und das heißt: *keine öffentlich angeprangerte Figur*, deren Homosexualität politisch instrumentalisiert worden wäre. In Russland blieben trotz eines seit 1905 existierenden Parlaments und trotz vorhandener, wenn auch staatlich kontrollierter bürgerlicher Presselandschaft bis zum Sturz der Monarchie im März 1917 die traditionellen Strategien der Diskretion und Verschleierung intakt. Nötigenfalls verhinderte ein Machtwort des Zaren einen Skandal; so wurden Ermittlungen gegen homo- oder bisexuelle Angehörige der Herrscherdynastie oder der Aristokratie mehrfach auf allerhöchsten Befehl gestoppt.[122]

---

118 Ebenda, S. 172; Bernhard Fürst von Bülow, Denkwürdigkeiten, 4 Bde., Berlin 1930–1931, hier insb. Bd. 2, S. 307 f.
119 Martin Kohlrausch, Der Monarch im Skandal. Die Logik der Massenmedien und die Transformation der wilhelminischen Monarchie, Berlin 2005, S. 187, Anm. 145.
120 Ebenda, S. 413, Anm. 149, wo auch auf eine Verfilmung des Sujets hingewiesen wird; vgl. auch Fritz Ernst Bettauer (mit Georg Lichey), Die Kamarilla. Ein Stück deutschen Schicksals in zehn Bildern, Schweidnitz 1932. Unklar ist, welche Bühnenwirkung dieses Stück eines deutsch-jüdischen Dramatikers angesichts der alsbald folgenden NS-Diktatur erreichen konnte.
121 Peter Boxl, Die offenen Fenster am Schlosse zu Berlin, in: März. Halbmonatsschrift für deutsche Kultur 4 (1910), Bd. 1, S. 488 f., hier insb. S. 489.
122 Dan Healey, Homosexual Desire in Revolutionary Russia. The Regulation of Sexual and Gender Dissent, Chicago/London 2001, S. 93 und 99.

Die perfekte Besetzung für einen „russischen Eulenburg" hätte Fürst Wladimir Meschtscherski abgegeben.[123] Dieser Jugendfreund des Zaren Alexander III. (1881–1894) wurde sowohl von diesem als auch von dessen Sohn Nikolai II. (1894–1917) als politischer Berater geschätzt und als Herausgeber einer ultrakonservativen Zeitung großzügig subventioniert.[124] Meschtscherski konnte Karrieren von Ministern fördern, behindern und zuweilen beenden[125], unterhielt einen personalpolitisch einflussreichen reaktionären Salon[126] und lebte in dem Ruf, seine homosexuellen Liebhaber auf prominente Positionen bei Hofe einsetzen zu können.[127] Freilich war sein Einfluss nicht unbegrenzt, wie Russlands Eintritt in den Ersten Weltkrieg zeigt, von dem der im Juli 1914 verstorbene Fürst dringend abgeraten hatte.[128] Ungeniert bewegte sich dieser homosexuelle Aristokrat „stets in Begleitung von jungen Gardeoffizieren" und war in der Petersburger Gesellschaft als „Prinz von Sodom" berüchtigt. Dies verschloss ihm manche Türen, aber nicht die wichtigsten. Ein Nachfahre von Verwandten, welche es entschieden abgelehnt hatten, „den alten Lüstling in ihrem Haus zu empfangen", erinnert sich: „Es hieß, seine Frau habe ihn mit einem Regimentstrompeter *in flagranti* ertappt. Hinter vorgehaltener Hand konnte man auch hören, er ziehe Frauenkleider an. Seine lockeren Sitten schienen jedoch all jene nicht zu stören, die ihn wegen seiner politischen Überzeugungen lasen."[129] Zu diesen Lesern zählte das letzte Zarenpaar, das Meschtscherski schätzte, obwohl er einst im kaiserlichen Palast bei sexuellen Handlungen mit einem jungen Gardeoffizier ertappt worden sein soll.[130] Entscheidend ist: Die Homosexualität dieses nichtoffiziellen Ratgebers zweier Kaiser wurde – anders als jene des Fürsten Eulenburg in Deutschland – in Russland niemals öffentlich skandalisiert, um seinen politischen Einfluss zu bekämpfen. Selbst nach dem Sturz der Monarchie erwähnten einstige politische Gegner wie Ministerpräsident Graf Wladimir Kokowzow oder der libe-

---

123 Laura Engelstein, The Keys to Happiness. Sex and the Search for Modernity in Fin-de-Siècle Russia, Ithaca/London 1992, S. 58, Anm. 4.
124 Richard S. Wortman, Scenarios of Power. Myth and Ceremony in Russian Monarchy, Bd. 2, Princeton 2000, S. 169, 172, 181–183.
125 Francis W. Wcislo, Tales of Imperial Russia. The Life and Times of Sergei Witte, 1849–1915, Oxford/New York 2011, S. 67 f., 106, 114 und 237 f.; Sidney Harcave, Count Sergei Witte and the Twilight of Imperial Russia. A Biography, Armonk/London 2004, S. 45; H. H. Fisher (Hrsg.), Out of my Past. The Memoirs of Count Kokovtsov, Stanford/London/Oxford 1935, S. 434–438; Simon Sebag Montefiore, The Romanovs 1613–1918, London 2016, S. 467 f., 510, 513 und 559.
126 V.[ladimir] I. Gurko, Features and Figures of the Past. Government and Opinion in the Reign of Nicholas II, Stanford/London/Oxford 1939, S. 229, nicht numerierte Anmerkung.
127 Orlando Figes, Die Tragödie eines Volkes. Die Epoche der russischen Revolution 1891 bis 1924, Berlin 1998, S. 40.
128 Wortman, Scenarios of Power, Bd. 2, S. 509; Sebag Montefiore, The Romanovs, S. 567, Anm. 1.
129 Michael Ignatieff, Das russische Album. Geschichte einer Familie, Köln 1989, S. 43 f.; vgl. auch Sebag Montefiore, The Romanovs, S. 468.
130 Joseph T. Fuhrmann, Rasputin. The Untold Story, Hoboken 2013, S. 111.

rale Oppositionsführer Pawel Miljukow die sexuelle Orientierung ihres früheren Kontrahenten nicht.[131] Meschtscherski war „ein unsittlicher Mensch", wie die russische Elite wusste, doch er war und blieb ein Machtfaktor.[132]

Meschtscherskis Kontakte zum zaristischen Geheimpolizeiapparat und zur Börsenfinanz kamen nach seinem Tode dem Netzwerk des berüchtigten Wunderheilers Grigori Rasputin zugute. Ex-Premier Kokowzow wies im Exil auf eine enge Verbindung zwischen Meschtscherski und dem jüdischen Bankier Ignati Manus hin[133], der später eine wichtige Rolle im Umfeld Rasputins spielte. Kurz vor der Ermordung Rasputins durch eine erzkonservative (und teilweise homo- oder bisexuelle) Aristokratengruppe im Dezember 1916 notierte der französische Botschafter in Petrograd, Maurice Paléologue: „Daß die russische Politik von der Kamarilla der Kaiserin geleitet wird, daran ist nicht mehr zu zweifeln." Allerdings betrachtete Paléologue die Zarin nur „als ein Werkzeug" und auch ihre Umgebung und sogar Rasputin lediglich als „untergeordnete Statisten, gehorsame Intriganten oder Hampelmänner". Als Leitfiguren im Hintergrund machte er einen früheren Minister und einen früheren Polizeichef im Innenministerium aus, ferner den orthodoxen Metropoliten von Petrograd „Hochwürden Pitirim" – und den jüdischen Bankier Manus. Diesen hielt Paléologue für das Haupt der deutschen Spionage in der russischen Hauptstadt.[134] Hier wurde eine klassische Sammlung von Feindbildern synthetisiert: Reaktionäre Aristokraten, Kleriker und Polizisten sowie an entscheidender Stelle ein reicher Jude, der als Verräter und Spion bezeichnet wird. Indem Paléologue all dies veröffentlichte, gab er antisemitischen Argumentationen langfristige Schützenhilfe.[135]

Was der französische Diplomat nicht erwähnte, war die Homosexualität des von Rasputin geförderten Erzbischofs. Pitirim sorgte mit seiner Entourage homosexueller Priester zumindest kirchenintern für Skandale. Im Umfeld Rasputins bewegten sich diverse Homosexuelle – neben mehreren Bischöfen auch der georgische Fürst Michail Andronikow[136], dem von kaiserlichen Ministern während des Ersten Weltkrieges nachgesagt wurde, er regiere zusammen mit Rasputin Russland.[137] Für den

---

131 Vgl. Fisher, Out of my Past; Pavel Miliukov, Political Memoirs 1905–1917, hrsg. von Arthur P. Mendel, Ann Arbor 1967.
132 Graf [Sergei] Witte, Erinnerungen, Berlin 1923, S. 316.
133 Fisher, Out of my Past, S. 437 f.
134 Maurice Paléologue, Am Zarenhof während des Weltkrieges. Tagebücher und Betrachtungen, Bd. 2, München 1926, S. 281–283. Zu Ignaty Manus vgl. auch Alexander Solschenizyn, „Zweihundert Jahre zusammen", Bd. 1: Die russisch-jüdische Geschichte 1795–1916, München 2002, S. 486.
135 Solschenizyn, „Zweihundert Jahre zusammen", Bd. 1, S. 486, beruft sich auf Paléologue; vgl. Paléologue, Am Zarenhof während des Weltkrieges, Bd. 2, S. 127 und 233.
136 Fuhrmann, Rasputin, S. 158 f. und 172–174; zu den homosexuellen Bischöfen Warnawa, Pitirim, Palladi und Isidor in Rasputins Umfeld Douglas Smith, Und die Erde wird zittern. Rasputin und das Ende der Romanows, Darmstadt 2017, S. 299 und 619–621.
137 Boris Kolonitskii, The Desacralization of the Monarchy. Rumors and „Political Pornography" during World War I, in: Igal Halfin (Hrsg.), Language and Revolution. Making Modern Political Iden-

früheren Premier Graf Witte hingegen war Andronikow nur „ein kleiner politischer Intrigant", der allerdings „zu allen Ministern, Großfürsten" und öffentlichen Personen gezielt Beziehungen pflegte.[138] Andronikow hatte zur homosexuellen Entourage Meschtscherskis gehört.[139] Sein Petrograder Salon soll vom Innenministerium subventioniert worden sein.[140] Die von vielen kritisierten Umbesetzungen in der russischen Regierung ab Herbst 1915 wurden nicht nur von Zeitgenossen, sondern auch von einigen Historikern dem Einfluss dieser „treibenden Kraft" zugeschrieben.[141] Andronikows Rolle in der Rasputin-„Kamarilla" wurde von der Provisorischen Regierung nach der Februar-Revolution von 1917 für so bedeutend erachtet, dass man ihn vor deren zentrale Untersuchungskommission stellte[142], wo Andronikow vehement bestritt, eine „dunkle Kraft" gewesen zu sein.[143] Eine ähnlich skandalumwitterte Figur war Iwan Manassewitsch-Manuilow, dem es gelang, aus der jüdischen Unterschicht in die Petersburger Machtzirkel aufzusteigen. Auch er war ein Protegé Meschtscherskis[144] und zugleich Mitarbeiter der zaristischen Geheimpolizei[145], dem es nach dem Tod des Fürsten gelang, ins Umfeld Rasputins zu wechseln. Durch dessen Einfluss stieg Manassewitsch 1916 zum Präsidialsekretär des russischen Ministerpräsidenten auf.[146] Selbst Botschafter der Entente-Großmächte sahen sich genötigt, diesen obskuren Homo- oder Bisexuellen zu empfangen, obwohl sie ihn nicht nur als skandalös, sondern auch als politisch bedrohlich empfanden.[147] In ihren Augen drohte Geheimnisverrat.

Trotz alledem wurde die Homosexualität einflussreicher Figuren des zaristischen Russlands nie zum Gegenstand öffentlicher Skandalisierung. Man könnte argumentieren, dass die russische Gesellschaft unter dem Halb-Absolutismus der Zarenherrschaft trotz der seit 1905 erfolgten konstitutionellen Beschränkung und trotz

---

tities, London/Portland 2002, S. 38–68, hier insb. S. 49, mit Zitat des Kriegsministers Polivanov vom November 1915.
138 Witte, Erinnerungen, S. 337.
139 W. A. Suchomlinow, Erinnerungen, Berlin 1924, S. 411.
140 René Fülöp-Miller, Der heilige Teufel. Rasputin und die Frauen, Berlin u. a. 1927, S. 123.
141 Fuhrmann, Rasputin, S. 157 f.: „Michael Andronikov was the driving force behind these changes – not that he ever assumed an official position."
142 Vgl. La Chute de Régime Tsariste. Interrogatoires des Ministres, Conseillers, Généraux, Haut Fonctionnaires de la Cour Imperiale Russe par la Commission Extraordinaire du Gouvernement Provisoire de 1917. Comptes rendues sténographiques, Paris 1927, S. 273–297.
143 William C. Fuller jr., The Foe within. Fantasies of Treason and the End of Imperial Russia, Ithaca/London 2006, S. 109.
144 Witte, Erinnerungen, S. 148.
145 Fülöp-Miller, Der heilige Teufel, S. 263–265; Paléologue, Am Zarenhof während des Weltkrieges, Bd. 2, S. 24 f.
146 Fülöp-Miller, Der heilige Teufel, S. 263–265.
147 Paléologue, Am Zarenhof während des Weltkrieges, Bd. 2, S. 25 f. und 123 f.; Manassewitsch-Manuilow wurde im September 1916 wegen Erpressung verhaftet und entmachtet; vgl. ebenda, S. 187.

vorhandener Massenpresse noch nicht den soziopolitischen Entwicklungsgrad erreicht hatte, wie er für gleichzeitige Skandalisierungen in Großbritannien oder in Deutschland gegeben gewesen sei. Allerdings war der Aufstieg Rasputins zum Vertrauten des russischen Kaiserpaares 1912 sehr wohl zum Thema heftigster Presse-Berichterstattung geworden, die trotz wiederholter Weisungen des Zaren von der Regierung nicht eingedämmt werden konnte.[148] Der entscheidende Faktor scheint somit in der unterschiedlichen soziokulturellen Bereitschaft einander bekämpfender Elitegruppen zu bestehen, die Homosexualität politischer Gegner zu skandalisieren. Dies geschah im zaristischen Russland nicht, obschon dort homosexuelle Handlungen religiös verurteilt wurden und mit Strafverfolgung bedroht waren.[149]

Dergleichen geschah aber auch im soziopolitisch viel höher entwickelten Großbritannien allenfalls selektiv, trotz eines von irischen Nationalisten gegen Angehörige der britischen Polizei angezettelten Homosexualitätsskandals 1883 und einer damit zusammenhängenden homophoben Strafrechtsverschärfung im Jahre 1885[150], trotz eines seit langem gefestigten Parlamentarismus und trotz einer hochentwickelten bürgerlichen Öffentlichkeit. Anders als der Schriftsteller Oscar Wilde, dessen öffentliche Stellung durch eine Verurteilung zu Zuchthaus und Zwangsarbeit 1895 vernichtet wurde, kam der ebenfalls mit Homosexualitätsvorwürfen konfrontierte liberale Premierminister Lord Rosebery glimpflicher davon[151], indem er seinen Rücktritt ankündigte: Offensichtlich war sich der Premier „sofort bewusst, dass aus Wildes Prozess ein Skandal von wesentlich größerem Umfang entstehen könnte".[152] Regelrecht blockiert wurden seitens der britischen Regierung 1889/90 Ermittlungen gegen Besucher eines Londoner Homosexuellenbordells, unter denen sich nicht nur Mitglieder der Hofaristokratie wie Lord Arthur Somerset, ein enger Freund des Prinzen von Wales, befunden haben sollen, sondern auch der älteste Enkel der Königin und präsumtive Thronfolger Prinz Albert Victor, Herzog von Clarence. Durch die protektive Zurückhaltung von Regierung und Polizei blieben die medialen und juristischen Auswirkungen des „Cleveland Street Scandal" für Angehörige der Ober-

---

148 Vgl. Douglas Smith, Und die Erde wird zittern, S. 218–294, unter der Kapitelüberschrift „Die Presse entdeckt Rasputin".
149 Healey, Homosexual Desire in Revolutionary Russia, S. 22 und 78.
150 Vgl. Bösch, Öffentliche Geheimnisse, S. 60–69.
151 Vgl. Michael S. Foldy, The Trials of Oscar Wilde. Deviance, Morality, and Late-Victorian Society, New Haven/London 1997, hier insb. S. 1–30; Bösch, Öffentliche Geheimnisse, S. 87–92; Leo McKinstry, Rosebery. Statesman in Turmoil, London 2005, S. 349–368, hält weder eine homosexuelle Orientierung Roseberys für erwiesen noch eine Liaison mit Francis Archibald Douglas, Viscount Drumlanrig – dem älteren Sohn Lord Queensberrys, der wegen seines jüngeren Sohnes Oscar Wilde herausforderte. Anders argumentiert Michael Bloch, Closet Queens. Some 20th Century British Politicians, London 2015.
152 Bösch, Öffentliche Geheimnisse, S. 91.

schicht begrenzt: „Ebenso unsagbar wie das Vergehen selbst blieb die mutmaßliche Benennung der adligen Verdächtigen."[153]

In Deutschland hingegen gingen die Prozesse, in die einige dem Kaiser nahestehende Aristokraten wie Fürst Philipp zu Eulenburg und Graf Kuno von Moltke 1907/08 verwickelt waren, mit einer öffentlichen Skandalisierung einher, wie sie bis dahin in diesem Lande nicht erlebt worden war. Man kann dies als Modernisierungs- und sogar Demokratisierungskonflikt begreifen. Präzedenzfälle hatte es im 19. Jahrhundert ausgerechnet in Frankreich gegeben, obwohl dort seit der Zeit Napoleons I. homosexuelle Handlungen zwischen Erwachsenen straffrei gestellt waren; doch konnten solche Sexualkontakte unter bestimmten Bedingungen – etwa bei Kontakten mit Minderjährigen, im Falle von Prostitution oder bei Erregung öffentlichen Ärgernisses – strafrechtlich relevant werden. Gegenstand öffentlicher Skandalberichterstattung wurden in der französischen „Dritten Republik" kaum zufällig solche homosexuelle Vorfälle, in die rechtsgerichtete Politiker oder ihnen nahestehende Personen verwickelt waren. Offensichtlich ging es in den Skandalen um den monarchistisch-katholischen Politiker Graf Eugène de Germiny 1876 (der diesen zur Flucht ins Ausland zwang), um den dem monarchistischen Ex-Präsidenten Marschall Mac-Mahon nahestehenden Hauptmann Louis-Marcel Voyer 1880 oder um eine 1891 skandalisierte Gruppenaffäre in den Pariser „Bains de Penthièvre", in die ein bekannter Anhänger des rechtspopulistischen Generals Boulanger verwickelt war, stets um die Delegitimation der antirepublikanischen Rechten. Homosexualität wurde mit antiaristokratischen oder antielitären Feindbildern kombiniert und von der demokratischen Massenpresse gezielt skandalisiert.[154]

Insofern wurde ausgerechnet das republikanisch-demokratische Frankreich nach 1871 zu einem sexualpolitischem Vorbild für den deutschen „Erbfeind". In Deutschland war noch in den 1880er Jahren die homosexuelle Lebensweise eines Monarchen – des unverheirateten Königs Ludwig II. von Bayern (1864–1886) – den „weiteren Kreise[n] der Hauptstadt und des Landes [...] lange Zeit" unbekannt geblieben und „erst in den letzten Jahren" vor der Katastrophe des Juni 1886 zum Gegenstand des Klatsches geworden, denn damals „begann man in allen Kreisen der Bürgerschaft und in allen Kneipen über ihn zu tuscheln, wobei man vom König meist als dem ‚Herrn Huber' sprach, um ungestraft über ihn losziehen zu können".[155] Immerhin wurde eine mediale Skandalisierung in der Presse bis zuletzt ver-

---

[153] Ebenda, S. 70–85, hier insb. S. 72; vgl. auch Matt Cook, London and the Culture of Homosexuality, 1885–1914, Cambridge u. a. 2003, S. 50 f. Lord Somerset musste lebenslänglich ins Ausland gehen. Die sexuelle Orientierung des früh verstorbenen Thronerben – des älteren Bruders des späteren Königs George V. – wird bis heute kontrovers diskutiert.
[154] Revenin, Homosexualité et Prostitution Masculines à Paris, S. 93–97. Zur juristischen Situation im damaligen Frankreich: ebenda, S. 142 und 166–171.
[155] Hugo Graf Lerchenfeld-Köfering, Erinnerungen und Denkwürdigkeiten 1843–1925, hrsg. von seinem Neffen Hugo Graf Lerchenfeld-Köfering, Berlin ²1935, S. 160.

mieden. Dies galt zumindest für die führenden bürgerlich-liberalen Blätter des Kaiserreiches, die primär die attestierte Geisteskrankheit des Monarchen diskutierten und dessen „Weiberfeindschaft" allenfalls anzudeuten wagten. Laut Frank Bösch wurden damals in Deutschland die „Grenzen des Sagbaren" noch „enger" gezogen als nach der Wende zum 20. Jahrhundert, „gerade wenn es sich um prominente Repräsentanten der Gesellschaft handelte".[156] Freilich markieren gerade die homosexuellen Skandale um zwei deutsche Monarchen der 1880er Jahre einen wichtigen Umschlagspunkt vom Beschweigen über das öffentliche Gerücht zur vollen medialen Sagbarkeit.

Der damalige Graf Philipp zu Eulenburg, der als junger Attaché an der preußischen Gesandtschaft in München die faktische Absetzung und den mysteriösen Tod des homosexuellen Königs miterlebte, verlor in seinen 1934 veröffentlichten Erinnerungen an das Ende Ludwigs II. kein Wort über die sexuelle Dimension des Ganzen. Allerdings bemerkte Eulenburg, dass es weniger der gewaltige Luxus der königlichen Bauausgaben, sondern vor allem Ludwigs „völlig abgeschlossenes Leben, dazu sein ausschließlicher Verkehr mit Menschen, die tief in ihrer Bildung und sozialen Stellung unter ihm standen", gewesen seien, „worüber die Bevölkerung allmählich in Unruhe geriet, ohne doch in ihrer großen Loyalität darüber laut zu werden".[157] Auch die außerhalb Bayerns erscheinende „Frankfurter Zeitung" wagte neben der ausufernden Bautätigkeit allenfalls auf die „ängstliche Isolierung" des Monarchen hinzuweisen. Was aber weder Presse noch Landtag beim Namen nannten, betraf den „überaus anstößigen Mißbrauch von Reitersoldaten der bayerischen Armee", die zum persönlichen Dienst beim König abkommandiert waren. Die Kritik an der sozialen Isolierung des Monarchen bezog sich auf ebenjene „Schrumpfung seiner höfischen Lebensgemeinschaft auf eine [...] primitive Männergesellschaft von Reitersoldaten, Stallpersonal und Lakaien". Nicht zuletzt wegen der homosexuellen Aktivitäten des Königs mit untergebenen Soldaten war 1885 der bayerische Kriegsminister Joseph Ritter von Maillinger zurückgetreten. Schlimmer war, dass nicht alle Soldaten Verschwiegenheit wahrten: „Um [strafbaren] Majestätsbeleidigungen aus dem Wege zu gehen, werden in den Bierkneipen die bösen Geschichten auf den Namen ‚Huber' erzählt", wobei die Kavalleristen „eine schlimme Rolle" spielten, so berichtete Philipp Eulenburg im Herbst 1885. Nach dem Tode des Königs (einem mutmaßlichen Selbstmord, dem die Tötung des Psychiaters Bernhard von Gudden vorausgegangen sein dürfte) wurde diese homosexuelle Dimension des Skandals aus „Pietät", wie es Ministerpräsident Johann von Lutz vor der bayerischen Abge-

---

156 Bösch, Öffentliche Geheimnisse, S. 58 f.; vgl. auch Heinz Häfner, Ein König wird beseitigt. Ludwig II. von Bayern, München 2009; Oliver Hilmes, Ludwig II. Der unzeitgemäße König, München 2013.
157 Philipp Fürst zu Eulenburg-Hertefeld, Das Ende König Ludwigs II. und andere Erlebnisse, hrsg. von Fürstin Augusta zu Eulenburg-Hertefeld, Bd. 1, Leipzig 1934, S. 19.

ordnetenkammer ausdrückte, möglichst nicht angesprochen, „um das Andenken des Höchstseligen Königs nicht zu belasten".[158]

Der Verschleierung diente auch die öffentliche Fokussierung auf die Diagnose der Geisteskrankheit des bayerischen Königs. Professor von Gudden hatte selbst noch die Richtung vorgegeben, als er dem Außenminister Friedrich Kraft Freiherr von Crailsheim, der Bedenken hatte, gegen seinen König vorzugehen, rundheraus erklärte, „es sei besser für den König, für geisteskrank erklärt zu werden, da man ihn außerdem für einen der perversesten Menschen halten müsse". Insofern enthielt, wie Ludwigs Biograph Gottfried von Böhm 1922 erkannte, die Diagnose der Geisteskrankheit des Königs „seine Freisprechung in moralischer Hinsicht", da ein Kranker für (homosexuelle) Handlungen nicht verantwortlich gemacht werden konnte.[159] Ganz ähnlich konstatierte der langjährige bayerische Gesandte in Berlin Hugo Graf Lerchenfeld, der 1886 die faktische Entthronung seines Königs mit Bismarck abgestimmt hatte, in Bezug auf Ludwigs II. unterstellte Krankheit: „Sie ist es aber auch, die ein freisprechendes Verdikt über seine Irrungen fällt."[160]

Zwar konnte der neue Prinzregent Luitpold (1886–1912) jene Marmorstatuen zerstören lassen, die König Ludwig von „ein paar der leichten Reiter, die ihm besonders gefielen", hatte anfertigen lassen, so dass diese Skulpturen – anders als jene des antiken Kaiserlieblings Antinous – nicht „in Museen gewandert" sind.[161] Doch die Gerüchte über des Königs homosexuelle Neigungen und Handlungen ließen sich nicht unterdrücken. Nur zwei Jahre nach dem Tode Ludwigs II. erinnerte die französische Zeitung „Le Figaro" 1888 anzüglich an des Monarchen Gewohnheit, sich junge Kavalleriesoldaten auf sein Zimmer kommen zu lassen.[162] Schon zu Lebzeiten des Wittelsbachers hatte sich der französische Schriftsteller Catulle Mendès in seinem von der historischen Wahrheit weit entfernten Roman „Le Roi Viêrge" (Der jungfräuliche König) der Ehelosigkeit des Bayern angenommen. Der Roman erlebte diverse Auflagen, nachdem die bayerische Regierung vergeblich versucht hatte, seine Verbreitung zu behindern.[163] Noch während der Monarchie in Deutschland wurde die sexuelle Orientierung Ludwigs II. zum wissenschaftlichen Diskussionsgegenstand, wenn etwa der Berliner Mediziner Albert Moll „unter seinen ‚Berühmten

---

158 Sämtliche Zitate bei Häfner, Ein König wird beseitigt, S. 63 f., 74, 247 f. und 275.
159 Gottfried von Böhm, Ludwig II. König von Bayern. Sein Leben und seine Zeit, Berlin 1922, S. 547 f. und 569.
160 Lerchenfeld-Köfering, Erinnerungen und Denkwürdigkeiten, S. 175.
161 Böhm, Ludwig II. König von Bayern, S. 496.
162 Vgl. das Faksimile dieses Artikels, der auf den homosexuellen König Karl von Württemberg zielte und Ludwig nur beiläufig thematisierte: https://gallica.bnf.fr/ark:/12148/bpt6k2805619/f2 (29.11.2018).
163 Böhm, Ludwig II. König von Bayern, S. 676, bemerkte dazu: „Die Tatsache eines königlichen Junggesellen mußte in Frankreich umso mehr befremden, als die dortige Regentenfolge von einer noch viel längeren Reihe von Maitressen begleitet ist, und selbst Heinrich III., der König der Mignons [i. e. der männlichen Lieblinge], verheiratet war."

Homosexuellen' (Wiesbaden 1910) neben anderen Souveränen aus alter und neuer Zeit auch Ludwig II." aufführte. In der Folge wurde nur noch über Details gestritten, etwa ob des Bayernkönigs Begeisterung für den Komponisten Richard Wagner auf homosexuelle Impulse zurückgeführt werden durfte oder ob dies „entschieden zu weit" ging.[164] Moll, der den 1886 verstorbenen Monarchen schon 1891 „als historischen Urning" bezeichnet hatte, bei dem „conträre Sexualempfindung in vollstem Maasse [sic!] bestand", war nur einer von vielen, die „den unglücklichen König Ludwig II. von Bayern" frühzeitig in psychiatrisch-sexualwissenschaftliche Fachdiskurse integrierten. Ein Thema war der gekrönte Homosexuelle nicht zuletzt für die junge Homosexuellenbewegung. Besonders interessant ist hier eine 1896 erschienene Publikation des später in Hirschfelds „Jahrbuch für sexuelle Zwischenstufen" publizierenden Autors Ludwig Frey, der deutlich herausstellte, dass die Gerüchte über des Königs „nicht immer platonischen Verkehr mit Dienern, Stallknechten und Soldaten, der immer ausgedehnter und im Lande mehr und mehr bekannt wurde", dem Ansehen des Monarchen im Volke keineswegs geschadet hätten. Frey ging so weit zu behaupten: „[...] Das ganze Volk innerhalb und außerhalb Bayerns wusste, dass dieser König ein Urning war: niemand schalt ihn darob, niemand hielt ihn für ‚unsittlich', niemand für ‚unnatürlich'." Die exzeptionelle Toleranz der Bevölkerung gegenüber dem homosexuellen Monarchen hoffte Frey für die Emanzipation aller Homosexueller nutzbar machen zu können: „Die Beurteilung, welche jener königliche Urning erfuhr und noch erfährt beim nämlichen Volk, das sich in Verwünschungen und Schmähungen ergeht, so oft ein gewöhnlicher Sterblicher als Urning ‚entlarvt' wird, war nicht nur eine nachsichtige, sondern eine liebevolle. Möge sie in Zukunft gegen alle Urninge wenigstens eine gerechte sein. Dann entbehrt das furchtbare Ende des Königs nicht auch eines Segens."[165]

In seinem Standardwerk über „Die Homosexualität des Mannes und des Weibes", das der Berliner Mediziner und Sexualwissenschaftler Magnus Hirschfeld 1914 veröffentlichte, spielte „der konträrsexuelle Ludwig II. von Bayern" ebenfalls eine Rolle, denn bei diesem „königlichen Urning" schienen „seine homosexuellen Neigungen [...] zweifellos".[166] Zugleich erwähnte Hirschfeld einen weiteren deutschen

---

164 Ebenda, S. 419 f.
165 Zitiert nach Rainer Herrn, Ein historischer Urning. Ludwig II. von Bayern im psychiatrisch-sexualwissenschaftlichen Diskurs und in der Homosexuellenbewegung des frühen 20. Jahrhunderts, in: Katharina Sykora (Hrsg.), „Ein Bild von einem Mann". Ludwig II. von Bayern – Konstruktion und Rezeption eines Mythos, Frankfurt a. M./New York 2004, S. 48–89, hier insb. S. 51 f., 60 f., 80 Anm. 14–16 und 84, Anm. 49–51; vgl. auch Albert Moll, Die conträre Sexualempfindung, Berlin 1891; ders., Berühmte Homosexuelle, Wiesbaden 1910; Ludwig Frey, Der Eros und die Kunst. Ethische Studien, Leipzig 1896.
166 Magnus Hirschfeld, Die Homosexualität des Mannes und des Weibes. Zweite, um ein Vorwort von Bernd-Ulrich Hergemöller ergänzte Neuauflage der Ausgabe von 1984, Berlin/New York 2001, S. 407, 667 und 958.

Monarchen seiner eigenen Gegenwart, König Karl I. von Württemberg (1864–1891), in einem Atemzuge mit bekannten homosexuellen Herrschern früherer Jahrhunderte wie Edward II. von England (1307–1327) oder Henri III. von Frankreich (1574–1589), von denen jeder „in schwere Konflikte" mit seiner Gesellschaft geraten sei, weil er – so zitierte Hirschfeld einen zeitgenössischen Beobachter – „den älteren und weiseren Ratgebern jüngere und schönere vorzog".[167] Auch wenn der württembergische Königsskandal politisch nicht derart eskalierte wie jener des Bayern, da Karl im Unterschied zu Ludwig in seinen Herrscherrechten uneingeschränkt blieb, scheint es gewagt, von einer echten „Akzeptanz eines homosexuellen Königs" zu sprechen.[168] Dass Karl auf das Ende Ludwigs erschüttert reagierte, verdeutlicht die auch für ihn akute Bedrohung. Heinz Häfner, der die Akzeptanz-These formuliert hat, verweist freilich zu Recht auf die „sehr unterschiedlichen Reaktionen" in beiden Dynastien und Regierungen.[169] Im Unterschied zu Ludwig war Karl verheiratet, und Königin Olga – als geborene russische Großfürstin eine Persönlichkeit, die nicht einfach übergangen werden konnte – hielt an ihrem Gatten und der gemeinsamen Herrscherwürde fest.[170] Beide Könige, Ludwig wie Karl, genoßen Popularität, aber im Unterschied zu Ludwig hatte Karl weder in der Herrscherfamilie noch in der politischen Elite Gegner, die seine Entmachtung anstrebten. Infolgedessen stießen die ab 1888 vom deutschen Kaiser Wilhelm II. ausgehenden Versuche, eine Absetzung oder Abdankung des Homosexuellen herbeizuführen, in Württemberg auf wenig Gegenliebe.[171]

Dies war umso bemerkenswerter, als die Homosexualität des Königs von Württemberg im Unterschied zu Ludwig II. nicht nur gerüchteweise, sondern auch *medienöffentlich skandalisiert* wurde. Ein von ausländischen – das heißt nicht-württembergischen – Medien entfachter Skandal erzwang 1888/89 die dauerhafte Entfernung des bekanntesten homosexuellen Günstlings, des Amerikaners Charles Woodcock. Die höfischen Kreise Stuttgarts empörten sich darüber, dass sie durch solche Emporkömmlinge aus der Unterschicht zurückgesetzt wurden, und die 1888 erfolgte Nobilitierung Woodcocks zum Freiherrn von Savage – mit der damit verbundenen offiziellen „Hoffähigkeit" – war der Gipfel der Provokation. Hinzu trat der politisch brisante Vorwurf, der König gebe seine politische und private Korrespondenz dem ausländischen Günstling zur Kenntnis.[172] Tatsächlich gab Woodcock

---

[167] Ebenda, S. 535.
[168] Häfner, Ein König wird beseitigt, S. 68.
[169] Ebenda, S. 68 f.
[170] Vgl. Detlef Jena, Königin Olga von Württemberg. Glück und Leid einer russischen Großfürstin, Regensburg 2009.
[171] Häfner, Ein König wird beseitigt, S. 72 f.
[172] Paul Sauer, Regent mit mildem Zepter. König Karl von Württemberg, Stuttgart 1999, S. 233, 237, 240 f., 245 und 250–252.

nach großzügiger Abfindung im Jahre 1889 etwa 80 Briefe zurück, „darunter allein 22 vertrauliche dienstliche Schreiben des Ministerpräsidenten".[173]

Zuvor waren „in der deutschen Presse [...] Erzählungen aufgetaucht, König Karl werde von zwei jungen Amerikanern, die er an seinen Hof gezogen, vollständig beherrscht, woraus unter anderem auch schwere finanzielle Unzuträglichkeiten für den Fürsten und das Land erwüchsen". Daraufhin sah sich der offizielle „Staatsanzeiger für Württemberg" 1888 zu der Erklärung genötigt, „eine in der letzten Zeit vielgenannte Persönlichkeit", der vom König kurz zuvor zum Freiherrn erhobene Charles Woodcock, habe „aus eigener Entschließung sich mit seinem Begleiter aus der Umgebung Seiner Majestät zurückgezogen". Der König werde „ihm ein gnädiges Andenken bewahren" und lasse zudem dementieren, dass sein Günstling sich je an spiritistischen Experimenten beteiligt habe. Zugleich leugnete der Staatsanzeiger, dass die Minister durch kollektive Rücktrittsdrohung wegen Woodcocks Einmischung in Staatsgeschäfte dessen Entfernung erzwungen hätten. Von Homosexualität war explizit keine Rede.[174] Die okkulte Neigung zum Spiritismus jedoch sollte später auch dem Eulenburg-Kreis zum Vorwurf gemacht werden – neben der dann offen diskutierten Homosexualität.

Weit weniger rücksichtsvoll als der „Staatsanzeiger" hatte sich die Presse außerhalb Württembergs verhalten. Bereits der vom König erzwungene Rücktritt des Generaladjutanten Wilhelm Freiherr von Spitzemberg, der sich dem Einfluss Woodcocks entgegengestellt hatte, war im Herbst 1885 zum „Politikum" geworden, da in ganz Deutschland „über die skandalösen Zustände am Hof in Stuttgart" berichtet wurde. Auch im kleinsten Königreich Europas lieferte „die sonderbare Günstlingswirtschaft [...] einer oppositionellen und ironischen Presse ausgezeichnetes Material, die Daseinsberechtigung der Monarchie generell in Frage zu stellen".[175] Doch eine veritable „Pressekampagne" brach erst im Oktober 1888 los, nachdem der König seinen Liebling in den Freiherrenstand erhoben hatte; „damit überschritt er die Grenze des für [Königin] Olga, die Regierung und den Hof Zumutbaren".[176] Gegen Woodcock erschien am 23. Oktober 1888 in den „Münchener Neuesten Nachrichten" ein Artikel, der „ungeheures Aufsehen" erregte und einen „Pressefeldzug" auslöste, der bis in die USA hineinreichte.[177] Der Artikel – betitelt „Unliebsame Erörterungen" – nannte den württembergischen König nicht beim Namen, verwies jedoch auf den Herrscher eines Bayern benachbarten Reiches, der für hübsche Ausländer „lebhaftes Interesse" zeige. Dieser König habe seinen Günstlingen ein prachtvolles Haus geschenkt, in dem er oft verkehre: „Geschäftige Zungen wissen

---

[173] Ebenda, S. 257.
[174] Schulthess' Europäischer Geschichtskalender 29 (1888), S. 171.
[175] Jena, Königin Olga von Württemberg, S. 334 f.
[176] Ebenda, S. 339.
[177] Ebenda, S. 252.

von den Mysterien dieses Hauses mancherlei zu erzählen; wir erwähnen davon nur, dass dort spiritistische Sitzungen abgehalten werden sollen." Nicht explizit von Homosexualität, wohl aber von „Verlegenheiten moralischer und finanzieller Art" war die Rede, für welche die Bevölkerung die Schuld den „Ausländern" und „Emporkömmling[en]" zuweise.[178]

Weit schlimmer noch wurde es am 28. Oktober 1888, „als der Skandal die deutschen Grenzen übersprang und der Pariser ‚Figaro' genüsslich intimste Details veröffentlichte".[179] Der Autor – hinter dem Pseudonym „Jacques Saint-Cère" verbarg sich Armand Rosenthal, der außenpolitische Redakteur des Blattes – trug keine Bedenken, seinen Artikel offen mit „Le Roi de Wurtemberg" zu betiteln. Anzüglich wurde kolportiert, dieser royale Müßiggänger habe plötzlich begonnen, Klavier mit jungen Amerikanern zu spielen – was mit dem verrückten König Ludwig von Bayern in Beziehung gesetzt wurde, der sich damit vergnügt habe, „Manöver" mit jungen Soldaten in seinem Zimmer durchzuexerzieren. „Le Figaro" erwähnte die Spiritismus-Gerüchte, freilich nur, um ganz andere Dinge in den Fokus zu rücken: Denn es sei sicher, „dass der König und seine Freunde Tag und Nacht beisammen sind, dass immer ein Amerikaner dem König in seinem Zimmer zu Diensten ist, dass seine Freunde mit ihm verreisen, dass das Haus, das er ihnen in Stuttgart gekauft und möbliert hat, durch einen unterirdischen Gang mit den Privatgemächern des Königs verbunden ist, und dass man sich noch ganz andere Dinge erzählt, die man besser nur auf Lateinisch wiedergibt". Als „seltsam" empfand der „Figaro"-Redakteur in diesem Kontext, „dass man in einer der Residenzen des Königs eine Ecke gebaut hat, die eine sehr starke Ähnlichkeit mit gewissen Ecken auf den Champs-Elysées hat, die der Sittenpolizei bestens bekannt sind."[180]

Nachdem die Pariser Zeitung „über die Woodcock-Geschichte in übelster Weise und mit den schmutzigsten Details berichtet" hatte[181], folgte im „Schwäbischen Merkur" Mitte November 1888 der Abdruck eines Briefes des unterdessen außer Landes gegangenen Woodcock an König Karl, in dem jener schuldlos „durch Verleumdungen unmöglich geworden" zu sein behauptete. Wenig später gab Woodcock einer

---

178 Zitiert nach Jürgen Honeck, Der Liebhaber des Königs. Skandal am württembergischen Hof, Mühlacker/Irdning 2012, S. 132–134.
179 Jena, Königin Olga von Württemberg, S. 340.
180 Zitiert nach Honeck, Der Liebhaber des Königs, S. 140–142, sowie im französischen Originaltext ebenda, S. 245–247: „Il est possible que ce genre de folie soit cultivé également, mais il est certain que le Roi et ses amis ne se quittent ni de jour ni de nuit, qu'il y a toujours un Américain de service dans la chambre du Roi, qu'ils voyagent avec lui, que la maison qu'il leur a achetée et meublée à Stuttgart communique par un souterrain avec les appartements privés du Roi et qu'enfin on raconte d'autres choses encore qu'il faudrait répéter en latin; et encore il serait difficile d'expliquer pourquoi on a bâti, dans une des résidences du Roi, un coin qui ressemble fort à certain coin des Champs-Elysées très connu par la police des mœurs." Vgl. auch https://gallica.bnf.fr/ark:/12148/bpt6k2805619/f2 (29.11.2018).
181 Sauer, Regent mit mildem Zepter, S. 253.

New Yorker Zeitung ein Interview, in dem er die Ehrenhaftigkeit seiner Beziehung zum König beteuerte. Noch im Sommer 1889 schlugen US-Presseberichte über Woodcock Wellen in der Stuttgarter Presse.[182] Auch wenn eine spätere Liaison König Karls mit dem Theatermaschinisten Wilhelm Georges in den frühen 1890er Jahren „nicht jenes Maß an Öffentlichkeit" wie der Woodcock-Skandal erreichte, da sich die Presse zurückhaltender verhielt[183], versuchte damals auf Befehl Kaiser Wilhelms II. der preußische Gesandte in Stuttgart, Graf Philipp zu Eulenburg, die mediale Skandalisierung anzuheizen, um eine Abdankung des Skandal-Königs zu erzwingen. Tatsächlich geriet das neue königliche Verhältnis stärker in die „Klatschspalten", aber ein Skandal wie 1888 blieb trotzdem aus. Gleichwohl warnte der deutsche Staatssekretär des Auswärtigen, der aus Baden stammende Adolf Freiherr Marschall von Bieberstein, im Januar 1891 den Kaiser eindringlich, das monarchische Prinzip sei gefährdet, wenn man dem drohenden Skandal in Stuttgart nicht vorbeuge: „Vorgänge, wie sie sich 1886 in München abgespielt hätten, dürften sich nicht wiederholen." Der Kaiser aber blieb untätig, und die schwelende Abdankungsfrage erledigte sich, als Karl im Oktober 1891 verstarb – als bis zuletzt regierender König von Württemberg.[184]

Heinz Häfner glaubt, dass damals in Deutschland mit Blick auf homoerotisches Verhalten „eine weit verbreitete Ablehnung existiert zu haben scheint", aber Ausmaß und Folgen solcher Ablehnung durchaus „verschieden" gewesen seien: „Die preußisch-wilhelminische Reaktion im Falle Eulenburg war archaisch, ohne menschliches Verständnis und Mitgefühl, die schwäbische Reaktion im Fall König Karl dagegen besonnen und ziemlich tolerant."[185] Tatsächlich äußerte sich das Presseorgan der demokratischen Linken in Württemberg, der „Beobachter", im Oktober 1889 auf bemerkenswerte Weise zum Königs-Skandal: „In Privatsachen hat jeder Bürger das Recht, sich das Dreinreden Dritter zu verbieten, und der König soll nicht rechtloser sein als ein anderer Staatsangehöriger."[186] Auch der preußische Gesandte Eulenburg stellte im Februar 1891 fest: „In Württembergs Grenzen kommt es nicht leicht zu einer Krise durch die Presse; man hat sich an jene Dinge gewöhnt, und der König ist 68 Jahre alt. Nur der Druck der ausw.[ärtigen] Presse könnte unerträglich werden." Eulenburg wollte wissen, „daß in München bei den ‚Neuesten Nachrichten' ein gewisses Aktenmaterial liegt, das im geeigneten Moment große Aufregung hervorrufen kann". Insofern sei die vom Stuttgarter Ministerpräsidenten Hermann von Mittnacht gemachte Äußerung, dass man „auf einem Vulkan" lebe, völlig zu-

---

182 Vgl. Honeck, Der Liebhaber des Königs, S. 168, 179 f. und 198.
183 Jena, Königin Olga von Württemberg, S. 349 f.
184 Sauer, Regent mit mildem Szepter, S. 306 und 310–313. Möglicherweise spielten auch politische Hintergründe beim Absetzungsversuch eine Rolle, denn der württembergische König galt als nicht besonders reichstreu und war deshalb in Frankreich, das er oft besuchte, populär.
185 Häfner, Ein König wird beseitigt, S. 73.
186 Zitiert nach Sauer, Regent mit mildem Zepter, S. 304.

treffend.[187] Im Oktober 1891 erklärte derselbe Mittnacht gegenüber Eulenburg erleichtert, er sei „sehr dankbar [...], daß, ohne daß ein größerer Skandal vorausgegangen, der König in Ehren geschieden" sei. Zugleich betonte der Regierungschef, es habe „sich gezeigt, wie populär" König Karl „doch" gewesen sei, und tatsächlich sei er „ein guter und wohlmeinender Herr" gewesen: „Die eine Verirrung war sein Unglück."[188] Wenngleich es keine Akzeptanz gegeben hat, wird doch von Toleranz gesprochen werden können.

Die böse Ironie, dass in Stuttgart ausgerechnet der später über einen eigenen Homosexualitätsskandal stürzende Graf (und nachmalige Fürst) Philipp Eulenburg die Sittenstrenge der Berliner Regierung exekutieren sollte, ist nicht unbemerkt geblieben.[189] Tatsächlich hat Eulenburg mit „spannend geschriebene[n] Berichte[n] über den dramatischen Tod König Ludwigs II. von Bayern" und mit „eingehende[r] Schilderung der sonderbaren Verhältnisse am Hofe König Karls I. von Württemberg" seine Position als Favorit des Kaisers zu festigen gewusst.[190] Und Eulenburgs Biograph Johannes Haller fand nichts dabei, den früheren württembergischen König, der durch „krankhafte Männerfreundschaften Ärgernis gegeben" habe, im Jahre 1924 als „greisenhaft entartet" zu diffamieren.[191] Zugleich aber fällt auf, dass Eulenburg in der Abdankungsfrage ein Doppelspiel spielte: Während er gegenüber Geheimrat Friedrich von Holstein im Februar 1891 ein detailliertes Programm entwickelte, wie der württembergische Monarch entweder zur Trennung von seinem aktuellen Liebling oder zum Thronverzicht gebracht werden könnte, artikulierte er gleichzeitig in einem Schreiben an den Kaiser die gegenteilige Haltung: Zwar sei es „möglich, daß die Götterdämmerung für König Karl beginnt", doch sei er „nach wie vor der Meinung, daß man ihn halten muß mit allen Mitteln". Dabei wagte Eulenburg die halb verurteilende, halb mitfühlende Bemerkung: „Es ist ein wahrer Jammer, daß eine unselige Naturanlage den König in unhaltbare Situationen drängt!"[192]

Der in den Jahren 1906 bis 1908 rücksichtslos mit allen Mitteln der Presse und der Justiz ausgetragene Skandal um Eulenburg selbst, der dessen sexuelle Dimension ebenso explizit machte wie einst der „Figaro" im Württemberger Skandal, drohte das Ansehen der Berliner Hofaristokratie, des Militärs und des Kaisers zu erschüttern. Philipp Eulenburg diagnostizierte das, was ihm damals widerfuhr, als „Kampf gegen die Skandalpresse": „Denn es hatte sich doch von Anfang an zu einer Macht-

---

[187] John C. G. Röhl (Hrsg.), Philipp Eulenburgs politische Korrespondenz, Bd. I: Von der Reichsgründung bis zum Neuen Kurs 1866–1891, Boppard am Rhein 1976, S. 624 und 642.
[188] Ebenda, S. 720 f.
[189] Honeck, Der Liebhaber des Königs, S. 235, sieht in Eulenburgs Sexualskandal eine „Ironie der Geschichte" und „eine posthume Genugtuung für König Karl I.".
[190] John C. G. Röhl, Wilhelm II. [Bd. 2:] Der Aufbau der Persönlichen Monarchie 1888–1900, München 2001, S. 221.
[191] Haller, Aus dem Leben des Fürsten Philipp zu Eulenburg-Hertefeld, S. 56.
[192] Röhl, Philipp Eulenburgs politische Korrespondenz, Bd. I, S. 640–643.

frage zugespitzt: Presse oder Regierung. Und die Presse siegte."[193] Eulenburgs journalistischer Ankläger Maximilian Harden hingegen definierte als Ziel des Konflikts, von ihm als schädlich betrachtete Angehörige der höchsten Hofkreise unter die doppelte Gerichtsbarkeit der bürgerlichen Öffentlichkeit und des Rechtsstaates zu zwingen.[194] Dieser doppelte Zwang wurde erreicht: Der von Kaiser, Hof und Militär zur Verleumdungsklage gegen seinen journalistischen Bloßsteller genötigte bisherige Stadtkommandant der Reichshauptstadt Berlin und Generaladjutant des deutschen Kaisers und preußischen Königs, „Exzellenz" General von Moltke, sah sich plötzlich in die Abhängigkeit von einem Amtsrichter und zweier kleinbürgerlicher Schöffen versetzt – einem Milchhändler und einem Metzgermeister. Die Folge war eine öffentliche Debatte über die Unabhängigkeit der preußischen Justiz, welche die einen durch regierungsamtliche Einflussnahmen zugunsten Moltkes und Eulenburgs, die anderen gerade durch zu viel Entgegenkommen gegenüber der Skandalpresse und überhaupt der „Plebs" bedroht sahen.[195]

Einmal vor Gericht, erlebte der Kläger Moltke dabei Ähnliches wie ein Jahrzehnt zuvor der Schriftsteller Oscar Wilde, als dieser den Vater seines Liebhabers deswegen verklagt hatte, weil der ihn öffentlich als homosexuell bezeichnet hatte: Der Druck der Gesellschaft auf die Angegriffenen, ihr beflecktes öffentliches Ansehen durch einen erfolgreichen Verleumdungsprozess wiederherzustellen, zerstörte dieses Ansehen erst recht – die Kläger wurden zu Angeklagten. Anders als Wilde wurde Moltke immerhin nicht wegen Homosexualität verurteilt. Fürst Eulenburg hingegen, der als Zeuge im Moltke-Harden-Prozess den fatalen Fehler beging, eidlich zu beschwören, niemals strafbare homosexuelle Handlungen begangen zu haben, ließ sich später zu einer eigenen Verleumdungsklage gegen einen bayerischen Journalisten – einen Strohmann Hardens – verleiten. Dieser Prozess endete für den Kläger als Desaster, denn er wurde durch beigebrachte Belastungszeugen aus seiner Münchner Jugendzeit faktisch des Meineids überführt. Der fällige Strafprozess gegen Eulenburg wurde jedoch von der zuständigen preußischen Justiz niemals geführt, weil dieser krankheitsbedingt für nicht verhandlungsfähig erklärt wurde.[196]

---

193 Zitiert nach Bülow, Denkwürdigkeiten, Bd. 3, S. 26 f.
194 Vgl. die stilisierte nachträgliche Schilderung bei Harden, Fürst Eulenburg.
195 Vgl. Domeier, Der Eulenburg-Skandal, S. 96–111. Zum Wechselverhältnis von Gerichts- und Medienöffentlichkeit vgl. Alexandra Ortmann, Machtvolle Verhandlungen. Zur Kulturgeschichte der deutschen Strafjustiz 1879–1924, Göttingen/Bristol 2014.
196 Auch der plötzliche Meinungswandel des Gutachters Magnus Hirschfeld in den Moltke-Harden-Prozessen hinsichtlich der Frage, ob Moltke homosexuell sei (erster Prozess) oder nicht (zweiter Prozess) erregte die Öffentlichkeit; Hirschfelds Mitarbeiter im WhK, der Straßburger Richter Eugen Wilhelm, notierte: „Der Staatsanwalt hatte Hirschfeld je nach dem Inhalt seines Gutachtens mit bestimmten Enthüllungen gedroht!" Vgl. Kevin Dubout, Der Richter und sein Tagebuch. Eugen Wilhelm als Elsässer und homosexueller Aktivist im Deutschen Kaiserreich, Frankfurt a. M./New York 2018, S. 316 f.

Der Skandal zeitigte auch sexualpolitische Folgen – freilich keine günstigen. Laut Hans Blüher bestand eine Wirkung darin, „daß damals alle Welt von der ‚Homosexualität' sprach, die vorher kein Mensch kannte". Vielleicht war es das, was Graf Kessler 1907 für den sexualpolitischen Fortschritt des Skandals hielt.[197] Was zuvor allein Gegenstand psychiatrischer Fachliteratur gewesen sei, sei „auf einmal [...] allgemeines Gesprächsthema" geworden, freilich „mit der deutlichen Tendenz gegenseitiger Verdächtigung". Auch die Jugendbewegung erlitt Blüher zufolge Kollateralschäden durch den Eulenburg-Skandal, indem sie in der Presse „ganz offen" als „Paederastenklub" attackiert wurde. Noch im Jahre 1910 – also zwei bis drei Jahre nach den Ereignissen – soll „die Aufregung über den Moltke-Hardenprozeß [...] noch in vollem Gange" gewesen sein.[198] Auch Karl Kraus sprach 1910 bitter davon, dass durch Harden „eine Zeit der Geschlechtsparade [...] angebrochen" sei: „weh dem, der normwidrig adjustiert ist", denn „Pardon wird nicht gegeben".[199] Schwerwiegender noch war die Wirkung des Eulenburg-Skandals auf eine seit 1906 von einer Juristenkommission diskutierte Reform des Strafgesetzbuches und auch des Homosexuellenparagraphen 175. Denn statt die Reform liberal auszugestalten, wie von manchen wohl zu Beginn der Beratungen erhofft, trug die Kommission mit ihrem 1909 präsentierten Entwurf „der antihomosexuellen Stimmung in der Gesellschaft" Rechnung, „ausgelöst durch die Enthüllungen und Skandale", mit der Folge, dass sie eine Ausweitung der Strafandrohung von der bislang allein fokussierten mannmännlichen Sexualität auch auf die weibliche Homosexualität empfahl.[200] Insofern konnten Betroffene von Glück sagen, dass diese Reform nie realisiert wurde.

Was Deutschland damals von anderen Ländern unterschied, war folglich die neuartige Bereitschaft einander bekämpfender Elitegruppen, das interne Wissen um Homosexualität in höchsten Kreisen zu instrumentalisieren und öffentlich zu skandalisieren. Das galt zuallererst für den Medienmann Harden, dem dies von homosexuellen Freunden wie Graf Kessler oder Walther Rathenau denn auch zum Vorwurf gemacht worden ist.[201] Das galt jedoch auch für die im Hintergrund agierenden Angehörigen der politischen Elite – etwa für den aus seiner Spitzenstellung im Auswärtigen Amt entlassenen Friedrich von Holstein, der eine Allianz mit Harden gegen

---

197 Kessler, Das Tagebuch, Bd. 4, S. 365.
198 Blüher, Werke und Tage, S. 238 f., 322 und 340.
199 Karl Kraus, Schoenebeckmesser, in: März. Halbmonatsschrift für deutsche Kultur 4 (1910), Bd. 3, S. 81–88, hier insb. S. 81.
200 Christian Schäfer, „Widernatürliche Unzucht" (§§ 175, 175a, 175b, 182 a. f. StGB). Reformdiskussion und Gesetzgebung seit 1945, Berlin 2006, S. 31.
201 Kessler, Tagebuch, Bd. 4, S. 352 und 386; Laird M. Easton, Der rote Graf. Harry Graf Kessler und seine Zeit, Stuttgart ²2007, S. 216 f.; Shulamit Volkov, Walther Rathenau. Ein jüdisches Leben in Deutschland, München 2012, S. 43. Hutten-Czapski will Harden ähnliche Vorwürfe gemacht haben: „Als ich ihm vorwarf, warum er Menschen, die politisch ganz gleichgültig waren, durch Enthüllungen ihres Privatlebens unglücklich mache, gab er mir zu, im Eifer des Gefechts zu weit gegangen zu sein." Vgl. Hutten-Czapski, Sechzig Jahre Politik und Gesellschaft, Bd. 1, S. 468.

den Eulenburg-Kreis einging[202] und selbst als Kopf einer „Nebenregierung" betrachtet werden konnte.[203] Es galt nicht minder für Reichskanzler Fürst Bülow, der 1906 seine Ablösung durch Eulenburg befürchtete und mit seiner geheimen Pressepolitik womöglich noch mehr Verantwortung als Harden dafür trug, dass „die gesellschaftlich vernichtende Waffe der öffentlichen Anschuldigung der Homosexualität im Kampf gegen diese Männergruppe" zur Anwendung gelangte.[204] Sowohl Holstein als auch Bülow waren jahrelang selbst Mitglieder jener höfischen „Kamarilla" gewesen, die sie nun attackieren ließen.[205] Bülow glaubte offenbar, dass sein alter Freund und Förderer beim Kaiser mittlerweile gegen ihn intrigierte.[206] Das beobachtete auch der französische Botschafter Georges Bihourd, der am 9. November 1906 die Krise der Kanzlerschaft Bülows dadurch gekennzeichnet sah, dass der Großteil seiner Feinde sich in der Entourage des Kaisers befinde oder gar – wie im Falle des Fürsten Eulenburg, bei dem der Kaiser am Tage des Berichts zur Jagd angesagt sei – zu dessen engsten Freunden zu zählen sei.[207] Mit dem Besuch des Kaisers bezeichnete der Botschafter ausgerechnet jene Jagd in Liebenberg, die den Untergang Eulenburgs einleiten sollte. Nach dem Ereignis schrieb dieser überglücklich an seinen Sohn Friedrich-Wend, welch voller gesellschaftlicher Erfolg die Jagdgesellschaft gewesen sei.[208] Nur wenig später soll Maximilian Harden, als er erfuhr, dass auch der französische Spitzendiplomat Raymond Lecomte Gast jener intimen Gesellschaft auf Schloss Liebenberg gewesen sei, „bei dem Gedanken, daß der Franzose im kleinsten Kreise mit dem Kaiser zusammen gewesen war", in „wahre Tobsucht" geraten sein.[209] Damit begann Hardens vernichtende Pressekampagne.

Es scheint der Kanzler gewesen zu sein, der im Herbst 1906 Kontakt zu Harden aufgenommen hat, um einen „Befreiungsschlag gegen Eulenburg" einzuleiten –

---

202 Vgl. Die Geheimen Papiere Friedrich von Holsteins, hrsg. von Werner Frauendienst, Göttingen u. a. 1961, Bd. 3, passim.
203 Fürstin Marie Radziwill, Briefe vom deutschen Kaiserhof 1889–1915, Berlin 1936, S. 286.
204 John C. G. Röhl, Wilhelm II., Bd. 3: Der Weg in den Abgrund 1900–1941, München 2008, S. 588; Gerd Fesser, Reichskanzler Fürst von Bülow. Architekt der deutschen Weltpolitik, Leipzig 2003, S. 120 f. Zu Recht wird darauf hingewiesen, dass Bülow das wichtigste Produkt der „Liebenberger Kamarilla" und lange deren Schutzherr gewesen sei; vgl. Volker Reinhardt, Das Liebchen, der Süße und der Harfner. Maximilian Harden und die „Liebenberger Tafelrunde", in: Arne Karsten/Hillard von Tiessen (Hrsg.), Nützliche Netzwerke und korrupte Seilschaften, Göttingen 2006, S. 70–87, hier insb. S. 81.
205 Nipperdey, Deutsche Geschichte 1866–1918, Bd. 2, S. 478.
206 Clark, Wilhelm II., S. 147 f., der dies aber für eine Fehleinschätzung Bülows hält.
207 Documents Diplomatiques Français (1871–1914), 2e Sèrie (1901–1911), Tome X, Paris 1948, S. 411 f., Dokument Nr. 267, Bihoud an Außenminister Pichon, 9.11.1906: „Toutefois ses adversaires sont pour la plupart dans l'entourage de l'Empereur ou, comme le Prince Ph. d'Eulenbourg, chez lequel il chasse aujourd'hui, au premier rang de ses intimes."
208 John C. G. Röhl (Hrsg.), Philipp Eulenburgs politische Korrespondenz, Bd. III: Krisen, Krieg und Katastrophen 1895–1921, Boppard am Rhein 1983, S. 2137–2140, Schreiben vom 11.11.1906.
209 Die Geheimen Papiere Friedrich von Holsteins, Bd. 4, S. 404, auch Anm. 5.

„ohne damals allerdings zu ahnen, dass er damit eine Reihe von Skandalprozessen auslösen sollte, die das Reich in seinen Grundfesten erschütterten und ihn fast selbst mit in den Abgrund gerissen hätten".[210] Im Zuge des Skandals wurde der Reichskanzler 1907 selbst homosexueller Handlungen mit einem seiner Mitarbeiter bezichtigt, vermochte jedoch durch einen erfolgreichen Verleumdungsprozess gegen den bisexuellen Publizisten Adolf Brand solche Gerüchte zumindest in der deutschen Medienöffentlichkeit zum Schweigen zu bringen.[211] Außerhalb Deutschlands waberten sie weiter. Noch 1934 verbreitete Lord Bertrand Russell, der linksgerichtete Philosoph hocharistokratischer Herkunft, das Gerücht, der sinistre Baron Holstein habe sowohl Fürst Eulenburg als auch Reichskanzler Fürst Bülow dadurch in der Hand gehabt, dass er beide zufällig in einem Berliner Homosexuellenlokal beobachtet habe. So hoch die beiden Fürsten aufgestiegen seien, so eindeutig hätten sie aus Furcht vor Entlarvung stets den Anweisungen Holsteins folgen müssen.[212]

Norman Domeier hat darauf verwiesen, was vor einigen Jahren französische Wissenschaftler herausgefunden haben: dass der weltweit beachtete antisemitische Spionageskandal um den fälschlich wegen Landesverrats verurteilten franko-jüdischen Hauptmann Alfred Dreyfus, der Frankreich zwischen 1894 und 1906 in bürgerkriegsähnliche Lager spaltete, auch eine homosexuelle Dimension besaß. Domeier stellte die berechtigte Frage, was wohl geschehen wäre, wenn in der brisanten Dreyfus-Affäre „bekannt geworden wäre, dass die Pariser Militärattachés Deutschlands und Italiens ein Verhältnis unterhielten".[213] Doch hatten französische Geheimpolizei, Regierung und Militärführung zwar Kenntnis von der homosexuellen Liaison der beiden angeblichen Agentenführer des angeblichen Spions Dreyfus, doch wurden diese Fakten der französischen Öffentlichkeit und auch den Gerichten systematisch vorenthalten. Erst im Wiederaufnahmeverfahren in Rennes 1899 wurden die Dokumente unter Ausschluss der Öffentlichkeit diskutiert. Auch dies hatte keinen sichtbaren Effekt auf die weitere Entwicklung, auch wenn der Historiker Nicholas Dobelbower vermutet, dass die Inbeziehungsetzung des Juden Dreyfus mit zwei homosexuellen Vertretern eines fremden Bündnisses von der Militärführung zu Lasten von Dreyfus instrumentalisiert worden sei. Christopher Forth hat den klandestinen Umgang der französischen Armee mit der Homosexualität der beiden ausländischen Offiziere damit zu erklären versucht, dass die damalige schlechte eigene Reputation der französischen Armee im Hinblick auf verbreitete Homosexualität zum Verschweigen beigetragen haben dürfte.[214]

---

210 Winzen, Reichskanzler Bernhard von Bülow, S. 403–405, hier insb. S. 404.
211 Bösch, Offene Geheimnisse, S. 129 f.
212 Bertrand Russell, Freedom and Organization 1814–1914, London 1934, Neudruck 2001, S. 488.
213 Norman Domeier, Imaginationen einer „homosexuellen Internationale" im 20. Jahrhundert, in: Rüdiger Lautmann (Hrsg.), Capricen. Momente schwuler Geschichte, Hamburg 2014, S. 46–68, hier insb. S. 64.
214 Forth, The Dreyfus Affair and the Crisis of French Manhood, S. 46 f.

Freilich eignete sich der wohlhabende bürgerliche Hauptmann Dreyfus nicht nur deshalb als „Sündenbock", weil er jüdischer Herkunft war und womöglich auch – trotz bekannten heterosexuellen Sexuallebens – durch verräterische Nähe zu Homosexuellen diskreditiert werden konnte. Dreyfus war zudem ein „Technokrat", ein Vertreter einer neuen Schicht moderner Offiziers-Bürokraten, gegen dessen vermeintliche „Unmännlichkeit" eine konkurrierende ältere Schicht von Offizieren mit der Beschwörung (aristokratisch-)heroischer Männlichkeitsideale Stellung bezog.[215] Interessanterweise findet sich eine ähnliche sozialgeschichtliche Konfliktlinie 1913 im österreichisch-ungarischen Skandal um den homosexuellen Obersten Alfred Redl. Dessen Landesverrat indizierte für linke Kritiker nur eine Krise eines verrotteten Systems, doch für Konservative warf der Verrat umgekehrt die alte Streitfrage wieder auf, ob es Nichtadligen erlaubt sein sollte, ins ursprünglich rein aristokratisch gewesene Offizierskorps aufzurücken. John Sadler und Silvie Fisch betrachten den bürgerlichen Aufsteiger Redl als einen zwar illoyalen, aber zugleich hochprofessionellen modernen Offizierstyp, der für eine neue Art stand, Krieg oder Spionage zu betreiben.[216] Gegen solche aufstrebenden Außenseiter mobilisierten bedrängte ältere Eliten diverse Ressentiments. Homophobie gehörte oft dazu.

Der französische Geheimdienst verfügte in den 1890er Jahren durch die erfolgreiche Überwachung des deutschen Militärattachés Maximilian von Schwartzkoppen über ein Geheimdossier, das auch dessen homosexuelle Beziehung zu seinem italienischen Kollegen Alessandro Panizzardi bewies. Denn die Putzfrau, die aus dem Papierkorb des unvorsichtigen Deutschen jene Beweisstücke herausgefischt hatte, welche die Agententätigkeit eines französischen Generalstabsoffiziers indizierten (der dann Dreyfus beschuldigt wurde, obwohl sein Kollege Ferdinand Walsin-Esterházy der Schuldige war), hatte auch Privatkorrespondenzen zwischen Schwartzkoppen und Panizzardi erbeutet. Die beiden Attachés wussten und bedauerten, dass Dreyfus unschuldig verurteilt wurde, konnten aber wenig tun, da sie sonst den wahren Spion gefährdet hätten – und womöglich die Aufdeckung ihrer Homosexualität riskiert hätten. Doch damit nicht genug: Der wirkliche – heterosexuelle – Spion Esterházy, der zwischenzeitlich ebenfalls des Verrats angeklagt, aber freigesprochen worden war – hatte Verbindungen zum Homosexuellen Oscar Wilde, mit dem und dessen Partner Lord Douglas er gelegentlich sogar verreist sein soll. In seiner Gerichtsvernehmung von 1899 nutzte Esterházy die Anspielung auf Homosexualität geschickt, um seine Unschuld zu betonen: Man habe ihn aller möglichen Verbrechen und Laster beschuldigt, aber noch nie jenes einen, das ihm die Gesellschaft von Wilde und Douglas besonders angenehm hätte machen können. Damit

---

[215] Ebenda, S. 74.
[216] John Sadler/Silvie Fisch, Spy of the Century. Alfred Redl and the Betrayal of Austria-Hungary, Barnsley 2016, S. 143 und 145.

nutzte Esterházy laut Erin Carlston das implizite Argument, er sei kein Verräter, weil er kein Homosexueller sei.[217]

Als *homosexueller Verräter* in der Armee wurde hingegen Geheimdienst-Oberst Marie-Georges Picquart stigmatisiert, nachdem er – beauftragt, weitere Beweise gegen Dreyfus zu finden – diesen entlastet und stattdessen Esterhazy beschuldigt hatte. Daraufhin erhob Geheimdienstchef General Charles-Arthur Gonse die Beschuldigung, in gewissen Kreisen sei Picquart unter dem Namen „Georgette" bekannt, was seine Haltung erklären dürfte. Antisemitische Medien bildeten Picquart in Frauenkleidern ab und brachten Anspielungen auf angebliche Effeminität und Homosexualität. Die rechtsgerichtete Journalistin „Gyp" – ein Pseudonym für die Aristokratin Sibylle de Riquetti Comtesse de Mirabeau, verheiratete Gräfin de Martel de Janville – konstruierte eine brisante Melange aus rassischen, religiösen und sexuellen Devianzen des selbst in die Mühlen der Militärjustiz geratenen Dreyfus-Verteidigers. Sie schilderte Picquart als Typ des hübschen jüdischen Blonden; über seine Religion wisse sie nichts Verlässliches, aber sie würde auf Protestant tippen; besonders bemerkenswert erschien ihr, dass Picquart sich im Zeugenstand wippend bewegt und dabei seine Hüften allzu sehr zur Schau gestellt habe.[218]

Picquart war wie Dreyfus ein Vertreter der neuen technokratischen Offiziersschicht, die militärische Professionalität mit Intellektualität und Kunstinteresse zu verbinden vermochte; diese Mischung machte Picquart zum Helden der Dreyfus-Verteidiger in Frankreich, machte ihn in den Augen der Anti-Dreyfusards jedoch der Unmännlichkeit verdächtig.[219] Von dort bis zur Unterstellung der Homosexualität war es nur noch ein Schritt. Schon Picquarts rasche Karriere in der Armee wurde von Neidern auf eine allzu enge Beziehung zu seinem vorgesetzten General, einem Junggesellen, zurückgeführt. Gerüchte über seine Homosexualität verfolgten den späteren Dreyfus-Verteidiger somit schon lange vor seiner Verwicklung in die Spionage-Affäre. Nachdem er vom Verfolger zum Verteidiger des Juden und angeblichen Verräters geworden war, zog Picquart – wie der Diplomat Maurice Paléologue beobachtete – als Seitenwechsler weit mehr Hass unter Armeeoffizieren auf sich als Dreyfus selbst. General Georges-Gabriel de Pellieux, der das von Picquart korrekt bewertete Entlastungsmaterial gegen Dreyfus ignoriert und seinerseits den Verräter Esterházy verteidigt hatte, brachte ein ganzes Bündel an Desinformation an die Öffentlichkeit: Picquart sei ein Neurotiker, an Hypnose, Okkultismus und Spiritismus hingegeben, und die Gerüchte über Homosexualität lebten wieder auf.[220]

---

[217] Carlston, Double Agents, S. 75, 81 und 84–86.
[218] Carlston, Double Agents, S. 87 und 322. Dreyfus und Picquart wurden 1906 rehabilitiert; während Dreyfus bald danach die Armee verließ, stieg Picquart zwischen 1906 und 1909 zum Kriegsminister auf.
[219] Forth, The Dreyfus Affair and the Crisis of French Manhood, S. 88 f.
[220] Read, The Dreyfus Affair, S. 162 und 271.

Dass der als jüdischer Außenseiter angreifbare Alfred Dreyfus nur ein Sündenbock und das Opfer einer Intrige zur Ablenkung von den wahren Schuldigen darstellte, war schon bald aufmerksamen Beobachtern klar.[221] 1919 bot ein homophober Pamphletist eine weitere Erklärung: Der Wiener Arzt Eugen Fried warnte vor der bedrohlichen Macht homosexueller Seilschaften und behauptete, viele der skandalösesten Korruptionsaffären hätten einen homosexuellen Hintergrund. Neben dem österreichischen Skandal um den homosexuellen Spion Redl aus dem Jahre 1913, der uns noch eingehend beschäftigen wird, kam Fried auch auf die Dreyfus-Affäre zu sprechen. Er gab sich gewiss, dass der französisch-jüdische Offizier von „Päderasten" schuldlos als Verräter beschuldigt worden sei, um ihre „ungeheuren [...] Verbrechen" zu verdecken.[222] Doch vor der Initialzündung der Eulenburg-Affäre in den Jahren 1907/08 gab es eine explizit *homosexuelle* Skandalisierung in der nationalistisch und antisemitisch aufgeladenen Dreyfus-Affäre bezeichnenderweise noch nicht.

Die politische Instrumentalisierung des Eulenburg-Skandals war ein öffentliches Thema von Anfang an. Adolf Brand, ein prominenter Wortführer für selbstbewusst-männliche Homosexualität in scharfer Abgrenzung von effeminierten Homosexuellen, als deren öffentlicher Prototyp Fürst Eulenburg damals konfiguriert wurde, hatte nicht nur Reichskanzler Fürst Bülow eines homosexuellen Verhältnisses mit einem engen Mitarbeiter bezichtigt, sondern den Kanzler überhaupt als den „böse[n] Zauberer" angeprangert, welcher den ganzen Eulenburg-Skandal entfesselt habe.[223] Letzteres war nicht ganz falsch, doch reichte die Tradition politischer Instrumentalisierung abweichender Sexualität noch weiter zurück und noch höher hinauf: Fürst Otto von Bismarck, der als „Reichsgründer" verehrte erste Reichskanzler und – nach seiner Entlassung durch Wilhelm II. 1890 – bis zu seinem Tode 1898 der eigentliche „Führer der Opposition" gegen den Kaiser, hatte in Harden einen „journalistischen Verbündeten" gefunden, der als „erster Hohepriester" des medialen Bismarckkultes waltete.[224] Insofern war es nicht voraussetzungslos, wenn Graf Kessler seinem Freunde Harden 1907 vorwarf, mit der Instrumentalisierung des Privaten gegen die Eulenburg-Gruppe „die Bismarckschen Methoden" ins Extrem getrieben zu haben.[225] Harden berief sich öffentlich auf den früheren Kanzler, der die politische Untauglichkeit Eulenburgs und dessen homosexuelle Veranlagung offen angesprochen habe.[226] Bismarck habe ihn auch vor der „Kamarilla der Kinäden" gewarnt: „Da gibt's Zusammenhänge und Hautsympathien, die unsereins gar nicht versteht", zitierte Harden den Reichsgründer, der Homosexuelle als „grässliche"

---

221 Vgl. Hutten-Czapski, Sechzig Jahre Politik und Gesellschaft, Bd. 1, S. 375.
222 Fried, Das männliche Urningtum in seiner sozialen Bedeutung, S. 26.
223 Frank, „Höre Israel!", S. 76.
224 Otto Pflanze, Bismarck, Bd. 2: Der Reichskanzler, München 1998, S. 627 f. und 688 f.
225 Kessler, Das Tagebuch, Bd. 4, S. 352.
226 Harden, Fürst Eulenburg, S. 169–171.

Menschen betrachtet habe, „ganz anders als wir", ohne Sinn für Realpolitik und „ohne den Nerv der Tapferkeit, die eine große Nation braucht".[227] Auch ließ Harden vor Gericht die Aussage eines Journalisten verlesen, wonach Bismarck von einer homosexuellen Kamarilla gesprochen habe: *„Die Hintermänner im doppelten Sinne, auch im physischen – siehe Eulenburg – sitzen in Liebenberg. Diese Leute umgeben den Kaiser und schließen ihn ab."*[228]

1913 publizierte Harden all diese angeblichen Bismarck-Zitate erneut, obschon diese durch seinen Kronzeugen relativiert worden waren.[229] Harden zitierte auch eine Jugenderinnerung Bismarcks[230], wonach dieser 1835 am Berliner Kriminalgericht „den nachhaltigsten Eindruck" durch eine Untersuchung gewonnen habe, die sich gegen eine „weit verzweigte Verbindung zum Zwecke der unnatürlichen Laster richtete". Gefährlich an dieser „Demoralisation" war Bismarck nicht nur „die gleichmachende Wirkung des gemeinschaftlichen Betreibens des Verbot[e]nen durch alle Stände hindurch" erschienen, sondern auch, dass die „Verzweigungen" dieser Homosexuellen-Seilschaft „bis in hohe Kreise hinauf" reichten.[231] All dies war in zahllosen Auflagen der „Gedanken und Erinnerungen" seit 1898 nachzulesen – ebenso wie Bismarcks Behauptung, dass der hocharistokratische damalige Justizminister den Skandal, in den Aristokraten verwickelt schienen, dadurch unterdrückte, dass er die Ermittlungsakten an sich zog.[232]

Nicht zu Unrecht hatte der Verteidiger des Grafen Moltke 1907 argumentiert, da es Harden nicht gelungen sei, Fürst Eulenburg mit politischen Argumenten anzugreifen, habe er dessen Sexualität zum Thema gemacht: „Fürst Bismarck hatte ihm ja gesagt, Eulenburg sei Päderast." Auf dieser Basis habe Harden eine „Intrige eingefädelt" und einen „Kreis konstruiert [...], der nicht existiert, der aber die Idee der Perversität stärkt".[233] Harden soll angesichts dieser Behauptung spöttisch gelacht haben, erklärte jedoch später selbst, es sei zur Bekämpfung der Eulenburg-Gruppe „auch nötig" gewesen, „darauf hinzuweisen, daß diese Persönlichkeiten Abweichungen von der Norm zeigen". Denn: „Das gibt eine Gemeinschaft, die dem andern nicht sichtbar ist; das gibt eine Verbündelung, von der der andere, der Entscheidende nichts ahnt." Er habe nichts weiter getan, als „die Grundform des Wesens eines zusammenhängenden Grüppchens [als] objektiv unheilvoll wirkend" zu bezeichnen, „und was nebenbei in sexuell-pathologischer Beziehung zu erweisen war, ist

---

[227] Zitiert nach Domeier, Imaginationen, S. 50. Der dem Altgriechischen entnommene Begriff „Kinäde" bezeichnet einen effeminiert-passiven homosexuellen Mann.
[228] Friedländer, Interessante Kriminal-Prozesse, Bd. 11, S. 73f.
[229] Ebenda, S. 130–132.
[230] Harden, Fürst Eulenburg, S. 173.
[231] Otto Fürst von Bismarck, Gedanken und Erinnerungen. Neue Ausgabe, Bd. 1, Stuttgart/Berlin 1915, S. 7.
[232] Bösch, Öffentliche Geheimnisse, S. 58.
[233] Friedländer, Interessante Kriminal-Prozesse, Bd. 11, S. 81.

hier auch erwiesen".[234] Bereits Bismarck habe in „ganz ruhigen, sachlichen, sehr häufig wiederholten Äußerungen" auf die Gefährlichkeit Eulenburgs hingewiesen und deutlich gemacht, „daß ein Teil dieser Gefährlichkeit auf sexualpsychischen Momenten beruhe".[235] Jahrzehnte später wurde in populärwissenschaftlichen Darstellungen die angebliche Reaktion des Fürsten bei seiner Verhaftung wegen Meineids im Mai 1908 zitiert. „Eulenburgs Kommentar: ‚Bismarck ist an allem schuld!'"[236]

Vergebens suchte die „für eine kleine gesinnungstreue Gemeinde" schreibende linksliberale Zeitschrift „März", zu deren Redaktion neben dem späteren Bundespräsidenten Theodor Heuss[237] die bekannten Schriftsteller Ludwig Thoma und Hermann Hesse zählten, 1908 den Unterschied zwischen Politischem und Privatem zu wahren. Auf die Kernfrage *„Ist die Aufdeckung geschlechtlicher Sünden und privater Schwächen ein nützliches Mittel des politischen Kampfs?"* antwortete die „März"-Redaktion: „Wir verneinen die Frage, doppelt nachdrücklich nach den jetzt gemachten Erfahrungen." Wenn Harden seine gegenteilige Haltung damit begründe, dass er „aus politischen Gründen und im Interesse des Vaterlands Eulenburg" habe stürzen müssen und „als einziges Mittel den Bezicht perversen Geschlechtsempfindens erkannt" habe, so wäre diese Sexualdenunziation „von einem freien sittlichen Standpunkt aus dann vertretbar, wenn die behauptete Perversität selbst in einem ursächlichen Zusammenhang mit der behaupteten politischen Schädigung stünde" oder wenn Harden „die Perversität als einen sittlichen Makel empfinden würde". Beides sei jedoch nicht der Fall. Politisch sei *„mit der gesellschaftlichen Beseitigung eines oder mehrerer Kavaliere aus der Nähe des Monarchen"* ohnehin *„nichts Wesentliches zu erreichen"*. Der Grund: „Die Kamarilla ist der Adelsgeist, nicht der einzelne Adlige; und auch gegen den Adel wäre die Nachrede der Homosexualität eine unerlaubte Waffe, denn sie wäre in ihrer Allgemeinheit falsch und verwerflich. Konstitutionelle Zustände aber, die der Adel hintanhält, bekommt Deutschland nicht dadurch, daß man Phili Jugend- oder Alterssünden nachsagt und nachweist."[238]

Zugleich gab es Publizisten wie Jeannot von Grotthuss, die an sich zwar ebenfalls missbilligten, dass „Harden den Schauplatz seines Kampfes gegen die ‚Liebenberger Kamarilla' von dem politischen auf das persönliche, das allzu persönliche Gebiet verlegte", doch zum Resultat dieser Skandalisierung anerkennend feststellten, „daß Harden objektiv in der Hauptsache recht behalten, daß er objektiv sich ein positives Verdienst erworben und daß vor ihm kein anderer den Mut gefunden hat, mit geschmeidiger Klinge in das an so hoher Stelle nistende Wespennest zu ste-

---

234 Ebenda, S. 81 und 104.
235 Ebenda, S. 177.
236 Curt Riess, Auch Du, Cäsar ... Homosexualität als Schicksal, München 1981, S. 255.
237 Wehler, Deutsche Gesellschaftsgeschichte, Bd. 3, S. 1237.
238 Rattenkönig, in: März. Halbmonatsschrift für deutsche Kultur 2 (1908), Bd. 3, S. 1–6, hier insb. S. 4 f. (Hervorhebungen im Original).

chen".²³⁹ In den Medien dominierten Schlagzeilen über „die perverse Kamarilla"²⁴⁰, und auch der seit dem Krupp-Skandal einschlägig vorbelastete sozialdemokratische „Vorwärts" attackierte die „Nebenregierung des § 175".²⁴¹ Der weniger rücksichtsvolle Teil der Presse schmückte Hardens Andeutungen über sexuelle Andersartigkeiten noch „gehörig aus" und vermittelte die Botschaft, „eine Kamarilla von Kriminellen habe Deutschland regiert".²⁴² Die bayerische Presse hetzte – den Beinahe-Skandal um Ludwig II. großzügig übergehend – genüsslich gegen „hohe Vertreter der königlich preußischen Hofpäderastie".²⁴³ Im Ergebnis war das Sensationelle nicht mehr die Einflussnahme einer informellen Gruppe, sondern deren „perverse" Sexualität.

Richard Lewinsohn zitierte in seiner zwischen 1956 und 1961 vielgelesenen „Weltgeschichte der Sexualität" ausführlich, was Harden zu Beginn des 20. Jahrhunderts in „gedrechselter Sprache" gegen diese homosexuelle „Kamarilla" ins Feld geführt hatte: Dass Homosexuelle eine „Kameradschaft" pflegten, „die stärker ist als die der Ordensbrüder und Maurer, fester hält und über alle Wälle des Glaubens, der Staaten und Klassen hinweg ein Band schlingt, die einander Fernsten, Fremdesten zu Schutz und Trutz in Brüderlichkeit vereint. Überall sitzen Männer aus dieser Sippe: an Höfen, in Armee und Marine auf hohen Posten, in den Redaktionen großer Zeitungen, auf den Stühlen der Händler und Lehrer, der Richter sogar. Alle verbinden sich gegen den gemeinsamen Feind. Viele blicken auf den Normalen schon wie auf ein anderes Wesen von unzulänglicher ‚Differenziertheit' herab."²⁴⁴ Harden selbst war in seinem Triumph über Fürst Eulenburg 1908 – und dann in zahllosen Neuauflagen zwischen 1913 bis 1923 – noch weiter gegangen, als er mit Blick auf die heterosexuelle Mehrheit der Gesellschaft bemerkte: „Tausende fühlen es wie Schmach und Rassengefahr; dürfen sich aber nicht regen, weil sie Einen in der Familie haben und ‚Rücksicht nehmen müssen'. Das hatte ich nicht gewußt. Seit ichs weiß, bin ich nicht mehr so duldsam gegen das endemisch gewordene Übel [...]. Habe es als eine Landplage erkannt." Selbstbewusst rechtfertigte der Publizist seine umstrittene Strategie des Outing: „Die Geschlechtshandlung ist der privateste Akt. Nur wenn sie ein nationales oder soziales Recht antastet, darf der Fremde sie entschleiern." Harden formulierte als Grundregel des politisch motivierten Outings: „Wer ohne Fug eine Geschlechtshandlung ans Licht zerrt, ist ein Schwein

---

239 Zitiert nach [Jeannot Emil Freiherr von Grotthuss], Türmers Tagebuch: Im Zeitalter des Verkehrs – National? – Ein Nörgler – Deutscher Jammer – Eulenburg und Harden, in: Der Türmer. Monatsschrift für Gemüt und Geist 10 (1908), Bd. 2, S. 376–414, hier insb. S. 398 und 410.
240 Tresckow, Von Fürsten und anderen Sterblichen, S. 135.
241 Domeier, Imaginationen, S. 62.
242 Schütze, Die Kunst des Skandals, S. 190.
243 Zitiert nach Kohlrausch, Der Monarch im Skandal, S. 210, Anm. 241.
244 Morus, Eine Weltgeschichte der Sexualität, S. 300. Ebenda, S. 375, Anm. 198, wird auf Harden, Fürst Eulenburg, S. 182f. (in der Erstauflage 1913) verwiesen; vgl. auch [Maximilian Harden], Prozeß Eulenburg, in: Die Zukunft 64 (1908), hier insb. S. 134.

oder ein Denunziant. Wer ohne Sittenrichterhochmut [...] auf das normwidrige Geschlechtsempfinden einer mächtigen Gruppe hinweist, kann nützlich wirken."[245]

Hardens Rechtfertigung wurde durchaus bestritten. Unter potentiell Betroffenen wie Graf Kessler wurden Debatten darüber geführt, ob Harden „berechtigt" gewesen sei, „ein Vorurteil, das man selber nicht teilt, zu benutzen, um einen politischen Gegner zu vernichten, und zwar nicht blos [sic!] politisch", sondern um diesen Gegner „überhaupt menschlich von Grund aus zu ruinieren".[246] Josef Adolf Bondy stellte 1908 in der „Neuen Revue" fest: „Ist ein homosexueller Staatsmann ein Schädling, dann ist es Pflicht, seine Unfähigkeit, seine schlechte Politik, nicht aber seine Männerliebe zu erweisen". Man dürfe nicht, um einen politischen Gegner zu beseitigen, dessen Privatleben ausspionieren.[247] Zuvor hatte schon Karl Kraus darauf beharrt, dass es bei der Aufdeckung übler „Günstlingswirtschaft" im Staat nicht um eine „Richtung des Geschlechtstriebes" gehen dürfe, sondern um konkrete Verletzungen von Pflichten.[248]

Trotz solcher Kritik blieben politisch „nützliche" Outings homosexueller Machthaber nicht auf den Eulenburg-Skandal beschränkt. 1922 erfolgte in Deutschland – nach Kriegsniederlage und Revolution – das Outing des letzten kaiserlichen Reichskanzlers. Der frühere Sitten-Kriminalkommissar Hans von Tresckow spielte die Hauptrolle: Er erinnerte sich öffentlich, „die Ernennung des Prinzen Max von Baden zum Reichskanzler" im Oktober 1918 habe ihn „wie ein schlechter Witz" getroffen, „denn dieser Totengräber des Deutschen Kaiserreiches stand auch im Verdacht, zur Klasse der Männerfreunde zu gehören". Tresckow behauptete, dass Prinz Max, Neffe und Thronfolger des letzten Großherzogs von Baden, schon als junger Gardeleutnant in Berlin von der Kriminalpolizei auf die einschlägige „Liste" gesetzt worden sei.[249] Homophobe Generäle wie der frühere preußische Kriegsminister Karl von Einem hatten auf die Nachricht von der Ernennung des badischen Prinzen 1918 gehöhnt: „Wer hätte an den Bademax gedacht und nicht gelacht!"[250] Tresckow wiederum kannte aus seiner Zeit im Berliner Sittendezernat weit mehr der Homosexualität verdächtige Aristokraten. Das selektive Outing des Prinzen Max hatte eine politische Funktion: Die spöttische Offenlegung der Homosexualität jenes Politikers, dem Konservative seinen vermeintlichen Verrat am Kaiser im November 1918 ebenso wenig verziehen wie seine angeblich allzu verständigungsbereite Waffenstillstandspolitik[251], erfolgte in einem Buch, in dem Homosexuelle grundsätzlich als unmännlich

---

245 Harden, Fürst Eulenburg, S. 183 f. (19. Auflage 1923).
246 Kessler, Das Tagebuch, Bd. 4, S. 352.
247 Zitiert nach Grotthuss, Türmers Tagebuch, S. 410.
248 Kraus, Maximilian Harden. Eine Erledigung, in: Die Fackel 9 (1907), S. 30.
249 Tresckow, Von Fürsten und anderen Sterblichen, S. 240.
250 Lothar Machtan, Prinz Max von Baden. Der letzte Kanzler des Kaisers. Eine Biographie, Berlin 2013, S. 387.
251 Liebig, Der Betrug am deutschen Volke, S. 49.

und mit einem „Mangel an Nationalgefühl" ausgestattet skizziert wurden.[252] Das in rechten Kreisen nach 1918 umlaufende Schmähwort vom „national geschlechtslosen Pöbel"[253] erhielt quasi eine homophobe Dimension. Der ehemalige preußische Generalleutnant und prominente Alldeutsche August Keim führte, sich auf Tresckow berufend, des Ex-Reichskanzlers angebliche „Verständnislosigkeit für hohe Politik" auf die „ganz verworrene weibische Geistesverfassung des Prinzen" zurück. Der Untergang der Monarchie und die Weltkriegs-Niederlage konnten einem homosexuellen Sündenbock angelastet werden. Der Prinz – verheirateter Familienvater, aber wohl tatsächlich homo- oder bisexuell – schwieg zu den Angriffen.[254]

Die eigentliche *nützliche Wirkung* solchen Outings im Sinne Hardens bestand jedoch nicht in der Stigmatisierung des einen oder anderen Individuums, sondern in der Konstruktion des Feindbildes einer *bedrohlichen homosexuellen Clique*. Die Eulenburg-Gruppe sollte angeblich eingestanden haben, einen undurchdringlichen „Ring um den Kaiser" geschlossen und den Monarchen dadurch völlig kontrolliert zu haben. Diese belastende Aussage der geschiedenen Ehefrau des Grafen Kuno Moltke wirkte 1907 derart sensationell, dass sich der preußische Kriegsminister General von Einem gezwungen sah, im Reichstag die Existenz einer geschlossenen Gruppe von Homosexuellen um den Obersten Kriegsherrn zu bestreiten: „Als Kriegsminister habe er immer Zugang zum Kaiser gehabt, was wohl unmöglich wäre, wenn Offiziere diesem Ring angehörten."[255] Anders sah die Situation im Jahre 1919 aus. Otto Hammann, als früherer Pressechef der Reichskanzlei ein enger Mitarbeiter des Kanzlers Bülow, verteidigte nun engagiert die früheren Presseattacken Hardens. Diesem sei „während seines Feldzugs gegen das heimlich-unheimliche ‚Grüppchen' um den Kaiser" von einem Teil der Presse vorgeworfen worden, er sei nur ein Werkzeug der Rachsucht der Ex-Frau des Grafen Moltke und des gestürzten Geheimrats von Holstein. Harden habe aber „nachweisen" können, dass er „weder Hinterfrauen noch Hintermänner hatte", so der ehemalige Spitzenbeamte doppelsinnig. Noch häufiger sei Harden nachgesagt worden, er habe den Kampf gegen die Eulenburg-Gruppe aus „Sensations- und Gewinnsucht" betrieben. Auch das sei falsch, wie Hardens zeitweilige Bereitschaft beweise, den Kampf zugunsten eines nichtöffentlichen Kompromisses – Schweigen gegen Rückzug Eulenburgs – zu unterlassen. Schon Ende 1906 habe Harden privatim betont, „ihm komme es nur auf den politischen Zweck an, und um ihn zu erreichen, habe er [...] die Normwidrigkeit der Männer der Liebenberger Gruppe andeuten müssen, weil daraus auch die politische Schädlichkeit dieser Gruppe herzuleiten sei". Dieses Argument fand Hammann plausibel: „In der Tat waren, wie Fürst Bismarck nach seinem Rücktritt nicht nur zu

---

252 Tresckow, Von Fürsten und anderen Sterblichen, S. 112 f., 134 f. und 190 f.
253 Liebig, Der Betrug am deutschen Volke, S. 179.
254 Machtan, Prinz Max von Baden, S. 188 und 504 f.
255 Kohlrausch, Der Monarch im Skandal, S. 195 f., auch Anm. 178.

Harden, sondern auch zu anderen Personen mit Bezug auf Eulenburg und dessen Freundesliebe geäußert hat, unmännliche Naturen, Spiritisten, Geisterseher, Schönredner für das dramatische Temperament des Kaisers besonders gefährlich." Schwer zu erklären war für diesen Harden-Verteidiger allerdings, wieso „der Kaiser, der selbst ein Vollmann war und ist und dem nichts ferner liegt als süßliches Wesen, so lange ahnungslos einen Kreis von mehr oder weniger anormal Veranlagten in seiner nächsten Umgebung" habe ertragen können. Entscheidend aber sei beim Eulenburg-Skandal dessen machtpolitisches Resultat: „Diese Kamarilla war tot und kam auch später nicht wieder zum Leben."[256]

Harden feierte sich zeitlebens dafür, dass er die homosexuelle Kamarilla erfolgreich beseitigt habe. Nicht alle Zeitgenossen waren sich so sicher. Gewiss, die Eulenburg-Gruppe war entfernt worden. Doch im Januar 1909 sprach Graf Kessler mit einem befreundeten Adjutanten des preußisch-deutschen Kronprinzen, der davon überzeugt war, dass es weiterhin „einen Päderasten[-]Kreis" um Wilhelm II. gebe. Auch diesem selbst unterstellte dieser Beobachter „päderastische Neigungen", da der Kaiser immer wieder „solche Leute" um sich sammle und kein Interesse an Frauen zeige: „Kaum sei einer beseitigt, so sei schon wieder ein Andrer da, der im selben Rufe stünde, um die Lücke auszufüllen."[257] Noch 1934 war Lord Bertrand Russell davon überzeugt, dass der Kaiser durch die Wahl seiner engsten Freunde seine eigene natürliche Disposition geoffenbart habe.[258] Während die von Kessler festgehaltenen Ausführungen lange nichtöffentlich blieben, machte Ex-Kommissar von Tresckow ähnliche Erwägungen, die er während des Skandals in seinem Tagebuch notiert hatte, schon 1922 publik. Als er im März 1908 einem Münchner Prozess beiwohnte, war ein Brief des Homosexuellen-Aktivisten Graf Günther von der Schulenburg verlesen worden, in dem dieser den Publizisten Adolf Brand zur Denunziation des Reichskanzlers als homosexuell ermuntert hatte. Für besonders interessant hielt Tresckow eine Passage, in der Schulenburg ausgeführt hatte: „S. M. [i. e. Seine Majestät] ist noch immer von warmen Brüdern umgeben. Wenn er auch die Veranlagung als solche nicht schätzt, so ist er von den Leuten dieser Art desto mehr eingenommen, denn er ist schon so verwöhnt, daß er die Wahrheit nicht mehr hören mag." Der Tagebuchschreiber Tresckow kommentierte zustimmend: „Hierin liegt gewiß viel Wahres; es sind in der Tat noch mehrere Homosexuelle in der unmittelbarsten Nähe des Thrones, und daß diese Art Leute mit ihrer Schmiegsamkeit und ihrer Lust an Ränken nicht in die nächste Umgebung eines Herrschers paßt, wird wohl jeder zugeben müssen, mag man sich sonst zur Frage der Homosexualität stellen wie man will."[259] In solcher Sicht waren durch den Skandal nur Einzelpersonen

---

256 Otto Hammann, Um den Kaiser, Berlin 1919, S. 15 und 21–23.
257 Kessler, Das Tagebuch, Bd. 4, S. 547.
258 Russell, Freedom and Organization 1814–1914, S. 486.
259 Tresckow, Von Fürsten und anderen Sterblichen, S. 197–199.

beseitigt worden, nicht die homosexuelle Kamarilla an sich.[260] Eigentlich war der Kaiser selbst das Problem – entweder bar jeder Menschenkenntnis oder heimlich homosexuell.

Der preußische Hofmarschall Graf Robert von Zedlitz-Trützschler notierte im Juni 1907 in sein Tagebuch, das er in den 1920er Jahren ebenfalls veröffentlichen sollte, dass der Angriff Hardens auf die Eulenburg-Gruppe gänzlich unberechtigt gewesen sei: „Dem Hardenschen Angriff lag die Anschauung zugrunde, wir litten an einer Kamarilla, die ihren Einfluß nütze, um politisch wirksam zu sein. In der letzten Zeit wurde der Eulenburgischen Tafelrunde alles zugeschoben, was bei uns in politischer Beziehung geschah. Hier liegt ein Irrtum vor. Der Kaiser nahm weder den Fürsten Eulenburg, noch aber den Grafen Moltke in politischen Dingen ganz au sérieux." Außerdem habe Fürst Eulenburg zum Zeitpunkt von Hardens Angriff längst schon „keinen politischen Ehrgeiz mehr" gezeigt und nur noch gelegentlich Kontakt mit dem Kaiser gehabt. In politischer Hinsicht sei Eulenburg ein Reaktionär und gefährlicher Phantast gewesen: „Hätte ihn der Kaiser wirklich ernst genommen und dauernd unter seinem Einfluß gestanden, dann wären politisch viel ungeheuerlichere Dinge passiert, als sie sich so schon ereignet haben." Vor allem aber machte Zedlitz geltend: „Die Idee der politischen Kamarilla ist eigentlich bei der Veranlagung des Kaisers und bei seiner ständigen Sorge, unter einen solchen Einfluß zu kommen, falsch. Sie ist wenigstens nur insofern richtig, als es die Art des Kaisers war, die wichtigsten schwebenden Fragen häufig mit Personen, die gerade in der Umgebung waren, zu diskutieren, wodurch jeder, auch der unbedeutendste Flügeladjutant, durch ein hingeworfenes Wort Einfluß ausüben kann. Aus diesem Grunde wird man auch die wirklich regierende Kamarilla niemals finden oder ausrotten." Wenn man eine Kamarilla um den Kaiser benennen wolle, gehörten dazu „eben [...] mehr oder minder alle, die überhaupt da sind, bis zu den bigotten Damen".[261]

Der deutsche Botschafter in Italien, Graf Anton von Monts, hatte im Juni 1907 an den gut vernetzten Grafen Hutten-Czapski über die homosexuelle „Kongregation" geschrieben, zwar hätte Eulenburg rechtzeitig vom Hofe entfernt werden sollen, doch insgesamt tue die öffentliche Skandal-Diskussion „der Sippe unrecht in vielen Dingen". Den politischen Einfluss, den Eulenburg zeitweilig gehabt hatte, bewertete Monts im Unterschied zu Zedlitz als positiv: Zu „Beginn seines Aufstiegs hat Phili manches verhindert und manches zum Guten gekehrt". Auch die verfemten Grafen Moltke und Hohenau seien „anständige Menschen". Doch ebenso wie Zedlitz bewertete auch Monts das Regime des kaiserlichen „Dilettant[en] und Gefühlspolitiker[s]"

---

[260] Auch später wurde bemerkt, nachdem sich der angeschlagene Wilhelm II. wieder gefestigt habe, „konnte sich die Kamarilla am Hof neu sammeln"; vgl. Schütze, Die Kunst des Skandals, S. 200.
[261] Graf Robert Zedlitz-Trützschler, Zwölf Jahre am deutschen Kaiserhof. Aufzeichnungen des ehemaligen Hofmarschalls Wilhelms II., Stuttgart u. a. ⁵1923, S. 159 f.

Wilhelm II. als *grundsätzlich kritikwürdig*, statt nach einer Kamarilla zu suchen: „Eulenburg ist nur einer der Parasiten am Staatskörper [...] und vielleicht in mancher Beziehung der gefährlichste, eben wegen seines Einflusses, aber das ganze System ist krank und kracht in allen Fugen."[262]

Unabhängig von solchem Insider-Wissen, das seit den 1920er Jahren erst die breite Öffentlichkeit erreichte, verfestigte sich das öffentliche Feindbild von der homosexuellen Kamarilla. So demonstrierte „die beispiellos hohe Zahl von Karikaturen zu den Kamarillaprozessen" schon 1907/08 nachdrücklich, „wie sensationell, neuartig und schockierend diese wirkten".[263] Der Publizist Richard Lewinsohn erinnerte noch fünfzig Jahre später daran, dass die „Homosexuellenprozesse" in Deutschland „jahrelang das Alltagsgespräch" gewesen seien: „Millionen Menschen, die vorher kaum etwas davon ahnten, beschäftigten sich nun mit allen Einzelheiten der gleichgeschlechtlichen Erotik. [...] Man fragte sich, besorgt oder belustigt, ob nicht auch der Nachbar ein ‚Hundertfünfundsiebziger' sei." Damals sei auch der Berliner „Spezialarzt" Magnus Hirschfeld – Hardens Prozess-Gutachter – „in Deutschland eine der populärsten Figuren" geworden. Freilich war dieser Bekanntheitsgrad nicht nur positiv konnotiert; vielmehr habe Hirschfeld „im Publikum als Schnüffler und Enthüller verbotener Liebesbande" gegolten: „Charakteristisch für die Schnüffelmanie war eine Karikatur aus dem Münchner Witzblatt ‚Simplizissimus'. Auf dem Weimarer Dichterdenkmal, wo Goethe und Schiller Hand in Hand dastehen, will Goethe vorsichtshalber seine Hand zurückziehen und sagt zu Schiller: ‚Fritz, laß los! Magnus Hirschfeld kommt.'"[264] Auf die enorme Wirkung des Eulenburg-Skandals verweist auch das „Hirschfeld-Lied" des Berliner Komikers Otto Reutter aus dem Jahre 1908. Reutter spießte das Denunziatorische im Klassifizierungseifer des modernen Expertentums auf, wenn er – auch auf dem neuen Medium der Schallplatte – lauthals sang:

> „Herr Harden aus der Zukunft ist jetzt riesig populär.
> Und Doktor Magnus Hirschfeld ist sein Sachverständiger. [...]
> Er wittert überall Skandal.
> Er hält fast keinen für normal. [...]
> Der Hirschfeld kommt! Der Hirschfeld kommt! Dann rücken alle aus.
> Der holt Verdachtsmomente aus allen Dingen raus [...]
> Wer heut nicht jedes Mädchen küsst, der kommt gleich in Verdacht,
> bleibt heut 'ne Ehe kinderlos, dann wird er ausgelacht,
> wer heutzutag 'nen Buckel hat, wer etwas lang und schmal
> wer so gebaut ist, als wie ich, der ist schon nicht normal."[265]

---

[262] Zitiert nach Hutten-Czapski, Sechzig Jahre Politik und Gesellschaft, Bd. 1, S. 468 f.
[263] Kohlrausch, Der Monarch im Skandal, S. 223.
[264] Morus, Eine Weltgeschichte der Sexualität, S. 302 f.
[265] Vgl. http://www.otto-reutter.de/index.php/couplets/texte/352-der-hirschfeld-kommt.html (17.5.2018).

Der Eulenburg-Skandal bewirkte nicht nur eine Reaktion gegen die autoritär kategorisierende Sexualwissenschaft. Zugleich wurde auch das Unbehagen der Mehrheitsgesellschaft an der Selbstorganisation von Homosexuellen und deren Emanzipationsbestrebungen artikuliert. Unter dem Pseudonym „Dr. Heinrich Hutter" stellte der liberale Reichstagsabgeordnete Conrad Haußmann[266] im Herbst 1907 kategorisch fest: „Sie machen sich zu breit, die Homosexuellen. Das Volk kennt noch nicht einmal den Namen und lehnt es ab, von der Sache etwas wissen zu wollen. Aber man fängt an, eine ungesunde Neugier zu entwickeln." Haußmann beobachtete kritisch, dass die Homosexuellen mittlerweile „in allen Großstädten der Alten und Neuen Welt, in Athen und Rom, in Lissabon und Paris, in Chicago und in Berlin [...] ihre Konventikel" bildeten, „die neuerdings zur Propaganda übergehen", also aus der Nicht-Öffentlichkeit in die Öffentlichkeit hinein zu wirken versuchten. Staat und Gesellschaft müssten hier auf der Hut sein und die Forderung nach freier Agitation – etwa zugunsten einer Abschaffung des Homosexuellen-Strafrechts – als *„gemeinschädlich"* ablehnen.[267]

Der Eulenburg-Moltke-Skandal etablierte das Feindbild einer im Geheimen agierenden eigensüchtigen homosexuellen Seilschaft, die das Wohl von Staat und Nation gefährden sollte. Der frühere Diplomat Emil Witte, ehemaliger Presseattaché an der deutschen Botschaft in Washington[268], mittlerweile zum rechtsradikalen Publizisten gewandelt, ließ zum Jahreswechsel 1913/14 mit wagnerianischem Pathos „Drei Siegfrieds-Rufe" an die deutsche Öffentlichkeit ergehen. Der erste „Siegfrieds-Ruf" richtete sich „an die Väter, Mütter & Lehrer deutscher Jungen" und warnte eindringlich vor dem Laster der Homosexualität, das durch die Jugendbewegung und vor allem durch das von Magnus Hirschfeld geleiteten „Wissenschaftlich-humanitären Komitee" immer mehr um sich greife. Wittes Pamphlet war ein einziger Hassgesang auf Hirschfeld und dessen emanzipative Organisation. Aber auch die Berliner Kriminalpolizei wurde attackiert, weil sie allzu verständnisvoll – wie ein gewisser Hans von Tresckow – mit Hirschfeld kooperiere, um hochgestellte Homosexuelle vor Erpressung, Bloßstellung oder Anklage zu schützen. Für unser Thema ist wichtig, dass Witte die Feindbilder der jüdischen Weltverschwörung und der homosexuellen Seilschaften eng miteinander verknüpfte. Im Ersten Balkankrieg von 1912/13, der eine schwere Niederlage des von fünf Balkanstaaten angegriffenen Osmanischen Reiches und den Verlust fast der gesamten europäischen Türkei zur Folge gehabt hatte, war die Politik der staatlichen Erneuerung, der sich die seit 1908 regie-

---

266 Vgl. Helga Abret (Hrsg.), Von Poesie und Politik. Hermann Hesse – Conrad Haußmann. Briefwechsel 1907–1922, Berlin 2011, S. 13 f.
267 Dr. Heinrich Hutter [i. e. Conrad Haußmann], Die Gemeinschädlichkeit der Homosexuellen, in: März. Halbmonatsschrift für deutsche Kultur 1 (1907), Bd. 4, S. 189–191.
268 Emil Witte, Aus einer deutschen Botschaft. Zehn Jahre deutsch-amerikanische Diplomatie, Leipzig 1907, S. 7.

rende Jungtürkische Partei gewidmet hatte, derart eklatant gescheitert[269], dass sich jemand wie Witte dieses Desaster nur als bewusste Sabotage vorstellen konnte. Daher stellte Witte die Behauptung auf, das „Jungtürkische Komitee" werde vom internationalen Judentum protegiert und hänge auf fatale Weise auch mit Homosexualität zusammen – mit „den unheilvollen Folgen der, um ein Bismarcksches Wort zu gebrauchen, unseligen verbrecherischen ‚Kynädenpolitik'".[270] Wittes Bezug auf Bismarcks Homophobie, die von Harden im Eulenburg-Skandal weidlich zitiert worden war, demonstriert deren nachhaltige Wirkung in der deutschen Öffentlichkeit.

Witte ging noch weiter, indem er eine Analogie zwischen dem Untergang der Osmanen zu den Zuständen in Deutschland zog. Denn „die Zustände im Deutschen Reiche" zeigten „Ähnlichkeit mit denen in der Türkei *vor* ihrem Zusammenbruch", und „auch bei uns" treibe „alles einem in seiner Tragweite unübersehbaren Sturze" entgegen, sofern „nicht noch in letzter Stunde ein Wechsel eintritt und das Ruder in die Hände von Männern gelegt wird, die weder willenlose Werkzeuge der Goldenen Internationale sind, noch sich dem von ihr abhängigen, seine Fänge über das ganze Reich ausstreckenden homosexuellen Polypen verschrieben haben".[271] Viel Hoffnung schien jedoch nicht zu bestehen, denn zugleich attackierte der Ultranationalist die deutschen und europäischen Eliten als homosexuell verseucht: Es genüge „die Feststellung der Tatsache, daß heute kaum ein europäisches Herrscherhaus ohne homosexuellen Einschlag anzutreffen ist; ja selbst hohe Würdenträger der Kirche und last but not least die jüdischen Plutokraten in ihrer Mehrheit" seien „der gleichgeschlechtlichen Liebe verfallen" und erregten häufig „öffentliches Ärgernis". Dieses „homosexuelle Problem" veranschaulichte Witte nicht zuletzt mit einem Hinweis auf den „unglückliche[n] Bayernkönig Ludwig II.".[272]

Unmittelbar nach Beginn des Ersten Weltkrieges hielt sich derselbe Emil Witte im Sommer 1914 für berufen, Reichskanzler Theobald von Bethmann Hollweg in einem offenen Brief zum Kampf „Wider das Juden- und Kynädenregiment" aufzufordern – also gegen die von ihm behauptete Herrschaft von Juden und Homosexuellen über Deutschland. „Einer der gewissen- und rücksichtslosesten Leiter dieser Hetze" war für Witte wiederum „Dr. Magnus *Hirschfeld*, der Vorsteher des sog. ‚Wissenschaftlich-Humanitären Komitees'", das „neben bekannten Aristo- und Plutokraten, Diplomaten und hohen Reichs- und Staatsbeamten, Heeres- und Marine-Offizieren, Künstlern und Gelehrten auch viele Knaben- und Lustmörder, Hochstapler, Erpresser, Zuhälter, Kuppler, männliche Dirnen, Polizeispitzel und das fragwürdigs-

---

269 Vgl. Michael Schwartz, Ethnische „Säuberungen" in der Moderne. Globale Wechselwirkungen nationalistischer und rassistischer Gewaltpolitik im 19. und 20. Jahrhundert, München 2013, S. 61–126 und 298–318.
270 Emil Witte, Drei Siegfrieds-Rufe. An alle Verantwortlichen in deutschen Landen. Erster Siegfrieds-Ruf: An die Väter, Mütter & Lehrer deutscher Jungen, Berlin-Friedenau 1914, S.7.
271 Ebenda.
272 Ebenda, S. 7 und 9 f.

te Gelichter der Großstädte als Mitglieder" aufweise. „Kein anderer als Hirschfeld" sei „der aus dem Hinterhalt arbeitende Urheber der Schmutz- und Skandal-Prozesse der letzten Jahre" gewesen, „die Schmach und Schande über deutsches Land" gebracht hätten. Der jüdische Sexualwissenschaftler sei „der Drahtzieher jenes mit teuflischem Geschick gegen die höchsten Personen im Staate gerichteten Einschüchterungs- und Verleumdungsfeldzuges, der jeden mit Bloßstellung seines Privatlebens und seiner sexuellen Anlagen bedroht, um ihn seinen und seiner Auftraggeber dunklen Zwecken dienstbar zu machen, und der Nichtwillfährige geächtet aus dem öffentlichen Leben hinausstößt".[273] Dabei nutzte Witte den Skandal- und Todesfall des Großindustriellen Krupp aus dem Jahre 1902 und behauptete ohne jeden Beweis: "Weil der arme Alfred Krupp, unvorsichtig in der Wahl seines Umganges, sich mit Juden und Kynäden verband, […] und weil Krupp, trotz seiner unglücklichen Veranlagung immer noch Manns genug, den Zumutungen Hirschfelds und seiner Agenten widerstand – brach das Unheil über ihn herein". Dieses hätte der unermesslich reiche Industrielle durchaus „verhindern können", wenn er bereit gewesen wäre, dem Wissenschaftlich-Humanitären Komitee beizutreten „und den von ihm verlangten Tribut von 100 000 Mark" zu leisten.[274]

Sein vorgeblicher Abscheu vor der Bloßstellung des Privatlebens Anderer hielt Witte indessen nicht davon ab, dieses Mittel seinerseits gegen Vertreter der politischen und sozialen Eliten zu richten. Hemmungslos outete er angebliche Mitglieder von Hirschfelds Komitee sowie angebliche Homosexuelle im diplomatischen Dienst. Insbesondere behauptete der frühere Mitarbeiter der deutschen Botschaft in Washington ohne jede Hemmung, dass deren gesamte Belegschaft fast nur aus Homosexuellen bestanden habe, und nannte deren volle Namen.[275] In diesem Zusammenhang attackierte Witte scharf auch die „kürzlich erfolgte Ernennung" des Korvettenkapitäns Alexander Freiherr von Senarclens-Grancy – des späteren Adjutanten des deutschen Ex-Kaisers im Exil – zum Marine-Attaché in Rom im Jahre 1913, da dieser mit anderen von Witte namentlich genannten Offizieren angeblich „einer Vereinigung von Päderasten angehörte". Aus solchen Karrieren zog Witte den Schluss, dass „die Leitung in der Wilhelmstraße es nicht für angezeigt hält, aus dem Falle *Redl*, in dem ein homosexueller jüdischer [sic!] Generalstabsoffizier der K. K. [österreichisch-ungarischen] Armee um schmutzigsten Geldes und perverser Befriedigung willen unerhörtestem […] Landesverrat verübte, ihre Folgerungen zu ziehen". Damit zeitigte der reale Einzelfall eines hochrangigen homosexuellen Verräters, der 1913 – ohne, wie von Witte behauptet, auch noch jüdischer Herkunft zu sein – in der mit Deutschland verbündeten Donaumonarchie Österreich-Ungarn

---

[273] Emil Witte, Wider das Juden- und Kynädenregiment! Offener Brief an den Reichskanzler, Berlin-Friedenau 1914, S. 3f.
[274] Ebenda, S. 29.
[275] Ebenda, S. 10f.

skandalisiert worden war, polemische Wirkungen in der schon vom Eulenburg-Skandal aufgewühlten deutschen Öffentlichkeit.[276]

Bei alledem hasste Witte die Hauptakteure der Eulenburg-Affäre, die Juden Hirschfeld und Harden, den „gebor.[enen] Isidor Witkowski". Doch auch seine Haltung zum Opfer der Affäre blieb ambivalent: „Ich will keineswegs den Fürsten Eulenburg entschuldigen, dessen Entfernung aus dem Amte im Interesse des Reiches lag. Ich verurteile aber die unerhörte Heuchelei und das Possenspiel, womit man grade diesen Mann zur Strecke brachte. Denn Harden besorgte unter der Maske eines ‚großen Drachentöters' doch nur die Geschäfte Hirschfelds und des Judentums, obgleich ja er und die meisten Ankläger Eulenburgs – ‚auch so' sind." Hier berief sich Witte auf angebliche Hinweise auf Hardens Homosexualität in den Akten des Bülow-Brand-Prozesses.[277]

Entscheidend aber war, dass dieser Rechtsradikale die Demokratisierung der Strafverfolgung homosexueller Handlungen und damit ein Ende der Klassenjustiz forderte, die Angehörige der Oberschichten bisher weitgehend verschont habe: „Gleiches Recht für alle, auch hinsichtlich des § 175 – für blaublütige entartete Fürsten, für mischblütige Diplomaten, für den jüdischen Kommerzienrat, wie für Bürger, Arbeiter und Diener." Nur dadurch könne bewirkt werden, dass das Deutsche Reich sich „nicht länger in der Gewalt einer bis an die höchsten Stellen reichenden Organisation von Juden und Kynäden befindet, die selbst nicht vor dem Gemeinsten, vor Meineid und Erpressung zurückschrecken, um ihre düsteren, auf Eroberung und Untergang des Reiches als des Hauptbollwerks germanischer Art und Sitte gerichteten Pläne zu verwirklichen". Witte forderte die Enteignung aller Juden und die Zurücknahme ihrer bürgerlichen Gleichstellung. Gleichzeitig sollten „die Strafbestimmungen des § 175" dahingehend verändert werden, dass „jüdischen Perversen ein für alle Mal ihr lichtscheu-feindliches Gewerbe" genommen werden könne: „sie *dürfen* nicht mehr ihre durch ‚Wissenschaft und Humanität' arglistig erlangte Kenntnis der besonderen geschlechtlichen Veranlagung ihrer deutschen Opfer ausbeuten, indem sie diese in sklavische Abhängigkeit bringen oder durch Skandale wirtschaftlich und gesellschaftlich ruinieren." Die ebenso schlichte wie hasserfüllte Parole lautete: *„Weg mit dem Juden- und Kynädenregiment!"*[278]

Besonders interessant an dieser Veröffentlichung ist, dass sie die Vorstellung von einer *erpresserischen Geheimorganisation* in Worte fasste, die von (jüdischen) Homosexuellen zur Erpressung anderer Homosexueller in sozialen oder politischen Eliten genutzt würde. Dieser Zusammenhang zwischen Homosexualität, Erpressbarkeit und Verrat sollte im Laufe des Ersten Weltkrieges auch im angelsächsischen Bereich ausformuliert werden. Die sexualpolitische Skandalisierung dieser fixen Idee

---

276 Ebenda, S. 14, Anmerkung.
277 Ebenda, S. 14 und 16.
278 Ebenda, S. 34 f.

geriet zur langfristigen, bis in den Kalten Krieg nach 1945 hineinwirkenden Entfaltung.

Witte hatte im Pamphlet des Kriegssommers 1914 beiläufig die Identität eines schriftstellerischen Pseudonyms namens „Numa Prätorius" enthüllt: „dahinter steckt Hirschfelds Mitarbeiter, der wegen Homosexualität verabschiedete Amtsgerichtsrat Dr. Eugen Wilhelm aus Straßburg, Elsaß".[279] Tatsächlich gehörte dieser Jurist zu den langjährigen Mitgliedern des Wissenschaftlich-humanitären Komitees. Nachdem der Eulenburg-Skandal die Eignung Homosexueller zur politischen Führung in Frage gestellt hatte, antwortete Wilhelm mit historischen Fallstudien. Zwischen 1912 und 1931 erarbeitete er zahlreiche Biographien homosexueller Monarchen und Politiker. Diese stammten mit Henri III. (1574–1589), Louis XIII. (1610–1643), dem Herzog Philippe von Orléans (dem Bruder Louis' XIV.), Napoleons Kanzler Cambacérès und dem vorletzten Bourbonen Louis XVIII. (1814/15–1824) meist aus der französischen Geschichte, doch wurden sie um den preußischen Prinzen Heinrich, den Bruder Friedrichs des Großen, und um den spanischen Bourbonen-König Carlos IV. (1788–1808) ergänzt. Kevin Dubout beobachtet, dass diese Arbeiten stets „auch eine Auseinandersetzung mit der Verknüpfung von Homosexualität mit Staatsgefährdung bzw. ‚Effeminierung des Staates' infolge des Eulenburg-Skandals darstellten". Mit Blick auf den offenbar homosexuellen Kanzler Cambacérès stellte Wilhelm die Toleranz des großen Napoleon der einhundert Jahre später greifenden Skandalisierung Hardens gegenüber. Im von Magnus Hirschfeld herausgegebenen „Jahrbuch für sexuelle Zwischenstufen" hielt Wilhelm 1913 fest: „Napoleon war […] viel zu vorurteilsfrei und zu klug, um den privaten geschlechtlichen Sitten […] seiner Ratgeber eine ausschlaggebende Bedeutung beizulegen […]. Ihm hätte die Theorie eines Harden, daß ein Homosexueller zum Staatsmann oder Ratgeber des Herrschers nicht tauge, nur als Lächerlichkeit gegolten."[280]

In seiner 1920 publizierten Abhandlung über „Das Liebesleben Ludwigs XIII. von Frankreich" thematisierte Wilhelm das von Harden perhorreszierte Feindbild des homosexuellen Günstlings. Die Frage, ob die sexuelle Veranlagung Louis' XIII. seinem Lande Schaden zugefügt habe, verneinte Wilhelm, habe doch dieser Monarch den fähigen Kardinal Richelieu als Minister kontinuierlich im Amt gehalten und seinen in Konflikt mit Richelieu geratenen homosexuellen Günstling sogar als Verräter hinrichten lassen. Wilhelm wagte die Schlussfolgerung, eine heterosexuelle „Mätressenwirtschaft" hätte weit schädlicher sein können als die real existierenden homosexuellen Günstlinge.[281] Dezidierten „Einspruch" dagegen erhob der Berliner Psychiater Albert Moll – als Sexualwissenschaftler ein entschiedener Gegner

---

[279] Ebenda, S. 30.
[280] Dubout, Der Richter und sein Tagebuch, S. 463 f.
[281] Ebenda, S. 465.

Hirschfelds, was 1914 der rechte Pamphletist Witte ausdrücklich gelobt hatte[282] – 1920 in seiner ansonsten wohlwollenden Rezension der Studie Wilhelms in der „Zeitschrift für Sexualwissenschaft": „Zum Schluß meint Numa Praetorius, der in mancher Beziehung ein Vorkämpfer für die Rechte der Homosexuellen ist, daß Ludwigs Homosexualität seinem Lande, das durch Richelieu geleitet wurde, keinen Schaden gebracht habe. Ganz richtig ist das nicht. Richelieu hatte mit den Mignons des Königs zuweilen einen harten Kampf [...]. Daß Richelieu dabei Sieger blieb, ist gewiß ein Zeichen für sein Genie und seine Klugheit." Und Wilhelms „Andeutung, als ob eine Mätressenwirtschaft gefährlicher sei als die der Mignons", betrachtete Moll als „sicherlich nicht richtig": „Ich glaube eher das Gegenteil annehmen zu dürfen."[283] Diese Kritik konterte Wilhelm 1921 in derselben Fachzeitschrift mit einer Abhandlung über den spanischen König Carlos IV., um zu zeigen, dass die homosexuelle Neigung eines Monarchen nur dann politisch gefährlich sei, wenn sie – wie im Verhältnis dieses Königs zu seinem Minister Manuel de Godoy – dazu führe, dass der Günstling „ganz und gar seinen Herrn" dominiere und ihm trotz „Unfähigkeit und Minderwertigkeit" die „volle Staatsgewalt" überlassen werde.[284] Statt zu verallgemeinern, so Wilhelm gegen den Trend der Zeit, müsse differenziert werden.

Das hatte zwanzig Jahre zuvor schon Karl Kraus vergeblich eingefordert. Anlässlich des Homosexualitätsskandals um den Großindustriellen Friedrich Alfred Krupp – wie Eulenburg ein persönlicher Freund Wilhelms II. – hatte Kraus versucht, gegen die Logik des sexuellen Enthüllungsjournalismus zu argumentieren: „Hienge Staatstreue, kaufmännische Tüchtigkeit, künstlerisches Ansehen, Correctheit des Beamten, Tapferkeit des Militärs von der schnurgeraden Richtung sexualer Triebe ab, wie wenige könnten bestehen, wie viele wären tadelnswerth oder lächerlich, welch tausendfach nuanciertes Nachtbild der Gesellschaft ließe sich entrollen!" Kraus beharrte darauf, dass sexuelle Neigungen absolut nichts über die gesellschaftliche, politische oder militärische Leistungsfähigkeit eines Menschen aussagten. Am Beispiel Krupp argumentierte der Wiener Publizist damit diametral gegen alles, was Harden im Eulenburg-Moltke-Skandal postulierte – dass nämlich Homosexuelle in politisch oder militärisch wichtigen Elitepositionen nicht geduldet werden dürften. Karl Kraus hingegen erklärte: „Ob Krupp homosexual veranlagt war, ist völlig irrelevant; die Bedeutung seines Hauses für die deutsche Industrie hängt von der Antwort nicht ab. [...] Was kümmert's uns, wenn wir hören, daß ein General masochistische Empfindungen hat? Die Niederlage einer Armee würde sich ja doch nicht aus der Wollust des Geschlagenwerdens erklären lassen!"[285] Doch das 20.

---

282 Witte, Drei Siegfrieds-Rufe, S. 20f.
283 Albert Moll, Rez. zu Numa Praetorius, Das Liebesleben Ludwigs XIII. von Frankreich, Bonn 1919/20, in: Zeitschrift für Sexualwissenschaft 7 (1920/21), S. 266f., hier insb. S. 266.
284 Dubout, Der Richter und sein Tagebuch, S. 465.
285 Kraus, Psychiater, S. 25.

Jahrhundert folgte nicht der Rationalität eines Karl Kraus. Der Eulenburg-Skandal wurde zur Initialzündung für ein jahrzehntelang wirksames Feindbild von bedrohlich-schädlichen, oft verräterischen homosexuellen Seilschaften. Es ging dabei nicht um machtlose Homosexuelle, es ging auch nicht um einzelne mächtige Homosexuelle, es ging um mächtige homosexuelle Männerbünde und ihre angebliche Gefährlichkeit.

Für den 1921 verstorbenen Fürsten Philipp Eulenburg hatte der Skandal von 1907/08 das gesellschaftliche Ansehen unwiederbringlich zerstört. Maximilian Harden wusch seine Hände in Unschuld und wies gerne darauf hin, dass der Gestürzte „der Gefahr muthwillig entgegengelaufen" sei: Eulenburg hätte „behaglich in Liebenberg oder Territet, auf Capri oder bei Albert Honorius von Monaco sitzen" können, „wenn er nur den [politisch] Verantwortlichen nicht mehr das Geschäft erschwerte". Er aber habe sich als über den Gesetzen stehend gefühlt, die nur für die niedere Masse gelten würden, und ganz ohne Zwang den fatalen Eid geschworen.[286] Seither war der frühere Intimus des Kaisers für den Rest seines Lebens „wie ein Geächteter" behandelt worden, wie sein Biograph Johannes Haller festhielt: „Ein unheilvoller Berater des Kaisers soll er gewesen sein, schuldig wie wenige an dem deutschen Verhängnis; eine ungesunde Natur und eine anrüchige Persönlichkeit; zuletzt ein Verbrecher, der sich durch geschickte Verstellung dem Richter zu entziehen verstanden habe."[287] Letztere Bemerkung spielte darauf an, dass der 1908 durch Zeugenaussagen des Meineids überführte Fürst einen Strafprozess hatte fürchten müssen, den er nur durch krankheitsbedingte Verhandlungsunfähigkeit vermeiden konnte. Dies ging nicht ohne ritualisierte Demütigungen ab: Bis 1920 sah sich Eulenburg mit achtzehn Gerichtsvorladungen konfrontiert, die durch ebenso viele Ärztekommissionen auf Schloss Liebenberg konterkariert werden mussten.[288]

Eulenburg hatte keineswegs alle Würden und Positionen mit dem Skandal verloren; er konnte freilich nicht mehr wagen, die ihm pro forma weiterhin zustehenden Rechte wirklich wahrzunehmen. Maximilian Harden kam im April 1918 auf diese merkwürdige Situation zu sprechen, als er einen anderen Skandal berührte – den des früheren deutschen Botschafters in London, Fürst Karl Max von Lichnowsky, dessen kritische Anmerkungen zur deutschen Außenpolitik nicht nur unter Angehörigen der deutschen politischen Eliten zirkulierten, sondern auch den Weg ins feindliche Ausland gefunden hatten und dort publiziert worden waren. Der einstige Kriegstreiber Harden verteidigte in seiner „Zukunft" den von vielen als Verräter betrachteten Lichnowsky, dem trotz eines erblichen Sitzes im preußischen Herrenhaus (dem Oberhaus des Landtages) die „Mitgliedsrechte" aberkannt werden sollten,

---

286 Harden, Fürst Eulenburg, S. 205.
287 Haller, Aus dem Leben des Fürsten Philipp zu Eulenburg-Hertefeld, S. III.
288 Silke Kettelhake, Erzähl allen, allen von mir. Das schöne kurze Leben der Libertas Schulze-Boysen 1913–1942, München 2014, S. 45.

„weil er dessen Würde durch seine Schrift verletzt habe".[289] Diese Ausstoßung widerfuhr Lichnowsky im August 1918 tatsächlich – kurz bevor das Herrenhaus insgesamt durch die Novemberrevolution für immer verschwinden sollte.[290] Bereits die *Möglichkeit* der parlamentarischen Exklusion Lichnowskys wegen unehrenhaften Verhaltens reizte Harden zum Vergleich dieses politischen Skandals mit dem Homosexuellenskandal um Fürst Eulenburg. Harden zitierte aus dem „Gotha", dem deutschen Adelshandbuch, dass letzterer dort nicht nur weiterhin als Doktor der Rechte und „Botschafter a. D." eingetragen war, sondern auch als „Erbliches Mitglied des Preußischen Herrenhauses". Harden kommentierte bissig: „Heute noch." Und behauptete herablassend: „Ich gönne dem Armen gern Alles; wärs nach meinem Willen gegangen, hätte er, fern dem Aranjuez seiner ‚Politik', niemals zu leiden gehabt." Jedoch folgte sogleich der Einwand: „Diesem Fürsten aber, seit zehn Jahren, den Sitz im Herrenhaus lassen und Lichnowsky als Unwürdigen ausstoßen: der Verzicht auf die danach lockende Satire würde ein Bischen schwer."[291]

Der Skandal von 1907/08 hatte nicht nur die gesellschaftliche Stellung Eulenburgs zerstört, sondern auch die seiner Ehefrau und Kinder. Im Unterschied zur geschiedenen Frau des Grafen Moltke, die sich als rachsüchtige Belastungszeugin auf Seiten Hardens präsentiert hatte, standen – wie Jahrzehnte später Hans Blüher rühmte – „dem Fürsten [...] seine Gattin und seine Kinder von Anbeginn treu zur Seite".[292] Selbst Fürst Bülow rühmte in seinen posthum publizierten Memoiren in einer denkwürdigen Mischung aus Heuchelei und Respekt: „Über jedes Lob erhaben war die unerschütterliche Treue und unbegrenzte Liebe, mit der während dieser furchtbaren Prüfung die Fürstin Augusta Eulenburg zu ihrem Manne hielt. Sie hat nie an ihm gezweifelt, ihn immer und gegen jeden verteidigt, ihn bis zu seinem Tode mit Liebe und Zärtlichkeit umgeben."[293] Eulenburgs Witwe demonstrierte ihre Verbundenheit noch 1934, indem sie Erinnerungsschriften ihres verstorbenen Man-

---

289 [Maximilian Harden], Cantate. Wider Lichnowsky, in: Die Zukunft 101 (1918), 27.4.1918, S. 85–96, hier insb. S. 92.
290 Schulthess' Europäischer Geschichtskalender 59 (1918), Teilband 1, S. 120 f., 143 f., 157, 243 und 254. Schon zuvor hatte das Herrenhaus die Immunität seines Mitglieds aufgehoben, so dass strafrechtliche Ermittlungen gegen Lichnowsky eingeleitet werden konnten.
291 Harden, Cantate. Wider Lichnowsky, S. 95.
292 Hans Blüher, Eine Kulturschande, in: Ders., Studien zu Inversion und Perversion. Das uralte Phänomen der geschlechtlichen Inversion in natürlicher Sicht, Schmiden bei Stuttgart 1965, S. 168–170, hier insb. S. 169.
293 Bülow definierte die Fürstin als „klar und rein", als unfähig, „das Unechte und Unrechte" zu begreifen. Auch die Ehefrauen der Grafen Hohenau und Lynar hätten ihre Gatten „nicht im Stich gelassen", selbst nicht im Falle einer Verurteilung. Bülow kommentierte: „Solche Treue war der einzige Lichtblick in diesen an und für sich so traurigen und widerwärtigen Vorgängen", um mit dem Goethe-Zitat zu schließen: „‚Das Ewig Weibliche zieht uns hinan.'" Bülow, Denkwürdigkeiten, Bd. 2, S. 313 f.

nes herausgab.[294] Der sozialdemokratische Journalist Friedrich Stampfer erwähnte ähnlich wie Hans Blüher in den 1950er Jahren noch voller Hochachtung, dass Fürst Eulenburg vor Gericht „von seiner Frau in heldenhafter Weise unterstützt" worden sei, und erinnerte daran, dass sich Harden daraufhin nicht gescheut habe, „auch diese edle und mutige Frau wegen ihrer Parteinahme für ihren Mann anzugreifen".[295]

Der österreichisch-ungarische Diplomat Ludwig Freiherr von Flotow bedauerte die „traurige Angelegenheit" um Eulenburg und dessen Familie, die er in München und Wien gut gekannt hatte. Der Absturz der Eulenburgs war tief: „Der Freund Kaiser Wilhelms II., Fürst, Botschafter, Ritter vom Orden des Schwarzen Adlers, erbliches Mitglied des preußischen Herrenhauses, ward vor der Weltöffentlichkeit gerichtet, in den Schmutz gezogen, verhöhnt. ‚Être un Eulenburg', wurde zu einem internationalen Begriff." Dabei war Flotow „der festen Überzeugung, daß, selbst wenn Eulenburg von einem krankhaften Sinnestrieb beherrscht war, dies bei den Beziehungen bei seinem Kaiser niemals in abträglicher Weise sich geltend gemacht hat und daß eine Gefahr daraus für das Reich zu konstatieren, tatsächlich nur eine nichtsnutzige Hetze war." Diese habe den einen – wie Bülow – zum Sturz eines Konkurrenten gedient, anderen wiederum dazu, über Eulenburg den Ruf des Kaisers selbst zu ruinieren. Doch auch der Kaiser hatte sich aus Flotows Sicht mit Schande bedeckt: Denn Wilhelm II. habe den Namen seines einstigen Freundes nie wieder erwähnt und habe selbst dessen Kinder missachtet. Als 1914 das Erste Garderegiment zur Front marschierte, habe das Kaiserpaar jedem Offizier zum Abschied die Hand gereicht, doch als der Kaiser den ältesten Sohn Eulenburgs erblickt habe, habe er sich ohne Gruß abgewandt. Flotow wusste zudem: „Wie mir glaubhaft erzählt wurde, hat Kaiser Wilhelm nach dem Tode des Fürsten Eulenburg in seiner Kondolenz zum Ausdruck gebracht, er hätte niemals den [...] Verleumdungen Glauben geschenkt! Wenn dem so war, läßt sich das Verhalten des Kaisers zu Lebzeiten Eulenburgs kaum rechtfertigen. Es würde nur einen bedauerlichen Schluß zulassen: Mangel an moralischem Mut."[296]

Nicht nur der Kaiser versagte. Dasselbe galt für Teile der Medien, die auch nach dem Skandal nicht nur den Fürsten, sondern auch dessen Familie mit Häme verfolgten. Als im September 1909 der jüngere Sohn Fürst Philipps, „Dr. Sigwart Graf zu Eulenburg" – ein begabter Komponist – seine Vermählung in der Presse bekanntgab, konnte sich das „Neue Wiener Journal" die Bemerkung nicht versagen, dass die neuvermählte Gräfin Eulenburg „ziemlich vorurteilslos und couragiert" sein

---

294 Vgl. Philipp Fürst zu Eulenburg-Hertefeld, Erlebnisse, 2 Bde., hrsg. von Augusta Fürstin zu Eulenburg-Hertefeld, Leipzig 1934; zur Fürstin: Kettelhake, Erzähl allen, allen von mir!, S. 33.
295 Stampfer, Erfahrungen und Erkenntnisse, S. 133.
296 Erwin Matsch (Bearb.), November 1918 auf dem Ballhausplatz. Erinnerungen Ludwigs Freiherrn von Flotow 1895–1920, Graz 1982, S. 206 und 210 f.

müsse, „wenn sie es riskiert, in die etwas anrüchig gewordene Familie des Liebenbergers hineinzuheiraten".[297]

Mira von Kühlmann, eine Schwägerin des zeitweiligen Staatssekretärs Richard von Kühlmann, erinnerte noch 1969 an das schwere Schicksal der Familie Eulenburg, die auch sie in ihrer Kindheit gut gekannt hatte. Die Kinder hätten durch den Skandal „leiden müssen, und die damalige Gesellschaft der hohen und höheren Aristokratie hat die ganze Familie ausgestoßen", die seither kaum noch in gewohnten Kreisen habe „weiter verkehren dürfen". Für die Töchter seien standesgemäße Heiraten unmöglich geworden. Das Schicksal dieser Familie, so Kühlmann, werde ihr „immer in Erinnerung bleiben". Sie könne „nur hoffen, daß durch die Aufhebung des ‚mittelalterlichen' Gesetzes" – gemeint war der § 175 StGB – „eine Wiederholung dieser Schmach für andere Menschen unmöglich gemacht wird". Man habe leider gesehen, „welche Folgen ein solches Gesetz für Kinder und Kindeskinder haben kann".[298]

Fürst Bülow hatte dieses Schicksal der Eulenburg-Töchter völlig übergangen, aber neben seinen Lobreden auf treue Gattinnen einiger Söhne der verfemten Aristokraten gedacht: „Die Söhne des Fürsten Eulenburg folgten dem Vorbild der Mutter. Der älteste stand treu zu seinen Eltern, ich habe über ihn nur Gutes gehört. Der zweite, Graf Siegwart [sic!] Eulenburg, musikalisch sehr begabt, [...] starb im Weltkrieg auf dem östlichen Kriegsschauplatz den Heldentod." Der ehemalige Reichskanzler rühmte auch zwei Söhne der durch einen parallelen Homosexualitäts-Skandal verfemten Grafen Hohenau und Lynar, als Gefallene des Weltkrieges „die Verfehlungen ihrer Väter ritterlich gesühnt" zu haben.[299] Eine merkwürdige Form der Sippenhaft, doch nicht nur eine deutsche: Auch der ältere Sohn Oscar Wildes meldete sich im Ersten Weltkrieg freiwillig an die Front, um – wie er sagte – einen Namen wieder reinzuwaschen, der im Lande nicht mehr geehrt sei. Durch demonstrative Tapferkeit wollte der junge Cyril Wilde, der wie seine Mutter und sein jüngerer Bruder seit 1898 nicht mehr den Nachnamen seines Vaters trug, die öffentliche Schande von dessen Homosexualität tilgen: „Zuallererst und am meisten muss ich ein Mann sein. Ich durfte nicht im geringsten Spuren an mir zeigen von einem dekadenten Künstler, von einem weibischen Ästheten, von einem Degenerierten mit weichen Knien". Oscar Wildes Sohn Cyril Holland fiel im Mai 1915.[300]

---

[297] [Karl Kraus], Dr. Sigwart Graf zu Eulenburg, in: Die Fackel 11 (1909), Nr. 288 vom 11.10.1909, S. 20 f.
[298] Vgl. Rolf Italiaander (Hrsg.), Weder Krankheit noch Verbrechen. Plädoyer für eine Minderheit, Hamburg 1969, S. 278 f., Kühlmann war seit den 1950er Jahren Aktivistin der unter SED-Einfluss stehenden „Deutschen Friedensunion" (DFU); ihre Memoiren erschienen in der DDR; vgl. Mira von Kühlmann, Frieden ohne Widerruf. Erinnerungen aus meinem Leben, Berlin [Ost] 1975.
[299] Bülow, Denkwürdigkeiten, Bd. 2, S. 314.
[300] George Robb, British Culture and the First World War, London 2002, S. 33 f.

Eine Enkelin des verfemten Fürsten Eulenburg war Libertas Schulze-Boysen, die 1942 mit ihrem Ehemann Harro als Mitglied der Widerstandsgruppe „Rote Kapelle" vom NS-Regime hingerichtet wurde, da sie mit dem sowjetischen Geheimdienst gegen die Diktatur in Deutschland kooperiert hatten.[301] Als Harro Schulze-Boysen in den 1930er Jahren seine spätere Frau erstmals gegenüber seinen großbürgerlichen Eltern erwähnte, konnte er sich nicht darauf beschränken, ihre persönlichen Qualitäten zu rühmen. Er musste hinzufügen, sie könne nichts dafür, dass sie die Enkelin des berüchtigten Eulenburg sei: „Die ihm nachgesagten Eigenschaften hat sie jedenfalls nicht".[302] Immerhin scheint die NS-Propaganda nach der Verhaftung des Ehepaars die generationenübergreifende „Verräter"-Konstellation propagandistisch nicht ausgeschlachtet zu haben.[303] Erst in der Bundesrepublik wurde die Verwandtschaft zwischen Eulenburg und Libertas Schulze-Boysen im Kontext von Verrats-Diskursen erwähnt. In ihren Studien zum „Verrat im 20. Jahrhundert" bemerkte die Publizistin Margret Boveri 1956 beiläufig, „der aktivste und leidenschaftlichste Geist in der ‚Roten Kapelle'", Harro Schulze-Boysen, sei nicht nur ein Großneffe des einstigen kaiserlichen Flottenchefs Großadmiral Alfred von Tirpitz und damit ein Neffe der Ehefrau des im Widerstand des 20. Juli 1944 aktiven und deswegen hingerichteten Botschafters Ulrich von Hassell gewesen, sondern auch der Ehemann der Enkelin des Fürsten Eulenburg: „Die Tradition und Beziehungen seiner Familie bildeten eine glänzende Deckung für seine geheime Tätigkeit."[304] 1967 berichtete Wilhelm von Schramm in seinem Buch über „Verrat im Zweiten Weltkrieg" über die 1936 erfolgte Berufung Harro Schulze-Boysens ins Reichsluftfahrtministerium: „Seine vielseitigen Sprachkenntnisse, seine gute Erscheinung und die Beziehungen seiner Familie halfen ihm dabei. Göring selbst hatte die letzten Schwierigkeiten beseitigt. Er kannte die Familie des Fürsten Philipp zu Eulenburg, dessen Urenkelin [i. e. Enkelin] 1936 die Frau Harro Schulze-Boysens wurde; für solche alten Familien hatte ‚der Dicke' ein Faible. [...] Die Konspiration begann."[305]

---

301 Zu ihrer Biographie: Kettelhake, Erzähl allen, allen von mir.
302 Zitiert nach Hans Coppi, Harro Schulze-Boysen – Wege in den Widerstand. Eine biographische Studie, Koblenz ²1995, S. 150.
303 Vgl. Gerd Rosiejka, Die Rote Kapelle. „Landesverrat" als antifaschistischer Widerstand, Hamburg 1986, sowie Kettelhake, Erzähl allen, allen von mir. Laut David Irving, Göring, München/Hamburg 1987, S. 546, soll die von Göring gewünschte Veröffentlichung der Todesurteile einschließlich einer öffentlichen Hinrichtung auf Wunsch der Gestapo unterblieben sein, um die Sowjets nicht über das Ende des Spionagerings zu informieren.
304 Margret Boveri, Der Verrat im 20. Jahrhundert. Band II: Für oder gegen die Nation. Das unsichtbare Geschehen, Hamburg ²1956, S. 58.
305 Wilhelm von Schramm, Verrat im Zweiten Weltkrieg. Vom Kampf der Geheimdienste in Europa. Berichte und Dokumentation, Düsseldorf/Wien 1967, S. 85. Irving, Göring, S. 545 f., führt Görings Protektion auf Dankbarkeit für eine frühere Einladung des Fürsten Eulenburg nach Liebenberg zurück.

Eigene homosexuelle Orientierungen dieses „Verräter"-Ehepaars wurden erst viel später öffentlich diskutiert. Der französische Journalist Gilles Perrault wartete in seinem Buch über die „Rote Kapelle" 1969 mit der Information auf, dass die „entzückend" aussehende, ebenso „kultiviert" wie „aristokratisch" auftretende Libertas „übrigens lesbisch" gewesen sei. Die Frage, ob auch ihr Ehemann – „ein prächtiges Exemplar der nordischen Rasse: groß, blond, blauäugig, scharf geschnittenes Gesicht" – womöglich homosexuelle Beziehungen gehabt habe, wurde zwar ebenfalls gestellt, aber keineswegs derart eindeutig beantwortet wie im Falle der „Enkelin des Fürsten Philipp zu Eulenburg, der dem Kaiser sehr nahestand und seinerzeit in einen aufsehenerregenden Sittenskandal verwickelt war, der den kaiserlichen Hof erschütterte".[306] Einen befragten anonymisierten hohen Beamten des NS-Staates ließ Perrault erklären: „Schulze-Boysen homosexuell? Das ist undenkbar! Er hatte so viele Frauengeschichten, daß ich mir nicht vorstellen kann, wie er noch Zeit finden sollte, mit Männern zu schlafen." Gleichzeitig bescheinigte dieser Gewährsmann aber der Ehefrau „ein sehr freies Leben" und einen Hang zu morbider Dekadenz. Hauptsache war, den Verdacht auf *männliche Homosexualität* zurückzuweisen. Freilich fügte Perrault eine Äußerung des einstigen rechtsradikalen Terroristen Ernst von Salomon hinzu, der eine ganz andere Haltung einnahm: „‚War Harro homosexuell?' – ‚Ich habe davon keine Ahnung.' – ‚Aber es ist doch möglich?' – ‚Möglich ist alles! Aber wenn Sie mich so fragen, kann ich nur sagen: Und wenn schon!'"[307]

Manche, die Philipp Eulenburg für einflussreich gehalten hatten, verübelten dem im Skandal Untergangenen nach der deutschen Niederlage von 1918 umso heftiger, ein Homosexueller gewesen zu sein. So skizzierte im September 1920 Ex-Botschafter Graf Monts gegenüber dem befreundeten Ex-Botschafter Graf Johann Heinrich von Bernstorff nicht nur den früheren Reichskanzler Bülow als „im höchsten Grade unklar" und außenpolitisch viel zu risikobereit, sondern stellte gleichzeitig mit Blick auf den gestürzten Eulenburg fest: „*Ein* Mann hätte uns vielleicht die üble Rolle, die wir vor der ganzen Welt 1914 als Angreifer und Friedensstörer spielten, ersparen können, wenn er nicht gänzlich verbraucht und moralisch verkommen wäre, Eulenburg."[308] Eine ähnliche Schuldzuweisung, schwankend zwischen Wertschätzung und Abscheu, sollte sich angesichts einer zweiten Weltkriegsniederlage später mit Blick auf den ebenfalls verfemten (und ermordeten) Homosexuellen Ernst Röhm wiederholen.

Der Eulenburg-Skandal hat seine Faszination über ein volles Jahrhundert hinweg nicht verloren.[309] Nach dem Zweiten Weltkrieg sollten Geheimdienste der west-

---

306 Gilles Perrault, Auf den Spuren der Roten Kapelle, Reinbek 1969, S. 204, 206 und 209.
307 Ebenda, S. 210.
308 Graf Johann Heinrich Bernstorff, Erinnerungen und Briefe, Zürich 1936, S. 40–42. Die Hervorhebung durch den Verfasser dieses Buches (M. S.).
309 Vgl. Peter Jungblut, Famose Kerle. Eulenburg – eine wilhelminische Affäre, Hamburg 2003; Steakley, Die Freunde des Kaisers; Christoph Poschenrieder, Das Sandkorn. Roman, Zürich 2014.

lichen Welt, namentlich das „Federal Bureau of Investigations" (FBI), derselben Vorstellung folgen, der vor ihnen bereits die Nationalsozialisten und die sowjetischen Kommunisten erlegen waren – dass Homosexuelle in Machtpositionen eine potentiell subversive Verschwörung darstellten und daher ausgeschaltet werden müssten.[310] Der Journalist Westbrook Pegler, ein antikommunistisches Sprachrohr des FBI-Direktors J. Edgar Hoover[311], zählte zu jenen Stimmen, die laute Warnungen vor homosexuellen Seilschaften artikulierten. Um die Bedrohung zu veranschaulichen, verwies Pegler auf die schon fast ein halbes Jahrhundert zurückliegende „Eulenburg-Affäre". Der Skandal um diese homosexuellen Mitglieder der Entourage des letzten deutschen Kaisers hatte weltweit nicht nur die öffentliche Vorstellung von einer homosexuellen *Persönlichkeit* geschaffen, wo es zuvor nur homosexuelle Handlungen gegeben hatte, sondern auch die Idee von der verschwörerischen homosexuellen Clique an der Spitze der Macht. Jahrzehnte nach den Ereignissen und fast 7000 Kilometer von dessen Brennpunkten entfernt, formulierte Westbrook Pegler 1950 in einer Washingtoner Zeitung, Homosexualität sei wie eine Krebserkrankung, denn sie verändere die gesamte Mentalität eines Menschen, nicht nur dessen „sex". Und im Kontext des Kalten Krieges gegen die Sowjetunion war klar: „Homosexualism is worse than communism". All dies wurde unter Berufung auf einen deutschen Gewährsmann, der es doch wissen musste, auf die sexuelle Orientierung jener Männer zurückgeführt, die einst „the Kaiser" manipuliert hätten.[312]

Langfristig vom Skandal fasziniert war auch der Schriftsteller Fritz von Unruh, ein linker Pazifist, der – geboren 1885 – seine Sozialisation noch als königlich preußischer Offizier erhalten hatte. 1969 publizierte Unruh seinen Roman „Kaserne und Sphinx", in dem er Kasinogespräche über die Affäre nachzeichnete. Darin ließ er seinen Protagonisten voller Entsetzen sagen: „Eine Art Geheimbund der Männer, der die Frauen verachtet, eine perverse Clique, die wie Pech und Schwefel zusammenhält... und das überall, bei allen Völkern? Es ist doch nicht möglich. Das darf doch nicht sein!"[313]

---

310 Woods, Homintern, S. 8.
311 Oliver Stone/Peter Kuznick, The Untold Story of the United States, New York u. a. 2012, S. 235.
312 Zitiert nach Johnson, The Lavender Scare, S. 34 f. und 224, Anm. 39.
313 Fritz von Unruh, Kaserne und Sphinx, Frankfurt a. M. 1969, S. 303; der Roman wurde im Zuge einer Gesamtausgabe der Werke Unruhs 1986 erneut publiziert.

III Die „homosexuelle Internationale": Eulenburg, Lecomte und das nationale Sicherheitsrisiko

> „Beide waren homosexuell veranlagt [...]. Ob in ihren Gesprächen die nötige Diskretion gewahrt worden ist, erscheint mir mindestens als zweifelhaft."[1]
>
> (Hans von Tresckow 1922)

Durch den Eulenburg-Skandal wurde „ein Zusammenhang zwischen dem traditionellen Delikt des Landesverrats und einer spezifisch modernen homosexuellen Internationale hergestellt".[2] Die Internationalität der Homosexuellen war ein nationalistisches Feindbild, das Homophobie mit Xenophobie verknüpfte[3], aber sie war mit Blick auf transnationale Vernetzungen zumindest der damaligen gesellschaftlichen Eliten auch nicht völlig aus der Luft gegriffen. Graf Harry Kessler, der ganz selbstverständlich zwischen Deutschland, Frankreich und Großbritannien hin und her pendelte und überall bestens vernetzt war[4], hätte den Verfechtern homophober Vorurteile als Beleg zweifellos gereicht. Ein früher Vorkämpfer der Homosexuellen-Emanzipation, der Jurist Karl Heinrich Ulrichs, hatte schon 1865 die Idee eines internationalen „Urningsbundes" vertreten, und Publikationen des für Homosexuellen-Emanzipation eintretenden Leipziger Max-Spohr-Verlags hatten seit den 1890er Jahren diese Idee transnationaler Selbstorganisation erneut propagiert.[5] Viele hielten eine solche Organisation von Homosexuellen für bedrohlich – selbst jene, welche die „Proletarier aller Länder" zur Vereinigung aufrufen: Als 1869 Karl Marx einen Ulrichs-Aufruf an Friedrich Engels sandte, kommentierte dieser bissig, „die Päderasten" stellten mittlerweile offenbar fest, „daß sie eine Macht im Staate" seien, es fehle ihnen „nur noch eine Organisation". Zugleich aber glaubte Engels zu wissen, dass „eine solche insgeheim bereits existiert".[6] 1908 sollte dann der Berliner Sitten-Kommissar Hans von Tresckow einem Prozess in München beiwohnen, in den der skandalumwitterte deutsche Homosexuellenaktivist Graf Günther von der Schulenburg mit einem „homosexuellen Grafen" aus Österreich (mit dem französischen Namen Ressigner) involviert war. Die beiden Aristokraten hatten versucht, „einen adligen Homosexuellenbund für ganz Deutschland, Österreich und die Schweiz ins

---

1 Tresckow, Von Fürsten und anderen Sterblichen, S. 113.
2 Domeier, Imaginationen, S. 63.
3 Domeier, Der Eulenburg-Skandal, S. 195.
4 Vgl. Easton, Der rote Graf.
5 Kevin Dubout, Aufklären, vernetzen, entgegnen. Zur unmittelbaren Vorgeschichte des WhK (1894–1897), in: Rüdiger Lautmann (Hrsg.), Capricen. Momente schwuler Geschichte, Hamburg 2014, S. 15–39, hier insb. S. 25–27.
6 Zitiert nach George L. Mosse, Das Bild des Mannes. Zur Konstruktion der modernen Männlichkeit, Frankfurt a. M. 1997, S. 118.

Leben zu rufen".[7] Jahrzehnte später bemerkte der Publizist Richard Lewinsohn zu diesem „seltsame[n] Adelsbund", das alles klinge doch „eher komisch als staatsgefährdend".[8] So viel Gelassenheit brachte im 20. Jahrhundert nicht jeder auf.

Homosexualität und Aristokratie waren aufgrund ihrer Übernationalität Nationalisten vieler Nationen gleichermaßen suspekt. So empörte sich der kleinadlige Kriminalist von Tresckow während des Eulenburg-Skandals über einige von ihm beobachtete preußische Aristokraten, die in einem Berliner Restaurant auf Französisch parliert hatten: „Die Regierung betreibt *Germanisierungs*politik, und die erlauchten Mitglieder des [preußischen] Herrenhauses sprechen in der *deutschen* Reichshauptstadt mit einem *preußischen* Staatsangehörigen *polnischer* Abstammung *französisch* [sic!]."[9] Ähnlich wie hier der international verflochtenen Hocharistokratie seitens Nationalisten mit Misstrauen begegnet wurde, das im Ersten Weltkrieg in diversen Nationen in immer zügellosere Spionage-Verdächtigungen mündete; ähnlich wie auf die transnationale Vernetzung von Juden ein antisemitischer Generalverdacht reagierte; ähnlich wie die sozialistische Internationale, aber auch die weltumspannende katholische Kirche aus nationalistischer Sicht zutiefst verdächtig waren – ebenso sahen sich auch Homosexuelle dem Vorwurf der *Internationalität* und dem darauf gründenden Verdacht der *nationalen Unzuverlässigkeit* ausgesetzt. Nicht zufällig bestand eine Folge des Eulenburg-Skandals in öffentlichen Bekundungen von Homosexuellen, die lautstark ihre „nationale Zuverlässigkeit" betonten.[10] Und der sozialdemokratische Journalist Friedrich Stampfer erkannte den aggressiven Nationalismus in Hardens Skandalisierungsstrategie: „Harden war kein Hüter der Moral. Und ein Gegner der Hofclique war er nur, weil sie ihm nicht nationalistisch, nicht alldeutsch genug war."[11]

In jüngster Zeit ist behauptet worden, Hardens Unterstellung der Gefährlichkeit jener homosexuellen Kamarilla sei im unbeweisbar Ungefähren geblieben: „Harden konnte nie präzisieren, wie er sich die unermessliche Gefahr vorstellt, die er von der Eulenburg-Clique ausgehen sah. Selbst wenn er geradezu majestätsbeleidigend den Kaiser [...] als impulsiv und impressionabel, also in seiner Urteilsbildung abhängig von den Einflüsterungen homosexueller Hofschranzen, charakterisiert, hat er den möglichen oder tatsächlich eingetretenen Schaden für den Staat nicht benannt."[12]

---

7 Tresckow, Von Fürsten und anderen Sterblichen, S. 198.
8 Morus, Eine Weltgeschichte der Sexualität, S. 301.
9 Tresckow, Von Fürsten und anderen Sterblichen, S. 171. Die Hervorhebungen durch den Verfasser dieses Buches (M. S.).
10 Thomas Nipperdey, Deutsche Geschichte 1866–1918, Bd. 1: Arbeitswelt und Bürgergeist, München ²1991, S. 107.
11 Friedrich Stampfer, Erfahrungen und Erkenntnisse. Aufzeichnungen aus meinem Leben, Köln 1957, S. 133.
12 Manfred Herzer, Magnus Hirschfeld und seine Zeit, Berlin/Boston 2017, S. 165 f.

Das trifft jedoch nicht zu, denn *einen* Trumpf glaubte Harden als beweiskräftig ausspielen zu können: die enge Freundschaft zwischen Fürst Eulenburg und einem französischen Diplomaten, einem hohen Vertreter des „Erbfeindes" in Berlin. Vor Gericht verwies Harden 1907 explizit auf transnationale Netzwerke von Homosexuellen, die „eine gegenseitige Lebensversicherung abgeschlossen" hätten. So habe Fürst Eulenburg nicht nur in Deutschland auf alle wichtigen Positionen „homosexuelle Menschen hingesetzt", sondern überdies den zweithöchsten Vertreter der Französischen Republik in Berlin, den homosexuellen Botschaftsrat Raymond Lecomte, in direkten Kontakt mit dem deutschen Kaiser gebracht. Dadurch habe Eulenburg für die Berliner Außenpolitik „ein nationales Unglück" verschuldet. Das homosexuelle Netzwerk war für Harden eine „Gefahr für das Vaterland".[13]

Konkret sollte Lecomte durch seine homosexuellen deutschen Freunde in der Umgebung des Kaisers in die Lage versetzt worden sein, dem Pariser Außenministerium zu melden, dass die drohende Haltung der Berliner Außenpolitik während der internationalen Marokkokrise von 1906 lediglich ein Bluff gewesen sei. Der Eulenburg-Skandal ist daher für die Historikerin Florence Tamagne im Kern unbestreitbar politischer Natur – „indisputably political in origin". Es sei darum gegangen, dass der kaiserliche Berater und Freund Eulenburg ein anti-imperialistischer Diplomat gewesen sei, der eine Annäherung an Frankreich befürwortet habe.[14] Harden attackierte denn auch das Netzwerk um Eulenburg als „frankophile Friedenspartei und homosexuelle Internationale".[15] Dabei ging er so weit, diesem Netzwerk in Bezug auf Lecomte zumindest *unbewussten* Landesverrat zu unterstellen – eine Insinuation mit langfristigen Folgen.

Aus diesem Grund war Hardens Presseangriff auf die Eulenburg-Gruppe immer auch ein Frontalangriff auf den ausländischen Diplomaten Lecomte, der durch Harden quasi aus dem Dunkel der Geheimdiplomatie ins grelle Licht der Öffentlichkeit gezerrt wurde. Hardens Unterstützer Holstein teilte dem deutschen Botschafter in Paris, Fürst Hugo von Radolin, schon Anfang 1906 mit, nach Informationen des Reichskanzlers müsse man sich „auf eine sensationelle Kampagne der Skandalpresse gegen einzelne Persönlichkeiten in höherer Lebensstellung gefaßt machen [...] wegen Päderastie", und zu den prominentesten „Angriffsobjekten" werde der Botschaftsrat Lecomte gehören.[16] Tatsächlich bezog Harden, als er 1907 das Syndrom aus effeminierter Homosexualität und mangelnder kriegerischer Neigung dem Eulenburg-Kreis zum Vorwurf machte, auch die Person von Lecomte ein in den bösen Vorwurf: „Die träumen nicht von Weltbränden; die haben's schon warm genug."[17]

---

13 Domeier, Imaginationen, S. 51.
14 Tamagne, A History of Sexuality in Europe, S. 17.
15 Domeier, Der Eulenburg-Skandal, S. 301.
16 Die Geheimen Papiere Friedrich von Holsteins, Bd. 4, S. 350 f.
17 Röhl, Wilhelm II., Bd. 3, S. 599.

Seither ging der Name des Diplomaten „wie ein leibhaftiges Gespenst" um, wenn von der Geschichte jener Jahre die Rede war.[18] In Frankreich blieb die Schlüsselrolle Lecomtes in der Eulenburg-Affäre noch lange nach dem Ersten Weltkrieg präsent.[19] Auch in Deutschland erinnerte man sich bis in die 1960er Jahre der Verwicklung des Franzosen in den von Harden ausgelösten Homosexuellen-Skandal.[20] Erst in der Folgezeit geriet die transnationale Dimension immer stärker aus dem Blick, der Skandal schrumpfte gewissermaßen zum internen deutschen Machtkampf.[21] Erst in jüngster Zeit zeichnet sich hier eine erneute Wende ab, indem das Verhältnis Eulenburg/Lecomte als eine – wenn auch nachgeordnete – Dimension des Skandals begriffen wird.[22] Aus der Perspektive moderner französischer Diplomatiegeschichte ist diese Dimension als das erkannt worden, was sie ist – als veritabler *Skandal im Skandal*, als transnationale „Lecomte-Affäre" in der umfassenderen Eulenburg-Affäre.[23] Deren keineswegs nachrangige, sondern unverzichtbare Bedeutung für die Konstruktion des Feindbildes von verräterischen homosexuellen Seilschaften soll im Folgenden untersucht werden.

Der Diplomat Richard von Kühlmann, später kaiserlicher Staatssekretär des Auswärtigen in den Weltkriegsjahren 1917/18, berichtete in seinen erst 1948 veröffentlichten Memoiren vom letzten Gespräch, dass er – um die Jahreswende 1905/06[24] – mit Friedrich von Holstein im Auswärtigen Amt geführt habe: „Aus seinen Darlegungen klang eine große Bitterkeit gegen den Kaiser, dessen angeblichen unvorsichtigen Äußerungen insbesondere Franzosen gegenüber er alle Schuld gab, daß man die Hoffnung fahren lassen müsse, die Franzosen endgültig einzuschüchtern." Holstein habe Eulenburg beschuldigt, den Kaiser mit Lecomte auf Schloss Liebenberg zusammengebracht zu haben: „Er schien es für sicher zu halten, daß bei diesen Zusammenkünften der Kaiser durch unvorsichtige Äußerungen Lecomte gegenüber die Franzosen zu hartnäckigem Widerstand ermutigt habe. Dadurch sei seine (Holsteins) Politik vollkommen durchkreuzt worden." Laut Kühlmann hatte es Holstein nicht an „deutlichen Anspielungen" darauf fehlen lassen, „daß Lecomte ein berüchtigter Homosexueller sei". Es habe „wenig Phantasie" dazu gehört, zu erraten, dass Holstein „solche Neigungen für das Band zwischen dem französischen

---

18 Haller, Aus dem Leben des Fürsten Philipp zu Eulenburg-Hertefeld, S. 300.
19 Vgl. Maurice Baumont, L'Affaire Eulenburg et les Origines de la Guerre Mondiale, Paris 1933, hier insb. S. 154–160 und 197–200. 1973 erschien dieses Buch in zweiter Auflage; vgl. Domeier, Der Eulenburg-Skandal, S. 390.
20 Arnau, Jenseits der Gesetze, S. 223; Schütze, Die Kunst des Skandals, S. 185 f.
21 So erwähnen Edward Ross Dickinson, Sex, Freedom and Power in Imperial Germany, 1880–1914, Cambridge 2014, S. 170 f., und Whisnant, Queer Identities and Politics in Germany, S. 50–58, in ihren Schilderungen des Eulenburg-Skandals Lecomte und die außenpolitische Skandal-Dimension nicht.
22 Vgl. Domeier, Der Eulenburg-Skandal, S. 301–326.
23 Aballéa, Un exercice de diplomatie chez l'ennemi, S. 63 f.
24 So vermutet Young, Maximilian Harden, S. 128 f.

Diplomaten und dem Schloßherrn von Liebenberg hielt". Kühlmann gab zu bedenken, dass Frankreich zunächst von der harten Haltung Deutschlands zwar überrascht worden sei, jedoch schon länger Zeit gefunden habe, sich zu fassen – ganz unabhängig von Vorgängen in Berlin. Und: „Daß der Kaiser dem Gedanken eines Krieges wegen Marokko durchaus abgeneigt sei, um dies festzustellen, bedürfe es keiner vertraulichen Eröffnungen an französische Diplomaten." Holstein habe auf diese sachlichen Einwände – „ganz in seine Rachegedanken eingesponnen" – jedoch nicht reagiert. Als dann in Hardens Zeitschrift „Die Zukunft" die ersten Angriffe auf die Eulenburg-Gruppe und Lecomte erschienen seien, die „den ungeheuren Moltke-Eulenburg-Skandal einleiteten", war für Kühlmann „ohne weiteres klar, wo der geistige Urheber der Artikel zu suchen sei". Denn: „Hardens Ausführungen deckten sich zum Teil fast wörtlich mit dem, was mir der damals noch allmächtige Geheimrat im Laufe der letzten Unterredung gesagt hatte".[25]

Erstmals im Februar 1907 hatte Harden auf angebliche Informationsvorsprünge Frankreichs in der Marokkokrise hingewiesen und diese auf die Zugehörigkeit Lecomtes zum Eulenburg-Kreis zurückgeführt. Die Insinuation des Landesverrats war seitdem greifbar, wenngleich sie unausgesprochen blieb. Dass der französische Botschafter „über höfische Stimmungen so genau nach Paris berichten konnte", war laut Hardens Behauptung primär auf Lecomtes private Verbindungen in die deutsche Elite zurückzuführen: „Herr Lecomte" sei „noch von der münchener Gesandtenzeit her [mit] dem Fürsten Philipp Eulenburg intim befreundet und kann, ohne übereifrig zu werden und dem romantischen Freund Indiskretion zuzumuten, Manches erfahren, was der Rekognoszierung sonst nicht erreichbar ist". Ganz bewusst verwendete Harden hier einen damals üblichen militärischen Begriff zur „Feindaufklärung". Gerissene französische Diplomaten wurden von Harden deutschen Einfaltspinseln gegenübergestellt, wobei zwei konträre Feindbilder von Homosexuellen anhand der gegensätzlich gezeichneten Figuren Lecomte und „Phili" Eulenburg entstanden: „Auf der einen Seite der höllisch geschickte [Botschafter Jules] Cambon [...] und Lecomte, l'ami de l'ami, auf der anderen Seite Phili plus Tschirschky: die Partie wäre gar zu ungleich und müßte mit deutschem Verlust enden".[26] Der französische Homosexuelle wusste genau, was er wollte und wie er es erreichen konnte. Und wenn es auf deutscher Seite denn Verrat war, was geschah, so war es offensichtlich Verrat aus Mangel an Intelligenz – oder aus homosexueller Schwäche und Schwatzhaftigkeit.

Der deutsche Staatssekretär des Auswärtigen, Heinrich von Tschirschky, wurde durch Hardens anzügliche Wortspiele in die Nähe der homosexuellen Clique gerückt. Harden machte zu einer Verhandlung zwischen Tschirschky und Lecomte im Auswärtigen Amt die maliziöse Bemerkung, dass letzterer „ja nicht auf den Vorder-

---

25 Richard von Kühlmann, Erinnerungen, Heidelberg 1948, S. 252–254.
26 Zitiert nach Young, Maximilian Harden, S. 110.

eingang angewiesen" sei. Karl Kraus wies in der Wiener „Fackel" auf das Bösartige, da nie wirklich Greifbare solcher Insinuationen hin. Wurde hier ein erotisches Verhältnis angedeutet? Oder nur eine Anspielung auf die Homosexualität Lecomtes gemacht? Oder lediglich eine informelle Vorzugsbehandlung im Auswärtigen Amt skizziert? Kraus kritisierte entsprechend Hardens spitzfindige Verteidigung vor Gericht im Herbst 1907, die sich den Doppelsinn solcher Andeutungen zu Nutze machte: „[...] Während man bisher die politische Ausrede so verstanden hatte, daß die Enthüllung der ‚Normwidrigkeit' politischen Zwecken dienen sollte, wird uns jetzt die Aufklärung, daß von Enthüllung der ‚Normwidrigkeit' keine Rede sein könne, daß vielmehr auch die Sprachwendungen, mit denen man sie betrieben glaubte, harmlose politische Formeln seien, die nicht das geringste mit geschlechtlichen Anspielungen zu tun haben."[27] Als sich Harden im Moltke-Prozess mit seiner „Zukunft"-Glosse über den im Juli 1905 – also mitten in der Marokko-Krise – zum Botschaftsrat in Berlin ernannten „Lecomte (den Tout-Paris nicht seit gestern kennt)", konfrontiert sah, verteidigte er sich mit der Ausflucht: „Kennt Tout-Paris [i. e. ganz Paris] den Botschaftsrath etwa als Homosexuellen? Nein; aber als ungemein friedfertigen Sohn eines Kaufmannshauses."[28] Zu derartigen Finessen glaubte der mediale Enthüller greifen zu müssen, um einer strafrechtlichen Verurteilung zu entgehen. Obwohl der von Harden gewählte „Begriff des Normwidrigen" selbst schon eine „Infamie" gewesen war, „da er bewusst unter der Strafbarkeit des Paragraphen 175 StGB angesiedelt war, und dem Angeschuldigten kaum Möglichkeiten [zu] einer juristischen Verteidigung ließ".[29]

Der neue französische Botschafter Jules Cambon war von Harden im Februar 1907 der deutschen Öffentlichkeit als „höllisch gerissene[r]", also extrem fähiger neuer Gegner vorgestellt worden – freilich wiederum nicht ohne abwertende Untertöne: „Jetzt schickt Frankreich uns einen seiner pfiffigsten Diplomaten." Cambon habe auf seinem bisherigen Posten in Spanien die nordafrikanischen Interessen Frankreichs „klug" durchgesetzt und es dennoch verstanden, sich die Freundschaft seines deutschen Kollegen zu sichern. Er sei somit ein „Mann von vielen Graden", was man über seinen Vorgänger Bihourd kaum sagen könne. Es sei nicht dessen Verdienst gewesen, „daß er über höfische Stimmungen so genau nach Paris berichten konnte". Dieses Verdienst schob Harden ganz dem zweiten Mann an der französischen Botschaft zu – in einem lesenswerten Gemisch aus Fakten, Gerüchten und Unterstellungen: „Lecomte ira demain à Liebenberg [i. e. Lecomte wird morgen nach Liebenberg reisen]: in dunklen Stunden hörte mans am Pariser Platz [dem

---

27 Karl Kraus, Maximilian Harden. Ein Nachruf, in: Die Fackel 9 (1908), Nr. 242–43 vom 31.1.1908, S. 4–52, hier insb. S. 34 f.
28 [Maximilian Harden], Schlußvortrag, in: Die Zukunft 61 (1907), hier insb. S. 194; zur Ernennung von 1905 vgl. Domeier, Der Eulenburg-Skandal, S. 306.
29 Gauland, Fürst Eulenburg, S. 74.

Standort der französischen Botschaft]; und das Trostwort verscheuchte die Sorge. Wer [Ministerpräsident Maurice] Rouviers Documents diplomatiques über Marokko las, staunte über Bihourds gute Information. Die französischen Journalisten flüsterten: Lecomte! Schrieben aber nie ein Wort über die Sache. [...] Nicht einmal, als im Spätherbst 1906 Herr Lecomte mit dem Deutschen Kaiser zusammen in Liebenberg war. Das ward noch nicht erlebt. Für regirende Herren existiert sonst nur der Botschafter oder der Gesandte, nur der Chef, nicht das Personal der Mission; und in vertrauliche Gesellgkeit pflegten die Hohenzollern [...] fremde Diplomaten überhaupt kaum noch zuzulassen. Nun war ein Botschaftsrath der Freund des dem Kaiser Nächsten; wohnte tagelang mit dem Allerhöchsten Herrn unter einem Dach und durfte ihn auf Spaziergängen begleiten. Den Parisern schiens unglaublich. Sie fragten, obs wahr sei; und erhielten die Bestätigung. So straff ist dort aber, wo der Patriotismus ins Spiel kommt, die Disziplin, daß kein Wörtchen in die Presse glitt." Harden aber erschien das unterstellte „Bemühen" Eulenburgs und Lecomtes, „auf einem Privatweg", also am Auswärtigen Amt vorbei, „zwischen Deutschland und Frankreich Frieden zu stiften", brandgefährlich.[30]

Der Bruder des französischen Botschafters in Berlin, der Frankreich in gleicher Funktion in London repräsentierende Paul Cambon, erklärte im Oktober 1907 in einem Schreiben an seinen Sohn, dass es wohl zutreffend sei, was gegen die den Kaiser umgebende „camarilla" vorgebracht werde, dass diese höfische Gruppe jedoch keineswegs ihrer „schlechten Sitten" (mauvaises mœurs) wegen verfolgt werde. Cambon schätzte Fürst Eulenburg als politisch einflussreiche Hintergrundfigur ein: Es sei Eulenburg gewesen, der den Sturz Bismarcks herbeigeführt habe. Eulenburg habe auch den derzeitigen Reichskanzler Bülow ins Amt gebracht und werde nun von diesem verdrängt, damit dieser allein die Kontrolle über den Kaiser behalte. Eulenburg habe auch Staatssekretär Tschirschky veranlasst, das (nicht ernst gemeinte) Rücktrittsgesuch Holsteins zu akzeptieren. Der öffentliche Angreifer Harden hänge aufs engste mit Holstein zusammen, und im Hintergrund des Skandals ahne man den Einfluss Bülows. Dieses politische Doppelspiel, in dem sexuelle Identitäten und Moralvorstellungen lediglich instrumentalisiert schienen, ließ den französischen Diplomaten nicht kalt: „Welche Intrigen! Welche Lügen! Welche Wildheit! Welch Zynismus in den Anklagen! Und dabei gibt es in Frankreich immer noch Leute, welche die Deutschen als missverstandene anständige Kerle betrachten."[31]

---

30 [Maximilian Harden], Symphonie, in: Die Zukunft 58 (1907), 2.2.1907, hier insb. S. 167.
31 Paul Cambon, Correspondance, 3 Bde., Paris 1940, hier insb. Bd. 2, S. 236 f., Schreiben vom 30.10.1907: „Quelles intriges! Quels mesonges! Quelle férocité! Quel cynisme dans les accusations! E, il y a encore en France, des gens qui considèrent les Allemands de bons garcons méconnus." Jules Cambon amtierte von 1907 bis 1914 als Botschafter Frankreichs in Berlin, Paul Cambon von 1898 bis 1920 als Botschafter Frankreichs in London.

Raymond Lecomte, ein Berufsdiplomat, dem zuweilen fälschlich ein Grafentitel zugelegt wird[32], stammte aus einer großbürgerlichen Familie[33] und war über dessen Mutter ein Onkel des später berühmten homosexuellen Schriftstellers Jean Cocteau.[34] Mit Eulenburg und dessen Familie verband Lecomte eine jahrzehntelange Freundschaft, und er unterhielt auch zu zwei weiteren Freunden Eulenburgs, den Grafen Kuno Moltke und Wilhelm Hohenau enge Beziehungen. Kritische Beobachter wie Kommissar von Tresckow attestierten Lecomte infolgedessen, Privates und Dienstliches geschickt miteinander verbunden zu haben, denn sowohl Eulenburg als auch die beiden Grafen hätten dem Franzosen als Informationsquellen gedient.[35] Das mochte der Fall gewesen sein, war jedoch – ob homosexuell oder nicht – im Grunde Bestandteil des sozialen Lebens eines jeden Diplomaten in jeglichem Gastland. Zugleich war Lecomte – wie Tresckow durch polizeiliche Beobachtung wusste – ganz „sicher ein Homosexueller", da er „sowohl in Päderastenkneipen als auch auf Päderastenbällen verkehrt" habe. Auch Mitglieder der Berliner Hofgesellschaft kannten laut Tresckow Lecomtes sexuelle Orientierung und nannten ihn – nicht als Schmeichelei gemeint – „den König der Päderasten".[36]

Harden hatte – erst andeutungsweise in der Presse, dann immer offener im Laufe seiner Verteidigung in den Verleumdungsprozessen – die Homosexualität nicht nur Lecomtes, sondern der gesamten Eulenburg-Kamarilla zur Sprache gebracht. Vor Gericht erklärte er zwar, dass er gegen die Strafverfolgung von Homosexuellen gemäß § 175 des Strafgesetzbuches sei, da er sie als Kranke betrachte und nicht als Verbrecher, dass er jedoch – im Gegensatz zum Sachverständigen Hirschfeld – „nicht die Gleichwertigkeit homosexueller Menschen [...] zugeben" könne. Homosexuelle Männer hätten „fast immer die unangenehmen Seiten [...] der Weiblichkeit" an sich, namentlich „eine gewisse Neigung zur Unwahrhaftigkeit (vielleicht als Folge des Gesetzes, das ein Leben lang zur Verstellung zwingt) und zur Intrigue". Zwar habe er nie eine allgemeine Verfolgung solcher Menschen gewünscht, sofern sie nicht andere schädigten: „Aber sie passen nicht auf jeden Platz, nicht in jede Region. Sie können, wo mehrere sich zusammenfinden, unbewußt Schaden stiften. Besonders an Höfen, wo die ganzen Männer es schwer genug haben. Und wenn man, wie es heute schon Mode geworden ist, die Abnormen als die besseren, edleren Menschen preist, dann treibt man Gesunde ins Verderben."[37]

Harden behauptete, ihm sei es „sehr unangenehm", dass der ausländische Diplomat Lecomte im Prozess „eine so große Rolle gespielt" habe, um dieses Lippen-

---

32 Wolfgang J. Mommsen, War der Kaiser an allem schuld? Wilhelm II. und die preußisch-deutschen Machteliten, München ²2003, S. 129 und 295.
33 Claude Arnaud, Jean Cocteau. A Life, New Haven/London 2016, S. 14.
34 Ebenda sowie Sombart, Wilhelm II., S. 195.
35 Winzen, Freundesliebe am Hof Kaiser Wilhelms II., S. 53, 59, 101, 117 und 151 f., Anm. 202.
36 Tresckow, Von Fürsten und anderen Sterblichen, S. 168.
37 [Maximilian Harden], Schlußvortrag, in: Die Zukunft 61 (1907), hier insb. S. 185.

bekenntnis aber sofort durch alles zu dementieren, was er weiterhin ausführte: „Ob er geschlechtlich normal oder abnorm ist, brauchte uns nicht zu kümmern und würde mich nicht interessieren [sic!], so wenig, wie mich andere solche Fälle, die ich zu Dutzenden erfahren habe, interessieren [sic!] können, wenn er hier nicht Vertreter einer fremden Großmacht gewesen wäre und sich dadurch stille Gemeinschaften ergeben hätten, die mir schädlich schienen. Ich muß sagen: Er hat seinem Vaterland sehr gut gedient und er hatte in Berlin nicht die Aufgabe, unsere Politik zu machen, sondern die der Französischen Republik."[38] Nachdem Hardens Angriffe den Botschaftsrat zum dauerhaften Abgang aus Berlin genötigt hatten, verkündete Harden seinen Lesern, wie recht er doch gehabt haben müsse: „Seit ich das feine Gespinst des Herrn Lecomte" – der hier als lauernde Spinne skizziert wurde wie später Harden selbst – „auftrennen konnte, werde ich in der Presse des schönen Nachbarlandes mit einer Wuth gescholten, die nur beweist, welche Hoffnungen man dort auf die unsichtbare Arbeit des Botschaftsrathes gesetzt hatte und wie nöthig der Kampf gegen das liebenberger Konsortium war."[39]

Vor Gericht wurde 1907 erbittert darüber gestritten, inwiefern Graf Moltke als früherer Generaladjutant des Kaisers den französischen Diplomaten persönlich gekannt habe, ob er von dessen Homosexualität gewusst habe und ob er dennoch nichts dabei gefunden habe, Lecomte dem Kaiser vorzustellen.[40] Noch 1930 sprach der einstige Reichskanzler Fürst Bülow in seinen posthum publizierten Memoiren sehr abfällig über den Botschaftsrat – „ein gewisser Lecomte, der allerdings eine üble Persönlichkeit war und von dem mir der bayrische Ministerpräsident [Graf Clemens von] Podewils gesagt hatte, er hätte als Mitglied der französischen Mission in München allgemein im Rufe perverser Neigungen gestanden und wäre deshalb sogar polizeilich überwacht worden". Bülow zitierte ausführlich das Handschreiben Wilhelms II. vom Frühjahr 1907, in dem dieser Eulenburg zum Vorwurf machte, während des Kaiserbesuches in Liebenberg im November des Vorjahres „anrüchige Persönlichkeiten eingeladen" zu haben, „unter ihnen einen französischen Diplomaten, der sich des schlechtesten Rufes erfreute". Dadurch sei er als Monarch in eine „unerhörte Situation" gebracht worden. Bülow behauptete rückblickend, Eulenburg zuvor „wiederholt und ernstlich" vor Lecomte gewarnt zu haben; „trotzdem" habe Eulenburg die „grobe Taktlosigkeit begangen, seinen Freund Lecomte gleichzeitig mit seiner Majestät einzuladen".[41]

Sowohl die Schuldzuweisungen des Kaisers als auch jene des Reichskanzlers erscheinen unwahrhaftig und heuchlerisch. Denn Lecomte wurde offenbar auf direk-

---

38 Ebenda, S. 192f.
39 [Maximilian Harden], Frankreich und Deutschland, in: Die Zukunft 60 (1907), hier insb. S. 80.
40 Friedländer, Interessante Kriminal-Prozesse, Bd. 11, S. 26f.
41 Bülow, Denkwürdigkeiten, Bd. 2, S. 311f.

ten „kaiserlichen Befehl" nach Liebenberg eingeladen[42], und Wilhelm II. soll den französischen Diplomaten „angeblich sehr ‚agréable'" gefunden, also geschätzt haben.[43] Tatsächlich war Lecomte schon zu Zeiten, als er nur einen untergeordneten Rang einnahm, durch Zugehörigkeit zum Eulenburg-Kreis dem Kaiser begegnet – etwa 1896 auf der Hochzeitsfeier des Grafen Kuno Moltke.[44] Bereits 1893 hatte Eulenburg seinem kaiserlichen Herrn die Person des Diplomaten – „mein Freund Lecomte (der Franzose)", über den folglich schon zuvor gesprochen worden sein muss – auch mit antisemitischen Zitaten gezielt näherzubringen versucht.[45] Eulenburg nutzte auch seine Korrespondenz mit Kaiserin Auguste Viktoria, um sie und den Kaiser für Lecomte positiv zu stimmen.[46] Das scheint ihm gelungen zu sein, denn beim Kaiser bedankte sich Eulenburg im Juni 1896 ausdrücklich dafür, „daß Sie den guten Lecomte von der französischen Botschaft so freundlich bei der Vorstellung begrüßten". Lecomte habe ihm daraufhin „einen ganz glücklichen Brief" geschrieben.[47] Daran konnte Lecomte anknüpfen, als er Jahre später als Zweiter Mann an die französische Botschaft in Berlin zurückkehrte. Nach jenem ominösen Liebenberger Treffen zwischen Wilhelm II. und Lecomte im November 1906, das den Ausschlag für Hardens Presseattacken geben sollte, schilderte Eulenburg seinem Sohn Friedrich-Wend ausdrücklich, von wem Lecomtes Einladung ausgegangen war: „Außerdem hatte der Kaiser Lecomte gewünscht, den er sehr nett findet. Er hatte ihn kurz vorher im Neuen Palais gesehen, wo er, als Vertreter des französischen Botschafters, die Delegierten der Funkentelegraphie vorstellte."[48]

Nicht nur im Lichte dieser Informationen, wonach die Initiative zur Einladung Lecomtes vom Kaiser ausgegangen ist, erscheint auch die Darstellung des Memoirenschreibers Bülow hochproblematisch. Denn vor dem Skandal von 1907 hatte die deutsche Reichsleitung, wie Bülow selbst zugab, von der homosexuellen Orientierung Lecomtes längst gewusst, daran aber keinen Anstoß genommen. Vielmehr konferierte der Botschaftsrat in Abwesenheit seines Missionschefs regelmäßig als offizieller „Geschäftsträger" mit dem Leiter des Auswärtigen Amtes. Noch Ende

---

42 Röhl, Wilhelm II., Bd. 3, S. 594. Vgl. auch Haller, Aus dem Leben des Fürsten Philipp zu Eulenburg-Hertefeld, S. 300, unter Verweis auf Zedlitz-Trützschler, Zwölf Jahre am deutschen Kaiserhof, S. 173 f.
43 Mommsen, War der Kaiser an allem schuld?, S. 129. Das französische „Agréable" meint „akzeptabel", „angenehm". Laut Haller, Aus dem Leben des Fürsten Philipp zu Eulenburg-Hertefeld, S. 300, kannte der Kaiser Lecomte bereits seit 1895 und hatte ihn 1906 nach Liebenberg einladen lassen, weil er dessen profundes architekturgeschichtliches Wissen geschätzt habe.
44 Winzen, Freundesliebe am Hof Kaiser Wilhelms II., S. 101.
45 John C. G. Röhl (Hrsg.), Philipp Eulenburgs politische Korrespondenz, Bd. II: Im Brennpunkt der Regierungskrise 1892–1895, Boppard am Rhein 1979, S. 1157.
46 John C. G. Röhl (Hrsg.), Philipp Eulenburgs politische Korrespondenz, Bd. III: Krisen, Krieg und Katastrophen 1895–1921, Boppard am Rhein 1983, S. 1741, mit einem Schreiben vom Oktober 1896.
47 Ebenda, S. 1741, Anm. 4.
48 Ebenda, S. 2137–2140.

März 1907 – also schon nach Lecomtes Bloßstellung in Hardens „Die Zukunft" – wurde Lecomte als Vertreter des Botschafters von Außen-Staatssekretär Tschirschky offiziell empfangen – mitten im Presseskandal. Dabei ging es wieder um Marokko, wobei Deutschland der französischen Durchdringung des Landes – anders als 1905/06 und erneut 1911 – damals keinen Widerstand entgegensetzte.[49] Völlig unberührt vom Presseskandal empfing am 21. März 1907 der deutsche Kaiser persönlich Lecomte zu einem „Frühstück" und einem politischen Gespräch.[50] Doch vor allem Bülow war in der Darstellung seiner Haltung zu Lecomte extrem unwahrhaftig. Denn als früherer enger Freund Eulenburgs war er schon in den 1890er Jahren selbst in persönliche Beziehungen zu Lecomte getreten. 1894 hatte Bülow sogar die begeisterte Eloge an Eulenburg gerichtet: „Wie sympathisch Lecomte ist! Wir haben neulich 5 Stunden zusammen geschwätzt. Französischer Esprit, deutsches (oder vielmehr bei den Guten aller Völker [...] anzutreffendes) Gemüt und ein so schönes Auge! Er sagte von Dir – recht zu meiner Freude und unter meiner Zustimmung – daß Du die Menschen besser machtest, indem Du an das Gute in ihnen glaubtest und appelliertest!"[51]

Dem Historiker John Röhl zufolge hat Eulenburg seine Briefe an den Kaiser aus der Zeit der Marokkokrise fast sämtlich vernichtet. Ein zufällig erhalten gebliebenes Schreiben lege jedoch nahe, „daß er seinen Einfluß für eine deutsch-französische Verständigung und – darüber hinaus – für einen Zusammenschluß des europäischen Kontinents gegen Amerika (unter Auslassung Englands) eingesetzt hat". Denn im Sommer 1905 habe Eulenburg an Wilhelm II. besorgt den Aufstieg der USA geschildert und betont, dass dagegen „nur eine Koalition der alten Staaten" Europas helfen könne. Was ihn die Kernfrage an den Kaiser richten ließ: „Aber wie gewönne man Frankreich?"[52] Wenig später hatte Eulenburg auch in einem Brief an Reichskanzler Bülow vom Oktober 1905 die Einflusslosigkeit des deutschen Botschafters Radolin in Paris beklagt, die der russische Regierungschef Graf Witte konstatiert habe: „Witte sagte, daß Radolin ohne rechten Zusammenhang mit den herrschenden Parteien sei, und ich wurde stutzig, da mein alter Freund Lecomte mir sagte: ‚ich fürchte, daß Radolin die Dinge nicht genau wiedergibt, wie sie sind. Er hat keine Fühlung mit den maßgebenden Kreisen. [...]'" Eulenburg betonte gegenüber dem Kanzler, dass Lecomte zeitlebens bestrebt gewesen sei, eine Verständi-

---

49 Die Große Politik der Europäischen Kabinette 1871–1914. Sammlung der Diplomatischen Akten des Auswärtigen Amtes, 40 Bde., hrsg. von Johannes Lepsius u. a., Berlin 1926–1927, hier insb. Bd. 21, Teilband 2, S. 649, Aufzeichnung Tschirschkys vom 26.3.1907.
50 Documents Diplomatiques Français (1871–1914), 2e Sèrie (1901–1911), Tome X, Paris 1948, S. 703, Dokument Nr. 440, Lecomte an Außenminister Pichon, 21.3.1907. Diesem letzten Gespräch Lecomtes mit dem Kaiser wurde in Paris 1907 große Bedeutung beigemessen, denn Lecomtes Bericht ließ das Außenministerium vertraulich zirkulieren.
51 Röhl, Philipp Eulenburgs politische Korrespondenz, Bd. II, S. 1412.
52 Ebenda, Bd. III, S. 2110, Anm. 3, und S. 2210, Eulenburg an Wilhelm II., 26.8.1905.

gung und „sogar ein Bündnis" zwischen Frankreich und Deutschland herbeizuführen.[53] Dass Eulenburg und Lecomte zugunsten einer deutsch-französischen Annäherung gewirkt haben, kann folglich nicht zweifelhaft sein. Aber dies geschah nicht nur gegenüber dem Monarchen, sondern auch unter korrekter Einbeziehung des Regierungschefs und verantwortlichen Leiters der deutschen Außenpolitik – und war somit alles andere als die von Harden attackierte private Nebenaußenpolitik.

Die Episode der Beziehungen zwischen Eulenburg und dem russischen Premier Witte um die Jahreswende 1905/06 dürfte verdeutlichen, wie die diplomatische Tätigkeit Eulenburgs zwischen Kaiser und Kanzler verlief. Im Übrigen war Eulenburg damals –im Gegensatz zu Hardens Darstellung – keineswegs eine politisch unverantwortliche Privatperson, sondern ein zur Disposition gestellter kaiserlicher Botschafter und damit einer der ranghöchsten Diplomaten Deutschlands. In seinen 1923 posthum erschienenen Erinnerungen berichtete der damalige Vorsitzende des russischen Ministerkomitees, der zwischen Oktober 1905 und Mai 1906 kurzzeitig auch der erste Ministerpräsident des Zarenreiches werden sollte, über seinen Besuch im kaiserlichen Jagdschloss Rominten im September 1905. Am Bahnhof sei er von „Graf Eulenburg" – gemeint ist Fürst Philipp – erwartet worden, der sich „als zur Suite des Kaisers gehörig und als früherer deutscher Botschafter in Wien vorstellte". Witte rückblickend: „Ich erinnere mich, daß [...] Eulenburg in der öffentlichen Meinung als der Mann gilt, der dem Kaiser besonders nahesteht und eine Hauptstütze der ihn umgebenden Hofkamarilla bildet." Eulenburg habe Bezug auf Wittes Pläne für eine Vereinigung Kontinentaleuropas genommen, die er in St. Petersburg dem deutschen Kaiser entfaltet habe: Diese Pläne könnten der Verwirklichung näher sein, als er glaube. Der Kaiser selbst sei später ebenfalls auf dieses Dreier-Bündnis zwischen Deutschland, Frankreich und Russland als Zukunftsziel eingegangen. Eulenburg habe Witte vertraulich mitgeteilt, „daß er dem Kaiser ganz besonders nahestehe und sein volles Vertrauen genieße". Wenn daher Witte von Russland aus „irgendwann einmal den Wunsch haben sollte, dem Kaiser eine ganz vertrauliche Mitteilung zu machen", so solle er dies über Eulenburg tun. Dieser würde den Kaiser direkt informieren und die Antwort des Monarchen wieder direkt an Witte weiterleiten. Witte versuchte nach eigener Darstellung in seinen Gesprächen mit dem Kaiser, eine Annäherung zwischen Deutschland und Frankreich in der Marokko-Frage zu erreichen. Der Kaiser habe zugesagt, konziliant zu handeln. Witte fragte Wilhelm II. darüber hinaus, ob der Kaiser mit dem französischen Botschafter in Berlin „nicht zufrieden" sei „und ob vielleicht zum Zwecke einer Annäherung ein anderer Mann wünschenswert sei". Der Kaiser habe dies jedoch verneint.[54] An anderer Stelle seiner Memoiren beschrieb Witte, dass ihm „der Deutsche Kaiser in Rominten zum Abschied gesagt" habe, „daß, wenn ich irgend etwas nötig haben sollte,

---

53 Ebenda, S. 2121, Anm. 3, Eulenburg an Bülow, 17.10.1905.
54 Witte, Erinnerungen, S. 273–280.

ich mich durch den Fürsten Eulenburg an ihn wenden könne": „Ich sollte überzeugt sein, daß der Kaiser alles lesen werde, was ich an Eulenburg schriebe, und was Eulenburg an mich richten würde, sollte die Bedeutung haben, als ob es der Kaiser selbst geschrieben habe." In Anbetracht „des intimen Verhältnisses zwischen dem Kaiser und dem Fürsten Eulenburg", das er selber in Rominten habe beobachten können, habe er „nicht daran zweifeln" können, „daß der Weg über den Fürsten Eulenburg der direkteste und vertraulichste sei".[55]

Zwar blieb diese geheime Vermittlerrolle Eulenburgs Episode und war letztlich nicht erfolgreich. Für uns ist jedoch wichtig, dass die Geheimdiplomatie Wilhelms II. und Eulenburgs für den deutschen Kanzler *keineswegs* geheim blieb, dass vielmehr Bülow in den Briefwechsel zwischen Eulenburg und Witte voll eingebunden war und entscheidungsbefugt blieb. Schon von Rominten aus hatte Eulenburg den Reichskanzler über die gute Stimmung der Gespräche unterrichtet.[56] Im Oktober 1905 teilte der Kaiser dem Kanzler per Handschreiben aus Eulenburgs Schloss Liebenberg mit, dass Witte ihn gefragt habe, „ob er event[uel]l von Zeit zu Zeit privatim und inoffiziell mir Nachrichten [...] zukommen lassen könne". Er habe geantwortet, „er möge an Phili Eulenburg schreiben, der ihn empfangen und mit ihm mehrfach Konversationen zu führen Gelegenheit gehabt" habe. Zugleich überreichte der Kaiser dem Kanzler den ersten Brief des russischen Premiers, der „an Phili eingegangen" sei „und der interessant ist als Gegenstück zum Telegramm des Zaren".[57]

Was den Kontakt zu Witte anging, übersandte Eulenburg im Februar 1906 einen weiteren Brief des russischen Premiers an den deutschen Kaiser. Dabei erklärte Eulenburg nachdrücklich, er „stehe nach wie vor mit Ew. Majestät und Witte auf dem Standpunkt, daß eine Verbindung mit Frankreich und Rußland ein logisches Ziel ist, das allerdings momentan einigermaßen vergiftet ist". Man müsse jedoch weiter an einer Verständigung zum Nutzen Deutschlands arbeiten. Eine an Eulenburgs Schreiben anknüpfende Aufzeichnung des Kanzlers Bülow ergibt, dass die Antwort Eulenburgs an Witte vom Kanzler und dessen Mitarbeitern aufgesetzt wurde – also keine Geheimpolitik am Kanzler vorbei erfolgte. Eulenburg hielt sich akribisch an das Regierungskonzept, als er Witte die (diesen enttäuschende) Mitteilung machte, man wolle durchaus ein Übereinkommen hinsichtlich Marokkos, es gebe jedoch gewisse Grenzen für den Kaiser, der kein „kaudinisches Joch" (also keine demütigen-

---

55 Inhaltlich habe Deutschland später enttäuscht, da es zu wenig kompromissbereit gewesen sei und alles Entgegenkommen nur von Frankreich erwartet habe. Der Kaiser habe, als er – Witte – den Kanal über Eulenburg 1906 genutzt habe, um zu bitten, „die Konferenz [von Algeciras] bald zu einem guten Ende [zu] führen", nur „eine ausweichende Antwort" gegeben; vgl. ebenda, S. 452 f. und 460 f.
56 Die Große Politik der Europäischen Kabinette 1871–1914, Bd. 19, Teilband 2, S. 507, Telegramm Bülows an das Auswärtige Amt, 27.9.1905.
57 Ebenda, S. 518 f., Wilhelm II. an Bülow, 17.10.1905.

de Kapitulation) akzeptieren könne. Russland möge seinen Einfluss auf Frankreich geltend machen, um einen „annehmbaren Kompromiß zu ermöglichen".[58]

Im selben Schreiben berichtete der Kaiser seinem Regierungschef übrigens auch über Geheimverhandlungen mit Frankreich jenseits der offiziellen diplomatischen Kanäle: Denn „Monaco" – also der regierende monegassische Fürst Albert I. Grimaldi, der mit Wilhelm II. befreundet war – habe „günstige Nachrichten aus seinen Kreisen" mitgebracht, wonach der französische Premier Maurice Rouvier „klar das Ziel erkannt" habe, eine Verständigung zu erzielen. Rouvier, der laut Monaco „alle besonnenen Franzosen hinter sich" habe, „bitte um Entgegenkommen von hier wegen seiner Aufgabe dem Parlamente gegenüber", und versichere, dass man sich „auf ihn verlassen" könnte. Nach Einschätzung des Fürsten von Monaco sei der Wunsch in Frankreich, sich mit Deutschland „zu einem festen modus vivendi zu arrangiren", vorhanden und werde mit der Zeit auch stärker hervortreten.[59]

Die Sondierungen des Fürsten von Monaco im deutsch-französischen Verhältnis, in dem er infolge guter Beziehungen zu beiden Seiten „die Rolle eines Versöhnungsmaklers zu spielen" versuchte[60], reichten schon Jahre zurück. So war 1904 die Anregung eines persönlichen Treffens zwischen dem deutschen Kaiser und dem französischen Präsidenten in Italien von Fürst Albert ausgegangen, am Ende jedoch nicht realisiert worden.[61] Der deutsche Ex-Kaiser berichtete zudem 1922, dass der 1905 in der Marokko-Krise erfolgte Sturz des als deutschenfeindlich geltenden französischen Außenministers Théophile Delcassé und dessen Ersetzung durch den gemäßigten Premier Rouvier „zum Teil dem Einfluß des Fürsten von Monaco zuzuschreiben" sei. Dieser habe eine Annäherung zwischen Frankreich und Deutschland vermitteln wollen und Delcassé als Gefahr für den Frieden betrachtet.[62]

Der Name des monegassischen Fürsten tauchte im Sommer 1915 nochmals auf, als die französische Politik und Presse über den Vizepräsidenten der Abgeordnetenkammer und früheren Kriegsminister Eugène Etienne herfielen, weil dieser es gewagt hatte, auf eigene Faust mit dem deutschen Kaiser Kontakte anzuknüpfen. Maximilian Harden konnte es sich nicht versagen, in der „Zukunft" den Kommentar der französischen Zeitung „La Dépeche" zu zitieren, die Etiennes Friedensversuch ins Lächerliche zog mit der abfälligen Bemerkung, der algerische Abgeordnete sei „der vollkommene Typus des netten Kerls". Er sei eben zu jedem nett – wie schon im Jahre 1904 zum Freunde des deutschen Kaisers Fürst Guido Henckel von Donnersmarck, der nach Paris geschickt worden sei, um die Entlassung des Außenmi-

---

58 Ebenda, Bd. 21.1, Berlin 1927, S. 194, 197 und 202–204.
59 Ebenda, Bd. 19.2, S. 518 f., Wilhelm II. an Bülow, 17.10.1905.
60 v. S., Ein Revolutiönchen, in: März. Halbmonatsschrift für deutsche Kultur 4 (1910), Bd. 3, S. 166 f., hier insb. S. 167.
61 Die Große Politik der Europäischen Kabinette 1871–1914, Bd. 20, Teilband 1, S. 105 f., Radolin, Paris, an Bülow, 4.2.1904.
62 Wilhelm II., Ereignisse und Gestalten aus den Jahren 1878–1918, Leipzig/Berlin 1922, S. 92.

nisters Delcassé zu bewirken. Oder wie zum Fürsten von Monaco, der gern zum Friedensengel für Deutschland und Frankreich werden würde. Das französische Blatt scheint Harden mit dem Schlusssatz aus dem Herzen gesprochen zu haben: „Ernsthafte Geschäfte sind nicht durch Dilettanten zu machen, nicht im ‚passage des princes', mögen sie Donnersmarck, Monaco oder Eulenburg heißen."[63]

Fürst Eulenburg war somit nur einer von mehreren befreundeten hochrangigen Aristokraten, mit denen Kaiser Wilhelm II. Einfluss auf die Außenpolitik zu nehmen versuchte. Doch anders als in der Russland-Angelegenheit, wo Eulenburg nachweislich in Abstimmung mit *dem Kaiser und auch dem Kanzler* agierte, wurde ihm in der Marokko-Angelegenheit von Anhängern eines Konfrontationskurses der Vorwurf gemacht, *hinter dem Rücken des Kanzlers* eine Neben-Außenpolitik verfolgt zu haben, die eher dem Interesse Frankreichs gedient habe. So erfuhr die in Berlin gut vernetzte Baronin Hildegard von Spitzemberg von Botschafter Marschall von Bieberstein im Juni 1907, „daß Eulenburg einen schädlichen politischen Einfluß ausübe, nicht andauernd, aber wenn sich eine Gelegenheit biete, dann springe er zu; in der Marokkanerangelegenheit habe er ganz entschieden unheilvoll eingegriffen".[64] Im September 1907 versicherte ihr auch der Bankier Paul von Schwabach, den sie als britischen Generalkonsul und Bekannten des Barons Holstein sowie des Grafen Hutten-Czapski als „sehr vielseitig unterrichtet" einschätzte, „daß Eulenburg durch Lecomte, unter dessen Einfluß er gestanden, die Politik wegen Marokkos, besonders auch während Algeciras, beeinflußt und zu plötzlicher Nachgiebigkeit gegen die Franzosen gelenkt habe, und zwar hinter dem Rücken Bülows".[65]

Freilich könnte man fragen, ob nicht Holstein selbst eine eigene – konfrontative – außenpolitische Linie verfolgt hatte, die zumindest gegenüber dem Kaiser nicht immer gedeckt war. 1925 enthüllte Prinz Alexander Hohenlohe, der Sohn des früheren Reichskanzlers Fürst Chlodwig Hohenlohe, wie heftig ihm gegenüber der deutsche Botschafter in Paris, Fürst Radolin, „manchmal ganz verzweifelt" geklagt habe, dass er durch *Privatbriefe* Holsteins instruiert worden sei, seine offiziellen Berichte in einem von Holstein gewünschten Sinne abzufassen, obgleich dessen Wünsche „ganz der wirklichen Lage widersprachen". Radolin habe sich wie viele andere dem Druck Holsteins gefügt, „aus Furcht, seinen Posten zu verlieren". Prinz Hohenlohe stand dem Fürsten Eulenburg durchaus zwiespältig gegenüber, da ihm dieser „Günstling und Höfling" niemals Vertrauen eingeflößt habe, räumte jedoch ein, dass er niemals schlechte Erfahrungen mit Eulenburg gemacht habe. Im Gegenteil habe Eulenburg oft „nützlich zu wirken" verstanden – „und gerade in der Marokko-

---

63 [Maximilian Harden], Zweite Epistel. An Herrn Poincaré, in: Die Zukunft 92 (1915), Nr. vom 7.8.1915, S. 157–188, hier insb. S. 169.
64 Das Tagebuch der Baronin [Hildegard] Spitzemberg, geb. Freiin v. Varnbüler. Aufzeichnungen aus der Hofgesellschaft des Hohenzollernreiches, hrsg. von Rudolf Vierhaus, Göttingen 1960, S. 473. Zu Spitzemberg vgl. auch Erbe, Das vornehme Berlin, S. 138–144.
65 Das Tagebuch der Baronin Spitzemberg, hrsg. von Rudolf Vierhaus, S. 475.

politik hat er einen sehr vernünftigen Standpunkt eingenommen und den Kaiser, wo er konnte, in dieser Sache gut beraten oder wenigstens gut zu beraten versucht".[66]

Dass Eulenburg die politische Linie seines Freundes Lecomte unterstützte, der zeitlebens bestrebt gewesen sei, eine Verständigung und „sogar ein Bündnis" zwischen Frankreich und Deutschland herbeizuführen, hatte der Fürst dem Reichskanzler im Oktober 1905 – und damit mitten in der Marokkokrise – schriftlich mitgeteilt.[67] Der Kanzler kann folglich nicht hintergangen worden sein. Anders womöglich dessen nachgeordneter, höchst eigenwilliger Mitarbeiter Baron Holstein. Lecomte zeigte sich jedenfalls 1907 gegenüber der Fürstin Marie Radziwill überzeugt, dass der ganze Eulenburg-Skandal die Rache Holsteins für die Durchkreuzung seiner aggressiven Marokko-Politik gewesen sei.[68] Spätere Verteidiger Eulenburgs stellten die Sachlage so dar, dass Holstein sowohl Kaiser als auch Kanzler hintergangen habe und erst die Intervention Eulenburgs und Lecomtes die höchsten Lenker der deutschen Außenpolitik über die ohne ihr Wissen heraufbeschworene Kriegsgefahr in Kenntnis gesetzt habe. In der 1930 publizierten Eulenburg-Biographie Reinhold Muschlers erscheint Lecomte als „feinsinniger, musikalisch und literarisch hochgebildeter Mensch, der Deutschland sehr schätzte". Bei einer zufälligen Begegnung mit seinem Freund Eulenburg auf der Berliner Prachtstraße Unter den Linden im Spätherbst 1905 habe sich Lecomte „sehr erregt" über Holsteins Politik geäußert. Laut Muschler musste insbesondere der Kaiser „belehrt und nicht hintergangen werden, wenn er nicht fehlerhafte Handlungen verschulden sollte". Aufgeregt habe Lecomte Eulenburg daher gefragt: „Voulez-vous la guerre? Eh bien, vous l'aurez!" [Wollt Ihr den Krieg! In Ordnung, Ihr werdet ihn bekommen.] Unverzüglich sei Eulenburg daraufhin zu Reichskanzler Bülow gegangen: „‚Willst du den Krieg mit Frankreich?' ‚Wir denken nicht daran', entgegnete der Kanzler. [...] So verhinderte Eulenburg durch sein positives Eingreifen weitere Hetzen, und die drohende Kriegsgefahr verschwand."[69]

Friedrich von Holstein wiederum hat die Geschichte überliefert, dass Maximilian Harden auf die Nachricht, dass „der Franzose" Lecomte im November 1906 als Gast einer Jagdgesellschaft auf Schloss Liebenberg tagelang „im kleinsten Kreise mit dem Kaiser zusammen gewesen war", in eine „wahre Tobsucht" geraten sei.[70] Doch auch Holstein selbst verurteilte es – nicht nur gegenüber Richard von Kühlmann, sondern im Juni 1907 auch gegenüber dem Diplomaten Hans von Miquel – als „unerhört, daß Lecomte gerade während der wichtigsten Verhandlungen in die

---

66 Alexander [Prinz] von Hohenlohe, Aus meinem Leben, Frankfurt a. M. 1925, S. 304 und 313 f.
67 Vgl. Röhl, Philipp Eulenburgs politische Korrespondenz, Bd. III, S. 2121, Anm. 3.
68 Ebenda, S. 2188, Anm. 4.
69 Reinhold Conrad Muschler, Philipp zu Eulenburg. Sein Leben und seine Zeit, Leipzig 1930, S. 609.
70 Die Geheimen Papiere Friedrich von Holsteins, Bd. 4, S. 404, auch Anm. 5.

Intimität des Kaisers und seiner Umgebung zugelassen" worden sei. „Dies ist niemals und nie Sitte gewesen, namentlich aber nicht bei politischen Spannungen", und sei in Preußen seit dem frühen 18. Jahrhundert nie mehr vorgekommen – Wendungen, die sich auch in Ausführungen Hardens wiederfinden lassen und auf enge Abstimmung zwischen beiden hindeuten. Holstein soll Miquel erklärt haben: „Dem mußte ein Ende gemacht werden." Miquel hatte persönliche Kontakte zu Lecomte, mit dem er 1907 – sowohl in Berlin als auch in Paris, wie er später privat notierte – „ebenfalls die ganze Sache durchgesprochen hatte". Demnach hatte Lecomte „natürlich wieder eine ganz andere Auffassung". Leider siegte die Diskretion über den Drang, Wichtiges festzuhalten, denn Miquel überlieferte nur den Hinweis: „Da viel vertrauliche Dinge hierbei zur Sprache kamen, so werde ich hierüber nichts schreiben." Diese erst posthum 1938 veröffentlichten Aufzeichnungen des 1917 verstorbenen deutschen Diplomaten, der in der Marokko-Krise zu den Anhängern einer Verständigung mit Frankreich gezählt hatte, ließen persönliche Achtung für den gedemütigten französischen Kollegen erkennen: „Für Lecomte erhoffe ich einen guten Gesandtenposten. Er hat nach seiner Art seine Pflicht getan; seine politischen Interessen werden wohl überschätzt. Daß er mit S. M. über die Marokko-Angelegenheit persönlich nie gesprochen hat, hat er mir unaufgefordert wiederholt gesagt, und ich glaube es ihm." Miquel vermutete eher, dass Eulenburg aus Eigennutz Lecomte gegenüber „allzu offen gewesen sein" könnte.[71]

Eulenburgs posthumer Verteidiger Muschler wandte sich heftig gegen den Harden'schen Vorwurf, die Liebenberger Jagdeinladung habe den Kaiser tagelang dem unkontrollierbaren Einfluss des französischen Diplomaten ausgesetzt. Zunächst konterte Muschler mit dem treffenden Hinweis, dass die Einladung Lecomtes auf Befehl des Kaisers selbst erfolgt sei. Sodann behauptete er, „Lecomtes vornehmem Charakter" sei „diese Einladung keineswegs angenehm" gewesen, „denn er fürchtete bei dem impulsivem Wesen des Herrschers Fragen, deren Antworten ihm nicht leicht geworden wären". Deshalb habe sich Lecomte „absichtlich vom Kaiser fern [gehalten], und Eulenburg selber brachte stets das Gespräch auf Allgemeinheiten, wenn der Monarch sich Lecomte näherte". Dennoch habe man gerade aus diesem

---

71 Zitiert nach Friedrich Thimme, Aus den nachgelassenen Papieren eines deutschen Diplomaten. Aufzeichnungen des Gesandten Hans von Miquel, in: Berliner Monatshefte. Zeitschrift für Neueste Geschichte 16 (1938), Heft 3, S. 212–249, hier insb. S. 248 f. Im Jahre 1914 outete der rechtsradikale Pamphletist und Ex-Diplomat Emil Witte angebliche oder tatsächliche Homosexuelle im diplomatischen Dienst und gedachte dabei „eines Sohnes des verstorbenen Finanzministers von Miquel"; vgl. Witte, Wider das Juden- und Kynädenregiment!, S. 10 f. Johannes von Miquel war von 1890 bis 1901 preußischer Finanzminister und ab 1897 auch Vizepräsident des Staatsministeriums (stellvertretender Regierungschef) gewesen. Sein Sohn Hans von Miquel erreichte im diplomatischen Dienst, bevor er 1917 verstarb, den Gipfel seiner Karriere als Botschaftsrat in Konstantinopel und dann (bis 1914) als Gesandter in Kairo für das osmanische Vizekönigreich (und faktisch britisch beherrschte) Ägypten.

Jagdaufenthalt „Eulenburg einen Strick drehen und ihn zum ‚Landesverräter' stempeln wollen, da er einen Franzosen zum Kaiser eingeladen habe". Diese Anschuldigungen seien von denselben Leuten erhoben worden, „die nichts dabei fanden, wenn Herr von Kiderlen-Wächter" – der Staatssekretär des Auswärtigen in der Zweiten Marokkokrise von 1911 – „jedes Staatsgeheimnis seiner ‚Heting', d. h. Fräulein Hedwig Kypke, erzählte und schrieb, oder wenn Se. Exzellenz Herr Baron von Holstein mit [seiner Freundin] Frau [Helene] von Lebbin Staatsgeschäfte besprach".[72] Diese Hinweise trafen zu – nur waren die Vertrauenspersonen Kiderlens und Holsteins Frauen statt Homosexuelle und Deutsche statt Ausländerinnen.[73]

Doch auch ein unvoreingenommenes Mitglied der Berliner Hofgesellschaft wie die deutsch-polnische Fürstin Marie Radziwill – als gebürtige französische Aristokratin[74] voll Sympathie für ihren Landsmann Lecomte – hielt dessen Einladung zu einem privaten Treffen mit dem Kaiser für den „Gipfel der Unklugheit". Ein ausländischer Diplomat dürfe nicht zu einem intimen Treffen mit dem redseligen deutschen Monarchen hinzugezogen werden: „Die geringste Indiskretion [...] kann schreckliche Folgen haben."[75] Möglicherweise hatte Lecomte auch selbst diesen Eindruck, denn ähnlich wie später Muschler behauptete schon Eulenburg-Biograph Haller 1924, Lecomte habe den auf das Treffen unweigerlich folgenden „Klatsch" vorausgesehen, sei daher nur „ungern erschienen" und bereits nach einem Tag wieder abgereist. Zwischenzeitlich habe sich Lecomte „möglichst fern vom Kaiser" gehalten und mit diesem „nur vor Zeugen und kein Wort von Politik gesprochen".[76] Lecomte versicherte der Fürstin Radziwill nach dem Liebenberger Aufenthalt höchstpersönlich, „der Kaiser habe in diesen drei Tagen mit keinem Wort die Politik berührt"[77], und andere Freunde Eulenburgs verbreiteten ebenfalls die Version eines

---

72 Muschler, Philipp zu Eulenburg, S. 608 f.
73 Zu Kiderlen-Wächter und Hedwig Kypke vgl. Ernst Jäckh (Hrsg.), Kiderlen-Wächter. Der Staatsmann und der Mensch. Briefwechsel und Nachlaß, 2 Bde., Stuttgart 1924–1925; ders., Der goldene Pflug. Lebensernte eines Weltbürgers, Stuttgart 1954, S. 244–248, auch zu dem von einigen Diplomaten und Historikern gegen Kiderlen-Wächter wegen seiner „Indiskretionen" gegenüber einer russischen Agentin erhobenen Vorwurf des Landesverrats. Zu Holstein und Helene von Lebbin vgl. Friedrich von Trotha, Fritz von Holstein als Mensch und Politiker, Berlin 1931, S. 1–62; Günter Erbe, Das vornehme Berlin. Fürstin Marie Radziwill und die großen Damen der Gesellschaft 1871–1918, Köln u. a. 2015, S. 133–139; Die Geheimen Papiere Friedrich von Holsteins, 4 Bde., hrsg. von Werner Frauendienst, Göttingen 1956–1963; Helmuth Rogge (Hrsg.), Friedrich von Holstein. Lebensbekenntnis in Briefen an eine Frau, Berlin 1932. Kiderlens heterosexuelles eheähnliches Verhältnis zu Hedwig Kypke hielt Witte, Wider das Juden- und Kynädenregiment!, S. 10 f., nicht davon ab, den 1912 unverheiratet verstorbenen Staatssekretär des Auswärtigen als angeblichen Homosexuellen zu denunzieren.
74 Zur Fürstin Radziwill vgl. Erbe, Das vornehme Berlin, S. 37–101 und 149–151.
75 Radziwill, Briefe vom deutschen Kaiserhof, S. 288.
76 Haller, Aus dem Leben des Fürsten Philipp zu Eulenburg-Hertefeld, S. 300, unter Berufung auf Zedlitz-Trützschler, Zwölf Jahre am deutschen Kaiserhof, S. 173 f.
77 Radziwill, Briefe vom deutschen Kaiserhof, S. 289.

unpolitischen Jagdaufenthalts.[78] Doch so sehr Fürstin Radziwill während des Skandals von 1907 bedauerte, „daß Herr Lecomte in all das hineingezogen ist", so deutlich stellte sie fest, dass dessen Behauptung „leider nicht wahr" sei: „Denn Lecomte hat mir oft Dinge erzählt, die Seine Majestät ihm anvertraut hatte."[79]

Natürlich berichtete Lecomte über Gespräche mit dem Kaiser nach Paris. Ebenso selbstverständlich versuchte der Kaiser in Gesprächen mit Lecomte, seine eigene Agenda zu lancieren, und kann nicht nur als manipuliertes Objekt betrachtet werden.[80] Schon Conrad Haußmann hatte im Juli 1907 Hardens Kritik an der Anwesenheit des französischen Diplomaten im privaten Umfeld des deutschen Kaisers mit dem logischen Argument gekontert, dass der Monarch doch stets gewusst habe, „daß ein Mitglied der fremden Gesandtschaft anwesend war". Ebenso gewusst habe er, „daß ein Gesandter Äußerungen des Monarchen über eine aktuelle auswärtige Frage nicht überhören wird, weil er sonst ein ungewöhnlich harmloser Diplomat wäre". Das eigentliche Problem war für Haußmann daher nicht ein höfisch-aristokratischer „Kreis" oder „Ring" um den Kaiser, sondern das „halbkonstitutionelle System" an sich.[81]

Zugleich wäre zu fragen, ob Lecomte – ähnlich wie Miquel später gegenüber Lecomte – zwischen *berichtsfähigen* und *vertraulichen* Äußerungen unterschied. Die Diplomatie vor 1914 gehorchte noch anderen Ehrbegriffen als jene des Kalten Krieges. 1933 veröffentlichte der deutsch-jüdische Publizist Hans Madol, der in ein freundschaftliches Verhältnis mit Maurice Paléologue getreten war, eine Äußerung dieses früheren französischen Spitzendiplomaten[82], die eine solche Unterscheidung nahelegt. Laut Madol hatte Paléologue „den durch die Eulenburg-Affäre berühmten Botschaftsrat Lecomte gut" gekannt, ja sogar zugegeben, dass er selbst – damals in leitender Funktion im Pariser Außenministerium – Lecomte „für den Berliner Posten vorgeschlagen hatte", weil „man voraussah", dass dieser sehr gut „in der Intimität Eulenburgs und des Kaisers aufgenommen" werden würde. Nicht vorausgesehen hatte Paléologue nach eigener Aussage jedoch, dass Lecomte „sich hartnäckig weigerte, ihm je ein Wort über Wilhelm[s] II. Unterhaltungen wiederzugeben".[83]

Wie immer dem sei: Lecomte war ein perfektes Angriffsziel, weil er nicht nur der Vertreter des „Erbfeindes" war, sondern zugleich ein Homosexueller. Nicht nur

---

78 Kessler, Tagebuch, Bd. 4, S. 361.
79 Radziwill, Briefe vom deutschen Kaiserhof, S. 297.
80 Roderick R. McLean, Royalty and Diplomacy in Europe 1890–1914, Cambridge u. a. 2001, S. 54 und 127.
81 Conrad Haußmann, Politik und Sensation, in: März. Halbmonatsschrift für deutsche Kultur 1 (1907), Bd. 3, S. 1–5, hier insb. S. 4 f.
82 Irwin Halfond, Maurice Paléologue. The Diplomat, the Writer, the Man, and the Third French Republic, Lanham 2007, hier insb. S. 42 und 164.
83 Hans Roger Madol [i. e. Gerhard Salomon], Gespräche mit Verantwortlichen, Berlin 1933, S. 41.

für den gut informierten Sitten-Kommissar von Tresckow, auch für ausländische Diplomaten war klar: „Über die Neigungen des Franzosen Lecomte bestanden keine Zweifel."[84] Dieses eliten-interne Wissen wurde von Harden schlagartig öffentlich gemacht und politisch skandalisiert. Die Homosexualität bildete für Eulenburg-Biograph Muschler die Erklärung, weshalb Hardens Falschdarstellung über den Liebenberger Jagdaufenthalt öffentlich niemals richtiggestellt worden sei: „Lecomte war ein Franzose, schon unsympathisch. Er sollte homosexuell sein. Sollte! – bewiesen ist nie etwas. Er hielt sich nur eine fabelhaft fesche Mätresse. Ich weiß, das beweist nichts gegen andere Neigungen, aber jedenfalls: Herr von Holstein behauptete, das genügte, um den Vertreter einer fremden Regierung zu brüskieren. Noch dazu einen Deutschland gut gesinnten Vertreter, und das zu einer Zeit, in der es dem Kaiser und der Regierung darauf ankam, in ein gutes Verhältnis zu Frankreich zu kommen. Da [die Konferenz von] Algeciras Deutschlands Ansehen wenig hob, war es bequem, die Sache herumzudrehen: das hat mit dem Lecomte der Eulenburg getan."[85]

Die französische Historikerin Marion Aballéa hat betont, wie sehr 1907 die von Harden ausgelöste Lecomte-Affäre – „L'affaire Lecomte" – eine starke Spannung („une forte tension") zwischen Paris und Berlin erzeugt habe. Wer das deutsch-französische Verhältnis beschädigen wollte, hatte somit den richtigen Angriffspunkt gewählt. Die Lecomte-Affäre war der transnationale, der französisch-deutsche Teil eines größeren Skandals. Sobald im Februar 1907 der Name des französischen Botschaftsrats von der „Zukunft" öffentlich in die Affäre hineingezogen worden war, bestand aus Sicht der französischen Diplomatie das Problem, dass in der deutschen Öffentlichkeit das alte Feindbild von der allzu lockeren Moralität französischer Eliten wiederbelebt wurde – verbunden mit dem Vorwurf, dass man in der Botschaft sogar verurteilungswürdiges Verhalten dulden würde. Neben der moralischen Dimension des Skandals gab es laut Aballéa aber auch eine gravierende diplomatische Dimension, indem die Botschaft in die Nähe eines Komplotts mit dem Ziele des Verrats („trahison") gerückt worden sei.[86]

Offensichtlich war es bis zum Lecomte-Skandal diplomatischer Komment gewesen, über sexuelle Eskapaden ausländischer Diplomaten diskret hinwegzusehen, um dieselbe Toleranz für eigene Mitarbeiter erwarten zu dürfen. Entsprechend verärgert reagierte der französische Botschafter 1907 auf die mediale Bloßstellung seines ranghöchsten Mitarbeiters. Im Juli 1907 sprach Cambon in einem Bericht nach Paris ausdrücklich davon, dass sein Botschaftsrat zum „Opfer" einer innenpolitischen deutschen Auseinandersetzung geworden sei, die offensichtlich von der aktu-

---

84 Matsch, November 1918 auf dem Ballhausplatz, S. 209.
85 Muschler, Philipp zu Eulenburg, S. 616.
86 Aballéa, Un exercice de diplomatie chez l'ennemi, S. 63 f.

ellen deutschen Regierung ausgehe.[87] Damit zielte Cambon vermutlich auf Reichskanzler Fürst Bülow selbst. Cambon kritisierte gegenüber der deutschen Seite ausdrücklich deren Tatenlosigkeit gegenüber der Skandalpresse durch die spitze Andeutung, dass in vergleichbaren Fällen „die Pariser Polizei im Auftrage der französischen Regierung in neuerer Zeit in der Lage gewesen sei, sensationelle Entdeckungen über Vorkommnisse mit bekannten deutschen Persönlichkeiten vor weiterer Veröffentlichung zu bewahren".[88] Cambon warf der deutschen Seite vor, durch Polizeiberichte bereits seit Anfang 1906 vom moralisch fragwürdigen Verhalten Lecomtes gewusst, aber den damaligen Botschafter nicht informiert zu haben, obschon durch einen diskreten Hinweis ein öffentlicher Skandal hätte vermieden werden können. Ebenso wenig sei der Name Lecomtes aus dem Harden-Moltke-Prozess des Herbstes 1907 herausgehalten worden. Die deutsche Seite wiederum unterstellte der französischen, zweifelhafte Methoden zu nutzen, um den deutschen Kaiser direkt zu kontaktieren und das Auswärtige Amt dabei zu umgehen. Dieser auf Lecomte gemünzte Vorwurf war, wie ein Mitarbeiter der französischen Botschaft intern zugab, keineswegs unberechtigt.[89] Andererseits muss man sehen, dass die skandalisierten freundschaftlichen Verbindungen Lecomtes zu deutschen Elitenvertretern kein Einzelfall waren. Dergleichen hatte es nach 1871 im deutsch-französischen Verhältnis immer wieder gegeben.[90] Was als zu weitgehend betrachtet wurde, war offenbar die Einbeziehung des deutschen Monarchen selbst in solche Privatkontakte – und die dabei unterstellte Umgehung der deutschen Diplomatie.[91]

Hardens Feindbild „von einer homosexuellen Internationale, verkörpert in dem deutsch-französischen Freundespaar Eulenburg-Lecomte", fand in der deutschen Presse „große Resonanz".[92] Harden behauptete, der Fürst habe „Dutzende" gleich veranlagte Freunde „in allen Zonen internationaler Geselligkeit" gesucht und gefun-

---

[87] Cambon riet dem Politischen Direktor des französischen Außenministeriums, Georges Louis, ein außerordentlich heftiges Pamphlet gegen den Kaiser „Guillaume II et son peuple", von einem anonymen „pessimiste", zu lesen, das soeben ins Französische übersetzt worden sei. Dieses sei offenbar von einem Vertrauensmann der Regierung geschrieben und bilde das Vorspiel zum Sturze jener Kamarilla, dem auch sein Mitarbeiter Lecomte zum Opfer gefallen sei – „la préface [...] de la chute de la camarilla dont M. Lecomte a été la victime"; vgl. Documents Diplomatiques Français (1871–1914), 2e Sèrie (1901–1911), Tome XI, Paris 1950, S. 131–133, Dokument Nr. 77, Cambon an Louis, 16.7.1907.
[88] Helmuth Rogge, Holstein und Harden. Politisch-publizistisches Zusammenspiel zweier Außenseiter des Wilhelminischen Reiches, München 1959, S. 165 und 229.
[89] Aballéa, Un exercice de diplomatie chez l'ennemi, S. 64.
[90] Ebenda, S. 214, mit Verweisen auf das Verhältnis französischer Diplomaten zu Generalfeldmarschall Erwin von Manteuffel, einem Vertrauten Kaiser Wilhelms I., oder zur Baronin Spitzemberg, die eine intime Freundin der Bismarck-Familie war.
[91] Le Moigne, L'Affaire Eulenburg, S. 89.
[92] Domeier, Imaginationen, S. 53.

den.⁹³ Der Journalist wusste, dass Eulenburg schon in seinen diplomatischen Anfängen in München in den 1880er Jahren eine besondere „Intimität" mit Lecomte begründet hatte.⁹⁴ Und dass die beiden Freunde als Diplomaten in München „durch ihre Homosexualerlebnisse oft Ärgerniß gegeben" hätten und später auch der Berliner Polizei einschlägig bekannt gewesen seien, teilte Harden spätestens im Eulenburg-Prozess des Jahres 1908 der Öffentlichkeit mit.⁹⁵ In diesem Prozess, in dem sich Eulenburgs Jahrzehnte zurückliegende homosexuelle Handlungen mit Angehörigen der bayerischen Unterschicht und damit auch sein Meineid offenbarten, ließ Harden die in den Moltke-Prozessen noch geübte Zurückhaltung vollständig fallen und bekannte sich aggressiv zur Bloßstellung politisch einflussreicher Homosexueller: „Wenn der Botschafter eines in Rüstung lauernden Staates durch sein Verhältnis zu einer Königin, Maitresse, Ministerfrau die Möglichkeit zu ungebührlicher Einwirkung auf die Landesgeschäfte fände, würde nur ein feiger Tropf dazu schweigen. Und bei uns sollten zwei alte homosexuelle Freunde in gefährlichster Stunde den Verantwortlichen den Strom aus der Leitung schalten? Eine deutsche Schande ists, daß solche Frage nur gestellt werden kann. Daß eine Bubenschar sich erfrechen darf, Monate lang öffentlich zu greinen, weil der Hohenzollernhof von fünf Männern befreit ist, die unter Ausnützung ihrer dienstlichen, geldlichen, gesellschaftlichen Macht jahrelang den ekelsten Geschlechtsunfug getrieben hatten."⁹⁶

Damit spielte Harden auf einen parallelen Sexualskandal im preußischen Militär an, bei dem es um Missbrauch militärischer Befehlsgewalt für homosexuelle Handlungen mit Untergebenen ging, in den namentlich die Grafen Hohenau und Lynar verwickelt waren. Indem Harden die parallelen Skandale vermischte, versah er den gesamten Eulenburg-Kreis mit dem Odium jener heftig – auch im Reichstag – diskutierten und teilweise strafrechtlich relevanten Vorkommnisse im Militär.⁹⁷ Denn Harden fuhr in der „Zukunft" vom Juli 1908 fort: „Fragt Gericht und Polizei nach den Thaten der Eulenburg, Hohenau, Lecomte, Lynar, Wedel: und Ihr werdet hören, daß es sich da um Anderes gehandelt hat als um den nach freier Selbstbestimmung vereinbarten Geschlechtsverkehr abnorm empfindender Männer. Um die listige Verführung argloser, dienstlich oder ökonomisch abhängiger Jünglinge. Um Gräuel, deren Schilderung alten Soldaten, grauen Polizeiratten selbst das Blut in die Schläfen jagte."⁹⁸

---

93 Harden, Fürst Eulenburg, S. 193 f.
94 Ebenda, S. 203.
95 [Maximilian Harden], Prozeß Eulenburg, in: Die Zukunft 64 (1908), hier insb. S. 136.
96 Ebenda, S. 135 f.
97 Zu diesem Parallelskandal vgl. Röhl, Wilhelm II., Bd. 3, S. 585–587. Zu den parlamentarischen Konflikten und der Rede des preußischen Kriegsministers von Einem vgl. Winzen, Das Ende der Kaiserherrlichkeit, S. 165–169.
98 [Maximilian Harden], Prozeß Eulenburg, in: Die Zukunft 64 (1908), S. 136.

Homosexuelle sollten, wie Nicolaus Sombart die Strategie Hardens analysierte, letztlich als „politikuntauglich" stigmatisiert werden. Hardens Verteidiger Max Bernstein hatte 1907 als dessen Hauptziel offen benannt, „Männer als Politiker zu vernichten", die „als Politiker der Vernichtung wert waren", weil eben „derjenige, der etwas feminin veranlagt ist, absolut nicht für politische Geschäfte paßt".[99] Der liberale Reichstagsabgeordnete Conrad Haußmann nutzte den Eulenburg-Skandal 1908 zu einem Seitengefecht gegen modische „Männer mit Armbändern" und stellte polemisch fest: „Wann *normwidriges* Empfinden strafbar ist, – das mögen die Staatsanwälte und die sogenannten Gesetzgeber herausknobeln. Fest steht aber, daß ein Mann nicht tun soll, wie wenn er ein Weib wäre." Umso mehr bedauerte dieser Vertreter des liberalen süddeutschen Bürgertums, dass in höheren – zumal aristokratischen – Kreisen die Mode um sich gegriffen habe, goldene Armbänder an den Handgelenken zu tragen, wie dies bisher nur bei Frauen anzutreffen gewesen sei. Nachdrücklich begrüßte Haußmann, dass für die preußische Armee Kriegsminister von Einem nunmehr – ebenso wie sein französischer Kollege Picquart – das Tragen solcher „Weiberketten" untersagt habe. Diese Maskulinisierung des Militärs werde sich, so hoffte der Liberale, auf die Gesamtgesellschaft positiv auswirken: „Gilt das Geschmeide erst als unkriegerisch, so gilt es bald als unmännlich. Ist es unmännlich, so werden auch die Zivilisten diesen Firlefanz den Homosexuellen allein überlassen."[100]

Harden selbst predigte im Eulenburg-Prozess 1908 der deutschen Öffentlichkeit das Feindbild von einer den ganzen Menschen prägenden homosexuellen Identität: „Begreift endlich (wenn Ihr nicht taub sein wollt), daß [...] Sexualität die stärkste Wurzel des Wesens ist und jeder Lebensregung, dem Thun und dem Sinnen, dem Willen und der Vorstellung, Form und Farbe giebt. Daß eine Menschengruppe von normwidrigem Geschlechtsempfinden sich auf dem Gipfel des Staatsgebirges nicht festnisten darf."[101] Die Metapher bedrohlich nistenden Ungeziefers ist beachtlich. Im Endstadium des Skandalprozesses stieß Harden im Vollgefühl seiner öffentlichen Macht auch eine dunkle Drohung gegen eine ungenannte Persönlichkeit des Hofes aus, die noch immer mit Paris zusammenarbeite, wo man „die Ära Phili-Lecomte schmerzlich vermißt und, unter Assistenz einer gewissenlosen berliner Hofschranze, die sich lieber recht tief ducken sollte, die Mär verbreitet, der Herr von Liebenberg sei gestürzt worden, weil er für den Frieden und die ‚Verständigung' mit Frankreich eingetreten" sei.[102]

---

99 Sombart, Wilhelm II., S. 192 und 194; zu Bernstein vgl. Jürgen Joachimsthaler, Max Bernstein. Kritiker, Schriftsteller, Rechtsanwalt (1854–1925). 2 Bde. Frankfurt a. M. u. a. 1995.
100 Dr. phil. et jur. Heinrich Hutter [i. e. Conrad Haußmann], Glossen: Männer mit Armbändern, in: März. Halbmonatsschrift für deutsche Kultur 2 (1908), Bd. 1, S. 570 f.
101 [Maximilian Harden], Prozeß Eulenburg. II, in: Die Zukunft 64 (1908), hier insb. S. 163.
102 [Maximilian Harden], Prozeß Eulenburg. III, in: Die Zukunft 64 (1908), hier insb. S. 236.

Vergeblich hatte Karl Kraus darauf hingewiesen, dass Harden seine Unterstellungen nie bewiesen hatte: „Günstlingswirtschaft ist ein Übel im Staat, das der mutige Schriftsteller aufdecken mag", konzedierte Kraus 1907 dem Enthüllungsjournalismus, und auch der im Falle der Grafen Hohenau und Lynar gegebene Missbrauch militärischer Unterordnungsverhältnisse zu homosexuellen Zwecken sei kritikwürdig. Doch eben nicht die „Richtung des Geschlechtstriebes" an sich, sondern die konkrete Verletzung von Pflichten sei das öffentlich zu diskutierende Übel, und nur dann, wenn der Nachweis solcher Pflichtverletzung „lückenlos zu erbringen" sei, dürfe angeklagt werden: „Der Nachweis war trotz der Kriegsdrohung des Herrn Harden im Fall Lecomte nicht zu erbringen." Daher betonte Karl Kraus: „Der Zusammenhang von Päderastie und Diplomatie ist nicht stärker als der Einfluß des normalen Geschlechtsverkehrs auf die Entschließungen der Männer, die unsere Geschicke lenken."[103]

Der Chefredakteur des Pariser „Figaro", Gaston Calmette, vertrat im Juli 1908 die Theorie, der Eulenburg-Kreis habe die provokatorischen Ziele der deutschen Kriegspartei um Holstein vereitelt und sei deswegen durch den sexuellen Skandal gestürzt worden. Auch die britische Presse fragte, ob dieser Skandal ebenfalls angezettelt worden wäre, wenn Eulenburg und seine Freunde eine aggressive deutsche Außenpolitik im Stile Bismarcks befürwortet hätten – „if Prince Eulenburg and his friends had been more Bismarckian in their treatment of the Morocco question".[104] Nach 1918 wurde unter Berufung auf einen ungenannten hohen früheren deutschen Staatsmann auch in Deutschland die Fama verbreitet, Eulenburg habe in der Marokko-Krise von 1905/06 „durch das Ausspielen seines Freundes Lecomte" den angeblich beabsichtigten „Präventivkrieg" gegen Frankreich vereitelt. Hier ist dem Eulenburg-Verteidiger Johannes Haller zuzustimmen, dass jedoch schon chronologisch die Liebenberger Begegnung zwischen dem Kaiser und Lecomte im November 1906 keine Bedeutung für den Ausgang der Marokko-Krise hatte haben können, die im Herbst 1905 eskalierte und im April 1906 beendet wurde.[105] Auf der anderen Seite soll Lecomte selbst nach seinem Abgang aus Berlin in einem Interview im Oktober 1907 erklärt haben, „daß der Umschwung Deutschlands auf der Konferenz [von Algeciras] [...] dem Fürsten Eulenburg zuzuschreiben sei" – ein Eingeständnis, das von nationalistischen deutschen Historikern noch Jahrzehnte später gern zitiert wurde.[106]

Harden selbst hielt es jedenfalls für seinen wichtigsten politischen Erfolg, durch den Skandal das Zusammenwirken Eulenburgs mit dem Franzosen Lecomte zerstört zu haben. Diese Sicht wurde bis in die 1920er Jahre immer wieder publizistisch ver-

---

103 Kraus, Maximilian Harden. Eine Erledigung, in: Die Fackel 9 (1907), S. 30.
104 Domeier, Der Eulenburg-Skandal, S. 306–308 und 314.
105 Haller, Aus dem Leben des Fürsten Philipp zu Eulenburg-Hertefeld, S. 300.
106 Thimme, Aus den nachgelassenen Papieren eines deutschen Diplomaten, S. 227.

breitet. In theatralischer Volksrede für die Öffentlichkeit hatte Harden im Herbst 1907 vor Gericht erklärt, er habe geschafft, was vier Kanzlern nicht gelungen sei: „daß heute Fürst Eulenburg keinen politischen Einfluss mehr hat; daß der Herr Botschaftsrat Lecomte nicht mehr in Berlin ist". Um siegesstolz hinzuzufügen: „Ich glaube nicht, daß er unsere Stadt wieder betreten wird. Halten Sie das für ein nationales Glück oder für ein nationales Unglück? Ich halte es für ein Glück. [...] Weil ich finde, daß dieser Mann [...] seiner Regierung hier unschätzbare Dienste leisten konnte, weil ich wußte, daß daraus Dinge entstehen mußten, die dem Deutschen Reich sehr schädlich würden."[107]

Im Jahre 1923 publizierte im Widerspruch dazu der einstige Hofmarschall Graf Zedlitz-Trützschler das, was er im November 1907 in seinem Tagebuch über die Regierungsmethodik unter Wilhelm II. festgehalten hatte: Sonderbarerweise schöben die Menschen der „Liebenberger Tafelrunde" um Fürst Eulenburg „und besonders dem französischen Botschaftsrat Lecomte einen Einfluß zu, den er gar nicht hatte". Für Zedlitz war „zweifellos, daß der Kaiser Mr. Lecomte immer nur ganz oberflächlich gekannt und auch in Liebenberg nicht über Politik mit ihm gesprochen hat". Alle gegenteiligen Gerüchte seien „teils unwahr, teils übertrieben". Hingegen habe der „französische Militärattaché Marquis de Laguiche in der Marokkofrage eine nicht unbedeutende Rolle gespielt", denn diesem habe der deutsche Kaiser offen erklärt, er denke nicht daran, wegen Marokko einen Krieg mit Frankreich zu führen. Laguiche habe sofort die große Bedeutung dieser Äußerung erkannt, als vornehm denkender Mensch den Kaiser aber ausdrücklich gefragt, „ob er von dieser Mitteilung Gebrauch machen dürfe oder ob sie als eine rein vertrauliche Äußerung aufzufassen sei". Daraufhin habe Wilhelm II. dem Marquis gestattet, die Äußerung nach Paris zu melden. Ohne den Kanzler über seinen „Stimmungswechsel" in der Marokkofrage informiert zu haben, habe der Kaiser damit eine „Politik auf eigene Faust" getrieben, die jener seiner Regierung „stracks zuwiderlief".[108]

Bezog sich der frühere preußische Hofmarschall auf jene politische Konversation, die Wilhelm II. kurz vor Weihnachten 1905 mit dem französischen Militärattaché geführt hatte? Damals hatte Commandant (Major) de Laguiche dem französischen Kriegsminister berichtet, wie sehr der deutsche Kaiser den französischen Premier und neuen Außenminister Rouvier als diplomatisch taktvoll und umsichtig gelobt habe, während der frühere Außenminister Delcassé eine Gefahr für den europäischen Frieden gewesen sei. Auf die Frage Laguiches, ob er dies nach Paris übermitteln dürfe, habe der Kaiser affirmativ geantwortet. Besonders wichtig war die fol-

---

[107] Friedländer, Interessante Kriminal-Prozesse, Bd. 11, S. 102–104.
[108] Zedlitz-Trützschler, Zwölf Jahre am deutschen Kaiserhof, S. 173–175. Dass es weitere Versuche gab, die aggressive Marokko-Politik Holsteins durch Direktkontakte mit französischen Spitzenpolitikern zu konterkarieren, demonstrierte nach dem Ersten Weltkrieg der ehemalige deutsche Botschaftsrat in London; vgl. Hermann Freiherr von Eckardstein, Die Isolierung Deutschlands, Leipzig ²1921.

gende Erklärung des Monarchen, er habe seinen Vertretern auf der Algeciras-Konferenz formelle Anweisungen erteilt, diese sollten dort so versöhnlich agieren wie möglich. Der Kaiser, so Laguiche, halte diese Konferenz für eine geeignete Plattform, um die Beziehungen so zu gestalten, wie er es sich wünsche, da sie zwischen zwei Ländern bestehen müssten, deren Übereinstimmung zum Wohle Europas erforderlich sei.[109]

Das Ehepaar Laguiche war ein hervorragendes Beispiel für die transnationale Vernetzung der europäischen Hocharistokratie. Der französische Marquis Pierre de Laguiche, der für Frankreich Militärattaché-Positionen in Wien und Berlin besetzte und schließlich im Ersten Weltkrieg am russischen Zarenhof wirkte[110], war mit Prinzessin Alix von Arenberg verheiratet, der Angehörigen einer herzoglichen Hochadelsfamilie, die in Frankreich und Belgien ebenso beheimatet war wie in Deutschland. Da die Marquise auch mit diversen Familien der österreichischen Aristokratie verwandt war, hatte das Ehepaar während seiner Dienstzeit im Habsburgerreich „quite a special position in Vienna society", wie der dortige britische Botschafter beobachtete.[111] Solche Mitglieder des Hochadels waren im Ausland eben keineswegs Fremde oder Ausländer, auch wenn sie möglicherweise selbst über eine nationale Identifikation verfügten. Die als geistreich beschriebene und in Wien „viel gefeierte" Gattin des französischen Militärattachés hatte „später einen interessanten Salon in Berlin [...], den auch Kaiser Wilhelm besuchte".[112] Dabei wusste der deutsche Kaiser jedoch sehr gut, dass die charmante „Madame La Guiche" in politischen Fragen im Sinne Frankreichs, zuweilen „direkt im Auftrage" des dortigen Kriegsministers agierte.[113]

---

109 Documents Diplomatiques Français (1871–1914), 2e Sèrie (1901–1911), Tome VIII, Paris 1938, S. 372 f., Dokument Nr. 269, Commandant de Laguiche an Kriegsminister Etienne, 23.12.1905, mit dem wörtlichen Zitat des deutschen Kaisers: „[...] Mes instructions à mes représentants à la Conférence d'Algésiras sont formelles; ils devront se montrer aussi conciliants que possible. Je considère cette Conférence comme une plateforme, une échelle, pour arriver à des rapports tels que je les désire, tels qu'ils doivent exister entre deux pays dont l'entente est nécessaire pour la sauvegarde de l'Europe."
110 Röhl, Philipp Eulenburgs politische Korrespondenz, Bd. III, S. 1979, S. 1979, Anm. 5; Victor von Fritsche, Bilder aus dem österreichischen Hof- und Gesellschaftsleben, Wien 1914, S. 359.
111 Sir Horace Rumbold, Final Recollections of a Diplomatist, London 1905, S. 301 f.
112 Fritsche, Bilder aus dem österreichischen Hof- und Gesellschaftsleben, S. 359.
113 Röhl, Philipp Eulenburgs politische Korrespondenz, Bd. III, S. 1979, Kaiser Wilhelm II. an Eulenburg, 3.4.1900. Ein deutscher Freund der Marquise berichtete, diese sei „stolz" auf ihre deutsche Herkunft gewesen und habe in ihrem Salon in Frankreich „ein großes Bildnis Wilhelms II. mit eigenhändiger Widmungsunterschrift" gehabt. Bei Kritik am Kaiser habe sie diesen verteidigt: „‚Er ist der Hort des Friedens' [...], und ein anderes Mal sagte sie fast heftig: ‚Sie werden noch sehen, was für ein großer Kaiser das ist.'" Vgl. Otto von Taube, Stationen auf dem Wege. Erinnerungen an meine Werdezeit vor 1914, Heidelberg 1969, S. 78 und 244.

Raymond Lecomte hatte – anders als der Berufsoffizier de Laguiche – damals nicht über direkte Gespräche mit dem deutschen Kaiser zu berichten, sondern benötigte in dieser wichtigen Phase zur Übermittlung kaiserlicher Ansichten offensichtlich seinen deutschen Freund Eulenburg. Mitte Dezember 1905 – knappe zwei Wochen vor dem Gespräch Wilhelms II. mit Laguiche – informierte Lecomte das französische Außenministerium, Eulenburg habe ihm von zwei Gesprächen erzählt, die er einige Tage zuvor geführt habe – eines mit dem Kaiser, das andere mit dem Kanzler. Seine Worte habe Eulenburg in einem Ton der Ernsthaftigkeit gesprochen und wiederholt, der in beider Unterhaltung sonst nicht üblich sei, und dieser Ton habe auf ihn – Lecomte – einen starken Eindruck gemacht. Eulenburg hatte demnach den Kaiser nervös vorgefunden, irritiert durch Anschuldigungen, denen er in der französischen und englischen Presse begegnet sei. Wilhelm II. fühle sich zutiefst missverstanden in seinen friedlichen Absichten, von denen er nach eigener Aussage so oft schon Beweise gegeben habe und die er oft gegen Ratschläge seiner Umgebung habe durchsetzen müssen. Er habe, so der Kaiser, aus Liebe zum Frieden nicht gezögert, Freundschaften zu opfern und Unzufriedenheit oder Entfremdung zu riskieren. Von Bülow habe Eulenburg deutlich anders klingende Botschaften übermittelt, etwa die Meinung, dass in Algeciras alles von Frankreichs Entgegenkommen abhänge. Lecomte fügte hinzu, er habe Eulenburg gebeten, all seinen Einfluss auf den Kanzler und, wenn möglich, auch auf den Kaiser auszuüben, um das einzige Mittel durchzusetzen, mit dem die öffentliche Meinung Frankreichs beruhigt werden könne – „le silence sur les affaires marocaines".[114]

Hat diese Kooperation zwischen „Phili-Lecomte" den Interessen Deutschlands geschadet? Oder bestand der Schaden umgekehrt in der durch sexuelle Skandalisierung bewirkten Zerstörung der entspannungspolitischen Kommunikation? Für Maximilian Harden war deren Schädlichkeit – als „viel zu süßliche und weichliche Politik" – selbstevident.[115] In der Zweiten Marokkokrise, die sich 1911 zwischen Frankreich und Deutschland abspielte, propagierte Harden denn auch ganz auf derselben Linie eine aggressive deutsche Machtpolitik, die notfalls einen Präventivkrieg nicht scheuen dürfe.[116] Bis 1914 galt Harden als „Scharfmacher und Kriegstrei-

---

114 Documents Diplomatiques Français (1871–1914), 2e Sèrie, Tome VIII, S. 287 f., Dokument Nr. 218, Lecomte an Chef du Cabinet du Ministre, Daeschner, 12.12.1905: „Le prince d'Eulenbourg que j'ai vu hier m'a rendu compte de deux entretiens qu'il avait eus, l'un quelques jpur avant avec l'Empereur, l'autre la veille avec le Chancelier. Les paroles qu'il a prononcées et celles qu'il a repetées sur un ton de gravité qui ne pas habituel dans nos conversations, m'ont fait une vive impression. Il avait trouvé l'Empereur nerveux, irrité des accusations qu'il rencontre dans les journaux francais et anglais, ulcéré de voir méconnaitre des intentions pacifiques dont il a, dit-il, si souvent donné la preuve et qu'il a fait prévaloir contre les conseils de son entourage au prix d'amtitiés et de concours précieux qu'il n'a pas hésité, par amour pour la paix, à mécontenter et à s'aliéner."
115 Friedländer, Interessante Kriminal-Prozesse, Bd. 11, S. 196.
116 Konrad Canis, Der Weg in den Abgrund. Deutsche Außenpolitik 1902–1914, Paderborn u. a. 2011, S. 447.

ber". Das „Prager Tagblatt" kommentierte nach einem Vortrag, den Harden in der böhmischen Hauptstadt über den sich angeblich abzeichnenden Konflikt zwischen Slawen und Germanen gehalten hatte: „Er ist momentan jedenfalls der geschickteste ‚Kriegsmacher' und Säbelrassler, wohl auch der gescheiteste unter jenen alldeutschen Publizisten und Politikern, die ... vom deutschen Reich eine möglichst kriegerische Politik fordern."[117] 1917 suchte sich Harden jedoch von der „Unterstellung, ein Kriegstreiber gewesen zu sein", öffentlich zu distanzieren.[118] Tatsächlich hatte er sich im Laufe des Ersten Weltkrieges gewandelt, doch im Sommer 1914 hatte „Die Zukunft" ganz selbstverständlich in den allgemeinen Kriegsenthusiasmus der bürgerlichen Medien eingestimmt.[119]

Sobald sich Harden im Laufe des Ersten Weltkrieges „zum Befürworter einer Verständigungspolitik" wandelte, machte er sich bisherige Anhänger zu erbitterten Feinden.[120] Die von ihm produzierten Feindbilder hatten ohnehin längst ein Eigenleben gewonnen. Nach der Weltkriegsniederlage von 1918 publizierte der Journalist Hugo Friedländer die umfangreichen Wortprotokolle der Moltke-Harden-Prozesse – die offenbar nach wie vor auf reges öffentliches Interesse stießen – und schilderte darin Lecomte nicht nur als offen homosexuell lebenden, sondern auch als außergewöhnlich fähigen und damit für Deutschland gefährlichen Diplomaten: „Ganz besonders wurde es ihm in Frankreich als Verdienst angerechnet, daß es ihm durch seine Beziehungen zu [...] Eulenburg gelungen war, in persönlichen, freundschaftlichen Kontakt mit dem Deutschen Kaiser zu treten und somit die persönlichen Ansichten des Kaisers zu erfahren."[121] 1922 wagte der pensionierte Kriminalkommissar von Tresckow in Anspielung auf die Freundschaft zwischen Eulenburg und Lecomte die Verallgemeinerung, er habe „bei vielen Homosexuellen [...] einen bedauerlichen Mangel an Nationalgefühl" festgestellt.[122] Homosexuelle empfänden nun einmal „international und fühlen sich als Kosmopoliten"; aufgrund ihrer weibischen Neigung tendierten sie zudem zu „Schwatzhaftigkeit und Klatschsucht", was im diplomatischen Beruf „besonders gefährlich" werden könnte.[123] Dass auch Heterosexuelle zu Klatsch und Kolportage neigten, demonstrierte Tresckow an sich selbst, als er die behauptete politische Unzuverlässigkeit von Homosexuellen durch ein Zitat aus seinem Tagebuch von 1907 zu beweisen versuchte. Darin ging es um einen Aristokraten, der wegen Homosexualität als preußischer Gardeleutnant entlassen worden, aber später vom befreundeten Großherzog Ernst Ludwig von Hessen reaktiviert wor-

---

117 Armbrecht, Verkannte Liebe, S. 83.
118 Ebenda, S. 84.
119 Ebenda, S. 84–95.
120 Neumann/Neumann, Maximilian Harden, S. 15; vgl. auch Stuhlmann, Vom „Schlafwandler" zum Kriegsgegner, hier insb. S. 320–330.
121 Friedländer, Interessante Kriminal-Prozesse, Bd. 11, S. 15 f.
122 Tresckow, Von Fürsten und anderen Sterblichen, S. 112 und 170 f.
123 Ebenda, S. 113.

den war und nunmehr zum Militärattaché an einer wichtigen deutschen Botschaft befördert werden sollte. Tresckow konnte sich eine derart bedeutsame Ernennung nur mit Protektion durch hochgestellte Homosexuelle erklären. Denn der Neuernannte sei „der weibischste Mann", den er je zu Gesicht bekommen habe: „Er trägt ein Korsett und seidene, durchbrochene Strümpfe, und geht er eine Treppe hinunter, so wiegt er sich in den Hüften wie ein Frauenzimmer. Einen solchen Menschen schickt man als Militärattaché nach Paris. Es ist wirklich ein Skandal."[124]

Für den nationalistischen Kriminalisten ging es nicht um Fragen des Stils oder der Moral, sondern um die nationale Sicherheit. Darum erinnerte Tresckow auch daran, dass Botschafter Eulenburg einst „viel mit dem französischen Botschaftsrat Lecomte" privat verkehrt habe: „Beide waren homosexuell veranlagt und wußten es von einander [sic!]. Ob in ihren Gesprächen die nötige Diskretion gewahrt worden ist, erscheint mir mindestens als zweifelhaft." Auch in der russischen Botschaft in Berlin habe es vor dem Krieg einen homosexuellen Diplomaten gegeben, der „mit gleichgesinnten deutschen Diplomaten und Offizieren vielfach verkehrte". Ohne jeden Beleg behauptete der frühere Kriminalist, „daß manche Geheimnisse zum Schaden des Deutschen Reiches von homosexuellen Diplomaten, allerdings nicht in böser Absicht, verraten worden" seien. Dabei verwies Tresckow auf die Liebenberger Gastfreundschaft Eulenburgs, die dem Franzosen Lecomte ein privates Treffen mit Wilhelm II. ermöglicht habe: „In der Intimität des dortigen Aufenthalts, den ganzen Tag mit dem Kaiser zusammen, der sich dort ganz ungezwungen gab", habe der Franzose „vieles für seine Regierung Wissenswertes in Erfahrungen bringen" können, so der politisierende Kriminalist.[125]

So dachten, ohne jeden Beleg und ohne jeden Zweifel, viele. Noch der NS-Historiker Walter Frank sollte Jahrzehnte später in einer gehässig antisemitischen Studie über Maximilian Harden dessen Attacke auf Lecomte vollständig gutheißen, da eine derartige „Initimität eines ausländischen Diplomaten außenpolitische Gefahren heraufbeschwören könne".[126] Unterdessen hatte die NS-Diktatur ihre eigenen Erfahrungen mit solchen Insinuationen von zu großer Nähe bis hin zum Verrat gemacht, als im Sommer 1934 ein verschwörerisches Einverständnis des von Hitler liquidierten Reichsministers und SA-Stabschefs Ernst Röhm mit dem höchsten Vertreter des im Ersten Weltkrieg siegreichen „Erbfeindes" unterstellt worden war – ein Bündnis zwischen dem homosexuellen Nazi und dem französischen Botschafter André François-Poncet. Beweise wurden für all diese Unterstellungen nie beigebracht und – mit Ausnahme von Karl Kraus – auch selten eingefordert.

Raymond Lecomte wurde durch seine diplomatische Immunität zwar vor einer erniedrigenden Vorladung in den Skandalprozessen geschützt, nicht jedoch vor ei-

---

124 Ebenda, S. 190 f.
125 Ebenda, S. 113.
126 Frank, „Höre Israel!", S. 175.

ner zweifellos demütigenden Abberufung aus Berlin.[127] Obschon er gegenüber dem deutschen Außen-Staatssekretär Lecomte demonstrativ für schuldlos erklärte, teilte Botschafter Cambon im Frühjahr 1907 der deutschen Seite gleichzeitig mit, er habe seinen Botschaftsrat um vorgezogenen Antritt seines Sommerurlaubs gebeten. Cambon ließ durchblicken, dass Lecomtes Abreise definitiv sein würde. Tatsächlich verließ der Botschaftsrat Mitte Juni 1907 die deutsche Hauptstadt für immer. Im Herbst 1907 bestritt Lecomte in einem Interview mit einer Pariser Zeitung empört deutsche Presse-Darstellungen „von seiner überstürzten Abreise aus Berlin" sowie die Unterstellung, er habe sich „aus Furcht einer Vernehmung vor Gericht entzogen".[128]

Zur selben Zeit wurde Hardens antifranzösische, an der Verbindung Eulenburg-Lecomte festgemachte Skandalkampagne in liberalen deutschen Medien ironisch zu dekonstruieren versucht. Ein anonymer Autor gestand in der Kultur-Zeitschrift „März" im Herbst 1907 Harden zwar zu: „Eine Nebenregierung zu stürzen und die Giftpflanze ‚Kamarilla' mit der Wurzel auszureißen, ist verdienstlich." Schon seit fünfzehn Jahren sei die persönliche Umgebung des Kaisers Gegenstand des Klatsches. Kritisiert wurde an Hardens politischem Kampf jedoch, dass er – anders als in der britischen Geschichte – keine parlamentarische und gesetzliche Kontrolle des Hofes verlange, die solche informellen Gruppen einschränken oder entmachten könnte, sondern es stattdessen vorgezogen habe, „die Perversität im sexuellen Empfinden der angeblich allmächtigen Günstlinge als Gefahr für des Reiches Sicherheit" einzustufen. Dabei sei diese These umgehend vom mit Harden befreundeten Gerichtsgutachter Dr. Hirschfeld widerlegt worden, demzufolge „von dem normwidrigen Empfinden einer Gruppe in der Nähe eines Herrschers keine Nachteile zu besorgen" seien. Regelrecht amüsiert zeigte sich dieser Kritiker über Hardens zusätzliche Insinuierung, dass diese homosexuelle „Nebenregierung" sogar vertrauliche Äußerungen des Kaisers einer fremden Macht übermittelt habe, „wodurch um ein Haar das Deutsche Reich zweimal in einen gefährlichen Krieg gestürzt wurde". Der ironische Kommentar: „Schaudervoll – höchst schaudervoll!" Zu unserer Zeit hätte dieser Publizist Hardens Konstruktion ins Reich der „Fake News" verwiesen, denen gegenüber er auf Tatsachen beharrte.[129]

Von solcher Kritik ließ sich der franzosenfressende Herausgeber der „Zukunft" jedoch nicht beeindrucken. Stattdessen fand es Harden schwer zu begreifen, dass Lecomte trotz seiner homosexuellen Veranlagung und trotz des Berliner Skandals in der diplomatischen Karriere der Französischen Republik immer höher gestiegen war. 1913 höhnte Harden, nach dem Eulenburg-Skandal sei dieser Franzose durch

---

127 Arnaud, Jean Cocteau, S. 31.
128 Rogge, Holstein und Harden, S. 165 und 229.
129 Spectator alter, Der Prozeß Harden contra Philipp von Eulenburg. Juristische und diplomatische Glossen, in: März. Halbmonatsschrift für deutsche Kultur 1 (1907), Bd. 4, S. 348–352, hier insb. S. 351f.

die „witzige Laune" der Pariser Außenpolitik „zuerst in die dorische Heimath der Knabenliebe" (Griechenland) und „dann nach Teheran versetzt" worden, „wo an jeder Ecke Männer aller Sorten sich dem Mann anbieten und der Schah den Jünglingen die prächtigsten Räume im Harem reserviert".[130] Konnte diesem Homosexuellen nach seiner gerechten Vertreibung aus Berlin etwas Besseres passieren als sein Einsatz in homosexuellen Paradiesen? Ex-Kommissar von Tresckow nahm 1922 ebenfalls anzüglich Bezug auf Lecomtes kurzzeitige Versetzung auf den Balkan, wo man wohl lockerer mit mannmännlicher Liebe umgehe als in Deutschland. Allerdings zitierte Tresckow auch einen Tagebucheintrag vom Mai 1907, der deutlich werden ließ, dass Lecomtes Stellung durch Hardens Skandalisierung schwer beschädigt worden war: „Der neue Botschafter Cambon, der vor kurzem in Berlin eingetroffen, hat ihn [...] nicht übernommen, sondern für seine Abberufung gesorgt. Dieses war jedenfalls recht klug, denn auf die Dauer wäre Lecomte doch unmöglich geworden."[131] Tatsächlich hatte es der Botschafter 1907 trotz äußerlicher Verteidigung Lecomtes für ratsam gehalten, seinen kompromittierten Botschaftsrat so schnell wie möglich loszuwerden.[132]

Obschon Lecomte 1908 zum Gesandten befördert werden sollte, wie es ihm sein deutscher Kollege Miquel gewünscht hatte, und obwohl er in Teheran auch selbstbewusst auftrat[133], bedeutete seine folgende zehnjährige Verwendung in Persien zugleich eine dauerhafte Verbannung aus Europa. Zwar wurde er 1910 zum Offizier der Ehrenlegion ernannt[134], doch erhielt Lecomte niemals eine Verwendung als Missionschef in einer europäischen Hauptstadt. Anders als von Harden unterstellt, überstand Lecomte somit die öffentliche Anprangerung keineswegs unbeschadet. Der Berliner Skandal hatte vielmehr seine Reputation beschädigt und seine vielversprechende Karriere auf einem Abstellgleis enden lassen. Französische Historiker haben jüngst konstatiert, dass der Homosexualitäts-Skandal dem Spitzendiplomaten nicht nur den einflussreichen Berliner Posten gekostet, sondern dessen ganze Karriere zerbrochen habe – „brise sa carrière".[135] Lecomte beging 1921 Selbstmord.[136]

---

130 Harden, Fürst Eulenburg, S. 203.
131 Tresckow, Von Fürsten und anderen Sterblichen, S. 168.
132 Geneviève Tabouis, The Life of Jules Cambon, London 1938, S. 162.
133 So erklärte Lecomte, der im Sommer 1908 offiziell als „Vertreter" des nach Paris gerufenen (und, wie sich zeigte, dauerhaft abberufenen) französischen Gesandten nach Teheran gekommen war, dem deutschen Gesandten „schon gleich nach seiner Ankunft, er bleibe als Gesandter hier und würde nur zu einem Interim nicht hergekommen sein"; vgl. Die Große Politik der Europäischen Kabinette 1871–1914, Bd. 27, Teilband 2, S. 726, Graf von Quadt, Teheran, an Bülow, 10.8.1908.
134 Nader Nasiri-Moghaddam, La Révolution Constitutionelle à Tabriz à travers les Archives Diplomatiques Françaises (1906–1909), Saint Denis 2016, S. 512.
135 Marion Aballéa, Entre soumission politico-administrative et gout de l'initiative individuelle. Les diplomates français en poste à Berlin de 1871 aux années 1930, in: L'Europe, Nouvelles Approches. Cahiers de Fare No. 2, Paris 2012, S. 9–28, hier insb. S. 20.

Zumindest Claude Arnaud, der Biograph des Lecomte-Neffen Cocteau, führt diesen Freitod darauf zurück, dass der Diplomat durch den Eulenburg-Skandal zerstört worden sei – „destroyed by the scandal".[137]

Der Mythos der Eulenburg-Lecomte-Verbindung wurde nicht nur von Maximilian Harden am Leben erhalten. Gelegentlich soll auch Jean Cocteau süffisant an seinen homosexuellen Onkel Lecomte und dessen Vernetzungen erinnert haben. Von Cocteau wird die Bemerkung kolportiert, wenn sein Onkel, Mitglied des „Club des hommes souverains", weiter in Berlin hätte Dienst tun können, statt von Harden in den Schmutz gezogen zu werden, und wenn andere „Chevaliers de la Table Ronde" einflussreich geblieben wären, dann hätte der deutsch-französische Konflikt und damit der Erste Weltkrieg womöglich vermieden werden können. Das Pariser Außenministerium hätte, so sinnierte Cocteau, hätte zusätzliche homosexuelle Diplomaten nach Berlin geschickt – etwa Bertrand Comte de Salignac-Fénelon, der als Vorbild für eine Romanfigur seines Freundes Marcel Proust gedient hatte. Cocteau träumte jene homosexuelle Friedens-Utopie weiter, die Harden so verhasst gewesen war: Mit Lecomte und Fénelon an der Botschaft (was 1907 tatsächlich kurzzeitig der Fall war), ergänzt um den homosexuellen General Hubert Lyautey als Militärattaché und den bisexuellen Schriftsteller und ehemaligen Schiffskapitän Pierre Loti als Marineattaché, hätte sich laut Cocteau eine andere „entente cordiale" gebildet als die reale antideutsche – und man hätte den Weltkrieg vermieden: „Mon oncle et Fénelon en place, il fallait évidemment nommer Lyautey attaché militaire et Pierre Loti attaché naval à Berlin; une autre entente cordiale se faisait, qui nous évitait la guerre."[138]

Homosexuelle Phantasien der Versöhnung oder Détente überlebten auch den Zweiten Weltkrieg mitsamt der brutalen NS-Besatzungspolitik. Der konservative Franzose Roger Peyrefitte, ein homosexueller Schriftsteller und zugleich Diplomat wie einst Lecomte, veröffentlichte 1959 den Roman „L'Exile de Capri" („Exil in Capri"), der seither in verschiedene Sprachen übersetzt und immer wieder aufgelegt worden ist. Zum Helden wählte Peyrefitte einen Schriftsteller der Zeit um 1900, den

---

136 Harry F. Young, Maximilian Harden – Censor Germaniae. The Critic in Opposition from Bismarck to the Rise of Nazism, The Hague 1959, S. 122. Zugleich hatte Lecomte angeordnet, dass all seine persönlichen Papiere vernichtet werden sollten. Laut Baumont, L'Affaire Eulenburg, S. 199, war Lecomte einer Krankheit erlegen, die er sich in Persien zugezogen habe.

137 Arnaud, Jean Cocteau, S. 32. Baumont, L'Affaire Eulenburg, S. 199, berichtet hingegen, Lecomte sei 1921 in Paris einer langen Krankheit erlegen, die er sich in Persien zugezogen habe.

138 Zitiert nach Guy Dupré, Les Manœuvres d'Automne, Paris 1989, S. 175 f. Zur Homosexualität Lyauteys vgl. Revenin, Homosexualité et Prostitution Masculines à Paris, S. 135–137; Arnaud Teyssier, Lyautey. „Le ciel et les sables sont grands", Paris 2004, hier insb. S. 289–297. Zur Bisexualität des weltbekannten Schriftstellers und Orientreisenden Loti vgl. Peter James Turberfield, Pierre Loti and the Theatricality of Desire, Amsterdam/New York 2008, hier insb. S. 30 und 210–236. Zur Tätigkeit Salignac-Fénelons als Sekretär der Berliner Botschaft 1907, an der Lecomte zur selben Zeit Botschaftsrat war, vgl. Tabouis, The Life of Jules Cambon, S. 159.

französisch-schwedischen Baron Jacques d'Adelswärd-Fersen, der tatsächlich existiert hatte und kurz nach dem Wilde-Skandal wegen homosexueller Beziehungen zu Minderjährigen verurteilt worden war. Peyrefitte lässt seinen Romanhelden, der sich nach dieser Vernichtung seiner gesellschaftlichen Stellung nach Capri zurückgezogen hatte, an diesem mythischen Sehnsuchtsort vieler Homosexueller nicht nur auf Oscar Wilde und dessen jungen Geliebten Lord Douglas treffen, die demonstrativ eines Restaurants verwiesen werden, sondern auch auf die deutschen Aristokraten Eulenburg und Moltke. Diese Begegnung fügt sich in das Grundmuster des Buches, einen geheimnisvollen „Dienst" der „Uranier" (der Homosexuellen) als existent zu unterstellen und positiv zu werten. Bei der fiktiven Begegnung lässt Peyrefitte den deutschen Fürsten andeuten, wie wichtig und hilfreich die transnationalen Bindungen der Homosexuellen sein könnten, um den kulturellen und politischen Konflikt zwischen Deutschland und Frankreich zu entschärfen. Eulenburg träumt von Einladungen an bestimmte französische Generäle – genannt werden die berühmten kolonialistischen Prokonsuln Joseph Gallieni und dessen Schüler Lyautey, von denen zumindest der zweitgenannte homosexuell gewesen ist – zu einem versöhnlichen Treffen an den „Runden Tisch von Liebenberg". Als Adelswärd den Deutschen am folgenden Tag erneut begegnet, weichen diese einem weiteren Gespräch jedoch demonstrativ aus. Peyrefittes Romanheld begreift, dass in den vergangenen vierundzwanzig Stunden der geheime Dienst der Uranier zu seinen Ungunsten tätig geworden sein müsse; die ersehnte Herrschaft der Liebe habe noch nicht begonnen.[139]

Im Gegenteil: Statt einer „Herrschaft der Liebe" zwischen Deutschland und Frankreich war 1914 ein verheerender Weltkrieg begonnen worden, in der fern von der späteren Romanfiktion Peyrefittes die als Teil einer homosexuellen Internationale benannten Militärs Gallieni und Lyautey als zeitweilige französische Kriegsminister den Kampf gegen Deutschland angeführt hatten. Der von Jean Cocteau als Entspannungspolitiker nach Berlin gewünschte homosexuelle Diplomat Graf Fénelon war 1914, statt an einer imaginären deutsch-französischen Entente mitzuwirken, als Frontoffizier im Kampf gegen Deutschland gefallen. Fénelons trauernder Freund Marcel Proust kam gleichwohl nach Kriegsende, im Zuge seines Romans „Sodom und Gomorrha", auf die Vorstellung von einer homosexuellen Elite zurück, die länderübergreifend vernetzt sei und potentiell friedensfördernd wirken könne. Seine Romanfigur Baron Charlus, angeblich auch nach Zügen des mit Proust befreundeten Marschalls Lyautey skizziert[140], erinnerte in dieser Episode der „Suche nach der verlorenen Zeit" an die Eulenburg-Affäre, die offensichtlich auch Frankreich nicht losließ. In den Worten der Romanfigur existierte zwischen bestimmten Menschen

---

139 Woods, Homintern, S. 222–224; vgl. auch Roger Peyrefitte, Exil in Capri, Karlsruhe 1965; Wolfram Setz, Jacques d'Adelswärd-Fersen. Dandy und Poet, Hamburg 2006.
140 Revenin, Homosexualité et Prostitution Masculines à Paris, S. 135 f.

eine Art freimaurerischer Bund, über den er nicht sprechen könne, zu dem aber verschiedene Monarchen Europas gehörten – von denen leider einer, der deutsche Kaiser, durch seine Entourage gerade von diesen Illusionen geheilt werden solle. Das, so Proust mit dem Wissen der Zeit nach 1918, sei eine sehr ernste Angelegenheit, denn es könne zum Krieg führen.[141]

Ähnliches hatte der in der Liebenberger Verbannung lebende Fürst Eulenburg gedacht, der vor seinem Tode 1921 geäußert haben soll, der erzwungene Abbruch seiner Freundschaft mit dem Kaiser habe „mit zum Ausbruch des schrecklichen Weltkrieges" mit Millionen von Toten beigetragen.[142] Letzteres glaubte auch der Sexualwissenschaftler Magnus Hirschfeld – Hardens einstiger Gutachter im Moltke-Prozess –, als er 1933 in einer Exil-Publikation in Frankreich behauptete, falls im „Intrigenspiel der beiden Höflinge" Eulenburg und Bülow der Freund des Franzosen Lecomte gesiegt hätte, den Hirschfeld für den „Träger der Versöhnungs- und Friedenspolitik mit Frankreich" hielt, hätte der Erste „Weltkrieg höchstwahrscheinlich nicht stattgefunden".[143] Dieselbe Überzeugung sollte nach einem weiteren Weltkrieg Hans Blüher vertreten, der Verfechter des homoerotischen Männerbundes, als er sich zugunsten einer Reform des Homosexuellenstrafrechts an die bundesrepublikanische Öffentlichkeit wandte. Dabei berichtete Blüher nicht nur, dass Wilhelm II. im niederländischen Exil seinem gestürzten Freunde Eulenburg innerlich die Treue bewahrt und den „Unglücksparagraph[en]" des Homosexuellenstrafrechts verurteilt habe. Zugleich meinte Blüher, dass die Skandalisierung Eulenburgs und Lecomtes den Versuch „einer Entspannung, einer Verständigung, einer Versöhnung zwischen den beiden Großmächten" unterminiert habe: „Die Träger dieser internationalen Aktion [...] waren nun der Fürst und seine gleichgearteten und gleichgesinnten Freunde und Bekannten in Deutschland und Frankreich. Der von Maximilian Harden [...] entfachte Skandal hat sich also in verhängnisvollster Weise ausgewirkt, zum Schaden für Deutschland, Frankreich, Europa, die ganze Welt. Ein [...] Paragraph, der jedem Hetzer, Verleumder, Erpresser die Möglichkeit gibt, seinen Nächsten ins Unglück zu stürzen, hat damals jene ganze Misere, an der wir möglicherweise noch immer laborieren, verursacht."[144]

Selbst Maximilian Harden hatte durch den Ersten Weltkrieg dazugelernt. In einer Diskussionsrunde in Hirschfelds Institut für Sexualwissenschaft soll er Mitte der 1920er Jahre „außerordentlich" bedauert haben, anderthalb Jahrzehnte zuvor „gegen Eulenburg und seinen ‚mäßigenden Einfluss' vorgegangen zu sein".[145] In einer der letzten Ausgaben seiner Zeitschrift hatte Harden im Rückblick auf dreißig Jahre

---

141 Tamagne, A History of Homosexuality in Europe, S. 19.
142 Kettelhake, Erzähl allen, allen von mir, S. 45, offenbar auf Grundlage familiärer Überlieferung.
143 Herzer, Magnus Hirschfeld und seine Zeit, S. 166, Anm. 520.
144 Blüher, Eine Kulturschande, S. 168–170.
145 Domeier, Der Eulenburg-Skandal, S. 315, nach Augenzeugenbericht von Harry (Schulze-)Wilde.

„Zukunft" schon im September 1922 eingestanden, dass durch den Eulenburg-Skandal 1907/08 „letztlich nicht der ‚Neue Kurs'" des unberechenbaren Kaisers, „sondern nur dessen moderater Flügel geschwächt worden war".[146] Das von Harden geprägte Feindbild von den Homosexuellen, ihren geheimen Seilschaften und ihrer Neigung zum Verrat aber war und blieb in der Welt.

---

[146] Zitiert nach Stuhlmann, Vom „Schlafwandler" zum Kriegsgegner, S. 320.

IV Homosexuelle Verräter und unsichtbare Netzwerke: Skandale um Redl 1913, Casement 1916 und das „Black Book" 1918

> „Die Geschichte mit dem homosexuellen Obersten, der [...] für Rußland spioniert hat, [...] hat hier wie eine Bombe eingeschlagen."[1]
> (Heinrich von Tschirschky 1913)

Der Wiener Publizist Karl Kraus verwies 1908 nicht ohne Ironie auf einen wichtigen Unterschied zwischen Deutschland und seiner Heimat Österreich-Ungarn. Die Differenz betraf die Anwendung des jeweiligen Homosexuellen-Strafrechts: „Der österreichische Paragraph 129 blickt mit Verachtung auf den deutschen Paragraphen 175. So schwer ist er doch noch nie kompromittiert worden! Nie hat er sich mit Politik abgegeben, nie sich für patriotische Vorwände mißbrauchen lassen. Öffentliche Interessen tastet er nicht an; er ist so anständig, sich bloß um das Privatleben der Leute zu kümmern."[2] Das mochte zutreffen, bis der Redl-Skandal im Jahre 1913 auch im Habsburgerreich alles änderte.

Laut Norman Domeier haben die Ereignisse der Jahre 1907/08 „im deutschsprachigen Raum die Figur des homosexuellen Landesverräters etabliert, deren Wirkung vom Eulenburg-Skandal über die Traditionslinie Redl-Röhm-Kießling bis in die [neueste] Zeitgeschichte reicht."[3] Bereits ein Skandalchronist der 1960er Jahre hat die damals schon greifbare Parallele Eulenburg–Redl–Röhm akzentuiert, freilich dabei auch differenziert: Während es bei der Eulenburg-Gruppe strittig sei, ob diese ihrem Land Schaden zugefügt habe oder nicht eher eine „scharfmacherische Politik" habe abwenden wollen, und während Hitlers „Blutgericht" von 1934 „gegen Ernst Röhm und andere der Päderastie verdächtige Unterführer" der SA in eine „lange Reihe tatsächlicher oder vermutlicher [...] Palastrevolten mit homosexuellem Hintergrund" gehöre, habe der österreichische Skandal um den homosexuellen „Verräter Redl" aus dem Jahre 1913 „viel mehr Besorgnis hervorrufen" müssen.[4] Dabei war die *homosexuelle* Dimension dieses skandalösen Spionagefalls von Anfang an präsent. Gelegentliche Behauptungen, der Fall Redl sei anfangs nur als Spionagefall gesehen worden, nicht auch als „Fall eines prominenten Homosexuellen"[5], sind unzutreffend.

---

1 Die Große Politik der Europäischen Kabinette 1871–1914, Bd. 35, S. 18, Privatbrief des Botschafters in Wien, von Tschirschky, an Staatssekretär des Auswärtigen, von Jagow, vom 30.5.1913.
2 Karl Kraus, Deutschland, in: Die Fackel 10 (1908), Nr. 259–60 vom 13.7.1908, S. 1–17, hier insb. S. 3.
3 Domeier, Der Eulenburg-Skandal, S. 325.
4 Morus [i. e. Richard Lewinsohn], Skandale, die die Welt bewegten, Berlin u. a. 1967, S. 177–180.
5 Riess, Auch Du, Cäsar ..., S. 136.

Der Fall jenes österreichisch-ungarischen Generalstabsobersten und langjährig ranghohen Mitarbeiters des k. u. k. Militärgeheimdienstes, der im Mai 1913 als russischer Spion enttarnt wurde und durch Offiziers-Selbstmord endete, fand weltweit Beachtung.[6] Er galt als „einer der folgenschwersten Spionagefälle des Jahrhunderts" und personifizierte „gleichzeitig eine brisante Verbindung von Sexualität, Militär und hoher Politik".[7] Schon 1913 hatte die russische Presse genüsslich den Schaden des militärischen Geheimnisverrats gefeiert[8], und tatsächlich hatte Redl den Russen Aufmarschpläne der eigenen Armee in die Hände gespielt.[9] Da half es wenig, wenn der düpierte Chef des k. u. k. Generalstabs, Freiherr Franz Conrad von Hötzendorf, versicherte, „daß die Zeitungsmeldungen übertrieben seien und jedenfalls keine Nachrichten über den Aufmarsch der Armee verraten seien".[10] Während des Ersten Weltkrieges stellte sich heraus, dass an der österreichisch-russischen Front durch Redls Verrat Schaden entstand[11]; ähnliches wurde – vielleicht zu Unrecht – für das anfängliche österreichische Versagen an der Südostfront gegen Serbien behauptet.[12]

Das Ausmaß der von Redl verursachten Schäden jedoch ist bis heute umstritten. Schon unmittelbar nach dem Ersten Weltkrieg vertraten Vertreter der habsburgischen Militärführung denkbar unterschiedliche Auffassungen. So bewertete der frühere k. u. k. Kriegsminister General a. D. Moritz (von) Auffenberg „die häßliche Redl-Affäre" als schwersten Schaden für die Doppelmonarchie im folgenden Weltkrieg: „Da er [...] mit der Leitung der Konterspionage betraut war, so konnte er auch in dieser Hinsicht seinen Auftraggebern große Dienste leisten, und es kann keinem Zweifel unterliegen, daß der Schaden, den er durch sein verbrecherisches Treiben verursachte, ein enormer war. Anscheinend mit erstaunlicher Findigkeit fand der russische Generalstab alle Punkte heraus, die in unseren operativen Kalküls eine Rolle spielten, und garnierte sie mit Befestigungen. Dies verdankte er wohl hauptsächlich Redls Umtrieben, weniger der eigenen scharfsinnigen Kombination. Noch betrüblicher war es aber, daß die Russen durch Oberst Redl alle die für unsere Zwecke in Rußland tätigen Konfidenten erfuhren, dieselben faßten und zu unrichtiger Berichterstattung zwangen. Dies mag dazu beigetragen haben, daß unser Kund-

---

6 Bösch, Öffentliche Geheimnisse, S. 149; Verena Moritz/Hannes Leidinger, Oberst Redl. Der Spionagefall – Der Skandal – Die Fakten, St. Pölten u. a. ²2012, S. 104 f.
7 Ralf Thies, Ethnograph des dunklen Berlin. Hans Ostwald und die „Großstadt-Dokumente" (1904–1908), Köln u. a. 2006, S. 186.
8 Moritz/Leidinger, Oberst Redl, S. 201.
9 Ebenda, S. 217.
10 Ebenda; ähnlich Josef Redlich, Schicksalsjahre Österreichs. Die Erinnerungen und Tagebücher Josef Redlichs 1869–1936, hrsg. von Fritz Fellner und Doris A. Corradini, 2 Bde., Wien u. a. 2011, hier insb. Bd. 1, S. 548.
11 Peter Broucek (Hrsg.), Ein General im Zwielicht. Die Erinnerungen Edmund Glaises von Horstenau, 3 Bde., Wien u. a. 1980–1988, hier insb. Bd. 1, S. 304 f.
12 Redlich, Schicksalsjahre Österreichs, Bd. 2, S. 20.

schaftsdienst so schlecht funktionierte, und wir dann in kritischster Zeit von Überraschung zu Überraschung taumelten."[13]

Demgegenüber tat sich der frühere Generalstabschef Conrad, der durch die Revolution zwar seine Adelstitel verloren hatte, aber in seinen Erinnerungen 1922 stolz seinen Feldmarschallrang zur Geltung brachte, dadurch hervor, dass er den von Redl angerichteten Schaden heruntespielte. Conrad behauptete, dies treffend einschätzen zu können, weil Redl zunächst „einem erschöpfenden Verhör unterzogen" worden sei, bevor man „ihm die Möglichkeit überlassen" habe, „sich selbst zu entleiben". Und diese Ermittlungen hätten ergeben, „daß Redl homosexuellen Umgang pflegte und sich sein Verrat auf photographisches Kopieren reservierter gedruckter Dienstbehelfe erstreckte". Schon 1913 habe er den bestürzten Außenminister Graf Berchtold beruhigt, „daß zu tiefgehenden Besorgnissen hinsichtlich unserer militärischen Lage kein Grund vorliege". Dass er dem Verräter nach nur einem einzigen Verhör Gelegenheit gegeben hatte, Selbstmord zu begehen – worüber er in schärfste Konflikte mit dem aus religiösen wie aus ermittlungstaktischen Gründen darüber empörten Thronfolger Franz Ferdinand geraten war –, rechtfertigte Conrad mit dem Ehrenkodex seiner Generation: „In der Zeit, da ich junger Offizier war, galt die Sitte, einem Kameraden, von dem man *sicher* wußte, daß er das Ehrenkleid geschändet habe, einen Brief auf den Tisch zu legen, der ihm mitteilte, man sei in Kenntnis seiner Tat, daneben aber einen geladenen Revolver. Das übrige war ihm überlassen."[14]

Die kontroverse Beurteilung des Ausmaßes des Redl-Verrats dauert bis heute an. Nunmehr tendieren nichtösterreichische Autoren zur Maximal-Einschätzung Auffenbergs, während österreichische Historiker zwar nicht die Verharmlosungen Conrads teilen, sich jedoch in Richtung einer begrenzten Schadensfeststellung bewegen. Der französische Franz-Ferdinand-Biograph Jean-Paul Bled meinte 2013, Redls vorzeitiger Tod habe „verhindert, dass dieser einem Verhör unterzogen wurde, um das genaue Ausmaß des Schadens für die Sicherheit der Monarchie zu ermitteln". Zwar seien die Kriegsplanungen gegen Russland daraufhin abgeändert worden, „aber nur unzureichend, um die Niederlagen der ersten Wochen des Weltkriegs an der Ostfront zu verhindern".[15] Und der deutsche Politologe Herfried Münkler machte Redl ausdrücklich dafür mitverantwortlich, dass die k. u. k. Armee an der Galizienfront 1914 auf „deutlich überlegene russische Verbände" gestoßen sei, denn dieser habe „in seinen Analysen die Stärke der russischen Armee systematisch untertrieben".[16]

---

13 [Moritz] Auffenberg-Komarów, Aus Österreichs Höhe und Niedergang. Eine Lebensschilderung, München 1921, S. 241.
14 Feldmarschall [Franz] Conrad, Aus meiner Dienstzeit 1906–1918, Bd. 3, Wien u. a. 1922, S. 329, 340 und 345, unnumerierte Anmerkung.
15 Jean-Paul Bled, Franz Ferdinand. Der eigensinnige Thronfolger, Wien u. a. 2013, S. 254 f.
16 Herfried Münkler, Der Große Krieg. Die Welt 1914–1918, Berlin 2013, S. 183.

Demgegenüber sieht der österreichische Historiker Manfried Rauchensteiner, ein Experte der Militärgeschichte des Ersten Weltkrieges, den Schaden infolge des Redl-Verrats als nicht gravierend an. Die Russen hätten ihre Maßnahmen 1914 am österreichischen Aufmarschplan von 1909 orientiert, den ihnen Redl verkauft habe, doch dieses Elaborat sei schon nicht mehr relevant gewesen. Zugleich habe die österreichisch-ungarische Spionage trotz Redl weiter „sehr wohl über militärisch relevante Einrichtungen im westlichen Russland Bescheid" gewusst, „interpretierte die russische Probemobilmachung im Frühjahr 1914 richtigerweise als Kriegsvorbereitung und war sich auch über Stärke und Truppenverteilung der Russen im Klaren". Dass die habsburgische Armee der russischen zahlenmäßig deutlich unterlegen gewesen sei, sei allgemein bekannt und daher gewiss kein Gegenstand von Verrat gewesen. „Es waren auch keinesfalls 75 russische Divisionen unerkannt geblieben, wie das dann [der Abgeordnete] Adalbert Graf Sternberg unsinnigerweise im österreichischen Reichsrat behauptete." Rauchensteiner räumt ein, dass Redl „geheime Dienstbücher, Mobilisierungsanweisungen, Deckadressen und die Unterlagen des Generalstabsspiels 1910/11 verraten" habe; doch daraus ableiten zu wollen, dass der Krieg von Beginn an verloren gewesen sei, sei unsinnig: „Der ‚Fall Redl' eignete sich freilich hervorragend für ein eigentümliches Zusammenspiel von nicht immer ausreichend investigativem und lediglich sensationslüsternem Journalismus und der bereits im Herbst 1914 einsetzenden Argumentation österreichisch-ungarischer Heerführer und Generalstäbler, denen es ein Leichtes schien, die schweren Niederlagen der k. u. k. Armee in den Einleitungsfeldzügen als Folge der Tätigkeit von Alfred Redl darzustellen."[17]

Ergänzend haben andere österreichische Autoren verdeutlicht, dass primär strukturelle Ursachen die militärische Schwäche und letztendliche Niederlage des Habsburgerreiches im Ersten Weltkrieg erklären – das relative Zurückbleiben bei den Pro-Kopf-Militärausgaben, beim Verhältnis zwischen Bevölkerungszahl und Truppenstärke und bei der Industrieproduktion. Zudem habe die Armee des greisen Kaisers Franz Joseph noch an strategischen Konzepten und Ehrvorstellungen festgehalten, die anderswo längst als veraltet über Bord geworfen worden seien. Überdies hätten die Kriegsplanungen des k. u. k. Generalstabes den Mehrfrontenkrieg von 1914 gar nicht vorausgesehen, sondern nur Separat-Pläne für einen Krieg gegen Russland oder einen Krieg auf dem Balkan vorbereitet. Erst zu all diesen gravierenden Versäumnissen „hinzu" gekommen sei dann noch der Redl-Verrat.[18]

Die Mediendiskurse des 20. Jahrhunderts zeichneten ein sehr viel drastischeres Bild als die militärhistorischen Experten. So hielt es der Prager „rasende Reporter"

---

17 Manfried Rauchensteiner, Der Erste Weltkrieg und das Ende der Habsburgermonarchie 1914–1918, Wien u. a. 2013, S. 166 f.
18 Michaela Vocelka/Karl Vocelka, Franz Joseph I. Kaiser von Österreich und König von Ungarn 1830–1916. Eine Biographie, München 2015, S. 356.

Egon Erwin Kisch, der an der Veröffentlichung des Redl-Skandals 1913 maßgeblich beteiligt war[19], nach dem Ersten Weltkrieg für sehr wahrscheinlich, dass Redl nicht nur sämtliche für Österreich-Ungarn und Deutschland tätigen Agenten in Russland ans Messer geliefert habe, sondern „auch konkrete Kriegsvorbereitungen verraten hat". Kisch zitierte auch die noch sehr viel weitergehenden Vorwürfe des früheren österreichischen Reichsratsabgeordneten Graf Adalbert Sternberg, wonach Redls Zerstörung der österreichischen Aufklärung im Zarenreich dazu geführt habe, die Wiener Führung über die wahre Stärke der russischen Armee zu täuschen. Wien hatte daher laut Sternberg 1914 einen Krieg vom Zaun gebrochen, den es bei korrektem Wissen über die Stärke des Feindes nie begonnen haben würde. Damit gab Sternberg, wie Kisch richtig erkannte, dem Verräter Redl letztlich „die Schuld am Weltkrieg".[20] Der homosexuelle Sündenbock musste die Schuld für das Versagen einer ganzen imperialen Elite – oder mehrerer Eliten in mehreren Staaten – auf sich nehmen.

Auch die bekannte deutsch-völkische Schriftstellerin Edith Gräfin Salburg betonte 1928 die aus ihrer Sicht extremen Folgen des Redl-Verrats für den Verlauf des Ersten Weltkrieges: „Durch sein Verschulden erfuhr Österreich die russischen Geheimnisse nicht, wohl aber erfuhr Rußland die unseren. Vor Kriegsausbruch blieb, als Folge solcher Machinationen, Österreich und Deutschland das Vorhandensein von 75 Divisionen unbekannt. Eine Russenzahl, größer als Österreichs ganze Armee. Die österreichischen Generäle wußten nichts."[21] Wie eine derartige Masse an Truppen jahrelang hätte unbemerkt bleiben sollen, wo 1914 die reale russische Mobilmachung sofort entdeckt wurde, erklärte Salburg nicht. Stattdessen behauptete sie, dass 1914/15 die „ostgalizisch-österreichische Front [...] dieser uns nicht gemeldeten Übermacht zum Opfer gefallen" und „zermalmt" worden sei. Infolgedessen müsse Redl „als einer der großen Schuldigen am verlorenen Kriege im Buche der Geschichte" festgehalten werden.[22]

Mit ganz anderer Zielrichtung übertrieb auch der Berliner Sexualwissenschaftler Magnus Hirschfeld die Bedeutung des Redl-Verrats, als er 1930 in seiner „Sittengeschichte des Weltkrieges" feststellte, da Redl durch die Strafbarkeit der Homosexualität in Österreich für einen auswärtigen Geheimdienst erpressbar geworden sei, könne man „behaupten, daß die Verfolgung der Homosexualität mitgeholfen hat, das Grab der Zentralmächte zu graben". Der Fall Redl sei daher „ein Monument der Unvernunft in sexueller Moral" und „eine Ohrfeige für die kurzsichtigen Verfolger

---

19 Thies, Ethnograph des dunklen Berlin, S. 186–188, hebt den Wiener Journalisten Emil Bader hervor.
20 Egon Erwin Kisch, Der Fall des Generalstabschefs Redl, Berlin 1924, S. 50 und 62.
21 Edith Gräfin Salburg, Erinnerungen einer Respektlosen. Ein Lebensbuch, 3 Bde., Leipzig 1927–1928, hier insb. Bd. 2, S. 117.
22 Ebenda, Bd. 3, S. 123.

der Homosexualität": „Beinahe könnte man sagen, der Weltkrieg sei durch den Paragraph 175 verloren worden."[23]

Der Journalist Kisch brachte seine unzensierte Version des Falles Redl 1924 nicht zufällig in einer Schriftenreihe über „Außenseiter der Gesellschaft" heraus.[24] Denn Redl wurde 1913 nicht nur als Landesverräter, sondern ebenso deutlich als Homosexueller geoutet[25]: „Die Geschichte mit dem homosexuellen Obersten, der als Generalstabschef des Prager Armeekorps für Rußland spioniert hat, und zwar seit Jahren, hat hier wie eine Bombe eingeschlagen", berichtete 1913 der deutsche Botschafter Heinrich von Tschirschky nach Berlin.[26] In der Wiener Presse gab es Stimmen, welche die Homosexualität Redls zur Ursache des ganzen Unglücks erklärten, sich aber im selben Atemzuge selber Lügen straften, „indem sie erzählen, daß Redl Beziehungen zu *Frauen* gehabt habe...".[27] Das „Prager Tagblatt" sprach 1913 reißerisch von der „Tragödie" eines „Homosexuellen", äußerte jedoch zugleich Verständnis für die verfemte sexuelle Minderheit: Eigentlich müsse ein moderner Staat „es jedem Einzelnen überlassen [...], auf welche Art er sexuell lebt"; das homosexuellenfeindliche Strafrecht habe selbst das Verbrechen Redls dadurch gezeugt, dass es ihn erpressbar gemacht habe.[28] In dieser Weise argumentierte Karl Kraus auch in der Wiener „Fackel", nachdem er sich darüber echauffiert hatte, dass unter den von der Militärführung verlautbarten „Verfehlungen Redls" dessen „homosexueller Verkehr" noch vor dem Landesverrat rangierte. Kraus war überzeugt, wenn man Landesverrat durch Homosexuelle wirksam verhindern wolle, bleibe nichts anderes übrig, „als die Homosexualität freizugeben".[29] Doch noch 1983/84 basierte die Affäre um den stellvertretenden NATO-Oberbefehlshaber in Europa, den deutschen Bundeswehr-General Günter Kießling, auf der doppelten Unterstellung von Homosexualität und Erpressbarkeit.[30]

Schon 1913 diente der *Homosexuelle Redl* bestens dazu, vom Ausmaß des Schadens abzulenken, den der *Verräter Redl* angerichtet haben konnte. Die Homosexualität des hohen Offiziers war und blieb eine tiefe Irritation. Der Conrad-Biograph Wolfram Dornik hat gezeigt, dass anfänglich Generalstab und Kriegsministerium

---

23 Magnus Hirschfeld/Andreas Gaspar, Sittengeschichte des Weltkrieges, 2 Bde., Leipzig/Wien 1930, hier insb. Bd. 2, S. 109 f.
24 Vgl. Kisch, Der Fall des Generalstabschefs Redl.
25 Nicht erst ab Mitte der 1920er Jahre, wie Whisnant, Queer Identities and Politics in Germany, S. 170, nahelegt.
26 Die Große Politik der Europäischen Kabinette, Bd. 35, S. 18, Tschirschky an Jagow, 30.5.1913.
27 Zitiert nach Karl Kraus, Glossen: Heiteres aus ernster Zeit, in: Die Fackel 15 (1913), Nr. 378/379/380 vom 16.7.1913, S. 43–45, hier insb. S. 44.
28 Moritz/Leidinger, Oberst Redl, 277.
29 Karl Kraus, Glossen. Erstens und zweitens, in: Die Fackel Nr. 378/379/380 vom 16.7.1913, S. 42.
30 Vgl. Klaus Storkmann, „Moral Execution of a General". SHAPE's General Kießling Dismissal due to False Accusations 1983, in: International Journal of Military History and Historiography 37 (2017), S. 173–200.

„die Affäre zu verheimlichen" versuchten: „Erst als die Zeitungen von seltsamen Vorgängen zu berichten begannen, trat Conrad die Flucht nach vorne an." Doch auch das Kommuniqué vom 29. Mai 1913 habe „den Fall noch herunterzuspielen" versucht, indem es auf „homosexuellen Verkehr" Redls abhob und zugleich nur den inhaltlich unklaren „Verkauf reservater dienstlicher Behelfe an Agenten einer fremden Macht" einräumte. Am Ende habe sich gezeigt, dass die Ermittlungen absolut fehlerhaft geführt wurden, während die Skandalberichterstattung nicht aufzuhalten war. Dass die Hauptursache für Redls Verrat nicht in irgendwelchen Abnormitäten lag, sondern schlicht „finanzieller Natur" gewesen war, beglaubigte in Dorniks Augen Kaiser Franz Joseph höchstpersönlich dadurch, dass er „kurz nach der Redl-Affäre durch eine einmalige Zahlung ausgewählte, hoch verschuldete Offiziere von ihrem staatsgefährdenden ‚Klotz' befreite".[31]

Die Öffentlichkeit aber konnte sich nicht darüber beruhigen, dass der Verräter ein Homosexueller gewesen war, den man nicht als solchen erkannt hatte – und, wie manche behaupteten, gar nicht habe erkennen können. Namentlich der von Redl lange getäuschte Chef der k. u. k. Militärspionage, August (von) Urbanski, schlug in seinen Nachkriegs-Schilderungen des Falles Redl in diese Kerbe. Nach eigenen Worten bemüht, diverse mediale Übertreibungen richtigzustellen, baute Urbanski damit selbst einen Mythos auf – den des für seine Umgebung nicht erkennbaren homosexuellen Verräters. So argumentierte Urbanski 1931 in einem Sammelwerk zur „Weltkriegsspionage": „Selten hat ein Spionagefall ein derartiges Aufsehen ausgelöst wie der Verrat des einstigen Generalstabsobersten Redl. Es schien unfaßbar, daß im Stadium höchster Krise der Monarchie ein Offizier der Elite der Armee auf einem hohen militärischen Vertrauensposten zum Verräter wurde." In der Nachkriegszeit habe es alle möglichen Sensationsdarstellungen in Literatur und Film gegeben, „die den wirklichen Tatsachen [sic!] auch nicht annähernd nahe kamen und ein gänzliches entstelltes Bild dieses Dramas in weite Kreise trugen". In Wahrheit sei Redl „ein mittelgroßer, blonder Mann von kräftiger Statur" gewesen, „ein gefälliger, stets hilfsbereiter, heiterer Kamerad, dem niemand seine widernatürliche sexuelle Veranlagung zugemutet hätte". Großen Wert legte der von Redl getäuschte Geheimdienstchef auch auf ein medizinisches Gutachten, dass den Verräter als einzigartige Persönlichkeit skizziert habe, deren äußeres Verhalten in völligem Widerspruch zur inneren Anlage gestanden habe. Dieses Gutachten habe alle Vorgesetzten Redls entlastet, da diese seine Homosexualität einfach nicht hätten erkennen *können*. Unausgesprochen entlastete Urbanski damit vor allem sich selbst. Er verwies darauf, dass nach der Aufdeckung von Redls Verrat prophylaktische Untersuchungen gegen andere hohe Offiziere vorgenommen worden wären, die aber sämtlich zu Entlastungen geführt hätten. Damit sei der Beweis erbracht

---

31 Wolfram Dornik, Des Kaisers Falke. Wirken und Nach-Wirken von Franz Conrad von Hötzendorf, Innsbruck u. a. 2013, S. 111 f.

worden, „es habe sich bei Redl um einen ganz vereinzelten Fall, um ein pathologisches Unikum gehandelt, das ein unglückliches Geschick in die Laufbahn des Generalstabes geführt hatte". Urbanskis dogmatische These, Redls Homosexualität sei beim besten Willen nicht zu erkennen gewesen, ging mit einer klaren Vorstellung vom Erscheinungsbild der gewöhnlichen Homosexuellen einher, dem Redl offensichtlich nicht entsprochen hatte: „Den Menschen mit diesen unnatürlichen Neigungen haften in der Regel äußerliche Merkmale an, die Verdacht erregen und zu weiteren Nachforschungen Anlaß geben. Redl verriet durch nichts die Homosexualität. Sein Gehaben war in jeder Hinsicht normal, man sah ihn viel in Gesellschaft von Frauen, heiter, vergnügt, niemals bedrückt, von innerer Unruhe gepeinigt. Im Laufe der Untersuchung des Falles konnte nicht ein Zeuge aufgetrieben werden, der einen Verdacht abnormaler Veranlagung Redls gehabt hätte. Das von einem besonders geistvollen Kritiker [dem Abgeordneten Graf Sternberg] vorgebrachte Zitat: ‚Jeder Pikkolo [i. e. Hilfskellner] des Restaurants, in dem Redl speiste, hätte es verraten können', gehört ebenso ins Gebiet der Erfindungen, wie viele andere Behauptungen von Menschen, die nachträglich alles besser wissen wollen."[32]

Die Verunsicherung durch den nicht erkennbaren Anderen überdauerte Jahrzehnte und erfasste auch Persönlichkeiten, die – anders als Urbanski – nicht das eigene professionelle Versagen zu kaschieren versuchten. Der österreichische Schriftsteller Stefan Zweig erinnerte sich im letzten Buch vor seinem Selbstmord im brasilianischen Exil, in das er vor der Diktatur Hitlers geflohen war, lebhaft an seine „Welt von gestern", zu der auch Oberst Redl gehört hatte. Zweig hatte den in seiner Wiener Nachbarschaft wohnenden Offizier flüchtig gekannt – nicht zuletzt als Besucher desselben Cafés, „wo der gemütlich aussehende, genießerische Herr seine Zigarre rauchte". Die Redl-Affäre hatte Zweig darüber belehrt, dass das Normale anormal, das gewöhnlich Scheinende außergewöhnlich sein konnte: „Aber erst später entdeckte ich, wie sehr wir mitten im Leben vom Geheimnis umstellt sind, und wie wenig wir von Menschen im nächsten Atemraum wissen." Der „äußerlich wie ein guter österreichischer Durchschnittsoffizier aussehende Oberst" sei nicht nur als „Vertrauensmann des Thronfolgers" ein wichtiger Geheimdienstmann gewesen, sondern auch ein Spion und Landesverräter. Hinzu kam das sexuelle Anderssein: „Oberst Redl war, ohne daß einer seiner Vorgesetzten oder Kameraden es wußte, homosexuell veranlagt gewesen und seit Jahren in den Händen von Erpressern, die ihn schließlich zu diesem verzweifelten Ausfluchtsmittel [des Landesverrats] getrie-

---

32 August Urbanski von Ostrymiecz, Der Fall Redl, in: Die Weltkriegsspionage (Original-Spionage-Werk). Authentische Enthüllungen über Entstehung, Art, Arbeit, Technik, Schliche, Handlungen, Wirkungen und Geheimnisse der Spionage vor, während und nach dem Kriege auf Grund amtlichen Materials aus Kriegs-, Militär-, Gerichts- und Reichsarchiven. Vom Leben und Sterben, von den Taten und Abenteuern der bedeutendsten Agenten bei Freund und Feind, hrsg. mit einem Vorwort von Generalmajor von Lettow-Vorbeck von Ludwig Altmann u. a., München 1931, S. 89–98, hier insb. S. 89 f., 94 und 97.

ben hatten. Ein Schauer des Entsetzens ging durch die Armee. Alle wußten, daß im Kriegsfall dieser eine Mensch das Leben von Hunderttausenden gekostet hätte und die Monarchie durch ihn an den Rand des Abgrunds geraten wäre".[33] Immerhin – anders als viele andere beschrieb Zweig in seinen erstmals 1944 posthum in Stockholm veröffentlichten Erinnerungen das Ausmaß des Schadens, das dem homosexuellen Verräter zugeschrieben wurde, im Konjunktiv.

Während der deutsche Botschafter 1913 tröstend nach Berlin berichtete, der homosexuelle Spionagefall lasse keinesfalls „auf eine allgemeine Fäulnis der hiesigen Armee" schließen, die im Gegenteil „das einzige noch gesunde Glied an dem Körper der Monarchie" der Habsburger darstelle[34], hatte das Ansehen des habsburgischen Offizierskorps in Wahrheit durch den Skandal einen schweren Schlag erlitten. Nicht zufällig ähnelten sich die homophoben Distanzierungen der zuständigen Minister in den Affären um Redl und um den Eulenburg-Kreis. 1907 hatte der preußische Kriegsminister General Karl von Einem vor dem Reichstag erklärt, homosexuell veranlagte Menschen seien ihm „ekelhaft", er „verachte" sie und sei überzeugt, dass „ein solcher Mann [...] nie und nimmer Offizier sein" dürfe – ein homophobes Bekenntnis, das dem Minister lebhafte Bravorufe auf der Rechten einbrachte.[35] Redl bewirkte eine ähnliche Erklärung des österreichischen Landesverteidigungsministers General Friedrich von Georgi vor dem Wiener Abgeordnetenhaus: Ursache von Redls Landesverrat sei „physische Abnormität", woraus man nur den Schluss ziehen könne: „Für alles Minderwertige, ob physisch oder moralisch minderwertig, ist in unserem Berufe kein Raum."[36]

Maximilian Harden hatte im zweiten Moltke-Prozess seiner Überzeugung Ausdruck gegeben, „daß es gefährlich ist, solche Gruppen von Menschen an irgendeiner Stelle zu versammeln".[37] Der Redl-Skandal „verfestigte" das „Klischee des geschwätzigen und daher unzuverlässigen Homosexuellen".[38] Vollauf bestätigt fühlte sich denn auch im Juni 1913 Maximilian Harden. In der „Zukunft" stellte er den homosexuellen Verräter aus der kriselnden Doppelmonarchie neben den antiken Verräter Ephialtes, der einst die heldenmütig gegen eine persische Übermacht an den Thermopylen kämpfenden dreihundert Spartaner dem Feind ausgeliefert hatte. Für Harden war Oberst Redl „ein Schurke, wie unser Blick keinen noch sah", „ein Scheusal", neben dem selbst ein Frauenmörder als „argloses Gemüth" erscheinen müsste. Denn Abertausende hätten sterben können, nur weil Redl zum Verräter am

---

33 Stefan Zweig, Die Welt von gestern. Erinnerungen eines Europäers, Frankfurt a. M. 1992, S. 239 f. und 243.
34 Die Große Politik der Europäischen Kabinette, Bd. 35, S. 18, Tschirschky an Jagow, 30.5.1913.
35 Zitiert nach Bösch, Öffentliche Geheimnisse, S. 147.
36 Zitiert nach Marcus G. Patka, Egon Erwin Kisch. Stationen im Leben eines streitbaren Autors, Wien u. a. 1997, S. 35.
37 Zitiert nach Domeier, Imaginationen, S. 64, Anm. 57.
38 Bösch, Öffentliche Geheimnisse, S. 149.

Vaterland geworden sei. Ihn habe keine Gewissenslast gestört: Er habe stets gut gegessen und geschlafen und dazwischen seinen Leib „an Jünglingen" gerieben. Vor allem aber war „Alfred Redl" für Harden kein Einzelfall, sondern „ein Muster": „Ein Homosexualer (die amtliche Auskunft sagts): Früh also in Verstellung und Heuchlerkunst hoher Grade gewöhnt [sic!]. [...] Wie aus dem Kinaeden der Landesverräther wurde, läßt sich nur ahnen." Harden hatte diesbezüglich sehr konkrete Ahnungen: „Perversion des Geschlechtstriebes zerrüttet das ganze Wesensgehäus. Der gleich empfindende Fremdling ist dem Vertrauen näher als der am Weib hängende Landsmann; ist er, wie sonst eine Geliebte, vom Trieb umkost, dann giebts vor ihm kein Geheimnis. Oder: der Erpresser reckt die Faust; und das Schweigegeld ist nur aus dunklem Schacht zu fördern." Harden stellte 1913 den Einzelfall Redl in Kontinuität zum älteren Skandal um die Eulenburg-Gruppe und trumpfte gegen öffentliche Kritiker seiner homophoben Diskurse auf: „Am Ende ist auf den Zinnen des Staates ein Klüngel Perverser doch nicht ganz so ungefährlich, wie die standhafte Kinaedenschutztruppe behauptet hat? [...] ‚Die Homosexualen im Staat': das Buch könnte nützlich werden. Auch dem Spion gebührt ein Kapitel."[39]

Dass der Skandal um Redl so viel Abscheu und Faszination weckte, hing zum einen mit der relativ hohen Stellung des Generalstabsobersten zusammen, zum anderen – und wohl noch stärker – mit seiner abweichenden sexuellen Orientierung. Österreich-Ungarn wurde im Jahre 1913 durch eine ganze Reihe von Spionageskandalen erschüttert, die stets mit der Armee in Zusammenhang standen[40] – doch kein Fall gewann die mediale Prominenz des Redl-Skandals. Die angebliche Nichterkennbarkeit der Homosexualität des Verräters, der sich zur Tarnung mit Frauen umgeben haben sollte[41], stand in seltsamem Widerspruch zur medialen Ausbreitung homosexueller Details aus dem Alltag des Spions. So schilderte Ex-Geheimdienstchef Urbanski 1931: „Die Durchsuchung der Wohnung Redls in Prag förderte zunächst die Beweise des unnatürlichen Verkehrs Redls zutage. Eine anwidernde Korrespondenz, welche die Triebfeder des Verbrechens klarlegte."[42] Urbanskis Vorgesetzter Generalstabschef Conrad hatte schon 1913 ungeniert in der Wiener Gesellschaft herumerzählt, man habe in Redls Prager Wohnung „so schweinische Photographien gefunden", dass ihm „fast übel geworden" sei. Für seinen „Lustknaben", einen jungen Leutnant, habe Redl ein Vermögen ausgegeben.[43] Diese Liaison regte nachhaltig das öffentliche Interesse an: Noch im Zweiten Weltkrieg bezeugte ein einstiger Mitarbeiter des k. u. k. Generalstabs, der als Hitlers Militärbevollmächtigter im faschistischen Kroatien fungierende General Edmund Glaise von Horsten-

---

39 [Maximilian Harden], Trigeminus. Redl, in: Die Zukunft 83 (1913), 7.6.1913, S. 304–321, hier insb. 316–320.
40 Vgl. Schulthess' Europäischer Geschichtskalender 54 (1913), S. 455, 459 f., 464, 466 f. und 478.
41 Harden, Trigeminus. Redl, S. 319.
42 Urbanski, Der Fall Redl, S. 93.
43 Redlich, Schicksalsjahre Österreichs, Bd. 1, S. 548.

au, seine anhaltende Faszination für den „besonders eleganten" jungen „Geliebte[n]" Redls, der ihm – aus dem Zuchthaus entlassen und zum Unteroffizier degradiert – im Sommer 1914 an der Russland-Front als „besonders eleganter Wachtmeister" aufgefallen war.[44] Auch Star-Reporter Egon Erwin Kisch sollte 1942 an diesen „geliebten Freund" Redls erinnern, jenen „hübschen Ulanenoffizier", der noch 1961 in Kisch-Publikationen in der DDR als Beleg für das degenerierte Luxusleben homosexueller Verräter herhalten musste.[45]

Überhaupt hat Kisch den Redl-Skandal über Jahrzehnte „gehörig ausgeschlachtet"[46] und wenig Bedenken getragen, alle möglichen Klischees über das homosexuelle Milieu zu bedienen. So schilderte der „rasende Reporter" 1924 die Wohnung Redls weitaus üppiger als Urbanski: „Das Erste, was die Kommission [...] verblüfft hatte, war der weibische Geschmack, der sich überall äußerte. Die Möbel waren rot in rot gehalten, seidene Steppdecken und rosa Plüschüberwurf auf dem Himmelbett, [...] überall zierliche Nippes, und alle drei Zimmer von penetrantem Parfümgeruch erfüllt."[47] Derartige Skizzen des Verruchten scheinen nicht erst nach 1918 entstanden zu sein. Medienmann und Medienkritiker zugleich, hatte Karl Kraus schon im Juli 1913 einen Pressebericht aufgespießt, der die Wohnung des Verräters in ähnlicher Weise schilderte wie nach dem Ersten Weltkrieg Reporter Kisch: „Wenn man die Wohnung betritt, bietet sich dem Beschauer sofort ein Moment, das *auf die Charaktereigentümlichkeiten* Redls ein *grelles Licht* wirft. Die ganze Wohnung ist *Rot in Rot* gehalten, wohin man kommt, *grelles Rot...*". Ausführlich wurde die große Anzahl von Uniformen und „der reichsten Zivilgarderobe, alles in feinster Qualität hergestellt", nebst weiteren Details der Wohnung beschrieben. Die Begründung fand Kraus absurd und druckte sie deshalb kursiv nach: Man erhalte durch die Details seiner Wohnung im Falle Redl Gelegenheit, „seinen *Charakter* kennen zu lernen". Kraus fügte hinzu: „An anderer Stelle soll gar gemeldet worden sein, daß er nicht weniger als zwei Dutzend Taschentücher besessen habe. Und alles das entdeckt man erst jetzt!"[48]

Kaum aus eigener Anschauung geschöpft, kolportierte Ende der 1920er Jahre auch Gräfin Salburg, dass Redl über „zwei geschmacklos und weibisch, aber kostbar eingerichtete, große Wohnungen" verfügt habe.[49] Selbst Magnus Hirschfeld und sein Ko-Autor Andreas Gaspar ließen 1930 – und Gaspar erneut in den 1960er Jahren – den homosexuellen Spion nicht nur „auf dem Vulkan tanzend" „mit seinen

---

44 Broucek, Ein General im Zwielicht, Bd. 1, S. 297 f. und Bd. 3, S. 354.
45 Egon Erwin Kisch, Wie ich erfuhr, daß Redl ein Spion war, in: Ders., Wie ich erfuhr, daß Redl ein Spion war. Zwölf Reportagen, Berlin [Ost] 1961, S. 5–22, hier insb. S. 14.
46 Patka, Kisch, S. 32 f., verweist auf mindestens sieben Publikationen Kischs zum Fall Redl, der auch für Theater und Kabarett dramatisiert und zu Filmdrehbüchern verarbeitet wurde.
47 Kisch, Der Fall des Generalstabschefs Redl, S. 46 f.
48 Kraus, Glossen: Heiteres aus ernster Zeit, in: Die Fackel 15 (1913), S. 44 f.
49 Salburg, Erinnerungen einer Respektlosen, Bd. 2, S. 115.

Freundchen ein üppiges Schlemmerleben" führen, sondern den imaginierten Redl bei alledem auch „ständig eine Parfümwolke hinter sich her" schleppen.⁵⁰ Solche Bildwelten fanden sogar Eingang in die „Zeitschrift für Sexualwissenschaft", in der Mitte der 1920er Jahre in einer Besprechung des Kisch-Buches über Redl gelobt wurde, dass der als feinfühlig und weltkundig skizzierte Journalist es „wohltuenderweise" vermieden habe, „irgendein herabsetzendes Wort über das Sexuelle seines Themas zu sagen". Zugleich aber wollte der Rezensent all das, was Kisch „registrieren zu müssen glaubt, [...] doch hier festhalten, denn es enthält manches Typische". Als besonders *typisch* galt auch diesmal das Interieur der Redl'schen Immobilie: „Nach dem – erzwungenen – Selbstmord Redls öffnete man seine Wohnung und konstatiert, daß sie ,ganz merkwürdig' ausgesehen habe, ,wie von einer Dame', lauter Toilettegegenstände und Parfüms und Brennscheren; aber die parfümiertesten Briefe seien von lauter Männern gewesen ... und alle drei Zimmer von penetrantem Parfümgeruch erfüllt ..." Der irritierende Parfumduft hatte sich hier in einen derart penetranten Geruch verwandelt, dass er unschwer mit dem klassischen Schwefelgeruch des Teufels in Verbindung gebracht werden konnte. Für bemerkenswert hielt der Rezensent auch die folgende Information: „In Redls Nachlaß fanden sich u. a. 195 gestickte Oberhemden, 400 Paar Glacéhandschuhe u. a. m."⁵¹ Karl Kraus' Persiflage von 1913 hatte nicht gefruchtet.

Ähnliche Gerüchte waberten zwei Jahrzehnte später – freilich nur nicht-öffentlich – nach der Erschießung des homosexuellen SA-Stabschefs Ernst Röhm durch das nationalsozialistische Berlin, nachdem „die ‚Röhmische' Villa" durchsucht worden war. Damals wusste die Berliner Gerüchteküche, „der Röhm" habe sich „in seiner hübschen Tiergartenvilla [...] nach der Machtergreifung [...] alle Spülanlagen seiner Klosetts statt mit Wasser mit Eau de Cologne füllen" lassen – „das war ihm scheinbar der Ausbund des Luxus und des Analvergnügens".⁵² Wie die deutsch-jüdische Journalistin Bella Fromm nach dem 30. Juni 1934 durch einen Freund im NS-Außenministerium erfuhr, „fischte" Goebbels angeblich beim Rundgang durch das Haus des beseitigten Ministerkollegen „extravagante Damenunterwäsche, Make-up und andere weibliche Accessoires heraus, die in dem Homosexuellen-Palast überall herumzuliegen schienen". Die Journalistin hielt – was sie erst später im US-Exil veröffentlichte – in ihrem Tagebuch fest: „Die Wirkung auf die verschiedenen Zuschauer war sehr interessant: echter Abscheu bei einigen und unverhohlen wollüstige

---

50 Hirschfeld/Gaspar, Sittengeschichte des Weltkrieges, Bd. 2, S. 110; Magnus Hirschfeld/Andreas Gaspar (Hrsg.), Sittengeschichte des Ersten Weltkrieges, Hanau o. J. [1965], S. 390.
51 Heinrich Bandholdt, Der Fall des Generalstabschefs Redl, in: Zeitschrift für Sexualwissenschaft 12 (1925/26), S. 313 f.
52 Konrad Kellen, Katzenellenbogen. Erinnerungen an Deutschland, Wien 2003, S. 85.

Ehrfurcht bei anderen."[53] Tatsächlich war – wie die Mitarbeiter der nahe gelegenen französischen Botschaft 1934 beobachteten – das Haus Röhms abgesperrt und von Polizeikräften unter persönlicher Führung Hermann Görings durchsucht worden.[54] 1913 wiederum hatten sich in Redls Wohnung freilich zusätzlich diverse belastende „Liebesbriefe von Männern" gefunden, die meist mit Geldforderungen endeten, und überdies „eine Sammlung von etwa dreihundert Visitenkarten" mit „durchwegs aristokratische[n] Namen". Skandalreporter Kisch folgerte verächtlich mit Blick auf den sozialen Aufsteiger Redl: „Auf seine Beziehungen zum böhmischen Adel schien er sich besonders viel einzubilden, die Erlangung des Adelsstandes sein besonderer Ehrgeiz zu sein."[55] Röhm scheint diesbezüglich gelassener gewesen zu sein, wenngleich sich in seiner Entourage nicht nur „frühere Kellner, Hotelportiers und Klempnerlehrlinge" fanden[56], sondern ebenfalls einige Aristokraten.[57]

Die Chiffre Redl wirkte im kollektiven Gedächtnis lange nach. Sie wurde medial auch immer wieder aufgefrischt: Nachdem schon 1924/25 eine erste Verfilmung über den „Totengräber eines Kaiserreichs" in Österreich gedreht worden war[58], folgte 1931 in Deutschland „Der Fall des Generalstabs-Oberst Redl" des tschechoslowakischen Regisseurs Karl Anton mit Theodor Loos in der Titelrolle[59] und 1955 eine österreichische Neuverfilmung des Regisseurs Franz Antel unter dem Titel „Spionage" mit Ewald Balser als Starbesetzung.[60] 1974 nahm sich ein französisches Fernsehspiel („Un bon patriote") auf der Grundlage eines neu entstandenen Theaterstücks des Themas an[61], bevor der ungarische Regisseur István Szábo 1985 seine Version

---

53 Bella Fromm, Als Hitler mir die Hand küßte, Berlin 1993, S. 200; bei ihrem Gewährsmann handelte es sich um den 1945 vom NS-Regime als Widerstandskämpfer hingerichteten homosexuellen Diplomaten Herbert Mumm von Schwarzenstein.
54 Documents Diplomatiques Français (1932–1939), I.re Série (1932–1935), Tome VI, Paris 1972, S. 828 f., Dokument Nr. 407, Geschäftsträger Arnal an Außenminister Barthou, 30.6.1934.
55 Kisch, Der Fall des Generalstabschefs Redl, S. 26 und 47–49.
56 Sefton Delmer, Die Deutschen und ich, Hamburg 1963, S. 238.
57 Günter Grau, Lexikon zur Homosexuellenverfolgung 1933–1945. Institutionen – Personen – Betätigungsfelder, Münster 2011, S. 147. Hans-Erwin Graf von Spreti wurde mit Röhm 1934 ermordet, Wolf-Heinrich Graf von Helldorf wurde 1944 wegen Beteiligung am 20. Juli 1944 hingerichtet, Karl-Leonhard Graf DuMoulin Eckart überlebte 1934 durch Zufall und wurde bis 1936 in KZ-Haft gehalten, aber durch mutmaßliche Protektion Himmlers vor dem Tode bewahrt.
58 Vgl. https://www.imdb.com/title/tt0431952/?ref_=fn_al_tt_3 (21.12.2018), wo der von Hans Otto Loewenstein gedrehte Spielfilm den Titel „Oberst Redl" trägt und auf 1925 datiert wird; Bernd-Ulrich Hergemöller, „Redl, Alfred", in: Ders. (Hrsg.), Mann für Mann. Biographisches Lexikon zur Geschichte mann-männlicher Sexualität im deutschen Sprachraum, Bd. 2, Berlin 2010, S. 960–962, hier insb. S. 962, datiert denselben Film auf 1924 und betitelt ihn mit „Der Totengräber eines Kaiserreichs".
59 Hergemöller, Redl, S. 962.
60 Vgl. https://www.imdb.com/title/tt0048651/?ref_=fn_al_tt_2 (21.12.2018), wobei der Film auch unter dem Alternativtitel „Oberst Redl" firmieren konnte.
61 Vgl. https://de.wikipedia.org/wiki/Alfred_Redl#Dokumentarfilm (21.12.2018).

von „Oberst Redl" mit Karl Maria Brandauer als verräterischer Oberst erzählte.[62] Das ist eine unvergleichlich stärkere filmische Nachwirkung, als sie „Die Affäre Eulenburg" (ein westdeutsches Fernsehspiel 1967)[63] oder die Ermordung der homosexuellen SA-Führung um Ernst Röhm (als Nebenhandlungen in Luchino Viscontis Spielfilm „Die Verdammten" 1969 und im britischen KZ-Spielfilm „Bent" 1997) gezeitigt haben.[64]

Szábos späte Deutung der Geschichte – nicht lange nach dem Skandal um NATO-General Kießling – griff in den 1980er Jahren Elemente auf, die Jahrzehnte zuvor bereits der Bonner Kriminologe Hans von Hentig imaginiert hatte. Diesem gegen Lebensende mit der Adenauer-Demokratie versöhnten einstigen Wortführer des Nationalbolschewismus[65] ging es um eine besondere homosexuelle Form der Revolte und Revanche. Hentig schloss seine 1960 veröffentlichte Studie über „Die Kriminalität des homophilen Mannes" mit dem Skandalfall von 1913 als Paradebeispiel für „Delikte gegen den Staat" ab. Dabei schien es dem Mitbegründer der modernen Kriminalpsychologie, als habe Redl „Rache nehmen" wollen „an Kräften, die ihn quälten und den Weg zum wahren Glück versperrten, [an seiner] Geburt tief unten und dem homophilen Trauma". Hentig mutmaßte: „Es könnte sein, daß der Verrat so ungeheuerlichen Umfangs die Antwort eines Mannes war, dem die Natur auch nicht das Wort gehalten hat." Aus diesen tiefinneren Gründen habe der homosexuelle Verräter seinen Staat dem Feind ausgeliefert – „aus Haß der Menschen und des stümperhaft verpfuschten Lebens".[66]

Schon Egon Erwin Kisch hatte in den 1920er Jahren die dramatische Fallhöhe aus Ehrgeiz, Skrupellosigkeit, Homosexualität, Erpressung und Angst vorgezeichnet: Da die Offenlegung der strafbaren sexuellen Handlungen für Redl das Ende seiner Militärkarriere bedeutet hätte, die ihn laut Kisch bis auf „den Posten des Kriegsministers" hätte führen können[67], sei Redl für die Russen leicht erpressbar gewesen, sobald diese von seiner Homosexualität erfahren hätten.[68] Erst spät scheint darauf hingewiesen worden zu sein, es könne keineswegs als gesichert gelten, dass Redl von den Russen nicht nur bezahlt, sondern auch erpresst worden sei.[69] Stattdessen – so Richard Lewinsohn – sei Redl ein Verräter geworden, weil er Geld gebraucht habe, und er habe Geld gebraucht, „weil er infolge seiner anomalen Veranlagung

---

62 Hergemöller, Redl, S. 962.
63 Vgl. https://www.imdb.com/title/tt1289493/?ref_=fn_al_tt_2 (21.12.2018).
64 Vgl. https://www.imdb.com/title/tt0064118/?ref_=fn_al_tt_5 und https://www.imdb.com/title/tt0118698/?ref_=fn_al_tt_2 (21.12.2018).
65 Otto-Ernst Schüddekopf, Nationalbolschewismus in Deutschland 1918–1933, Frankfurt a. M. u. a. 1972, S. 10, 16, 18 und 56–58.
66 Hans von Hentig, Die Kriminalität des homophilen Mannes, Stuttgart 1960, S. 181 f.
67 Kisch, Wie ich erfuhr, daß Redl ein Spion war, S. 7.
68 Kisch, Der Fall des Generalstabschefs Redl, S. 66.
69 Arnau, Jenseits der Gesetze, S. 251.

und nicht zuletzt wegen der Gesetzgebung gegen Homosexualität sich gezwungen sah, ein kostspieliges Doppelleben zu führen". Redl sei damit keiner jener Homosexuellen gewesen, deren Zusammenhalt laut Maximilian Harden „stärker ist als die der Ordensbrüder und Maurer [...], über alle Wälle des Glaubens, der Staaten und der Klassen hinweg". Stattdessen sei der Einzeltäter nur „ein gewöhnlicher Homosexueller" gewesen, „der durch seine hohe Stellung ein ungewöhnlicher Lump geworden ist".[70]

Merkwürdigerweise bescheinigte das für Homosexuellen-Emanzipation eintretende „Wissenschaftlich-humanitäre Komitee" (WhK) 1913 der Öffentlichkeit, sich im Redl-Skandal „relativ vernünftig" verhalten zu haben. Dieser Fall, der großes Schadenspotential für die „Sache der Homosexuellen" hätte haben können, sei ganz anders als der Eulenburg-Skandal rezipiert worden – nämlich als *Einzelfall*, der „mit der Homosexualität als solcher nichts zu tun" habe. Hirschfeld-Biograph Manfred Herzer erklärt sich diesen vermeintlichen Unterschied mit Redls Selbstmord unmittelbar nach der Enttarnung, so dass das Rachebedürfnis des Publikums rasch gestillt worden und der Skandal ebenso rasch wieder abgeebbt sei. Herzer geht noch weiter, wenn er mutmaßt: „Vermutlich hätten die Selbstmorde Moltkes und Eulenburgs dem Skandal von 1907 eine ähnlich schwache homophobe Wirkung verliehen wie die Skandale von Krupp und Redl."[71] Abgesehen davon, dass Homosexuellen-Selbstmorde zur Abwendung von Homophobie keine Lösung darstellen, erscheint Herzers Einschätzung der Wirkungen des Redl-Skandals allzu optimistisch. Unter den Zensurbedingungen des Jahres 1913 (und erst recht des folgenden Ersten Weltkrieges) konnte längst nicht alles öffentlich diskutiert werden: Egon Erwin Kisch beispielsweise trat erst 1924 mit seiner vollen Version an die Öffentlichkeit. Die *unmittelbaren* Wirkungen des Skandals waren folglich nur teilweise öffentlich, weit stärker nicht- oder halböffentlich, wie die in der Wiener Gesellschaft verstreuten Informationen des Generalstabschefs Conrad. Die volle *öffentliche und mediale* Wirkung des Redl-Skandals entfaltete sich hingegen erst nach 1918, dann aber nachhaltig und überaus nachteilig für die Homosexuellen.

Zu diesen längerfristigen Wirkungen zählt die Suche nach der Vernetzung des Verräters Redl – nach Hintermännern, nach homosexuellen Hintermännern, nach einem homosexuellen Netzwerk des Verrats. Schon über den österreichisch-ungarischen Thronfolger Franz Ferdinand wurde kolportiert, er habe in Militärgeheimdienstchef August von Urbanski „den eigentlich Schuldigen" an der „voreiligen ,Verurteilung' Redls und dem damit verbundenen Entkommen der Hintermänner" des Spions erblickt.[72] Umso begreiflicher, dass Urbanski zeitlebens die These von der Einzeltäterschaft Redls verfocht: Es habe keine Existenz „eines ‚weit verbreite-

---

70 Morus, Skandale, S. 182 f.
71 Herzer, Magnus Hirschfeld und seine Zeit, S. 181 f.
72 Patka, Egon Erwin Kisch, S. 39.

ten Netzes' von Verrätern" gegeben. Redl habe allein gearbeitet, was stets die beste Deckung für Spione sei, und habe schlicht solche geheime Unterlagen abfotografiert, zu denen er individuellen Zugang gehabt habe. Wenn das die Wahrheit war, konnte Urbanski nur eine gewaltige Welle an Fake News beklagen: „Die abenteuerlichsten Gerüchte schwirrten durch die Blätter. Man sprach von einem weitverzweigten Netz von Verbrechern, die den Verrat schon seit Jahren betreiben; viele Offiziere seien arg kompromittiert, man wolle von militärischer Seite alles ‚vertuschen', deshalb sei der Selbstmord gestattet worden. Eine andere Gruppe [...] bedauerte den Selbstmord, weil hierdurch der kommenden Untersuchung der Hauptschuldige entzogen wurde, dessen Einvernahme Gelegenheit zur Erforschung der ‚Mitschuldigen' geboten hätte, die nun der verdienten Strafe entgingen." Urbanski beharrte darauf, dass all diese Gerüchte und Anklagen nicht der Wahrheit entsprochen hätten: „Das schwere Verbrechen war durch einen Menschen verübt worden, der im Banne einer unwiderstehlichen, unnatürlichen Veranlagung sich auf dem Wege des Landesverrats die Mittel zur Befriedigung seiner unseligen Leidenschaft zu verschaffen suchte."[73]

Selbst im Falle dieses offenkundigen Einzeltäters tauchte – insbesondere kurz nach dem Ersten Weltkrieg, als unzensiert über die Affäre geschrieben werden konnte – die brisante Unterstellung auf, Redl habe seinen Aufstieg und damit die Möglichkeit zum Verrat der Rückendeckung eines homosexuellen Netzwerks zu verdanken. Jenem „jungen Ulanenoffizier", den der Oberst laut Kisch „schon als Kadettenschüler [...] verführt", dann als „Geliebte[n]" und angeblichen Neffen finanziell ausgehalten und mit „Geschenken überhäuft" hatte, vermochte die k. u. k. Militärgerichtsbarkeit zwar keine Mitwisserschaft im Hinblick auf Spionage nachzuweisen, so dass er 1913 nur „wegen widernatürlicher Unzucht [...] zu drei Jahren schweren Kerkers verurteilt" wurde[74], bevor man ihn 1914 an die Front entließ. Doch nach Kriegsende sollte der von Redl getäuschte Ex-Militärgeheimdienstler Urbanski öffentlich mutmaßen, dass die vom Generalstab zunächst versuchte Vertuschung des Skandals 1913 nur deshalb gescheitert sei, weil sich ein weiterer Spion – womöglich ein homosexueller Geliebter Redls – für dessen Tod habe rächen wollen und die Presse informiert habe. Reporter Kisch, der sich die Aufdeckung des Falles zuschrieb, gab Urbanski mit solchen Zitaten bewusst der Lächerlichkeit preis, aber die Behauptung vom homosexuellen Netzwerk war in der Welt.[75]

Noch der ungarische Schriftsteller Péter Dobai, der mit seinem Redl gewidmeten „Roman über die Donaumonarchie" die Vorlage für das Drehbuch des Szábo-Films von 1985 schuf, versammelte im fiktiven Dialog einer Freundin Redls mit einer „ältlichen kaiserlichen Erzherzogin" alle jemals über Redl geäußerten Vorwürfe und

---

73 Urbanski, Der Fall Redl, S. 90 und 97.
74 Kisch, Der Fall des Generalstabschefs Redl, S. 26 und 47–49.
75 Kisch, Wie ich erfuhr, daß Redl ein Spion war, S. 20.

Klischees – von seiner Homosexualität und der fehlenden adligen Herkunft über die angebliche jüdische Abstammung bis hin zur Freimaurerei.[76] Schon ab 1913 war nach allen denkbaren Umständen für den Aufstieg Redls und für seinen Verrat gefragt worden. Antisemiten – nicht nur in Österreich, auch im Vatikan oder in Russland – erklärten sich den Verrat mit der angeblich teilweise jüdischen Herkunft des Verräters, wobei katholische Kirchenvertreter die warnende Parallele zwischen „nicht vertrauenswürdigen Israeliten und Freimaurern" zogen.[77] Auch eine angebliche slawische Abkunft des aus Galizien stammenden Redl musste als Erklärung für seinen Verrat herhalten, sei sie nun polnisch oder ruthenisch[78] oder tschechisch.[79] Viele Journalisten vermischten Redls Verrat mit den diversen ethnischen Konfliktlinien des späten Habsburgerreiches. Plötzlich wurde Redl eine polnische Herkunft zugeschrieben, während für die Ungarn klar war, dass er ein Ruthene (Ukrainer) gewesen sein musste. Unvermeidlich mutierte Redl auch zum Juden: Es wurde behauptet, der Mädchenname seiner Mutter sei Sternberg gewesen; und als dies als Verwechslung mit dem Namen des Geburtsortes der Mutter nachgewiesen werden konnte, wurde die Behauptung nachgeschoben, dass er Jude in dritter Generation gewesen sei.[80] Edith Gräfin Salburg berichtete 1928, dass im Skandaljahr 1913 „die Hofkamarilla verbreitete, dieser ihr Liebling von gestern, den man in allen Salons gefunden, sei ein Jude". Mit diesem Gerücht habe man offensichtlich „den Generalstab schützen" wollen. Die ansonsten selbst als hasserfüllte Antisemitin profilierte Gräfin bemerkte dazu, es sei ebenso niederträchtig wie töricht, „jeden Verbrecher als Juden zu bezeichnen, wie es eine Zeitlang so sehr gebräuchlich war". Ausgerechnet jene „Hofgesellschaft", die selbst „seit Jahrzehnten außerordentlich verjudet" gewesen sei, habe sich nicht geschämt, im Fall Redl diese Anschuldigung „ins Blaue hinein auszusprechen". In Wahrheit, so glaubte Salburg zu wissen, sei Redl „ein Ruthene aus Altrußland" gewesen.[81] Trotz des Dementis dieser später NS-getreuen Schriftstellerin aus Österreich griffen die Nationalsozialisten den Mythos der

---

[76] Vgl. Péter Dobai, Oberst Redl. Roman über die Donaumonarchie, Berlin/Weimar 1991, S. 494–498. Dabei verwechselte Dobai jedoch den in den Eulenburg-Skandal involvierten Grafen Kuno Moltke mit dessen berühmten, aber 1891 verstorbenen Verwandten Generalfeldmarschall Graf Helmuth von Moltke. Auch hieß es, der homosexuelle Graf Moltke sei im Skandalprozess wegen Homosexualität angeklagt, aber freigesprochen worden, was beides nicht den Tatsachen entsprach. Insofern ist Dobais Roman ein Beispiel für eine ferne, nicht mehr faktensichere Erinnerung.
[77] Moritz/Leidinger, Oberst Redl, S. 283 f.
[78] Ebenda, S. 282.
[79] Hirschfeld/Gaspar, Sittengeschichte des Ersten Weltkrieges, S. 389.
[80] Sadler/Fisch, Spy of the Century, S. 145.
[81] Salburg, Erinnerungen einer Respektlosen, hier insb. Bd. 3, S. 122 f. Zum Antisemitismus Salburgs in deren Schlüsselroman „Judas im Herrn", der gegen einen katholischen Fürsterzbischof mit jüdischen Wurzeln gerichtet war, vgl. Michael Schwartz, Kirchliche Karrieren im Umbruch. Der Adel und das Ende der Adelskirche (1750–1850), in: Rottenburger Jahrbuch für Kirchengeschichte 34 (2015), S. 77–98.

jüdischen Herkunft Redls 1938 nur zu gern wieder auf.[82] Verrat wurde auf solche Weise zum Synonym für jüdische Homosexuelle oder homosexuelle Juden.

Starreporter Kisch, den rechtsgerichtete Österreicher nach 1918 sowohl als Juden als auch als Kommunisten anfeindeten[83], verwies 1924 auf den „flaschengrünen Korpsgeist" der k. u. k. Generalstäbler als eigentliches Strukturproblem: Diese „Prätorianergarde" habe den Landesverrat eines der ihren bedenkenlos vertuschen wollen. Dass Redl „um alle entscheidenden Mobilisierungsmaßnahmen der Armee gewußt und um alle aktuellen Kriegsvorbereitungen", führte Kisch ebenfalls auf diesen Korpsgeist zurück: „Denn voreinander hatten die Mitglieder der Bruderschaft kein Geheimnis."[84] Laut Wiener Presse hatte es 1913 in der k. u. k. Armee „rund 500 Generalstäbler und 300 Zugeteilte" gegeben, die „auf etwa 75 Garnisonen" verteilt waren.[85] Tatsächlich hat die Führung des Generalstabs zwar nicht den Spionagefall selbst, wohl aber dessen Schadensausmaß „so perfekt" vertuschen können, „dass sich Historiker bis heute nicht im Klaren sind, ob man die Spionagetätigkeit Redls in ursächlichen Zusammenhang mit den verheerenden Misserfolgen der Armee im Sommer 1914 bringen könne".[86] Dabei setzte man nicht nur auf die Behauptung von der angeblich jüdischen Herkunft des Verräters, sondern ebenso auf die Instrumentalisierung von Redls Homosexualität, um von unangenehmen Fragen abzulenken. So wurde behauptet, bei der Obduktion von Redls Leiche „pathologische Veränderungen an Gehirn und Geschlechtsorganen gefunden" zu haben. Das Ziel war, „Redl zu ‚entmännlichen' und so aus der Offiziersgesellschaft auszuschließen".[87]

Gräfin Salburg kam in ihren 1927/28 in Deutschland publizierten Lebenserinnerungen mehrfach auf die Affäre Redl zu sprechen. Dabei ließ sie nicht nur an Redl, sondern auch am Generalstab kein gutes Haar. Zunächst machte sie geltend, Redl des Öfteren persönlich begegnet zu sein. In ihrer Schilderung hatte der Oberst „den sadistischen Nimbus eines Gemütsrohlings, der niemals einen Funken Mitleid kannte". Fortwährend seien „grausame Züge aus seinem Dienstleben" erzählt worden. Redl habe „stundenlang vollkommen schweigend im Salon dasitzen" können, „das brutale Kinn vorgeschoben, etwas Lauerndes in den kalten Augen, sein Lächeln, das langsam kam und rasch wieder ging, war das denkbar unangenehmste". Er habe „für Frauen etwas Abstoßendes" gehabt, während die Herren ihn gefürchtet hätten. Selbst im Generalstab sei Redl „gefürchtet" gewesen „als ein Mensch mit unterirdischen Verbindungen, der den Übergriffen des Hofes, hoher Persönlichkeiten durchaus diente". „In der Truppe" wiederum, so Salburg, habe „ein siedender Haß"

---

82 Sadler/Fisch, Spy of the Century, S. 145 f.
83 Moritz/Leidinger, Oberst Redl, S. 284.
84 Kisch, Der Fall des Generalstabschefs Redl, S. 88 f.
85 Karl Kraus, Glossen: Sie werden sich hüten, in: Die Fackel 15 (1913), Nr. 378/379/380 vom 16.7.1913, S. 42 f., hier insb. S. 42.
86 Hubert Zeinar, Geschichte des österreichischen Generalstabes, Wien u. a. 2006, S. 489.
87 Dornik, Des Kaisers Falke, S. 111.

gegen Redls Person bestanden, „wie überhaupt dieser neue Generalstab" wegen seiner Zentralisierung und seiner rücksichtslosen Interventionen „überaus verhaßt und verachtet" gewesen sei: „Er galt als eine Stätte perfidesten Strebertums."[88]

Der Skandal um Redl hat das Ansehen des gesamten Generalstabes beschädigt. Offensichtlich entsprachen die Ergebnisse der Personalauswahl nicht den hehren Anforderungen: „Die Homosexualität des Verräters, vor allem aber die ihm nachgesagte Geldgier legten die Frage nahe, wie es möglich gewesen war, dass Redl im Generalstabsdienst glänzende Karriere gemacht hatte", stellte der Militärhistoriker Günther Kronenbitter fest.[89] Gräfin Salburg erklärte 1928, der „Fall Redl" sei 1913 „für uns Österreicher entsetzlich" gewesen, habe er doch „grelle Streiflichter auf die Sorglosigkeit und Gewissenlosigkeit" geworfen, „mit der man Männer, die allein durch ihre Luxusausgaben und ihren Lebenswandel verdächtig sein mußten, nicht kontrollierte". Nur in solchen Andeutungen thematisierte Salburg die Homosexualität Redls, die für die völkische Publizistin somit nicht im Zentrum stand: „Er war Begierden verfallen, für die ihm sehr große Summen abgepreßt wurden." In seinen Wohnungen habe man „photographische Platten in Menge" gefunden. Entscheidend war für Salburg Redls gewissenloser Verrat und die bedenkenlose Opferung anderer Menschen, um sich selbst vor Entdeckung zu schützen: „Diese Gestalt in der österreichischen Armee wird immer unvergessen bleiben; in ihr konzentrierte sich angeborenes Verbrechertum mit den Folgen eines zersetzenden Geistes."[90]

Egon Erwin Kisch selbst hat zwar keine homosexuellen Netzwerke im Generalstab insinuiert, doch zitierte er 1924 mit dem früheren Aristokraten Adalbert Sternberg eine prominente Stimme, die diese Theorie vom Netzwerk homosexueller Hintermänner vertrat. Sternberg, der durch die postrevolutionäre Abschaffung des Adels zwangsverbürgerlichte Spross eines alten böhmischen Grafengeschlechts, hatte sich von jeher als konservativer Rebell inszeniert. 1904 als unabhängiger Kandidat überraschend ins Wiener Abgeordnetenhaus gewählt, hatte Sternberg unverzüglich „Streit mit den Sozialdemokraten" vom Zaun gebrochen und zugleich die Regierung zum Rücktritt aufgefordert.[91] Schon vor dem Ersten Weltkrieg hörte man ihn gegen „den Hof und die feigen Hofgenerale" polemisieren.[92] Nach 1918 führte Sternberg diese Fehden weiter, was zu seinem Ausschluss aus dem elitären Wiener „Jockeyclub" führte. Dagegen setzte er sich in seiner Schrift „Warum Österreich zugrunde gehen musste" vehement zur Wehr und prangerte „die österreichischen Hof-

---

88 Salburg, Erinnerungen einer Respektlosen, Bd. 2, S. 114 f.
89 Günther Kronenbitter, „Krieg im Frieden". Die Führung der k. u. k. Armee und die Großmachtpolitik Österreich Ungarns (1906–1914), München 2003, S. 18.
90 Salburg, Erinnerungen einer Respektlosen, Bd. 2, S. 115–117.
91 Gustav Kolmer, Parlament und Verfassung in Österreich, Bd. 8, Wien/Leipzig 1914, Neudruck Graz 1980, S. 553, 610 und 612.
92 Redlich, Schicksalsjahre Österreichs, Bd. 1, S. 513.

würdenträger" als Hauptschuldige am Untergang der Habsburgermonarchie an.[93] Als dieses Pamphlet in Österreich, Deutschland und der Tschechoslowakei erschien, war Sternberg als Bürger des letztgenannten Staates bereits aus Wien ausgewiesen worden, weil er auch die österreichische Republik nicht mit Kritik verschont hatte.[94] Für uns ist relevant, dass Sternberg seine hochadligen Gegner im „Jockeyclub" als „homosexuelles Cliquenwesen" denunzierte. Er ging noch weiter mit der Feststellung: „Hof- und Diplomatenluft ist von Päderastie durchseucht".[95] Seinen adelsinternen Rachefeldzug brachte Sternberg mit der Affäre Redl in Verbindung: „Jeder Kellner hat gewußt, daß er ein schamloser Homosexueller ist. Er stand nicht nur im Mittelpunkt des flaschengrünen Korpsgeistes [des Generalstabs], sondern er war auch gedeckt von der homosexuellen Organisation. Diese verbrüderten Großmächte gewährten ihm so einen Panzerschutz, daß er die geheimsten Dokumente an unsere Feinde verkaufen konnte, und daß ihm noch ein ehrenvoller Tod [Selbstmord] gewährt wurde *und ein Offiziersbegräbnis zugedacht war.*" Über den nur mit knapper Not verhinderten Missbrauch dieser letzten Ehrung empörte sich Sternberg im Grunde am meisten.[96]

Der böhmische Aristokrat griff einen Topos auf, den bereits Harden im Jahre der Redl-Affäre 1913 genutzt hatte, um seine Politik des Outing gegen den Eulenburg-Kreis zu rechtfertigen – den Rekurs auf den französischen Renaissance-König Henri III. (1574–1589) und dessen Günstlings-Netzwerk der homosexuellen „mignons" (der Niedlichen): „Frankreich hätte, unter dem letzten Valois, die Schrecken des règne des mignons nicht erlebt, wenn es zu rechter Zeit gewarnt worden wäre. Und Heinrich der Dritte kannte den Kitt, der seine Freunde zusammenhielt."[97] Insbesondere die britische Presse hatte zur Beschreibung des Eulenburg-Skandals „noch vielfach die seit dem Mittelalter nachweisbare Bezeichnung ‚mignon/minion' für den homosexuellen Höfling" genutzt[98], und jeder historisch Gebildete kannte damals die „minions" des englischen Königs Edward II. (1307–1327) oder die „mignons" des letzten Valois, die auch in der sexualwissenschaftlichen Literatur der Zeit als Beispiele herangezogen wurden – wenn nicht gar von deutschen „mignons" die Rede war, etwa am preußischen Königshof um den Prinzen Heinrich, den Bruder

---

93 Hans Rochelt (Hrsg.), Adalbert Graf Sternberg 1868–1930. Aus den Memoiren eines konservativen Rebellen, Wien 1997, S. 163.
94 Ebenda, S. 7–11.
95 Adalbert Graf Sternberg, Warum Österreich zugrunde gehen musste. Teil I: Die österreichischen Hofwürdenträger, Giesshübel/Wien/Berlin 1927, S. 33.
96 Ebenda, S. 121 f.
97 Harden, Fürst Eulenburg, S. 184 f.
98 Zugleich wurde die Eulenburg-Gruppe von britischen Medien als vernetzte Kamarilla mit verräterischen Beziehungen ins Ausland dargestellt; vgl. Domeier, Der Eulenburg-Skandal, S. 319. Zu homosexuellen Höflingen unter Henri III. von Frankreich vgl. Gary Ferguson, Queer (Re)readings in the French Renaissance. Homosexuality, Gender, Culture, Aldershot/Burlington 2008, S. 147–190.

Friedrichs des Großen.⁹⁹ Erst viel später, in den 1960er Jahren, wagte man dem Stereotyp, wonach „jede Form eines Männerbundes oder, wie die Soziologen sagen, einer männerbündlerischen Vereinigung" darauf abziele, „einen Staat im Staate zu bilden", mit dem Argument zu widersprechen: „Es wäre nur zu fragen, ob bei dem losen Zusammenhalt der Homosexuellen davon die Rede sein kann. Die männlichen Maitressen der englischen Könige, die Mignons der französischen [...] waren Einzelgänger. Die heutigen Homosexuellen schließen sich als weißhäutige Neger höchstens einmal zu harmlosen Schutzverbänden zusammen [...]. Schlimmstenfalls bilden sie kleine Konventikel und Cliquen. Was man ihnen im allgemeinen [sic!] vorwerfen könnte, ist nicht machtpolitischer Ehrgeiz, sondern Mangel an politischem Interesse."¹⁰⁰ Doch zur selben Zeit wurde das Vorurteil über eigennützige homosexuelle Seilschaften durch historische Rückverweise häufig erinnert. Sogar in einer Publikation über homosexuelle Prostitution in der Bundesrepublik wurde Anfang der 1960er Jahre nicht nur auf den Eulenburg-Skandal verwiesen, sondern auch auf den Hof des französischen „Sonnenkönigs": „Im Versailles Ludwigs XIV. sollen homosexuelle Höflinge eine ‚Ordensbruderschaft' gebildet haben."¹⁰¹ Auch andere Autoren berichteten um 1960 vom „großen Homosexuellenskandal", der sich im 17. Jahrhundert um einen geheimen „Orden der Sodomiten" am Versailler Hof entzündet habe; diesem hätten „Herren aus höchsten Adelskreisen" angehört, doch sei der Geheimbund vom König energisch beseitigt worden.¹⁰²

An solche diskursiven Kontexte knüpfte Sternberg an, als er eineinhalb Jahrzehnte nach Harden, aber ebenfalls in polemischer Absicht, „auf die Zeit Heinrichs III. von Frankreich" zu sprechen kam: Es genüge offenbar, „daß ein einziger Mensch auf den gesellschaftlichen Höhen moralisch versinkt, wenn dies von der Gesellschaft geduldet wird, damit die Ehrbegriffe aller leiden". Der Henri III. des Habsburgerreiches war für Sternberg der 1919 verstorbene jüngste Bruder des Kaisers Franz Joseph I. (1848–1916), der „leider höchst pervers veranlagt[e]" Erzherzog Ludwig Viktor von Österreich. Derselbe habe nicht nur „homosexuellen Massenkonsum" betrieben, sondern – da niemand einzuschreiten gewagt habe und der Prinz personalpolitisch einflussreich gewesen sei – „seine ihm ergebenen Homosexuellen in alle Stellen, insbesondere bei Hofe", platziert: „Auch in den Generalstab drang die Päderastie ein".¹⁰³

Des langjährigen Kaisers 1842 geborener jüngster Bruder hatte tatsächlich „allgemeines Ärgernis durch seine homosexuellen Neigungen" erregt, wie der Publizist

---

99 Hirschfeld, Die Homosexualität des Mannes und des Weibes, S. 535 und 664 f.
100 Peter Bratt, Über einen zweifelhaften Sittlichkeitsparagraphen. Ein Streitgespräch, in: Merkur. Deutsche Zeitschrift für europäisches Denken 8 (1963), H. 10 (Nr. 188), S. 943–961, hier insb. S. 952.
101 Heinz G. Winterberg, Die gleichgeschlechtliche Prostitution in der männlichen Jugend und die Gesellschaft, Frankfurt a. M. ²1964, S. 46 f.
102 Morus, Eine Weltgeschichte der Sexualität, S. 197 f.
103 Sternberg, Warum Österreich zugrunde gehen musste, S. 122.

Spiridion Gopčević 1920 festhielt. Als der Prinz im Wiener Prater einem Passanten, der ihm gefiel, „einen unsittlichen Antrag stellte" und daraufhin „ein paar Ohrfeigen" erhielt, was sich „wie ein Lauffeuer durch ganz Wien" verbreitete, kam die langjährige „sträfliche Nachsicht" des Monarchen an ein Ende: „Nur wegen des diesmal öffentlichen Skandals bestrafte der Kaiser seinen Bruder, dem er seine Laster durch Jahrzehnte straflos nachgesehen hatte, indem er ihn zeitlebens nach Salzburg verbannte"[104] – ins politische und gesellschaftliche „Dunkel", wie Maximilian Harden noch 1922 erinnerte.[105] Nach Aussage des früheren Erzherzogs Leopold Ferdinand von Österreich-Toskana, der 1902 aus dem Kaiserhaus ausgeschieden war, um eine Frau aus der Unterschicht zu ehelichen, war freilich der Skandal um Ludwig Viktor kein Medienskandal gewesen, sondern „nur im Flüsterton" innerhalb der Oberschichten diskutiert worden: „Die Wiener, die den Erzherzog liebten, erfuhren es nie."[106] Jedenfalls nicht vor dem Ende der Monarchie und ihrer Zensur.

Bedenkt man, dass Ludwig Viktor in Wien bereits in mehrere Skandale geraten war[107], bevor er – offenbar im März 1904, nach anderen Angaben schon Mitte der 1890er Jahre – vom Kaiser aus der Hauptstadt „wegen Päderastie verbannt" wurde[108], dass er außerdem vom streng katholischen Thronfolger Franz Ferdinand heftig bekämpft[109] und 1915 vom Kaiser entmündigt wurde, bevor er 1919 vereinsamt starb[110], dürfte Sternberg den Einfluss dieses Prinzen auf die Personalpolitik der Doppelmonarchie zumindest für die Jahre nach 1900 erheblich übertrieben haben. Zwar soll es Ludwig Viktor (freilich gemeinsam mit dem Kaiser) vermocht haben, einen Spielgefährten seiner Jugend in den 1890er Jahren in ein Ministeramt hinauf zu protegieren; andererseits reichte sein Einfluss selbst in dynastischen Angelegenheiten nicht aus, eine aus seiner Sicht unebenbürtige Hochzeit zu verhindern.[111] Der

---

104 Spiridion Gopčević, Österreichs Untergang – die Folge von Franz Josephs Mißregierung, Berlin 1920, S. 142 f.
105 Maximilian Harden, Um Naboths Weinberg, in: Die Zukunft 30 (1922), Nr. 28 vom 8.4.1922, S. 1–61, hier insb. S. 57.
106 Leopold Wölfling [i. e. der ehemalige Erzherzog Leopold Ferdinand von Österreich-Toskana], Als ich Erzherzog war. Meine Erinnerungen, Berlin 1935, S. 130 f.
107 Michaela Lindinger, Sonderlinge, Außenseiter, Femmes fatales. Das „andere" Wien um 1900, Wien 2015, S. 29.
108 Redlich, Schicksalsjahre Österreichs, Bd. 1, S. 152. Die Angabe zu den 1890er Jahren im Rückblick nach Jahrzehnten und dadurch womöglich weniger zuverlässig: vgl. Joseph Redlich, Kaiser Franz Joseph von Österreich. Eine Biographie, Berlin 1929, S. 414.
109 Broucek, Ein General im Zwielicht, Bd. 1, S. 159–161.
110 Lindinger, Sonderlinge, Außenseiter, Femmes fatales, S. 29.
111 Erich Graf Kielmansegg, Kaiserhaus, Staatsmänner und Politiker. Aufzeichnungen des kk. Statthalters Erich Graf Kielmansegg, Wien 1966, S. 129 und 338; Helmut Neuhold, Das andere Habsburg. Homoerotik im österreichischen Kaiserhaus, Marburg 2008, S. 31–33 und 111. Die Protektionsgerüchte bezogen sich auf Heinrich von Wittek, der zwischen 1897 und 1905 als österreichischer Eisenbahnminister und 1899–1900 kurz als Ministerpräsident amtierte; vgl. Alois (Freiherr von) Czedik, Zur Geschichte der k. k. österreichischen Ministerien 1861–1916, 4 Bde., Teschen/Wien/Leipzig

Erzherzog machte eine Offizierskarriere bis zum Rang eines Feldmarschallleutnants, galt jedoch als unmilitärisch und unmännlich.[112] Über ein politisch-administratives „Betätigungsfeld" verfügte er nicht, „abgesehen von gewissen Repräsentationsaufgaben und wenigen ‚Sondereinsätzen'".[113] Bis zu seinen Homosexualitätsskandalen war Ludwig Viktor beliebter Gast der hocharistokratischen Wiener Salons, in denen er als „klug, galant, lustig und lebensfroh" gefiel.[114] Doch im Grunde war er ein intriganter Müßiggänger und wurde seit seinen Skandalen in Wiener Badehäusern als etwas anrüchiger „Badeerzherzog" betrachtet.[115] Dem liberalen Abgeordneten und zeitweiligen österreichischen Minister Joseph Redlich zufolge hat Kaiser Franz Joseph an Ludwig Viktor nicht nur dessen homosexuelle Orientierung verdammt; zudem sei dem Monarchen, der nur der Pflichterfüllung lebte, der jüngere Bruder „seit seiner frühen Jugend nur als ein nutzloser Nichtstuer erschien[en]". Seit der Verbannung aus Wien habe der Kaiser Ludwig Viktor „nie mehr vor sein Angesicht kommen" lassen.[116]

Der Publizist Spiridion Gopčević berichtete nach dem Tode des Prinzen, dass dieser „sein Treiben" in der Verbannung in Salzburg fortgesetzt habe. Aus der „Kastraten"-Erscheinung eines Adjutanten Ludwig Viktors, dem er begegnet war, zog dieser Beobachter den Schluss, man habe „des Erzherzogs Adjutanten so ausgewählt [...] wie seinerzeit jene [...] vom König Ludwig II. von Bayern".[117] Der Erzherzog pflegte Offiziere der nahen Salzburger Garnison auf sein Schloss Klessheim einzuladen, wo gelegentlich nackt gebadet worden sein soll.[118] Wenn Ludwig Viktor somit in der luxuriösen Verbannung „sein flottes Leben fortführte"[119], wurden ihm doch keine sexuellen Übergriffe mehr nachgesagt.[120] Gleichwohl rügte der konservativ-katholische Thronfolger Franz Ferdinand 1912 die Klessheimer Offiziersbesuche

---

1917–1920, hier insb. Bd. 2 (1917), S. 148–168 und 300–310. Bei der umstrittenen Heirat handelte es sich um die Verbindung des Erzherzogs Friedrich mit Prinzessin Isabella von Croy – aus einst den Habsburgern untertänigem niederländischen Herzogshaus, das aber seit 1815 in Deutschland zu den „standesherrlichen Familien" gezählt wurde, die regierenden Dynastien als ebenbürtig galten; vgl. Heinz Gollwitzer, Die Standesherren. Die politische Stellung der Mediatisierten 1815–1918. Ein Beitrag zur deutschen Sozialgeschichte, Göttingen ²1964; Rolf Schier, Standesherren. Zur Auflösung der Adelsvorherrschaft in Deutschland (1815–1918), Bonn 1975; Art. „Croy (Herzog)", in: Gerhard Köbler, Historisches Lexikon der deutschen Länder. Die deutschen Territorien vom Mittelalter bis zur Gegenwart, München ⁷2007, S. 125.
112 Lindinger, Sonderlinge, Außenseiter, Femmes fatales, S. 37 f.; Neuhold, Das andere Habsburg, S. 114–118 und 204.
113 Neuhold, Das andere Habsburg, S. 91 f.
114 Wölfling, Als ich Erzherzog war, S. 130.
115 Lindinger, Sonderlinge, Außenseiter, Femmes fatales, S. 33.
116 Redlich, Kaiser Franz Joseph von Österreich, S. 414.
117 Gopčević, Österreichs Untergang, S. 143.
118 Broucek, Ein General im Zwielicht, Bd. 1, 160 f.
119 Vocelka/Vocelka, Franz Joseph I., S. 289.
120 Gopčević, Österreichs Untergang, S. 142 f.

streng und befahl, Einladungen fortan „unter einem beliebigen Vorwand" abzulehnen, woran auch eine Beschwerde Ludwig Viktors beim Kaiser nichts änderte.[121] Wie ein einstiger Gast des Erzherzogs, der später als Gefolgsmann Hitlers erneut nach Klessheim gelangende General Edmund Glaise von Horstenau, sich erinnerte, sei der Kaiserbruder „verfemt" gewesen und zuletzt „hinter Gittern gehalten" worden.[122] Letzteres wird durch andere Quellen derart drastisch nicht bestätigt[123], doch die Isolation des homosexuellen Habsburgers ist unstrittig: Zu Pflichtbesuchen antretende Verwandte „durften nie vergessen und vergaßen es nie, daß der alte Herr auf Kles[s]heim deklassiert und vom Hofe verbannt war".[124]

Sofern dieser zuletzt verfemte Bruder des Kaisers überhaupt Karrieren hatte fördern können, fiel dergleichen eher ins 19. Jahrhundert statt in die Zeit der Verbannung. So berichtete Botschafter Graf Heinrich Lützow, dass der aus Bayern stammende Graf Rudolf Montgelas „angeblich durch Protektion des mit ihm befreundeten Erzherzogs Ludwig Victor" in den diplomatischen Dienst der Doppelmonarchie aufgenommen worden sei. Als Mitarbeiter der Botschaft in London sei es Montgelas gelungen, sich in der britischen Elite „eine ziemlich exceptionelle Stellung zu verschaffen" und sich besonders mit dem damaligen Premierminister Lord Beaconsfield (Benjamin Disraeli) „anzufreunden". Auf dieser Basis habe der Graf am vorgesetzten Botschafter vorbei „selbständig Politik zu treiben" versucht: „Sein Zweck war ein durchaus löblicher, nämlich die Herstellung eines Allianzverhältnisses zwischen Österreich-Ungarn und England." Diese Sonderpolitik sei aber vom Wiener Außenministerium nicht gebilligt worden, das Montgelas stattdessen wegen Preisgabe von Dienstgeheimnissen an den befreundeten Bankier Lord Rothschild zum Ausscheiden aus der Diplomatenkarriere genötigt habe. Ein zweifellos interessanter Fall – der sich jedoch zwischen 1868 und 1880 abspielte.[125] Ein weiteres Beispiel von Protektion erwähnte der frühere österreichische Regierungschef Graf Erich Kielmansegg, als er auf seinen Nachfolger Ritter von Wittek verwies: „Heinrich Wittek und seine zwei Schwestern, man muß diese immer mit ihm erwähnen", seien Kinder eines einfachen Unteroffiziers gewesen, der in den 1840er Jahren als „Exerziermeister des nachmaligen Kaisers Franz Joseph" gedient und später eine Stellung bei Hofe erhalten habe. Dadurch sei der junge Wittek „Jugendgespiele des gleichaltrigen Erzherzogs Ludwig Victor" geworden: „Daher die höfischen Beziehungen dieser Familie und eine gewisse Protektion, die sie fortdauernd genoß." Der in der Eisenbahnverwaltung aufgestiegene Wittek avancierte 1897 zum Minister seines

---

121 Broucek, Ein General im Zwielicht, Bd. 1, S. 161, sowie Bd. 3 (Wien u. a. 1988), S. 207.
122 Ebenda, Bd. 1, S. 161.
123 Wölfling, Als ich Erzherzog war, S. 131, spricht davon, dass der Erzherzog in Klessheim „wie ein Gefangener gehalten" worden sei, dem man nicht gestattet habe, „das Schloß zu verlassen".
124 Egon Dietrichstein, Die Berühmten, Wien/Berlin 1920, S. 7–12.
125 Heinrich Graf von Lützow, Im diplomatischen Dienst der k. u. k. Monarchie, hrsg. von Peter Hohenbalken, München 1971, S. 48 f. und 291, Anm. 14.

Ressorts, das er bis 1905 innehatte, um 1899/1900 kurzfristig auch Ministerpräsident der österreichischen Reichshälfte zu werden.[126] Für uns ist entscheidend, dass der Zeitraum dieser möglichen Protektion durch Erzherzog Ludwig Viktor vor der Wende zum 20. Jahrhundert liegt. Zudem steht der Behauptung des Grafen Sternberg hinsichtlich des großen personalpolitischen Einflusses Ludwig Viktors die Beobachtung des Grafen Lützow entgegen, dass zwischen dem Kaiser und seinem Bruder „lediglich rein konventionelle Beziehungen" bestanden und beide sich schon vor der Verbannung Ludwig Viktors „wenig" gesehen hätten.[127]

Gleichwohl konstatierte der in den Ländern der ehemaligen Habsburgermonarchie bekannte Politiker und Publizist Adalbert Sternberg Mitte der 1920er Jahre, „die elegante Wiener Welt" sei gerade „durch Erzherzog Ludwig Viktor eine von Mignons beherrschte Welt geworden". Diese hätten nicht nur „ihr Wigwam im Jockeiklub aufgeschlagen", auch der Generalstab sei „von Mignons verseucht" gewesen. Sternberg machte Andeutungen ohne Namensnennung, verwies aber zugleich auf den bekanntesten homosexuellen Verräter überhaupt: „So ein Prachtexemplar eines Mignons war der Oberst Redl." Dieser habe „daher eine unerhört rasche Karriere" inklusive ungewöhnlich rascher und hoher Ordensauszeichnungen gemacht. Sternbergs Hauptvorwurf gegen das vorgebliche homosexuelle Netzwerk lautete, zuerst den Aufstieg Redls gefördert und dann – nach der Entlarvung – den Selbstmord zum Zwecke der Vertuschung ermöglicht zu haben. Sternberg hätte den Verräter am liebsten unter der Folter verhören und öffentlich hinrichten lassen. Doch leider sei Redl „von der Buserantenorganisation, die bis hoch hinauf reichte", bis zuletzt „gedeckt" worden.[128]

Manche neue Forschungen zum Redl-Skandal streifen den „zu Übertreibungen neigenden" Sternberg nur ganz beiläufig, ohne dessen brisante Theorie vom homosexuellen Netzwerk überhaupt zu erwähnen.[129] Andere berühren andere Spionagefälle des Jahres 1913 im k. u. k. Militär wie jenen der kroatischen Brüder Jandrić, der einen Monat vor Redl in der Presse skandalisiert wurde, betonen jedoch, dass man keinen Zusammenhang zwischen diesen unterschiedlichen Verratsfällen zugunsten Russlands habe entdecken können.[130] Wieder andere sehen jedoch durchaus eine Verbindung zwischen den Fällen Redl und Jandrić und äußern die Vermutung, dass Generalstabschef Conrad selbst dafür gesorgt habe, dass die Aufklärung im Fall

---

[126] Kielmansegg, Kaiserhaus, Staatsmänner und Politiker, S. 338–342. Ausführlich zu Witteks Karriere, allerdings ohne Hinweise auf Protektion: Alois (Freiherr von) Czedik, Zur Geschichte der k. k. österreichischen Ministerien 1861–1916, 4 Bde., Teschen/Wien/Leipzig 1917–1920, hier insb. Bd. 2 (1917), S. 148–168 und 300–310.
[127] Heinrich Graf von Lützow, hrsg. von Peter Hohenbalken, S. 109.
[128] Sternberg, Warum Österreich zugrunde gehen mußte, S. 123 f. und 127 f. „Buseranten" war eine abwertende Wiener Bezeichnung für Homosexuelle; vgl. Neuhold, Das andere Habsburg, S. 166.
[129] Moritz/Leidinger, Oberst Redl, S. 205, sowie passim.
[130] Sadler/Fisch, Spy of the Century, S. 96 f.

Redl nach Möglichkeit behindert wurde, weil ansonsten für ihn bzw. seinen Sohn höchst kompromittierende Fakten hätten zutage treten können. Kurt Conrad, der Sohn des k. u. k. Generalstabschefs, sei nämlich ein enger Freund des im Frühjahr 1913 der Spionage überführten Offiziers Čedomil Jandrić gewesen. Später entstandene Erinnerungen aus dem russischen Geheimdienst ließen zudem vermuten, dass der junge Conrad und nicht etwa Jandrić der Hauptinformant der Russen gewesen sei; der Sohn habe sich leicht geheime Unterlagen vom Schreibtisch seines Vaters aneignen können.[131] In diesem Falle hätte es nicht das zusammenphantasierte homosexuelle Netzwerk um Oberst Redl gegeben, sondern dieser homosexuelle Einzeltäter wäre von Generalstabschef Conrad gezielt genutzt worden, um ein ganz anderes verräterisches Netzwerk teilweise zu verdecken. Doch selbst wenn all dies nicht zuträfe, hatte Conrad Gründe genug für eine Vertuschung der Zusammenhänge des Redl-Verrats; denn er selbst war der hauptverantwortliche Förderer von Redls Aufstieg seit 1906 gewesen und wurde daher durch den Skandal „zutiefst getroffen", ja zeitweilig geradezu „demoralisiert".[132]

Selbst wenn der exzentrische Sternberg der einzige gewesen wäre, der die Behauptung von homosexuellen Seilschaften vertreten hätte, wäre sie doch von einigem Gewicht, denn Sternberg war eine in Wien gut vernetzte Persönlichkeit von medialer Breitenwirkung. Als zu Beginn des 20. Jahrhunderts „Akte des Nepotismus" in den höchsten Rängen der Hofwürdenträger „in der Wiener Gesellschaft großes Aufsehen" machten, so der Bericht des Grafen Kielmansegg, habe sich „der boshafte Graf Adalbert (Montschi) Sternberg", der „nachmals als Reichsratsabgeordneter durch seine gegen den Hof gekehrten Reden berühmt oder berüchtigt geworden" sei, als Kritiker dieser elitären Korruption hervorgetan.[133] Was immer man von Sternberg hielt, seine Wirkung auf die Öffentlichkeit musste man damals ernstnehmen. Manche hochgestellte Persönlichkeit hielt auch inhaltlich viel von ihm. Graf Arthur Polzer, 1916/17 Kabinettschef des letzten österreichischen Kaisers Karl I., beurteilte Sternberg als klugen Zeitgenossen, „dessen treffsicheres und mutiges Urteil" in politischen Angelegenheiten er „stets aufrichtig bewunderte". Nicht zuletzt vor der Treulosigkeit des Außenministers Graf Ottokar Czernin gegenüber dem Monarchen habe Sternberg 1917 bereits frühzeitig gewarnt – eine Bemerkung, die auf die geheimen Separatfriedensverhandlungen des österreichischen Monarchenpaares mit der französischen Regierung und die diesbezügliche Haltung des Außenministers in der nach dem bourbonischen Schwager und Unterhändler des Kaisers sogenannten „Sixtus-Affäre" von 1917/18 verweist. Gerade seine kritische Haltung zu

---

131 Christopher Clark, Die Schlafwandler. Wie Europa in den Ersten Weltkrieg zog, München 2013, S. 162 f.; vgl. ähnlich Helmut Roewer, Kill the Huns – Tötet die Hunnen! Geheimdienste, Propaganda und Subversion hinter den Kulissen des Ersten Weltkrieges, Graz 2014, S. 54 f.
132 Clark, Die Schlafwandler, S. 163 f.
133 Kielmansegg, Kaiserhaus, Staatsmänner und Politiker, S. 145.

Czernin hatte Sternberg laut Polzer „mit der ihm eigenen Offenheit auch anderen gegenüber" zum Ausdruck gebracht, weshalb er in Konflikte mit anderen hohen Aristokraten geraten sei. Graf Polzer wusste: „Angriffe gegen Czernin wurden im Wiener Jockey-Klub und im Hochadel als Hochverrat angesehen, solche gegen den Kaiser wurden weniger streng beurteilt."[134] Möglicherweise lag der heute belanglos scheinende Ausschluss Sternbergs aus dem „Jockey-Klub" in diesen politischen Konflikten begründet.[135]

Im Übrigen war Sternberg nicht der einzige, der an ein mögliches homosexuelles Netzwerk um Oberst Redl glaubte. Kein Geringerer als der französische Militärattaché in Wien, Oberstleutnant Henri Hallier, hatte im Mai 1913 in einem vertraulichen Bericht an die Pariser Regierung Redl „als Günstling eines mächtigen ‚Schwulenringes'" porträtiert, der nur durch die Hilfe von Förderern „hohe Posten in Prag und Wien" habe bekleiden können. Auch Hallier brachte den von Sternberg angeprangerten homosexuellen Kaiserbruder ins Spiel, freilich nur spekulativ, da er – anders als Sternberg – dessen längst erfolgte Entmachtung in Rechnung stellte: „Wenn der Erzherzog Ludwig Viktor, der infolge des Widerhalls auf seine skandalöse Lebensweise aus Wien verbannt worden war, die Vorkehrungen und Diskretionen beachtet hätte", deren „sich die Eingeweihten für gewöhnlich bedienen, hätte er seinen Platz in der Hauptstadt bewahrt – und Redl wäre leicht Minister geworden!" Doch infolge der von Kaiser Franz Joseph fast ein Jahrzehnt vor dem Redl-Skandal verfügten Verbannung des Erzherzogs aus Wien war eine Förderung Redls durch Ludwig Viktor denkbar unwahrscheinlich. Man muss daher, wie die österreichischen Historiker Verena Moritz und Hannes Leidinger konstatieren, von einer völlig „unbewiesene[n] Verbindung zwischen dem ehemaligen Evidenzbüromitarbeiter und einem Angehörigen der Herrscherdynastie" ausgehen.[136]

Nicht nur russische Medien oder Würdenträger des Vatikans sinnierten 1913 über Zusammenhänge zwischen Homosexualität und Judentum. In Berlin publizierte 1914 der Ex-Diplomat Emil Witte, ein früherer Presseattaché an der deutschen Botschaft in Washington, der sich unterdessen einer ultranationalistischen Richtung verschrieben hatte, eine ebenso antisemitische wie homophobe Hetzschrift „Wider das Juden- und Kynädenregiment", in der der Verrat des Obersten Redl als Teil einer „internationale[n] homosexuell-jüdische[n] Verschwörung" gedeutet wur-

---

[134] Arthur Graf Polzer-Hoditz, Kaiser Karl. Aus der Geheimmappe seines Kabinettschefs, eingeleitet von Wolfdieter Biehl, Wien ²1980, S. 154 und 480–482.
[135] Zu den kontroversen Ansichten zur Sixtus-Affäre vgl. Ladislaus Singer, Ottokar Graf Czernin. Staatsmann einer Zeitenwende, Graz u. a. 1965; August Demblin, Minister gegen Kaiser. Aufzeichnungen eines österreichisch-ungarischen Diplomaten über Außenminister Czernin und Kaiser Karl. hrsg. und bearb. von Alexander Demblin, Wien u. a. 1997. Zur verheerenden außen- wie innenpolititischen Wirkung der Affäre: Robert A. Kann, Geschichte des Habsburgerreiches 1526–1918, Wien u. a. ³1993, S. 426–428.
[136] Moritz/Leidinger, Oberst Redl, S. 279.

de.¹³⁷ In seinem Rundumschlag gegen eine angeblich von jüdischen Journalisten wie Maximilian Harden (dessen Konversion zum Christentum keine Rolle mehr spielte) und jüdischen Sexualwissenschaftlern wie Magnus Hirschfeld angeführte Geheimorganisation, die sich die politische Erpressung von homosexuellen Angehörigen der deutschen Eliten zur Aufgabe gemacht habe, kritisierte Witte vehement die anhaltenden Beförderungen von (angeblich) Homosexuellen innerhalb des preußisch-deutschen Militärs auf politisch exponierte Stellungen, etwa als Militärattachés im Ausland. Witte sah damit den „Anschein" belegt, „als ob die Leitung in der Wilhelmstraße es nicht für angezeigt hält, aus dem Falle *Redl*, in dem ein homosexueller jüdischer Generalstabsoffizier der K.[u.]K. Armee um schmutzigsten Geldes und perverser Befriedigung willen unerhörtesten Hof- und Landesverrat [sic!] verübte, ihre Folgerungen zu ziehen." Der Drahtzieher Hirschfeld hingegen habe es sich nicht nehmen lassen, „im Juliheft des ‚Jahrbuchs für sexuelle Zwischenstufen' eine Lanze für den Verbrecher Redl einzulegen – eine Tatsache, die Bände spricht für das Bestehen engster Interessengemeinschaften zwischen Juden und Päderasten".¹³⁸

Davon, dass Hirschfeld ein Plädoyer „für den Verbrecher Redl" geführt hätte, kann keine Rede sein. Nicht in einem eigenen Artikel des erwähnten Juliheftes, sondern nur in einem kurzen Bericht des „Wissenschaftlich-humanitären Komitees" wurde – anonym, aber vermutlich vom Jahrbuch-Herausgeber Hirschfeld – mit Blick auf das vom Komitee „Erreichte" festgestellt, dass in wissenschaftlichen Kreisen eine günstige Auffassung von Homosexualität Fortschritte habe verzeichnen können, während sich die breite Öffentlichkeit, insbesondere die Presse, wenigstens *„relativ vernünftig"* angesichts neuester Skandale um Homosexuelle verhalten habe: „Das zeigte sich namentlich bei den letzten Sensationsfällen, dem Knabenmord des Dieners *Ritter* in Berlin und dem Spionagefall des Obersten *Redl* in Prag, die früher sicherlich der Sache der Homosexuellen *geschadet* haben würden, während sie jetzt als Einzelfälle, die mit der Homosexualität als solcher nichts zu tun haben, aufgefaßt wurden." Das WhK sei „selbstverständlich" weit davon entfernt, „derartige infolge von *Erpressungen* begangenen *Verbrechen* durch diese irgendwie entschuldigen zu wollen", doch wären diese Verbrechen vermutlich „schwerlich vorgekommen [...], wenn die Betreffenden nicht durch die Vorurteile gegen Homosexuelle in Erpresserhände geraten wären". Bestätigt fühlte sich der Berichterstatter des WhK durch einen Artikel zum österreichischen Homosexuellenparagraphen 129b – dem Pendant des deutschen Strafrechtsparagraphen 175 –, den der Wiener Rechtsanwalt Viktor Rosenfeld am 8. Juni 1913 im „Neuen Wiener Journal" veröffentlicht hatte. Rosenfeld hatte darauf hingewiesen, dass zahlreiche Morde und Selbstmorde durch Erpressung von Homosexuellen bewirkt würden, was sich vermeiden ließe, wenn

---

137 Domeier, Imaginationen, S. 63, Anm. 53.
138 Witte, Wider das Juden- und Kynädenregiment!, S. 14, unnumerierte Anmerkung.

man die Kriminalisierung der einfachen Erwachsenen-Homosexualität endlich fallen ließe. In mitfühlender Art war Rosenfeld dann auf Oberst Redl zu sprechen gekommen: „Ich habe ihn gekannt, diesen schönen, blühenden Menschen mit leuchtenden, gewinnenden Zügen, gar nichts Weibisches an sich, durch und durch männlich. Ich kann es mir gar nicht vorstellen, daß dieser Redl, mit dem ich in so vielen Verhandlungen zu tun hatte, eben der Redl ist, der so schmählichen Verrat ausgeübt hat. Und ich weiß nicht, ob dieser Mensch zum Verräter geworden wäre, wenn die Strafbestimmung nach § 129b nicht bestanden hätte."[139]

Unmittelbar nach der Weltkriegsniederlage Deutschlands und Österreich-Ungarns veröffentlichte der streitbare antimoderne Wiener Mediziner Eugen Fried[140] 1919 ein Elaborat über „Das männliche Urningtum in seiner sozialen Bedeutung", in dem er auf die der Gesellschaft durch homosexuelle Verräter-Cliquen drohenden Gefahren nachdrücklich hinwies. Wie später Graf Sternberg war auch Fried davon überzeugt, dass der Spion Redl von einem ganzen Netzwerk homosexueller Verräter protegiert worden sei. Ähnlich wie Witte ging es Fried nicht um den Einzelfall, sondern um die Regel, und deshalb entfaltete er ein grundlegendes Feindbild: „Die ergiebigste Quelle sozialen Unheils, das die Homosexuellen stiften, bildet ihr übermächtiges *Cliquewesen*. Äußerlich zwar nur frei und lose vereint, bilden die Perversen im Grunde doch eine festgefügte und wohlorganisierte Interessengemeinschaft. Was noch keiner Demokratie gelungen, das Urningtum hat es vollbracht; in seinem Kreis ist die weiteste soziale Kluft überbrückt, der höchste gesellschaftliche Abstand nivelliert [...]. Der urnische Gemeingeist umschließt die heterogensten Elemente und formiert sie zu einem einheitlichen Ganzen. [...] Warm und warm gesellt sich gern. [...] Alles, was sonst die Menschen trennt, wie die Verschiedenheit der Rasse und Nation, der Intelligenz und Bildung, der Erziehung und des Standes, der Weltanschauung und Parteistellung, alle diese mannigfachen Differenzierungen existieren nicht in der urnischen Gemeinschaft; sie alle sind der nivellierenden Kraft des perversen Triebes verfallen. Sind die warmen Brüder des Abends unter sich, so spotten sie der öligen politisch-nationalen Idealitäten, denen nachzuhängen sie sich bei Tag den Anschein gegeben haben."[141] „Urninge", wie Fried in einer älteren Terminologie des 19. Jahrhunderts die Homosexuellen nannte, waren in seinen Augen „latente Kriminelle" und zugleich stets „ethisch pervers": „Und wie schwer mißbrauchen sie die Macht, die sie doch lediglich ihren sexuellperversen Beziehun-

---

[139] Komitee-Mitteilungen, in: Jahrbuch für sexuelle Zwischenstufen 13 (1913), Heft 4 vom Juli 1913, S. 494–501, hier insb. S. 497–499 (Hervorhebung im Original).
[140] Dr. med. Eugen Fried, praktischer Arzt in Wien und offensichtlich jüdischer Herkunft, bekämpfte nicht nur die Homosexualität, sondern auch die Psychoanalyse. 1921 erhob er bei der Wiener Universität und beim österreichischen Unterrichtsministerium erfolglos Dienstaufsichtsbeschwerde gegen Sigmund Freud; vgl. Kamila Maria Staudigl-Ciechowicz, Das Dienst-, Habilitations- und Disziplinarrecht der Universität Wien 1848–1938, Göttingen 2017, S. 410.
[141] Fried, Das männliche Urningtum in seiner sozialen Bedeutung, S. 20.

gen danken! Anderen zum vernichtenden Nachteil, sich selbst zum erhöhenden Vorteil."[142]

Fried prunkte mit dem Wissen, dass „viele der skandalösesten Korruptionsaffären" eigentlich „einen homosexuellen Hintergrund" hätten und ordnete hier auch die international beachtete französische Dreyfus-Affäre ein. Doch sein Trumpf war der Redl-Skandal, dessen Hintergründe er bis in Details zu kennen vorgab: „Den organischen Zusammenhang gemeingefährlichsten, ruchlosesten Verbrechertums und sexueller Perversion hat wie keine zweite die grauenvolle Affaire erwiesen, die im Mai des Jahres 1913 unter dem Namen *Redl* in aller Mund war, allerdings in ihrem Kern und Hauptinhalt für die breite Öffentlichkeit ein unergründetes Rätsel, ein unheimliches Geheimnis geblieben ist. Dies ungeheuerliche Kollektivverbrechen, der monströseste Landesverrat, den die Geschichte kennt, beweist schlagend, wie vollkommen die Termiten der Korruption die ethische Gesamtpersönlichkeit eines Sexuellperversen aushöhlen, wie satanisch ein solcher seine Machtvollkommenheit mißbraucht, [...] wie ein einziger homosexueller Mephisto buchstäblich von der niedersten bis in die höchste Gesellschaftsschicht – Normale wie Perverse zu den ‚größten Schuften' macht." Eine von Redl geschaffene Geheimorganisation habe 1913 den Umzug des k. u. k. Kriegsministeriums innerhalb Wiens genutzt, um unbemerkt des Nachts streng geheime Unterlagen fortzuschaffen und in einem Eckhaus an der „Borschke- und Meynertgasse" für die Russen auszuwerten: „Der fabrikmäßig eingerichtete Landesverratsgroßbetrieb – scherzweise hieß er die Aktiengesellschaft – beschäftigte an die 120 Redljünger; davon über 80 Männer, unter diesen dreißig Offiziere; von den Männern war annähernd die Hälfte homosexuell, von den Weibern waren weitaus die meisten pervers. In der Verrätergesellschaft des Borschkegassenheims befanden sich auch perverse Ehepaare [...]."[143]

Neben der Spionage-Organisation, die eine zwar umfassende, aber nur kurzfristige Existenz von wenigen Monaten gehabt haben sollte, wollte Fried jedoch auch den ganzen Aufstieg des Verräters Redl an das klandestine Wirken homosexueller Seilschaften gebunden wissen: „Alfred Redl hat Karriere gemacht wie sonst nur ein Erzherzog. Obgleich erst seit kurzem Oberst, stand er vor der Ernennung zum General und galt als der prädestinierte österreichische Generalstabschef [...]. Der erstaunlich rasche Aufstieg des gar übel konduisierten [das heißt im Verhalten als übel bewerteten] Truppenoffiziers Redl ist, wie bei Perversen in der Regel, in mystisch Dunkel gehüllt; die Geschichte seiner Kommandierung zum Generalstab sowohl wie die seiner glänzenden Laufbahn gehören zu den bestgehüteten österreichischen Staatsgeheimnissen." Der Wiener Mediziner aber wollte – ohne Belege und Quellenangaben – alles aufgedeckt haben: „Dies Rätsel hat eine simple Lösung: Redls Leibstrichjüngelchen, genannt die schöne Karolin, das später auch das anale Wonne-

---

142 Ebenda, S. 21 und 25.
143 Ebenda, S. 26 und 28 f.

knäblein des erzperversen Tutors der ganzen Unternehmung wurde, hat seinen Herrn so hoch gebracht, ihm hat Österreich den heimlich unheimlichen Lenker und Vollender seines Geschickes, eben seinen Redl zu verdanken." Außerdem wollte Fried wissen, dass nach dem Auffliegen der spionierenden „‚Aktiengesellschaft'" Redl von seinen Hintermännern „mit sanfter Gewalt gezwungen" worden sei, „die gesamte Schuld auf sich allein zu nehmen und sie vor der Welt durch seinen Tod zu sühnen, vor allem, um seinen ‚hohen' erzperversen Tutor vor äußerster Bloßstellung und bürgerlichen [sic!] Tod zu bewahren". Dass diese Hintermänner in höchsten Elitepositionen vermutet werden mussten, machte Frieds Zusatz deutlich, „man" habe „ausstreuen" lassen, „das verratene Material sei belanglos, die Spione seien eitle, ungefährliche Prahlhänse, mehr Betrüger als Verräter". Redl sei tatsächlich in seinen Ablenkungstod als angeblicher Einzeltäter gegangen, habe aber seine Mitschuldigen am Ende mit dem Ausruf gebrandmarkt: „Ihr seid die *größten Schufte!*" Diese Hintermänner seien, so Fried, den österreichischen Behörden sämtlich namentlich bekannt gewesen und dennoch ungeschoren davon gekommen: „Wohl noch niemals ward ein Landesverratsfall in allen Einzelheiten so aufgehellt worden, wie der dieses Mammutverbrechens. Die Behörde besaß ein lückenloses Teilnehmerverzeichnis [...] und wußte mit bankkontomäßiger Genauigkeit, wie viel der Anteil jedes einzelnen an der Milliarde gewesen war. Ausnahmslos aller dieser Landes- und Volks-Großverräter hätte sich die Behörde durch einfachen Zugriff bemächtigen können, und doch wurde keinem von ihnen ein Haar gekrümmt. Der Fisch fängt beim Kopf zu stinken an."[144] Umso heftiger suchte der homophobe Pamphletist die Öffentlichkeit zum Kampf gegen diese homosexuellen Netzwerke aufzurütteln: „Es geht ums Ganze. Die ungeheure Verbreitung des Urningtums, seine herrschende Macht [...] sind untrügliche Kennzeichen, sind sichere Beweise des allertiefsten Verfalls unserer Zeit. [...] Soll die Ära zynischer Willkür, schrankenloser Korruption und brutaler Unterdrückung für immer ein Ende haben, [...] soll die erzperverse Tyrannei ruchloser Selbstgier, diabolischer Gehässigkeit und gewalttätiger Hinterlist der allein menschenwürdigen Herrschaft natürlicher Rechtsordnung und vernunftgemäßer Gesetzlichkeit weichen [...], so muß die von allen Redlichen und Rechtlichen schmerzlich bang ersehnte Friedenszeit mit einer Urningsdämmerung einsetzen; darum muß das Gebot der Stunde lauten: *Ècrasez l'infame!*"[145]

Diese homophobe Deutung des berühmten antikatholischen Verdikts des Aufklärers Voltaire im Sinne einer repressiven „Urningsdämmerung" fand durchaus Resonanz – überraschenderweise auch in medizinischen Fachzeitschriften des benachbarten Deutschen Reiches. So lobte ein Rezensent des „Archivs für Psychiatrie und Nervenkrankheiten" 1920: „In beredten Worten weist Verf.[asser] auf die Gefahren des männlichen Urningtums hin und beleuchtet die der Gesellschaft von diesen

---

144 Ebenda, S. 29–31.
145 Ebenda, S. 59.

Personen drohenden Schädlichkeiten."[146] In der renommierten „Münchner Medizinischen Wochenschrift" erhielt Fried sogar Raum für seine politische Forderung, die aktuell diskutierten gesundheitlichen oder erbgesundheitlichen Ehetauglichkeitsprüfungen auch auf Homosexuelle ausweiten, um deren zur Tarnung gedachte heterosexuelle Eheschließungen zu verhindern.[147] Immerhin: In einer weiteren deutschen Fachzeitschrift widersprach ein wie Fried aus Wien stammender Rezensent dessen grobschlächtiger These, „der Urning sei ein Verbrecher und ein Schädling der Gesellschaft", mit dem Hinweis: „Man müßte dem Verfasser nur die Liste der berühmten Homosexuellen entgegenhalten, um seine Beweisführung ad absurdum zu führen, daß schöpferische Kraft und Homosexualität Gegensätze bedeuten. Ich habe Tausende von Urningen studieren können, viele waren mir nicht sympathisch, launisch, krakeelsüchtig, kleinlich, andere waren feine, stille Menschen."[148]

Ausgerechnet in der „Zeitschrift für Sexualwissenschaft" aber fanden Frieds homophobe Tiraden bemerkenswert starken Anklang. Der bekannte Berliner Sanitätsrat Dr. Albert Moll wertete besagtes Pamphlet als „eine temperamentvolle Arbeit gegen die Homosexuellen". Immerhin betonte Moll, dass Fried „in seinen Angriffen zu weit" gehe und zu sehr verallgemeinere, weshalb seine Arbeit nicht als „streng wissenschaftlich" bewertet werden könne. Gleichwohl wurde wohlwollend konzediert, dass „aber die Gefährlichkeit der Homosexuellen, und besonders der in Kränzchen und anderen gesellschaftlichen Vereinigungen zusammengeschlossenen Homosexuellen", durch Fried „in helles Licht gerückt" worden sei. Hier bot der allgemein bekannte Fall Redl eine offenbare Legitimation: „Die Frage hat eine aktuelle Bedeutung durch die Erinnerungen an den österreichischen Oberst *Redl*, dessen Verrätereien kurz vor dem Kriege so großes Aufsehen erregten und ihn schließlich zum Selbstmord führten. Die Einzelheiten, die der Verfasser über Redl mitteilt, der unter hoher Protektion damals österreichische Militärgeheimnisse an Rußland verscherte, sind grauenvoll, wenn man die Folgen sieht. Grauenvoll ist, was der Verfasser über den Einfluß homosexueller Kreise auf den österreichischen Staat und dessen Regierung mitteilt. [...] Der Verfasser deutet an, daß sich die homosexuellen Verräter hoher Protektion erfreuten." Der Rezensent zog seinerseits eine Parallele zur deutschen Nachkriegs-Gegenwart: Er hätte die Inhalte der Fried-Broschüre nicht so ausführlich dargestellt, betonte Moll, „wenn mir nicht durch Vorkommnisse der letzten Zeit das staatsgefährliche Treiben der Homosexuellen auch in Deutschland aufgefallen wäre". Ohne Namen zu nennen, verwies Moll darauf, dass ein in seinen Überzeugungen eindeutig jugendgefährdender homosexueller Arzt „nach der Revo-

---

146 S., Rez. zu Eugen Fried, Das männliche Urningtum in seiner sozialen Bedeutung, in: Archiv für Psychiatrie und Nervenkrankheiten 62 (1920), H. 1, S. 302.
147 Eugen Fried, Wien, Zur Frage der sexuellen Aufklärung, in: Münchner Medizinische Wochenschrift 67 (1920), S. 1121.
148 Dr. Wilhelm Stekel, Wien, Sammelreferat: Psychotherapie, in: Medizinische Klinik. Wochenschrift für praktische Ärzte 16 (1920), S. 210–213, hier insb. S. 213.

lution" beinahe zum Hochschullehrer für Sexualpädagogik berufen worden wäre; und es habe sogar Gerüchte gegeben, der Betreffende habe zum preußischen Minister für Volkswohlfahrt aufzusteigen versucht. Der Berliner Gerüchte-Verbreiter begrüßte daher die Botschaft eines Wiener Geistesverwandten: „Unter diesen Umständen muß die Arbeit von F.[ried] trotz mancher Übertreibungen als ein Verdienst angesehen werden, zumal da er gerade die sozialen Gefahren der Homosexuellen bespricht."[149]

Knapp ein Jahrzehnt später kam Hauptmann a. D. Wulf Bley – ein im „Dritten Reich" bekannter Journalist, Propagandist und Romanschriftsteller, der seit 1931 der NSDAP und der SA angehörte – in jenem Sammelband über „Weltkriegsspionage", zu dem auch der ehemalige österreichische Geheimdienstchef Urbanski Beiträge geliefert hatte, auf den Redl-Skandal zu sprechen. Für den deutschen Ex-Offizier war der Zusammenhang zwischen „Spionage und anormale[r] Veranlagung" sehr eng: Die „Wechselbeziehungen zwischen Spionage und Sexualität" würden meist nur mit Blick auf Verführung durch Frauen diskutiert, während die Bedeutung der Homosexualität unterschätzt würde. Dabei könne man behaupten, „daß Homosexualität ein bevorzugter Nährboden für Kriminalität ist, und daß sehr viel kriminelle Fälle, mehr als man glaubt, ihre Ursache in dieser widerlichsten aller Perversitäten haben". Als Beleg führte Bley den Fall Redl ins Feld, um eine Attacke gegen Magnus Hirschfeld anzuschließen: „Es ist heute dank der eifrigen Propaganda eines destruktiven ‚Wissenschaftlers' in intellektuellen Kreisen Mode geworden, den Homosexuellen die gesellschaftliche Achtung nicht mehr zu versagen. Man kann darin nichts anderes als einen schleichenden Selbstmord der Gesellschaft erblicken. Es wird vergessen, daß eine naturwidrige Physis stets oder doch wenigstens in den meisten Fällen sich mit mehr oder weniger hemmungsloser Asozialität paart. Insbesondere sinkt das Verantwortungsbewußtsein gerade in den entscheidenden Augenblicken in sich zusammen." Deshalb dürfe man widernatürlich Veranlagte nicht in wichtigen Funktionen einsetzen, die der Spionage ausgesetzt sein könnten.[150]

Die offenbare Beweiskräftigkeit der Figur Redl reichte, wie wir noch ausführlich sehen werden, über den Zweiten Weltkrieg in den transatlantisch-sowjetischen Kalten Krieg hinein. Genealogien homosexueller Verräter durchzogen die Jahrzehnte der bipolaren Systemkonkurrenz bis in deren Endzeit in den 1980er Jahren. So wies

---

149 Albert Moll, Rez. zu Eugen Fried, Das männliche Urningtum in seiner sozialen Bedeutung, Wien 1919, in: Zeitschrift für Sexualwissenschaft 6 (1919/20), H. 11 (Februar 1920), S. 359–360.
150 Wulf Bley, Spionage und anormale Veranlagung, in: Die Weltkriegsspionage (Original-Spionage-Werk). Authentische Enthüllungen über Entstehung, Art, Arbeit, Technik, Schliche, Handlungen, Wirkungen und Geheimnisse der Spionage vor, während und nach dem Kriege auf Grund amtlichen Materials aus Kriegs-, Militär-, Gerichts- und Reichsarchiven. Vom Leben und Sterben, von den Taten und Abenteuern der bedeutendsten Agenten bei Freund und Feind, hrsg. mit einem Vorwort von Generalmajor von Lettow-Vorbeck von Ludwig Altmann u. a., München 1931, S. 378–383, hier insb. S. 378.

der britische Labour-Parlamentsabgeordnete Leo Abse 1989 darauf hin, entgegen der Ansichten reformorientierter Untersuchungskommissionen, wonach das eigentliche Problem die Erpressbarkeit von Homosexuellen und nicht deren Homosexualität sei, offenbare ein Blick in die Geschichte ein sehr viel tiefer liegendes Problem. Denn vom englisch-schottischen König James I. und dessen männlichen Günstlingen im frühen 17. Jahrhundert bis hin zum sowjetischen Spion Guy Burgess um 1950 sei Verrat immer wieder zwar nicht mit den Homosexuellen an sich, sehr wohl aber mit *gestörten Homosexuellen* verbunden gewesen, mit Menschen, die unfähig gewesen seien, ihre sexuelle Bestimmung selbst zu akzeptieren. Von der Elisabethanischen Zeit bis zur Gegenwart erklängen immer wieder Namen notorischer homosexueller Spione und Verräter. Zwei der prominentesten Verräter des 20. Jahrhunderts, der österreichische Oberst Alfred Redl und der tragische Anglo-Ire Roger Casement, seien zugleich zwanghafte und bizarre Homosexuelle gewesen – „compulsive and bizarre homosexuals". Abse hielt den Zusammenhang zwischen nicht akzeptierter Homosexualität und Verrat für keinen Zufall, sondern für das regelmäßige Resultat biographischer Konstellationen. Oft spiele ein feindseliger Vater eine wichtige Rolle, und der durch den Patriarchen entmännlichte Sohn räche sich später am eigenen Staat als dem höchsten Symbol väterlicher Autorität – indem er zum *homosexuellen Verräter* seines Landes und seiner Gesellschaft werde.[151]

Was in der psychologisierenden Argumentation Abses fehlte, war die Ergänzung der Verbindung von Homosexualität und Verrat durch eine geheime homosexuelle Seilschaft, die – nicht nur, aber auch im Falle Redl – die Diskurse vieler Jahrzehnte des 20. Jahrhunderts geprägt hatte. Im Jahre 1989, gegen Ende des Kalten Krieges, durften evidente homosexuelle *Einzeltäter* wie Redl oder Casement endlich wieder Einzeltäter sein. In den vorangegangenen Jahrzehnten des 20. Jahrhunderts hingegen hatte die Sexualisierung des Verrats von wenigen Einzeltätern lange ausgereicht, um eine ganze Kategorie von Menschen zu stigmatisieren. Insbesondere durch den Redl-Skandal wurde „die Homosexualität einer Person in denkbar schlimmstem Zusammenhang mit Geheimnis- und Landesverrat im größtmöglichen Ausmaße" der Öffentlichkeit demonstriert.[152]

Insbesondere im Ersten Weltkrieg, der nur ein Jahr nach dem Skandal um Redl begann, befeuerte die Kombination aus Sexualität und Verrat überall die öffentlichen Leidenschaften. Nicht von ungefähr machte das Thema „Erotik und Spionage" ein volles, wenn auch überwiegend mit heterosexuellen Beispielen gefülltes Kapitel in Hirschfelds „Sittengeschichte des Weltkrieges" aus.[153] Im revolutionsreifen Russland wurde der aus Deutschland stammenden Zarin nicht nur Einflussnahme oder

---

[151] Leo Abse, Margaret, Daughter of Beatrice. A Politician's Psycho-Biography of Margaret Thatcher, London 1989, S. 236.
[152] Neuhold, Das andere Habsburg, S. 279.
[153] Hirschfeld/Gaspar, Sittengeschichte des Weltkrieges, S. 103–148.

gar Spionage zugunsten ihrer Geburtsheimat, sondern auch ein sexuelles Verhältnis mit dem Günstling Rasputin unterstellt, der ebenfalls beschuldigt wurde, ein deutscher Agent zu sein.[154] Der österreichische Journalist Friedrich Funder hat interessante Parallelen zwischen den gegen die letzten Herrscherpaare Russlands und Österreich-Ungarns gerichteten Feindbildern aufmerksam gemacht: „Die Zarin, die als deutsche Prinzessin [von Hessen-Darmstadt] an Rußland zur Landesverräterin wurde, hatte sich in Österreich in eine ‚Italienerin' [Kaiserin Zita, geborene Prinzessin von Bourbon-Parma] verwandelt, die dasselbe an Österreich verbrach. Zar Nikolaus II., dessen Gutmütigkeit die Eigenschaft eines unfähigen, unter Weiberherrschaft stehenden Schwächlings wurde, der seine Sorgen in Alkohol ertränkte, wurde hierzulande der Alkoholiker Kaiser Karl, der selbst auf seinen Frontreisen sich betrank und in allen seinen Handlungen von seiner Frau geleitet wurde. Selbstverständlich hatte auch die Pfaffenherrschaft am Zarenhofe, die durch den nichtswürdigen Mönch Rasputin – der übrigens gar kein richtiger Mönch war – repräsentiert wurde, in Österreich eine Parallele [...]."[155]

Solche Ressentiments konnten tödlich enden. Bereits 1915 hatte der Spionageprozess gegen den russischen Geheimdienstoberst Sergej Mjassojedow, einen Schützling von Kriegsminister General Wladimir Suchomlinow und dessen Gemahlin, die Topoi der sexuellen Begierde und des Verrats miteinander verknüpft.[156] Noch Jahrzehnte später führte Allan Dulles, langjähriger Direktor des Geheimdienstes CIA unter US-Präsident Dwight D. Eisenhower (1953–1961), diesen 1915 als angeblicher deutscher Spion hingerichteten russischen Oberst „als Gegenstück zu Oberst Redl" an[157], obschon die Verurteilung Mjassojedows heute eher als Justizmord erscheint.[158] In Frankreich erfolgte eine sexualisierte „Wendung gegen den inneren Feind" im Krisenjahr 1917, als man die niederländische Tänzerin Mata Hari (Margaretha Zelle) wegen Spionage für Deutschland hinrichtete – auch hier die Schuld der Verurteilten massiv übertreibend – und damit ein Bild der Frau „als Hort der Gefahr, der emotionalen Instabilität, der Verführung und Verführbarkeit" öffentlich bekräftigte.[159]

Neben den verführerisch-verräterischen Frauengestalten der Weltkriegsspionage spielten auch homosexuelle Spione in diesen „Fantasien des Verrats" (William C.

---

154 Jörn Leonhard, Die Büchse der Pandora. Geschichte des Ersten Weltkriegs, München 2014, S. 543.
155 Friedrich Funder, Vom Gestern ins Heute. Aus dem Kaiserreich in die Republik, Wien/München ²1953, S. 559.
156 Fuller, The Foe within, S. 264.
157 Gert Buchheit, Die anonyme Macht. Aufgaben, Methoden, Erfahrungen der Geheimdienste, Frankfurt a. M. 1969, S. 175. Obwohl dieser Autor den russischen Obersten für einen österreichischen Spion hielt, stellte er doch fest, die Affäre sei „nicht einwandfrei geklärt".
158 Vgl. Fuller, The Foe within.
159 Leonhard, Die Büchse der Pandora, S. 727 und 777.

Fuller jr.) eine Rolle. Reale Fälle wie jene des Spions Redl hatten den Deutungsrahmen etabliert. Das sexuelle Feindbild einer maskulinisierten Kriegsgesellschaft war hier womöglich noch unerbittlicher als im Falle verräterischer Frauen, denn das sexuell Andere war bei Homosexuellen noch stärker das Uneindeutige. Diese „verwirrende Labilisierung der Geschlechterordnung" im Ersten Weltkrieg hat der hellsichtige Zeitzeuge Karl Kraus in seinem Weltkriegs-Drama „Die letzten Tage der Menschheit" satirisch aufs Korn genommen, indem er den Wiener Hurrapatriotismus vom Juli 1914 nicht nur ausländische Touristen anpöbeln, sondern auch beim Anblick einer „Dame mit leichtem Anflug von Schnurrbart" regelrecht in Panik geraten ließ. Der Literaturwissenschaftlerin Franziska Meier zufolge erschien den karikierten Nationalisten „das männliche Merkmal an weiblicher Gestalt" als „subversiv": „Sie streiten sich nur, ob es ‚ein weiblicher Spion, was sich für ein Mannsbild ausgeben tut!' oder ‚ein Mannsbild, was sich für ein weiblichen Spion ausgeben tut!' ist. Zumindest ist die Passantin allen verdächtig, sie wird vom Wachtmeister abgeführt. Die hormonelle Transgression wird von der hysterischen Masse als nationale Bedrohung bekämpft." Kraus habe satirisch gezeigt, „wie sich die [sexuell] beunruhigende Figur in der Kriegswelt, die nur noch Freund und Feind kennt, zur gefährlichen Spionin auswächst und vereindeutigt. Die Gesellschaft kann nun keine Infragestellung mehr dulden."[160]

Jedoch war es nicht Österreich-Ungarn, das Epizentrum des Redl-Skandals, sondern vielmehr Großbritannien, das im Ersten Weltkrieg die weitere Ausformung jenes Stereotyps vorantrieb, das die enge Verbindung von Homosexuellen, Seilschaften und Verrat unterstrich. Im Rückblick erscheint uns das Britische Empire als Siegermacht des Ersten Weltkrieges, doch während des viereinhalbjährigen Konflikts war dessen Ausgang längst nicht sicher, und der Verlauf der Russischen Revolution führte 1917/18 in allen kriegführenden Staaten zu innenpolitischen Ängsten. John Sadler und Sylvie Fisch haben in ihrer Darstellung der Redl-Affäre auf die Parallele homosexueller Stigmatisierung hingewiesen, die den österreichisch-ungarischen Vorkriegsfall mit dem Verratsfall des Anglo-Iren Sir Roger Casement im Ersten Weltkrieg verbindet. Verrat, so Sadler und Fisch, sei ein traditionell abstoßendes Verbrechen und werde oft als Form moralischer Degeneration betrachtet. Im Prozess gegen Casement sei der Verrat als das schwerste Verbrechen bezeichnet worden, das dem Gesetz bekannt sei, fast zu schwer, um es in Worte zu fassen. Das Abstoßende des Verrats sei im Falle Casements, ebenso wie bei Oberst Redl, zudem mit etwas verbunden gewesen, was man als „homosexual depravity" – die homosexuelle Verderbtheit – des Verräters betrachtet habe: „Being a traitor like being gay was a sign of moral weakness and degeneracy."[161] Es war ein später Nachhall

---

[160] Franziska Meier, Emanzipation als Herausforderung. Rechtsrevolutionäre Schriftsteller zwischen Bisexualität und Androgynie, Wien u. a. 1998, S. 28 f.
[161] Sadler/Fisch, Spy of the Century, S. 67 f.

solcher Phobien, wenn noch 1989 der britische Sozialist Leo Abse mit Redl und Casement zwei der prominentesten Verräter des 20. Jahrhunderts als zwanghafte und absonderliche Homosexuelle abstempelte – als „compulsive and bizarre homosexuals".[162]

Sir Roger Casement, jener britisch-irische Diplomat, der durch seinen politisch-publizistischen Kampf gegen die „Kongo-Greuel" in der berüchtigten Privatkolonie des belgischen Königs Leopold II. weltberühmt geworden und vom britischen König geadelt worden war, hatte sich im Ersten Weltkrieg der Unabhängigkeit seiner Heimat Irland verschrieben, von Großbritannien abgewandt, mit Deutschland kollaboriert, sich – widerstrebend – am irischen Oster-Aufstand beteiligt. Von den Briten verhaftet, wurde Casement 1916 in London als Hoch- und Landesverräter vor Gericht gestellt und trotz seiner Prominenz zum Tode verurteilt.[163] Casements Hinrichtung war auf irischer Seite der Beginn eines „Märtyrermythos" um den Freiheitskämpfer, namentlich wegen seiner brillanten anti-imperialistischen Schlussrede vor Gericht, die zu einer flammenden Anklage gegen das Britische Empire wurde. Loyalität, so der als Verräter Angeklagte, beruhe auf Liebe, nicht auf Zwang, und daher könne die britische Zwangsherrschaft von den Iren keine Loyalität einfordern.[164]

1916 stellte der anglo-nationalistische Abgeordnete Noel Pemberton Billing[165] im britischen Unterhaus an Premierminister Herbert Asquith die Frage, ob dieser der Nation zusichern könne, dass der Verräter Casement demnächst erschossen werden würde. Damals antwortete der liberale Regierungschef noch ausweichend, er glaube nicht, dass diese Frage gestellt werden sollte. Doch wenig später entschied sich die Regierung, eine sexualisierte Schmutzkampagne gegen den Verurteilten zu führen, um dessen Ruf zu zerstören und seine Hinrichtung zu ermöglichen. Im Mai 1916 lud der Chef des Marine-Geheimdienstes, Admiral Reginald Hall, ausgesuchte Journalisten ein, um Auszüge eines Tagebuchs in Augenschein zu nehmen, das man angeblich in Casements Wohnung gefunden hatte. Eine Anwesende beschrieb Casements Anwalt später als Ziel dieses Vorgehens, Casement als moralisch verwerflich und öffentlicher Sympathien ganz unwürdig herauszustellen.[166] Nach dem Hochverratsprozess hatte der zum Tode Verurteilte ein Gnadengesuch eingereicht. Daraufhin ließ die britische Regierung die durch seine Tagebücher (angeblich) bewiesenen homosexuellen Beziehungen Casements in der Presse ausschlachten. So kommentierte der „Daily Express" am 30. Juni 1916 voller Abscheu, es sei allgemein bekannt, dass Casement ein Mann sei, der keinen Sinn für Ehre

---

162 Abse, Margaret, Daughter of Beatrice, S. 236.
163 Zu Casement vgl. Schwartz, Ethnische „Säuberungen" in der Moderne, S. 178 und 221. Eine Roman-Biographie bietet Mario Vargas Llosa, Der Traum des Kelten, Berlin 2011.
164 Leonhard, Die Büchse der Pandora, S. 495 f.
165 Vgl. Barbara Stoney, Twentieth Century Maverick. The Life of Noel Pemberton Billing, East Grinstead 2004.
166 Angus Mitchell, Roger Casement (16 Lives Series), Dublin 2013, S. 275 und 297 f.

oder Anstand besitze. Seine handschriftlichen Tagebücher lieferten Beweise für ein verfaultes Privatleben. Er sei ein moralisch Degenerierter. Einen Tag später fügte dieselbe Zeitung hinzu, die Tagebücher dieses Degenerierten, der sich den übelsten Lastern hingegeben habe, seien „unprintable", also unmöglich zu drucken, und man könne auf ihren Inhalt nicht einmal anspielen. Jedenfalls werde Irland aus *solchen* Menschen bestimmt keine Märtyrer machen. Zu jener Zeit war diese Zeitung unter Kontrolle des kanadischen Pressetycons und unionistischen Unterhausabgeordneten Max Aitken, der 1917 zum Lord Beaverbrook erhoben wurde und 1918, in der Endphase des Weltkrieges, zum ersten Informationsminister Großbritanniens aufsteigen sollte. Beaverbrook nahm seine patriotischen Pflichten zeitlebens ernst: Noch in den 1950er Jahren skandalisierte sein Presse-Imperium Casement als Homosexuellen, und aus dem Umfeld des Konzerns erfolgte 1959 auch die Publikation der umstrittenen „Black Diaries" des erst moralisch, dann physisch Hingerichteten.[167]

Einschlägige Teile der Casement zugeschriebenen Tagebücher zirkulierten 1916 unter Vertretern der britischen Elite und erreichten auch König George V. Das Ziel war, Casements Gnadengesuch zu sabotieren und internationale Vorbehalte gegen seine Hinrichtung zu unterminieren. Namentlich der britische Botschafter in den USA warnte vor Rückschlägen im britisch-amerikanischen Verhältnis, sollte Casement hingerichtet werden. Das Kabinett war in dieser Frage gespalten, doch obsiegten Verfechter einer harten Haltung um Außenminister Sir Edward Grey. Dieser war, ähnlich wie Winston Churchill, von Casement publizistisch angeklagt worden, Großbritannien durch eine demokratisch unverantwortliche Geheimdiplomatie in den Weltkrieg gestürzt zu haben. In einer Beratungsvorlage für das Kabinett wurde am 18. Juli 1916 festgehalten, Casements Tagebuch beweise, dass sich dieser seit Jahren auf die schlimmsten sodomitischen Praktiken eingelassen habe. In letzter Zeit habe er den Kreislauf sexueller Degeneration vollendet, indem er sich von einem Perversen in einen weiblich empfindenden Invertierten verwandelt habe – in eine vermeintliche „Frau", die ihre Befriedigung durch Verführung von Männern gewonnen habe. Der irische Casement-Biograph Angus Mitchell erkennt in dieser öffentlichen Sexualisierung eines politischen Gegners Parallelen zu früheren Sexualskandalen, die sich in Großbritannien im späten 19. Jahrhundert gegen unliebsame Iren gerichtet hätten – zum einen gegen den Schriftsteller Oscar Wilde wegen dessen Homosexualität, zum anderen gegen den nationalistischen Autonomie-Politiker Charles Stewart Parnell wegen heterosexuellen Ehebruchs.[168] Ausgeblendet blieb hier freilich, dass Parnell und seine Nationalbewegung 1883 ihrerseits Homosexualität in der britischen Polizei in Irland skandalisiert hatten, um „das Bild des

---

[167] Ebenda, S. 325 f. und 363: „It is common knowledge that Sir Roger Casement is a man with no sense of honour or decency. His written diaries are the monuments of a foul private life. He is a moral degenerate."
[168] Ebenda, S. 327, 329 f., 333 f. und 352.

moralisch überlegenen Irlands" zu konstruieren, „das von sexuell unmoralischen Besatzern beherrscht würde".[169]

Der Biograph des Premierministers Asquith, Stephen Koss, berichtet davon, dass nach dem Todesurteil gegen Casement diverse Prominente aus Literatur und Öffentlichkeit für dessen Begnadigung eingetreten seien – trotz der Diffamierungskampagne der Regierung. Letztere habe eine Begnadigung jedoch nach intensiven Beratungen abgelehnt und die Hinrichtung vollstrecken lassen. Laut Koss wurde daraufhin die Regierung – eine Kriegskoalition aus Liberalen und Konservativen unter Führung des Liberalen Asquith – nicht nur wegen ihrer Rachsucht öffentlich angeklagt, sondern auch wegen ihrer moralisch-sexuellen Schmutzkampagne gegen ihr Opfer.[170] Fast ein Jahrhundert später gedachten Schriftsteller wie der Deutsch-Brite W. G. Sebald dieser „‚liberal' forms of tyranny" bei der Vernichtung Casements. Sebald – und etwas später den peruanischen Literaturnobelpreisträger Mario Vargas Llosa – interessierte an der Biographie des Hingerichteten, dass Casement gerade aufgrund seines homosexuellen Außenseitertums in der Lage gewesen sei, die Ungerechtigkeiten des belgischen Kolonialismus im Kongo, der kapitalistischen Ausbeutung in Südamerika und der britischen Herrschaft über Irland zu erkennen und zu bekämpfen.[171]

Irische Nationalisten und auch Biographen Casements bestreiten hingegen bis heute, dass Casement tatsächlich homosexuell gewesen sei, und deuten die seit 1916 diskutierten Tagebücher als britische Fälschungen. Ähnlich verhielt es sich lange in Deutschland, wo in der Zwischenkriegszeit konservative Autoren die angebliche oder tatsächliche Homosexualität des einstigen Verbündeten entweder ausblendeten[172] oder – auch in NS-Publikationen – als britische Rufmordkampagne abtaten. Im Jahr der Luftschlacht um England konnte eine deutsche Übersetzung einer Publikation erscheinen, in der der in Deutschland lebende irische Schriftstel-

---

169 Bösch, Öffentliche Geheimnisse, S. 61 und 63. Zum Ehebruchsskandal vgl. ebenda, S. 192–208.
170 Stephen Koss, Asquith, London 1976, S. 210 f.: „The Government was indicted not only for its vengeful act, but also for the depths to which it sank in its campaign to discredit the victim's moral character."
171 Zu Winfried Georg Sebald und Casement: Rebecca L. Walkowitz, Cosmopolitan Style. Modernism beyond the Nation, New York u. a. 2006, S. 168 f. Zu Sebalds und Vargas Llosas Deutungen: Helen Finch, Sebald's Bachelors. Queer Resistance and the Unconforming Life, New York 2013.
172 Vgl. Hans Henning Freiherr von Grote, Die Tragödie Roger Casement, in: Die Weltkriegsspionage (Original-Spionage-Werk). Authentische Enthüllungen über Entstehung, Art, Arbeit, Technik, Schliche, Handlungen, Wirkungen und Geheimnisse der Spionage vor, während und nach dem Kriege auf Grund amtlichen Materials aus Kriegs-, Militär-, Gerichts- und Reichsarchiven. Vom Leben und Sterben, von den Taten und Abenteuern der bedeutendsten Agenten bei Freund und Feind, hrsg. mit einem Vorwort von Generalmajor von Lettow-Vorbeck von Ludwig Altmann u. a., München 1931, S. 490–500, wo die homosexuellen Tagebücher mit keinem Wort Erwähnung finden und stattdessen eine Heldengeschichte Casements als tapferer irischer Verbündeter Deutschlands erzählt wird.

ler Francis Stuart die Homosexualität Casements als „Verleumdungsfeldzug des Secret Service" deutete: „Dieser Mann durfte weder zum Märtyrer noch zum Helden gestempelt werden, darum war es gefährlich, ihn zu töten. Aber es war noch gefährlicher, wenn er lebte. Jedoch hat es zu allen Zeiten in England einflußreiche Männer gegeben, deren Skrupellosigkeit mit allen derartigen Schwierigkeiten fertig wurde. [...] Roger Casement konnte ohne nachteilige Folgen für England gehängt werden, wenn man seinen guten Ruf zerstörte und seinen Namen so in den Schmutz zog, daß die Menschen, die ihn sonst geachtet und geehrt hätten, sich schämen würden, ihn auch nur zu erwähnen." Denn es sei um angeblich unumstößliche Beweise für Casements „widernatürliche Unzucht" gegangen.[173] Stuart feierte 1940 den Namen Casements als unsterblich in der Geschichte Irlands, hoch erhoben über alle abstoßenden Lügen englischer Fälscher; und er raunte düster, vielleicht sei der Tag nicht mehr fern, an dem irische und deutsche Soldaten gemeinsam diesem großen Patrioten an seinem Grabe die Ehre erweisen könnten.[174] Damit meinte der irische NS-Kollaborateur Casements schmuckloses Grab in Großbritannien – und damit eine vorhergehende deutsche Eroberung dieses Landes. Denn erst 1965 wurden Casements sterbliche Überreste in die Republik Irland überführt und dort feierlich ein zweites Mal bestattet.

Für irische und deutsche Nationalisten war Casement ein Held. Ein *homosexueller Held* war in solchen Diskursen undenkbar. „Das Gesicht dieses hochgewachsenen Mannes mit den schönen hellblauen Augen, der schwachgebogenen Nase und dem angegrauten Barte" sprach für einen deutschen Journalisten, der Casement 1915 begegnet war, für „Herzensgüte, gepaart mit einem unerschütterlichen Idealismus". Für solche Beobachter war Casement natürlich kein Verräter, denn sie betrachteten seinen Kampf gegen Großbritannien als legitim. Ihnen erschien Casement als tapferer Kämpfer gegen „die abscheuliche belgische Mißwirtschaft im Kongostaat, [...] die brutale Ausbeutung der armen Putomayoindianer im Quellgebiet des Amazonenstromes" und gegen „die englischen Unterdrücker" seiner Heimat: „Wenn er von der englischen Niedertracht sprach, die kein Mittel für ihre Zwecke verabscheute und selbst vor dem Mörderdolche nicht zurückschreckte, da geriet der sonst so weiche, selbst zarte Mann in Zorn und Entrüstung." Der idealistische Held konnte kein Perverser sein.[175] Doch gegen solche Ausblendungstendenzen haben Homosexualitäts-Historiker des 21. Jahrhunderts auf Basis besagter Tagebuchaufzeichnungen zu zeigen vermocht, dass Casement über viele Jahre hinweg regelmäßig im homosexuellen Zentrum London Beziehungen zu wechselnden Männern

---

[173] Francis Stuart, Der Fall Casement. Das Leben Sir Roger Casements und der Verleumdungsfeldzug des Secret Service, Hamburg-Wandsbek 1940, S. 71 f. und 93.
[174] Jerry H. Natterstad, Francis Stuart, London 1974, S. 60 f.
[175] So Hans Rost im Buch „Casement in Deutschland", zitiert nach Grote, Die Tragödie Roger Casement, S. 493 f.

gesucht und gefunden haben muss, ohne dabei Kontakt zu etablierten Netzwerken oder der homosexuellen Subkultur in der Metropole des Empire gehabt zu haben.[176] Doch ein derart dichtes und langjähriges Itinerar, das es heute ermöglicht, homosexuelle Alltags-Treffpunkte in London minutiös zu rekonstruieren, dürfte nur schwer zu fälschen gewesen sein.

Der britische Historiker Mark Cornwall hat treffend darauf hingewiesen, dass der öffentliche Umgang mit Hochverrat nicht nur durch eine uralte Tradition der juristischen Bewertung als schlimmstes aller Verbrechen gekennzeichnet gewesen sei. Zugleich seien Hochverratsprozesse – bis hinein in das 20. Jahrhundert – stets auch das „ultimative theatre for a public power struggle" gewesen, für einen öffentlich inszenierten Machtkampf, in dem Regime unterschiedlichster Couleur jene, die sie als Hochverräter identifizierten, regelrecht hätten brandmarken können. In solchen Prozessen seien die Verräter stets geradezu dämonisiert worden, indem der Machtkampf mit Hilfe moralischer Diskurse geführt worden sei. Wurde der Verräter im 16. Jahrhundert noch als Agent Satans gegen den von Gott berufenen Herrscher gedeutet, so wurde er im 20. Jahrhundert eher wegen seiner niedrigen Charaktereigenschaften stigmatisiert oder pathologisiert – wie im Falle der „homosexual depravity" Roger Casements. Die gewalttätige Sprache zur Stigmatisierung von Verrätern habe alle Länder- und Kulturgrenzen überschritten, wie später die stalinistischen Schauprozesse gezeigt hätten.[177] Diese sexuelle Diffamierung durch die britische Regierung war im Falle Casement sehr erfolgreich. Francis Stuart zitierte den bekannten britischen Journalisten Henry Nevinson, dem er nachrühmte, seinen langjährigen Freund Casement „in vornehmer Art bis zum Schluß in Schutz" genommen zu haben, mit der Einschätzung, „daß Casements Leben durch die Berufungsinstanzen gerettet worden wäre […], hätte die Regierung diese Aktion nicht unternommen".[178] Der Casement der Homosexualität bezichtigende Sensationsartikel des „Daily Express" wurde unverzüglich von der „New York Times" nachgedruckt. Lediglich die Londoner „Times" scheint sich dieser Diffamierungskampagne der eigenen Regierung verweigert und damit die bleibende Achtung irischer Nationalisten erworben zu haben. Die „Times" stellte sogar am 4. August 1916 in einem Leitartikel ausdrücklich fest: „Wir können nicht umhin, gegen gewisse Versuche zu protestieren, die Presse zu Veröffentlichungen zu benutzen, die für Casements Charakter außerordentlich abträglich sind, aber keinerlei Zusammenhang mit den Anschuldigungen haben, derentwegen er vor Gericht stand. Diese Behauptungen sollten entweder öffentlich belegt werden, und zwar ganz offen, oder man sollte sie […] auf sich beruhen lassen. Aus dieser Überzeugung heraus haben wir es während der letzten Wo-

---

176 Vgl. Cook, London and the Culture of Homosexuality, S. 1 f., 25 f., 38, 41 und 120.
177 Mark Cornwall, Traitors and the Meaning of Treason in Austria-Hungary's Great War, in: Transactions of the Royal Historical Society 25 (2015), S. 113–134, hier insb. S. 115.
178 Stuart, Der Fall Casement, S. 92 f.

chen – trotz einiger sehr merkwürdiger Bemühungen, uns dazu zu bewegen – absolut abgelehnt, die Angelegenheit in unseren Spalten erneut zu behandeln."[179]

Die Sexualitätshistorikerin Florence Tamagne hat an ältere Kontexte politisierter Sexualisierung als Voraussetzung für die Diffamierungskampagne der britischen Regierung gegen Casement erinnert. Im Ersten Weltkrieg, so Tamagne, sei der Homosexualitäts-Prozess gegen Oscar Wilde allgemein noch sehr präsent gewesen. Im Kriege sei dieses ältere Feindbild des effeminierten Homosexuellen mit dem Kampf der britischen Propaganda gegen Pazifisten verbunden worden: Wenn Großbritannien eine männlich-siegreiche Nation sein wollte, so die Botschaft, müsse die Verweichlichung (oder Verweiblichung) von Männern dringend überwunden werden. Homosexualität wurde – in Anlehnung an den erst einige Jahre zurückliegenden Eulenburg-Skandal in Deutschland – als fremdes, als ausländisches, als deutsches Laster gebrandmarkt. Eine ähnliche Feindseligkeit und Stigmatisierung habe Marcel Proust damals in Frankreich beobachtet und anhand seiner Romanfigur Baron Charlus in der „Suche nach der verlorenen Zeit" geschildert. Proust zeichnete nach, wie sich der gesellschaftliche Ton veränderte: Nicht nur Charlus' Homosexualität sei plötzlich denunziert worden, man habe auch böse Anspielungen auf seine angebliche deutsche Abstammung gemacht. Spitznamen wie ‚Frau Bosch' – „Boche" für „Deutscher" – seien plötzlich geläufig geworden. Zur selben Zeit versah die britische Armee, wie Tamagne zeigt, Homosexualität unter Soldaten mit scharfen Strafandrohungen. Während des Krieges wurden 22 Offiziere und 270 Soldaten deswegen von Kriegsgerichten verurteilt. Diese homophobe Strafverfolgung im Militär während des Ersten Weltkrieges bildete den Hintergrund für die Pressehetze des nationalistischen Politikers und Zeitungsherausgebers Pemberton Billing, dem wir bereits 1916 in der Unterhaus-Debatte über Casement begegnet sind. Seitdem attackierte Pemberton Billing nicht nur angebliche oder wirkliche Homosexuelle als deutsche Agenten, er hetzte gleichermaßen gegen Juden, gegen deutsche Musik, gegen Pazifisten, sozialistische Intellektuelle, Ausländer, Finanzleute und überhaupt gegen das, was er als „Internationalismus" bezeichnete und hasste.[180] Im März 1918 erhob Pemberton Billing in seinen Zeitungen den Vorwurf, deutsche Juden arbeiteten heimlich zugunsten Deutschlands in Großbritannien, und die Waffen dieser „Shylocks of Frankfurt" seien Prostitution (um britische Soldaten mit Geschlechtskrankheiten anzustecken und kampfunfähig zu machen) und Homosexualität. Hier produzierte Pemberton Billing eine bezeichnende Synthese aus Hass gegen Juden und gegen sexuell Andere. Unmittelbar darauf löste er den Skandal um das „Black

---

[179] Zitiert nach ebenda, S. 97 f.
[180] Tamagne, A History of Sexuality in Europe, S. 27. Zur Homosexuellenverfolgung in der britischen Armee im Ersten Weltkrieg auch Robb, British Culture and the First World War, S. 56 f.

Book" aus, um eine angeblich riesige Liste von für Deutschland spionierenden homosexuellen Verrätern in Großbritannien.[181]

Dieses Kriegsklima der öffentlichen Denunziation von Homosexualität als Verrat bekamen auch prominente Homo- oder Bisexuelle innerhalb der britischen Eliten deutlich zu spüren. Der brillante Ökonom John Maynard Keynes, der damals als hoher Staatsbeamter im britischen Finanzministerium arbeitete, gehörte zugleich zur sogenannten „Bloomsbury Group", einem Freundeskreis von Intellektuellen und Künstlern, in dem auch homosexuelle Verbindungen ziemlich offen gelebt werden konnten. Keynes, der 1914/15 von seinen Vermietern wegen seiner eigenen homosexuellen Kontakte erpresst worden war, war 1917 als Angehöriger einer britischen Regierungsdelegation in Paris von einem gutaussehenden jungen Mann in französischer Pilotenuniform regelrecht verführt worden, hatte aber den Annäherungsversuchen des attraktiven Unbekannten aus Sorge widerstanden, es könnte sich um einen deutschen Spion handeln, der ihn kompromittieren wollte. Nur wenig später begann der Ultranationalist Pemberton Billing mit seiner öffentlichen Kampagne gegen Homosexuelle als Verräter. In dieser Atmosphäre traf 1918 der Herausgeber des US-amerikanischen „Wall Street Journal", Clarence Barron, den bereits berühmten „Professor Keynes of the British Treasury" in London zu einem Interview. Bereits vorgewarnt, Keynes sei eine Art Sozialist, formulierte Barron nach diesem Gespräch spitz den Eindruck, Keynes sei ein Sozialist von der Art, die nicht an die (heterosexuelle) Familie glaube. Der hochrangige britische Diplomat Sir Robert Vansittard, der Keynes etwas später 1919 während der Friedensverhandlungen in Versailles kennenlernte, sollte sich in seinen Memoiren sehr viel deutlicher aussprechen: Er habe Keynes gemocht, aber nicht allzu sehr, denn dieser habe nach Bloomsbury gerochen.[182] Beide, der Bisexuelle und der Homophobe, wurden im Zweiten Weltkrieg zu Lords und damit zu Mitgliedern des britischen Oberhauses erhoben – Keynes kurz nach Vansittart.

Der britische Schriftsteller Stephen McKenna, der 1921 seine Erinnerungen an die so kurz zurückliegende Kriegszeit veröffentlichte, betrachtete die Pemberton-Billing-Episode von 1918 alles andere als harmlos. McKenna bezeichnete die labile Kampfmoral der britischen Zivilbevölkerung als Hintergrund für alle Formen fremdenfeindlicher Hetze, die man damals in Großbritannien erlebt habe, und verwies unter anderem auf die seit 1914 herrschende Spionagefurcht, die öffentliche Jagd auf Ausländer und schließlich auch auf den Großbritannien kurzfristig erschütternden, vom Abgeordneten Pemberton Billing ausgelösten Skandal. Es würde schwerfallen, in der Geschichte eine größere kollektive Erniedrigung ausfindig zu machen, so glaubte McKenna, als in der Haltung der britischen Öffentlichkeit zu diesem

---

181 Carlston, Double Agents, S. 34.
182 Richard Davenport-Hines, Universal Man. The Lives of John Maynard Keynes, New York 2015, S. 233 f.

Skandalprozess. Tag für Tag sei im Frühjahr 1918 vor einem britischen Geschworenengericht unter Vorsitz eines „senior judge of the King's Bench Division" ein Märchen über Intrige und Ausschweifung vorgetragen worden, von dem sich jeder Librettist eines Melodrams ungläubig und jeder andere Mensch mit Abscheu abgewandt hätte. Ehrwürdige Namen seien mit der Anklage von Verrat und sexueller Perversion in Verbindung gebracht worden, und der Einfluss der Presse habe sichergestellt, dass plötzlich Hunderttausende von Dörfern mit einer verwirrenden Liste berüchtigter Laster Bekanntschaft gemacht hätten. Als die ursprünglich von Pemberton Billing in seiner Zeitung erhobenen Anschuldigungen mit einer Verleumdungsklage beantwortet worden seien, habe die Intelligenz einer britischen Jury den angeklagten Ankläger für unschuldig befunden. Dieses Urteil sei sowohl im Gerichtssaal als auch auf der Straße von der Menge mit Jubel aufgenommen worden. Einige hätten aus dem Freispruch geschlossen, Pembertons Anschuldigungen müssten dann ja wohl wahr sein.[183]

Pemberton Billing hatte zunächst in seiner Zeitung und dann auch im Gerichtssaal die abenteuerliche Behauptung aufgestellt, es befinde sich ein geheimes „Schwarzbuch" („Black Book") in den Händen des deutschen Prinzen Wilhelm von Wied, der Öffentlichkeit flüchtig als zeitweiliger souveräner Fürst von Albanien im Jahre 1914 bekannt geworden, in dem mindestens 47 000 Namen von britischen homosexuellen Männern und Frauen enthalten sein sollten, die aufgrund ihrer homosexuellen Laster erpressbar für den deutschen Feind geworden seien und sich tatsächlich als Landesverräter betätigt hätten. McKenna erinnerte sich mit Abscheu, dass sich angesichts dieses Skandalprozesses ein Großteil der britischen Öffentlichkeit als ebenso ignorant, argwöhnisch, grausam und niedrigdenkend erwiesen habe wie zwei Jahrzehnte zuvor der Großteil der französischen Öffentlichkeit im (antisemitischen) Dreyfus-Skandal, über deren Verhalten sich seinerzeit die liberale britische Öffentlichkeit so erhaben gefühlt habe. Die öffentliche Stimmung in Großbritannien während des Pemberton-Billing-Skandals hatte in McKennas Sicht jener in einem südlichen Staat der USA geglichen, wenn es um das Lynchen eines Schwarzamerikaners ging. Die hasserfüllte aufgepeitschte Stimmung hatte laut McKennas den Skandal von 1918 und das Kriegsende überdauert und in ihrer Mischung aus Unwissenheit und Verdächtigung, Angst, Rachewunsch und Gier noch die Atmosphäre der Friedensverhandlungen in Versailles 1919 bestimmt.[184]

Für den Historiker Sven Oliver Müller, der den deutschen und den britischen Nationalismus im Ersten Weltkrieg untersucht hat, machte dieser „kuriose Prozess des Mr Pemberton Billing [...] klar, dass in einem totalen Krieg potentiell alles eine ‚nationale' Angelegenheit und nichts mehr unpolitisch war". Die unabdingbare Voraussetzung für diesen Skandalfall sei die grundsätzlich enge Verbindung zwischen

---

183 Stephen McKenna, While I remember, London ²1921, S. 169, Anm. 1, und 223 f.
184 Ebenda, S. 224–226.

Nationalismus und Sexismus gewesen. Sodann seien in einer gänzlich neu formulierten öffentlichen Sprache das Nationale sexualisiert und das Sexuelle nationalisiert worden.[185] Zuerst in seiner Pressehetze, sodann auch – ähnlich wie im Falle des deutschen Publizisten Harden im Eulenburg-Skandal – aufgrund einer Verleumdungsklage vor Gericht instrumentalisierte der nationalistische Politiker Pemberton Billing die Homophobie seiner Leser und Zuhörer, um die politischen Ziele einer Mehrheit der regierenden Klassen zu fördern – nämlich den jahrelangen Weltkrieg unbedingt fortzusetzen. In diesem Zusammenhang wurde die Verleumdungsklage der prominenten Schauspielerin Maud Allan, die von Pemberton Billing als Lesbierin und deutsche Spionin angeprangert worden war, zu einem Meilenstein für die Geschichte lesbischer Frauen in Großbritannien. Denn Pembertons Attacken hatten das Lesbierinnentum als negativ gebrandmarkt, vor Gericht wurde dann ein höherer Grad sexuellen Wissens bei Frauen (etwa die Vertrautheit mit dem Begriff „Klitoris") als Indiz für homosexuelle Neigungen interpretiert, und zu allem Überfluss wurde diese sexuelle „Perversion" auch noch mit Verrat in Zusammenhang gebracht. Pemberton Billing unterstellte Maud Allan ein lesbisches Verhältnis mit Margot Asquith, der Ehefrau des früheren Kriegspremiers Herbert Asquith, und beiden Asquiths wurde nachgesagt, in geheime Friedensverhandlungen mit Deutschland involviert zu sein – also den britischen Sieg zu unterminieren. Maud Allan war damals sehr bekannt als Interpretin des Schleiertanzes in Oscar Wildes Drama „Salome" und war insofern – ähnlich wie der weltberühmte Balletttänzer Vaclav Nijinski – ein Sinnbild der sexualisierten Vorkriegs-Dekadenz. Pemberton Billing nutzte Allans Klage und den Prozess als Teilstück einer größeren rechtsgerichteten Verschwörung, mit der er und andere die Regierung Lloyd George zu Fall bringen wollten, der sie offenbar nicht zutrauten, den Krieg gegen Deutschland bedingungslos weiterzuführen.[186]

In Großbritannien wurde im letzten Jahr des Ersten Weltkrieges somit in einem Aufsehen erregenden Verleumdungsprozess die öffentliche Anschuldigung erhoben, die „homosexuelle Kamarilla" um Kaiser Wilhelm II. – die der britischen Kriegspropaganda zufolge Deutschland auch nach dem Sturze der Eulenburg-Gruppe weiterhin beherrschte – „habe auf den britischen Inseln Tausende Männer und Frauen durch Geheimagenten zur Homosexualität verführen lassen und mit ihrer Erpressbarkeit konspirativen Anweisungen aus Berlin unterworfen".[187] Diesen Vorwurf hatte der rechtsradikale Abgeordnete Noel Pemberton Billing Anfang 1918 in seiner Zeitung „Vigilant" („Der Wachsame" bzw. „Wachsam") erhoben und mit der

---

[185] Sven Oliver Müller, Die Nation als Waffe und Vorstellung. Nationalismus in Deutschland und Großbritannien im Ersten Weltkrieg, Göttingen 2002, S. 148–154, hier insb. S. 148 und 153.
[186] Gay Wachman, Lesbian Political History, in: Bonnie Kim Scott (Hrsg.), Gender in Modernism. New Geographies, Complex Intersections, Urbana/Chicago 2007, S. 307–317, hier insb. S. 309 f. Zum Pemberton-Billing-Skandal und der trotzdem weiterhin geringen Sichtbarkeit von Lesbianismus vgl. Robb, British Culture and the First World War, S. 59 f.
[187] Domeier, Imaginationen, S. 63 f.

Behauptung zu stützen versucht, er persönlich verfüge über jenes ominöse „Black Book" mit den Namen von 47 000 homosexuellen Agenten des deutschen Geheimdienstes: „Zu ihnen zählten angeblich Mitglieder des geheimen Staatsrates [...] ebenso wie Minister und ihre Ehefrauen, Diplomaten, Dichter, Bankiers, Herausgeber, Personen aus dem engeren Umfeld des Königs. Alle seien nicht nur Verräter, sondern auch sexuell abartig." Pemberton Billing, der als exzentrischer Außenseiter 1916 überraschend ins Unterhaus gewählt worden war und seither durch antideutsche Kampagnen von sich reden gemacht hatte, konnte im Frühjahr 1918 jenes „Black Book" vor Gericht zwar nicht vorweisen, doch es gelang ihm, angesichts des damals ungünstigen Kriegsgeschehens die Stimmung zu seinen Gunsten zu wenden. Im Prozess wurden etliche Prominente als angeblich sexuell abartige deutsche Spione namentlich genannt – an der Spitze der frühere Premierminister Asquith und seine Ehefrau Margot, aber auch ein früherer Kriegsminister und sogar der den Prozess leitende Richter selbst. Trotzdem – oder gerade deswegen – wurde der Demagoge Pemberton von den Geschworenen freigesprochen.[188]

Stephen Koss hat auf die Ironie der Geschichte hingewiesen, dass Herbert Asquith – der für die Hinrichtung Casements und dessen öffentliche Denunziation als Homosexueller verantwortliche Premierminister des Jahres 1916 – zwei Jahre später mit seiner Gemahlin selbst zum Opfer einer Homosexualitäts-Denunziation wurde. Bei den Parlamentswahlen vom Jahresende 1918 zählte Asquith zwar zu jenen fünf „herausragenden" Persönlichkeiten, in deren Wahlkreisen die regierende Koalition keine Gegenkandidaten aufstellen wollte – übrigens zusammen mit dem unterdessen im Verleumdungsprozess freigesprochenen Verleumder Pemberton Billing. Dennoch erhielt Asquith einen unabhängigen Gegenkandidaten und verlor überraschend seine Wiederwahl.[189] Anders als Pemberton Billing, der grandios wiedergewählt wurde und seinen Parlamentssitz erst 1921 niederlegte, angeblich aus Protest gegen die unfaire Behandlung des Parlaments durch Premierminister Lloyd George, der damit einer „Kamarilla" internationaler Finanzleute zu Diensten gewesen sei.[190]

Der protofaschistische Abgeordnete hatte erfolgreich eine homophobe Kampagne in der britischen Massenpresse losgetreten, die Homosexualität als fremde und feindliche Degeneration („German perversion"), vor allem aber als tödliche Bedrohung für die Sicherheit der Nation stigmatisierte.[191] Pemberton war es gelungen, Lord Alfred Douglas als Zeugen zu präsentieren – jenen Aristokraten, der in den 1890er Jahren der Geliebte Oscar Wildes gewesen war und 1894 in einer Oxforder

---

188 Florian Altenhöner, Kommunikation und Kontrolle. Gerüchte und städtische Öffentlichkeiten in Berlin und London 1914/1918, München 2008, S. 284–286.
189 Koss, Asquith, S. 234 und 237.
190 Stoney, Twentieth Century Maverick, S. 159.
191 Matt Houlbrook, Queer London. Perils and Pleasures in the Sexual Metropolis, 1918–1957, Chicago/London 2006, S. 10 f. und 224 f.

Studentenzeitung jenes Gedicht über „The Two Loves" veröffentlicht hatte, dessen poetische Definition der Homosexualität ihn berühmt machte – „the love that dare not speak its name".[192] Douglas war mittlerweile verheiratet, zum Katholizismus konvertiert und ein ähnlich erratischer Homophober geworden wie einst sein Vater Lord Queensberry, der Wilde in den verhängnisvollen Verleumdungsprozess getrieben hatte.[193] Zudem hatte sich Douglas unterdessen als Experte für Verschwörungstheorien profiliert: 1916, als das Kriegsschiff, das Kriegsminister Lord Kitchener nach Petrograd bringen sollte, durch eine deutsche Mine versenkt wurde, hatte Douglas behauptet, die Katastrophe sei vom früheren Marineminister Winston Churchill „und einer internationalen jüdischen Verschwörung organisiert" worden – woraufhin Churchill ihn erfolgreich wegen Verleumdung verklagt hatte.[194] Nun wirkte Douglas an einer Anprangerung von Homosexuellen mit, wie sie Londoner Zeitungen schon 1895 nach der Verurteilung seines Liebhabers Wilde als „Sodomit" gefordert hatten: Bei der tiefen Dankbarkeit für Lord Queensberry und bei aller Verachtung für den „obszönen Betrüger" Wilde dürfe man nicht stehen bleiben; es müsse weitere Gerichtsverfahren und Nachforschungen geben, um die gesamte Gruppe der „Dekadenten", ihr abscheuliches Verständnis von Kunst und ihre üblen Geheimkulte – „worse than Eleusinian mysteries" – für immer zu erledigen: „There must be an absolute end."[195] Zum Fall von 1918 hatte Douglas eigentlich nichts beizutragen. Stattdessen verunglimpfte er seinen verstorbenen Ex-Liebhaber als zweitklassigen, überschätzten Literaten und bedauerte auf Nachfrage des Gerichts, diesen Menschen je gekannt zu haben. Oscar Wilde habe einen diabolischen Einfluss auf jedermann ausgeübt und sei die stärkste Kraft des Bösen gewesen, die es in Europa in den letzten 350 Jahren gegeben habe. Der Vorsitzende Richter Charles Darling – im angeblichen ‚Black Book' selbst der homosexuellen Verschwörung zugunsten Deutschlands bezichtigt – stimmte in diese Diffamierung eines Verstorbenen mit ein.[196]

Der drastisch gewandelte „Bosie" Douglas war nicht die einzige Reminiszenz an den unvergessenen Skandal um Oscar Wilde. Pemberton Billing hatte in seiner Attacke gegen unzählige homosexuelle Verräter auch die Namen zweier Angehöriger des einst von Lord Queensberry ebenfalls der Homosexualität bezichtigten Premierministers Lord Rosebery in den aktuellen Skandal hineingezogen. Hier mischten sich homophobe und antisemitische Motive: Denn der rechtsradikale Abgeordnete bezichtigte einen Sohn der mit einer Rothschild verheirateten liberalen Galionsfigur Rosebery, Neil Primrose, und dessen Cousin Evelyn de Rothschild der Zugehörigkeit

---

192 Fone, Homophobia, S. 272.
193 Woods, Homintern, S. 45 f. und 307.
194 Smith, Und die Erde wird zittern, S. 631.
195 Fone, Homophobia, S. 306 f.
196 Neil Miller, Out of the Past. Gay and Lesbian History from 1869 to the Present, New York/London 1995, S. 98 f.

zur großen homosexuellen Verschwörung. Beide Männer waren 1917 gefallen und konnten sich nicht mehr wehren. Pembertons perfider Erklärungsversuch für die prekäre militärische Lage der Entente verebbte erst, dann freilich schlagartig, als sich im November 1918 deren plötzlicher Sieg über die Mittelmächte einstellte.[197]

Hatte Stephen McKenna Recht, als er feststellte, dass die hasserfüllte homophobe Atmosphäre des „Black Book"-Prozesses auch nach Kriegsende nicht verebbt sei? Es wäre verfehlt, eine „schwarze" Kontinuitätslinie zu ziehen. Vermutlich bedurfte es eines Zweiten Weltkrieges und des anschließenden Kalten Krieges, um schlummernde Verbindungslinien aggressiv zu schärfen. Laut Florence Tamagne wurde die Befürchtung, einen homosexuellen Verräter im eigenen Land an der Macht zu haben, in der Zwischenkriegszeit zwar immer wieder gelegentlich hochgekocht, erhielt jedoch größere Resonanz erst während des Zweiten Weltkrieges – um dann in die wahnwitzigen Übertreibungen der 1950er Jahre zu münden, in den Kalten-Kriegs-Skandal um eine homosexuelle Spionagegruppe aus Cambridge.[198]

Erin Carlston hat treffend darauf hingewiesen, dass um 1950 in den USA die alte britische Legende vom „Black Book" über zahllose verräterische Homosexuelle plötzlich wiederbelebt wurde. Niemand habe damals noch gewusst – oder erwähnt –, dass dieser homophobe Mythos auf den von Pemberton Billing ausgelösten Londoner Skandal des Kriegsjahres 1918 und die Hetze gegen angebliche deutsch-jüdische Einflüsse zurückging. Die neue Version vom „Black Book" voller erpressbarer und daher landesverräterisch spionierender Homosexueller habe gelautet, dass die Nationalsozialisten – also wiederum die Deutschen – umfangreiche Listen von Homosexuellen in alliierten Ländern angelegt hätten, die 1945 in Berlin in die Hände der Sowjets gefallen seien und von diesen nun weltweit genutzt würden.[199]

---

[197] McKinstry, Rosebery, S. 524 f.
[198] Tamagne, A History of Sexuality in Europe, S. 21.
[199] Carlston, Double Agents, S. 195 f.

V „Herrschaft der Homosexuellen": Die Röhm-Skandale 1932 und 1934 als öffentliche Provokation

> „Im Gefühl, auf allgemeine Ablehnung zu stoßen, kehrte er seine Veranlagung brutal hervor und forderte ihre Anerkennung."[1]
> (Alfred Rosenberg 1934)

Im April 1933 sprach Reichsbankpräsident Hjalmar Schacht, ein Angehöriger des mit der Hitler-Bewegung verbündeten konservativen Großbürgertums in Deutschland, verächtlich von einer „homosexuellen Clique" um Ernst Röhm, den Stabschef der SA und engen Vertrauten des neuen Reichskanzlers. Dieser „Clique" unterstellte Schacht große personalpolitische Macht, fand er doch in angeblich mit der Röhm-Gruppe angeknüpften „Beziehungen" eine hinreichende Erklärung für die überraschende Ernennung eines NS-Staatssekretärs.[2] Ein Mitarbeiter des ebenfalls konservativen Vizekanzlers Franz von Papen mokierte sich noch unmittelbar vor dem 30. Juni 1934, der das blutige Ende von „Röhm und seine[r] Clique" bringen sollte[3], über die politischen Ambitionen des SA-Stabschefs und „seiner Pupenjungen"[4] – womit er einen abwertenden Berliner Ausdruck für männliche Prostituierte benutzte.[5] Es wundert wenig, dass diese Topoi des einflussreichen homosexuellen Netzwerks, seiner verächtlichen mann-männlichen Sexualität und seiner vermeintlichen Neigung zu Eigennutz vom NS-Regime seit dem sogenannten „Röhm-Putsch" von 1934 nur allzu leicht mit dem Topos des Verrats verknüpft werden konnten: „Hitler beseitigt[e] seine Gegner mit dem Stigma Homosexualität".[6]

Die „Röhm-Affäre" von 1934 hatte somit eine homosexuelle bzw. homophobe Grunddimension. Der die preußische Polizei damals kontrollierende Hermann Göring hatte prophylaktisch „Material gegen die homosexuellen Umtriebe in der SA-Führung gesammelt".[7] Propagandaminister Joseph Goebbels sprach nach vollbrachtem Putsch gegen Röhm im Rundfunk von einer „kleinen Clique gewerbsmäßiger

---

1 Jürgen Matthäus/Frank Bajohr (Hrsg.), Alfred Rosenberg. Die Tagebücher von 1934 bis 1944, Frankfurt a. M. 2015, S. 143 f.
2 Schacht bezog sich auf den von Goebbels zum Staatssekretär im Propagandaministerium ernannten Walther Funk; vgl. Fromm, Als Hitler mir die Hand küßte, S. 122. Funk, über den Gerüchte umliefen, trotz seiner Ehe homosexuell zu sein, wurde Schachts Nachfolger als Wirtschaftsminister und Reichsbankpräsident, wobei Hitler 1937 Ermittlungen über Funks sexuelle Orientierung verbot; vgl. Angela Hermann, Der Weg in den Krieg 1938/39. Quellenkritische Studien zu den Tagebüchern von Joseph Goebbels, München 2011, S. 56.
3 Hans-Ulrich Thamer, Adolf Hitler. Biographie eines Diktators, München 2018, S. 187.
4 Delmer, Die Deutschen und ich, S. 234 f.
5 Thies, Ethnograph des dunklen Berlin, S. 114.
6 Friedrich Koch, Sexuelle Denunziation. Die Sexualität in der politischen Auseinandersetzung, Frankfurt a. M. 1986, S. 13–35, hier insb. S. 13.
7 Thamer, Adolf Hitler, S. 187.

Saboteure", mit der „reiner Tisch gemacht" worden sei, und polemisierte gegen „Pestherde, Korruptionsherde, Krankheitssymptome moralischer Verwilderung".[8] Der Chef der Präsidialkanzlei Hindenburgs, Staatssekretär Otto Meissner, der später in gleicher Funktion Hitler dienen sollte, erinnerte sich rückblickend 1950, bei Röhm sei „allgemein bekannt" gewesen, „daß er homosexuell veranlagt war und als seine Vertrauensleute gleichveranlagte Männer mit zur Führung der SA herangezogen hatte; er bot daher menschlich große Angriffsflächen und wurde sowohl in weiten Schichten der Partei als besonders in den militärischen und nationalen Kreisen, der Wehrmacht und der Beamtenschaft als eine starke politische Belastung der Regierung empfunden". Meissner bezeichnete Röhm als „abnormen und asozialen" Menschen, den Hitler gleichwohl zu großer Macht habe kommen lassen, und begrüßte es offensichtlich, dass „mit Röhm und seiner üblen Clique ein Schandfleck und eine Gefahr für das öffentliche Leben beseitigt worden war".[9]

Die homophobe Stoßrichtung der NS-Kampagne musste nicht eigens erfunden werden. Bereits die 1932 von der preußischen SPD lancierte Veröffentlichung privater Briefe Röhms hatte das Ziel verfolgt, „die NSDAP als eine offen oder latent homosexuelle ‚Kamarilla' perverser und verbrecherischer Elemente zu kennzeichnen".[10] Ein US-Journalist zog 1937 eine Parallele zum skandalumwitterten homosexuellen Netzwerk um Fürst Eulenburg: „Eine homosexuelle Kamarilla umgab Wilhelm II., wie sie Hitler umgab."[11] Schon 1934 hatte der Exilant Magnus Hirschfeld die „typologische Verwandtschaft" der hetero-homosexuellen Freundespaare Wilhelm/Eulenburg und Hitler/Röhm angesprochen und darauf hingewiesen, dass die politische Instrumentalisierung der Homosexualität in beiden Fällen zum Untergang des Herrscherfreundes geführt habe.[12] Was bei Eulenburg und seinem Umfeld nur in „gesellschaftlichen Tod" gemündet war, sollte sich im Falle der Röhm-„Clique" zu einer veritablen Mordaktion verschärfen.

Im Unterschied zum effeminiert wirkenden Kreis der höfischen Aristokraten um Fürst Eulenburg ist die – nur zum Teil bi- oder homosexuelle – Führungsriege der nationalsozialistischen „Sturmabteilung" (SA) um den Hitler-Duzfreund und zeitweiligen deutschen Minister Ernst Röhm betont maskulin-derb aufgetreten. Damit standen diese SA-Führer in einer Tradition scharfer Selbstabgrenzung der in ihrem

---

[8] Volker Ulrich, Adolf Hitler. Die Jahre des Aufstiegs, Frankfurt a. M. 2013, S. 518 und 520.
[9] Otto Meissner, Staatssekretär unter Ebert – Hindenburg – Hitler. Der Schicksalsweg des deutschen Volkes von 1918–1945, wie ich ihn erlebte, Hamburg ³1950, S. 361, 372 und 374. Meissner ging davon aus, dass Röhm tatsächlich einen Aufstand oder Putsch geplant hatte; vgl. ebenda, S. 366–370.
[10] Susanne zur Nieden, Aufstieg und Fall des virilen Männerhelden. Der Skandal um Ernst Röhm und seine Ermordung, in: Dies. (Hrsg.), Homosexualität und Staatsräson. Männlichkeit, Homophobie und Politik in Deutschland 1900–1945, Frankfurt a. M. 2005, S. 147–192, hier insb. S. 173.
[11] John Gunther, So sehe ich Europa!, Amsterdam 1937, S. 88.
[12] Herzer, Magnus Hirschfeld und seine Zeit, S. 187.

Selbstverständnis „männlichen" von den „weibischen" Homosexuellen, die schon in Konflikte der Kaiserzeit zurückreichte.[13] Das „Fronterlebnis" des Ersten Weltkrieges hat diese plakativ-maskuline Identität erheblich gesteigert: Aufgrund der Kriegserfahrung „vermännlichte" das vor 1914 tendenziell effeminiert gezeichnete Bild von Homosexuellen selbst im Wissenschaftlich-humanitären Komitee Magnus Hirschfelds.[14] Ernst Röhm war eine treffende Verkörperung dieses Wandels. In seiner zwischen 1928 und 1934 in acht Auflagen erschienenen autobiographischen „Geschichte eines Hochverräters"[15] wandte sich Röhm gegen die sexuell repressive Moral der bürgerlichen Gesellschaft unter Berufung auf das Frontsoldatentum: „Der Soldat wendet sich von dieser Art unwahrer Moral mit Abscheu ab. Ich habe im Felde den Soldaten nicht darnach [sic!] beurteilt, ob er den moralischen Anforderungen der bürgerlichen Gesellschaft entsprach, sondern darnach [sic!], ob er ein Kerl war oder nicht. Ich kann mir nicht helfen, ein sogenannter unmoralischer Mensch, der etwas leistet, ist mir lieber, als ein ‚moralischer', der nichts leistet."[16]

Unter Herausstellung seiner Vergangenheit als Frontoffizier legitimierte Röhm seine antikonservative Feststellung, es gebe nichts Verlogeneres als die „sogenannte Moral der Gesellschaft". Umso mehr bedauerte Röhm, dass diese in seinen Augen heuchlerische Moral auch in völkisch-nationalsozialistischen Kreisen verfochten wurde. Röhm warf solchen Moralisten vor, einen Krieg der Worte (für angebliche Kultur oder Moral) der lebensgefährlichen „Feldschlacht" vorzuziehen. Für sich selbst stellte er klar, „daß ich nicht zu den Braven gehöre und keinen Ehrgeiz habe,

---

[13] Claudia Bruns, Der homosexuelle Staatsfreund. Von der Konstruktion des erotischen Männerbunds bei Hans Blüher, in: Susanne zur Nieden (Hrsg.), Homosexualität und Staatsräson. Männlichkeit, Homophobie und Politik in Deutschland 1900–1945, Frankfurt a. M. 2005, S. 100–117, hier insb. S. 106, unter Verweis auf die 1906 aufbrechenden Konflikte zwischen den „Maskulinisten" um Adolf Brand und seiner „Gemeinschaft der Eigenen" gegen Hirschfelds „Wissenschaftlich-humanitäres Komitee", wobei Erstere die Idee homosexueller Männlichkeit mit größtem Nutzen für den Staat propagierten.

[14] Vgl. Jason Crouthamel, An Intimate History of the Front. Masculinity, Sexuality, and German Soldiers in the First World War, 2014, S. 128–167.

[15] Gemeint war mit diesem provokativen Titel Röhms hochverräterisches Handeln gegen die Weimarer Demokratie durch Mitwirkung am Hitler-Putsch von 1923. Nach dem angeblichen Röhm-Putsch von 1934 erhielt der Buchtitel im NS-Staat eine zusätzliche brisante Bedeutung; verschwiegen werden konnte das Buch nicht, da mindestens acht Auflagen erschienen waren; vgl. Karl Siegmar Baron von Galera, Die Errichtung des deutschen Führerreiches, Leipzig 1935, S. 299. Laut Galera war die achte Auflage Anfang 1933 erschienen, in der Deutschen Nationalbibliothek ist sie für 1934 verzeichnet.

[16] Ernst Röhm, Die Geschichte eines Hochverräters, München 1928, S. 236 f., sowie ebenda, [7]1934, S. 306. Der britische Journalist Sefton Delmer betrachtete nur die Erstauflage von 1928 als unzensiert und ungekürzt; vgl. Delmer, Die Deutschen und ich, S. 244. Mit Blick auf Kürzungen ist dies unzutreffend, denn die Folgeauflagen waren etwas länger; auch für das Thema Sexualmoral und Homosexualität trifft die Zensurvermutung nicht zu, wie ein Vergleich der Erstauflage und der siebten Auflage von 1934 ergibt.

ihnen zugesellt zu werden"; noch weniger wollte er den „Moralischen" zugerechnet werden, denn: „Revolutionär erscheint mir diese Prüderie gewiß nicht, sondern bis zum Überdruß abgeschmackt und reaktionär." Im Anschluss an diese Philippika attackierte Röhm den Homosexuellenparagraphen 175 des Strafgesetzbuches, ohne diesen jedoch ausdrücklich zu benennen: „Nimmt gar der Staat für sich das Recht in Anspruch und glaubt, durch Gesetze menschliche Triebe regeln oder in andere Bahnen lenken zu können, so erscheint mir das so laienhaft und vernunftwidrig, daß ich mich wundern müßte, wenn eben nicht die Gesetzgeber dieses Staates die Hüter dieser Gesellschaftsordnung wären. Denn daß durch staatliche Eingriffe in die Bestimmung des Menschen die Familie geschützt oder mehr Kinder erzeugt werden, ist doch eine Annahme, die selbst die Nachtwächter dieses sogenannten ‚Freistaates' sich nicht zu eigen machen werden." Röhm stellte gegen die Kriminalisierung abweichender sexueller Handlungen seine Überzeugung, dass „der Kampf gegen Heuchelei, Trug und Scheinheiligkeit dieser Gesellschaft von heute [...] aus dem ureigensten, dem Menschen in die Wiege gelegten Triebleben heraus seinen Ausgang nehmen" müsse. Nur dann sei eine Veränderung der Gesellschaft möglich.[17] Diese sexuelle Befreiung ging in Röhms Zukunftsvision freilich mit der härtesten Repression gegen andere, aus seiner Sicht „wirklichen und großen Schädlinge [...] der Gesellschaft" einher.[18] Diese Gewaltandrohung sollte nicht verbal bleiben, wie sich nach der Machtübernahme von 1933 sehr deutlich zeigte.

In ähnlich offener Frontstellung gegen konservative Sexualmoral äußerte sich in den 1930er Jahren auch Adolf Hitler selbst, der damit seinem neuernannten Stabschef Röhm demonstrativ den Rücken stärkte. Die SA sei „keine moralische Anstalt zur Erziehung von höheren Töchtern", „sondern ein Verband rauer Kämpfer" – so im Februar 1931 der persönlich als „Oberster SA-Führer" fungierende Adolf Hitler. Entscheidend sei die individuelle Pflichterfüllung jedes SA-Mannes, nicht dessen sonstiges (etwa sexuelles) Verhalten: „Das Privatleben kann nur dann Gegenstand der Betrachtung sein, wenn es wesentlichen Grundsätzen der nationalsozialistischen Weltanschauung zuwiderläuft".[19] Im Hinblick auf gelebte Homosexualität war dieser kryptische Satz auslegungsbedürftig, doch nicht nur für Röhm fiel Homosexualität offensichtlich lange nicht unter dieses Verdikt. Als 1931 der Berliner SA-Führer Walther Stennes gegen Hitler rebellierte und erklärte, die in seiner SA versammelte Blüte der preußischen Jugend werde „nie unter einem notorisch Homosexuellen wie Röhm und den ‚Pupenjungs' dienen", soll Hitler diese Kritik an Röhms Homosexualität erneut mit der Erklärung weggewischt haben: „Die SA ist

---

17 Röhm, Die Geschichte eines Hochverräters, 1928, S. 236–238 und ⁷1934, S. 305–307.
18 Ebenda, 1928, S. 238.
19 Zitiert nach zur Nieden, Aufstieg und Fall des virilen Männerhelden, S. 165. Joachim C. Fest, Das Gesicht des Dritten Reiches. Profile einer totalitären Herrschaft, München ⁷1980, S. 201, schrieb diesen Erlass an die SA Röhm und nicht Hitler zu.

kein Mädchenpensionat."[20] Der frühere NS-Politiker und zeitweilige Senatspräsident (Regierungschef) der Freien Stadt Danzig Hermann Rauschning berichtete 1940 in einer vielbeachteten Exilpublikation, dass sowohl Hitler als auch Goebbels ihm gegenüber offen antikonservative Sittlichkeitsvorstellungen geäußert hätten, die im Grunde denen Röhms gleichen. Rauschning zitierte Hitler: „Unser Aufbruch hat nichts mit bürgerlicher Tugend zu tun. Wir sind der Aufbruch der Kraft unserer Nation. Meinetwegen auch der Kraft ihrer Lenden. Ich werde keinem meiner Leute ihren Spaß verderben. Wenn ich von ihnen das Äußerste verlange, so muß ich ihnen auch freigeben, sich auszutoben, wie *sie* wollen, nicht wie es alten Betschwestern paßt. [...] Ich kümmere mich nicht um ihr Privatleben, so wie ich es mir verbitte, daß man hinter meinem Privatleben herschnüffelt."[21]

Viele Zeitgenossen dachten darüber anders. Der Nationalbolschewist Ernst Niekisch verurteilte noch im Rückblick der 1950er Jahre – als er zeitweilig der SED angehörte – Röhms SA unter Rückgriff auf sozialdarwinistisches Vokabular als regelrechte „Gegenauslese", die all „jene Existenzen" angezogen habe, „in denen etwas faul und morsch" gewesen sei. In Niekischs Sicht waren die SA-Kasernen schlicht „Lasterhöhlen" voll Personen mit „verbrecherischen Neigungen" – „Arbeitsscheue, Säufer, Lebensbankrotteure, Homosexuelle, Raufbolde, Totschläger".[22] Die klassenbewusste Sittenstrenge von Niekisch traf sich mit jener des Großbürgers Joachim C. Fest, für den Röhm in den 1960er Jahren nicht mehr war als „ein brutaler Patron, der um sich eine wüste Gesellschaft sammelte, die sich nicht scheute, in Verruf zu geraten, und sich auf Korruption, perverse Ausschweifungen oder Gewaltverbrechen sogar noch etwas zugute hielt".[23] Niekisch hielt immerhin Röhms Memoiren zugute, bei aller intellektuellen Beschränktheit offenherzig und „nicht borniert" zu argumentieren: „Freilich hat er eine krankhafte homosexuelle Anlage; seine Kultiviertheit und Empfindsamkeit sind, wie so oft bei Offizieren, die geistig-seelische Ausstrahlung der Homosexualität."[24] Fest wiederum erkannte trotz allen Abscheus das bewusst *provokatorische* Motiv im öffentlichen Umgang der Röhm-Gruppe mit Sexualität.

Öffentlich deutlich wurden die sexualpolitischen Provokationen Röhms erneut im September 1933, als der Stabschef an alle Mitglieder von SA und SS – letztere war bis zur Mordaktion des sogenannten „Röhm-Putsches" noch eine Unterorganisation der SA – seinen aufsehenerregenden „Aufruf gegen das Muckertum" erließ.[25] Zuweilen ist diese Proklamation, durch welche der SA befohlen wurde, sich nicht in

---

20 Delmer, Die Deutschen und ich, S. 109.
21 Hermann Rauschning, Gespräche mit Hitler, Zürich u. a. 1940, S. 94 f.
22 Ernst Niekisch, Das Reich der niederen Dämonen, Berlin [Ost] 1957, S. 188; Charles Bloch, Die SA und die Krise des NS-Regimes 1934, Frankfurt a. M. 1970, S. 45.
23 Fest, Das Gesicht des Dritten Reiches, S. 195.
24 Niekisch, Das Reich der niederen Dämonen, S. 265 f.
25 Schulthess' Europäischer Geschichtskalender 74 (1933), S. 214.

private Verhaltensweisen einzumischen und daher nicht länger gegen Frauen wegen Rauchens in der Öffentlichkeit oder modischen Make-ups einzuschreiten, als Kontinuität seiner seit der Weimarer Zeit geübten Haltung missverstanden worden, Sexualität – und damit auch die eigene Homosexualität – als Privatangelegenheit aus der öffentlichen Sphäre herauszuhalten.[26] In Wahrheit war dieser Röhm-Erlass, der die Autonomie des selbstbestimmt-abweichenden Privatlebens gegen ein konservativ-repressives „Muckertum" ja gerade *öffentlich* verteidigte und deswegen auch von konservativ-christlicher Seite kritisiert wurde[27], hochpolitisch. Mit Lothar Machtan „kann überhaupt kein Zweifel bestehen", dass die im Röhm-Erlass „artikulierte Entrüstung über die ‚lächerlichen Auswüchse von Prüderie und Schlimmeren' im Jahr zuvor noch völlig undenkbar gewesen wäre"; doch unter den Machtverhältnissen vom Spätsommer konnte sich der homosexuelle SA-Stabschef „ungeniert als Freigeist präsentieren".[28] Wie schon in seinen Memoiren des Jahres 1928 wagte es Röhm zwar wiederum nicht, Homosexualität explizit zu verteidigen; doch indem er sich zum Anwalt freizügiger Frauen und sogar der Prostitution gegen eine Moralpolizei „von Heuchlern, Muckern und Trägern verdrängter Komplexe" aufwarf, verteidigte Röhm 1933 indirekt auch das Recht auf abweichende sexuelle Orientierungen. Teile des Aufrufs wurden von der NS-Presse wegen ihrer provokatorischen Brisanz gar nicht veröffentlicht. Die sozialdemokratische Exilpresse aber verstand sehr gut, was Röhm zwischen den Zeilen mitverteidigt hatte, wenn sie polemisch dagegenhielt: „Und das alles ausgerechnet von Röhm! Die gesetzliche Einführung der Zwangshomosexualität ist noch nicht verordnet, aber was nicht ist, kann noch kommen."[29] Der „Neue Vorwärts" appellierte im September 1933 unter der Schlagzeile „Frauenschändung im 3. Reich" an heteronormative Vorurteile der deutschen Mehrheitsgesellschaft und brandmarkte das NS-Regime als Herrschaft von Homosexuellen: „Unter einem Regime, an dessen Spitze Perverse und erotisch Anormale wie Göring, Röhm und Heines stehen, müssen Weib und Weibesehre tief im Preise sinken."[30]

In seinen Tagebüchern erweckte Joseph Goebbels im Mai 1934 den Eindruck, als habe er erst zu diesem Zeitpunkt durch Hitlers vertrauliche „Klage über Röhm

---

26 Hancock, Ernst Röhm, S. 133, und ihr folgend Marhoefer, Sex and the Weimar Republic, S. 169 f.
27 Zu Kanzelprotesten eines Pfarrers gegen Röhms Erlass vgl. Frank Rudolph, 200 Jahre evangelisches Leben. Wetzlars Kirchengeschichte im 19. und 20. Jahrhundert, Marburg 2009, S. 314.
28 Machtan, Hitlers Geheimnis, S. 233 f.
29 Alexander Zinn, Die soziale Konstruktion des homosexuellen Nationalsozialisten. Zu Genese und Etablierung eines Stereotyps, Frankfurt a. M. 1997, S. 81–86; ders., „Aus dem Volkskörper entfernt"?, S. 255 f.
30 Alexander Zinn, „Die Bewegung der Homosexuellen". Die soziale Konstruktion des homosexuellen Nationalsozialisten im antifaschistischen Exil, in: Detlef Grumbach (Hrsg.), Die Linke und das Laster. Schwule Emanzipation und linke Vorurteile, Hamburg 1995, S. 38–84, hier insb. S. 46 und 82. Weshalb auch der heterosexuelle Göring auf dieser Liste auftaucht, ist unklar.

und seine Personalpolitik" von der Existenz eines partiell homosexuellen SA-Netzwerks erfahren: „§ 175. Ekelhaft!"[31] Dabei hatte Goebbels – er hätte es in seinen eigenen Tagebüchern nachlesen können – schon im April 1931, als er dem von Röhm eingesetzten Berliner SA-Führer Wolf-Heinrich Graf von Helldorff erstmals begegnete, argwöhnisch notiert: „Parfümiert. Röhmer? 175? Wer kennt sich da noch aus?"[32] Der Zusammenhang zwischen Röhm und weiteren „Röhmern" in der SA-Führung war dem damaligen Berliner Gauleiter somit längst geläufig. Während des angeblichen „Röhm-Putsches" vom Sommer 1934, der eher ein NS-interner Putsch gegen den Röhm-Kreis und außerdem gegen weitere politisch unliebsame Personen und Gruppen war, erlebte ein Beamter der preußischen Gestapo voll Staunen, wie Kurt Daluege – damals Vertrauensmann Hermann Görings als Leiter der preußischen Polizei – inmitten des organisierten Mordens plötzlich intime „Röhm-Anekdoten" zu erzählen begann: „lauter schwule Geschichten aus des Stabschefs Vergangenheit". Dalueges Gesprächspartner war verblüfft, wie selbstverständlich man innerhalb der NS-Bewegung „einen Mitverschworenen in allen seinen Schwächen, ja Schandtaten jahrelang, und zwar meistens unter schonungsloser Rechtsbeugung, deckt, aber am Tage nach seiner Verstoßung erbarmungslos über ihn herfällt".[33]

Die homosexuelle Neigung Röhms war schon lange vor seinem gewaltsamen Ende über Jahre hinweg ein „öffentliches Geheimnis" gewesen[34] – und spätestens ab 1932 kein Geheimnis mehr. Röhms Homosexualität war erstmals 1925 zutage getreten, als er sich nicht scheute, einen Prostituierten, der ihn bestohlen hatte, vor Gericht zu bringen. Zwar versuchte Röhm lange, sein Sexualleben von Familie und Politik zu trennen[35], doch war er seit 1929 Mitglied im „Bund für Menschenrechte", der größten Organisation der Weimarer Republik, die für die Gleichberechtigung der Homosexuellen eintrat. Gegenüber dem Nervenarzt Karl Günther Heimsoth – einem mit der NS-Bewegung sympathisierenden Mitglied der von Adolf Brand geführten maskulin-homosexuellen „Gemeinschaft der Eigenen"[36] – bestätigte Röhm 1929 in einem Privatschreiben, dass er mit jener Passage seiner „Hochverräter"-Autobiographie, in der er die Prüderie und Heuchelei der Mehrheitsgesellschaft attackiert hatte, „natürlich [...] vor allem gegen den § 175" habe kämpfen wollen. In der Ursprungsfassung sei dies noch deutlicher gewesen, doch habe er seinen Angriff auf

---

31 Die Tagebücher von Joseph Goebbels. Im Auftrag des Instituts für Zeitgeschichte und mit Unterstützung des Staatlichen Archivdienstes Rußlands hrsg. von Elke Fröhlich, Teil I: Aufzeichnungen 1923–1941, Bd. 3/I, bearb. v. Angela Hermann, München u. a. 2005, S. 49.
32 Die Tagebücher von Joseph Goebbels. Im Auftrag des Instituts für Zeitgeschichte und mit Unterstützung des Staatlichen Archivdienstes Rußlands hrsg. von Elke Fröhlich, Teil I: Aufzeichnungen 1923–1941, Bd. 2/II, bearb. v. Angela Hermann, München u. a. 2004, S. 61.
33 Gisevius, Bis zum bitteren Ende, S. 182 f.
34 Niekisch, Das Reich der niederen Dämonen, S. 266.
35 Hancock, Ernst Röhm, S. 88 f.
36 Tamagne, A History of Sexuality in Europe, S. 72.

Anraten von Freunden abgemildert.[37] Unverblümt jedoch hatte Röhm aber auch in der gedruckten Version seines Buches auf „Selbstmorde der Besten" hingewiesen, die eine „nur zu deutliche Sprache" sprächen, und „die sich mehrenden Schülerselbstmorde" der unwahren Moral der bürgerlichen Gesellschaft zur Last gelegt.[38] Just damals – zwischen 1927 und 1930 – wurde über die Reform des § 175 StGB erneut intensiv in Deutschland diskutiert, was 1930 in den Vorschlag des zuständigen Reichstagsausschusses für die Strafrechtsreform mündete, die Entkriminalisierung aller zwischen Erwachsenen stattfindenden einvernehmlichen homosexuellen Handlungen vorzunehmen. Freilich sollten gleichzeitig erstmals in Deutschland Strafbestimmungen gegen als besonders schwerwiegend betrachtete Sonderfälle eingeführt werden, um die Verführung Minderjähriger, sexuelle Nötigung, den Missbrauch von Dienstgewalt und mannmännliche Prostitution unter Strafe zu stellen. Das NS-Regime sollte – nach anfänglicher Untätigkeit, solange Röhm mitzureden hatte – bekanntlich den § 175 StGB keineswegs abschaffen, wie es die Weimarer Reichstagsmehrheit von 1930 noch geplant hatte, sondern 1935 vehement verschärfen; das ergänzende Weimarer Reformvorhaben, besonders schwere Fälle homosexueller Handlungen explizit zu benennen und unter verschärfte Strafen zu stellen, wurde vom NS-Regime in Form des neuen § 175a StGB in Kraft gesetzt. Die bereits seit 1933 laufenden juristischen Beratungen zu einer verschärfenden Reform des Homosexuellen-Strafrechts wurden im Frühjahr 1935 abrupt abgebrochen und durch diese Gesetzesnovelle beendet. Das übereilte Vorgehen der NS-Diktatur war erklärungsbedürftig: So wurden „der Abbruch der Beratungen und die hastige Gesetzesänderung" 1935 von NS-Juristen „offiziell mit den Ereignissen um den bekennend homosexuellen Führer der SA" begründet, der im Vorjahr auf Befehl Hitlers liquidiert worden war.[39]

„Päderastie war stets ein polemisches Argument", stellte der Literaturwissenschaftler Hans Mayer 1975 fest: „Vom Bürger gegen den Aristokraten, vom sozialistischen Publizisten gegen den Bourgeois, sogar von den liberalen Politikern der Weimarer Republik gegen den SA-Führer Ernst Röhm, den sein Duzfreund und Führer [...] 1934 ohne Urteil erschießen und plötzlich als moralischen Abschaum verachten ließ."[40] In der Tat hatte Röhm in den späteren Auflagen seiner Autobiographie eine Aktualisierung einfügen müssen, die auf die von Mayer angesprochene Skandalkampagne der Jahre 1931/32 Bezug nahm. Darin empörte sich Röhm über „einen groß angelegten Moralfeldzug", der „an Schamlosigkeit und Gemeinheit beispiellos dasteht". Wenn schon „die Erörterung von privaten Angelegenheiten in der Öffent-

---

37 Helmuth Klotz, Der Fall Röhm, Berlin-Tempelhof 1932, Reprint Bremen 1982, S. 7; vgl. auch Hancock, Ernst Röhm, S. 88–90.
38 Röhm, Die Geschichte eines Hochverräters, 1928, S. 237.
39 Schäfer, „Widernatürliche Unzucht", S. 34–41.
40 Mayer, Außenseiter, S. 182.

lichkeit" generell „ein Übel" sei, das nur „aus Prüderie, Heuchelei und Unwahrhaftigkeit geboren" werde, so sei mit der politischen Instrumentalisierung seines Privatlebens ein „Tiefststand erreicht, der nicht mehr zu unterbieten ist und jedes Anstandsgefühl beiseite schiebt".[41] Es waren übrigens nicht so sehr liberale als sozialdemokratische Politiker und Journalisten, die diesen Sexualskandal um Ernst Röhm inszenierten.[42] Das politische Ziel dieser Skandalisierung war klar: Mit Röhm konnte man nicht nur den einst für die Gründungsphase der NSDAP in Bayern unverzichtbaren „Waffenmeister" treffen, der dort die paramilitärische Bewaffnung der gesamten völkischen Bewegung organisiert hatte[43], sondern auch den 1931 soeben von Hitler wiedereingesetzten erfolgreichen Reorganisator der mittlerweile zu einer Massenorganisation angeschwollenen Parteimiliz SA.

Die von Röhm verurteilte Skandalisierung entzündete sich an jenen Privatbriefen, die er 1929 an den rechtsgerichteten Mediziner Heimsoth gerichtet hatte; diese Briefe, in denen sich Röhm offen zu seiner Homosexualität bekannt und sein während der Zeit als Militärausbilder in Bolivien mühsam unterdrücktes sexuelles Begehren angesichts von „junge[n] Neger[n] in Uniform" und „blutjungen frischen Leutnants" eingestanden hatte[44], waren in die Hände der preußischen Polizei gelangt.[45] Der Staatssekretär im preußischen Innenministerium Wilhelm Abegg und dessen Mitarbeiter Rudolf Diels – späterer preußischer Gestapo-Chef der Jahre 1933/34[46] – spielten die Originale dem früheren Marine-Offizier, SA-Führer und Hitlerputsch-Teilnehmer Helmuth Klotz zu, der sich unterdessen der SPD zugewandt hatte[47], für die er die Hitler-Bewegung journalistisch bekämpfte.[48] Nachdem schon ab April 1931 die sozialdemokratische Münchner Presse begonnen hatte, Skandal-Artikel über Röhms Homosexualität zu veröffentlichen, startete das SPD-Zentralorgan

---

41 Röhm, Die Geschichte eines Hochverräters, S. 270.
42 Koch, Sexuelle Denunziation, S. 28 f.
43 Thamer, Adolf Hitler, S. 86 und 90.
44 W. U. Eissler, Arbeiterparteien und Homosexuellenfrage. Zur Sexualpolitik von SPD und KPD in der Weimarer Republik, Hamburg 1980, S. 107. Vgl. auch Klotz, Der Fall Röhm, S. 16, mit Röhms Ausführungen zur praktischen Unmöglichkeit des Auslebens seiner Homosexualität in Bolivien und über Sehnsucht nach Berlin. Insofern traf es nicht zu, dass Röhm „seinem Laster in der bolivianischen Armee Eingang verschafft" hätte, wie Niekisch, Das Reich der niederen Dämonen, S. 266, später behauptete.
45 Whisnant, Queer Identities and Politics in Germany, S. 206 f. Laut Niekisch, Das Reich der niederen Dämonen, S. 266, wurde der Briefempfänger Heimsoth bezichtigt, die Dokumente der SPD zugespielt zu haben, woraufhin er „im Frühjahr 1934 auf rätselhafte Weise umgebracht" worden sei.
46 Klaus Wallbaum, Der Überläufer. Rudolf Diels (1900–1957) – Der erste Gestapo-Chef des Hitler-Regimes, Frankfurt a. M. u. a. 2010, S. 73–76, 79 und 127.
47 Herbert Linder, Von der NSDAP zur SPD. Der politische Lebensweg des Dr. Helmuth Klotz (1894–1943), Konstanz 1998, S. 43 f., S. 53, 97–99 und 135 f.
48 Ebenda, S. 140–167, etwa durch Offenlegung von NS-Bürgerkriegsplanungen in den „Boxheimer Dokumenten".

„Vorwärts" im März 1932 die zweite Angriffswelle mit Berichten über junge SA-Männer „in den Klauen Röhms", der sich bürgerliche und kommunistische Blätter anschlossen.[49] Für gewöhnlich – so damals die Erfahrung des britischen Journalisten Sefton Delmer – sprach Röhm „ganz offen und ohne jede Prüderie über seine Zufallsbekanntschaften" aus der Homosexuellenszene und hat es „sogar genoß[en], wenn man Witze über seine ‚Schwäche' machte".[50] Doch die „schwere[n] Angriffe gegen Roehm wegen [§] 175" waren schon 1931 für die „in heller Aufregung" befindliche NSDAP-Führung „sehr unangenehm".[51] Im Februar 1932 erhielt Joseph Goebbels dann warnende Hinweise, dass das preußische Innenministerium über „kompromittierende Briefe" verfüge, von denen einer im März tatsächlich in der Berliner Presse veröffentlicht wurde, ohne dass dessen Echtheit von Röhm bestritten werden konnte.[52] Die „Roehm-Affäre" verschärfte sich weiter, als im April 1932 – mitten im polarisierten Hindenburg-Hitler-Wahlkampf um das Reichspräsidentenamt – eine „schmutzige Broschüre über Roehm" erschien.[53] Gemeint war die vom SPD-Journalisten Klotz zusammengestellte Broschüre „Der Fall Röhm" mit Faksimile-Reproduktionen mehrerer Röhm-Briefe, die zu 300 000 Exemplaren an Funktionseliten wie Beamte, Offiziere, Pfarrer, Lehrer und Ärzte reichsweit verschickt wurde. Darin veröffentlichte der sozialdemokratische Journalist nicht nur Röhms bolivianische Briefe im Faksimile, sondern Klotz prangerte auch als politischen Skandal an, dass die NSDAP einerseits als dezidiert homophobe Partei auftrat, die eine deutliche Verschärfung des Homosexuellenparagraphen im Strafrecht (§ 175 StGB) forderte, andererseits aber das Kommando über hunderttausende junge Männer einem bekennenden Homosexuellen anvertraute.[54] Die SPD-Presse brachte Schlagzeilen über „Warme Brüder im Braunen Haus"; sie stand damit in der zweifelhaften Tradition des Krupp-Skandals, der 1902 ebenfalls vom „Vorwärts" – unter Verantwortung des Redakteurs und späteren bayerischen Revolutions-Ministerpräsidenten Kurt Eisner – losgetreten worden war.[55]

Der Homosexualitäts-Skandal um Röhm schlug derart hohe Wogen, dass auch das Ausland nicht unbeeindruckt blieb. So berichtete der französische Botschafter André François-Poncet aus Berlin nach Paris, „schon zu wiederholten Malen" hätten die Gegner der NSDAP „die Öffentlichkeit auf die auffällige Verbreitung der Homosexualität unter Herrn Hitlers Anhängern hingewiesen". Der Chefredakteur des „Berliner Tageblatts", Theodor Wolff, habe ihn persönlich informiert, dass er mehr-

---

49 Tamagne, A History of Homosexuality in Europe, S. 288 f.
50 Delmer, Die Deutschen und ich, S. 124.
51 Die Tagebücher von Joseph Goebbels, Teil I, Bd. 2/II, S. 44 und 47.
52 Ebenda, S. 222 und 235.
53 Ebenda, S. 236 und 254.
54 Klotz, Der Fall Röhm; Linder, Von der NSDAP zur SPD, S. 171 f.
55 Zum Krupp-Skandal vgl. Beachy, Das andere Berlin, S. 123 f. Zur ambivalenten Rolle Eisners vgl. Bernhard Grau, Kurt Eisner 1867–1919. Eine Biographie, München 2001, S. 148 f.

fach aufgefordert worden sei, Enthüllungen über Hitlers „Chefrassisten" Röhm zu veröffentlichen, der schon 1931 „wegen mutmaßlicher Verstöße gegen den berühmten Paragraphen 175 des Strafgesetzbuches [...] im Visier der Justizbehörden" gestanden habe. Nun habe ein sozialistisches Blatt ein Schreiben Röhms aus Bolivien aus dem Jahre 1929 veröffentlicht, in dem sich dieser „so offen für die Päderastie" ausspreche, „dass es voller ungewollter Komik steckt". François-Poncet übersandte seinem Minister eine französische Übersetzung des Röhm-Briefes und knüpfte daran die Schlussfolgerung, dass die strafrechtlichen Ermittlungen gegen Röhm offensichtlich zu Recht eingeleitet worden seien. Es stelle sich die Frage, wann Hitler sich entschließen werde, „sich des Mannes zu entledigen, den man nach dieser Veröffentlichung nicht mehr seine rechte Hand zu nennen wagt". Jenseits des Skandals gab es jedoch aus Sicht François-Poncets auch eine tiefere ideologische Verbindung zwischen Nationalsozialismus und Homosexualität. Namentlich in der HJ machte sich demnach „eine Vorstellung von Freundschaft, Kameradschaft und Gemeinschaft unter Männern breit, die sich ebenso auf ein philosophisches Konzept stützt wie auf historische Vorbilder".[56] Zu letzteren zählte der Botschafter den partiell homosexuellen Kreis um den Dichter Stefan George, dem auch der spätere Hitler-Attentäter des 20. Juli 1944, Claus Schenk Graf von Stauffenberg, angehörte.[57]

Nur wenige Linke – darunter der Journalist und Jurist Kurt Tucholsky in der „Weltbühne" – distanzierten sich von der öffentlichen Denunziation Röhms und verteidigten damit die Position der Weimarer Sexualreformbewegung.[58] Tucholsky argumentierte in der Nachfolge von Karl Kraus: „Seine (Röhms) Veranlagung widerlegt den Mann gar nicht. Er kann durchaus anständig sein, solange er nicht seine Stellung dazu mißbraucht, von ihm abhängige Menschen aufs Sofa zu ziehen, und dafür liegt auch nicht der kleinste Beweis vor. Wir bekämpfen den schändlichen § 175, wo wir nur können; also dürfen wir auch nicht in den Chor jener mit einstimmen, die einen Mann deshalb ächten wollen, weil er homosexuell ist."[59] Doch diese Meinung blieb isoliert[60] und wirkungslos – selbst wenn es zuträfe, dass die KPD, der das Material ebenfalls angeboten wurde, dessen Veröffentlichung abgelehnt hätte.[61] Die kommunistische Presse reagierte zwar uneinheitlich, doch überwiegend

---

56 Zitiert nach Jean-Marc Dreyfus (Hrsg.), Geheime Depeschen aus Berlin. Der französische Botschafter François-Poncet und der Nationalsozialismus, Darmstadt 2018, S. 134 f., Bericht vom 8.3.1932.
57 Vgl. Manfred Riedel, Geheimes Deutschland. Stefan George und die Brüder Stauffenberg, Köln u. a. 2006; Thomas Karlauf, Stefan George. Die Entdeckung des Charisma, München ²2007.
58 Marhoefer, Sex and the Weimar Republic, S. 169.
59 Noch der DDR-Sexualforscher Klimmer zitierte voller Hochachtung Tucholskys Position; vgl. Rudolf Klimmer, Die Homosexualität als biologisch-soziologische Zeitfrage, Hamburg ³1965, S. 421.
60 Woods, Homintern, S. 197 f., der zugleich darauf hinweist, dass der Röhm-Skandal eine Zeit lang ein favorisiertes Diffamierungs-Thema unter linken Journalisten gebildet habe.
61 So Harry Wilde, Das Schicksal der Verfemten. Die Verfolgung der Homosexuellen im „Dritten Reich" und ihre Stellung in der heutigen Gesellschaft, Tübingen 1969, S. 9.

auf dieselbe Weise wie ihre sozialdemokratische Konkurrenz. So behauptete die „Welt am Abend", dass Röhm seine Machtstellung in der SA zum Missbrauch erwerbsloser Jungarbeiter ausnutze: „Die Hitlerkamarilla ist auf dem Boden homosexueller Veranlagung und Heuchelei erwachsen."[62] Das KPD-Zentralorgan „Rote Fahne" stieß ins selbe Horn wie die sozialdemokratische „Münchner Post", indem es die NSDAP als Brutstätte für Homosexualität attackierte und Röhm als Jugendverführer anprangerte.[63]

Der Sexskandal um Röhm belastete die NSDAP bis in den Herbst 1932 hinein und erschwerte die Versuche Hitlers, durch Verhandlungen mit Reichspräsident Paul von Hindenburg als Kanzler an die Macht zu gelangen.[64] Bekanntlich hatte sich Hitler bislang über Röhms Homosexualität verständnisvoll-tolerant geäußert, unter der Bedingung, dass „die nötige Diskretion gewahrt" bleibe.[65] Trotz des Medienskandals entschied sich Hitler im März 1932, Röhm „nicht fallen [zu] lassen", obwohl er sich – zur Beruhigung von Goebbels – intern offenbar „scharf gegen den 175er" aussprach.[66] Hitler setzte den von ihm öffentlich gestützten angeschlagenen SA-Stabschef sogar als Verhandlungspartner mit Mittelsmännern Hindenburgs ein, obwohl die NS-Führung wusste, dass Röhm „bei Hindenburg wie ein rotes Tuch" wirkte.[67] Auch General Kurt von Schleicher, der spätere Reichswehrminister und Reichskanzler, der 1931/32 Verhandlungen mit dem SA-Stabschef führte[68], soll sich gegenüber Reichskanzler Heinrich Brüning im Dezember 1931 verächtlich über Röhm geäußert haben: „Er, Schleicher, möchte ihn am liebsten, statt ihm die Hand zu geben, nur mit der Zange anfassen." Brüning erkannte in solch „grenzloser Verachtung" aber nicht die Verurteilung eines Homosexuellen, sondern die instinktive Abneigung der etablierten Reichswehrgeneralität gegenüber einem „Abenteurer".[69] Schleicher-Biograph Friedrich-Karl von Plehwe bestätigte diese Sicht: Schleicher habe „nur höchst ungern mit Röhm" verhandelt, da er diesen „für einen undurchsichtigen Abenteurer" gehalten habe, freilich zugleich auch für ein großes

---

62 Eissler, Arbeiterparteien und Homosexuellenfrage, S. 112f. Ähnlich zur KPD vgl. Koch, Sexuelle Denunziation, S. 29.
63 Marhoefer, Sex and the Weimar Republic, S. 168.
64 Die Tagebücher von Joseph Goebbels. Im Auftrag des Instituts für Zeitgeschichte und mit Unterstützung des Staatlichen Archivdienstes Rußlands hrsg. von Elke Fröhlich, Teil I: Aufzeichnungen 1923–1941, Bd. 2/III, bearb. v. Angela Hermann, München u. a. 2006, S. 31, 33, 60, 62 und 64.
65 Vgl. Koch, Sexuelle Denunziation, S. 24, mit einer Äußerung des Leibfotografen Heinrich Hoffmann.
66 Die Tagebücher von Joseph Goebbels, Teil I, Bd. 2/II, S. 250.
67 Die Tagebücher von Joseph Goebbels, Teil I, Bd. 2/III, S. 60.
68 Zu Schleicher und Groener vgl. Irene Strenge, Kurt von Schleicher. Politik im Reichswehrministerium am Ende der Weimarer Republik, Berlin 2006, sowie Johannes Hürter, Wilhelm Groener. Reichswehrminister am Ende der Weimarer Republik (1928–1932), München 1993.
69 Heinrich Brüning, Memoiren 1918–1934, Stuttgart 1970, S. 473.

„Organisationstalent".[70] Dies sah der Danziger NS-Politiker Hermann Rauschning ähnlich, der im Frühjahr 1933 zeitweilig in Kontakt zum SA-Stabschef gekommen war: „Röhm war sicherlich, von seiner besonderen Schwäche abgesehen, eine kameradschaftliche Natur, begabt, fähiger Organisator, aber, alles in allem ein Condottiere, der in die Kolonien und möglichst weit weg von Europa gehörte. Er war in seinen Vorwürfen gegen die Reichswehr ungerecht, er war verbittert. Er litt unter der hochmütigen Ablehnung der Reichswehroffiziere."[71]

Nach Einschätzung journalistischer Fachleute war die von der SPD 1932 angestoßene Klotz-Publikation „die einzige eindrucksvolle Aktion gegen Hitler" in der Endphase der Weimarer Demokratie.[72] Zusätzliche Medienaufmerksamkeit gewann die Angelegenheit, als NSDAP-Abgeordnete – darunter der homosexuelle SA-Führer und Röhm-Vertraute Edmund Heines – den SPD-Publizisten Klotz im Mai 1932 im Restaurant des Reichstags erkannten und daraufhin zusammenschlugen[73] – „ein beispielloser Vorgang", wie Graf Kessler den „unerhörten Tumult" kommentierte.[74] Am Ende knüppelte die vom sozialdemokratischen Reichstagspräsidenten gerufene preußische Polizei unter Leitung des bei der NSDAP verhassten sozialdemokratisch-jüdischen Polizeivizepräsidenten Bernhard Weiß die Schläger nieder.[75] Klotz aber hatte, wie sich zeigte, durch seine Angriffe auf Röhm sein Leben riskiert. Im März 1933 gelang ihm vor den Rächern der SA noch die Flucht ins Exil. Von Frankreich aus bekämpfte Klotz das NS-Regime weiter, bis dieses 1940 seiner habhaft wurde und ihn 1943 hinrichten ließ. Zuvor hatte ihn die Gestapo ausführlich zu den Vorgängen des Jahres 1932 vernommen.[76]

Der von Klotz 1932 gegen Röhm inszenierte Skandal verursachte „keine geringe Sensation"[77] und hatte desaströse Wirkung auf die öffentliche Meinung, die seither

---

70 Friedrich-Karl von Plehwe, Reichskanzler Kurt von Schleicher. Weimars letzte Chance gegen Hitler, Esslingen 1983, S. 140 f.
71 Rauschning, Gespräche mit Hitler, S. 143.
72 Werner Stephan, Acht Jahrzehnte erlebtes Deutschland. Ein Liberaler in vier Epochen, Düsseldorf 1983, S. 198.
73 Whisnant, Queer Identities and Politics in Germany, 207; Linder, Von der NSDAP zur SPD, S. 174 f. Zu den Presseberichten über die Reichstagsschlägerei, die den homosexuellen Hintergrund teils schamhaft verschwiegen, teils explizit ausbreiteten vgl. Marhoefer, Sex and the Weimar Republic, S. 160–173.
74 Harry Graf Kessler, Das Tagebuch, Bd. 9: 1926–1937, hrsg. von Sabine Gruber und Ulrich Ott u. a., Stuttgart 2010, S. 420.
75 Brüning, Memoiren, S. 588 f. Zum von Goebbels als „Isidor" attackierten Weiß: Dietz Bering, Kampf um Namen. Bernhard Weiß gegen Joseph Goebbels, Stuttgart 1991. Zur hasserfüllten Reaktion der NSDAP auf Weiß' Erscheinen im Reichstag: Marhoefer, Sex and the Weimar Republic, S. 167.
76 Linder, Von der NSDAP zur SPD, S. 224 f., 280–283, 301, 326 und 333 f.
77 Niekisch, Das Reich der niederen Dämonen, S. 266.

Homosexualität mit Korruption und Faschismus gleichzusetzen lernte.[78] Der mediale Skandal blieb nach 1933 im kollektiven Gedächtnis.[79] Nicht nur der französische Botschafter erklärte Hitlers Beteuerungen vom Juli 1934, von Röhms Homosexualität „erst jetzt, bei diesem Umsturzversuch", erfahren zu haben, für völlig unglaubwürdig.[80] Ähnlich sah dies der konservative Schriftsteller Jochen Klepper: „Hitler hat ja die Leute, die er groß gemacht hat, lange genug gekannt, und eine breite, breite Öffentlichkeit hat um ihre Abgründigkeit gewußt [...]."[81] Der Dresdner Romanist Victor Klemperer, der wegen seiner jüdischen Herkunft seinen Lehrstuhl verloren hatte, hielt die Instrumentalisierung der „Päderastengruppe" und die Stilisierung Hitlers zum sittlichen Reiniger schlicht für „ekelhaft": „Aber er hat doch gewußt, wie sein Duzfreund und Stabschef veranlagt war, er hat doch die Verurteilung übervieler Menschen geduldet wegen Beleidigung Röhms in diesem Punkte – und diesmal ging es doch nicht um den § 175".[82]

Was die von Klemperer angesprochenen Verurteilungen von Menschen angeht, die die Homosexualität Röhms nach dem 30. Januar 1933 thematisiert hatten, war in der Tat die Verbreitung von Gerüchten über das homosexuelle Verhalten der SA-Führungsriege bis zum 30. Juni 1934 vom NS-Regime strafrechtlich verfolgt worden. Hierzu diente die im März 1933 erlassene „Verordnung des Reichspräsidenten zur Abwehr heimtückischer Angriffe gegen die Regierung der nationalen Erhebung", die im Dezember 1934 als „Gesetz gegen heimtückische Angriffe auf Staat und Partei" noch verschärft werden sollte.[83] Auf diese „Heimtücke"-Verfahren spielte im Juli 1934 auch der Breslauer Willy Cohn an, als er bemerkte, dass plötzlich die „homosexuellen Verfehlungen" Röhms „offen zugegeben" würden, „wegen deren Behauptungen sicherlich mancher vorher verurteilt worden ist".[84] Nach dem 30. Juni

---

78 Tamagne, A History of Homosexuality in Europe, S. 289; erstaunlicherweise erwähnt Zinn, „Aus dem Volkskörper entfernt"?, S. 243–260, den Skandal von 1932 nicht.
79 Otto Strasser, Die deutsche Bartholomäusnacht, Zürich ⁵1935, S. 130, fasste die mutmaßliche Bevölkerungsreaktion in dem Satz zusammen: „Röhm? – Ach das ist doch der dicke SA-Führer, dessen homosexuelle Geschichten seinerzeit so großes Aufsehen erregten?!" Laut Strasser waren Figuren wie Heines oder Ernst demgegenüber allenfalls „örtlich bekannt".
80 André François-Poncet, Als Botschafter im „Dritten Reich". Die Erinnerungen des französischen Botschafters in Berlin September 1931 bis Oktober 1938, Mainz/Berlin 1980, S. 216; vgl. auch die Neuedition: André François-Poncet: Botschafter in Berlin. 1931–1938 (Souvenirs d'une ambassade à Berlin), hrsg. von Thomas Gayda, Berlin u. a. 2018.
81 Jochen Klepper, Unter dem Schatten deiner Flügel. Aus den Tagebüchern 1932–1942, München 1976, S. 194.
82 Victor Klemperer, Ich will Zeugnis ablegen bis zum letzten. Tagebücher 1933–1945, 2 Bde., hrsg. von Walter Nowojski unter Mitarbeit von Hadwig Klemperer, Berlin ⁴1995, hier insb. Bd. 1, S. 122.
83 Vgl. Bernward Dörner, „Heimtücke". Das Gesetz als Waffe, Paderborn 1998.
84 Willy Cohn, Kein Recht, nirgends. Tagebuch vom Untergang des Breslauer Judentums 1933–1941, 2 Bde., Köln u. a. 2006, hier insb. Bd. 1, S. 131.

1934 bestrafte dasselbe Heimtücke-Strafrecht Äußerungen, die Hitler eine allzu lange Duldung der Veranlagung Röhms zum Vorwurf machten.[85]

Der aristokratische (und homosexuelle) Diplomat Wolfgang Gans Edler Herr zu Putlitz urteilte rückblickend, „jeder Kuhjunge in Deutschland" habe 1933/34 gewusst, wie es um die Moralität der Röhm-Clique bestellt gewesen sei.[86] In Sachsen erinnerten nach dem 30. Juni 1934 Passanten in Straßengesprächen an den Röhm-Skandal von 1931/32: „Oft ist zu hören, daß es eine große Schuftigkeit ist, den Gemordeten ihre anormale Veranlagung vorzuwerfen, obwohl diese gemeine Sauerei schon jahrelang bekannt war und selbst mitgemacht wurde." Aus Leipzig wurde die Äußerung kolportiert: „Da hatte die [SPD-Zeitung] ‚Volksstimme' doch recht, als sie bereits vor Jahren die Röhmbriefe veröffentlichte. Ähnliche Äußerungen sind jetzt sehr viel zu hören."[87] Auch der aus dem Leipziger Großbürgertum stammende Schriftsteller Erich Ebermayer notierte nach Hitlers Rechtfertigungsrede im Juli 1934: „Am tragikomischsten die Mär, die er dem deutschen Volke und der Welt hinsichtlich der Person des Stabschefs Röhm und seiner ‚Veranlagung' auftischt. Rührend, wie er, der Führer, erst ganz allmählich und sehr spät diese Veranlagung erkannte und darauf das Haus des Stabschefs mied und ihn nicht mehr zu sich eingeladen hat [...]. Hitler hat also ganz vergessen, daß die Veranlagung und das Treiben des Stabschefs schon 1931 im deutschen Reichstag offen von allen Parteien erörtert wurde, daß die berühmten ‚Röhm-Briefe' in Zehntausenden von Exemplaren im Reichstag und im deutschen Volk verbreitet worden sind!"[88] Ähnlich vermerkte der im Exil lebende Thomas Mann 1934 angesichts der Skandalmeldung, dass „Heines mit einem jungen Mann im Bett überrascht und erschossen" worden sei, dabei handle es sich um ein „albernes Hervorkehren der längst bekannten ‚sittlichen Verfehlungen'".[89] Nur Otto Strasser, einstiger Gefolgsmann und nunmehriger Gegner Hitlers, zeigte sich mit Blick auf die breite Bevölkerung skeptischer; für ihn war die sexuelle Denunziation der NS-Propaganda eine „geschickt[e] [...] Spekulation auf die Vergeßlichkeit, die Spießigkeit der Menschen, auf ihre Neidkomplexe und – ihre Gleichgültigkeit!"[90]

---

85 Stefan Micheler, Homophobic Propaganda and the Denunciation of Same-sex-Desiring Men under National Socialism, in: Dagmar Herzog (Hrsg.), Sexuality and German Fascism, New York/Oxford 2005, S. 95–130, hier insb. S. 108.
86 Wolfgang Gans Edler Herr zu Putlitz, Unterwegs nach Deutschland. Erinnerungen eines ehemaligen Diplomaten, Berlin [Ost] [6]1958, S. 163.
87 Deutschland-Berichte der Sozialdemokratischen Partei Deutschlands (Sopade) 1934–1940, 7 Bde., Nördlingen [6]1982, hier insb. Bd. 1 (1934), S. 198.
88 Erich Ebermayer, Denn heute gehört uns Deutschland... Persönliches und politisches Tagebuch. Von der Machtergreifung bis zum 31. Dezember 1935, Hamburg/Wien 1959, S. 343.
89 Thomas Mann, Tagebücher 1933–1934, hrsg. von Peter de Mendelssohn, Frankfurt a. M. 1977, S. 454 f.
90 Strasser, Die deutsche Bartholomäusnacht, S. 130 f.

Florence Tamagne neigt der Auffassung zu, dass Röhms Homosexualität als Motiv für dessen Beseitigung keine Rolle gespielt habe. Zugleich aber stellt die Historikerin fest, dass Homosexualität zur *propagandistischen Haupterklärung* für die Liquidierung der SA-Führung gemacht wurde – zuerst von Göring, dann von Goebbels und schließlich auch von Hitler selbst.[91] Bedenkt man, dass nach der öffentlichen Skandalisierung von Röhms Homosexualität im Jahre 1932 ernsthafte Mordpläne innerhalb der NSDAP gegen das homosexuelle SA-Netzwerk und insbesondere gegen Röhm geschmiedet worden sind, wie noch zu diskutieren sein wird, so wird man bei der Negierung homophober Motive für Röhms Beseitigung im Jahre 1934 vielleicht vorsichtiger sein, obschon diese nicht die einzigen und vermutlich auch nicht die entscheidenden Motive gewesen sein dürften. Auf jeden Fall wurde unmittelbar nach der Ermordung der Röhm-Clique diese Gewaltaktion der Bevölkerung wochenlang als sittliche „Reinigungsaktion" verkauft und als solche von weiten Kreisen auch akzeptiert oder sogar begrüßt.[92] Offensichtlich funktionierte, wie die Exil-Sozialdemokratie beobachtete, die „Diffamierung der Ermordeten durch Hitler mit der Homosexualität" sehr gut.[93] Diese moralische Begründung für die Beseitigung der Röhm-Gruppe erschwerte jede politische Solidarisierung oder Verteidigung, denn wer sich für Röhm eingesetzt hätte, hätte sich „nicht für einen mißliebigen Politiker", sondern für einen *Homosexuellen*, wenn nicht gar für Homosexualität insgesamt eingesetzt.[94]

Hitler selbst stellte in seiner Reichstagsrede vom 13. Juli 1934 eine „kleine Gruppe von durch gleiche Veranlagung zusammengehaltenen Elementen" in den Vordergrund, „die, zu jeder Handlung fähig, sich blind in der Hand des Stabschefs Röhm befanden". Zu dieser angeblich homosexuellen SA-Führungsriege rechnete Hitler „in erster Linie die SA-Führer Ernst in Berlin, Heines in Schlesien, Hayn in Sachsen, Heydebreck in Pommern"[95] – und damit überwiegend bekannte ehemalige Freikorps-Offiziere, die als frühe NS-Aktivisten schon seit den 1920er Jahren lange mit Hitler und Röhm kooperiert hatten.[96] Neben diesen höchsten SA-Führern er-

---

91 Tamagne, A History of Homosexuality in Europe, S. 299 f.
92 Cohn, Kein Recht, Bd. 1, 131; Deutschland-Berichte der Sozialdemokratischen Partei Deutschlands 1 (1934), S. 201; Die Tagebücher von Joseph Goebbels, Teil I, Bd. 3/I, S. 73: „Das Volk ist ganz auf unserer Seite. Eine grenzenlose Begeisterung geht durchs Land."
93 Deutschland-Berichte der Sozialdemokratischen Partei Deutschlands, Bd. 1 (1934), S. 198, 200 f. und 308.
94 Günther Gollner, Homosexualität. Ideologiekritik und Entmythologisierung einer Gesetzgebung, Berlin [West] 1974, S. 220.
95 Zitiert nach Galera, Die Errichtung des deutschen Führerreiches, S. 306. Heines, Hayn und Heydebreck wurden mit anderen am 30. Juni 1934 im Gefängnis München-Stadelheim erschossen, Ernst neben anderen in der SS-Kaserne Berlin-Lichterfelde.
96 Röhm, Die Geschichte eines Hochverräters, 1928, S. 298 f., erwähnt unter anderem Heydebreck, Ernst und besonders den als „einer der markantesten Feuergeister in der jungen völkischen Bewegung" gepriesenen ehemaligen „Leutnant Edmund Heines".

wähnte Hitler im Reichstag einen einzigen untergeordneten SA-Führer namentlich, dessen schlechter Ruf offenbar unterdessen deutschlandweit bekannt war. Der Diktator sprach von „einzelne[n] Ihnen wohlbekannte[n] Vorgänge[n]" wie dem „des Standartenführers Schmidt in Breslau", wodurch Zustände enthüllt worden seien, „die als unerträglich angesehen werden mußten".[97] Der Adjutant des Breslauer SA-Führers Heines, der 22jährige Hans Walter Schmidt, war nicht nur als Schläger und Messerstecher bekannt, sondern auch „als der Lustknabe des erschossenen Führers".[98] Dieser als „Fräulein Schmidt" berüchtigte SA-Führer[99] war am 30. Juni 1934 dem Zugriff der SS zunächst entkommen: Der illegalen Sozialdemokratie zufolge war Schmidt „mit Auto und Mk. 5000,- flüchtig".[100] In der Breslauer Presse wurde noch am 3. Juli 1934 gemeldet, „daß der Adjutant von Heines von der Staatspolizei gesucht wird".[101] Zu diesem Zeitpunkt war dieser jedoch schon aufgespürt und ermordet worden.[102] Exil-Publikationen berichteten, „wie man in Breslau ‚Hasenjagd' veranstaltete auf den geflüchteten Adjutanten von Heines, ‚Frl.' Schmidt, und dabei zwar nicht ihn, aber den Bruder und einen Chauffeur von Heines erwischte und im Triumph an den Autos zu Tode schleifte."[103] Weitere Adjutanten der Breslauer und Berliner SA-Führer Heines und Ernst wurden umgebracht[104], ebenso wie „die ganze nähere Umgebung von Karl Ernst", gleichgültig ob hetero- oder homosexuell[105], wobei noch in Nachkriegsberichten in homoerotischer Anspielung „der junge, hübsche rotwangige Herr von Mohrenschildt" besondere Beachtung fand.[106] Homophobie hatte bei den Morden eine Rolle gespielt: Einem verhafteten SA-Gruppenführer soll Hermann Göring triumphierend ins Gesicht gesagt haben, „er sei ein homosexuelles Schwein und werde gleich erschossen werden".[107] Entsprechend jubilierte der homophobe NS-Ideologe Alfred Rosenberg: „Die Berliner Gigolos im Braunhemd

---

97 Zitiert nach Schulthess' Europäischer Geschichtskalender 75 (1934), S. 179, sowie Strasser, Die deutsche Bartholomäusnacht, S. 225.
98 Cohn, Kein Recht, Bd. 1, S. 132 und 159, erwähnt Homosexualität, Messerstecherei mit Todesfolge und Lokalzertrümmerung. Die willkürliche Erschießung eines Kellners notiert David Pietrusza, The Rise of Hitler and FDR. Two Tales of Politics, Betrayal, and Unlikely Destiny, Lanham 2016, S. 125.
99 Gisevius, Bis zum bitteren Ende, S. 155.
100 Deutschland-Berichte der Sozialdemokratischen Partei Deutschlands 1 (1934), S. 196.
101 Cohn, Kein Recht, Bd. 1, S. 159.
102 Bernhard Kiekenap, SS-Junkerschule. SA und SS in Braunschweig, Braunschweig 2008, S. 218, wo der 2. Juli 1934 als Todestag des 1912 geborenen Schmidt verzeichnet ist.
103 Strasser, Die deutsche Bartholomäusnacht, S. 138. Laut Gisevius, Bis zum bitteren Ende, S. 176 f., wurde Heines' Bruder nicht in Breslau, sondern in einem schlesischen Kurort erschossen.
104 Strasser, Die deutsche Bartholomäusnacht, S. 238.
105 Gisevius, Bis zum bitteren Ende, S. 155.
106 Diels, Lucifer ante Portas, S. 232.
107 Laut Gisevius, Bis zum bitteren Ende, S. 157, war der Betreffende „völlig zusammengebrochen, mit bibberndem Kinn und klappernden Zähnen".

werden verschwinden!"[108] Noch drastischer drückte es Hitler in seinem Befehl an Röhms Nachfolger als SA-Stabschef aus: „Ich will Männer als SA-Führer sehen und keine lächerlichen Affen."[109]

Vor dem 30. Juni 1934 waren die „lächerlichen Affen" als SA-Potentaten ebenso gefürchtet wie geehrt gewesen. Ernst Röhm wurde bei der NS-Machtübernahme in Bayern im März 1933 zum Staatskommissar „zur besonderen Verwendung" ernannt und rückte Mitte April 1933 zum Staatssekretär des dortigen Reichsstatthalters auf. Zugleich erhielt er neben Hitler und Reichsstatthalter Franz Ritter von Epp das Ehrenbürgerrecht des Freistaates Bayern. Ebenfalls im April 1933 wurde Röhm (übrigens zusammen mit seinen Unterführern Edmund Heines und Karl Ernst) von Hermann Göring zum Mitglied des umstrukturierten Preußischen Staatsrats berufen.[110] Als er in dieser Eigenschaft im September 1933 an dessen feierlicher Eröffnung und an der ersten Arbeitssitzung im Neuen Palais in Potsdam teilnahm, hielt der prominente Jurist Carl Schmitt als Mitglied desselben Gremiums einen Vortrag – ebenjener Schmitt, der nach der mörderischen Beseitigung seiner Staatsratskollegen Mitte 1934 einen apologetischen Aufsatz über Hitlers frühen Massenmord mit dem unvergesslichen Titel verfassen sollte: „Der Führer schützt das Recht".[111]

Ernst Röhm wurde am 1. Dezember 1933 von Hitler sogar zum Reichsminister (freilich ohne Geschäftsbereich) ernannt.[112] Der Nazi Röhm dürfte damit der erste öffentlich bekannte, ja skandalisierte Homosexuelle gewesen sein, der *trotzdem* Mitglied einer deutschen Regierung geworden ist. Für konservativ geprägte Kabinettsmitglieder wie den schon seit 1932 amtierenden Reichsfinanzminister Lutz Graf Schwerin von Krosigk bedeutete dies eine schwer erträgliche Provokation, „verkörpert im Stabschef der SA, dem durch seine widernatürlichen Neigungen abstoßenden früheren Hauptmann Röhm!" Noch im Rückblick von 1951 konnte sich Graf Schwerin bei der Erwähnung von Röhms Homosexualität ein sonst in seiner Schilderung der NS-Zeit kaum vorzufindendes emotionales Ausrufezeichen nicht versagen.[113]

Auch für Röhms Gefolgsleute fehlte es an Posten und Ehren nicht. Nicht nur Röhm, auch all jene, die nach Bekanntmachung der NSDAP-Reichspressestelle am

---

108 Matthäus/Bajohr, Alfred Rosenberg, S. 146.
109 Schulthess' Europäischer Geschichtskalender 75 (1934), S. 166; Galera, Die Errichtung des deutschen Führerreiches, S. 327.
110 Schulthess' Europäischer Geschichtskalender 74 (1933), S. 56, 98 f. und 105.
111 Reinhard Mehring, Carl Schmitt. Aufstieg und Fall. Eine Biographie, München 2009, S. 333 und 351 f.
112 Schulthess' Europäischer Geschichtskalender 74 (1933), S. 251; Rauschning, Gespräche mit Hitler, S. 142 f., berichtet, dass sich Röhm im Frühjahr 1933 „unzufrieden" darüber gezeigt habe, damals noch „keinen Ministerposten bekommen" zu haben.
113 Lutz Graf Schwerin von Krosigk, Es geschah in Deutschland. Menschenbilder unseres Jahrhunderts, Tübingen/Stuttgart 1951, S. 205.

30. Juni 1934 „erschossen" worden waren, waren zum Zeitpunkt ihrer Ermordung Mitglieder des deutschen Reichstages – der Münchner SA-Obergruppenführer August Schneidhuber und sein Stellvertreter SA-Gruppenführer Wilhelm Schmid ebenso wie der Breslauer SA-Obergruppenführer Heines und der Berliner SA-Gruppenführer Ernst, der Dresdner SA-Gruppenführer Hans Hayn, der Stettiner SA-Gruppenführer Hans Peter von Heydebreck und sogar der untergeordnete SA-Standartenführer Erwin Graf Spreti.[114] Schneidhuber und Heines standen darüber hinaus als Polizeipräsidenten von München bzw. von Breslau in staatlichen Diensten. Heydebreck war ein bekannter militärischer Held des Ersten Weltkrieges und der deutsch-polnischen Freikorpskämpfe von 1920/21; erst im Frühjahr 1934 war er dadurch geehrt worden, dass das preußische Staatsministerium einer von ihm 1921 erstürmten oberschlesischen Gemeinde seinen Namen verlieh.[115] Ein Breslauer Jude sah nach der Erschießung der Röhm-Gruppe weitere Namensänderungen voraus: „Nun muß manche Heinesstraße wieder umbenannt werden."[116] Das galt erst recht für alle Ernst-Röhm-Straßen in Deutschland.

Die SA – einschließlich der Homosexuellen darin – hatte nach der NS-Machtübernahme am 30. Januar 1933 ihre Maskulinität durch Brutalität demonstriert. Die Parteimiliz fungierte als „Motor der Gleichschaltung"[117], indem sie rücksichtslos gegen politische und persönliche Gegner vorging. „Für die ungezügelten Terroraktionen" der zwischen Februar und Juli 1933 offiziell zu staatlichen „Hilfspolizisten" ernannten Mitglieder von SA und SS gab es keine Regeln; die SA führte willkürliche Verhaftungen durch, deren Opfer in „wilden KZ" bzw. Privatgefängnissen gefoltert wurden.[118] Breslauer Juden betrachteten 1933 die Ernennung des örtlichen SA-Kommandeurs und bekannten Homosexuellen zum Polizeipräsidenten geradezu alarmiert, denn mit Heines habe man „den schärfsten Mann bekommen".[119] Dieser Sohn einer Arbeiterin[120], der es im Ersten Weltkrieg zum Leutnant gebracht und seither im Außenseitermilieu völkischer Milizen gelebt hatte[121], wirkte auf den ausländischen Journalisten Sefton Delmer um 1930 wie „ein blonder junger Zuhältertyp", dessen „sadistisches Sodomitengesicht" den „Killer" oder „homosexuellen Totschläger" nicht verbergen konnte, der Heines als „oberster Vollstrecker in der gehei-

---

114 Vgl. diese erste Todesliste in Schulthess' Europäischer Geschichtskalender 75 (1934), S. 167.
115 Galera, Die Errichtung des deutschen Führerreiches, S. 309.
116 Cohn, Kein Recht, nirgends, Bd. 1, S. 131.
117 Hans-Ulrich Thamer, Verführung und Gewalt. Deutschland 1933–1945, Berlin [West] 1986, S. 264.
118 Ebenda, S. 264–266.
119 Cohn, Kein Recht, nirgends, Bd. 1, S. 22.
120 Gisevius, Bis zum bitteren Ende, S. 176.
121 Röhm, Die Geschichte eines Hochverräters, 1928, S. 298.

men Mordabteilung der Schwarzen Reichswehr" zeitweilig gewesen war.[122] Entsprechend ernst zu nehmen waren 1933 Berichte, dass Heines zusätzlich auch noch „die Funktion des ‚Henkers' in Pommern übertragen" worden sei, um dort die „unbotmäßigen" konservativen Eliten aus „Junkern, Stahlhelmern und Deutschnationalen" zu unterwerfen.[123] Tatsächlich ging der SA-Führer dort mit einem „Roll-Kommando" gegen unliebsame Vertreter der Oberschichten vor.[124]

Ein Jahr später wurde derselbe Heines von der SS auf Befehl Hitlers erschossen. Bei seiner Festnahme in Bad Wiessee war er „im Bett mit einem Lustknaben [an]getroffen" worden.[125] Diese homosexuelle Bettszene nutzte die Goebbels-Propaganda „weidlich aus, um die SA in einem moralisch verwerflichen Licht erscheinen zu lassen".[126] Verschwiegen wurde, dass Heines der einzige unter den überrumpelten SA-Führern gewesen war, der Widerstand gegen seine Festnahme zu leisten versuchte[127] – also quasi ‚männlich' gehandelt hatte. Als erbittertem Feind des Röhm-Kreises war es Alfred Rosenberg hingegen wichtig, nach dem 30. Juni 1934 festzuhalten, der in flagranti ertappte Heines habe gegenüber Hitler eine regelrechte „Heulszene" aufgeführt.[128] Röhm hingegen hatte Heines in seinen „Hochverräter"-Memoiren als einen „der markantesten Feuergeister in der jungen völkischen Bewegung" gefeiert und als Muster männlicher Tapferkeit gerühmt: „Gefahren, Rücksichten kannte der ewig junge Offizier nicht; immer und immer wieder stand er, wenn es zu kämpfen galt, in der vordersten Linie."[129] Hitler selbst erinnerte sich später eher im Sinne Röhms als Rosenbergs, als er 1942 im Führerhauptquartier den als homosexuellen Verräter beseitigten Edmund Heines mit einer Szene aus dem Reichstagsbrandprozess in Verbindung brachte, dessen „vertroddelte Richter" die angeklagten Kommunisten viel zu einfach hätten davonkommen lassen: „Was ein Richter von Format aus der Sache hätte machen können, zeige allein schon die Tatsache, daß ein kräftiges Ansprechen van der Lubbes [i. e. des Hauptangeklagten] durch Gruppenführer Heines (‚Kopf hoch') den Angeklagten zur Änderung seiner Haltung gebracht

---

122 Delmer, Die Deutschen und ich, S. 110; vgl. auch Karen Bayer, „How dead is Hitler?" Der britische Starreporter Sefton Delmer und die Deutschen, Mainz 2008, S. 60.
123 Antoni Graf Sobánski, nachrichten aus berlin 1933–36, Berlin 2007, S. 99.
124 Kyra T. Inachin, Von Selbstbehauptung zum Widerstand. Mecklenburger und Pommern gegen den Nationalsozialismus 1933 bis 1945, Saal 2004, S. 143.
125 Cohn, Kein Recht, nirgends, Bd. 1, S. 131; das NS-Propagandawort „Reinigungsaktion" benutzte Cohn unkritisch.
126 Ian Kershaw, Hitler, Bd. 1, Stuttgart ²1998, S. 647.
127 Thamer, Verführung und Gewalt, S. 330; Fest, Hitler, S. 636.
128 Matthäus/Bajohr, Alfred Rosenberg. Die Tagebücher, S. 143 f., mit der Kolportage, Heines habe gegenüber Hitler beteuert, er „habe dem Jungen nichts getan", und letzterer habe „vor Angst und Wehe seinen Liebling auf die Backe" geküsst.
129 Röhm, Die Geschichte eines Hochverräters, 1928, S. 299.

habe".¹³⁰ Noch interessanter wird die anerkennende Reminiszenz Hitlers an ein maskulin-herrisches Auftreten von Heines dadurch, dass dieser Erinnerung wohl eine Verwechslung zugrunde lag.¹³¹

Derbe Maskulinität war nicht jedermanns Sache. Ein Tagebuch-Eintrag des großbürgerlichen Schriftstellers Erich Ebermayer, der eine dezente Beziehung zu einem jungen Schauspieler unterhielt¹³², demonstriert die innere Distanz zur Gruppe um Röhm, den Ebermayer Mitte 1934 als „minderwertiges Subjekt" und „fetten Widerling" skizzierte, für dessen Ende er kein Mitleid aufbringen könne.¹³³ Auch der französische Botschafter François-Poncet, der den SA-Stabschef auf Abendgesellschaften traf¹³⁴, fand angeblich eher jene sechs bis acht jungen Männer interessant, die Röhm zu solchen Anlässen als Adjutanten begleiteten und sämtlich „durch Eleganz und Schönheit auffielen".¹³⁵ Röhm selbst erschien dem Botschafter – jedenfalls in dessen erst nach 1945 publizierten Memoiren – als „zynischer Abenteurer", der „mit seiner eingedrückten Nase, seinem rasierten Schädel, seinem brutalen Benehmen [...] abstoßend" gewirkt habe. Natürlich habe man „von seiner homosexuellen Veranlagung" gewusst, „auch davon, daß dies in seiner Umgebung üblich" und „bei den Naziführern überhaupt recht verbreitet" gewesen sei.¹³⁶ Zu diesem Zeitpunkt war die „homosexuelle Clique um Röhm" schon ein „Machtfaktor" und als solcher auch „salonfähig" geworden.¹³⁷ Selbst britische Diplomaten, die bis 1933 auf Distanz geblieben waren, hatten Röhm seit der NS-Machtübernahme „als eine fast gesellschaftsfähige Persönlichkeit akzeptiert", wie Sefton Delmer es unnachahmlich britisch auszudrücken wusste.¹³⁸ Und dass, obwohl Röhm „in einer schiefen Position" steckte, wie Ernst Niekisch treffend bemerkte: „Er war der Mann mit dem ‚sittlichen Defekt', nach bürgerlichen Begriffen roch es schlecht in seiner Umgebung. [...] Ihm zeigten dieselben Kräfte der Reaktion die kalte Schulter, die den einfachen SA-

---

130 Henry Picker, Hitlers Tischgespräche im Führerhauptquartier 1941–1942, neu hrsg. von Percy Ernst Schramm u. a., Stuttgart ²1965, S. 326.
131 Hans Bernd Gisevius, Bis zum bitteren Ende. Vom Reichstagsbrand bis zum 20. Juli 1944, Hamburg o. J. [1960], S. 70, schrieb die von Hitler erinnerte Szene aus dem Reichstagsprozess, bei der ein als Zeuge vernommener SA-Führer auf die Frage, ob er dem Angeklagten bereits früher begegnet sei, mit dem lauten Befehl an van der Lubbe reagiert habe, der solle gefälligst seinen Kopf hoch nehmen, nicht Heines, sondern Graf Helldorf zu. Gisevius kontrastierte das selbstsichere Auftreten des aristokratischen SA-Führers mit dem Verhalten von Proletariern „wie Heines", die vor Gericht „peinlich" und „beklommen" gewirkt hätten.
132 Zur Person Ebermayers vgl. Machtan, Hitlers Geheimnis, S. 263–278.
133 Ebermayer, Denn heute gehört uns Deutschland..., S. 332–336.
134 Hancock, Ernst Röhm, S. 142 und 149.
135 François-Poncet, Als Botschafter im „Dritten Reich", S. 222. Demzufolge fielen diese jungen SA-Führer sämtlich der Mordaktion vom 30.6.1934 zum Opfer.
136 Ebenda, S. 216.
137 Machtan, Hitlers Geheimnis, S. 235.
138 Delmer, Die Deutschen und ich, S. 125.

Mann um die Früchte seiner Revolution bringen wollten. Ihn reizte der Tugendhochmut der oberen Zehntausend [...]; er fühlte sich deklassiert, weil sie ihn mieden."[139]

Gemieden wurde Röhm nicht zuletzt von etlichen seiner NSDAP-Parteigenossen. Ein Mord an diesem skandalösen Homosexuellen und seiner Umgebung wurde schon im März 1932 von einem Kreis homophober Nationalsozialisten um den obersten NSDAP-Parteirichter Walter Buch kurz nach Klotz' Veröffentlichung der Röhm-Briefe erwogen. Der Mordplan wurde jedoch an eines der potentiellen Opfer verraten und von Hitler unterbunden, doch zur Sicherheit musste der Röhm-Kreis zeitweilig aus der „Hauptstadt der Bewegung" flüchten.[140] Dem „Vorwärts"-Redakteur Friedrich Stampfer zufolge suchten im April 1932 Röhm, Graf Spreti, Graf DuMoulin-Eckart, Georg Bell – angeblich „das Sekretär-Liebchen seines homosexuellen Chefs" – und sogar der Röhm unterstellte Reichsführer SS Heinrich Himmler ihre Rettung in Berlin. Bell habe Kontakte zur sozialdemokratischen „Vorwärts"-Redaktion genutzt, um die ebenfalls sozialdemokratische Polizei des Landes Preußen zum Schutz der bedrohten SA-Führer zu mobilisieren. Stampfer kommentierte ironisch über „die Herren, die bei ‚Juden und Marxisten' Schutz gesucht hatten": „Man sieht, sie konnten sehr vorurteilsfrei sein, wenn es um die eigene Haut ging."[141] Dass der NS-interne Mordplan an die SPD-Presse durchgestochen wurde, beschädigte das Ansehen der NSDAP zusätzlich[142], zumal es auch zu einem Strafprozess wegen Mordversuchs kam, den die mit Röhm bedrohten gräflichen SA-Führer DuMoulin Eckart und Spreti anstrengten und der im Herbst 1932 mit einer Verurteilung endete.[143]

Bevor Röhm am 1. Juli 1934 tatsächlich von seinen Parteigenossen ermordet wurde, bot ihm nach seiner Verhaftung in Bad Wiessee und Überführung ins Münchner Zuchthaus Stadelheim der zeitweilig zaudernde Hitler die Gelegenheit zum Selbstmord an.[144] Oder wie die NS-Propaganda berichtete: „Dem ehemaligen Stabschef Röhm ist Gelegenheit gegeben worden, die Konsequenzen aus seinem verräterischen Handeln zu ziehen. Er tat das nicht und wurde daraufhin erschossen."[145] Das Freitod-Angebot konnte Reminiszenzen wecken. Ein Selbstmord des angeblichen Verräters Hauptmann a. D. Röhm, dem Hitler dafür eine Pistole in die Zelle hatte legen lassen, wäre eine makabre Neuauflage des Selbstmords des überführten Verräters Oberst Redl im Jahre 1913 gewesen, dem der k. u. k. General-

---

139 Niekisch, Das Reich der niederen Dämonen, S. 267.
140 zur Nieden, Aufstieg und Fall des virilen Männerhelden, S. 174; Anna Maria Siegmund, „Das Geschlechtsleben bestimmen wir". Sexualität im Dritten Reich, München 2009, S. 187–189.
141 Stampfer, Erfahrungen und Erkenntnisse, S. 251 f.
142 Marhoefer, Sex and the Weimar Republic, S. 159.
143 Hans Peter Bleuel, Das saubere Reich. Die verheimlichte Wahrheit. Eros und Sexualität im Dritten Reich, Bergisch Gladbach 1979, S. 132.
144 Hancock, Ernst Röhm, S. 160 f.; Thamer, Adolf Hitler, S. 188.
145 Schulthess' Europäischer Geschichtskalender 75 (1934), S. 167.

stab eine Pistole ins Hotelzimmer hatte bringen lassen.[146] Ein Selbstmord wäre ein nonverbales Schuldeingeständnis gewesen[147], zugleich aber ein anachronistisch privilegierter Abgang, wie ihn das 19. Jahrhundert einem „ehrlos gewordenen Offizier" gestattet hatte, und außerdem eine als männlich geltende Todesform – „folglich nahezu ein ‚versöhnender Abschluß'", wie Hans Mayer 1975 treffend bemerkte.[148]

Doch auch Röhms Verweigerung dieses rituellen Selbstmords, der ihn schuldig gesprochen und Hitler von dieser einen Schuld dispensiert hätte, kann als mutigehrenvoller Weg in den Tod begriffen werden, denn der Verweigernde wusste, was darauf folgen würde: „He died like a soldier", stellt Röhm-Biographin Eleanor Hancock – vielleicht etwas zu pathetisch – fest.[149] Empörung über den verweigerten Selbstmord äußerte öffentlich zwar der NS-Führer Robert Ley: „[...] Dieser Mensch bringt nicht den Charakter [...] auf, um das letzte Anstandsgefühl seinen toten Kameraden gegenüber zu beweisen; er macht nicht von der Waffe Gebrauch, die man ihm als letzte Konzession für frühere Verdienste im Zimmer läßt. *Ein Pfui-Teufel über das Grab hinaus!*"[150] Doch viele dachten anders: Goebbels notierte am 1. Juli 1934 anerkennend, Röhm habe bei seiner Verhaftung „Haltung" bewahrt.[151] Und Hermann Rauschning bescheinigte Röhm 1940, dass dieser „alles in allem doch als ein aufrechter Mensch – ein Rebell, wie er sich selbst nannte – zu sterben wußte".[152]

Selbstmord hatte von Röhm schon im Skandaljahr 1932 Reichspräsident von Hindenburg erwartet. Als der ehemalige königlich bayerische Hauptmann vom ehemals kaiserlichen Marineoffizier Klotz als Homosexueller geoutet wurde, erklärte der ehemalige königlich preußische Generalfeldmarschall, „daß man zu Kaisers Zeiten einem Offizier wie Röhm eine Pistole auf den Schreibtisch gelegt hätte; und wenn der diesen Wink nicht hätte begreifen wollen, dann wäre der Schuft als ehrlos davongejagt worden". Hindenburg musste auf den gewaltsamen Tod Röhms längere Zeit warten, erlebte ihn aber noch kurz vor dem eigenen Ableben. Zwischenzeitlich wurde der SA-Stabschef von Hitler bei Hindenburg eingeführt, dem es „geradezu widerlich" war, dem „‚Hinterlader' die Hand zu geben". Der Historiker Lothar Machtan beruft sich bei diesem Zitat Hindenburgs auf das 1961 edierte Tagebuch des 1932 amtierenden Reichskanzlei-Chefs Staatssekretär Hermann Pünder.[153] Hindenburgs Abscheu vor einem Handschlag mit dem notorischen Homosexuellen

---

146 Auf diesen selten bemerkten Zusammenhang zwischen den Affären Redl und Röhm beim „Zwang zum Selbstmord" verwies schon Hans von Hentig, Das Verbrechen. Band II: Der Delinquent im Griff der Umweltkräfte, Wiesbaden 1962, S. 206, auch Anm. 1.
147 Hancock, Ernst Röhm, S. 161. Zugleich hätte der Selbstmord Hitler vom Mordbefehl dispensiert.
148 Mayer, Außenseiter, S. 91 f.
149 Hancock, Ernst Röhm, S. 172.
150 Zitiert nach Strasser, Die deutsche Bartholomäusnacht, S. 141 f.
151 Die Tagebücher von Joseph Goebbels, Teil I, Bd. 3/I, S. 72.
152 Rauschning, Gespräche mit Hitler, S. 145.
153 Machtan, Hitlers Geheimnis, S. 230 und 234.

Röhm, freilich auch mit dem als „böhmischen Gefreiten" verachteten Hitler selbst, bezeugte Pünder auch in seinen 1968 publizierten Memoiren: „Das Wort, ob er denn nun wirklich diesem ‚böhmischen Gefreiten' die Hand geben müsse oder gar auch noch diesem ‚Hinterlader' Röhm, habe ich 1932 selber aus seinem Munde gehört."[154] Als Hitler im Sommer 1932 darauf bestand, Röhm zu Verhandlungen mit dem Reichspräsidenten mitzubringen, wusste der stellvertretende französische Militärattaché in Berlin, Commandant de La Forest-Divonne, die Tatsache, dass Hitler sich beim Treffen mit dem Generalfeldmarschall von diesem homosexuellen Offizier habe begleiten lassen, sei ihm von Hindenburg und dessen Umgebung als absoluter Mangel an Taktgefühl verübelt worden.[155] Im Dezember 1933 musste der Reichspräsident den notorischen Homosexuellen sogar offiziell zum Reichsminister ernennen.[156] Dagegen soll sich Hindenburg laut Goebbels mehrere Tage lang vergeblich gesträubt haben, um dann klein beizugeben.[157] Jahrzehnte später noch erinnerte sich der als deutsch-jüdischer Großbürgersohn in Berlin aufgewachsene Konrad Katzenellenbogen – als nachmaliger US-Emigrant und Publizist dann Konrad Kellen –, wie sich Hindenburg gegen den üblichen Antrittsbesuch des homosexuellen Ministers gesträubt habe. Am Ende nachgebend, habe sich der greise Präsident doch noch einen letzten homophoben Scherz gegönnt: „Dann, als Röhm gemeldet wurde, und er dabei war, sich zu Röhms Empfang zu erheben, sagte Hindenburg plötzlich zu seinem Staatssekretär Meissner, sich wieder hinsetzend: ‚Bei diesem Hinterlader bleibe ich lieber sitzen. Sicher ist sicher.'"[158] Die Kolportage dürfte eine bösartige zeitgenössische Erfindung gewesen sein, demonstriert jedoch auch als solche, dass man in Berliner Kreisen um das schlechte Verhältnis Hindenburgs zu Röhm sehr wohl wusste. Hindenburgs Staatssekretär Otto Meissner zitierte später den Reichspräsidenten mit der Bemerkung, dieser habe auch nach der ihm von Hitler aufgenötigten Ministerernennung des Homosexuellen „seit Monaten den Kanzler

---

154 Hermann Pünder, Von Preußen nach Europa. Lebenserinnerungen, München 1968, S. 132.
155 Documents Diplomatiques Français (1932–1939), I.re Série (1932–1935), Tome I, Paris 1964, S. 392, Dokument Nr. 216, De la Forest-Divonne an Kriegsminister Paul-Boncour, 27.9.1932: „[...] que Hitler se soit fait accompagner dans son entrevue avec le maréchal par ce ‚officier homosexuel', fait charactérisé par Hindenburg et son entourage comme le plus absolu manque de tact".
156 Machtan, Hitlers Geheimnis, S. 230 und 234, der mit dem „Hinterlader"-Ausspruch Hindenburgs das 1961 edierte Tagebuch des bis 1932 amtierenden Reichskanzlei-Chefs Staatssekretär Hermann Pünder zitiert. Hindenburgs Abscheu vor einem Handschlag mit dem „Hinterlader" Röhm, freilich auch mit dem „böhmischen Gefreiten" Hitler, bezeugen auch die Memoiren Pünders, der beteuert, die „Hinterlader"-Attacke Hindenburgs auf Röhm „selber aus seinem Munde gehört" zu haben; vgl. Hermann Pünder, Von Preußen nach Europa. Lebenserinnerungen, München 1968, S. 132.
157 Die Tagebücher von Joseph Goebbels, Teil I, Bd. 2/III, S. 326 und 328. Mit den gleichzeitigen Ernennungen von Rudolf Heß und Röhm zu Reichsministern ohne Geschäftsbereich wurden symbolisch NSDAP- und SA-Führungen in die Regierung integriert.
158 Kellen, Katzenellenbogen, S. 84.

ersucht, diesen unmoralischen und gefährlichen Röhm abzusetzen und einzusperren". Und natürlich habe Hindenburg, so Meissner, „trotz seines Unwillens über die Gewaltmethoden" des 30. Juni 1934 „die Beseitigung des ihm von Anfang an unsympathischen [...] Röhm und seiner homosexuellen Gefolgschaft als eine Entlastung für Deutschland" empfunden.[159]

Der „ganz persönliche Widerwille Hindenburgs gegen den Stabschef der SA", so Hindenburgs Biograph Wolfram Pyta, habe nicht nur darauf basiert, dass sich ein gewöhnlicher Ex-Hauptmann „wie ein Feldmarschall gebärdete". „Vor allen Dingen" habe sich Hindenburg darüber empört, „daß hier ein Homosexueller, der seine Neigung auch gar nicht bestritt, Einfluß auf die wehrfähige deutsche Jugend erlangen wollte".[160] Hierin dachte Hindenburg ebenso wie der Sozialdemokrat Klotz. Dieser hatte im September 1932 erklärt, er wolle „kein Werturteil über die Homosexuellen" fällen – was er dennoch tat, indem er „Mitleid" für die „unglücklichen Menschen" bekundete. Röhms Einstellung zur Homosexualität jedoch musste Klotz als zynisch empfinden: Denn Röhm *leide* nicht unter seiner sexuellen Orientierung, er sei „‚sogar stolz'" darauf und betrachte sie als „‚höhere Kultur'", „die zu verbreiten er die Aufgabe in sich fühlt".[161] Die Empörung über Röhms selbstbewusste Homosexualität verband den Sozialdemokraten mit dem Konservativen Hindenburg, aber auch mit dem Nazi Rosenberg. Auch Goebbels hatte sich im März 1932 gewundert, dass sich Röhm trotz des Sexualskandals „quietschfidel" gab: „Ich verstehe das nicht. Ich würde mich in den Tod schämen."[162] Röhm hatte sich offenbar seit dem Skandal dazu durchgerungen, zu seiner Homosexualität zu stehen. Daher ist Eleanor Hancock zuzustimmen, dass der selbststilisierte Revolutionär von rechts am ehesten noch im öffentlichen Umgang mit seiner Homosexualität revolutionär gewirkt habe: „If Ernst Röhm was at all revolutionary, he was revolutionary in his demand that National Socialism and German society accept him as he was – a man who desired other men."[163]

Der polnische Journalist Graf Antoni Sobánski, selbst ein aristokratisch-distinguierter Homosexueller, kontrastierte die 1933 erfolgte Schließung vieler homosexueller Lokale, dieser „für Berlin so typischen Institutionen", durch brutale Zugriffe von Polizei und SA mit einer auf den ersten Blick verblüffenden Beobachtung: „Die Transvestiten fanden Zuflucht bei der SA, und das Einzige, womit sie angeblich Schwierigkeiten haben, ist das Laufen mit niedrigen Absätzen."[164] Ausgerechnet die SA als Ersatz-Institution für die von ihr weitgehend zerschlagene Homosexuellen-Szene? Hinter dieser Bemerkung steckte mehr als ein billiger Presse-Kalauer. Ernst

---

159 Meissner, Staatssekretär unter Ebert – Hindenburg – Hitler, S. 368.
160 Pyta, Hindenburg, S. 844.
161 Klotz, Der Fall Röhm, S. 4.
162 Die Tagebücher von Joseph Goebbels, Teil I, Bd. 2/II, S. 238.
163 Hancock, Ernst Röhm, S. 172.
164 Sobánski, nachrichten aus berlin, S. 92.

Röhm hatte schon 1931 dem britischen Journalisten Sefton Delmer, der ihn bei einem Besuch eines Berliner Homosexuellenlokals begleitete und sich dort darüber empörte, dass Röhm von einem Transvestiten ungeniert angesprochen und dadurch als „Kunde" geoutet worden sei, ganz offenherzig erklärt, dieser Transvestit sei kein Prostituierter, sondern einer seiner SA-Männer.[165] Zumindest in der Berliner SA mussten abweichende sexuelle Orientierungen damals nicht versteckt werden.

Diese zunächst lediglich interne Offenheit gegenüber Vertrauten wandelte sich nach Röhms „Outing" durch die sozialdemokratische Presse 1932 seit der NS-Machtübernahme vom 30. Januar 1933 immer stärker zu einer ungenierten öffentlichen Präsentation sexueller Andersartigkeit. Der homophobe NS-Funktionär und spätere Reichsminister Alfred Rosenberg fand nicht nur Röhms Homosexualität an sich, sondern mehr noch dessen Beharren auf *Anerkennung* anstößig: „Im Gefühl[,] auf allgemeine Ablehnung zu stoßen, kehrte er seine Veranlagung brutal hervor und forderte ihre Anerkennung durch Anerkennung seines Postens. Er umgab sich mit Schlemmern u. Schmarotzern, seine Offiziere hatten alle Lustknaben, sie kapselten sich immer mehr von der Bewegung ab und provozierten durch ihr Auftreten die Bevölkerung."[166] Rosenberg missfiel die selbstbewusste *öffentliche Demonstration* von Homosexualität. Im Vollgefühl der Macht fielen ab 1933 offenbar Hemmungen, Röhm und sein SA-Umfeld zeigten eine demonstrative, für viele Beobachter skandalöse „Ungeniertheit", mit der sie sich „selbst bei gesellschaftlichen Anlässen, etwa beim Empfang der Türkischen Botschaft im Oktober 1933, zu ihrer Veranlagung bekannten".[167] Der bei besagtem Empfang anwesende „Parteipapst" Rosenberg „erstarrte" einer Augenzeugin zufolge „vor Wut", als der betrunken auf ein Sofa geflätzte SA-Führer Karl Ernst „einen von den braunen Jünglingen auf seinen Knien zu wiegen" begann. Der unerwünschte Rosenberg wurde von Röhm unter wüsten Beschimpfungen aus dem Zimmer gejagt: „Keinem der ausländischen Diplomaten ist dieses Schauspiel entgangen."[168]

Auch der französische Botschafter André François-Poncet, der mit dem Reichsminister und SA-Stabschef im Februar 1934 ein ausgiebiges Gespräch führte, bei dem es um die zukünftige Rolle von SA und SS ging und in dessen Verlauf Röhm freundliche Worte für Frankreich fand, spielte in seinem Bericht an den französischen Premier Louis Barthou ironisch auf Röhms *guten Ruf als überzeugter Homosexueller* an. Dabei erinnerte der Chefdiplomat einer Nation, in der Erwachsenen-Homosexualität zwar nicht mehr strafbar, jedoch gesellschaftlich verpönt war, an die

---

165 Hancock, Ernst Röhm, S. 89; Delmer, Die Deutschen und ich, S. 123 f.
166 Matthäus/Bajohr, Alfred Rosenberg. Die Tagebücher, S. 143 f.
167 Machtan, Hitlers Geheimnis, S. 235. Ernst war offenbar bisexuell; er wurde am 30.6.1934 verhaftet, als er auf Hochzeitsreise ins Ausland gehen wollte; vgl. Joachim C. Fest, Hitler. Eine Biographie, Frankfurt a. M. u. a. 1973, S. 637.
168 Fromm, Als Hitler mir die Hand küßte, S. 154 f.; größtenteils zitiert bei Ernst Piper, Alfred Rosenberg. Hitlers Chefideologe, München 2005, S. 246.

Tatsache, dass in Deutschland Homosexualität keineswegs immer als Dekadenz, sondern im Gegenteil als Erhöhung des virilen Bewusstseins betrachtet würde. Zum konstatierten selbstbewusst-stolzen Umgang Röhms mit maskuliner Homosexualität wollte freilich das vom Botschafter ebenfalls kolportierte Gerücht schlecht passen, dass Röhm sein Laster mittlerweile aufgegeben habe, ähnlich wie Göring seine Drogenabhängigkeit.[169] Doch insgesamt bestätigte der Diplomat die Beobachtung der Kulturhistorikerin Dagmar Herzog, dass Ernst Röhm einen weithin sichtbaren „high profile [...] case" für eine provozierende virile Spielart der Homosexualität dargestellt habe.[170]

Die Homosexualität Röhms und seiner SA-Entourage war der deutschen Bevölkerung kein Geheimnis. Der Volkswitz nahm sich der Sache an – teils augenzwinkernd, teils mit drastischem Spott. Unter den vielen Witzen, die mit Charakteristika der prominentesten NS-Führer arbeiteten und deren Widersprüche zur NS-Ideologie herausstellten, befand sich die Frage: „Wie sieht der ideale Deutsche aus?" Die Antwort lautete: „Blond wie Hitler, groß wie Goebbels, schlank wie Göring und keusch wie Röhm." Diverse Volkswitze spielten auf Röhms homosexuelle Neigung an: „Wandspruch bei Röhm: Nach 4 Uhr laß die Arbeit ruhn und freu dich auf den Afternoon." Oder: „Röhm fährt auf Urlaub nach Italien und will ein paar warme Tage am Po verbringen." Hans-Joachim Gamm, der Chronist der „Flüsterwitz[e] im Dritten Reich", hat mit Blick auf die Zäsur von 1934 diesbezüglich beobachtet: „Scharf reagierte das Volk auch auf die Erklärung des Propagandaministers Goebbels nach dem 30. Juni 1934, in der er behauptete, der Führer sei tief erschüttert gewesen, als er von der moralischen Verworfenheit seines Mitarbeiters Röhm erfahren habe." Man habe gespottet: „Wie wird der Führer erst betroffen sein, wenn er von dem Klumpfuß des Joseph Goebbels erfährt!"[171]

In seiner Reichstagsrede vom 13. Juli 1934 skizzierte Hitler das homosexuelle Netzwerk in der SA als eine zentrale Ursache für sein gewaltsames Einschreiten: „Das Leben, das der Stabschef und mit ihm ein bestimmter Kreis zu führen begonnen hatte, war für jede nationalsozialistische Auffassung unerträglich. Es war nicht nur furchtbar, daß er selber und sein ihm zugetaner Kreis alle Gesetze von Anstand und einfacher Haltung brachen. [...] Das schlimmste [...] war, daß sich allmählich

---

169 Documents Diplomatiques Français (1932–1939), I.re Série (1932–1935), Tome V, Paris 1970, S. 792–795, Dokument Nr. 422, François-Poncet an Außenminister Barthou, 22.2.1934: „Les préoccupations pédagogiques et morales que semble avoir si fortement à cœur le chef des milices brunes étonneront, sans doute, ceux qui connaissent sa réputation, solidement établi, d'homosexuel convaincu. Encore faut-il se souvenir que l'homosexualité n'est pas toujours considérée, en Allemagne, comme une décadence, mais, au contaire, comme une exaltation de la conscience virile. On assure, au surplus, que M. Roehm aurait renoncé à son vice, comme M. Goering à sa morphine."
170 Dagmar Herzog, Sexuality in Europe. A Twentieth-Century History, Cambridge u. a. 2011, S. 73.
171 Hans-Jochen Gamm, Der Flüsterwitz im Dritten Reich, München ³1984, S. 50 und 56 f. Ein weiteres drastisches Beispiel eines Röhm-Homosexuellenwitzes bei Kellen, Katzenellenbogen, S. 85.

aus einer bestimmten gemeinsamen Veranlagung heraus in der SA eine Sekte zu bilden begann, die den Kern einer Verschwörung nicht nur gegen die moralischen Auffassungen eines gesunden Volkes, sondern auch gegen die staatliche Sicherheit abgab." In der SA-Führung habe sich „eine kleine Gruppe von durch gleiche Veranlagung zusammengehaltenen Elementen" eingenistet, „die zu jeder Handlung fähig sich blind in der Hand des Stabschefs Röhm" befunden habe.[172] Kurz zuvor hatte Göring übrigens noch das Gegenteil behauptet und Röhm vielmehr als *Opfer* seiner unglücklichen sexuellen Neigung porträtiert, als das er sich von anderen habe manipulieren lassen.[173] Dass „Röhm der Gefangene seiner Umgebung" geworden sei, hatte auch Goebbels noch Anfang Juni 1934 nach einem Gespräch mit Hitler notiert.[174]

Die homosexuelle „Sekte" um Röhm wurde von Hitler und der gesamten NS-Propaganda im Gefolge der angeblichen Niederschlagung des Röhm-Putsches am 30. Juni 1934 zu Hoch- und Landesverrätern erklärt. Röhms öffentlich bekannte Homosexualität, die bis dahin für Hitler kein Problem dargestellt hatte, wurde zur Rechtfertigung für die Morde.[175] Freilich sollte nach NS-Lesart der angebliche Röhm-Putsch nicht nur eine Verschwörung von Homosexuellen gewesen sein, sondern ein gemischtes homo- und heterosexuelles Komplott aus Unzufriedenen innerhalb der NSDAP (Röhm-Gruppe, Gregor Strasser) und konservativen Regimegegnern (Schleicher, Papen-Umkreis, Katholiken). Deren hochverräterische Verschwörung gegen die von Hitler geführte Reichsregierung sei – so wurde angedeutet – durch landesverräterische Kontakte zu ausländischen Mächten noch verschlimmert worden. Wie schon bei der Skandalisierung der transnationalen Freundschaft zwischen Fürst Eulenburg und dem französischen Botschaftsrat Lecomte spielte auch diesmal ein Franzose die Rolle des gefährlichen Ausländers – diesmal noch eine Rangstufe höher, in der Person des französischen Botschafters selbst. Am Nachmittag des 29. Juni 1934 hatte Hitler engsten Vertrauten, darunter Goebbels, eröffnet, dass die Entmachtung und Beseitigung der Röhm-Gruppe unausweichlich sei: „Man habe den Beweis, behauptete er (und glaubte das anscheinend auch selbst), daß Röhm tief in eine Verschwörung mit Schleicher, Strasser und dem französischen Botschafter François-Poncet verwickelt sei."[176] Goebbels notierte am 1. Juli über die Motive Hitlers: „Samstag [30. Juni] handelt er. Gegen Röhm und seine Rebellen. Mit Blut. Sollen wissen, daß Auflehnung Kopf kostet. [...] Beweise, daß Röhm mit François Poncet [sic!], Schleicher und Straßer [sic!] konspirierte. Also Aktion!"[177]

---

172 Schulthess' Europäischer Geschichtskalender 75 (1934), S. 178 f.
173 Tamagne, A History of Homosexuality in Europe, S. 299 f.
174 Die Tagebücher von Joseph Goebbels, Teil I, Bd. 3/I, S. 57.
175 Dagmar Herzog, Sex after Fascism. Memory and Morality in Twentieth-Century Germany, Princeton 2005, S. 12.
176 Kershaw, Hitler 1889–1936, S. 645.
177 Die Tagebücher von Joseph Goebbels, Teil I, Bd. 3/I, S. 72.

General Kurt von Schleicher, 1932/33 Reichswehrminister und kurzzeitig Reichskanzler mit dem Ziel, die Machtübernahme Hitlers zu verhindern, hatte schon als einflussreicher Mitarbeiter im Reichswehrministerium unter der Kanzlerschaft Heinrich Brünings zwischen 1930 und 1932 enge Kontakte zu britischen und französischen Diplomaten aufgebaut. Vor allem der seit 1931 amtierende französische Botschafter François-Poncet soll „für Schleicher ein wichtiger Gesprächs- und Verhandlungspartner" geworden sein. Auch Schleichers Verhandlungskontakte zu Röhm gehen in diese Jahre zurück. Schleicher-Biograph Friedrich-Karl von Plehwe hat die Frage geäußert, ob Schleicher im Jahre 1932 – als er den linken Flügel der NSDAP unter dessen Exponenten Gregor Strasser von Hitler abzuspalten versuchte – nicht auch mit dem Gedanken gespielt habe, Röhm und dessen SA ebenfalls von der Hitler-Bewegung zu trennen. Dies hätte laut Plehwe „nicht ganz außerhalb des Bereichs des Möglichen" gelegen. Insofern wären – trotz der habituellen Abneigung zwischen dem adligen General und dem als Milizenführer agierenden Ex-Hauptmann – solche Bündniskontakte auch 1934 nicht undenkbar gewesen. Freilich hat Schleicher wenige Wochen vor seiner Ermordung durch das NS-Regime Mitte Juni 1934, als er von einem guten Bekannten auf „Gerüchte über Verbindungen und Zusammenkünfte" zwischen ihm und Röhm angesprochen wurde, regelrecht „empört" reagiert und versichert, „daß alle diese Verdächtigungen freie Erfindungen seien". Zwar habe vor kurzem „ein Mittelsmann von Röhm versucht, eine Verbindung herzustellen", doch habe er – Schleicher – denselben ebenso „eindeutig abgewiesen" wie andere Anfragen von „Persönlichkeiten aus verschiedenen Lagern". Plehwe berichtet, dass Schleicher noch am 29. Juni 1934 – einen Tag vor seiner Ermordung – dieselbe Person unterrichtet habe, dass er nunmehr auch von anderer Seite von den Bündnisgerüchten erfahren habe. Schleicher habe seinen Gesprächspartner gebeten, Heeres-Generalstabschef Ludwig Beck um einen Termin für ihn zu bitten, um „diese unerträglichen Verdächtigungen zu entkräften". Dieser Schritt kam zu spät. Die offizielle Pressemeldung der NS-Diktatur lautete am 1. Juli 1934, Schleicher habe „mit staatsfeindlichen Kreisen der SA-Führung und mit auswärtigen Mächten staatsgefährdende Verbindungen unterhalten". Hitler behauptete Mitte Juli 1934 im Reichstag, sein Vorgänger im Reichskanzleramt habe im Bunde mit Röhm vor allem die außenpolitische Vernetzung der Verschwörung betrieben und sich dabei seines früheren Adjutanten General von Bredow „als Kurier bedient".[178] Nichts konnte unsinniger sein als diese Behauptung. Aus den Tagebuchaufzeichnungen, die General a. D. Ferdinand von Bredow bis zum 28. Juni 1934 führte, geht deutlich hervor, dass Röhm für Bredow als gefährlichster Widersacher der Reichswehr *das Feindbild* schlechthin und damit alles andere als ein Bündnispartner war. In seiner letzten Aufzeichnung vom 28. Juni – zwei Tage vor seiner Ermordung – notierte der General nach einem vertraulichen Gespräch, das er am Vortage geführt hatte: „Stimmen

---

[178] Plehwe, Reichskanzler Kurt von Schleicher, S. 142, 186, 291 f., 294 f. und 297.

überein: Nur nicht gegen Regime arbeiten. Mit Wehrmacht hinter Hitler. [...] Hoffentlich hält Hitler durch und ist der große Staatsmann."[179]

Der mit Röhm gut bekannte britische Deutschlandkorrespondent des zum Beaverbrook-Presseimperium zählenden „Daily Express", Sefton Delmer, brachte am 2. Juli 1934 in einem Hintergrundartikel seine Sicht auf diese „Story of a Traitor". Dabei zeichnete Delmer – so seine Biographin Karen Bayer – ein „ambivalentes Bild" von Röhm. Zum einen hielt der Journalist den Ermordeten tatsächlich für den „Mittelpunkt eines komplizierten Netzes von Intrigen", dem er laut Bayer auch ein Bündnis mit Schleicher zutraute – wie schon Ende 1931, als sich beide verabredet hätten, zunächst den damaligen Reichskanzler Brüning und dann dessen konservativen Nachfolger Papen zu stürzen. Zum anderen zeigte sich Delmer anhaltend fasziniert von Röhms persönlicher Ausstrahlung: „He was energy personified. There was something fascinating about the bullet head, low forehead and wild, fanatical blue eyes."[180]

Die Ernst Röhm von der NS-Führung 1934 als landesverräterisch angelasteten Kontakte zu diplomatischen Vertretern der Siegermächte des Ersten Weltkrieges hatte der SA-Stabschef offenbar – ähnlich wie Schleicher – schon lange vor der NS-Machtübernahme gesucht. Unmittelbar nach seiner Ernennung zum Stabschef (und faktischen eigentlichen Führer) der SA zum Jahresbeginn 1931 hatte Röhm über den britischen Journalisten Sefton Delmer Kontakte sowohl zum britischen Geheimdienst als auch zur britischen Botschaft anzuknüpfen versucht. Schon damals – ähnlich wie in der Krise von 1934 – ging es ihm um eine Integration der SA in die viel kleinere Reichswehr. Röhm war sich bewusst, dass er für eine solche Lösung – für die er angeblich damals Schleicher gewonnen hatte – auch die Zustimmung der Ententemächte benötigte, da dadurch die Bestimmung des Versailler Vertrages über die Begrenzung der deutschen Streitkräfte verletzt worden wäre. Während der britische Botschafter in Delmers Erinnerung sein striktes „Veto gegen jeden Kontakt zwischen dem Botschaftspersonal und Röhm" einlegte und dieses erst nach dem 30. Januar 1933 wieder aufhob, ließ Röhm gegenüber Delmer durchblicken, dass der französische Botschafter François-Poncet keine Berührungsängste gezeigt habe. Röhm habe sich gebrüstet: „Der hat keine Angst, mit mir zu sprechen oder zu verhandeln. Erzählen Sie das mal Ihren Freunden."[181]

Röhms Kontakte zum französischen Botschafter in Berlin gingen somit auf die Spätphase der Weimarer Republik zurück. Kurz nach der NS-Machtübernahme im Januar 1933 fügte der SA-Stabschef noch höherrangige Auslandskontakte hinzu, als er eine – in der Einschätzung des Historikers Stefan Ihrig ebenso ungewöhnliche

---

179 Irene Strenge (Hrsg.), Ferdinand von Bredow. Notizen vom 20.2.1933 bis 31.12.1933. Tägliche Aufzeichnungen vom 1.1.1934 bis 28.6.1934, Berlin 2009, passim, hier insb. S. 237.
180 Bayer, „How dead is Hitler?", S. 69.
181 Delmer, Die Deutschen und ich, S. 122–125.

wie symbolische – Auslandsreise antrat. Ungewöhnlich war diese Reise schon deshalb, weil Röhm nach seiner Rückkehr aus Bolivien 1930, wo er zwei Jahre als Militärberater verbracht hatte, kaum noch ins Ausland gereist sein soll. Ungewöhnlich und symbolträchtig zugleich war diese Reise, weil sie laut Ihrig für Röhm geradezu einer „Pilgerfahrt" gleichgekommen sei, besuchte er doch zwei von ihm verehrte politische Heldenfiguren. Im Sommer 1933 traf Röhm in Rom den faschistischen Diktator Benito Mussolini, sodann in Ankara Mustafa Kemal Pascha, den später „Atatürk" genannten autoritären Führer der Türkei. Obwohl letzterer eher antinationalsozialistisch eingestellt gewesen sein soll (wie Mussolini damals übrigens auch noch), scheint er Röhm als Person gemocht zu haben. Nach dem 30. Juni 1934 vertrat Kemal die Auffassung, dass Hitler Röhm keineswegs hätte stürzen und töten müssen – obschon er selbst nicht zögerte, etliche frühere Kampfgefährten aus machtpolitischen Gründen hinrichten zu lassen. Im Falle Röhms war Kemal jedoch überzeugt, dass dieser Hitler auch in Zukunft ebenso nützlich wie loyal gedient hätte.[182] Geradezu empört zeigte sich Mussolini angesichts der Gefängnis-Erschießung seines früheren Gastes. Gegenüber einer deutschen Journalistin äußerte er im September 1934, es sei „unerhört", „einen Mann, der [im Ersten Weltkrieg] dreizehn Mal verwundet war, so zu töten". Die deutsche Besucherin rechtfertigte das Vorgehen Hitlers mit der angeblichen Verschwörung, die der angebliche Verräter Röhm angezettelt habe.[183]

Auch in der Erinnerung des französischen Botschafters spielte die propagandistische Verknüpfung der Vorwürfe des Hochverrats (Umsturzversuch im eigenen Land) und des Landesverrats (Bund mit ausländischen Mächten) 1934 eine wichtige Rolle. André François-Poncet berichtete in seinen erst nach dem Sieg über Hitler-Deutschland publizierten Erinnerungen an seine Berliner Botschafterzeit, dass nach den ersten amtlichen Verlautbarungen über die Niederschlagung des angeblichen Röhm-Putsches die deutsche Presse „mehr oder weniger klar" angedeutet habe, „die Verschwörer Röhm und Schleicher hätten Verbindung mit dem Ausland angeknüpft". Hitler selbst habe nicht nur Schleichers früheren Adjutanten Bredow beschuldigt, als Verbindungsmann zum Ausland gedient zu haben; zugleich habe der Diktator auf ein ominöses „Diner" angespielt, „das im geheimen stattgefunden habe und in dessen Verlauf die verbrecherischen Pläne einem ausländischen Diplomaten anvertraut worden seien." Die Presse habe durchblicken lassen, dass mit diesem Diplomaten kein anderer als er selbst – François-Poncet – gemeint gewesen sei. Dieser bemerkte dazu lakonisch: „Das alles war Lüge." Der Botschafter musste zwar einräumen, Röhm und dessen Entourage zweimal bei Abendessen in Häusern von Dritten getroffen und dabei mit Röhm gesprochen zu haben. Doch abgesehen von der (schwer nachprüfbaren) Behauptung, dass er Abscheu vor Röhm empfunden und

---

182 Stefan Ihrig, Atatürk in the Nazi Imagination, Cambridge/London 2014, S. 108.
183 Wolfgang Schieder, Mythos Mussolini. Deutsche in Audienz beim Duce, München 2013, S. 94.

diesen nach Möglichkeit gemieden habe, machte François-Poncet geltend, dass die Begegnungen „wenig herzlich" und „die Unterhaltung uninteressant" bzw. „in keiner Weise interessant" gewesen seien. Die NS-Unterstellung einer hochverräterischen Allianz der konservativen Generäle Schleicher und Bredow mit Röhm hielt François-Poncet – bei aller Würdigung der wenig wählerischen Bündnispolitik Schleichers – für unbewiesen. Zwar habe die Reichswehr-Generalität gegen die Ermordung ihrer Kameraden nicht öffentlich protestiert, aber immerhin eine interne Untersuchung wegen der Anklage des Hochverrats erzwungen: „Diese Untersuchung erbrachte die völlige Schuldlosigkeit der beiden Generale und stellte die Ehre dieser beiden Männer wieder her, die man nicht nur umbringen, sondern vorher noch mit Schmutz bewerfen wollte." Ganz ähnlich seien die gegen ihn selbst erhobenen Unterstellungen einer Verwicklung in den angeblichen Putschversuch nie offen formuliert, geschweige denn belegt worden. Letztlich habe das deutsche Außenministerium offiziell bekunden müssen, „es habe sich erwiesen, daß dieser Verdacht gegen mich jeder Grundlage entbehre, kein Schatten davon bliebe und das Reich sich glücklich schätzen würde, wenn ich weiterhin meinem Amt in Berlin vorstünde".[184] Der Botschafter blieb bis 1938 auf seinem Posten in Hitlers Reich.[185]

Aus Nazi-Deutschland ausgewiesen wurde nicht Röhms hochrangiger diplomatischer Gesprächspartner, sondern der ebenfalls mit Röhm verbundene britische Journalist Sefton Delmer – doch nicht wegen verräterischer Umtriebe, sondern weil er es gewagt hatte, eine deutlich umfangreichere Liste der Opfer des 30. Juni 1934 zu publizieren als die Hitler-Regierung selbst. Delmer hatte die Nachricht von Röhms gewaltsamem Ende nach eigenem Bekunden als „doppelten Schock" empfunden. Nicht nur deshalb, weil er „den lustigen und mitteilsamen kleinen Gangster trotz der von ihm autorisierten Willkürakte und trotz seines zügellosen Privatlebens gern gehabt" habe. Sondern auch, weil er angeblich um ein Haar selbst am 30. Juni nach Bad Wiessee gereist wäre, um Röhm wegen der Gerüchte über dessen Verschwörung mit Schleicher auf den Zahn zu fühlen. Delmer mutmaßte: „In diesem Falle wäre ich möglicherweise mit den anderen umgebracht worden. Denn vermutlich hätte es recht gut in Hitlers Konzept gepaßt, wenn ich als ‚Beweis' für Röhms

---

184 François-Poncet, Als Botschafter im „Dritten Reich", S. 217 f. und 220–223. Der britische Botschafter hielt die Kontakte seines französischen Kollegen für „perfectly innocent". Vgl. Gaynor Johnson (Hrsg.), Our Man in Berlin. The Diary of Sir Eric Phipps, 1933–1937, Houndmills/New York 2008, S. 66 f. Der US-Botschafter glaubte hingegen an eine „politische Intrige" unter Mitwirkung Frankreichs. Vgl. William E. Dodd jr./Martha Dodd (Hrsg.), Diplomat auf heißem Boden. Tagebuch des USA-Botschafters William E. Dodd in Berlin 1933–1938, Berlin [Ost] [8]1977, S. 164.
185 Am 4.7.1934 hatte der Botschafter von Reichsaußenminister Konstantin von Neurath Beweise gefordert, dass Frankreich in den Röhmputsch verwickelt sei. Nachdem Neurath diese Gerüchte für absurd erklärte, forderte der Botschafter eine formelle Feststellung der deutschen Regierung; vgl. Documents Diplomatiques Français (1932–1939), I.re Série (1932–1935), Tome VI, Paris 1972, S. 856, Dokument Nr. 423, François-Poncet an Außenminister Barthou, 4.7.1934.

Verschwörung mit einer ausländischen Macht ‚versehentlich' erschossen worden wäre." Ob der Brite hier seine eigene Bedeutung hier nicht überschätzte? Jedenfalls ließ Delmer ein handsigniertes Exemplar der Erstausgabe von Röhms „Geschichte eines Hochverräters" bei seiner Abreise aus Deutschland zurück.[186]

Betrachtet man Hitlers Metaphern von der homosexuellen „Sekte", die sich in der SA-Führung „eingenistet" (eine Wortwahl Hardens ein Vierteljahrhundert zuvor) und am Ende ihren Führer aus Eigennutz verraten habe, dürfte Clayton Whisnants Einschätzung, das Thema Homosexualität sei „nicht zentral" für die NS-Propaganda nach dem „Röhmputsch" gewesen, da Anklagen wegen Korruption und wegen Verschwörung mit ausländischen Mächten eine größere Rolle gespielt hätten[187], letztlich doch verfehlt sein. Denn volle zwei Wochen wurde die deutsche Bevölkerung durch Propagandaberichte über das homosexuelle (und korrupt-luxuriöse) Treiben der homosexuellen SA-Clique zur sittlichen Empörung über diese perverse Kamarilla getrieben, bevor Hitler in seiner Reichstagsrede vom 13. Juli 1934 die politische Rechtfertigung einer vereitelten Verschwörung nachreichte.[188] Genau besehen hat Hitler nicht die eine Erklärung durch die andere ersetzt, sondern beide gezielt miteinander verbunden und damit den Topos einer homosexuellen Verräter-Clique wiederbelebt, wie er in den Diskursen über Eulenburg/Lecomte oder Redl öffentlich längst verhandelt worden war. Der französische Botschafter hat die zentrale Rolle der Homosexualität für die NS-Rechtfertigungskampagne auch deutlich höher eingeschätzt, wenn er – neben den Topoi der homosexuellen Cliquenbildung und ihrer verschwörerischen Politik – an die von der NS-Propaganda ungeniert verbreitete Skandalgeschichte von Bad Wiessee erinnerte. Demnach hatte Hitler Röhm „im Schlaf überrascht, selbst festgenommen, einen seiner Kameraden, Heines, der im gleichen Hotel mit einem Jungen, einem Lustknaben, schlief, niedergeschossen".[189] Bereits Göring hatte die Geschichte vom mit einem „Lustknaben" ertappten Edmund Heines verbreitet.[190] Erich Ebermayer entging das Changieren der Propaganda zwischen Entrüstung und Voyeurismus nicht: Goebbels habe im Rundfunk berichtet, „wie er ‚hinter dem Führer' das Schlafzimmer Röhms betrat und ihn mit einem anderen Mann dort im Bett vorfand"[191] – wobei hier Röhm offenbar mit Heines verwechselt wurde, denn nach anderen Darstellungen wurde Röhm von Hitler allein im Zimmer überrascht und wüst als Verräter beschimpft (was Röhm vehement be-

---

186 Delmer, Die Deutschen und ich, S. 239–241; vgl. auch Bayer, „How dead is Hitler?", S. 46 und 72.
187 Whisnant, Queer Identities and Politics in Germany, S. 214. Die entgegengesetzte Ansicht vertritt Tamagne, A History of Homosexuality in Europe, S. 299.
188 Koch, Sexuelle Denunziation, S. 25.
189 François-Poncet, Als Botschafter im „Dritten Reich", 212–214.
190 Tamagne, A History of Homosexuality in Europe, S. 299.
191 Ebermayer, Denn heute gehört uns Deutschland, S. 332–336. Dass Röhm selbst von Hitler „zusammen mit einem Jüngling" überrascht worden sei, berichtet auch Thamer, Adolf Hitler, S. 188.

stritt), während die Heines-Bettszene in Goebbels' Ansprache thematisiert worden ist.[192] Entsprechend notierte Goebbels einen Tag nach der Verhaftung Röhms in sein Tagebuch, dass sich „Heines jämmerlich" gezeigt habe und „mit einem Lustknaben" ertappt worden sei, wovon im Falle Röhms keine Rede war.[193] Entscheidend ist Ebermayers hellsichtige Feststellung, dass Goebbels im Rundfunk die homosexuelle Bettszene „sehr anschaulich und für Jugendliche besonders aufklärend" geschildert habe: „Auch die Damenunterwäsche, die der Stabschef trug, wird nicht vergessen. ‚Wenn die Wände dieses Zimmers hätten fallen können!' ruft mit bebender Erregung der so überaus glücklich veranlagte Minister. Nun – er läßt sie ja fallen!"[194]

Die öffentliche Berichterstattung des NS-Regimes sprach nicht allein über Heines und dessen Bettpartner. Der NS-Propaganda zeigten sich bei der Verhaftung der Röhm-Gruppe „moralisch so traurige Bilder, daß jede Spur von Mitleid schwinden mußte". Nicht nur einer, sondern „einige SA-Führer hatten sich Lustknaben mitgenommen", wobei freilich „einer [...] in der ekelhaftesten Situation aufgeschreckt und verhaftet" worden sei.[195] Diese sexuelle Offenheit der NS-Propaganda ging einem Teil der deutschen Presse zu weit. Die Exil-Sozialdemokratie meldete, in einem „sittenstrengen" konservativen Presseorgan sei die Meldung über „einige" mit „Lustknaben" ertappte SA-Führer glatt unterschlagen worden, während kostenlose Extrablätter dieselbe Meldung lautstark verbreitet hätten.[196] Ein Beobachter in Baden hielt fest: „Die Diffamierung der Ermordeten mit der Homosexualität" und mit dem Vorwurf üppigsten Luxuslebens habe anfangs dazu geführt, die Erschießungen „als Heldentat Hitlers" zu betrachten, bevor sich „eine etwas andere Betrachtung" durchgesetzt habe. Während sich in Sachsen Passanten an den Röhm-Skandal der Jahre 1931/32 erinnerten[197], soll das Berliner Kleinbürgertum schockiert auf Berichte über Luxusgelage und „anormale Orgien" reagiert haben.[198] Zugleich wusste man, dass „die niedergemachten Führer [...] zum Teil in der SA große Sympathien gehabt" hatten.[199] Namentlich Heines hatte demnach „eine außerordentliche Popularität genossen" und erhielt offenbar in der schlesischen SA auch nach seiner Erschießung Solidaritätsbekundungen. In der sächsischen SA hingegen herrschte Erbitterung „über die Homosexualität Röhms und seiner Freunde und deren luxu-

---

192 Kershaw, Hitler, Bd. 1, S. 647; Strasser, Die deutsche Bartholomäusnacht, S. 205, zitiert aus Goebbels' Rundfunkansprache die Schilderung der Verhaftung von Heines: „In dem [...] Zimmer von Heines bot sich ein schamloses Bild. Heines lag mit einem homosexuellen Jüngling im Bett. Die widerliche Szene, die sich dann bei der Verhaftung von Heines und seines Genossen abspielte, ist nicht zu beschreiben."
193 Die Tagebücher von Joseph Goebbels, Teil I, Bd. 3/I, S. 72.
194 Ebermayer, Denn heute gehört uns Deutschland..., S. 332–336.
195 Zitiert nach Koch, Sexuelle Denunziation, S. 17.
196 Deutschland-Berichte der Sozialdemokratischen Partei Deutschlands 1 (1934), S. 191.
197 Ebenda, S.198.
198 Ebenda, S. 201.
199 Ebenda, S. 250.

riösen Lebenswandel". Vielsagend wurde geäußert, Röhm habe „schon immer einen falschen Blick gehabt".[200]

Theodor Wolff, der ins französische Exil geflüchtete langjährige Chefredakteur des „Berliner Tageblatts", berichtete dem ebenfalls exilierten kommunistischen Journalisten Egon Erwin Kisch später, dass er sich nach Hitlers Machtübernahme nur noch gelegentlich die einst von ihm geleitete, nun NS-konforme Zeitung gekauft habe. Nach dem 30. Juni 1934 habe er es sich jedoch nicht versagen können, „aus Interesse" die Berichterstattung über den angeblichen Röhm-Putsch im „Berliner Tageblatt" zu verfolgen. Er habe sehen wollen, was die nazifizierte Redaktion über die „Ermordung von Röhm" zu sagen hatte, dem sie bis dahin „immerfort ganz besonders Weihrauch gestreut, ihn, wenn auch in versteckter Form, über Hitler gestellt" habe. Was Wolff zu sehen bekam, war hemmungslosester Opportunismus: „Da sah ich über die vier Spalten der ersten Seite mit den größten Lettern die Überschrift: ‚Durchgegriffen!' Seither habe ich das ‚Berliner Tageblatt' nie mehr in die Hand genommen."[201]

In einem weiteren Exil-Gespräch zwischen dem liberalen Homosexuellen Graf Kessler und dem katholisch-konservativen Ex-Reichskanzler Heinrich Brüning glaubte letzterer, „erst nachträglich, nachdem Röhm und Heines schon erschossen waren, sei ein ermordeter nackter Junge in ihre Zimmer geschafft worden". Brüning vermutete einen „Propaganda Trick" des NS-Regimes, um die aus politischen Gründen beseitigte SA-Führung moralisch zu diskreditieren.[202] Auch im Untergrund arbeitende „Genossen" der Sozialdemokratie, welche „die politischen Hintergründe der Vorgänge" erkannten, wollten „nicht an die Geschichte mit den Lustknaben" glauben.[203] Diese Erörterungen unter politischen Gegnern Hitlers belegen wiederum den hohen Stellenwert, den die mediale Skandalisierung der Homosexualität für die Legitimation der Röhm-Morde gehabt hat. Es ging bei dieser Skandalberichterstattung beinahe unter, dass Hitler keineswegs nur SA-Führer oder Homosexuelle hatte umbringen lassen (darunter einen amtierenden Reichsminister und dreizehn Reichstagsabgeordnete), sondern auch etliche unliebsame Konservative, darunter einen früheren Reichskanzler und einen früheren bayerischen Ministerpräsidenten.[204] Stattdessen konzentrierte sich die öffentliche Skandalisierung auf die „Lustknaben", von denen Rosenberg zufolge acht auf Befehl Hitlers in Bad Wiessee

---

200 Ebenda, S. 305–308.
201 Egon Erwin Kisch, Mein Leben für die Zeitung 1926–1947. Journalistische Texte Bd. 2, Berlin/Weimar ²1993, S. 508; vgl. auch Bernd Sösemann, Theodor Wolff. Ein Leben mit der Zeitung, Stuttgart 2012, S. 232.
202 Kessler, Das Tagebuch, Bd. 9, S. 648.
203 Deutschland-Berichte der Sozialdemokratischen Partei Deutschlands 1 (1934), S. 205.
204 Arnold Suppan, Hitler – Benes – Tito. Konflikt, Krieg und Völkermord in Ostmittel- und Südosteuropa, Bd. 1, Wien ²2014, S. 62 f.

erschossen worden sein sollen.²⁰⁵ Rosenberg selbst glaubte kritiklos der Schutzbehauptung der NS-Führungsspitze, Röhm und seine Umgebung hätten einen Putsch geplant, dem unter anderem er selbst habe zum Opfer fallen sollen. Seine entsetzte Feststellung lautete: „In Deutschland sollte also eine Herrschaft der Homosexuellen errichtet werden."²⁰⁶ Umso überraschter zeigte sich Rosenberg, dass sich auch der einst führende Nationalsozialist Gregor Strasser, der sich 1932 von Hitler abgewandt hatte, „unter den Toten" befand. Strasser sei „früher ein entschiedener Gegner des homosexuellen Röhm" gewesen und habe „diese Sorte von Menschen als eine Freimaurerei" bezeichnet, „wo einer dem andern helfe gegen die übrige Menschheit, ohne hier Hemmungen zu kennen".²⁰⁷

Einige der 1934 beseitigten SA-Führer hatten sich über Hitler in einer Weise geäußert, die Erpressbarkeit suggerierte. Karl Ernst soll angedeutet haben, „es genügten ein paar Worte, um Hitler zum Schweigen zu bringen, wenn er sich über Röhms Verhalten beklagte".²⁰⁸ Edmund Heines soll auf eine Rüge Hitlers wegen seines Lebenswandels mit dem Ausbruch reagiert haben: „Adolf hat gar keinen Grund [,] die Schnauze so groß aufzureißen – ein Wort von mir, und er schweigt für immer!"²⁰⁹ Was gemeint war, blieb unklar. Doch kurz vor Hitlers Ernennung zum Reichskanzler wurde 1933 im Berliner Politikbetrieb die angebliche Äußerung Hindenburgs kolportiert: „Was soll ich mit dem Hinterlader?"²¹⁰ Nur ein bösartiges Gerücht? Der deutsch-italienische Schriftsteller Curzio Malaparte (eigentlich Kurt Erich Suckert) hatte in seinem Buch „Staatsstreich" 1932 vom „tief weiblich(en) Geist" Hitlers gesprochen und mit dessen „feminine[r] Seite" den politischen Erfolg erklärt.²¹¹ Gerüchte über Hitlers angeblich perverse Neigungen und die Zuschreibungen von Unmännlichkeit reichten bis in angelsächsische Propagandaschriften des Zweiten Weltkrieges, in denen ein effeminierter Hitler dem unbekümmerten Killer-Wolf Stalin gegenübergestellt wurde.²¹² Dass Hitler homosexuell veranlagt sei, war 1934 jedenfalls die Überzeugung des in der konservativen Elite wie in der „Kanzlei des Führers" gut vernetzten Schriftstellers Erich Ebermayer. Als dieser von der Ermordung der SA-Führung erfuhr, hielt er in seinem Tagebuch bemerkenswerteweise fest: „Der Führer ist laut seinen Militärpapieren, die dem früheren Reichsinnenminister Dr. Külz vorgelegen haben, während des Weltkrieges trotz Tapferkeit vor dem Feind wegen homosexueller Betätigung von der Beförderung zum Unteroffizier ausgeschlossen worden. [...] Heß, der in Parteikreisen ‚die schwarze Emma' hieß, ist

---

205 Alfred Rosenberg, Tagebücher, S. 142–144.
206 Matthäus/Bajohr, Alfred Rosenberg, S. 146.
207 Ebenda, S. 145.
208 Machtan, Hitlers Geheimnis, S. 235 f.
209 Ebenda, S. 240.
210 Fromm, Als Hitler mir die Hand küßte, S. 88.
211 Machtan Hitlers Geheimnis, S. 193; vgl. Curzio Malaparte, Der Staatsstreich, Leipzig 1932.
212 Woods, Homintern, S. 196, mit dem Hinweis auf H. G. Baynes' „Germany Possessed" von 1941.

nach Ansicht aller, die die Verhältnisse näher kennen, viele Jahre lang der Freund des Führers gewesen". Seine „äußerst vertrauenswürdigen Gewährsmänner" hatten Ebermayer zufolge „bisher mit *Stolz* die homoerotische Veranlagung des Führers und seines engsten Kreises", zu dem er neben Röhm, Heines und Ernst auch Rudolf Heß „und viele andere" zählte, „betont", zugleich aber erklärt, „der Führer selbst lebe, seit die Politik immer mehr seine Kräfte absorbiere, nicht mehr seinen Neigungen".[213]

Kannten die Autoren des Exils solche Gerüchte – oder reichte ihnen das, was bis 1932 schon das linke Feindbild vom homosexuellen Faschisten ausgemacht hatte? Etlichen NS-Führern – von einigen Gauleitern über Hitler-Stellvertreter Rudolf Heß, „der in der Berliner Homosexuellen-Szene als ‚Tante Anna' firmiert haben soll", bis zum effeminiert-kultivierten Reichsjugendführer Baldur von Schirach – wurden homosexuelle Neigungen nachgesagt.[214] Das griff die kommunistische Propaganda gerne auf. Ludwig Renn – ein homosexueller Kommunist aristokratischer Herkunft – porträtierte 1937 im Roman „Vor großen Wandlungen" die Nationalsozialisten und einen labilen Aristokraten als Homosexuelle, während linke Widerstandskämpfer als virile Heterosexuelle daher kamen. Bertolt Brecht suggerierte in seiner „Ballade vom 30. Juni" eine homosexuelle Beziehung zwischen Hitler und Röhm.[215] Der exil-sozialdemokratische „Neue Vorwärts" hatte nach den Röhm-Morden kommentiert: „Alles, was Hitler jetzt an Beschuldigungen gegen Röhm und Genossen schleudert, das haben wir viele Jahre lang wohlbegründet und wohlbewiesen immer wieder vorgehalten – und nicht nur den jetzt Erschossenen, sondern Hitler, Göring und Goebbels selbst! Damals haben sie über Lügen geschrieen [sic!] [...]. Heute ist alles wahr – aber natürlich nur, soweit es ihre Opfer betrifft."[216] Hitler, so der „Neue Vorwärts" im Juli 1934, sei nicht nur die perverse Veranlagung der Röhm-Gruppe längst bekannt gewesen, auch seine angebliche sittliche Reinigung des Regimes sei unglaubwürdig. Die Exil-Sozialdemokratie erklärte, dass sich trotz der Massenmorde von 1934 „noch eine ganze Menge dieser Art Leute" – also Homosexuelle – in der Umgebung Hitlers befänden –, allen voran der Reichsführer SS, der Stellvertreter des Führers der NSDAP und der Reichsjugendführer der HJ: „Wenn er also aus diesen Gründen die Röhm, Heines usw. erschiessen liess, dann

---

213 Ebermayer, Denn heute gehört uns Deutschland..., S. 330–332. Nur noch gelegentlich auf Autoreisen würde Hitler „Gelegenheit geboten, sich zu entspannen". Der liberale Politiker Wilhelm Külz hatte 1926 kurzfristig als Reichsinnenminister amtiert. Möglicherweise hat Ebermayer – sofern die Behauptung über Hitlers Akte zutrifft – über seinen Vater, den Oberreichsanwalt Ludwig Ebermayer, davon erfahren.
214 Koch, Sexuelle Denunziation, S. 21.
215 Tamagne, A History of Homosexuality in Europe, S. 397.
216 Susanne zur Nieden/Sven Reichard, Zur Funktionalisierung der Homosexualität von Ernst Röhm, in: Martin Sabrow (Hrsg.), Skandal und Diktatur. Formen öffentlicher Empörung im NS-Staat und in der DDR, Göttingen 2004, S. 33–58, hier insb. S. 57.

mussten Himmler, Hess und Baldur von Schirach dasselbe Schicksal erleiden."[217] Ähnlich wie dem deutschen Kaiser Wilhelm II. nach Entfernung der Eulenburg-Gruppe wurde ein Vierteljahrhundert später auch Hitler nach Ermordung der Röhm-Clique der öffentliche Vorwurf gemacht, trotz allem weiterhin von einer homosexuellen Kamarilla umgeben zu sein.

Während sich Hitler später im Hinblick auf den 1934 veranstalteten Reichstagsbrandprozess an den auf seinen Befehl liquidierten schneidigen SA-Führer Edmund Heines erinnerte, konzentrierte sich die kommunistische Propaganda auf den Hauptangeklagten Marinus van der Lubbe. Dieser vom NS-Regime der Brandstiftung beschuldigte junge Niederländer wurde von kommunistischer Seite in einem „Braunbuch" als homosexueller „Lustknabe" Röhms diffamiert. Hauptpunkt war „die sensationelle Behauptung, dass hinter dem Reichstagsbrand" – der im Februar 1933 als Legitimation für die Errichtung der NS-Diktatur und die Verfolgung der KPD gedient hatte – „eine homosexuelle Verschwörung stehe, durch die sich zugleich der essentielle Wesenszug des Nazi-Regimes offenbare".[218] Insofern war es kein Zufall, dass der homosexuelle SA-Führer Heines in kommunistischer Lesart zu den Haupttätern des Reichstagsbrands gezählt wurde, obschon Heines zum Tatzeitpunkt nachweislich 600 Kilometer entfernt in Schlesien einen Wahlkampfauftritt absolviert hatte.[219]

Das neue Feindbild der Linken brachte der sowjetische Schriftsteller Maxim Gorki 1934 in der sowjetischen Parteizeitung „Prawda" auf den Punkt: „Rottet die Homosexuellen aus – und der Faschismus verschwindet." Der homosexuelle Exil-Publizist Klaus Mann reagierte entsetzt: „Man ist im Begriff, aus ‚dem Homosexuellen' den Sündenbock zu machen – etwa ‚den Juden' der Antifasc[h]isten."[220] Dieselbe Furcht vor Homophobie brachte Kurt Hiller, den einstigen Nachfolger Hirschfelds im Vorsitz des Wissenschaftlich-humanitären Komitees, zu der Auffassung, man solle über die sexuelle Orientierung Hitlers besser schweigen: „Wir empören uns mit Recht, sooft Andere in den politischen Kampf das Element der sexuellen Denunziation tragen, und dürfen also nicht unser[er]seits desgleichen tun", so Hiller 1957 gegenüber einem Korrespondenzpartner aus der DDR. Hillers Argument war ganz in der Nachfolge Tucholskys, doch sein Motiv war Angst vor *antifaschistischer Homo-*

---

217 Zinn, „Die Bewegung der Homosexuellen", S. 56.
218 Anson Rabinbach, Van der Lubbe – ein Lustknabe Röhms? Die politische Dramaturgie der Exilkampagne zum Reichstagsbrand, in: Susanne zur Nieden (Hrsg.), Homosexualität und Staatsräson. Männlichkeit, Homophobie und Politik in Deutschland 1900–1945, Frankfurt a. M./New York 2005, S. 193–213, hier insb. S. 194 und 200.
219 Delmer, Die Deutschen und ich, S. 202. Wahrscheinlicher war die Verwicklung des Berliner SA-Gruppenführers Karl Ernst.
220 Zitiert nach Julia Noah Munier, Sexualisierte Nazis. Erinnerungskulturelle Subjektivierungspraktiken in Deutungsmustern von Nationalsozialismus und italienischem Faschismus, Bielefeld 2017, S. 109 f.

phobie: „B[e]y Adolfen nachweisen, dass er es war, hiesse in den Augen der Mehrheit, nachweisen, dass H...[omosexuali]tät eine typische Eigenschaft von Großverbrechern und Verrückten sei".[221]

Während der berühmte Schriftsteller Gorki die Wiedereinführung der Strafbarkeit homosexueller Handlungen in der Sowjetunion legitimierte, war der entscheidende Anstoß dazu von ganz anderer Seite gekommen. Im September 1933 hatte der stellvertretende Chef der sowjetischen Geheimpolizei (OGPU), Genrich Jagoda, gegenüber Stalin eine derart repressive Strafrechtsnovelle vorgeschlagen. Während der provokativen Mit-Herrschaft der SA-Führungsgruppe um den offen homosexuellen Ernst Röhm in Nazi-Deutschland konstatierte der aufstrebende Jagoda, dass man in der Sowjetunion „Päderastie" als Problem der Staatssicherheit betrachten müsse. Kürzlich habe man in Moskau und in Leningrad „Organisationen von Päderasten" aufgedeckt, 130 Personen verhaftet und dabei festgestellt, dass diese Homosexuellen Netzwerke aufgebaut hätten, die sich zu Spionage-Zirkeln mit konterrevolutionären Zielen fortentwickelt hätten. Diese Homosexuellengruppen hätten nicht nur junge Männer politisch demoralisiert, sondern auch versucht, Armee und Marine zu infiltrieren.[222] Einige Zeit später – um die Jahreswende 1936/37 – publizierte eine antistalinistische linke Exil-Zeitschrift in Westeuropa den anonymen „Brief eines alten Bolschewiken", dessen Autor der im niederländischen Exil lebende Sozialist Boris Nikolajewski war. Der somit nur angeblich aus der Sowjetunion stammende Brief enthielt eine Schilderung zu den Hintergründen der neuen Homosexuellen-Gesetzgebung Stalins. Demnach hatte ein Mitarbeiter des deutschen Militärattachés in Moskau – angeblich ein Freund und Gefolgsmann des homosexuellen SA-Stabschefs Röhm – Kontakte zu homosexuellen Kreisen der sowjetischen Hauptstadt anzuknüpfen vermocht. Diesem Nazi-Diplomaten sei es gelungen, über die Homosexuellen ein faschistisches Propaganda-Netzwerk aufzubauen, das bis nach Leningrad (das frühere Petrograd), Kiew und Charkow gereicht habe. Damit war der Topos der staatsfeindlichen homosexuellen Verschwörung ein weiteres Mal im Westen angekommen. Gregory Woods hat dazu treffend bemerkt, dass hier ein Feindbild ins andere griff: Ausländer, homosexuelle Zirkel (und nicht nur Individuen oder Paare), eine Geheimorganisation und ihre Netzwerke, die sexuell motivierte Vermischung von Menschen aus unterschiedlichen sozialen Klassen – jede Unterstellung bestärkte die vorangehende durch einen weiteren Hinweis auf eine geheime Verschwörung.[223]

Stalin jedenfalls scheint 1933 durch Jagoda hochgradig alarmiert worden zu sein: Auf Jagodas Bericht über homosexuelle Netzwerke reagierte er mit dem Befehl,

---

[221] Zitiert nach Daniel Münzner, Kurt Hiller. Der Intellektuelle als Außenseiter, Göttingen 2015, S. 332.
[222] Healey, Homosexual Desire in Revolutionary Russia, S. 182 f.
[223] Woods, Homintern, S. 7.

die verhafteten Schurken exemplarisch zu bestrafen und zugleich eine gegen Homosexualität gerichtete Bestimmung ins Strafgesetzbuch einzufügen.[224] Im Januar 1934 wurden in den sowjetischen Metropolen Moskau, Leningrad, Charkow und Odessa „Massenverhaftungen von Homosexuellen" durchgeführt: „Unter den Verhafteten fanden sich sehr viele Schauspieler, Artisten, Musiker, die wegen angeblicher ‚homosexueller Orgien' administrativ zu mehreren Jahren Gefängnis bzw. Verbannung verurteilt wurden." Erst im März 1934 wurde ein Gesetz nachgeschoben, das Geschlechtsverkehr zwischen Männern wieder – wie einst zu Zarenzeiten – unter Strafandrohung stellte. Der Wiener Psychoanalytiker Wilhelm Reich, bis zu seinem Parteiausschluss 1934 selbst Kommunist, der die liberale sowjetische Sexualpolitik der 1920er Jahre bewunderte, zitierte einen privaten Bericht aus der UdSSR, wonach das Gesetz sehr hastig verabschiedet worden sei – ohne langwierige Verabschiedung durch den Obersten Sowjet, als „eine Art Notverordnung". Das neue Gesetz stufte homosexuellen Geschlechtsverkehr als „soziales Verbrechen" ein und stellte Homosexualität in eine Reihe mit „Banditismus, Konterrevolution, Sabotage, Spionage".[225] Der Entwurf der neuen Strafbestimmung stammte von Stalins Einflüsterer Jagoda[226], der im Juli 1934 zum neuen Volkskommissar für Innere Angelegenheiten (NKWD) aufstieg. Als ein in Moskau lebender britischer Kommunist es wagte, sich an den sowjetischen Führer zu wenden, um die Vereinbarkeit der Homosexuellenverfolgung mit der kommunistischen Ideologie in Frage zu stellen, tat Stalin ihn als degenerierten Idioten ab.[227]

Wilhelm Reich konstatierte in seiner erstmals 1935 publizierten Studie über „Die sexuelle Revolution", die in den 1960er und 1970er Jahren zur Stichwortgeberin für eine globale Studentenrevolte werden sollte[228], einen Zusammenhang zwischen der provokativen Homosexualität der Röhm-Gruppe in Deutschland und der Rückkehr zum repressiven Homosexuellen-Strafrecht in der UdSSR: „Die homosexuellen Verfolgungen standen in bestimmtem Zusammenhang mit dem Vorgehen in Deutschland anläßlich der Röhmaffäre 1932–1933". Seither habe „die Sowjetpresse" ihren „Feldzug gegen die Homosexualität als eine ‚Entartungserscheinung der faschistischen Bourgeoisie' eröffnet". So habe „der bekannte Sowjetjournalist Kolzow eine Artikelserie verfaßt, in der er von den ‚warmen Brüdern des Propagandaministeriums Goebbels' und von den ‚sexuellen Orgien in den faschistischen Ländern'

---

224 Healey, Homosexual Desire in Revolutionary Russia, S. 184.
225 Wilhelm Reich, Die sexuelle Revolution. Zur charakterlichen Selbststeuerung des Menschen, Frankfurt a. M. 1971, S. 213.
226 Healey, Homosexual Desire in Revolutionary Russia, S. 184.
227 Ebenda, S. 188 f.
228 Vgl. Arthur Marwick, The Sixties. Cultural Revolution in Britain, France, Italy, and the United States, c. 1958 – c. 1974, Oxford/New York 1998, S. 32 und 740; Axel Schildt/Detlef Siegfried, Deutsche Kulturgeschichte. Die Bundesrepublik von 1945 bis zur Gegenwart, München 2009, S. 261 und 309.

sprach". Reich wertete allerdings Gorkis ominösen Artikel als „entscheidend" für die stalinistische Wende in der Sexualgesetzgebung.[229]

Am 23. Mai 1934 war in den führenden kommunistischen Parteizeitungen „Prawda" und „Iswestija" ein Artikel des linken Star-Schriftstellers über „Proletarischen Humanismus" erschienen. Gorki kontrastierte darin die russische bzw. sowjetische Reinheit mit den Degenerationserscheinungen des westlichen Kapitalismus, zu denen er auch die Homosexualität zählte. Den Faschismus interpretierte Gorki als letztes Aufgebot des Kapitalismus zur Mobilisierung all der bourgeoisen Abkömmlinge degenerierter Alkoholiker, Hysteriker und Syphilitiker. Homosexualität war für ihn nur eine der abstoßendsten Krisenerscheinungen dieses Westens. Hier nutzte Gorki einen naheliegenden polemischen Vergleich zum NS-Regime, das damals auch von Ernst Röhm repräsentiert wurde: Da, wo das Proletariat regiere, werde Homosexualität als eine die Jugend bedrohende Gefahr betrachtet und bestraft, während im einstigen Kulturland Deutschland Homosexualität unter faschistischer Herrschaft offen und straflos praktiziert werden könne.[230] Als wenig später Hitler die SA-Führung um Röhm mörderisch beseitigte und dies nicht zuletzt mit deren homosexueller Entartung begründete, stieß er in der Sowjetunion nicht nur auf die Bewunderung Stalins für das machtpolitisch motivierte „Blutbad". Zugleich berichtete die „Iswestija" spaltenlang über Hitlers Reichstagsrede vom Juli 1934, in der dieser die jüngsten Massenmorde in Deutschland als „Staatsnotwehr" gegen eine Verschwörung von Homosexuellen und sonstigen Verrätern begründet hatte.[231] Hitlers neuerwachte Homophobie war auch für Stalin interessant.

Bei alledem erfolgte Stalins Homosexuellenverfolgung, die sich Mitte der 1930er Jahre mit sonstigen stalinistischen Verfolgungen vermischte und dadurch nicht selten tödliche Konsequenzen zeitigte[232], vergleichsweise geräuscharm. Zwar beobachtete Wilhelm Reich eine „Panikstimmung unter den Homosexuellen in der Sowjetunion" seit den Massenverhaftungen von 1934, die in der Roten Armee „zu zahlreichen Selbstmorden" – auch von Kommandeuren – geführt habe.[233] Doch gab es keine öffentlichen Skandalprozesse gegen Homosexuelle und erst recht keine stalinistische „Nacht der langen Messer" gegen öffentlich als homosexuell skandalisierte Sowjetführer, die dem sogenannten „Röhm-Putsch" in Deutschland gleichgekommen wäre.[234] Zwar stellte im März 1936 der sowjetische Volkskommissar für Justiz, Nikolai Krylenko, Homosexuelle als Klassenfeinde in eine Reihe mit den sozial deklassierten oder kriminellen Elementen am Rande der sozialistischen Gesell-

---

229 Reich, Die sexuelle Revolution, S. 213; es dürfte sich um den prominenten stalinistischen Propagandisten Michail Kolzow handeln, der 1938 verhaftet und 1940 hingerichtet wurde.
230 Healey, Homosexual Desire in Revolutionary Russia, S. 189.
231 Stephen Kotkin, Stalin. Waiting for Hitler, 1929–1941, New York 2017, S. 175.
232 Healey, Homosexual Desire in Revolutionary Russia, S. 190–195.
233 Reich, Die sexuelle Revolution, S. 214.
234 Healey, Homosexual Desire in Revolutionary Russia, S. 227.

schaft.²³⁵ Doch nur ein halbes Jahr später, als Jagoda sein Amt als Volkskommissar für Innere Angelegenheiten (NKWD) im September 1936 verlor, folgte auf den promiskuitiven Heterosexuellen als Stalins neuer Favorit Nikolai Jeschow, der sich für so unantastbar hielt, dass er in seiner Dienstwohnung im Kreml bisexuelle Orgien feierte.²³⁶

Jeschow hatte Jagoda dadurch ausgestochen, dass er bedenkenlos „Stalins paranoide Fantasien" aufgriff und überall „konterrevolutionäre Verschwörungen" und „Spionageringe" aufdeckte. Dieser „Drahtzieher des Großen Terrors" verlor Ende 1938 sein Amt als Volkskommissar für Inneres, sobald Stalin die Strategie der Massenverhaftungen für nicht mehr praktikabel hielt. Nicht zuletzt fiel Jeschow „etlichen Skandalen" seines Privatlebens zum Opfer, von denen „nicht alle [...] aus der Luft gegriffen" waren: „Von homosexuellen Affären war die Rede, von bisexuellen Orgien, Alkoholexzessen und absurderweise auch davon, daß seine Frau eine ‚englische Spionin' sei."²³⁷ Im Herbst 1938 hatte Jeschow noch seine Parteifunktionen behalten und als Volkskommissar für Wassertransport sogar Regierungsmitglied bleiben dürfen. Doch im März 1939 wurde er von Stalin auf dem Parteitag der KPdSU partei-öffentlich der Verschwörung gegen seinen Führer beschuldigt, kurz darauf verhaftet und im Februar 1940 hingerichtet.²³⁸ In seinen Verhören gestand Jeschow, für Briten, Japaner, Polen und Deutsche – also für fast alle denkbaren Feinde der Sowjetunion – als Spion tätig gewesen zu sein.²³⁹ Dieses Spionage-Geständnis widerrief Jeschow vor dem Militärkollegium des Obersten Gerichts der UdSSR. Dennoch wurde er in einem Geheimprozess – der bewusst nicht als Schauprozess angelegt war – im Februar 1940 zum Tode verurteilt, weil er als „Anführer einer ausländischen Verschwörung im NKWD" sowohl Stalin als auch dessen neuen Sicherheitschef Lawrenti Berija habe töten wollen. Damit hatte die Sowjetunion einen eigenen prominenten bisexuellen Verräter.²⁴⁰ Jeschow gestand seine lebenslange Praktizierung von Homosexualität offen ein²⁴¹, und seine Vernehmer zwangen angebliche oder tatsächliche Sexualpartner zu Aussagen über möglichst schockierende Details.²⁴² Für unseren Zusammenhang ist wichtig, dass Jeschow zugab, zwei der von ihm angeworbenen antisowjetischen „Terroristen" deshalb für diese verräteri-

---

235 Ebenda, S. 195.
236 Zu den sexuellen Orientierungen Jagodas und Jeschows vgl. Simon Sebag Montefiore, Stalin. The Court of the Red Tsar, London 2004, S. 98, 173 f., 223 und 290.
237 Orlando Figes, Die Flüsterer. Leben in Stalins Russland, Berlin ²2008, S. 354 f. und 412.
238 Sebag Montefiore, Stalin, S. 290, 303 f. und 330 f.
239 Marc Jansen/Nikita Petrov, Stalin's Loyal Executioner. People's Commissar Nikaoli Ezhov, 1895–1940, Stanford 2002, S. 183.
240 Jörg Baberowski, Verbrannte Erde. Stalins Herrschaft der Gewalt, München ³2012, S. 357 f. und 360–362.
241 Jansen/Petrov, Stalin's Loyal Executioner, S. 17 f.
242 John Arch Getty/Oleg V. Naumov, Yezhov. The Rise of Stalin's „Iron Fist", New Haven/London 2008, S. 12.

sche Tätigkeit ausgesucht zu haben, weil er ihnen seit langem durch homosexuelle Kontakte verbunden gewesen sei.[243]

Propagandistisch aber wurde die Homosexualität des angeblichen Verräters, Verschwörers und Spions überhaupt nicht ausgeschlachtet. Im Gegenteil: Die sowjetischen Medien berichteten weder über Jeschows Verhaftung noch über seinen Strafprozess oder seine Hinrichtung.[244] Jeschow wurde nicht skandalisiert, sondern „zur Unperson, sein Name verschwand aus der Öffentlichkeit, so als ob es ihn nie gegeben hätte".[245] Städte oder Stadtbezirke, die seinen Namen trugen, wurden umbenannt, Abbildungen entfernt.[246] Jeschow wurde zu Lebzeiten Stalins nie wieder erwähnt, obwohl er – im Unterschied zu den übrigen gestürzten Sowjetführern – öffentlich niemals wegen irgendetwas angeklagt worden war.[247] Als der (selbst homosexuelle) Regisseur Sergej Eisenstein 1946 die Fortsetzung seines 1944 gefeierten Films „Iwan der Schreckliche" vorlegte, verbot Stalin diesen „Alptraum", der seinen Protagonisten völlig falsch dargestellt habe. Dem Sowjetführer, der die Filme über den ersten russischen Zaren selbst gewünscht hatte[248], lagen Geheimdienstberichte vor, wonach Eisenstein den von Stalin bewunderten Gewaltherrscher ausgerechnet mit Jeschow verglichen hatte.[249]

In Deutschland hingegen folgte auf die Sexualkampagne von 1934 alsbald eine weitere homophobe Skandalisierung – diesmal gegen katholische Geistliche und Ordensangehörige. Die vom NS-Regime entfachte Skandalisierung der sogenannten Kloster- oder Sittlichkeitsprozesse, die 1936/37 ihren Höhepunkt erlebte, war ein weiterer Schritt zur Verfestigung homophober Feindbilder in Deutschland.[250] Es war der 1936 zum „Chef der deutschen Polizei" aufgestiegene Reichsführer SS Heinrich Himmler, der im Februar 1937 in einer Rede vor SS-Führern in Bad Tölz die katholische Kirche heftig attackierte und dies mit dem Feindbild der homosexuellen Röhm-Clique verknüpfte. Nachdem er es als großen Fehler des NS-Regimes bezeichnet hatte, gedankenlos allzu lange das Ideal des erotischen Männerbundes, wie es Hans Blüher propagiert habe, unter der männlichen Jugend propagiert zu haben, übertrug er sein homophobes Feindbild auf den Katholizismus. Himmler gab sich überzeugt, „daß die Kirchenorganisation in ihrer Führerschaft, ihrem Priestertum, zum

---

243 Vgl. https://msuweb.montclair.edu/~furrg/research/translations/jeschows_vernehmungen.html (17.12.2018).
244 Jansen/Petrov, Stalin's Loyal Executioner, S. 182 und 189.
245 Baberowski, Verbrannte Erde, S. 362.
246 Jansen/Petrov, Stalin's Loyal Executioner, S. 182.
247 Getty/Naumov, Yezhov, S. XVIII.
248 Manfred Hildermeier, Geschichte der Sowjetunion 1917–1991. Entstehung und Niedergang des ersten sozialistischen Staates, München 1998, S. 663.
249 Sebag Montefiore, Stalin, S. 557; Hildermeier, Geschichte der Sowjetunion, S. 663.
250 Tamagne, A History of Homosexuality in Europe, S. 377; vgl. auch Hans Günter Hockerts, Die Sittlichkeitsprozesse gegen katholische Ordensangehörige und Priester 1936/37, Mainz 1971.

überwiegenden Teil ein homosexueller erotischer Männerbund ist", der seit 1800 Jahren die Menschheit „sadistisch pervers" terrorisiere. Zwar sei die Mehrheit der Landpfarrer wahrscheinlich nicht homosexuell, doch in den Klöstern betrage der Homosexuellenanteil zwischen 90 und 100 Prozent.[251]

Diese NS-Kampagne gegen die katholische Kirche und deren angeblich strafrechtlich relevante sexuelle Verfehlungen hatte weit zurückreichende diskursive und repressive Vorläufer – sowohl im säkularistischen Liberalismus des 19. Jahrhunderts[252] als auch im frühen Sowjetkommunismus. Im „Kulturkampf" der 1860er bis 1880er Jahre war es teils konservativen, teils liberalen Regierungen deutscher Staaten – vor allem in Preußen, aber auch in Süddeutschland – im Bündnis mit dem liberalen Bürgertum darum gegangen, die gesellschaftliche Macht der katholischen Kirche zu begrenzen. Auf dem Höhepunkt dieses „Kulturkampfes" zwischen Kirche und Staat in Baden erreichte die Zahl der gegen katholische Priester angestrengten Sittlichkeitsprozesse – nicht nur, aber auch wegen Homosexualität – um 1870 „nicht zufällig Spitzenwerte", nachdem solche Delikte zuvor kaum entdeckt und noch seltener verfolgt worden waren.[253] Nicht nur in Deutschland, auch in Frankreich, Italien und Spanien ging es dem liberalen Antiklerikalismus der Jahrzehnte zwischen der Revolution von 1848 und dem Ersten Weltkrieg stets um „Skandalisierung und Vermenschlichung" mit dem Ziel der „Verdrängung des moralischen Führungsanspruchs" der Kirche. Thematisiert wurden daher immer wieder besonders skandalisierungsfähige „Fälle sexueller Vergehen des Klerus".[254] Ähnliches war auch in Sowjetrussland nach der bolschewistischen Machtübernahme im Herbst 1917 geschehen. Gegen Jahresende 1919 organisierte just jene Abteilung des Volkskommissariats für Justiz, die auch mit der Durchführung der Trennung von Kirche und Staat befasst war, ein Aufsehen erregendes Strafverfahren gegen Bischof Palladi von Zwenigorod, einen Vertrauten des Moskauer Patriarchen, der wegen homosexueller Handlungen mit einem Minderjährigen angeklagt wurde. Weitere Homosexualitäts-Verfahren gegen Kleriker schlossen sich an. Just zu einem Zeitpunkt also, als das Sowjetregime einvernehmliche Homosexualität zwischen Erwachsenen entkriminalisierte, wurden homosexuelle oder pädophile Verfehlungen von Klerikern gezielt skandalisiert und kriminalisiert (während dergleichen im eben unterge-

---

251 Peter Longerich, Heinrich Himmler. Biographie, München 2008, S. 245.
252 Vgl. ausführlicher Michael Schwartz, Über Verfolgung – und darüber hinaus. Zur Vielfalt von Lebenssituationen homosexueller Menschen in Deutschland aus zeithistorischer Sicht, in: Späte Aufarbeitung. LSBTTIQ-Lebenswelten im deutschen Südwesten, hrsg. von Martin Cüppers und Norman Domeier, Stuttgart 2018, S. 39–90, hier insb. S. 50–56.
253 Irmtraud Götz von Olenhusen, Klerus und abweichendes Verhalten. Zur Sozialgeschichte katholischer Priester im 19. Jahrhundert: Die Erzdiözese Freiburg, Göttingen 1994, S. 240.
254 Lisa Dittrich, Antiklerikalismus in Europa. Öffentlichkeit und Säkularisierung in Frankreich, Spanien und Deutschland (1848–1914), Göttingen 2014, S. 387, 392 und 407.

gangenen Zarenreich natürlich nie verfolgt worden war). Auch diesmal ging es um die Diskreditierung der moralischen und politischen Autorität der Kirche.[255]

Im Juli 1936 berichtete der französische Botschafter seiner Regierung über einen bereits seit Mai desselben Jahres vom NS-Regime angestrengten Monsterprozess gegen 276 angeklagte Franziskanerpatres in Koblenz, gegen welche die Anklage erhoben worden sei, „kranke oder geisteskranke Kinder, die in ihrer Obhut standen, missbraucht zu haben". François-Poncet betonte, dass durch „die enorme Aufmerksamkeit, die einem solchen Sittenskandal von vornherein zukommt", die bisher von der NS-Regierung favorisierten Devisenprozesse gegen katholische Priester oder Ordensangehörige in den Hintergrund gerückt seien: „Die Päderastie der ehrwürdigen Patres liefert ihr sensationellere Nachrichten und ein besser geeignetes Propagandathema", denn dadurch solle der Katholizismus just dort diskreditiert werden, wo er für den Nationalsozialismus am gefährlichsten sei – in den sozialen Hilfswerken und in den Jugendorganisationen. In dieser Homosexualitäts-Kampagne gegen Teile der katholischen Kirche zeigte die NS-Kampagne nach Auffassung des Botschafters „eine entsetzliche Heuchelei": „Die Gerüchte über die Vorlieben einiger der namhaftesten Parteigründer, die verbreitet wurden und immer noch werden, verhallen nicht ungehört. Bekanntermaßen fühlt sich der Führer vom Ruf Röhms und seiner Gefährten, der lange vor ihrer Ermordung offenkundig war, nicht daran gehindert, sie seit zehn Jahren als seine besten Mitarbeiter zu bezeichnen." Zugleich beobachtete der französische Chefdiplomat eine gezielte propagandistische Synthese aus „Verrat und verdorbene[n] Sitten", denn so lauteten „die zwei Anklagepunkte" des NS-Regimes. Tatsächlich gelinge es der NS-Justiz zuweilen, zwei Fliegen mit einer Klappe zu schlagen: „Einige Priester, ebenso wie die Franziskanerbrüder aus Koblenz der Homosexualität angeklagt, wurden überführt, Predigten, die gegen die Interessen des Staates gerichtet waren, verfasst zu haben [...]. Die wegen Sittenlosigkeit angestrengten Prozesse sollten beweisen, dass in der römischen Kirche der schlechte Lebenswandel mit Illoyalität und der Abwesenheit von Patriotismus einhergeht."[256]

NS-Chefpropagandist Goebbels beantwortete im Mai 1937 den Vorwurf kirchlicher Kreise, „die veröffentlichten Prozeßberichte gefährdeten die Sittlichkeit der Jugend", mit dem Gegenvorwurf, nicht die Zeitungsberichte, sondern „die verbrecherischen sexuellen Verirrungen des katholischen Klerus" bedrohten „das leibliche und seelische Wohl der deutschen Jugend auf das ernsteste".[257] Hitlers Minister wies darauf hin, ähnlich wie aktuell die NS-Presse habe einst auch die Presse der

---

[255] Healey, Homosexual Desire in Revolutionary Russia, S. 118 f. und 154 f.
[256] Bericht des Botschafters François-Poncet vom 8.7.1936, zitiert nach Frank Bajohr/Christoph Strupp (Hrsg.), Fremde Blicke auf das „Dritte Reich". Berichte ausländischer Diplomaten über Herrschaft und Gesellschaft in Deutschland 1933–1945, Göttingen 2011, S. 459 f.
[257] Zitiert nach Franz Rose, Mönche vor Gericht, Berlin ²1939, S. 325.

katholischen Zentrumspartei 1907 die Sittlichkeitsprozesse gegen hochrangige Adlige um Fürst Eulenburg kommentiert. Geltendes Strafrecht, so Goebbels, gelte nun einmal für alle – und damit „auch für Priester!" Anders als in der katholischen Kirche würden solche Missetäter aus sonstigen gesellschaftlichen Verbänden „ausgestoßen", statt „solche Schweinereien zu decken" und „herdenmäßige Unzucht" zuzulassen. „Die Partei hat hier ein klares und deutliches Beispiel gegeben", so Goebbels unter ausdrücklichem Verweis auf die Beseitigung der homosexuellen Röhm-Gruppe: „1934 wurden über 60 Personen, die in der Partei – gerade wie dies in den Klöstern und in der Geistlichkeit geschieht – diese Laster zu züchten versuchten, kurzerhand erschossen."[258] Doch was der oberste NS-Propagandist als Entlastungsargument vorbrachte, konnte leicht ins Gegenteil umschlagen. Katholische Flugschriften griffen die Morde von 1934 auf, um daran zu erinnern, dass Hitler Röhms Homosexualität längst bekannt gewesen sei, bevor diese aufgrund innerparteilicher Machtkämpfe plötzlich zum Verbrechen erklärt worden sei. Die NSDAP decke „überhaupt grundsätzlich jeden Sumpf in ihren Reihen zu, solange nicht irgendwelche Unbequemlichkeiten daraus entstehen".[259]

Der Reichsführer SS und Chef der deutschen Polizei, Heinrich Himmler, hatte nach dem Zeugnis seines Mitarbeiters Werner Best 1934 erklärt, dass man durch Beseitigung der Röhm-Gruppe „knapp der Gefahr entgangen sei, einen Staat von Urningen zu bekommen".[260] Infolgedessen zeigte er sich entschlossen, homosexuelle Netzwerke in allen homosozialen NS-Organisationen auszurotten. Homosexualitäts-Vorwürfe gegen NS-Funktionsträger wurden seit dem „Röhmputsch" immer wieder für innerparteiliche Machtkämpfe genutzt – was umgekehrt zeigt, dass es nach dem 30. Juni 1934 im NS-Staat Homosexuelle nicht nur in Gefängnissen und Konzentrationslagern, sondern auch in den Machtapparaten weiterhin geben konnte. Zwischen 1938 und 1940 führte Himmlers Adlatus Reinhard Heydrich entsprechende Vorwürfe gegen führende NSDAP- und HJ-Funktionäre im neu annektierten „Sudetengau" ins Feld, was zu diversen Ämterverlusten und Strafverfolgungen führte. Dieser Machtkampf zielte letztlich auf die Entmachtung des von der SS-Führung nicht als zuverlässig betrachteten Gauleiters Konrad Henlein. Letzterer konnte sich zwar im Amt halten, musste sich jedoch faktisch 1940 aus der Politik zurückziehen und konnte erst nach der Ermordung Heydrichs durch ein tschechisches Widerstandskommando 1942 erneut an Einfluss gewinnen.[261] Alexander Zinn verweist zu Recht – gegen die Überbetonung der politischen Instrumentalisierung dieser NS-Verfolgungen –

---

258 Ebenda, S. 325–328 und 330.
259 Hockerts, Die Sittlichkeitsprozesse gegen katholische Ordensangehörige und Priester, S. 118.
260 Zitiert nach Burkhard Jellonek, Staatspolizeiliche Fahndungs- und Ermittlungsmethoden gegen Homosexuelle, in: Burkhard Jellonnek/Rüdiger Lautmann (Hrsg.), Nationalsozialistischer Terror gegen Homosexuelle. Verdrängt und ungesühnt, Paderborn u. a. 2002, S. 149–162, hier insb. S. 152.
261 Volker Zimmermann, Die Sudetendeutschen im NS-Staat, Essen 1999, S. 237–240 und 243.

auf deren bislang unterschätzte genuin homophobe Motivation durch „Himmlers Angst vor homosexuellen Netzwerken und Verschwörungen".[262]

In deutlicher Abgrenzung zur SA der Röhm-Ära war Himmler bestrebt, seine als rassische Elitetruppe imaginierte SS von Homosexualität rigoros freizuhalten. 1937 bedauerte Himmler im Kreise seiner höchsten SS-Führer ausdrücklich, dass man Homosexuelle nicht einfach im Sumpf versenken könne, wie dies einst die alten Germanen getan hätten. Zumindest für die SS reklamierte deren Kommandeur, solche Ausrottungspolitik tatsächlich zu praktizieren, denn jene acht bis zehn SS-Männer, die man laut Himmler als Homosexuelle entlarvt habe (in Wahrheit lag die Zahl deutlich höher) seien nach Verbüßung ihrer Haftstrafen unverzüglich „in ein Konzentrationslager gebracht und [...] auf der Flucht erschossen" worden.[263] Himmler tendierte wiederholt dazu, die juristisch-polizeiliche NS-Homosexuellenverfolgung durch persönliche Interventionen zu verschärfen – so 1937 mit einer Forderung nach grundsätzlichen Zuchthaus- statt Gefängnisstrafen bei Verstößen gegen § 175 StGB, so 1939 durch die Weisung an die Kriminalpolizei, das gesetzliche Gebot der Freiwilligkeit bei der Sterilisation vom Homosexuellen nicht allzu ernst zu nehmen. Doch auch Gegenteiliges war möglich, wenn Himmler etwa im Oktober 1937 überraschend anordnete, dass Schauspieler oder Künstler nur noch mit seiner persönlichen Genehmigung wegen „widernatürlicher Unzucht" verhaftet werden dürften. Angehörige der Kunstszene wurden seither – primär aus Rücksicht auf deren Protektoren Göring und Goebbels – von der NS-Homosexuellenverfolgung tendenziell ausgenommen. Selbst als Himmler im November 1941 einen Erlass Hitlers über die grundsätzliche Verhängung der Todesstrafe für homosexuelle Handlungen von Angehörigen der SS und Polizei erwirkt hatte, stellte sich dessen Durchführung als begrenzt heraus: Es gab in der SS nur wenige Todesurteile, die Himmler stets persönlich prüfte und zum Teil wieder aufhob.[264]

Noch zwiespältiger reagierte der Reichsführer SS, als einer seiner engen Gefolgsleute in den Verdacht der Homosexualität geriet: SS-Gruppenführer Kurt Wittje, der – wie Himmler 1934 über Hitler vom Reichswehrminister erfahren hatte – einst als Offizier der Reichswehr wegen des Verdachts auf Homosexualität entlassen worden war, wurde zwar 1935 von seiner hochrangigen Position als Leiter des SS-Hauptamtes abgezogen, jedoch erst 1938 auf Druck Himmlers gegen eine mildere Beurteilung der SS-Gerichtsbarkeit aus der SS entlassen. Allerdings wurde Wittje weder inhaftiert noch ermordet; stattdessen war Himmler dem alten Gefolgsmann 1942 beim Aufbau einer neuen beruflichen Existenz behilflich. Auf Wittjes Entfernung aus der SS hatte deren Reichsführer jedoch aus Sicht seines Biographen Peter Longerich schon deshalb bestanden, damit Gegner des NS-Regimes oder der SS

---

262 Zinn, „Aus dem Volkskörper entfernt"?, S. 272–275 und 330–334.
263 Longerich, Heinrich Himmler, S. 243 f.
264 Ebenda, S. 248–250.

nicht in die Lage versetzt wurden, „die angeblich von Röhm angeführte homosexuelle Verschwörung bis in die SS-Spitze hinein zu verlängern".[265]

Das Feindbild der homosexuellen Verräter-Clique um Röhm bewahrte seine Kraft bis in den Zweiten Weltkrieg hinein – und über den Untergang des Hitler-Regimes hinaus.[266] Hitler – offenbar durch die Phobien Himmlers stark beeinflusst – warnte noch im August 1941 vor der Gefahr, „daß ein Homosexueller alle maßgebenden Stellen mit anderen Homosexuellen besetzt", wie man dies „ja leider im Fall Röhm wie in anderen Fällen erlebt" habe. Nur selten, wie im Falle von Hitlers Finanzminister Schwerin von Krosigk, wurde das (immer auch homophobe) Feindbild gegen Röhms „finstere Gestalten", „‚Rabauken' und üble Gesellen" durch die Ergänzung gemildert, dass der Beseitigung dieser SA-Landsknechte „auch einfache Troupiers und Idealisten" zum Opfer gefallen seien – und dass diese SA-Clique lediglich durch eine siegreiche andere „Clique der Postenjäger" ersetzt worden sei. Diese seit 1934 herrschende „Parteikamarilla mit ihrer Kollektivwillkür" sei weit „gefährlicher" gewesen „als die Einzelakte gewalttätiger SA-Männer".[267]

Nicht nur das seit dem Eulenburg-Lecomte-Diskurs im Kaiserreich eingeführte Bild von der Gefährlichkeit, sondern auch jenes von der Unfähigkeit des Homosexuellen zur Politik wurde auf Ernst Röhm projiziert. Ausgerechnet Heinrich Himmler, der 1934 an der Beseitigung seines einstigen Vorbilds und Förderers mitgewirkt hatte[268], bedauerte im August 1944, kurz nach dem Stauffenberg-Attentat auf Hitler, in einer Rede vor NSDAP-Gauleitern, dass Röhm seine im Grunde richtigen Ziele für den Aufbau eines SA-Volksheeres nicht habe umsetzen können.[269] Damit griff Himmler eine damals in der NS-Elite verbreitete Klagestimmung auf.[270] Für das Scheitern machte Himmler aber nicht Röhms Entmachtung und Ermordung (und damit Hitler und sich selbst), sondern dessen „unselige Veranlagung, seine unseligen Bestrebungen, seine unselige Untreue" verantwortlich.[271] In ähnlich fruchtloser Weise lamentierte Joseph Goebbels noch am 28. März 1945 im Gespräch mit Hitler im Berliner „Führerbunker", wo schon „Untergangsstimmung" herrschte, man habe 1934 „leider versäumt [...], die Wehrmacht zu reformieren, als wir eine Gelegenheit dazu hatten". Rückblickend gestand Goebbels zu: „Das, was Röhm wollte, war na-

---

265 Ebenda, S. 414–416.
266 Clayton J. Whisnant, Male Homosexuality in West Germany. Between Persecution and Freedom, 1945–69, Houndmills/New York 2012, S. 43.
267 Das Hitler-Zitat bei Zinn, „Aus dem Volkskörper entfernt"?, S. 342; Schwerin von Krosigk, Es geschah in Deutschland, S. 206–209.
268 Longerich, Heinrich Himmler, S. 761 und 766.
269 Theodor Eschenburg, Dokumentation: Die Rede Himmlers vor den Gauleitern am 3. August 1944, in: Vierteljahrshefte für Zeitgeschichte 1 (1953), S. 357–394, hier insb. S. 366.
270 Albert Speer, Erinnerungen, Berlin 1969, S. 405, berichtete später, diverse „Gauleiter bedauerten offen, daß 1934 die SA der Wehrmacht unterlegen sei; in den einstigen Bestrebungen Röhms zur Bildung einer Volksarmee sahen sie nun eine versäumte Gelegenheit".
271 Eschenburg, Dokumentation: Die Rede Himmlers, S. 366.

türlich an sich richtig, nur konnte es von einem Homosexuellen und Anarchisten praktisch nicht durchgeführt werden. Wäre Röhm eine integre und erstklassige Persönlichkeit gewesen, so wären wahrscheinlich am 30. Juni eher einige hundert Generäle als einige hundert SA-Führer erschossen worden." Was man damals versäumt habe, werde man kaum noch „nachholen" können.[272] Letzten Endes machten Röhms Mörder im Vorgefühl ihres eigenen Untergangs dessen Homosexualität dafür verantwortlich, dass sie den Zweiten Weltkrieg verloren. Ähnliche Vorwürfe waren nach dem Ersten Weltkrieg gegen Eulenburg und Redl laut geworden; dem einen wurde als Verräter die Schuld an allen möglichen militärischen Katastrophen zugewiesen, dem anderen wurde vorgehalten, er hätte den Kaiser 1914 vom Kriegseintritt abhalten können – wenn er nicht über seine unselige Homosexualität gestürzt wäre.

Das Feindbild von „Röhm und seiner homosexuellen Clique" wurde nach dem Untergang der NS-Diktatur von vielen weiter gepflegt.[273] 1948 erinnerten die linkskatholischen „Frankfurter Hefte" an „Röhm und seine Clique hoher SA-Führer", darunter Ernst und Heines, als an „typische Landsknechtsgestalten", die „oft noch durch ihre homosexuelle Veranlagung aneinandergekettet" gewesen seien.[274] 1971 sprach Joachim C. Fest in seiner vielbeachteten Hitler-Biographie vom „derben, unreflektierten Krieger-Kommunismus, der bei Röhm selber und seiner engeren Umgebung noch durch das soziale Cliquenbewußtsein der Homosexuellen gegen die feindselige Umwelt verschärft worden" sei.[275] Frank Arnau, ein populärer Kriminalitätshistoriker der 1960er Jahre, brachte den Röhm-Putsch in Zusammenhang mit der Affäre Eulenburg, deren Bedeutung „nicht überschätzt werden" könne, zeige sie doch „die Macht der Potsdamer hochadligen Gesellschaft in der gesamten Reichspolitik und sogar ihren nicht zu verkennenden Einfluß auf den Kaiser". Indem Arnau die Gruppe um Eulenburg um sämtliche aristokratische Einträge aus der Homosexuellen-Kartei der Berliner Kriminalpolizei von 1891 erweiterte, traten plötzlich „über 200 Namen abartig veranlagter Herren aus hohen und höchsten Potsdamer Gesellschaftskreisen" in den Blick, die angeblich „eine ziemlich geschlossene Gemeinschaft bildeten und hohen Einfluß auf die Innen- wie Außenpolitik ausübten". Retrospektiv wurden Menschen, die oft wenig mehr verband als adlige Herkunft und mannmännliches Empfinden, zu einem homosexuellen Netzwerk montiert. Ebenso bemerkenswert war Arnaus Vergleich mit der NS-Führungselite um 1933/34: „Es ist ein Kuriosum der Geschichte, daß nach dem 30. Januar 1933 in den Spitzenstellun-

---

[272] Die Tagebücher von Joseph Goebbels, Teil II, Bd. 15, bearb. v. Maximilian Gschaid, München u. a. 1995, S. 614 und 617.
[273] Franz Albert Kramer, Vor den Ruinen Deutschlands. Ein Aufruf zur geschichtlichen Selbstbesinnung, o. O. 1946, S. 33.
[274] Walter Görlitz, Wallensteins Lager 1920–1938. II: Die Generale unter Hitler, in: Frankfurter Hefte 3 (1948), S. 519–526, hier insb. S. 520.
[275] Fest, Hitler, S. 621.

gen der neuen Machthaber die strafgesetzlich verbotene Homosexualität eine Ausbreitung erfuhr, die jener zu Potsdam gleichgekommen sein dürfte." Das Röhm-Netzwerk wurde als zweite homosexuelle Kamarilla in Deutschland präsentiert: Auch in diesem Falle wurden NS-Größen wie „Rudolf Heß, Röhm, der SA-Führer Ernst und viele andere führende Nationalsozialisten", die keineswegs einheitlich agiert hatten, durch angebliche oder tatsächliche „homosexuelle Bande zu einer geschlossenen Gemeinschaft innerhalb des Regimes" stilisiert.[276]

Auch der italienische Romancier Curzio Malaparte kam in einem erst posthum – 1961 auch in Deutschland – erschienenen zeitkritischen Essay auf Ernst Röhm zu sprechen. Er sei 1934 nicht überrascht gewesen, dass Hitler mit Röhm einen seiner Freunde und ältesten Mitarbeiter getötet habe, denn dergleichen habe er bereits in seinem 1932 erschienenen Buch „Der Staatsstreich" vorausgesagt. Sehr wohl erstaunt aber habe ihn, dass zu Hitlers Anschuldigungen gegen Röhm und dessen „Trabanten" auch die Anklage der Homosexualität gehört habe. Der dezidert homophobe Malaparte fragte: „Hatte Hitler intuitiv die verborgene tiefe Wurzel der Röhmverschwörung entdeckt?" In italienischen, französischen und britischen Zeitungen sei damals immer wieder behauptet worden, „daß Hitler Röhm mit einem seiner jungen Geliebten im Bett überrascht habe". Andererseits habe die internationale Presse betont, „daß die Ursachen der Röhmverschwörung dunkel blieben, und viele Gerüchte gaben dem Verdacht Nahrung, daß die Verschwörungsgeschichte überhaupt eine Erfindung Hitlers sei", um sein ganz anders motiviertes mörderisches Vorgehen öffentlich zu begründen. Für Malaparte aber stand fest: „Es genügt mir zu wissen, daß Röhm Päderast war, um seine Verschwörung zu begründen." Röhm habe sich – wie in Malapartes Sicht auch viele andere Homosexuelle – aus unbewusstem Protest gegen die Tyrannei des modernen Staates oder der Gesellschaft gegen Hitler gewandt. Alle Mitteilungen, die er nach 1945 dazu aus Deutschland eingeholt habe, „bestätigten, daß tatsächlich dieser Verschwörung Homosexualität zugrunde lag."[277]

Homosexualität, Cliquenbildung und Verrat blieben vor wie nach 1945 eng aufeinander bezogen – wie in der internen Denkschrift der Reichsjugendführung von 1941, welche Homosexualität nicht nur als kriminelle, sondern auch als politische Bedrohung identifizierte: „Der Homosexuelle neigt, wie jeder Asoziale[,] zur Cliquenbildung, die immer auch zur politischen Opposition führt."[278] Der Soziologe Helmut Schelsky, selbst ein einstiger Nationalsozialist und in der frühen Bundesrepublik zeitgeistprägender Stichwortgeber einer „nivellierten Mittelstandsgesell-

---

[276] Arnau, Jenseits der Gesetze, S. 222 f. Heß gehörte nicht zur Röhm-Gruppe und wurde nur gerüchteweise der Homosexualität bezichtigt; vgl. Grau, Lexikon zur Homosexuellenverfolgung 1933–1945, S. 129.
[277] Curzio Malaparte, Der Zerfall, Karlsruhe 1961, S. 220 f.
[278] Zitiert nach Kollmeier, Ordnung und Ausgrenzung, S. 169.

schaft", verurteilte in seiner vielbeachteten „Soziologie der Sexualität", die zwischen 1955 und 1965 fünfzehn Taschenbuchauflagen erzielte, die Homosexualität als *asozial,* da Homosexuelle nicht in der Lage seien, die grundlegendste aller Sozialbeziehungen – jene zum anderen Geschlecht – aufzubauen und daher stets autistisch zu sehr auf sich selbst und ihren Körper bezogen und folglich zur sozialen *Einsamkeit* verurteilt seien. Der Soziologe entdeckte in der modernen Gesellschaft „vor allem vier soziale Konstellationen und Zusammenhänge", die die Entstehung und Verbreitung von Homosexualität begünstigten: „Männerbündlerische" Konstellationen mit ihrer systematischen Abschließung vom weiblichen Geschlecht, von der „Jugendbewegung" bis zum Militär; „soziale Normbrecher" und die in ihrem Umfeld entstehenden „Situationen der normativen Enthemmung"; revolutionäre „Umwälzungen" der gesamten Gesellschaft; und schließlich „die Schwierigkeit der Mann-Rolle in der modernen Gesellschaft". In unserem Zusammenhang interessiert vor allem der im Faktor der sozialen Anomie betonte „Zusammenhang zwischen Kriminalität, Asozialität und Homosexualität". Hier begann Schelsky seine Beweisführung mit den männlichen Prostituierten, den „Strichjungen", um bei einem seltenen Hinweis auf die NS-Zeit bzw. die homosexuelle Röhm-Gruppe innerhalb der SA zu enden: „Das Bewußtsein, sich außerhalb der für den Normalbürger geltenden Gesetzlichkeit stellen zu können, hat sicherlich bei den politischen Söldnerführern der nationalsozialistischen Kampfzeit zur Aufrechterhaltung ihrer homosexuellen Beziehungen beigetragen", mutmaßte das ehemalige NSDAP-Mitglied Schelsky, „wenn auch deren Prägung wahrscheinlich auf frühere soziale Konstellationen wie isolierende Militär- und Kriegszeit zurückzuführen sein wird."[279]

Dieses Feindbild wirkte auch, als gegen Ende der 1950er Jahre in der westdeutschen Nachkriegs-Demokratie eine „Große Strafrechtskommission" darüber diskutierte, ob einvernehmliche homosexuelle Kontakte zwischen erwachsenen Männern strafbar bleiben sollten oder nicht. Bekanntlich hatte das NS-Regime nach den Röhm-Morden 1935 das Homosexuellen-Strafrecht ganz erheblich verschärft, und diese Fassung blieb in der Bundesrepublik zwischen 1949 und 1969 unverändert gültig. In die Expertenberatungen wurden „zwei für die späteren Diskussionen richtungsweisende Argumente für die Beibehaltung der Strafbarkeit eingebracht" – neben dem Interesse der Bundeswehr an einer Repression homosexuellen Verhaltens ging es um „die Gefahr der Bildung eines homosexuellen Cliquenwesens".[280] Spitzenbeamte des Bundesjustizministeriums wandten sich strikt gegen jede Milderung des Strafrechts – unter ausdrücklichem Hinweis auf die gefährliche Röhm-Clique. Nicht allein frühere NSDAP-Mitglieder brachten solche Argumente vor, auch Justiz-Staatssekretär Walter Strauß – ein früherer NS-Verfolgter mit teilweise jüdischen

---

279 Helmut Schelsky, Soziologie der Sexualität. Über die Beziehungen zwischen Geschlecht, Moral und Gesellschaft, Hamburg [15]1965, S. 71 und 79–82.
280 Schäfer, „Widernatürliche Unzucht", S. 145.

Vorfahren[281] – führte auf einer Sitzung der Kommission Ende der 1950er Jahre die Gefahr der „homosexuellen Cliquenbildung" in politisch wichtigen Positionen als Argument für die Beibehaltung des NS-Paragraphen an. Die Bedrohung durch solche Gruppen habe sich schon in der Kaiserzeit im Fall Eulenburg und in der Armee gezeigt, und im NS-Staat habe sich über die SA „eine immer größer werdende Gruppe Homosexueller vieler maßgeblicher Parteiämter, nach 1933 auch Staatsämter, bemächtigt". Darüber sei „sogar ein Mann wie Hitler bestürzt" gewesen, dessen „Hauptanliegen" es am 30. Juni 1934 gewesen sei, diese „immer bedrohlicher" gewordene homosexuelle „Clique auszuschalten".[282] Offenbar hielt nicht nur der einstige NS-Starjurist Carl Schmitt eine solche „Staatsnotwehr" für geboten. Denn in der „Flut an öffentlichen Stellungnahmen" zur Röhm-Affäre hatte sich zweierlei untrennbar vermischt – „der eigentliche Vorwurf der hochverräterischen Verschwörung [...] und der Verrat als charakterloses Verhalten gegen die Regeln der ‚Volksgemeinschaft'".[283]

---

281 Vgl. Klaus-Detlef Godau-Schüttke, Der Bundesgerichtshof. Justiz in Deutschland, Berlin 2005, S. 168. Staatssekretär Strauß sollte später ins Verteidigungsministerium wechseln und 1962 zusammen mit seinem gleichnamigen Minister über die „Spiegel"-Affäre stürzen; vgl. Udo Wengst, Thomas Dehler 1897–1967. Eine politische Biographie, München 1997, S. 140–142, 155, 210, 214 und 330, sowie Horst Möller, Franz Josef Strauß. Herrscher und Rebell, München u. a. 2015, S. 248–250 und 270–275.
282 Manfred Görtemaker/Christoph Safferling, Die Akte Rosenburg. Das Bundesministerium der Justiz und die NS-Zeit, München 2016, S. 86, 93 und 375, inklusive des Strauß-Zitats aus den Protokollen der Großen Strafrechtskommission.
283 Malte Zierenberg, Verrat und Volksgemeinschaft. Der Fall Ernst Röhm, in: André Krischer (Hrsg.), Verräter. Geschichte eines Deutungsmusters, Wien u. a. 2019, S. 281–296, insb. S. 294.

VI „Sex Perversion" als Sicherheitsrisiko: Homosexuelle und Verrat im Kalten Krieg

> „Die ständig betonte Heterosexualität von James Bond ist eine Ablehnung der Ambiguität [...] der Homosexualität [...], eine Ambiguität, die ebenso politisch war wie sexuell. Der homosexuelle Verräter Guy Burgess war somit die Antithese zu Bond."[1]
>
> (James Black 2005)

Die bedrohliche homosexuelle Clique war und blieb nicht nur in Deutschland als Feindbild präsent. Auch Hitlers Kriegsgegner hatten ihr homophobes Erbe aus der Zeit des Ersten Weltkrieges reaktiviert. Der britische Publizist Andrew Hodges sieht die wichtigste Nachwirkung des gegen Röhm und sein Netzwerk gerichteten sogenannten „Röhm-Putsches" darin, dass Hitler dabei ein mächtiges Leitmotiv orchestrierte – „that of the homosexual traitor". Zu Beginn der 1950er Jahre wurde dasselbe Leitmotiv von den angelsächsischen Siegermächten über Hitler-Deutschland plötzlich wiederbelebt: Jede Abweichung von der Norm galt fortan als Schwächung des Staates und damit als eine Form des Verrats. Es sei allgemein suggeriert worden, dass ein Mann, der *das* tun könnte, der also verwerflichen homosexuellen Sex haben könnte, letztlich *zu allem fähig* sei. Denn ein solcher Mann hatte seine Selbstkontrolle verloren. Er könnte womöglich sogar den – nunmehr kommunistischen – Feind lieben: „For all these reasons there was life in the ancient myth, or mythette, of the homosexual traitor."[2]

Dieses Feindbild wurde dem vierzigjährigen britischen Mathematiker Alan Turing zum Verhängnis. Turing war der Öffentlichkeit unbekannt, nicht aber dem britischen Staat und Militär, war er doch einer der führenden Wegbereiter der modernen Informatik und Computertechnologie und hatte im Zweiten Weltkrieg erheblich dazu beigetragen, den Code des deutschen Funkverkehrs zu dechiffrieren. 1952 brachten polizeiliche Ermittlungen, die Turing infolge eines Wohnungseinbruchs selbst angestoßen hatte, zutage, dass der Top-Wissenschaftler eine homosexuelle Beziehung unterhielt. Zu diesem Zeitpunkt versuchte die US-Regierung bereits, Homosexuelle systematisch aus dem Staatsdienst auszuschließen, da sie diese Gruppe von Menschen grundsätzlich als potentielle Verräter betrachtete. Das britische Parlament hatte in dieser Frage zunächst weniger direkt in Regierungsbelange eingegriffen; doch nach dem spektakulären Verschwinden der britischen Diplomaten

---

1 James Black, The Politics of James Bond. From Fleming's Novels to the Big Screen, Lincoln/London 2005, S. 105 f., über die „Sexual Politics" der demonstrativen Heterosexualität des Muster-Agenten: „The repeatedly affirmed heterosexuality of Bond is a rejection of the ambiguity that [Ian] Fleming saw in homosexuality, an ambiguity that was as much political as sexual. The homosexual traitor Guy Burgess was thus the antithesis of Bond."
2 Andrew Hodges, Alan Turing: The Enigma, London 2012, S. 116 und 630 f.

Guy Burgess und Donald Maclean in die Sowjetunion und infolge der wuchernden Gerüchte über den homosexuellen Hintergrund dieses Verrats erklärte die Londoner „Sunday Dispatch" im Juni 1951, es sei an der Zeit, der amerikanischen Politik zu folgen und sexuelle wie politische Perverse gleichermaßen auszurotten – „weeding out both sexual and political perverts". In diese Verfolgungsmaschinerie geriet Alan Turing. Der Wissenschaftler wurde vor Gericht gestellt und wegen „Perversion" zu einer Haftstrafe verurteilt, die er vermeiden konnte, wenn er seine sexuelle Neigung medizinisch behandeln ließ. Turing hatte sich vor Gericht nicht gerechtfertigt, stimmte aber der Haftvermeidung zu und ließ eine Kastration vornehmen. Er kam jedoch mit den Nachwirkungen der Operation nicht zurecht. Unter Depressionen leidend, starb Turing 1954, offenbar durch Selbstmord.[3]

Zwanzig Jahre zuvor hatte Alan Turing zusammen mit einem Freund im Frühsommer 1934 Deutschland bereist. Durch diesen Zufall wurden die jungen Briten Zeugen von Hitlers mörderischer Entmachtung der Röhm-Gruppe und der anschließenden homophoben NS-Pressekampagne.[4] Der homosexuelle Turing konnte damals dennoch nicht ahnen, dass jenes Feindbild von der verräterischen homosexuellen Seilschaft, dessen sich der deutsche Diktator zur Rechtfertigung seines Mordens bediente, zeitlich und geographisch weit entfernt von den deutschen Schauplätzen dereinst auch sein Leben zerstören würde.

Offenbar konnte nach 1945 auf das Feindbild der homosexuellen Verräter-Clique nicht verzichtet werden. Gab es doch, so der um 1960 viel gelesene Publizist Richard Lewinsohn (alias „Morus")[5], „genug Fälle" homosexueller Skandale mit „Folgen hochpolitischer Art", „die weit über die Sexualsphäre hinausreichten, aber durch die Homosexualität einiger an wichtiger Stelle des öffentlichen Lebens stehender Persönlichkeiten bedingt waren". Lewinsohn führte für diese Behauptung keine Belege an, sondern reihte lediglich bekannte Skandale aneinander, in denen Homosexualität irgendwie eine Rolle gespielt hatte, die aber – mit einer einzigen Ausnahme – keine Verbindung zu Geheimnisverrat und Spionage aufwiesen. Lewinsohn schilderte das in einem Pistolenschuss kulminierende Verhältnis der französischen Dichter Paul Verlaine und Arthur Rimbaud, sodann „die Tragödie Oscar Wildes", auch den „Fall Eulenburg" und schließlich den „Verräter Redl". Nur diese letztgenannte Ausnahme verwies auf Verrat, freilich auf einen Einzeltäter ohne eine Seilschaft, die „wie die Kletten" zusammengehalten hätte. Damals durchaus kursie-

---

3 Ebenda, S. 631–634.
4 Ebenda, S. 115 f.
5 Dieser Deutsche jüdischer Herkunft hatte beim Berliner Sozialhygieniker Alfred Grotjahn promoviert und war für kurze Zeit als Anhänger sozialistischer Eugenik hervorgetreten. 1933 ins Exil geflüchtet, arbeitete Lewinsohn als Publizist, der nach 1945 auch in Westdeutschland – zum Teil unter Pseudonym („Morus") – Wirkung erzielte. Zu seinen eugenischen Positionen vgl. Michael Schwartz, Sozialistische Eugenik. Eugenische Sozialtechnologien in Debatten und Politik der deutschen Sozialdemokratie 1890–1933, Bonn 1995, hier insb. S. 80–89.

rende Unterstellungen hinsichtlich des Verhältnisses Eulenburg/Lecomte berührte Lewinsohn in seiner Schilderung des Eulenburg-Skandals nicht. Immerhin konnte „die Berliner Kamarilla der Homos [...] als beseitigt" gemeldet werden.[6] Trotz Mangels an Belegen wagte Lewinsohn in dieser Ullstein-Publikation des Jahres 1967 die an frühere Äußerungen von Harden oder Tresckow erinnernde Verallgemeinerung: „Die Homosexuellen bildeten eine Gemeinschaft, deren Mitglieder untereinander zusammenhielten wie die Kletten, sich gegenseitig begünstigten, einflußreiche Posten und Ämter zuschoben, und, da sie den ihnen gleichgesinnten Freunden blind trauten, zu Spionagezwecken leicht verwendbar waren. Auch daraus entstanden Homosexuellenaffären, und zwar sehr ernste, von nationaler und internationaler Bedeutung."[7]

Der Kriminalitäts-Historiker Frank Arnau erklärte die angebliche Anfälligkeit Homosexueller für Verrat in Anknüpfung an aufgeklärt-kritische Gegendiskurse immerhin noch mit der Kriminalisierung der Homosexualität: „Zweifellos" wären die „schweren Auswirkungen" der letzteren „viel geringer, würde nicht die Strafbarkeit des gleichgeschlechtlichen Verkehrs zu Erpressungen jeder Art verleiten". Allerdings war – Ursache hin oder her – auch für Arnau das Faktum selbst unstrittig. Dabei dachte auch er vor allem an Spionage: „Die Kundschafterdienste besonders östlicher Mächte nützen zur Homosexualität neigende Spione, um anormal veranlagte westliche Diplomaten und Militärs sich gefügig zu machen. Wahrscheinlich scheiterten fast alle auf dieser Taktik beruhenden Kundschafterdienste, wäre die Homosexualität unter erwachsenen Menschen straffrei. Leider ist sie es auch heute noch nicht." So Arnau im Jahre 1966, als er die gravierenden, aus seiner Sicht beständig zunehmenden „schweren Verbrechen des Hoch- und Landesverrats, der politischen wie der militärischen Spionage" beklagte, „zu denen homosexuelle Männer in hohen Stellungen von männlichen Prostituierten in fremde Dienste gezwungen werden".[8]

Spektakuläre angelsächsische Verratsfälle wie jener der „Cambridge Spies" bzw. der später sukzessive entlarvten „Cambridge Five" – einer Gruppe prokommunistischer, teilweise homosexueller Elite-Studenten, die im britischen Staatsdienst aufstiegen und für die Sowjetunion spionierten – schienen „gewisse Persönlichkeitsmängel" wie Homosexualität als staatsgefährdend zu bestätigen.[9] Florence Tamagne glaubt, dass die kommunistisch-homosexuelle Spionagezelle der „Cambridge Five" von der Effektivität homosexueller Netzwerke – der berühmt-berüchtigten „Homintern" – effektiv profitiert habe. „Homosexuelle Solidarität" habe Guy de Moncy Burgess geholfen, in unterschiedlichsten Milieus zu reüssieren und Staatsge-

---

[6] Morus, Skandale, S. 169–183.
[7] Ebenda, S. 169 f.
[8] Arnau, Jenseits der Gesetze, S. 223 f.
[9] Karl Loewenstein, Staatsrecht und Staatspraxis von Großbritannien, Bd. 2, Berlin 1967, S. 369.

heimnisse zu erfahren. Das Auffliegen dieses elitären Spionagerings habe erneut zu einer homophoben Kampagne gegen Homosexuelle als innere Feinde geführt.[10]

Die Moskau-Flucht der beiden Diplomaten war keine Petitesse. Maclean war Chef der Amerika-Abteilung des britischen Foreign Office. Die Historikerin Katharina Ebner verweist darauf, dass neben beider „Zugehörigkeit zum kleinen Kreis der Bestausgebildeten des Landes" vor allem die Tatsache „für große Aufmerksamkeit und Spekulationen" gesorgt habe, „dass beide ein Paar waren". Daraus sei „schnell eine notwendige Kausalität konstruiert" worden: „Gesellschaftliche Eliten mit einer Neigung zur Homosexualität und marxistischen Überzeugungen verrieten ihre Nation. Männer, die ‚der Homosexualität verdächtig waren', wurden nun ohne weiteres Ansehen als Sicherheitsrisiko deklariert. Die Atmosphäre des Kalten Krieges tat hierfür ihr Übriges." Insofern stützte der Skandal um die Flucht der homosexuellen Verräter homophobe „Hardliner" im britischen Staatsapparat wie Chefankläger Sir Theobald Mathew, der sich zusammen mit Herbert Morrison, dem Innenminister der Attlee-Regierung, vornahm, das „Problem Homosexualität" endgültig zu lösen. Der überzeugte Katholik, der von 1944 bis zu seinem Tode 1964 als Chefankläger amtierte, war die „treibende Kraft hinter den gestiegenen Verfolgungszahlen" der 1950er Jahre in Großbritannien und wurde von der Boulevardpresse „bereitwillig" unterstützt. In der Unterhausdebatte vom März 1956 wurde „Homosexualität" ausdrücklich „als Sicherheitsrisiko" definiert, „das eine Anstellung Homosexueller etwa in sensiblen Bereichen der nationalen Sicherheit für eine Mehrzahl der Abgeordneten unmöglich erscheinen ließ".[11]

Die 1951 erfolgte spektakuläre Flucht der britischen Diplomaten Burgess und Maclean in die Sowjetunion wurde noch Mitte der 1960er Jahre als ähnlich prominentes Argument gegen Homosexuelle genutzt, wie die Nationalsozialisten einst den „Verrat des Obersten Redl vor dem Ersten Weltkrieg [...] immer wieder als ‚Parade'-Beispiel präsentiert hatten".[12] 1964 wurde der schon ein halbes Jahrhundert alte Redl-Skandal weiterhin als „ein Schulbeispiel für die Verbindung von Homosexualität und Spionage" zitiert.[13] Der sowjetische KGB oder der DDR-Staatssicherheitsdienst erschienen als Nachahmer des zaristischen Geheimdienstes, der damit begonnen habe, Homosexuelle durch Erpressung zum Landesverrat zu zwingen.[14]

---

10 Tamagne, A History of Sexuality in Europe, S. 273.
11 Katharina Ebner, Religion im Parlament. Homosexualität als Gegenstand parlamentarischer Debatten im Vereinigten Königreich und in der Bundesrepublik Deutschland (1945–1990), Göttingen 2018, S. 40 f. und 89, auch Anm. 295.
12 Wilde, Das Schicksal der Verfemten, S. 39.
13 Helmut Andics, Die Laster dieser Zeit, Wien 1964, S. 133.
14 Richard Gerken, Spione unter uns. Methoden und Praktiken der Roten Geheimdienste nach amtlichen Quellen – Die Abwehrarbeit in der Bundesrepublik Deutschland, Donauwörth 1965, S. 53 und 343, wo nicht nur ein homosexueller Erpressungsfall durch das MfS erwähnt wird, sondern im Literaturverzeichnis auch eine Kisch-Veröffentlichung zu Redl enthalten ist.

Demgegenüber betonte der homosexuelle Publizist Harry Wilde 1969, dass beide vermeintlichen „Paradefälle" für die Verratsdisposition von Homosexuellen – Burgess/Maclean und Redl – einer näheren Prüfung nicht standhalten würden, denn für erstere sei ihre politische Überzeugung, für letzteren Erpressung entscheidend gewesen. Wilde stellte die Gegenthese auf, „daß Homosexualität viel weniger zum Verrat führt als der ‚normale' Geschlechtsverkehr", und glaubte dies durch „die ungezählten Fälle der Auskundschaftung durch weibliche Spione" auch „beweisen" zu können.[15] Die 1965er Neuauflage von Hirschfelds „Sittengeschichte" des Ersten Weltkrieges, die außer dem Fall Redl kaum andere homosexuelle Fälle, hingegen eine Fülle heterosexueller Vorkommnisse präsentierte, folgte implizit derselben Argumentation.[16]

In den 1950er Jahren dominierten andere Töne. Der „Daily Express" – als Flaggschiff des Beaverbrook-Presseimperiums bereits 1916 führend an der homophoben Hetzkampagne gegen Roger Casement beteiligt – führte im Juni 1951 auch die Presse-Skandalkampagne wegen Burgess und Maclean an.[17] 1955 – nach neuen Enthüllungen im Fall der desertierten Spione Burgess und Maclean – kritisierte die britische Presse massiv das Versäumnis ihrer Regierung, zur *Homosexualität* der beiden Verräter offen Stellung zu nehmen. Dabei, so der „Sunday Pictorial", sei dieses schmutzige Geheimnis der Homosexualität einer der Schlüssel zur Erklärung des Skandals. Dieses Feindbild wurde später durch einen weiteren Einzelfall – den Vassall-Skandal von 1962 – verstärkt.[18] Doch bereits in der Unterhausdebatte vom November 1955 beobachtete Richard Crossman, ein prominenter Vertreter der damaligen Labour-Opposition und antikommunistischer Spezialist für psychologische Kriegführung, es habe im britischen Außenministerium einen seltsam pervertierten Liberalismus gegeben, der Verhaltensweisen als vermeintliche Exzentrizitäten geduldet habe, die außerhalb dieser Institution klar verurteilt worden wären. Da die beiden Verräter Angehörige der britischen Oberschicht gewesen waren, verdeutlichte der Skandal zudem, dass die traditionellen Auswahlkriterien von Klasse und Status die Loyalität zur Krone nicht mehr garantierten. Insbesondere die Enthüllungsstory des „Daily-Express" wurde umgehend in US-Medien aufgegriffen, die den eigenen Außenminister Dean Acheson als zu britenfreundlich attackierten.[19]

Nicht nur in Großbritannien, auch in den USA hatte der sowjetische Geheimdienst während der 1930er Jahre Rekrutierungserfolge unter linksgerichteten Intel-

---

15 Wilde, Das Schicksal der Verfemten, S. 41.
16 Hirschfeld/Gaspar, Sittengeschichte des Ersten Weltkrieges, S. 387–426.
17 Robert Cecil, A Divided Life. A Biography of Donald Maclean, London 2017, S. 183.
18 Carlston, Double Agents, S. 179 f.
19 Cecil, A Divided Life, S. 186 und 188.

lektuellen erzielt.[20] Es war denn auch nicht zufällig die amerikanische Führungsmacht des demokratischen Westens im Kalten Krieg, deren gegen homosexuelle Verräter hysterisierte Öffentlichkeit zeitweilig besonders heftig hervortrat. In Amerika unterstrich zwischen Ende der 1940er und Mitte der 1950er Jahre die berüchtigte Fahndung des republikanischen US-Senators Joseph McCarthy nach Kommunisten in US-Funktionseliten auch „die Verbindungslinie von kommunistischer und homosexueller Bedrohung".[21] Öffentlich eingestanden wurde 1948 im Zuge der im US-Kongress vorangetriebenen Untersuchung gegen „unamerikanische", sprich verräterische Aktivitäten die eigene Homosexualität vom Journalisten und Ex-Kommunisten Whittaker Chambers, der eine große Anzahl weiterer Personen der kommunistischen Agententätigkeit innerhalb der US-Regierung bezichtigte. Zu den Genannten zählte der frühere US-Diplomat Alger Hiss. Die denkbar unterschiedlichen sozialen Herkünfte und widerstreitenden Aussagen der Protagonisten luden die Öffentlichkeit ein, über die Ursachen ihrer Beziehung zu spekulieren, und naheliegende Erklärungen wurden in gemeinsamer kommunistischer Überzeugung, gemeinsamer homosexueller Veranlagung oder beidem gesehen. Zumindest Chambers wurde zur Verkörperung der engen Verbindung zwischen Homosexualität und Verrat. Obschon die sexuelle Orientierung im Strafprozess gegen Hiss 1949/50 nie explizit zur Sprache kam, wurde dieses Verfahren doch von ständigen Anspielungen auf Homosexualität geprägt.[22] Dem verheirateten Hiss, dessen Verurteilung wegen Meineids umstritten blieb, wurde nicht zuletzt seine elitäre „Gentleman-Überlegenheit" zum Verhängnis, die für einfache Amerikaner etwas „Aufreizende[s]" hatte. Die deutsche Publizistin Margret Boveri beobachtete: „Und aus dieser Überlegenheit, die mit einer Dosis Überheblichkeit gepaart war, verstand der Staatsanwalt eine ‚Aura' des ‚Sich-Besser-Dünkens' um Hiss und seine Freunde zu legen, die ihm in den Augen des Publikums und der Geschworenen höchst schädlich werden sollte."[23] Chambers profitierte von seiner Kronzeugenrolle nicht, sondern blieb ein umstrittener Außenseiter; hingegen baute der republikanische Kongressabgeordnete Richard M. Nixon, der Chambers gegen Hiss in Stellung gebracht hatte, auf dem Skandal seine politische Karriere auf, die ihn erst zum Senator, dann zum zweimaligen Vizepräsidenten der USA zwischen 1953 und 1961 und sehr viel später sogar zum US-Präsidenten werden lassen sollte.[24] Hiss und „Genossen" wurden von westlichen Publizisten lange als Beleg für die Mutmaßung herangezogen, „welchen Einfluß schließlich diese

---

20 Anne Applebaum, Der Eiserne Vorhang. Die Unterdrückung Osteuropas 1944–1956, München 2012, S. 86, nennt neben den „Cambridge Five" die in den USA rekrutierten Spione Alger Hiss, Harry Dexter White und Whittaker Chambers.
21 Domeier, Imaginationen, S. 64.
22 Johnson, The Lavender Scare, S. 31f.
23 Margret Boveri, Der Verrat im XX. Jahrhundert. Band IV: Verrat als Epidemie – Amerika, Reinbek 1960, S. 96.
24 Jonathan Aitken, Nixon. A Life, Washington 1995, hier insb. S. 186.

‚kommunistischen Amerikaner' auf die Politik [Franklin D.] Roosevelts ausgeübt" hätten[25] – jenes zwischen 1933 und 1945 regierenden US-Präsidenten, der im Zweiten Weltkrieg ein Bündnis mit dem Erzkommunisten Stalin nicht verschmäht hatte, um Hitler zu besiegen.

Obschon die Kommunistenjagd der republikanischen Senatoren Joseph McCarthy und Styles Bridges als oppositionelle Attacke auf die regierende Demokratische Partei Roosevelts und seines Nachfolgers Harry S. Truman begonnen hatte, gewann die homophobe Dimension der „Hexenjagd" (Clayton Whisnant) an Bedeutung. Die Vorstellung, „sexuell Perverse" könnten eine Schwachstelle in der Verteidigung gegen den Kommunismus bilden, gewann ein Eigenleben.[26] Mehr noch als McCarthy tat sich der heute fast vergessene Senator Bridges dabei hervor. Der erfahrene Politiker hielt des Newcomers McCarthy Kommunistenjagd für allzu grobschlächtig; da man kaum beweisen könne, dass es Mitglieder der Kommunistischen Partei – inklusive Mitgliedsausweis – im State Department gebe, sollte man besser nach leichter festzunagelnden „bad security risks" fahnden. Ein Mann müsse weder Spion noch Kommunist sein, um ein Sicherheitsrisiko darzustellen. Für Bridges war dieses Risiko zweifelsfrei vorhanden, sobald jemand ein Trinker, ein Krimineller oder eben ein Homosexueller war. Solche Personen, so der Senator im Jahre 1950, seien nicht nur viel zahlreicher als Kommunisten, sondern auch viel leichter zu überführen. Und sie seien genauso gefährlich wie die Kommunisten.[27]

Die Folgewirkungen waren ebenso rasch wie gravierend: 1952 schloss die Einwanderungsgesetzgebung der USA neben Kommunisten auch Homosexuelle grundsätzlich aus.[28] Im Laufe der 1950er Jahre wurden in den Vereinigten Staaten jährlich hunderte von Staatsangestellten wegen „sexueller Perversion" entlassen.[29] Nach anderen Angaben hatte die US-Regierung bis Anfang 1955 insgesamt über 8000 Personen als vermeintliche Sicherheitsrisiken aus Regierungsjobs entfernt, davon über 600 wegen „sex perversion".[30]

Senator Bridges war nicht der einzige, der diese homophobe Kampagne befeuerte. 1950 hatte ein Mitglied des Repräsentantenhauses gewarnt, Homosexuellen-Bars und andere Treffpunkte dieser Gruppe könnten ausländische Agenten anziehen. Er frage sich, so der republikanische Abgeordnete und Mediziner Arthur L. Miller, wie viele Regierungsgeheimnisse ausgeplaudert würden, nur weil man in der US-Hauptstadt „perverts and bottle clubs" toleriere.[31] 1951 behaupteten die Autoren

---

25 Buchheit, Die anonyme Macht, S. 185 f.
26 Whisnant, Male Homosexuality in West Germany, S. 62.
27 Johnson, The Lavender Scare, S. 23 und 221, Anm. 12.
28 Jens Niederhut, Wissenschaftsaustausch im Kalten Krieg. Die ostdeutschen Naturwissenschaftler und der Westen, Köln u. a. 2007, S. 153.
29 Johnson, The Lavender Scare, S. 345, Anm. 35.
30 Fone, Homophobia, S. 392.
31 Johnson, The Lavender Scare, S. 63.

des Bestsellers „Washington Confidential", Jack Lait und Lee Mortimer, dass mindestens 6000 Homosexuelle auf der Gehaltsliste der US-Regierung stünden, deren sexuelle Orientierung zumeist bekannt sei, und dass diese 6000 sehr viel mehr Geistesverwandte in Washington treffen könnten. 1957 erhöhte der Mediziner und Kriminologe Arthur Guy Matthews diese Schätzung homosexueller Bundesangestellter auf 7000 und bezeichnete Washington als „homosexuellen Spielplatz". Der Titel seines Buches „Is Homosexuality a Menace?" war eine rein rhetorische Frage.[32]

Die homophoben Autoren Lait und Mortimer hatten in ihrem Washington-Buch den tiefen inneren Zusammenhalt und die daraus erwachsende Bedrohlichkeit der Homosexuellen beschrieben – und damit schon lange existierende Stereotype erneut in Worte gefasst. Das Kapitel trug den Titel „Garden of Pansies", und damit war nicht ein Garten voller Stiefmütterchen gemeint; vielmehr wurde eine seit dem frühen 20. Jahrhundert in der angelsächsischen Welt verbreitete abwertende Bezeichnung für Homosexuelle genutzt, die damit ähnlich gebrandmarkt wurden wie mit den Parallelbegriffen der „faggots" (Schwuchteln) oder „fairies" (Feen). Über die „pansies" im Washingtoner Garten wussten Lait und Mortimer 1951 mitzuteilen: „Sie erkennen einander sofort mit einem fünften Sinn. [...] Einige täuschen die Uneingeweihten. Aber sie erkennen sich alle gegenseitig und haben eine lauffeuerartige Kommunikation. Da sie Frauen nicht benötigen und sich in Gesellschaft maskuliner Männer unwohl fühlen, spüren sie einen heftigen Drang nach homosexueller Gemeinschaft. Sie verfügen über ihre eigenen Treffpunkte [...] und klammern sich aneinander in einer engen Gemeinschaft der Interessen und des Verhaltens. Nicht alle schämen sich ihrer deformierten Natur. Sie haben ihre Führer, die unverfroren als stolze Weibmänner („proud queens") in ihrem Reiche schwelgen." Diese eng zusammenhaltende Gemeinschaft der Homosexuellen wurde – angesichts der Affinität der „Homintern" zur Komintern – als nationales Sicherheitsrisiko angeprangert. Lait und Mortimer zitierten den republikanischen Kongressabgeordneten A. L. Miller mit der Behauptung, ausländische Agenten würden mittlerweile in Trainingskursen zu Homosexuellen ausgebildet, um die Perversen-Zirkel in den USA zu infiltrieren. Lait und Mortimer hielten Millers Phobien für selbstevident und fügten hinzu, mit mehr als 6000 dieser „fairies" in US-Regierungsbehörden müsse man um die Sicherheit des Landes tatsächlich besorgt sein.[33]

---

32 Ebenda, S. 89 f.
33 Zitiert nach Fone, Homophobia, S. 391 f. und 410: „They recognize each other by a fifth sense immediately. [...] Some are deceptive to the uninitiated. But they all know one another and have a grapevine of intercommunication. Since they have no use for women [...] and are uneasy with masculine men, they have a fierce urge [...] for each other's society. They have their own hangouts [...] and cling together in a tight union of interest and behavior. Not all are ashamed of the trick that nature had played on them. They have their leaders, unabashed, who are proud queens who revel in their realm."

Kein Geringerer als der erste Direktor der 1947 gegründeten „Central Intelligence Agency" (CIA), Konteradmiral Roscoe H. Hillenkoetter, teilte im Juli 1950 bei seiner Anhörung vor dem US-Senat diese Befürchtungen uneingeschränkt. Dabei beschränkte sich der CIA-Chef keineswegs auf allgemeine Wahrnehmungen, wie sie von anderen Zeugen ausgesprochen wurden, dass nämlich Homosexuelle schon deshalb wahrscheinliche Ansatzpunkte für feindliche Spionage seien, weil sie von Natur aus schwach, feige, instabil, neurotisch und ohne moralisches Rückgrat seien. Zwar zeigte sich auch der Konteradmiral überzeugt, dass die bei Homosexuellen vorkommende Kombination von Promiskuität und Indiskretion hochgefährlich sei. Was aber Hillenkoetter als eindeutigen Beweis für die Ansicht anführte, dass Homosexuelle eine Bedrohung für die nationale Sicherheit seien, war der homosexuelle Landesverräter Oberst Redl aus dem lange verschwundenen Habsburgerreich des Jahres 1913. Hillenkoetter berichtete verzerrend und übertreibend über Einzelheiten des Redl-Skandals und täuschte Sicherheit vor, wo vieles unsicher war. So behauptete der CIA-Chef, der russische Geheimdienst habe den Homosexuellen durch einen hübschen Jungen in die Falle gelockt, beide „in an act of perversion" gestellt und Redl daraufhin erpresst. Über ein Jahrzehnt lang habe der homosexuelle Spion hunderte von geheimen Dokumenten verraten, darunter die Mobilisierungspläne der eigenen Armee und das gesamte österreichische Spionagenetz in Russland. Hillenkoetter hielt den Redl-Skandal deshalb für einen zwar weit zurückliegenden, aber geradezu „klassischen Fall" und erklärte ihn zum warnenden Beispiel dafür, welcher Schaden der nationalen Sicherheit durch einen Homosexuellen zugefügt werden könne, der an strategisch wichtiger Position platziert sei. Dass die folgenden Aussagen der Sicherheitsexperten von Armee, Flotte und Luftwaffe dem CIA-Direktor hierin offen widersprachen, spielte für den Abschlussbericht des Senatsausschusses keine Rolle. Dabei hatten all diese Militärvertreter ausdrücklich erklärt, weder davon zu wissen, dass auswärtige Geheimdienste „die homosexuelle Klasse" als besonderes Ziel für Spionagezwecke betrachteten, noch spezifische Fälle anführen zu können, in denen es zum Landesverrat durch homosexuelle Geheimnisträger gekommen sei. Der Vertreter der Armee erinnerte sich zwar an Gerüchte über eine Nazi-Liste von Homosexuellen, musste jedoch zugeben, dass diese Liste nie gefunden worden sei.[34]

Das war auch unmöglich, denn die angeblich den Sowjets in die Hände gefallene Nazi-Erpresserliste mit unzähligen Namen von Homosexuellen in der angelsächsischen Welt war eine mythische Wiedergeburt des ebenso imaginären deut-

---

34 Johnson, The Lavender Scare, S. 108–110. Über die Redl-Affäre war Hillenkoetter möglicherweise durch seinen Mitarbeiter Allan Dulles informiert worden, der 1953–1961 selbst als Direktor der CIA fungieren sollte. Dulles hatte 1916 seinen ersten diplomatischen Posten im habsburgischen Wien versehen, wo er viele Gerüchte über die Affäre hörte, auf deren Bedeutung er zeitlebens immer wieder zurückkam; vgl. ebenda, S. 239, Anm. 14; vgl. auch Peter Grose, Allan Dulles – Spymaster. The Life and Times of the First Civilian Director of the CIA, London 2006, S. 4, 22–25, 320 und 358 f.

schen „Black Book", mit dessen 47 000 aufgelisteten Homosexuellen der Nationalist Pemberton Billing einst gegen Ende des Ersten Weltkrieges die britische Öffentlichkeit zur Homophobie getrieben hatte.[35] Möglicherweise hatte sich der Vertreter der US-Armee in der Kongress-Anhörung von 1950 an jene politische Diskussion erinnert, die 1947 der republikanische Senator Kenneth Wherry losgetreten hatte. Dieser hatte sich zutiefst besorgt gezeigt wegen der „Infiltration" des US-Staatsdienstes durch „Subversive" und „moralisch Perverse". Wherry, einflussreicher „Whip" der republikanischen Senatsfraktion, behauptete, auf die amerikanische Öffentlichkeit warteten noch weit schlimmere „Fakten" als die von seinem Kollegen McCarthy vorangetriebenen Spionage-Beschuldigungen gegen Kommunisten. Das „crime of homosexualism" war dem rechtsgerichteten Juristen zufolge trotz verschärfter Strafgesetzgebung in den USA auf dem Vormarsch, und die Hauptstadt Washington befand sich demnach in einer „emergency condition". Die Russen – gemeint waren die Sowjets – hätten sich eine Liste von Homosexuellen aus aller Welt angeeignet, die einst von Nazi-Deutschland aufgestellt worden sei. Anhand dieser Liste könnten die Russen alle möglichen Staatsgeheimnisse aus homosexuellen US-Staatsdienern herauspressen. Sowjetische Spioninnen würden sich sogar an heterosexuelle weibliche Staatsangestellte heranmachen, um diese zum „Lesbianism" zu verführen. Wherry sah eine gemeinsame Verschwörung von Homosexuellen und Kommunisten und forderte, diese doppelte Bedrohung *auszuradieren*.[36]

1950 erklärte auch der Vorsitzende des Nationalkomitees der Republikanischen Partei, Guy George Gabrielson, dass jene „sexual perverts", die in letzter Zeit den US-Regierungsapparat infiltriert hätten, wahrscheinlich genauso gefährlich seien wie Kommunisten.[37] Doch wäre es verfehlt zu glauben, die politisierte Homophobie der Hochphase des Kalten Krieges sei nur ein Anliegen konservativer Republikaner gewesen. Auch antikommunistische *Liberale* nahmen die „lavendelfarbene" Bedrohung ebenso ernst wie die „rote Gefahr". Konservative wie liberale Antikommunisten verwendeten dieselbe Rhetorik über heterosexuelle Maskulinität, um ihren Anspruch der Repräsentation des wahren Amerika zu untermauern – und Homosexuelle davon auszuschließen. Beide Seiten betonten die politisch gefährlichen Analogien im Verhalten von Kommunisten und Homosexuellen – etwa das Agieren im Geheimen, das verschwörerische Gruppenverhalten, die Gefahr, dass ein einziger Angehöriger dieser Gruppe in einer Regierungsbehörde konspirativ ein ganzes Netzwerk nach sich ziehen könnte. Kein Geringerer als der liberale Historiker Arthur Schlesinger jr. – ehemaliger Weltkriegs-Agent des Militärgeheimdienstes OSS und später Berater der demokratischen Präsidenten John F. Kennedy und Lyndon B. Johnson – kombinierte 1949 antikommunistische und antihomosexuelle

---

35 Carlston, Double Agents, S. 195 f.
36 Johnson, The Lavender Scare, S. 80.
37 Fone, Homophobia, S. 391.

Feindbilder und illustrierte das subversive Vorgehen der Kommunistischen Partei mit homosexuellen Romanfiguren des französischen Schriftstellers Marcel Proust. Der Untergrund-Arm der Partei arbeite mittels geheimer Mitglieder und durch Mitläufer, die einander bei zufälligen Begegnungen durch den Gebrauch bestimmter Phrasen erkennen könnten, oder auch durch Namen bestimmter Freunde, durch gemeinsame lautstarke Begeisterungen oder auch durch gemeinsames Schweigen über bestimmte Themen. Nichts erinnere so stark an diese Tatsachen wie die berühmte Romanszene bei Proust, in der der Baron Charlus und der Schneider Jupien plötzlich ihr gemeinsames Laster („their common corruption") erkennten. Der kosmopolitische Liberale Schlesinger stimmte mit dem konservativen Provinzler Wherry überein, dass sexuelle, soziale und politische Fehlhaltungen eng miteinander verbunden seien. Schlesinger war überzeugt, dass sich die Kommunistische Partei vor allem einsamer und frustrierter Menschen bediene, denen sie zu sozialer, intellektueller und sogar zu sexueller Erfüllung verhelfe, welche diese Leute in der westlichen Gesellschaft niemals finden könnten.[38]

Die nachhaltige Selbstevidenz des homosexuellen Verräters Redl hatte nicht nur den CIA-Direktor und den US-Kongress beeindruckt. Während im Österreich der 1950er Jahre eine Neuverfilmung des Redl-Skandals („Spionage" von Franz Antel, 1955) auch deshalb heftig umstritten war, weil der Vorwurf erhoben wurde, der Film weise allzu deutlich auf Redls „unglückliche Veranlagung" hin[39], wurde in den USA die Homosexualität dieses Verräters ganz offen diskutiert und als unumstößlicher Beweis für die *generelle Verbindung* von Homosexualität und Verrat herausgestellt. So veröffentlichte im April 1952 die prominente US-Journalistin R. G. Waldeck – Rosa oder Rosie Gräfin von Waldeck, eine in Mannheim geborene Tochter der deutsch-jüdischen Bankiersfamilie Goldschmidt und geschiedene Angehörige der Berliner Verlegerdynastie Ullstein, die später einen im US-Exil lebenden ungarischen Aristokraten geheiratet hatte – einen Artikel über die „Homosexual International". Waldecks Artikel erschien in der Zeitschrift „Human Events" und damit in einem zentralen Sprachrohr der sich in den 1950er Jahren erstmals gegen die liberalen Leitmedien der USA formierenden (ultra-)konservativen Gegenöffentlichkeit.[40] Er gewann freilich erst dadurch massive politische Brisanz, dass er – quasi als Beweisstück – wenig später zu den Akten des US-Kongresses genommen werden sollte. Dabei wurde die Autorin durch ihre europäische Herkunft zusätzlich beglaubigt.

---

38 Robert D. Dean, Imperial Brotherhood. Gender and the Making of Cold War Foreign Policy, Amherst 2001, S. 68 f.
39 Sadler/Fisch, Spy of the Century, S. 147. Noch in István Szábos Spielfilm „Oberst Redl" Mitte der 1980er wurde Redls Homosexualität nur angedeutet. Redl wurde eher als Außenseiter gezeichnet, als im Grunde sympathischer Charakter, der nirgends dazu gehört und am Ende Intrigen zum Opfer fällt.
40 Michael Oswald, Die Tea Party als Obamas Widersacher und Trumps Wegbereiter. Strategischer Wandel im amerikanischen Konservatismus, Wiesbaden 2018, S. 194, Anm. 141.

So betonte die republikanische Kongress-Abgeordnete Katharine Price Collier St. George – selbst als Angehörige der US-Oberschicht in Großbritannien geboren und mit einem anglo-irischen Aristokraten verheiratet –, als sie 1952 Waldecks Artikel in die Kongressdebatten einbrachte, die Gräfin kenne den deutschen Hintergrund dieser Art des Lasters innerhalb einer Regierung aus eigener Anschauung. Viele Menschen glaubten, so die Abgeordnete, dass der berüchtigte Eulenburg-Skandal dem Kaiserreich der Hohenzollern einen tödlichen Schlag versetzt habe. Jedenfalls seien die Gefahren auch für das eigene Land, die USA, und für dessen ganze politische Struktur, die von dieser Art eines internationalen Ringes von Homosexuellen ausgingen, derart hoch, dass sie nicht leichthin abgetan werden dürften.[41] Es war wiederum das persönliche Ansehen dieser New Yorker Abgeordneten (einer entfernten Verwandten des verstorbenen Präsidenten F. D. Roosevelt), der Waldecks Artikel aus der Obskurität in die größtmögliche Prominenz im „Congressional Record" hineinbrachte. St. George hatte ihre Rede im Repräsentantenhaus und ihre Präsentation der Behauptungen Waldecks mit perfektem Timing gewählt: Erst wenige Tage zuvor hatte die US-Regierung weitere 119 als Homosexuelle bezeichnete Angestellte des US-Außenministeriums entlassen.[42]

Die zentrale These der bekannten Publizistin Rosie Waldeck, die sich im Zweiten Weltkrieg durch antifaschistische Berichterstattung über Europa einen Namen gemacht hatte, lautete, dass die Homosexuellen, zusammengeschweißt durch ihre gemeinsamen verbotenen Gelüste, ihre traurig-fremdartigen Bedürfnisse, Gewohnheiten und Bedrohungen, eine weltweite Verschwörung gegen die Gesellschaft darstellten – „a worldwide conspiracy against society". Schlimmer noch: Diese homosexuelle Welt-Verschwörung teilte laut Waldeck die Ziele der Kommunistischen Internationale, durch ihre „Rebellion" gegen den bürgerlichen Kapitalismus, durch ihre Leidenschaft für Intrigen an sich und durch ihre soziale Promiskuität, die eine Fusion von Oberschichts- und Unterschichts-Degenerierten bewirke. Die von der Gesellschaft abgelehnten Homosexuellen reagierten mit Hass auf diese Gesellschaft und seien daher leichte Beute für den Kommunismus, der ihnen Befreiung verspreche und zugleich die Möglichkeit zur Rache eröffne. Männliche Homosexuelle stellten laut Waldeck aufgrund ihrer Effeminisierung und ihres Doppellebens als Männer und Frauen natürliche Geheimagenten dar – „natural secret agents". Für einen homosexuellen Mann bezeichne der Begriff „Spion" weniger einen Beruf als eine Wesenseigenschaft. Grundsätzlich sei die Loyalität der Homosexuellen untereinander eine stärkere Bindung als jede andere, sei diese nationaler, spiritueller oder sozialer Natur: „What is the unifying force of race, of faith, of ideology as compared to the unifying force of a vice which intimately links the press tycoon to the beggar,

---

41 Carlston, Double Agents, S. 193–195.
42 Roel van den Oever, Mama's Boy. Momism and Homophobia in Postwar American Culture, New York/Houndmills 2012, S. 32.

the jailbird to the Ambassador, the General to the Pullman porter?" Schon seit den 1930er Jahren habe diese homosexuelle Internationale die Grundfesten des Staates untergraben, um nun – im globalen Kalten Krieg – eine untragbare Gefahr zu bilden, die nicht nur Amerika, sondern die gesamte westliche Welt bedrohe. Waldeck berief sich zum Beweis nicht nur auf das Romanwerk von Marcel Proust, auch ihre historischen Beispiele waren sämtlich europäisch – vom Eulenburg-Skandal über die Redl-Affäre bis zum aktuellen Verschwinden der britisch-sowjetischen Überläufer Burgess und Maclean.[43]

Zur selben Zeit, in der Waldecks Artikel in den USA erschien, warf der bekannte linke Schriftsteller Vilhelm Moberg in Schweden seiner eigenen sozialdemokratischen Regierung vor, mittlerweile von „homosexuellen Bünden" unterwandert zu sein. Ausgehend von einem Skandalfall im Bereich der staatlichen Jugenderziehung, der auch zu einem Ministerrücktritt führte, wurde um 1950 von der Presse dieses sozialdemokratischen Wohlfahrtsstaats öffentlich die Frage debattiert, ob geheime Netzwerke homosexueller Männer in Machtpositionen eine Gefahr für Staat und Gesellschaft sein könnten. Laut Gregory Woods wurden für solche Hypothesen niemals Beweise vorgelegt. In ihrer Furcht vor der zunehmenden Sichtbarkeit von Homosexuellen unterschieden sich – trotz aller sonstigen Differenzen – die schwedische und die US-amerikanische Gesellschaft kaum.[44]

Die imaginierte Bedrohung durch homosexuelle Spionageringe basierte auf der Vorstellung vom bereits an sich gefährlichen, da in sich abgeschlossenen und zutiefst eigennützigen homosexuellen Netzwerk. Auch hier wusste CIA-Chef Hillenkoetter 1950 bestens Bescheid: Homosexuelle waren in seinen Augen über-emotional, ihre emotionalen Bindungen waren deswegen stärker als die normalen Liebesbeziehungen zwischen Männern und Frauen. Daraus erwuchsen intensive Loyalitätsbindungen zwischen Homosexuellen, und es waren diese engen Bindungen (die übrigens schlecht zur von Hillenkoetter zuvor behaupteten Promiskuität passten), die nicht nur den Kernverdacht der kollektiven Erpressbarkeit nährten, sondern eine so eng aufeinander bezogene Personengruppe auch unabhängig davon für den CIA-Direktor zu einer gefährlichen Entität in jeglicher Regierung machen musste. Solche Leute gehörten zu einer In-Group, einer regelrechten Bruderschaft („fraternity"). Ein Perverser in einer Staatsbehörde ziehe den nächsten Perversen nach, woraufhin die Perversen immer weiter aufstiegen und dabei nur ihre eigenen Interessen förderten. Hillenkoetter warnte eindringlich, Homosexuelle drohten „eine Regierung in der Regierung" zu bilden.[45]

---

43 Carlston, Double Agents, S. 193–195.
44 Woods, Homintern, S. 9–11, der allerdings den Waldeck-Artikel von 1952 ins Jahr 1960 datiert. Möglicherweise hat Waldeck ihre homophoben Anschuldigungen später wiederholt.
45 Johnson, The Lavender Scare, S. 112.

In dieselbe Kerbe schlugen der republikanische Senator McCarthy und dessen Unterausschuss-Berater Roy Cohn, die 1953 für sich reklamierten, die „Operationen einer wuchernden Clique von Homosexuellen im Außenministerium" offenzulegen. McCarthy und Cohn zeichneten das Bild einer tief verwurzelten homosexuellen Verschwörung. Die rechtskonservative Presse wiederholte McCarthys Anschuldigung, dass unter der Regierung des demokratischen Präsidenten Truman und seines Außenministers Dean Acheson diverse Beamte mit „abnormal tendencies" Eingang ins State Department gefunden hätten, wo die Karrieren dieser „sex deviates" dadurch erleichtert worden seien, dass sämtliche Sicherheitshinweise auf ihre degenerierte Moral aus den Personalakten entfernt worden seien. Selbst die von den Republikanern erzwungene Entlassungswelle von Homosexuellen aus dem öffentlichen Dienst wurde zu einer weiteren homosexuellen Verschwörung umgedeutet, denn – so behauptete der Journalist Willard Edwards im „Washington Times Herald" 1953 – als das abnorme Verhalten dieser Sexabweichler so dreist geworden sei, dass es nicht mehr habe verborgen werden können, habe die politische Führung diesen Personen ehrenvolle Rücktritte aus dem diplomatischen Dienst gestattet und sämtliche Hinweise auf die wahren Ursachen aus den Akten entfernt. Außerdem sei durch die Macht der homosexuellen Cliquen oft nur ein Homosexueller durch einen anderen ersetzt worden. Allein in der Personalabteilung des US-Außenministeriums habe man drei von zwanzig Mitarbeitern als Homosexuelle enttarnt.[46]

Eine besondere Ironie der US-Nachkriegsgeschichte war, dass sich in den Reihen der Homosexuellenverfolger selbst Homosexuelle befinden sollten und zum Teil auch befanden. Nicht nur dem fast allmächtigen FBI-Direktor J. Edgar Hoover[47], auch dem Kommunisten- und Homosexuellen-Jäger McCarthy wurde damals (vermutlich zu Unrecht) eine homosexuelle Orientierung nachgesagt – Gerüchte, die McCarthy auch durch seine späte Heirat nicht zum Verstummen bringen konnte, da sofort das Gerücht hinzugefügt wurde, er habe nur geheiratet, um die älteren Gerüchte zu widerlegen. Ziemlich sicher war der engste Mitarbeiter McCarthys, sein Stabschef Roy Cohn, ein klandestiner Homo- oder Bisexueller. Der junge Robert Kennedy, durch seinen einflussreichen Vater in das Team des Kommunisten-Jägers lanciert und ursprünglich als Stabsleiter McCarthys vorgesehen, hatte zähneknirschend Cohn diese Position überlassen müssen. Robert Kennedy und Cohn harmonierten nicht, was zu Kennedys raschem Ausscheiden aus der unrühmlichen Karrierestation führte. Während Cohn den späteren US-Justizminister, Senator und Präsidentschaftskandidaten als „rich bitch" verachtete, mutmaßt Kennedy-Biograph Evan Thomas, dass Robert Kennedy allergisch auf Cohns versteckte, aber durchaus erkennbare Homosexualität reagiert haben könnte, zumal Kennedy gele-

---

46 Dean, Imperial Brotherhood, S. 112f. und 275, Anm. 33.
47 Richard Hack, Puppetmaster. The Secret Life of J. Edgar Hoover, Beverly Hills 2007, hier insb. S. 156f. und 289, wonach diese Gerüchte sich niemals hätten erhärten lassen.

gentlich Beweise für seine tiefsitzende Homophobie gegeben habe.[48] Trotz allem hat Roy Cohn seine mutmaßliche homosexuelle Orientierung bis zu seiner tödlichen AIDS-Erkrankung in den 1980er Jahren stets in Abrede gestellt. Zwar hatten Cohns alle Grenzen überschreitenden Protektionsversuche für seinen zur US-Armee einberufenen Freund und Mitarbeiter David Shine schon Mitte der 1950er Jahre für entsprechende Gerüchte gesorgt, doch war dergleichen nie bewiesen worden. Gleichwohl trug die Cohn-Shine-Affäre zu jenem Konflikt zwischen dem McCarthy-Team und der US-Militärführung bei, der zum politischen Untergang der Kommunistenjäger führen sollte. Später nahmen es die Aktivisten der in den 1970er Jahren entstandenen neuen Schwulenbewegung dem berühmt-berüchtigten Cohn sehr übel, dass sich dieser nie zu seiner Homosexualität „bekennen" wollte. Doch wie Cohn-Biograph Nicholas von Hoffman argumentiert, hätte dies das Eingeständnis bedeutet, die Öffentlichkeit jahrzehntelang belogen zu haben. Das späte Bekenntnis wäre in Cohns Selbstverständnis zudem gleichbedeutend gewesen mit dem Geständnis, selbst ein Kommunist zu sein. Cohn hätte zugeben müssen, auf die Seite des Feindes übergelaufen zu sein.[49]

Just als sich gegen Ende der 1950er Jahre öffentlicher Druck geltend machte, die aufgeputschten homophoben Feindbilder der McCarthy-Ära abzubauen, flüchteten 1960 zwei unverheiratete und befreundete Mitarbeiter des US-Geheimdienstes „National Security Agency" (NSA) in die Sowjetunion und wurden die wohl berühmtesten Überläufer der USA. Bernon F. Mitchell und William H. Martin – in der Folge als „The M&M Boys" popularisiert – hatte der Dissens gegenüber den in ihren Augen unethischen und womöglich einen Atomkrieg heraufbeschwörenden Spionagemethoden ihres eigenen Geheimdienstes zu diesem Schritt getrieben. Zumindest einer der beiden, Mitchell, hatte eine homosexuelle Vergangenheit, die FBI-Direktor Hoover umgehend öffentlich machte. Fortan konzentrierte sich die Aufmerksamkeit der Medien und der Kongressuntersuchungen auf die Sexualität der Überläufer. Dass die beiden Freunde unverheiratet gewesen waren, nährte Spekulationen über eine homosexuelle Beziehung. Wie der Historiker David Johnson feststellt, wiederholte sich ein öffentliches Rezeptionsmuster, das transnational seit dem Redl-Skandal eingeübt worden sei; auch diesmal hätten amtliche Ermittler und Medienöffentlichkeit noch den denkbar schwächsten Beleg genutzt, um auf einen Kausalzusammenhang zwischen Homosexualität und Spionage zu schließen.[50]

Im Oktober 1964 wurde Walter Jenkins, enger Berater des US-Präsidenten Lyndon B. Johnson, der seit dessen Amtsübernahme 1963 im Weißen Haus auch für den

---

[48] Evan Thomas, Robert Kennedy. His Life, New York 2000, S. 65 f. Ausführlicher zu Cohn vgl. Nicholas von Hoffman, Citizen Cohn. The Life and Times of Roy Cohn, New York 1988; Miller, Out of the Past, S. 263–271.
[49] Hoffman, Citizen Cohn, S. 186–190 und 231.
[50] Johnson, The Lavender Scare, S. 144 f.

Kontakt zum FBI zuständig war, in einer als Homosexuellen-Treffpunkt bekannten Toilette der Jugendorganisation YMCA bei einer Polizeikontrolle verhaftet. Jenkins kam mit einer Geldstrafe davon und hoffte offenbar, die Angelegenheit verschweigen zu können, doch die Lokalpresse brachte die für den Präsidenten brisante Angelegenheit durch eine Anfrage ans Weiße Haus ans Licht. Vergeblich bemühte sich der Stab des Präsidenten um Eindämmung. Jenkins wurde zuerst in Krankenurlaub geschickt und dann zum Rücktritt genötigt. Die Medien berichteten von der homosexuellen „Nachrichtengeschichte, die die nationale Sicherheit berührt" – mitten im Präsidentschaftswahlkampf. Johnsons republikanischer Gegenkandidat Barry Goldwater und andere Oppositionspolitiker wie der ehemalige US-Vizepräsident Richard Nixon sorgten dafür, dass die Geschichte vom homosexuellen Vertrauten des Präsidenten die Schlagzeilen nicht verließ. Als das FBI einen Bericht veröffentlichte, wonach Jenkins' Homosexualität niemals zu Verstößen gegen Sicherheitsregeln und folglich auch nie zu Geheimnisverrat geführt habe, biss sich der Vorsitzende der Republikaner, Dean Burch, an dem Nebensatz fest, dass Jenkins „begrenzte Verbindungen" zu Personen gehabt habe, die als „sex deviates" bekannt oder verdächtig seien. Burch forderte Aufklärung, um wen es sich dabei handle und ob diese Personen ebenfalls von der US-Regierung beschäftigt würden. Die republikanische Wahlpropaganda zog eine Verbindung vom homosexuellen Berater zur angeblich schwächlichen Außenpolitik des Kennedy-Nachfolgers. Hinterbänkler wie der Abgeordnete John M. Ashbrook behaupteten, der homosexuelle Präsidentenvertraute habe Zugriff auf „unsere größten Geheimnisse" gehabt. Um den durch den Wahlsieg Kennedys gegen Nixon 1961 erfolgten Machtwechsel als verheerend für die Sicherheit der USA darzustellen, verwies Ashbrook auf angebliche Berichte des Außenministeriums, wonach sich das Sicherheitsrisiko durch in diesem Ressort entlarvte Homosexuelle zwischen 1960 und 1963 fast verdreifacht habe.[51]

Die Medien stiegen auf die Geschichte eines potentiellen homosexuellen Verräters im Zentrum der Macht intensiv ein. Man veröffentlichte nicht nur die Identität von Jenkins' Sexualpartner auf der YMCA-Toilette, sondern auch ausführliche Auszüge aus Polizeiberichten, um die Frage zu klären, wie der einflussreiche Homosexuelle unerkannt durch seine zahlreichen Sicherheitsüberprüfungen gekommen sei. Walter Trohan glaubte in der „Chicago Tribune" Jenkins nachweisen zu können, gegenüber der Luftwaffenführung für die Wiedereinstellung eines wegen „moralischer Vergehen" entlassenen Offiziers eingetreten zu sein. Freilich gab es auch Gegenstimmen: In der demokratischen Presse kritisierte der liberale Kolumnist Walter Lippmann die Wahlkampagne des Republikaners Goldwater scharf, weil diese lediglich auf Anspielungen und Unterstellungen basiere, ohne je Beweise zu liefern. Indem sich Johnson von seinem bisherigen Vertrauten strikt distanzierte und strenge neue Sicherheitsregeln für das Weiße Haus erließ, konnte er von Goldwaters Extre-

---

51 Dean, Imperial Brotherhood, S. 223–225.

mismus im Wahlkampf durchaus profitieren. Auch als Johnson darauf hinwies, dass der republikanische US-Präsident Dwight D. Eisenhower einst mit einem ähnlichen Fall in seiner Umgebung konfrontiert gewesen sei und dass die Demokraten diesen seinerzeit nicht skandalisiert hätten, könnte die empörte Reaktion von Republikanern wie Nixon dem Präsidenten wahltaktisch eher genützt haben. Entscheidend aber wurde eine wichtige Information, die das Lager des Präsidenten sofort gegen die homophobe Hetze des Kontrahenten nutzte: Jenkins war Reservist in einer Luftwaffeneinheit gewesen, deren Kommandeur die besten Sicherheitsgutachten über den später enttarnten Homosexuellen abgegeben hatte; der damalige Kommandeur aber war der nunmehrige Präsidentschaftskandidat Goldwater. Der Vorwurf, ein homosexuelles Sicherheitsrisiko nicht erkannt zu haben, richtete sich fortan nicht mehr nur gegen Johnson, sondern auch gegen seinen Herausforderer – und verlor dadurch erheblich an Schlagkraft.[52] Bekanntlich gewann Johnson die Wahl von 1964 triumphal.

Die homophoben US-Sicherheitsrichtlinien für den öffentlichen Dienst und die Armee blieben in der Folge noch für Jahrzehnte in Kraft. Die Rede von der „Risikogruppe" der Homosexuellen erhielt in den 1980er Jahren im Zuge der weltweiten Immunschwäche-Krankheit AIDS eine zusätzliche, bedrohlich seuchenpolizeiliche Konnotation. Auch wenn die Gesundheitspolitiker rasch erkannten, dass nicht allein „Risikogruppen" wie Homosexuelle bedroht waren, sondern Präventionsstrategien für die Gesamtbevölkerung zu erarbeiten waren, wurden weiterhin – in bemerkenswerter Anknüpfung an voreheliche Eugenik-Untersuchungen des frühen 20. Jahrhunderts in den USA[53] – generelle Aids-Tests für Bevölkerungsgruppen gefordert, etwa „an Krankenhauspatienten und vor Eheschließungen". In diesem Kontext ordnete das US-Verteidigungsministerium unter Präsident Ronald Reagan 1987 regelmäßige Tests für alle künftigen Rekruten der US-Armee an, und bald schon plante man, diese Tests auf das übrige militärische Personal und auf sämtliche Mitarbeiter des US-Außenministeriums auszudehnen. Drohte hier die homophobe Tradition der „Lavender Scare" unter dem Deckmantel medizinischer Prävention wiederbelebt zu werden? Die westdeutsche Presse berichtete damals: „Anders als die Soldaten leisten die Diplomaten jedoch Widerstand". Eine Gewerkschaft habe gegen die Regierungspläne geklagt.[54]

Laut Erin Carlston hat die britische Burgess-Maclean-Affäre sowohl in den USA als auch in Großbritannien einen konservativen Populismus befeuert, der sich ge-

---

52 Ebenda.
53 Vgl. Michael Schwartz, Die Mehrheit und die „Minderwertigen". Eine globalhistorische Sicht auf Eugenik und „Euthanasie" im 20. Jahrhundert, in: Ignacio Czeguhn u. a. (Hrsg.), Eugenik und Euthanasie 1850–1945. Frühformen, Ursachen, Entwicklungen, Folgen, Baden-Baden 2009, S. 127–146.
54 Rainer Bonhorst, Fernsehen bringt ein Tabu in die gute Stube. Angst vor der Seuche führt in Amerika zu einer Revolution der Sexual- und Sprach-Sitten, in: General-Anzeiger (Bonn) vom 17.2.1987.

gen bisher dominierende politisch-administrative Eliten richtete und durch deren Anprangerung und Verdrängung für bisher von der Macht ausgeschlossene Schichten soziale Aufstiegsmöglichkeiten erkämpfte. Politische Dissidenz und insbesondere eine kommunistische Überzeugung wurden dabei mit sexueller Abweichung erklärt.[55] Hatte die Homosexuellenfurcht der 1950er Jahre die Bedrohung durch homosexuelle Seilschaften in Elitepositionen und deren Neigung zum Landesverrat ins Zentrum der Debatte gerückt, wurde gegen Mitte der 1960er Jahre auch die Neigung solcher Netzwerke zu mörderischem Hochverrat diskutiert. Die tatsächliche oder unterstellte homosexuelle Orientierung einiger Personen aus dem Umfeld des Kennedy-Attentäters Lee Harvey Oswald führte zu wilden Spekulationen. Diese wucherten vorrangig auf Seiten jener, welche die regierungsoffizielle These von der Einzeltäterschaft Oswalds beim Attentat auf Präsident John F. Kennedy im November 1963 nicht akzeptierten – und stattdessen eine wie auch immer geartete Verschwörung als Ursache des Präsidentenmordes vermuteten. Der in New Orleans tätige US-Staatsanwalt John Garrison, dem der Regisseur Oliver Stone sehr viel später mit dem Spielfilm „JFK" 1992 ein Denkmal setzte, glaubte zeitweilig, eine „homosexuelle Clique für den Mord an Präsident Kennedy verantwortlich machen zu müssen".[56] Bereits vor der offiziellen Untersuchungskommission zum Attentat, der „Warren Commission", hatte es eine Zeugenaussage gegeben, wonach der Attentäter Oswald und dessen eigener späterer Mörder, der Nachtclubbesitzer Jack Ruby, eine homosexuelle Beziehung gehabt haben sollten. Ein anderer Zeuge wollte Oswald einmal in Begleitung von „schwulen Mexikanern" gesehen haben. 1977 wurde vor einer weiteren Untersuchungskommission testiert, dass Oswald mindestens einmal – im Jahre 1956 – Gast auf einer Homosexuellenparty des rechtsgerichteten CIA-Agenten David Ferrie gewesen sei. Dieser war zeitweilig Oswalds Vorgesetzter in der „Civil Air Patrol" der Region, die er angeblich in ein „Forum" für homosexuelle Handlungen verwandelt hatte.[57] Waren schon die Belege für Homosexualität im Falle des verheirateten Oswald dünn[58], galt dies erst recht für den Nachweis einer Verschwörung von Homosexuellen gegen den Präsidenten. Gleichwohl brachte Garrison den prominenten New-Orleanser Geschäftsmann (und mutmaßlichen CIA-Agenten) Clay Shaw 1967 in Untersuchungshaft und 1969 vor Gericht. Am Ende wur-

---

55 Carlston, Double Agents, S. 210 und 272 f.
56 Johannes Werres, Homosexuelle Cliquenbildung?, in: Willhart S. Schlegel (Hrsg.), Das große Tabu. Zeugnisse und Dokumente zum Problem der Homosexualität, München 1967, S. 38–48, hier insb. S. 38.
57 David Miller, The JFK Conspiracy, San Jose u. a. 2002, S. 73–75.
58 Jerry Kroth, Conspiracy in Camelot. The Complete History of the Assassination of John Fitzgerald Kennedy, New York 2003, S.286. Zum Spektrum der Verschwörungstheorien hinsichtlich des Kennedy-Attentats vgl. Robert Dallek, John F. Kennedy. Ein unvollendetes Leben, München 2003, S. 650 f.

de Shaw freigesprochen, doch blieb der Homosexuelle die einzige Person, die jemals wegen des Kennedy-Attentats vor Gericht gestellt worden ist.[59]

Die westdeutsche Presse griff das Thema sensationsgierig auf. Die Illustrierte „Quick" titelte 1967: „Kennedys Mörder waren krankhafte Homosexuelle – Fünf abartige Männer und eine kalte Frau stehen hinter dem Komplott des Jahrhunderts. Weil Lee Oswald bei seiner Frau keine sexuelle Erfüllung fand, suchte er Kontakt zu homosexuellen Kreisen – Das Milieu der Verschwörer: die Kneipen im französischen Viertel von New Orleans. Hier suchten sie ihre abartigen Freundschaften, hier fanden sie zueinander. Im Homosexuellen-Treffpunkt ‚Wandas Bar' besprach Shaw mit Oswald dessen Rolle im Komplott".[60] Eine solche Ausschlachtung anrüchig wirkender abweichender Sexualität blieb aber nicht auf Illustrierte und Boulevard-Medien begrenzt. Auch das renommierte Hamburger Nachrichtenmagazin „Der Spiegel" berichtete 1967 über die Voruntersuchung gegen Clay Shaw – und zwar nicht nur unter dem Stichwort „Kennedy-Mord" oder „Verschwörung", sondern vor allem mit der auf Shaws mutmaßliche sadomasochistische Vorlieben anspielenden Schlagzeile über „Peitschen und Ketten". Ausführlich skizzierte „Der Spiegel" den homosexuellen Hauptverdächtigen des Staatsanwalts Garrison als „den Kaufmann Clay Shaw, in dessen Wohnung außer einem Gewehr mit Patronengurt nur Indizien für abartigen Sex gefunden wurden; fünf Peitschen, Ketten, Lederriemen sowie ein schwarzer Kapuzenumhang".[61] Deutlich niedriger gehängt wurde die sexuelle Orientierung des Beschuldigten in der gleichzeitigen Berichterstattung der liberalen Wochenzeitung „Die Zeit", in der nur beiläufig davon die Rede war, dass die Ermittler in Shaws Wohnung „einige Peitschen, Ketten, Masken und anderes Zubehör für masochistisches Treiben" gefunden hätten. Interessant war am „Zeit"-Artikel zudem der Hinweis, dass Staatsanwalt Garrison mit seiner Verschwörungstheorie „in der europäischen Presse weit mehr Schlagzeilen gemacht" habe „als in der amerikanischen".[62] Noch zurückhaltender berichtete Gerd Ruge in der „Zeit" vom 1969 stattfindenden Hauptverfahren gegen Shaw, der „bisher ein angesehener Geschäftsmann" gewesen sei – und „ein reicher Junggeselle, der in den homosexuellen Kreisen von New Orleans verkehrte". Der Ankläger wurde als überzeugt geschildert, dass Präsident Kennedy nicht – wie die Warren Commission es eingeschätzt hatte – von Oswald als Einzeltäter ermordet worden, sondern „im Kreuzfeuer mehrerer Scharfschützen gefallen" sei. Shaw, Oswald und Ferrie (also sämtlich echte oder vermeintliche Homo-

---

59 Kroth, Conspiracy in Camelot, S. 128, Anm. 36; Peter Knight, The Kennedy Assassination, Edinburgh 2007, S. 88 f.
60 Zitiert nach Wilde, Das Schicksal der Verfemten, S. 80 f.
61 USA/Kennedy-Mord: Peitschen und Ketten, in: Der Spiegel vom 20.3.1967, zitiert nach http://www.spiegel.de/spiegel/print/d-46437703.html (30.4.2018).
62 Joachim Schwellen, „Enthüllungen" über den Kennedy-Mord. Die Kampagne des Staatsanwaltes Garrison, in: Die Zeit vom 17.3.1967, zitiert nach http://altesblog.zeit.de/1967/11/enthuellungen-ueber-den-kennedy-mord (30.4.2018).

sexuelle) hätten gemeinsam das „Komplott geschmiedet, in dem Oswald einer der Schützen, Ferrie der Fluchtpilot und Shaw der intellektuelle Anstifter sei". Kritisch bemerkte Ruge dazu, es könne durchaus „Gründe geben, die mit dem Kennedy-Mord nichts zu tun haben, die aber Clay Shaw veranlaßten, jede Bekanntschaft mit Oswald abzustreiten". Der Fall Shaw sei für Garrison „nur ein Instrument", um die Einzeltäter-Theorie aus den Angeln zu heben: „Clay Shaw spielt nur noch eine Nebenrolle."[63]

Dasselbe sollte, wie Staatsanwalt Garrison dem „Spiegel" schon im Juni 1967 in einem Interview darlegte, plötzlich auch für das Skandalthema Homosexualität gelten. Denn auf die „Spiegel"-Frage, ob es sich bei der Ermordung Kennedys um eine „Anti-Castro-Verschwörung, eine Pro-Castro-Verschwörung, eine Verschwörung von Homosexuellen" oder eine sonstige Verschwörung gehandelt habe, antwortete Garrison: „Der homosexuelle Faktor ist unbedeutend. Einige Autoren haben das gewaltig aufgebauscht, um ihre Storys – sagen wir – zu würzen und so mehr Geld zu verdienen. Aber es gibt einen kubanischen Faktor, einen sehr bedeutenden kubanischen Faktor." Garrison dementierte die ihm „fälschlicherweise zugeschriebene Bemerkung, Oswald sei homosexuell gewesen". Das stimme nicht und das habe er auch „nie behauptet". Ausdrücklich bestritten wurde ferner die von diversen Medien verbreitete und vom „Spiegel" angesprochene Geschichte, dass nicht der nach dem Attentat flüchtige Oswald einen Polizisten in Dallas erschossen habe, sondern womöglich ein Oswald ähnlich sehender männlicher Prostituierter. „Der Spiegel" gab das Stichwort:

> „SPIEGEL: ... etwa ein Strichjunge, der – wie es vielfach heißt – Oswald ähnlich sah?
> GARRISON: Ich bin Ihnen dankbar, daß Sie das fragen, denn zu keinem Zeitpunkt haben wir nach einem Strichjungen Ausschau gehalten, der Oswald ähnlich sah. Das ist eine Erfindung von ‚Newsweek'. Dieses Magazin hat sich überhaupt nicht um Tatsachen gekümmert, sondern alle Kraft darauf verwendet, jede Untersuchung des Attentats in Mißkredit zu bringen. Wie ‚Newsweek' unsere Untersuchungen beschreibt[,] das ist schon sehr phantasievoll.
> SPIEGEL: Entschuldigung, es gibt eine ganze Reihe von Warren-Report-Kritikern, die von einem zweiten Oswald sprechen.
> GARRISON: Ich will Ihnen folgendes sagen: Von allen Zeitschriften – vielleicht mit Ausnahme von ‚Quick' –, auf jeden Fall von allen amerikanischen Zeitschriften ist keine mit ihren Mutmaßungen so weit gegangen wie ‚Newsweek'. Dieses Magazin verdient einen besonderen Orden für seinen einfallsreichen Ausflug in die Dichtung. Was ‚Newsweek' getan hat, ist nicht zu entschuldigen. Dieses Magazin begreift nicht, worum es geht, sondern verbreitet seine wilden, grundlosen Spekulationen. [...]
> SPIEGEL: Wir sprechen keineswegs nur von ‚Newsweek', es gibt eine ganze Reihe anderer ...
> GARRISON: Ja. Was ‚Quick' betrifft, so brauche ich Ihnen sicher nicht zu sagen, was das für eine wilde Story war.
> SPIEGEL: Nein, das wissen wir."[64]

---

[63] Gerd Ruge, Wie starb John F. Kennedy?, in: Die Zeit vom 21.2.1969, zitiert nach http://altesblog.zeit.de/1969/08/wie-starb-john-f-kennedy (30.4.2018).

So sehr sich „Der Spiegel" im Interview mit Garrison von der Sensationsberichterstattung der „Quick" distanzierte, so hemmungslos nutzte er selbst weiterhin die Vermarktung anrüchig wirkender Homosexualität. Im selben Heft, in dem das Interview mit Garrison erschien, wiederholte „Der Spiegel" fast wortgleich seine zwei Monate zuvor präsentierte Sensationsmeldung, dass in der Wohnung des „letzten Lebenden" der Kennedy-Verschwörung „außer einem Gewehr auch allerlei Zubehör für abartigen Sex gefunden wurde: fünf Peitschen, Ketten, Lederriemen und ein schwarzer Kapuzenumhang".[65] Der US-Staatsanwalt hatte soeben den homosexuellen Zusammenhang der vermuteten Verschwörung für „unbedeutend" erklärt, und doch konnte auf Sexspielzeuge für homosexuelle Verschwörer in der deutschen Presse nicht verzichtet werden.

In den frühen 1960er Jahren war die britische Öffentlichkeit nach der spektakulären Flucht der Diplomaten Burgess und Maclean in die Sowjetunion, denen sich 1963 ihr Freund und Fluchthelfer Kim Philby anschloss, durch weitere homosexuelle Spionage-Affären in Aufregung versetzt worden. Die Marineoffiziere John Vassall und Christopher Swabey waren, unabhängig voneinander, in der UdSSR verführt, mit kompromittierenden Fotos erpresst und zum Landesverrat genötigt worden. Auch diese Fälle wurden „ausführlich und mit großer Bestürzung im Parlament diskutiert". Sie spielten jedoch zugleich „eine entscheidende Rolle" für die 1967 für England und Wales in Kraft gesetzte „Entkriminalisierung der Homosexualität". Das Kalkül der Strafrechtsreformer war, „mit dem Ende der Strafbarkeit […] zumindest einen Teil des Stigmas zu entfernen, so dass homosexuelle Männer weniger erpressbar waren", wie die Historikerin Katharina Ebner befindet.[66] Arthur Gore, der Earl of Arran, stellte 1963 im Oberhaus die Frage, wenn Homosexualität wirklich das größte Sicherheitsrisiko sei, warum gehe man nicht daran, dieses Risiko zu beheben: „Remove the penalty and you remove the danger." Selbst der zum Lord erhobene frühere Labour-Premier Clement Attlee, der in den 1950er Jahren homophobe Verfolgungskampagnen seines Innenministers gestützt hatte, erklärte 1965, zwar sei Homosexualität ein Übel („an evil"), doch stelle Erpressung ein noch größeres Übel dar. In einer weiteren Oberhausdebatte votierte 1965 auch der damalige Lord Queensberry für eine liberale Reform. David Harrington Angus Douglas war der zwölfte Marquess und Urenkel des homophoben Wilde-Verfolgers John Sholto Douglas, des neunten Lord Queensberry. Das britische Parlament erlebte damals im Umgang mit dem Topos homosexueller Verräter einen bedeutenden Meinungsumschwung, den Katharina Ebner auch mit einem Generationenkonflikt erklärt: „In

---

64 „Kennedy starb im Kreuzfeuer". Spiegel-Interview mit Jim Garrison, in: Der Spiegel vom 22.5.1967, zitiert nach http://www.spiegel.de/spiegel/print/d-46252048.html (30.4.2018).
65 USA/Kennedy-Mord: Goldener Handschuh, in: Der Spiegel vom 22.5.1967, zitiert nach http://www.spiegel.de/spiegel/print/d-46252046.html (30.4.2018).
66 Ebner, Religion im Parlament, S. 89 f.

einem sich verändernden Klima wurden dann die Abgeordneten, die sich einer Änderung verwehrten, immer mehr zur störenden Minderheit." So sei eine homophobe Rede von Sir Cyril Osborne im Unterhaus 1965 derart „von Lärm und Unruhe unterbrochen" worden, dass sich Osborne zu der Bemerkung habe hinreißen lassen, „es handele sich hier doch wohl noch nicht um den Reichstag".[67] Der Konservative Osborne beharrte darauf: „Homosexuelle sind prädestinierte Verräter." Er verzögerte als „Hauptwidersacher" die Entkriminalisierung der Erwachsenen-Homosexualität, indem er behauptete, „daß in die jüngsten Fälle von Landesverrat meist Homosexuelle verwickelt waren".[68] Letztlich konnte eine liberale Reform für England und Wales jedoch nur bis zum Juli 1967 aufgehalten werden; Schottland und Nordirland zogen freilich erst 1981/82 nach.

Der Hamburger Schriftsteller Rolf Italiaander, der sich 1969 in der Bundesrepublik Deutschland für die Nachahmung der englisch-walisischen Reform einsetzte, gedachte dankbar „jener denkwürdigen Oberhausdebatte", die 1965 die Weichen für diese Liberalisierung gestellt hatte: „Gegner der englischen Strafrechtsreform führten an, die Homophilen lebten im Dunkeln, im Geheimen, sie hätten ihre eigenen Clubs [...]; sie sonderten sich ab, und allein schon daher sei Mißtrauen ihnen gegenüber am Platze. Jenen Debattenrednern wurde entgegnet, zur Absonderung seien die Homophilen genötigt, solange sie verfolgt würden. In dem Augenblick, wo die Verfolgung aufhöre, brauchten sie sich nicht mehr zu separieren, und würden es dann auch bestimmt nicht tun." Italiaander fügte seinerseits hinzu: „Keine Gesellschaft – wie immer sie geartet ist, ob kapitalistisch oder sozialistisch – wird an den Homophilen Schaden nehmen. Im Gegenteil, sie wird von der Integration nur Gewinn haben."[69] Das sollte in der Tat jene umwälzende Lernerfahrung sein, welche viele Gesellschaften zwischen den 1960er und 1990er Jahren machten – und die den allmählichen Niedergang des homophoben Stereotyps bewirkte.

Doch der homosexuell-elitäre britische Spionageskandal der Cambridge-Gruppe beschäftigte über Jahrzehnte – sowohl in der Presse, in Büchern wie auch in Spielfilmen – die Phantasie der Weltöffentlichkeit. Unmittelbar nachdem Burgess und Maclean 1951 spektakulär nach Moskau geflüchtet waren, hatte ein dritter Angehöriger der in den 1930er Jahren von den Sowjets rekrutierten Cambridge-Gruppe – der Diplomat und Geheimdienstler John Cairncross – Spionagedienste für die UdSSR gestanden, namentlich die Weitergabe des von Turing und anderen im Zweiten Weltkrieg entschlüsselten deutschen Enigma-Codes. Cairncross blieb unbestraft und wurde erst 1990 durch KGB-Überläufer als – zu diesem Zeitpunkt fünfter bekannter –

---

67 Ebenda, S. 90–92, auch Anm. 307.
68 Wilde, Das Schicksal der Verfemten, S. 38 f. und 133, Anm. 73.
69 Italiaander, Weder Krankheit noch Verbrechen, S. 29 und 36.

Angehöriger der Spionage-Gruppe geoutet.[70] Nach der Flucht des dritten – in Wahrheit also vierten – Überführten, des Geheimdienstlers Kim Philby, in die Sowjetunion 1963 wurde auch der fünfte Angehörige der Gruppe, der Kunsthistoriker und zeitweilige Direktor der königlichen Gemäldegalerie Sir Anthony Blunt, vom britischen Geheimdienst enttarnt. Dieser wurde in Anbetracht seines Geständnisses und seiner engen Verbindung zur königlichen Familie nicht bestraft, sein Verrat wurde geheim gehalten. Erst nachdem ein Journalist 1979 durch unmissverständliche Hinweise in einem Enthüllungsbuch Blunt geoutet hatte[71], ließ die konservative, aber eben nicht mehr zur alten Elite zählende Premierministerin Margaret Thatcher alle Rücksichten fallen und bestätigte den Sachverhalt. Daraufhin verlor Blunt nicht nur seine Ritterwürde; zugleich brach sich eine öffentliche Hetzjagd in der Presse Bahn, die den bloßgestellten Verräter als schwulen Ästheten („pansy aesthete"), hoffnungslosen Versager im Kriegsdienst und verräterische kommunistische Schwuchtel („treacherous Communist poof") attackierte. Der ehemalige britische Geheimdienstchef Richard White betonte noch 1985, dass die „homosexual subculture" der Schlüssel zum Verständnis des Verrats der Cambridge-Gruppe sei. Und Macleans früherer Kollege und Freund David Cecil legte 1988 Wert auf die Feststellung, dass weder er noch irgendjemand sonst die sexuellen Neigungen dieses (verheirateten) Spions erkannt habe. Erst das Überlaufen von Burgess und Maclean nach Moskau habe die Korrelation zwischen Homosexualität und Verrat offengelegt.[72] Die völlige Rat- und Hilflosigkeit, die der österreichisch-ungarische Geheimdienstler Urbanski einst im Fall Redl im Hinblick auf die angebliche Nichterkennbarkeit von dessen Homosexualität bekundet hatte, feierte Wiederauferstehung.

Freilich machten sich zur selben Zeit in den 1980er Jahren deutliche Tendenzen einer Dekonstruktion des homophoben Feindbildes geltend. Mancher begriff trotz der Senationsberichterstattung, dass wenige Einzelfälle unzulässig verallgemeinert wurden. So der britische Schriftsteller und Historiker Chapman Pincher, der 1987 in seinem Buch „Verräter" dem „Homo-Sex Factor" ein Kapitel widmete. Pincher schrieb gegen die herrschende Überzeugung, dass Homosexualität besonders stark unter Verrätern verbreitet sei und dass die sogenannte „Homintern", die internationale Bruderschaft der Homosexuellen, ebenso mächtig wie die Komintern gewesen sei, wenn es darum ging, sowjetische Agenten zu produzieren. Dieser Glaube war für Pincher in jeglicher Hinsicht falsch. Der Irrtum sei entstanden, weil einige der bekannteren Verräter – etwa Blunt, Burgess, Maclean oder Tom Driberg – tatsächlich Homosexuelle gewesen seien; Maclean übrigens nur in betrunkenem Zustand. Und weil es einige wenige Fälle der Erpressung von Homosexuellen, wie im Fall Va-

---

70 Michael Smith, ENIGMA entschlüsselt. Die „Codebreakers" von Bletchley Park, München 2000, S. 241.
71 Vgl. Andrew Boyle, The Climate of Treason. Five who Spied for Russia, London 1979.
72 Carlston, Double Agents, S. 180 f.

sall, gegeben habe. Driberg wiederum, Labour-Abgeordneter und MI5-Agent in Moskau, sei nicht erpressbar gewesen, sondern mit Geld gewonnen worden.[73]

Die „sexuelle Revolution" oder besser: die allmähliche Transformation der Sexualitäten seit den 1960er Jahren hatte – wie die Entkriminalisierung der Erwachsenen-Homosexualität in England zeigte – unterdessen das gesellschaftliche Verdikt über Homosexualität gelockert. Die Entspannungspolitik der 1970er Jahre, die freilich durch einen zweiten Kalten Krieg um 1980 abgelöst wurde, der aber einer neuerlichen Entspannungspolitik in der Ära Gorbatschow ab Mitte der 1980er Jahre weichen musste – diese Abmilderung der Block-Konfrontation hat die Angst vor Kommunisten und offenbar auch vor homosexuellen Verrätercliquen deutlich reduziert. In den 1990er Jahren wurden die einst verfemten homosexuellen Verräter Blunt und Burgess zu freundlichen „Gay Spies" umdefiniert.[74] Zuvor hatte in britischen Spielfilmen die Umwertung der Verräter zu heimlichen homosexuellen Helden stattgefunden – etwa im internationalen Erfolgsfilm „Another Country" (1981), der die Voraussetzungen der späteren Hinwendung zum Kommunismus in der Studienzeit in Cambridge auslotete, aber auch im Kammerspiel über „Blunt – The Fourth Man" (1987), das die Flucht von Burgess und Maclean aus der Perspektive des homosexuellen Spionagerings erzählte. Dieser Trend setzte sich in der die Gruppenbiographie der homosexuellen Verräter wohlwollend nacherzählenden Fernseh-Serie „Cambridge Spies" (2003) fort.

Doch nicht jeder war bereit, auf alte Feindbilder vollkommen zu verzichten. Dazu zählte überraschenderweise der walisische Rechtsanwalt, Labour-Abgeordnete und Homosexuellen-Aktivist Leo Abse, der sich in den 1960er Jahren für die Entkriminalisierung der Erwachsenen-Homosexualität in England und Wales eingesetzt hatte und später bei der Übertragung dieser Reform ins schottische Recht um 1980 eine wichtige Rolle gespielt hatte.[75] 1989 kam Abse – ausgerechnet in einer „Psycho-Biographie" über Margaret Thatcher – auf Kim Philby zu sprechen kam, jenen homosexuellen Verräter, der zuerst seinen Freunden Burgess und Maclean zur Flucht verholfen hatte, bevor er ihnen ein Jahrzehnt später in die Sowjetunion gefolgt war. Philby, Sohn eines Außenseiters der britischen Oberschicht, war in Abses Sicht als innerlich verletzter Sohn dem Vater in der Entfremdung von Großbritannien nachgefolgt. Zugleich ließ Abse die Ausrede der Nichterkennbarkeit von Homosexualität nicht gelten: Diejenigen, die Philby gefördert hätten und dabei seinem femininen Charme erlegen seien, hätten ihre eigene homosexuelle Charakterkomponente nie offen akzeptiert und seien, indem sie diese zu unterdrücken ver-

---

73 Chapman Pincher, Traitors. The Labyrinths of Treason, London 1987, S. 103–114, hier insb. S. 103 und 106.
74 Vgl. Fred Sommer, Anthony Blunt and Guy Burgess, Gay Spies, in: Journal of Homosexuality 29 (1995), S. 273–294.
75 Ebner, Religion im Parlament, S. 212 und 244.

sucht hätten, ausgesprochen angreifbar für Philbys Charme gewesen. Die Selbstunterdrückung von Homosexualität sei somit extrem gefährlich, habe sie doch zu positiven Sicherheitsüberprüfungen selbst bei den eklatantesten und gestörtesten Homosexuellen geführt. Der Spion Vassall aus den 1960er Jahren galt Abse als weiterer Beleg für die spezifische Selbstblendung der Sicherheitsdienste. Eine Konversation von wenigen Minuten hätte für jede welterfahrene Person ausgereicht, um durch Vassalls Sprachstil, Verhaltensweisen und Posieren sofort alarmiert zu sein. Vassall habe jedoch alle Sicherheitsüberprüfungen glänzend bestanden – obwohl er von den jüngeren Mitarbeitern der Britischen Botschaft in Moskau heimlich „Vera" genannt worden sei. Abse war sich sicher, dass Vassall von jeder beliebigen Gruppe von Fabrikarbeitern aus seinem Wahlkreis ebenfalls sofort als „Vera" bezeichnet worden wäre, hätte er nur zehn Minuten mit ihnen verbracht. Bei alledem griff Abse nicht nur auf Burgess, Blunt oder Vassall, sondern auch auf weltbekannte alte Verratsfälle wie Redl oder Casement zurück, um seine These zu untermauern, dass zwar nicht Homosexualität an sich, sehr wohl aber eine nicht akzeptierte und daher unterdrückte Homosexualität das Schlüsselproblem für Verrat darstelle.[76]

---

[76] Abse, Margaret, Daughter of Beatrice, S. 234–236.

VII „Homosexuelle Geheimclubs und Spionagegruppen": Konstruktion und Dekonstruktion eines Feindbildes im geteilten Deutschland

> „Homosexualität liegt am Ursprung vieler Fälle von Verrat und Denunziation."[1]
>
> (Curzio Malaparte 1961)

Zu Zeiten des Kalten Krieges gehörte das „Verfolgungssyndrom" von „Antihomosexualität und Antikommunismus"[2] auch in der Bundesrepublik Deutschland zum diskursiven Alltag. In der Schriftenreihe des katholisch-konservativen „Volkswartbundes", einer kirchennahen zivilgesellschaftlichen Organisation, sorgte sich der Kölner Amtsgerichtsrat Richard Gatzweiler 1951 öffentlich darüber, dass die „Partei der Invertierten" in Westdeutschland als „Moskaus neue Garde" fungieren könnte. Gatzweiler verwies auf den „sog. Röhmputsch", der in Deutschland die Gefahr solcher homosexueller Clubbildung bewusst gemacht habe. Ferner berief sich der Jurist auf den italienischen Schriftsteller Curzio Malaparte, der berichtet habe, dass die Homosexuellen im Zweiten Weltkrieg „eine geheime Gesellschaft nach Art der Freimaurer" gebildet und für die Geheimdienste der Briten und der USA „wertvolle" Dienste geleistet hätten. „Eine solche Club- und Sektenbildung ist auch in Deutschland im Gange", behauptete der Kölner Richter ohne jeden Beweis und warnte in der Tradition Treskows: „Wenn sie gelingt, dann bilden die Invertierten einen Staat im Staate. Sie halten bekanntlich wie die Kletten zusammen. Deshalb würden sie eine ungeheure Gefahr für die junge deutsche Demokratie bilden."[3] Gatzweiler legte mit einem Verweis auf die DDR nach, die den NS-Paragraphen 175 zu diesem Zeitpunkt hatte fallen lassen und zur milderen Weimarer Variante des Homosexuellen-Strafrechts zurückgekehrt war. Das konnte in Gatzweilers Sicht kein Zufall sein: „Bedenkt man, daß z.Zt. die Ostzone die Homosexualität praktisch weithin duldet – trotz der gänzlich anderen Gesetzgebung in Rußland –, so erkennt man die Größe der Gefahr, wenn sich die Bolschewisten die Invertierten in der Bundesrepublik gefügig machen." Die USA hätten die Gefährlichkeit von „homosexuellen Geheimclubs und Spionagegruppen" mittlerweile erkannt: „Seien auch wir vorsichtig!"[4]

Gatzweilers Pamphlet führte zu heftigen Reaktionen von Homosexuellen, die sich jedoch – abgesehen von einer erfolglosen Strafanzeige – wesentlich auf interne

---

1 Malaparte, Der Zerfall, S. 218.
2 Rüdiger Lautmann, Seminar: Gesellschaft und Homosexualität, Frankfurt a. M. 1977, S. 413.
3 Richard Gatzweiler, Das Dritte Geschlecht. Um die Strafbarkeit der Homosexualität, Köln-Klettenberg 1951, S. 29 f.
4 Ebenda.

„Homophilen"-Zeitschriften beschränkten.⁵ Hingegen wurde Gatzweilers Schrift bis 1961 durch weitere Volkswartbund-Publikationen zur angeblichen Gefährlichkeit der Homosexualität ergänzt.⁶ So benannte der politisierende Richter 1953 erneut als „Gefahr" der aus seiner Sicht drohenden Homosexuellen-Emanzipation „die der Geheimbündelei": „Die eigenartige, einer Verschwörung gleiche Bindung, die homosexuelle Männer aneinander fesselt, bringt sie in eine Abhängigkeit voneinander und vor allem von ihrem ‚Führer', daß ein solcher mit einer derartigen Gruppe von Männern zu gefährlichen Taten fähig ist. So verwundert es keinen Kenner der Materie, daß diese Gruppen von den verschiedenen Parteien zu Spionagezwecken z. B. eingesetzt werden, so wie der Schriftsteller Malaparte behauptet hat, der gesamte Geheimdienst des letzten Weltkrieges sei durch Homosexuelle durchgeführt worden."⁷

Dieser von Gatzweiler wiederholt als Kronzeuge angerufene italienische Schriftsteller – ein Faschist der ersten Stunde, der später von Mussolini verfolgt worden und nach 1945 über den Kommunismus zum Katholizismus gelangt war – hatte in seinem 1949 erschienenen, international beachteten Roman „Die Haut" tatsächlich eine „homosexuelle Internationale" dargestellt, bevor dann 1959 aus dem Nachlass ein weiteres „heftiges Plädoyer gegen die ‚Epidemie' der Homosexualität" veröffentlicht wurde, „die sich in Europa nach dem Krieg ausgebreitet habe".⁸ Im Welterfolg „Die Haut" hatte Malaparte einen illusionslosen Blick auf Sieger und Besiegte der Nachkriegszeit geworfen. Ein Thema unter mehreren war „das der Homosexuellen, ihrer Rolle in der europäischen Kultur und im Befreiungskampf gegen Nazismus und Faschismus, ihrer Macht und deren Verästelungen (all das gespickt mit einer beißenden und nicht besonders versteckten homophoben Ironie)".⁹ Nicht nur homophobe Pamphletisten wie Gatzweiler nahmen Malaparte diesbezüglich sehr ernst. Dasselbe galt für den seit wilhelminischer Zeit prominenten Fürsprecher homosexueller Männerbünde Hans Blüher, der die Ausführungen Malapartes positiv würdigte – spiegelverkehrt zu Gatzweiler, der denselben Männerbund panisch fürchtete. Als Blüher in einem Plädoyer für die Liberalisierung des Homosexuellen-Strafrechts an die Verbindung der deutschen und französischen Homosexuellen Eulenburg und Lecomte erinnerte, die in der Lage hätte sein können, den Ersten Welt-

---

5 Joanna Gotzmann, Der Volkswartbund. Die Bischöfliche Arbeitsstelle für Fragen der Volkssittlichkeit im Kampf gegen Homosexuelle, in: Kristof Balser u. a. (Hrsg.), „Himmel und Hölle". Das Leben der Kölner Homosexuellen 1945–1969, Köln o. J. [1995], S. 169–183, hier insb. S. 178 f.
6 Vgl. Schäfer, „Widernatürliche Unzucht", S. 88–90.
7 Vgl. [Richard] Gatzweiler, Gleichberechtigung der Homosexuellen? Neue Angriffe gegen den § 175 StGB, Köln-Klettenberg 1953, S. 8.
8 Dominique Fernandez, Der Raub des Ganymed. Eine Kulturgeschichte der Homosexualität, Freiburg ²1992, S. 42 und 118.
9 Luca Bani, Curzio Malaparte: Die Haut (1950/EA1949), in: Elena Agazzi/Erhard Schütz (Hrsg.), Handbuch Nachkriegskultur. Literatur, Sachbuch und Film in Deutschland (1945–1962), Berlin/Boston 2016, S. 536–540, hier insb. S. 539.

krieg zu verhindern, fügte er anerkennend hinzu, „über etwas ähnliches" werde nun auch „von Malaparte in seinem Buch ‚Die Haut' ganz eingehend und präzis im Zusammenhang mit dem letzten Weltkrieg berichtet".[10]

Malaparte hatte eine homosexuelle internationale Vernetzung skizziert, die eine – von Gatzweiler dankbar aufgegriffene – zentrale Rolle für die Spionage im Zweiten Weltkrieg gespielt habe: „Die über ganz Europa und natürlich auch in Deutschland und in der Sowjetunion verstreuten Invertierten hatten sich als sehr wertvolle Elemente für den englischen und amerikanischen Spionagedienst erwiesen, da sie von Beginn des Krieges an eine besonders heikle und gefährliche politische und militärische Tätigkeit entfalteten." Es klang nicht wie Literatur, sondern fast wie eine soziologische Studie (die freilich wenig Neues enthielt), wenn Malaparte fortfuhr: „Die Invertierten bilden bekanntlich eine Art internationaler Bruderschaft, eine geheime Gesellschaft, die von den Gesetzen einer empfänglichen und tiefen Freundschaft bestimmt wird [...]. Wenn eines Tages den Außenstehenden Einblick in die Geheimnisse dieses Krieges gegeben werden kann, wird es vielleicht möglich sein zu erfahren, wieviele [sic!] Menschenleben dank den geheimen Zärtlichkeiten der über alle Länder Europas verstreuten ‚Mignons' geschont werden konnten." Malaparte führte zum Beweis die Geschichte eines hochrangigen deutschen Offiziers namens Dollmann an, der der „eigentliche Kopf Hitlers in Rom" gewesen und „zu guter Letzt den jungen ‚Mignons' ins Netz" gegangen sei, die von der Widerstandsbewegung um ihn gruppiert worden seien. Dieser Deutsche – dessen Vorbild der real existierende SS-Führer Eugen Dollmann war – erschien in Malapartes Schilderung als „sehr schöner und ebenso grausamer Mann", den seine „unsinnige Leidenschaft" für „einen jungen Mann aus dem römischen Hochadel" zum „Verräter" habe werden lassen. Dollmann habe nämlich „ohne Wissen Hitlers und Mussolinis" in der Schweiz jene geheimen Abmachungen mit den Alliierten getroffen, welche in der Endphase des Krieges nicht nur die Industrie Norditaliens vor der Zerstörung bewahrt, sondern auch die separate Kapitulation der deutschen Truppen in Italien herbeigeführt hätten.[11]

Tatsächlich gab es im Zweiten Weltkrieg auch den einen oder anderen Spionagering, der durch homosexuelle Netzwerke funktionierte.[12] Und tatsächlich hatte der SS-Standartenführer (Oberst) und deutsch-italienische Regierungsdolmetscher Eugen Dollmann gegen Kriegsende erfolgreich die Verhandlungen über die Teilkapitulation in Norditalien mitgestaltet – allerdings nicht als homosexueller Verräter auf eigene Faust, sondern im Auftrag des dortigen SS-Oberbefehlshabers und Himmler-Vertrauten Karl Wolff, freilich ohne Wissen und gegen den mutmaßlichen Willen Hitlers und Himmlers. Im Gegenzug hatten die Alliierten Dollmann Immuni-

---

10 Blüher, Eine Kulturschande, S. 169 f.
11 Malaparte, Die Haut, S. 123 f.
12 Ein Beispiel bietet Grose, Allen Dulles – Spymaster, S. 153 f.

tät vor Strafverfolgung wegen SS-Kriegsverbrechen in Italien gewährt.[13] Auch der reale Dollmann war ein klandestiner Homosexueller.[14] Auf dieses öffentliche Geheimnis spielte offenbar 1945 der italienische Regisseur Roberto Rossellini an, der in seinem Nachkriegs-Spielfilm „Roma, città aperta" die Figur des ebenso verweichlichten wie sadistischen SS-Führers Bergmann am Vorbild Dollmanns orientiert haben soll.[15] Rossellinis SS-Führer erscheint als „stark effeminiert", als „oft homosexuell decodierte, grausam kühle, aber auch sadistisch wirkende" Figur des Bösen, der zudem durch eine gefühlskalte, androgyn-lesbisch wirkende Gestapo-Agentin ergänzt wird[16], die eine Widerstandsgruppe durch die lesbisch konnotierte Verführung einer luxusliebenden und drogenabhängigen Verräterin ausfindig macht.[17] Julia Munier stellt zu dieser „Genderperformance" fest: „Der effeminierte (homo-)sexualisierte Männerkörper, aber auch der maskulinisierte Frauenkörper" dieser NS-Täter seien gekennzeichnet „durch den Bruch mit der kohärenten Triade von ,Sex', ,Gender' und ,Desire'"; ihre sexuelle Abnormität sei das Zeichen der Barbarei.[18]

Anders als Rossellini konzentrierte sich Malaparte in seinem Nachkriegs-Roman nicht mehr auf die untergegangene Synthese von Homosexualität und Faschismus, sondern auf die angebliche neue Nachkriegs-Synthese von Homosexualität und Kommunismus. Malapartes Erzählung berichtet, wie sich „die durch das tragische Kriegsgeschehen zerschlagene Internationale der Invertierten" in der von Amerikanern und Briten im Herbst 1943 eroberten süditalienischen Metropole Neapel „wieder zusammen" gefunden habe. Nur wenige Wochen nach der „Befreiung" sei Neapel „zur Hauptstadt der europäischen Homosexualität geworden, zum wichtigsten internationalen Sammelpunkt des verbotenen Lasters, zu dem großen Sodom, wo-

---

13 Ebenda, S. 228 f., 231 f., 244 und 253, wonach auch der reale Dollmann Teil eines deutsch-italienischen Homosexuellen-Netzwerks war. Vgl. auch Kerstin von Lingen, Allen Dulles, the OSS, and Nazi War Criminals. The Dynamics of Selective Prosecution, Cambridge u. a. 2013, hier insb. S. 117 f. Zu Dollmanns Biographie: Ursula Gross-Dinter, Dolce Vita am Rande des Abgrunds. Eugen Dollmann – SS-Verbindungsoffizier, Salonlöwe und Dolmetscher der Diktatoren, in: Dörte Andres u. a. (Hrsg.), Dolmetscherinnen und Dolmetscher im Netz der Macht, Berlin 2017, S. 35–58. Außerdem die Selbstdarstellung von Eugen Dollmann, Dolmetscher der Diktatoren, Bayreuth 1963, S. 213–254.
14 Vgl. Eugen Dollmann, With Hitler and Mussolini. Memoirs of a Nazi Interpreter, New York 2017, Vorwort von David Talbot.
15 Gross-Dinter, Dolce Vita am Rande des Abgrunds, S. 38, Anm. 5; David Talbot, Das Schachbrett des Teufels. Die CIA, Allen Dulles und der Aufstieg Amerikas heimlicher Regierung, Frankfurt a. M. 2016.
16 Munier, Sexualisierte Nazis, S. 157–165 und 194 f.
17 Marcia Landy, Diverting Clichés. Femininity, Masculinity, Melodrama, and Neorealism in „Open City", in: Sidney Gottlieb (Hrsg.), Roberto Rosselini's „Rome Open City", Cambridge u. a. 2004, S. 85–105, hier insb. S. 97 f.
18 Munier, Sexualisierte Nazis, S. 226.

hin aus Paris, aus London und New York, aus Kairo, aus Rio de Janeiro, aus Rom und Venedig die Invertierten der ganzen Welt zusammenstrebten". Diese „Homosexuellen", so Malaparte wenig originell, „erkannten einander an der Witterung, am Ton der Sprache, an einem Blick". Der Autor schilderte die Angereisten als effeminierte „Blüte der europäischen Raffinesse, die Aristokratie der verbotenen Liebe, die ‚upper ten thousand' des sexuellen Snobismus" – gleichermaßen beeindruckt von den schönen Jünglingen der neapolitanischen Unterschicht wie von den breitschultrig-rosigen angelsächsischen Soldaten.[19] Gregory Woods nimmt Malapartes Roman als gut beobachtenden Seismograph dafür, dass gegen Ende des Zweiten Weltkrieges die homosexuelle „Internationale" der Intellektuellen und Künstler in der Tat eine wichtige Wandlung in Stil und Substanz erlebt habe – von der scheinbar unpolitischen Ästhetik hin zum scheinbar unkünstlerischen politischen Engagement. Die von Malaparte geschilderte Verbrüderung elitärer Homosexueller mit proletarischen Epheben habe wiederum andeuten sollen, was Malaparte nicht ausgesprochen habe – die gemeinsame Verschwörung von Komintern und „Homintern".[20]

Tatsächlich aber hatte Malaparte diese Klassenschranken sprengende Verschmelzung sehr deutlich beschrieben: „Die bisher verheimlichten Berührungspunkte zwischen dem hohen Adel der Invertierten und der proletarischen Homosexualität lagen allen Blicken schamlos offen. Eben diese Beziehungen wirkten wie eine offene Herausforderung in Sitte und Anstand, an Vorurteile, an die moralischen Gebote und Gesetze". Dieselben „vornehmen Narzissus-Jünglinge, die sich bisher als dekadente Ästheten aufgeführt hatten", als Verehrer Oscar Wildes und Marcel Prousts, von Djaghilew und Cocteau, aber auch von Protofaschisten wie Barrès oder D'Annunzio – diese Leute inszenierten sich nun „als ‚marxistische' Ästheten und predigten den Marxismus, wie sie bisher den abgegriffensten Narzißmus gepredigt hatten, entliehen die Gründe für ihren neuen Ästhetizismus bei Karl Marx, bei Lenin, bei Stalin, bei Schostakowitsch und sprachen verächtlich von bürgerlichem Sexualkonfirmismus [recte: Sexualkonformismus] als von einer Art trotzkistischer Verirrung". Sie wähnten, „im Kommunismus einen Berührungspunkt mit den Arbeiter-Epheben gefunden zu haben, eine verkappte Mittäterschaft, eine neue Bindung nicht nur sexueller, sondern moralischer und sozialer Natur". Auch die jungen Proletarier gerierten sich als Marxisten, doch ihre homosexuelle Attitüde habe alles Männliche am Kommunismus ins Effeminiert-Lächerliche verzerrt: „Es war jede Spur des starken Gefühls verschwunden, das die Arbeiterjugend treibt, den Reichtum, die Eleganz, die Vorrechte der anderen zu hassen und gleichzeitig zu verachten. An die Stelle dieses männlichen Gefühls sozialer Natur waren weiblicher Neid und weibliches Begehren getreten."[21]

---

[19] Malaparte, Die Haut, S. 76 f.
[20] Woods, Homintern, S. 184 f.
[21] Malaparte, Die Haut, S. 80 f.

Höhepunkt der Homosexuellen-Thematik wurde in Malapartes Roman die ausführliche Beschreibung einer homosexuellen Gruppenorgie, welche Züge eines mann-männlichen Hexensabbats trägt, wird das Ganze doch einer „geheimnisvollen Religion der Uranier" zugeschrieben, die vor Christi Geburt aus dem antiken Persien nach Rom gelangt sei. Die kultische Orgie endet mit dem empört-verzweifelten tätlichen Angriff eines amerikanischen Offiziers auf die Versammelten, die „mit gellendem Weibergeschrei und fistelndem Stöhnen" auseinanderstieben. Einzig der im Mittelpunkt der Kulthandlung stehende Jüngling und der Ich-Erzähler Malapartes bewundern den homophoben Angreifer – sei es als begehrenswerten „richtigen" Mann, sei es als unverdorbenen „wonderful American".[22]

Malapartes Roman war 1950 erstmals in deutscher Übersetzung erschienen[23] und wurde ungeachtet des fiktionalen Genres von Gatzweiler wie ein Beweisstück behandelt.[24] Wie einprägsam homophobe Stereotype gerade in fiktionalen Medien-Genres sein konnten, zeigte 1957 auch der Spielfilm „Anders als du und ich" des wegen seiner NS-Vergangenheit heftig umstrittenen Regisseurs Veit Harlan. Der homosexuelle Bösewicht des Films, ein elitärer Kunsthändler namens Dr. Boris Winkler, profilierte sich nicht nur als Jugendverführer, sondern trug auch „einen deutlich osteuropäisch klingenden Vornamen" und zeigte sich mit ausländischen Homosexuellen „international vernetzt".[25] Im Falle Malapartes scheinen sich erst in den 1960er Jahren kritische Stimmen gegen dessen Versuch erhoben zu haben, „aus dem Problem eine Legende zu machen, wenn er schildert, wie sich nach dem Einmarsch der Alliierten in Neapel die Invertierten der ganzen Welt zu einem Meeting" versammelten: „Er umgibt ihr Auftreten in Scharen, ihre Riten und ihre Orgien mit dem Geheimnis einer Verschwörung und nennt die Homosexuellen eine ‚Mafia der Invertierten'." Für den Schriftsteller Peter Jokostra hatte Malaparte dadurch „dem

---

22 Ebenda, S. 93 und 128–139.
23 Der Roman erzielte in der Bundesrepublik allein bis 1958 neun Auflagen. 1981 wurde das Buch mit internationaler Starbesetzung (Claudia Cardinale, Marcello Mastroianni, Burt Lancaster) von der italienischen Regisseurin Liliana Cavani verfilmt. Das Thema der Homosexuellen taucht eher abwertend auf, allerdings ohne jede Verknüpfung mit Spionage und Verrat. Die homosexuelle Kult-Szene wirkt nur noch wie eine skurrile Party und wird in ihrer Bedrohung für heterosexuelle Männlichkeitsbilder schon dadurch entschärft, dass der Protagonist nicht – wie im Buch – mit einem US-Offizier, sondern mit einer verkleideten Frau erscheint. Darauf, dass es sich bei den Teilnehmern der geschilderten neapolitanischen Zeremonie der „figliata" eher um „femminielli" im Sinne von Transgenders statt um Homosexuelle handelt, verweist Marzia Mauriello, What the Body tells us. Transgender Strategies, Beauty and Self-consciousness, in: Emma Ries (Hrsg.), Talking Bodies. Interdisciplinary Perspectives on Embodiment, Gender and Identity, Basingstoke 2017, S. 55–74, hier insb. S. 59–61 und 70, Anm. 6.
24 Malaparte wirkte in Italien in den 1950er Jahren daran mit, Nationalsozialismus und Faschismus als effeminiert-homosexuelle Phänomene zu stigmatisieren; vgl. Munier, Sexualisierte Nazis, S. 137 f.
25 Ebenda, S. 133, Anm. 247.

Phänomen einen Wert bei[ge]messen, den es in der Realität nicht besitzt". Er habe ein soziales Problem „zur Legendenbildung" übertrieben, „die das Auffinden der Wahrheit unmöglich macht und zur Bildung neuer Tabus, zur Verhärtung des Konflikts führt".[26]

Zur selben Zeit wie diese Kritik erschienen weitere homophobe Stellungnahmen des unterdessen verstorbenen Malaparte: ein Romanfragment, das Fortsetzung und Abschluss von „Die Haut" hätte werden sollen, sowie zwei Essays – einen „Brief an die Jugend Europas", der 1952 entstanden war, und eine undatierte Abhandlung über „Sexus und Freiheit". In Deutschland wurden die nachgelassenen Texte 1961 in einem Band mit dem kulturkritischen Titel „Der Zerfall" publiziert, der 1964 eine weitere Auflage erlebte. Erneut beschäftigte sich Malaparte im „Brief an die Jugend", wie schon im Roman „Die Haut", auf den er mehrfach Bezug nahm, mit dem Phänomen der angeblich starken Ausbreitung von Homosexualität im Europa des 20. Jahrhunderts und namentlich in seiner Gegenwart – und zwar als systemübergreifende Entwicklung, denn nach 1945 sei „die Homosexualität" auch „im russischen Heer fast ebenso häufig" gewesen „wie in der amerikanischen Armee". Malaparte erblickte darin – und das war neu – keine Degeneration als Folge eines umwälzenden Krieges, sondern eine uralte, in der Geschichte immer wieder aufweisbare „biologische Reaktion auf die Tyrannei der Gesellschaft, auf die Welt des modernen Staates". Allerdings sei die Ausbreitung der Homosexualität in der aktuellen Nachkriegszeit eine der stärksten Wellen dieser Art – zudem mit eindeutiger politischer Nebenwirkung, denn: „Kommunismus und Päderastie schienen ein unzertrennliches Wortpaar geworden zu sein, wie ‚Mann und Weib'."[27] In seinem Essay „Sexus und Freiheit" entfaltete Malaparte diese Gedanken. Darin unterschied er zwischen den gegen die Tyrannei des Staates oder der Gesellschaft aufbegehrenden Homosexuellen, die er als männlich-kämpferische Naturen zeichnete, und den degenerierten weibischen Homosexuellen vom Schlage Marcel Prousts, für die er nur Verachtung übrig hatte.[28] Diesen effeminiert-konservativen Homosexuellen attestierte er, überwiegend Kollaborateure der wegen ihrer Stärke bewunderten Nazis gewesen zu sein. Zugleich aber habe „eine Minderheit von Invertierten, die großenteils aus Homosexuellen bestand, die mit angelsächsischen [...] Elementen sozusagen ‚verwandt' waren, auf der Seite der Alliierten" gestanden und sich auf eine Weise zusammengefunden und organisiert, die er „in der ‚Haut' das ‚Netz der Homosexuellen' nannte".[29]

---

26 So Jokostra 1963 in seinem publizierten Tagebuch „Die Zeit hat keine Ufer", zitiert nach Italiaander, Weder Krankheit noch Verbrechen, S. 267 f.
27 Malaparte, Der Zerfall, 1961, S. 192; vgl. Meier, Emanzipation als Herausforderung, S. 184–194.
28 Malaparte, Der Zerfall, S. 205, 207 und 210.
29 Ebenda, S. 217.

Doch die Mehrheit der Homosexuellen habe auf Seiten der NS-Kollaboration gestanden, und auch in den NS-Konzentrationslagern – so Malaparte – hätten sich Homosexuelle durchweg als nicht verschwiegen genug oder gar als Denunzianten erwiesen. Daraus leitete der Schriftsteller die Verallgemeinerung ab: „Homosexualität liegt am Ursprung vieler Fälle von Verrat und Denunziation. Kürzlich erlebte man, daß sie auch der tiefste Grund vieler Überläufer aus dem atlantischen in das kommunistische Lager ist: wie im Fall der beiden englischen Diplomaten, die 1951 das Foreign Office verließen und hinter dem Eisernen Vorhang verschwanden." Auch im Falle des deutsch-jüdischen Emigranten Klaus Fuchs, der in Großbritannien als Kernphysiker am Atombombenprojekt beteiligt gewesen war und den Sowjets durch Geheimnisverrat zum Bau einer eigenen Atombombe verholfen hatte, beobachtete Malaparte „etwas Unklares, das ich nicht zögern würde, auf eine sexuelle Inversion zurückzuführen". Er wolle nicht, so betonte der Schriftsteller rhetorisch geschickt, dass man ihn für besessen von einer „fixe[n] Idee" halte, aber schon der Verräter des mittelalterlichen Roland-Liedes – Ganelon von Mainz, der die christliche Armee Karls des Großen dem muslimischen Hinterhalt ausgeliefert habe – werde in dieser klassischen Dichtung so geschildert, als gehöre er zur effeminierten Gattung der „Verräterpäderasten": „Unter allen Paladinen ist Ganelon der einzige, der in kostbare Pelze gehüllt auftritt. Ganelon ist der Höfling, wie Jago, wie Hagen." Mit diesen ergänzenden Beispielen verräterischer Schurken aus dem Shakespeare-Drama „Othello" und aus dem in Richard Wagners Operndramen zum Leben erweckten Nibelungenlied begründete Malaparte sein Urteil: „Im Typus des Höflings verbirgt sich das Weibliche, der Invertierte, der Verräter."[30] Damit schloss sich der Kreis: Die homosexuell-kommunistischen Verräter Burgess und Maclean des Jahres 1951 wurden zu zeitgemäßen Reinkarnationen des homosexuellen Höflings Eulenburg.

In der Zivilgesellschaft der frühen Bundesrepublik wurden homophobe Diskurse von Organisationen wie dem katholischen „Volkswartbund" systematisch verbreitet. Der Volkswartbund, der dem Kölner Erzbischof unterstand – mit Kardinal Josef Frings damals der langjährige Vorsitzende der katholischen Deutschen Bischofskonferenz[31] – und zugleich von der CDU-geführten Bundesregierung subventioniert wurde, vertrat das Ziel der Durchsetzung einer christlich-konservativen Sittlichkeitspolitik. Dazu gehörte der Einsatz für die Aufrechterhaltung des NS-Homosexuellenstrafrechts, das man zeitweilig sogar auf lesbische Sexualkontakte

---

30 Ebenda, S. 218 f.; zu Fuchs vgl. Robert C. Williams, Klaus Fuchs. Atom Spy, Cambridge/Mass. 2014.
31 In einer voluminösen kirchenhistorischen Biographie des Kardinals findet sich zum Volkswartbund kein Wort; vgl. Norbert Trippen, Josef Kardinal Frings (1887–1978). Band 1: Sein Wirken für das Erzbistum Köln und die Kirche in Deutschland, Paderborn u. a. ²2003. Zum Volkswartbund vgl. auch Schäfer, „Widernatürliche Unzucht", S. 88–90; Ebner, Religion im Parlament, S. 112–117.

ausweiten wollte³² – vermutlich um den Versuch liberaler Strafrechtsreformer der 1950er Jahre wie Fritz Bauer, des reformorientierten sozialdemokratischen Generalstaatsanwalts von Braunschweig und dann von Frankfurt am Main, auszubremsen, die das lediglich Männer bedrohende Homosexuellenstrafrecht durch Berufung auf die grundgesetzlich garantierte Gleichheit der Geschlechter zu kippen hofften. Im Volkswartbund hatte sich zunächst der uns schon bekannte Kölner Amtsgerichtsrat Richard Gatzweiler als Wortführer dieser homophoben Positionen profiliert. Gatzweiler begründete 1953 seine Ablehnung einer „Gleichberechtigung der Homosexuellen" mit der tiefen Abscheu davor, dass sich „das Perverse, das Scheußliche, das Verabscheuenswerte, das vom gesunden, natürlichen Menschen Abgelehnte" sich „in der Öffentlichkeit breit" machen und „für sich das gleiche Recht" einfordern könnte.³³ Zwischen 1951 und 1961 brachte Gatzweiler diverse Broschüren gegen jedwede Liberalisierung des § 175 StGB heraus, forderte strenge Strafen gegen Homosexuelle zum Schutze der männlichen Jugend und zur Eindämmung der gefährlichen „Seuche", welche in seinen Augen die „Volkssittlichkeit" zu zerrütten drohte. Bei aller Verbalradikalität – etwa in der mehrfach erhobenen Forderung, „in Deutschland mit den Homosexuellen aufzuräumen, ehe es zu spät ist" – ließen Gatzweilers spätere Stellungnahmen ab 1957 erkennen, dass der Argumentationsaufwand für repressive Positionen wuchs.³⁴

Doch Amtsgerichtsrat Gatzweiler warnte 1961 noch unverdrossen vor der Gefahr homosexueller „Clubbildung". Zwar tauchte das Spionageargument nicht mehr auf, doch sorgte sich der katholische Jurist nun um die verführungsgefährdeten „jungen Soldaten", falls man zulasse, dass „etwa in der Wehrmacht [sic!] sich homosexuelle Cliquen bilden" und „ungestraft miteinander verkehren" könnten. Das alte Feindbild der ebenso beweglichen wie klettenhaft zusammenhaltenden homosexuellen Clique wirkte unvermindert: „Wenn auch die Mitglieder wechseln, so sind doch die aktiven Homosexuellen heute hier, morgen da tätig, und sie stehen im entscheidenden Fall immer wieder zusammen. Wenn es ihnen gelingen würde, gewisse Sparten des öffentlichen Lebens zu beherrschen, so wäre das sicher ein großes Übel. Das Bestehen einer Strafbestimmung wirkt hier zweifellos als entscheidendes Hemmnis." Gruppenbildung wollte Gatzweiler den Homosexuellen nur in einer einzigen Form zugestehen – durch „freiwillige Absonderung" in Isolationszentren „in abge-

---

32 Gatzweiler, Das dritte Geschlecht, S. 31 f. Laut DNB arbeitete der 1911 geborene Gatzweiler seit 1942 als Rat am Amtsgericht Köln. Verzeichnet sind zwischen 1953 und 1961 sieben Publikationen Gatzweilers für den Volkswartbund, davon vier zum Thema Homosexualität und § 175 StGB, während die übrigen andere Themen des Jugendschutzes („Verbrecher-Comics", FKK-Zeitschriften, „Dirnen-Unwesen", Automatenverkauf) behandeln.
33 Gatzweiler, Gleichberechtigung der Homosexuellen?, S. 8.
34 Schäfer, „Widernatürliche Unzucht", S. 88–90.

legenen Gegenden", „in denen sie auf abgegrenztem Raum in völliger Freiheit, jedoch ohne direkten Kontakt mit der Außenwelt leben" sollten.[35]

Gatzweiler agierte nicht allein. Bis Mitte der 1960er Jahre war der Volkswartbund nicht nur über seinen Generalsekretär Michael Calmes, sondern über diverse juristische Experten aktiv. Während Gatzweiler beim Thema Homosexualität nach 1961 verstummte, konnte der Jurist Dr. Karl Panzer 1964 in seiner Schrift „Der Katholik und die Strafrechtsreform", die vom Volkswartbund gedruckt und verbreitet wurde, die Haltung des CDU/CSU-nahen „Katholischen Arbeitskreises" zum Strafrechtsreform-Entwurf der Bundesregierung von 1962 ausformulieren. Darin beharrte Panzer gegenüber einer kritischer werdenden Öffentlichkeit auf der Strafbarkeit einvernehmlicher Erwachsenen-Homosexualität.[36] Noch in den 1970er Jahren war dieser Jurist für den Arbeitskreis Strafrecht der katholischen Deutschen Bischofskonferenz beratend und publizistisch aktiv.[37] Ein weiterer, noch weniger als Panzer bisher wahrgenommener juristischer Aktivist des Volkswartbundes war der Bonner Landgerichtsrat Dr. Richard Sturm, der sich 1962 für diese zivilgesellschaftliche Organisation umfassend zum Sexualstrafrecht hatte vernehmen lassen.[38] Diese privaten Aktivitäten haben Sturms Aufstieg in der Strafrechtsabteilung des Bundesjustizministeriums nicht behindert[39], sondern wahrscheinlich gefördert – gehörten doch hochrangige Unionspolitiker wie CSU-Bundesjustizminister Richard Jaeger dem „Katholischen Arbeitskreis" an.[40] Sturms Publikation unterschied sich freilich im Ton beträchtlich vom früheren Verbalradikalismus Gatzweilers. Von homosexuellen Verrätern war keine Rede mehr, von bedrohlichen homosexuellen Netzwerken eigentlich nur noch beim Thema „Jugendschutz". Doch die konservativen katholischen Juristen mussten Mitte der 1960er Jahre lernen, dass sie eine Liberalisierung des § 175 StGB nicht mehr zu blockieren vermochten. Eine jüngere Generation liberal orientierter Juristen (und weniger Juristinnen) hatte sich unterdessen ebenfalls zivilgesellschaftlich zusammengeschlossen und gegen den christlich-konservativ geprägten Regierungsentwurf der Adenauer-Regierung einen ausdrücklich sogenannten „Alternativ-Entwurf" erarbeitet. Nicht zuletzt für dessen liberalen Ansatz

---

35 Richard Gatzweiler, Homosexualität und Strafrechtsreform, Köln 1961, S. 60 und 67.
36 Ebner, Religion im Parlament, S. 125, Anm. 492, in der Panzer mit dem korrekten Vornamen Karl benannt wird, während derselbe im Haupttext mehrfach als „Erwin Panzer" firmiert; vgl. auch Karl Panzer, Der Katholik und die Strafrechtsreform, Köln 1964, als Volkswartbund-Publikation.
37 Vgl. Schwangerschaftsabbruch § 218 StGB. Dokumentation, hrsg. vom Katholischen Arbeitskreis für Strafrecht beim Kommissariat der Deutschen Bischöfe in Bonn, zusammengestellt und mit einem Vorwort versehen von Karl Panzer, Köln 1972.
38 Vgl. Richard Sturm, Die Straftaten gegen die Sittlichkeit im Entwurf eines Strafgesetzbuches (E 1962), Köln 1962.
39 Zur langjährigen Tätigkeit Sturms im Bundesjustizministerium vgl. Görtemaker/Safferling, Die Akte Rosenburg, S. 366, 411, 415 und 418 f.
40 Vgl. Ebner, Religion im Parlament, S. 112, Anm. 414, wo sich im Nachlass Jaegers die Abschrift einer Abhandlung Sturms zur Strafrechtsreform von 1967 findet.

im Sexualstrafrecht und namentlich beim Homosexuellenstrafrecht erntete diese Autorengruppe breite Zustimmung – zuerst auf dem Deutschen Juristentag von 1968 und dann auch im Deutschen Bundestag.[41]

Der Psychotherapeut Hans-Joachim von Schumann berichtete 1965, wie sehr von ihm betreute Homosexuelle damals fürchteten, „der Verdacht der Hochverratsanfälligkeit und des umstürzlerischen Extremismus" drohe „zu einem Stereotyp der Meinungsbildung zu werden". Schumann verwies als Ursache für diese Ängste nicht nur auf den NS-Staat, der die These von der „staatspolitischen Gefährlichkeit" der Homosexuellen vertreten habe, sondern auch auf eine 1956 erschienene Schrift der Publizistin Margaret Boveri, in der diese Ansicht ohne jede Begründung wiederholt worden sei.[42] Die einflussreiche Schriftstellerin Boveri hatte sich tatsächlich in ihrer in den 1950er Jahre weitverbreiteten vierbändigen Taschenbuch-Publikation über „Verrat im 20. Jahrhundert" überzeugt gezeigt, dass die „Heimatlosen" und die „Familienlosen" zu den wichtigsten Bewohnern der sogenannten „Verrats-Landschaft" zählten. Unter der Kapitel-Überschrift „Der doppelzüngige und der gespaltene Mensch" machte Boveri klar: „Zu den Heimatlosen gehören auf ihre besondere Weise auch die Homosexuellen, die im Verrat deshalb eine große Rolle spielen, weil sie nach der heutigen Strafordnung außerhalb des Gesetzes leben und daher ständig der Gefahr der Erpressung ausgesetzt sind."[43] Die spätere Kritik des Psychiaters von Schumann hielt Boveri nicht davon ab, im Jahre 1969 den Hamburger Publizisten Rolf Italiaander, der eine Anthologie zugunsten der Reform des Homosexuellenstrafrechts zusammenstellte, aus eigenem Antrieb „darauf aufmerksam" zu machen, „daß sie die Frage der Homophilen in ihrem Buch ‚Der Verrat im 20. Jahrhundert' [...] kurz gestreift habe".[44] Italiaander druckte Boveris Diagnose über den durch Kriminalisierung und Erpressung begründeten engen Zusammenhang von Homosexualität und Verrat daraufhin 1969 kommentarlos erneut ab.

Dieser „Zusammenhang zwischen Kriminalität, Asozialität und Homosexualität" interessierte auch den prominenten westdeutschen Soziologen Helmut Schelsky in seiner ab 1955 weit verbreiteten „Soziologie der Sexualität". In diesen Zusammenhang ordnete Schelsky die provokative homosexuelle Röhm-Clique der „nationalsozialistischen Kampfzeit" ein, doch vor allem vertrat er die These, dass der kriminellasoziale Kontext das Abgleiten in Verrat begünstige. Schelsky vermutete, dass nicht

---

41 Vgl. Michael Schwartz, „Warum machen Sie sich für die Homos stark?" Homosexualität und Medienöffentlichkeit in der Reformzeit der 1960er und 1970er Jahre, in: Jahrbuch Sexualitäten 2016, hrsg. im Auftrag der Initiative Queer Nations e. V. von Maria Borowski u. a., Göttingen 2016, S. 51–93, hier insb. S. 59–66.
42 Hans-Joachim von Schumann, Homosexualität und Selbstmord. Ätiologische und psychotherapeutische Betrachtungen, Hamburg 1965, S. 88 f.
43 Margret Boveri, Der Verrat im 20. Jahrhundert. Band I: Für oder gegen die Nation. Das sichtbare Geschehen, Hamburg 1958, S. 35, auch Anm. 1.
44 Zitiert nach Italiaander, Weder Krankheit noch Verbrechen, S. 239.

so sehr Homosexuelle zusätzlich auch kriminell würden, sondern umgekehrt ohnehin kriminelle Naturen aufgrund ihrer Gewöhnung an ein Leben jenseits der Norm auch noch sexuell abnorm würden. Vor diesem Hintergrund war für Schelsky fraglich, ob die Homosexualität den Verrat bewirkte oder umgekehrt: „Es wird berichtet, daß im letzten Kriege sich die gegenseitige Spionage vor allem der Homosexuellen und ihrer Beziehungen bedient habe; zweifellos liegt im geheimen Wissen um die homosexuelle Veranlagung oder Betätigung eines sozial angesehenen Menschen ein gewichtiges Erpressungsinstrument, das als Zwang zum Verrat benutzt werden kann, aber es ist zu fragen, ob nicht auch umgekehrt die moralisch und kriegsrechtlich vogelfreie Lage des gewerblichen Agenten ihrerseits zu solchem Verhalten prädisponiert."[45] Den konstatierten *engen Zusammenhang von Verrat und Homosexualität* stellte dieser führende Wissenschaftler der frühen Bundesrepublik jedenfalls nicht in Frage.

In diese aufgeladene Atmosphäre des Kalten Krieges platzte 1954 der spektakuläre Fall des ersten Präsidenten des Bundesamtes für Verfassungsschutz Otto John. Dieser war am 20. Juli 1954 – angeblich freiwillig, wie er auf Pressekonferenzen in Ost-Berlin erklärte, nach seiner Ende 1955 erfolgten Flucht zurück nach Westdeutschland jedoch stets dementierte – von West-Berlin aus in den Ostsektor der Stadt gelangt. John galt seither in der Bundesrepublik als Landesverräter, als der er Ende 1956 vom Bundesgerichtshof auch verurteilt wurde. Bis heute herrscht über die Hintergründe seines Verschwindens und Wiederauftauchens Unklarheit.[46] Johns Verschwinden und seine Auftritte in der DDR-Öffentlichkeit markierten einen „der größten Skandale in der frühen Geschichte der Bundesrepublik" und sollen nach dem Urteil neuester Forschungen die Stellung des Bundesamtes für Verfassungsschutz innerhalb der westdeutschen Sicherheitsarchitektur nachhaltig geschwächt haben. Selbst die Bundesregierung unter dem christdemokratischen Kanzler Konrad Adenauer soll „für einen Moment schwer erschüttert" worden sein.[47] Nach Einschätzung des stellvertretenden Vorsitzenden der SPD-Bundestagsfraktion Wilhelm Mellies hat „der Fall John" 1954 „die *größte Vertrauenskrise seit dem Jahre 1945* im gesamten deutschen Volk hervorgerufen" und das Ansehen der politisch-administrativen Führungseliten der jungen Bundesrepublik schwer erschüttert.[48] Offenbar spielte für die Skandalisierung keine Rolle, dass Kanzler Adenauer im August 1954 auf einer Vorstandssitzung der CDU/CSU-Bundestagsfraktion „den Übertritt *Johns*

---

45 Schelsky, Soziologie der Sexualität, S. 81 f.
46 Buchheit, Die anonyme Macht, S. 149; Thomas Ramge, Die großen Polit-Skandale. Eine andere Geschichte der Bundesrepublik, Frankfurt a. M./New York 2003, S. 26–45.
47 Thomas Wolf, Die Entstehung des BND. Aufbau, Finanzierung, Kontrolle, Berlin 2018, S. 203 und 316 f.
48 2. Deutscher Bundestag, 42. Sitzung vom 16.9.1954, S. 1944.

als [zwar] ärgerlich, aber nicht tragisch" bezeichnet hatte, da John „kein Geheimnisträger im engeren Sinne gewesen sei".[49]

Ein schwerer Schlag war der Skandal um John für das Ansehen des früheren Widerstands gegen Hitler und auch des deutschen Exils – denn beiden Gruppierungen hatte John angehört. Die vielen ehemaligen Nazis in Westdeutschland bekämen nun starken Auftrieb, so der britische Journalist Sefton Delmer am 24. Juli 1954 im „Daily Express", denn sie könnten Briten und Amerikaner höhnisch darauf hinweisen: „Look at your July 20 heroes. They betrayed Germany to you, now they are betraying it to the Russians. Get them out. Remove them from their last jobs."[50] Auf einer Sitzung der CDU/CSU-Bundestagsfraktion beklagte Bundestagspräsident Hermann Ehlers, es mache ihn sehr unglücklich, „daß nun die alten Nazis glaubten, ihre Zeit sei gekommen", denn es dürfe „nicht um ein Scherbengericht über die Leute vom 20. Juli" gehen. Dafür erhielt er Beifall, aber ein anderer Unionsabgeordneter kolportierte daraufhin ungerührt abenteuerliche Mutmaßungen, wonach John 1944 „die Leute vom 20. Juli zuerst verraten und sich erst dann abgesetzt" haben sollte. Während sich Außenminister Heinrich von Brentano scharf von „gewisse[n] Ratten" wie dem ehemaligen Gestapo-Chef Rudolf Diels distanzierte, der den Fall John zu einer Broschüre genutzt hatte, in der er die Widerstandskämpfer gegen Hitler kollektiv verunglimpfte, unterstützte der aufstrebende CSU-Politiker Franz Josef Strauß einen anderen Parlamentarier darin, dass man „einen scharfen Unterschied machen solle zwischen Dr. John und den Männern und Frauen des 20. Juli, die ihren Widerstand mit dem Leben bezahlt hätten".[51] Wer die Mitglieder des Widerstands vom 20. Juli 1944 weiterhin ehren wollte, musste den mutmaßlichen Landesverräter John nachträglich aus dieser Gruppe ausgrenzen, obwohl er ihr angehört hatte.

Der BND-Historiker Thomas Wolf rechnet Otto John „aufgrund seiner Biografie zu den umstrittensten Persönlichkeiten in der oberen Verwaltungshierarchie der frühen Bundesrepublik".[52] John hatte als Angehöriger des Widerstands gegen Hitler nach dem Scheitern des Attentats- und Putschversuchs vom 20. Juli 1944 aus Deutschland fliehen können und dann auf Seiten der Briten gegen das NS-Regime gearbeitet – bis Kriegsende für einen propagandistischen Soldatensender, übrigens unter Leitung des mit Deutschland gut vertrauten Sefton Delmer. Für das 1951 mit viel NS-Personal wiederbegründete Auswärtige Amt der Bundesrepublik war eine solche Vergangenheit ein klarer Fall von „Landesverrat", weshalb man Johns Nachkriegs-Bewerbung um eine Diplomatenkarriere trotz Fürsprache des Bundespräsidenten Theodor Heuss (FDP) unberücksichtigt ließ. Zusätzlich verübelt wurde John,

---

49 Die CDU/CSU-Fraktion im Deutschen Bundestag 1953–1957, Teilband 1: 1953–1955, bearb. v. Helge Heidemeyer (Quellen zur Geschichte des Parlamentarismus und der politischen Parteien. Vierte Reihe: Deutschland seit 1945. Band 11/II), Düsseldorf 2003, S. 242.
50 Zitiert nach Bayer, „How dead is Hitler?", S. 220.
51 Die CDU/CSU-Fraktion im Deutschen Bundestag 1953–1957, Teilbd. 1, S. 268 f., 275 und 317.
52 Wolf, Die Entstehung des BND, S. 317.

dass er es gewagt hatte, 1948 in alliierten Kriegsverbrecherprozessen – sei es gegen hochrangige Diplomaten des früheren Reichsaußenministeriums, sei es gegen den ehemaligen Generalfeldmarschall Erich von Manstein – als Belastungszeuge aufzutreten. Nicht besser erging es dem früheren deutschen Diplomaten Wolfgang Gans Edler Herr zu Putlitz, der tatsächlich für die Briten spioniert hatte, bevor er 1939 zu ihnen übergelaufen war, und dem man eine Wiedereinstellung nicht nur mit Hinweis auf seine als Verrat betrachtete Vergangenheit, sondern auch auf die ihm angelastete homosexuelle Orientierung verwehrte. Putlitz blieb britischer Staatsbürger, bevor er 1952 – in einer Mischung aus Heimweh, Frustration und politischer Neuorientierung – nach Ost-Berlin ging. Als brisant erwies sich später, dass Putlitz von dort aus auch den befreundeten Otto John zum Wechsel in die DDR zu überreden versuchte.[53] Sefton Delmer, der John seit 1944 und Putlitz schon seit 1933 kannte, berichtete diesbezüglich, dass John diese Avancen als überzeugter Antikommunist kategorisch abgelehnt habe.[54] Doch nicht jeder war angesichts der Ereignisse des Jahres 1954 bereit, dies zu glauben.

John hatte unter den NS-Funktionseliten im Bundesamt für Verfassungsschutz als dessen Präsident „von vornherein als Fremdkörper" gegolten, „als ein Parvenü, als Hoch- und Landesverräter, wenn nicht als britischer Agent", was eine „massive Abwehrhaltung" in der eigenen Behörde erzeugte. Auch viele in der Regierungspartei CDU/CSU, darunter der Fraktionsvorsitzende und spätere Bundesaußenminister Heinrich von Brentano sowie die einflussreichen Abgeordneten Johannes Kunze und Franz Josef Strauß, waren deutlich gegen John eingestellt, den sie als Exponenten einer auswärtigen Macht betrachteten.[55] John wiederum gehörte zu jenen Deutschen, die an der nationalen Einheit festhalten und die Gesprächsfäden mit Ost-Berlin nicht abreißen lassen wollten. Der Historiker Klaus-Dietmar Henke sieht denn auch das mutmaßliche Motiv für Johns Übertritt in die DDR in einem politisch naiven Idealismus, um für Wiedervereinigung und gegen Krieg zu wirken. Doch sei John durch die SED-Führung, die ihn schlicht instrumentalisierte, rasch desillusioniert worden.[56] Der Publizist Jörg Friedrich hingegen hat 1994 aufgrund von Aussagen von KGB-Überläufern nach dem Ende des Kalten Krieges festgestellt, dass Johns Version einer Entführung offensichtlich der Wahrheit entsprochen habe. Im Übrigen habe sich der Geheimdienstchef auch bei seinem Verhalten in der DDR nach den westdeutschen Verhaltensregeln für solche Notfälle gerichtet – nämlich begrenzt zu

---

53 Eckart Conze u. a., „Das Amt und die Vergangenheit. Deutsche Diplomaten im Dritten Reich und in der Bundesrepublik, München ²2010, S. 547–550; zu Heuss vgl. Ramge, Die großen Polit-Skandale, S. 32 f.
54 Delmer, Die Deutschen und ich, S. 181 f. und 696–698; vgl. auch Bayer, „How dead is Hitler?", S. 138, 198 und 220.
55 Klaus-Dietmar Henke, Geheime Dienste. Die politische Inlandsspionage der Organisation Gehlen 1946–1953, Berlin 2018, S. 439 und 441.
56 Ebenda, S. 454.

kooperieren und zugleich die eigene Flucht vorzubereiten. Die Bundesregierung, so Friedrich, habe den Fall intern zunächst demgemäß beurteilt, sei dann aber vom „gesunden Volksempfinden" unter Druck gesetzt worden und habe am Ende jenes Volksempfinden „mit wachsendem Behagen" selbst artikuliert: „Die Wut auf den ‚Vaterlandsverräter' gärte längst vor der passenden Gelegenheit, sie auszuleben."[57]

Neben seiner gesamtdeutschen Grundhaltung war John als Vertreter des Widerstands zunehmend enttäuscht von der Wiedereinstellung früherer Nationalsozialisten in den öffentlichen Dienst der Bundesrepublik. Schließlich sah sich der Spitzenbeamte im Juni 1954 auch noch von seinem Dienstherrn, Bundesinnenminister Gerhard Schröder (CDU), öffentlich desavouiert, als dieser erklärte, man werde mit der bevorstehenden Wiedererlangung der deutschen Souveränität (1955) bald schon die Möglichkeit haben, „Persönlichkeiten mit Verfassungsschutzaufgaben zu betrauen, die wirklich über allen Zweifel erhaben sind". Damit wurde angedeutet, dass man John für einen Verfassungsschützer im Auftrag der Besatzungsmächte hielt, der der Bundesregierung mehr oder weniger aufgenötigt worden sei. Von vielen ehemaligen Nationalsozialisten sah sich John zu diesem Zeitpunkt längst angefeindet – als Handlanger der Alliierten und Verräter am eigenen Land.[58]

Zu Johns geschworenen Feinden zählte laut Sefton Delmer Generalmajor Reinhard Gehlen[59], einst Leiter der Abteilung „Fremde Heere Ost" im Heeres-Generalstab Hitlers und nun Chef jener nach ihm benannten Organisation für Auslandsspionage, aus der 1956 der Bundesnachrichtendienst hervorgehen sollte. Für Gehlen war John im Geheimdienstsektor der frühen Bundesrepublik „ein scharfer Konkurrent".[60] Schon früh hat der spätere BND-Chef den Verfassungsschutzpräsidenten mit Unterstellungen und Verleumdungen zu beschädigen und zu verdrängen versucht, wenn auch zunächst mit eher kontraproduktiver Wirkung. Doch bis zuletzt hat Gehlen – etwa in einem Interview mit dem Münchner Institut für Zeitgeschichte im Jahre 1972 – „eisern bestritten", jemals irgendetwas gegen John unternommen zu haben. Das, was Gehlen im Interview dann doch über John äußerte, war beredt genug: „Er war Alkoholiker, redete viel, auch über vertrauliche Sachen".[61] Dies waren exakt einige jener Medisancen, die Gehlen bereits in den 1950er Jahren gestreut hatte.

Der persönliche Konflikt war nicht nur im Antagonismus zweier Geheimdienste begründet, sondern auch in den unterschiedlichen Vergangenheiten der beiden Geheimdienstchefs. Der „Manstein-Verehrer Gehlen" konnte John dessen harte Haltung gegen von den Alliierten angeklagte deutsche Militärs ebenso wenig verzeihen

---

57 Friedrich, Die Affäre John, S. 29 f.
58 Rolf-Dieter Müller, Reinhard Gehlen. Geheimdienstchef im Hintergrund der Bonner Republik. Die Biographie, 2 Bde., Berlin 2017, hier insb. Bd. 1, S. 356.
59 Delmer, Die Deutschen und ich, S. 695 und 708–712.
60 Müller, Reinhard Gehlen, Bd. 1, S. 356.
61 Henke, Geheime Dienste, S. 450 und 457.

wie viele andere Ex-Generäle der Wehrmacht, die Johns Ernennung zum Verfassungsschutz-Präsidenten 1950/51 deshalb bei der Bundesregierung heftig, wenn auch vergeblich bekämpft hatten.[62] Wie neueste Forschungen zeigen, versuchte Gehlen von Anfang an, seinem Widersacher „durch Gerüchte und üble Nachrede" zu schaden. Innerhalb seines eigenen Geheimdienstes – des späteren BND – brandmarkte Gehlen John 1951 nicht nur als britischen Agenten, der schon vor Kriegsende zum Feind übergelaufen sei (was „anständige Deutsche" wie Gehlen erst nach Kriegsende getan hatten), sondern auch als mutmaßlichen aktuellen „Landesverräter". Der Bonner CIA-Repräsentant James Critchfield beschrieb die Kontrahenten 1952 als absolut gegensätzliche Charaktere: Gehlen erschien „als kalt, gewaltsam, berechnend, völlig absorbiert von seinen beruflichen Ambitionen, untalentiert und desinteressiert in kulturellen Belangen, förmlich und völlig ohne Wärme der Persönlichkeit". Dem Amerikaner missfiel auch, dass Gehlen bei Besprechungen keinen Alkohol konsumierte: „Dr. John hingegen repräsentiere alles, was Gehlen nicht sei. Er besitze alle Talente und den persönlichen Charme, an dem es Gehlen mangele. Dagegen fehlten John der Antrieb und die vollständige persönliche Hingabe, über die Gehlen verfüge. Dafür sei John von beiden der Mann mit der größeren Moralität. Dort wo Gehlen einfach, entschlossen und unkompliziert sei, sei John ein hochkomplizierter Mann, unentschlossen und kein Gegner für Gehlen".[63] Die CIA unterstützte den späteren BND-Präsidenten im Konkurrenzkonflikt der jungen westdeutschen Sicherheitsdienste.[64]

Am 20. Juli 1954 hatte erstmals in West-Berlin an jenem Ort, wo Graf Stauffenberg und andere Verschwörer gegen Hitler 1944 erschossen worden waren, eine offizielle Gedenkfeier für diese Widerstandskämpfer stattgefunden. Auch Otto John war zu diesem symbolträchtigen Anlass angereist. Bundespräsident Heuss hielt die Gedenkrede und stiftete damit eine bis heute lebendige Tradition. Just am Abend nach dieser wichtigen erinnerungspolitischen Veranstaltung verschwand der oberste Verfassungsschützer der Bundesrepublik plötzlich nach Ost-Berlin – sei es freiwillig, sei es durch Entführung. „Einmal Verräter, immer Verräter", kommentierte Gehlen triumphierend.[65] Dieser hatte seinen Konkurrenten stets für einen britischen Agenten und generell für einen „unsicheren Kantonisten" gehalten, der womöglich von den Sowjets gesteuert wurde.[66] Johns spektakulärer Über- und Abgang hat Thomas Wolf zufolge den Aufstieg Gehlens freilich nicht automatisch befördert – sondern

---

62 Hermann Zolling/Heinz Höhne, Pullach intern. General Gehlen und die Geschichte des Bundesnachrichtendienstes, Hamburg 1971, S. 233–235.
63 Müller, Reinhard Gehlen, Bd. 2, S. 732, 739 und 758 f.
64 Henke, Geheime Dienste, S. 453.
65 Bernd Stöver, Der Kalte Krieg. Geschichte eines radikalen Zeitalters 1947–1991, München 2007, S. 236; ebenso Zolling/Höhne, Pullach intern, S. 244.
66 Wolf, Die Entstehung des BND, S. 318.

zunächst sogar abgestoppt, da auch Gehlen in den Augen vieler deutscher Entscheidungsträger als abhängig von einer westlichen Siegermacht galt.[67]

Interne Dossiers der Organisation Gehlen listeten im Juli 1954 gleichwohl unverdrossen alle möglichen Mutmaßungen gegen John auf: Dieser sei vermutlich im Zweiten Weltkrieg Mitglied der 1941/42 von der Gestapo enttarnten kommunistischen Spionage-Organisation „Rote Kapelle" gewesen. Außerdem wurde seine langjährige Freundschaft mit dem Ex-Diplomaten Wolfgang zu Putlitz vermerkt, der während seiner Tätigkeit an der deutschen Botschaft in London „1934 [...] in einem Homosexuellen-Club aufgegriffen und vom britischen Geheimdienst angeworben worden" sei.[68] Der deutsch-amerikanische Journalist Joachim Joesten – einstiger Mitarbeiter der „Weltbühne" Ossietzkys und früherer Kommunist, der 1937 aus Hitler-Deutschland emigriert war – behauptete 1964, dass Gehlen auf dem Höhepunkt seines Konkurrenzkampfes mit John ein Geheimdossier habe anfertigen lassen, worin John „als Landesverräter, Sowjetfreund, Trunkenbold und – wenigstens andeutungsweise – Homosexueller abgestempelt" worden sei. Joesten wollte wissen, dass Gehlen diese Akte Mitte Juli 1954 dem Bundeskanzler vorgelegt habe, woraufhin Adenauer „entsetzt" erklärt habe, er wolle „diesen Kerl" – gemeint war John – nie wieder zu Gesicht bekommen. Joesten glaubte, dass dieser von Gehlen geführte „geheimdienstliche ‚Dolchstoß in den Rücken'" den frustrierten John zum Übertritt nach Ost-Berlin veranlasst habe: „Wenn diese Zusammenhänge auch nie in Deutschland klar herausgestellt worden sind, so sind sie doch in einschlägigen Kreisen wohlbekannt."[69]

Klaus-Dietmar Henke hat in seiner Studie über die Inlandsspionage der Organisation Gehlen deren Kampf gegen Otto John als „Brandmarkung eines Unbequemen" bezeichnet. Damit meinte Henke primär die Stigmatisierung aus ausländischer Agent und damit als Landesverräter[70], nicht aber Johns zusätzliche Diffamierung als Homosexueller. Tatsächlich geschah beides, was bislang lediglich der Publizist Jörg Friedrich in einer kleinen Skizze zum John-Skandal bemerkt zu haben scheint. Denn unmittelbar nachdem John am 23. Juli 1944 im DDR-Rundfunk sein plötzliches Verschwinden aus West- nach Ost-Berlin als „entschlossenen Schritt" dargestellt hatte, um „die Deutschen zum Einsatz für die Wiedervereinigung aufzurufen", fiel die westdeutsche Presseöffentlichkeit nicht nur über den „Judas Otto John" her, der bereits seit 1944 mit dem britischen „Secret Service" in Verbindung stehe, welcher wiederum – siehe die Überläufer Burgess und Maclean – vom KGB unterwandert sei: „Geheimdienstkreise alarmierten Redakteure, daß Johns Wechsel [nach Ost-Berlin] Massenverhaftungen auf ostdeutschem Boden bewirkt

---

67 Ebenda, S. 318 und 320.
68 Müller, Reinhard Gehlen, Bd. 2, S. 855 f.
69 Joesten, Im Dienste des Mißtrauens, S. 175.
70 Henke, Geheime Dienste, S. 437.

habe. Alles aufgeflogen, sämtliche Geheimnisse des Westens gelüftet! Als die Bundesregierung dementierte, weil John gar keine Geheimnisse gewußt habe, prallte sie auf kalten Hohn." Doch zugleich konnte eine entsetzte westdeutsche Öffentlichkeit unversehens lesen, dass der von John geleitete Inlandsgeheimdienst unter „der Führung eines ganz und gar zweifelhaften Charakters" gestanden habe, „dem Trunk, Homosexualität und Spionage angelastet wurden".[71] Dieser Mann war demnach nicht nur ein Verräter, sondern ein *homosexueller Verräter*.

War es ein Zufall, dass im Sommer 1954 in westdeutschen Medien der Vorwurf der Homosexualität gegen den verheirateten, aber kinderlosen Otto John erhoben wurde? Das Hamburger Nachrichtenmagazin „Der Spiegel" setzte die Behauptung in die Welt, just mit jenem befreundeten (deutlich heterosexuellen) West-Berliner Chirurgen, mit dem er zuletzt von West-Berlin aus in den kommunistischen Ostsektor gefahren sei, sei John zuvor häufig „durch Berliner Homosexuellenlokale" gezogen. „Immer häufiger" habe der „labile Mann mit dem unglückseligen Hang" auch „Zuflucht zum Alkohol" genommen.[72] „Der Spiegel" behauptete ferner – ähnlich wie die internen Dossiers Gehlens –, John habe schon vor seiner im Juli 1944 erfolgten Flucht aus Hitler-Deutschland für den britischen Geheimdienst spioniert, und nach 1950 hätten seine „anhaltende[n] intime[n] Beziehungen" zu dem „schürzenjagenden Arzt" aus West-Berlin und „dem adligen Sowjetagenten Wolfgang von Putlitz" Verdacht in Geheimdienstkreisen erregt. Damit wurden Insinuationen Gehlens konkretisiert, wonach sich ein ominöser „roter Faden" durch Johns Leben verfolgen ließ.[73] War hier die Neigung zum Verrat gemeint, die angebliche Homosexualität, oder beides? Gehlen hatte zu diesem Zeitpunkt intensive Kontakte zur „Spiegel"-Redaktion geknüpft und sollte im September 1954 eine höchst wohlwollende Titelgeschichte („Des Kanzlers lieber General") mit dem Ausblick auf höhere Weihen ernten.[74] Viel spricht dafür, dass dieselbe Redaktion im Gegenzug von Gehlen mit belastenden Mutmaßungen über John versorgt worden ist.[75]

---

71 Friedrich, Die Affäre John, S. 22 f.
72 Otto John: Sie nannten ihn Bumerang, in: Der Spiegel 31/54 vom 28.7.1954, S. 5–10, hier insb. S. 6 und 9.
73 Otto John: Der rote Lebens-Faden, in: Der Spiegel 33/54 vom 11.8.1954, S. 8–10, hier insb. S. 8.
74 Vgl. Müller, Reinhard Gehlen, Bd. 2, S. 860–864. Noch im Vorfeld der die Bundesrepublik 1962 erschütternden „Spiegel-Affäre" um einen angeblich auf Geheimmaterial aus dem Verteidigungsministerium basierenden Artikel des Redakteurs Conrad Ahlers nutzte dieser „den guten Draht, über den [sein Kollege] Hans Detlev Becker seit seiner Gehlen-Titelgeschichte aus dem Jahr 1954 zum BND verfügte", um die Rechtmäßigkeit der Veröffentlichung beim BND vorab klären zu lassen; vgl. Peter Merseburger, Rudolf Augstein. Biographie, München 2007, S. 251.
75 Quellenmaterial zu diesem Juli-Artikel des „Spiegels" finden sich in dessen Pressearchiv jedoch nicht oder nicht mehr; vgl. Manfred Herzer, Schwule Widerstandskämpfer gegen den Nationalsozialismus. Neue Studien: Wolfgang Cordan, Wilfrid Israel, Theodor Haubach, Otto John, in: Burkhard Jellonnek/Rüdiger Lautmann (Hrsg.), Nationalsozialistischer Terror gegen Homosexuelle. Verdrängt und ungesühnt, Paderborn u. a. 2002, S. 127–146, hier insb. S. 144.

Trotz eklatanten Mangels an Beweisen im „Spiegel"-Artikel verebbte die öffentliche Anwendung des homophoben Stereotyps nicht vollständig. Statt auf John selbst konzentrierte sich das Outing fortan aber primär auf den früheren John-Freund und DDR-Übersiedler Wolfgang zu Putlitz, bei dem derartige Unterstellungen auf sichererem Grunde zu fußen schienen. Der britische Publizist Chapman Pincher hat 1987 den „tapferen jungen deutschen Diplomaten", der Putlitz in den 1930er Jahren gewesen sei, im Irrgarten der deutschen Adelshierarchien zwar fälschlich zum Baron ernannt, sich ansonsten aber um nüchterne Faktenrekonstruktion verdient gemacht. Demnach hatte der junge deutsche Diplomat, der sich als „anti-Nazi patriot" bekannte, im diplomatischen Dienst des Nazireiches als „agent-in-place" für den britischen Geheimdienst MI6 gearbeitet. Putlitz, der zwischen 1934 und 1938 an der deutschen Botschaft in London tätig war, habe sich aus eigenem Antrieb dem hochrangigen britischen Diplomaten Sir Robert Vansittart als Agent angeboten. Unter anderem habe er wichtige Details des deutschen Luftwaffen-Rüstungsprogramms übermittelt, was Winston Churchill in die Lage versetzt habe, im Unterhaus faktengestützt auf britische Nachrüstung zu drängen. Nach 1938 habe Putlitz auch an seinem neuen Dienstort in den Niederlanden für den britischen Geheimdienst gearbeitet. Als er schließlich in Verdacht geraten sei, sei er übergelaufen, habe aber gegenüber dem MI6 darauf bestanden, dass er von seinem Diener und homosexuellen Partner „Willy" nach Großbritannien begleitet werden dürfe. Letztlich glaubte Pincher, dass die Motive des für Großbritannien nützlichen homosexuellen Verräters weniger antinazistisch denn prosowjetisch gewesen seien. Das schloss der Schriftsteller aus der Tatsache, dass Putlitz nach dem Zweiten Weltkrieg, obwohl er doch einen britischen Pass für seine geleisteten Dienste erhalten habe, nach Ostdeutschland übergelaufen sei. Pincher mutmaßte, dass Putlitz durch seine Freunde Anthony Blunt und Guy Burgess – deren homosexuelle Neigungen ihm zweifellos bekannt gewesen seien – in Großbritannien für die kommunistische Sache gewonnen worden und deshalb 1952 ein Bürger der DDR geworden sei.[76]

Im Unterschied zu dieser späteren Rekonstruktion des Geschehens berichtete „Der Spiegel" im August 1954, dass Putlitz als „Ribbentrop-Diplomat" aufgrund „seiner homosexuellen Veranlagung [...] von den Engländern erpreßt worden" sei. Nach seiner Desertion nach London 1939 sei es diesem homosexuellen Verräter gelungen, britischer Staatsbürger zu werden, doch später „desertierte Putlitz dann ein zweites Mal, diesmal nach Ostberlin, und wurde sowjetzonaler Agent".[77] Die Neigung homosexueller Verräter zum fortwährenden Verrat – bzw. zum Desertieren, also zur todesstrafenwürdigen Fahnenflucht – schien unkontrollierbar zu sein.

---

76 Pincher, Traitors, S. 27 und 109 f. Dass möglicherweise auch Heimatverbundenheit ein Grund für den Wechsel hätte sein können, wurde nicht erwogen, obschon Putlitz aus einem uradligen märkischen Geschlecht stammte, das jahrhundertelang in Brandenburg ansässig war.
77 Otto John – Sie nannten ihn Bumerang, S. 9.

Auch der ehemalige preußische Gestapochef Rudolf Diels, der John die Zusammenarbeit mit den Briten verübelte, aber anders als „Der Spiegel" nie den expliziten Vorwurf der Homosexualität gegen den bisherigen Verfassungsschutz-Präsidenten erhob, konnte es sich nicht versagen, den John-Freund Putlitz als „merkwürdige Mischung aus dekadenter aristokratischer Hochzucht, gefühlsmäßiger Überempfindsamkeit, von deutschem Patriotismus und slawischer Verschwärmtheit" zu charakterisieren.[78] Eine solche Beschreibung reichte seit den Zeiten Hardens, um jemanden als ungeeignet für politisch sensible Bereiche abzustempeln.[79]

Der „Spiegel"-Artikel vom Juli 1954 hatte eine homosexuelle Orientierung Otto Johns zwar insinuiert, aber nicht bewiesen. Dennoch blieb die Unterstellung nicht wirkungslos. Im August 1954 ergänzte ein Leserbriefschreiber, was das Hamburger Magazin nur „zart" angedeutet habe, was aber von anderen Medien „offen" ausgesprochen worden sei, durch den Hinweis auf den 1951 zu den Sowjets übergelaufenen britischen Diplomaten Guy Burgess und dessen „Verbindungen mit homosexuellen Kreisen". John – Putlitz – Burgess: „All diese Nachrichten deuten klar darauf hin, daß die Russen versuchen, die wichtigen Männer des Westens, die diese unglückliche Veranlagung in sich tragen, in die Hand zu bekommen".[80] Gatzweilers homophobe Verrats-Visionen fielen sichtlich auf fruchtbaren Boden[81], auch wenn der Fall John unvorhergesehene Nebenwirkungen zeitigte. Denn im September 1954 meldete „Der Spiegel", angesichts der Frage, „ob im Falle Otto John Homosexualität eine Rolle spiele", und infolge prinzipieller „Erörterungen darüber, dass politische und landesverräterische Erpressungsversuche vorwiegend an homosexuell Belasteten begangen" würden, sei „von Abgeordneten des Bundestages die Frage wieder aufgegriffen worden, ob eine Abänderung oder Aufhebung des § 175 StGB empfehlenswert sei". Befürworter einer Entkriminalisierung argumentierten mit neuesten Erfahrungen in Schweden, wonach dort „nach Aufhebung der Strafbestimmungen die Erpressungsversuche an Homosexuellen erheblich zurückgingen". Doch letztlich wagte damals keine der im Bundestag vertretenen Parteien, eine Liberalisierung des Homosexuellenstrafrechts herbeizuführen.[82]

---

78 Rudolf Diels, Der Fall John. Hintergründe und Lehren, Göttingen ³1954, S. 14.
79 Putlitz selbst hat sich zu seiner sexuellen Orientierung öffentlich nie geäußert, berichtete aber in einer DDR-Publikation über ein langjähriges Zusammenleben mit einem „beste[n] und treueste[n] Freund" aus der Unterschicht; vgl. Gans Edler Herr zu Putlitz, Laaske, London und Haiti, S. 182–188. In den 1980er Jahren behauptete ein ehemaliger Mitarbeiter der deutschen Abwehr, seinerzeit die Umstände des 1939er Seitenwechsels von Putlitz und seines Dieners nach London und deren homosexuelle Beziehung aufgeklärt zu haben; vgl. Michael Graf Saltikow, Im Zentrum der Abwehr. Meine Jahre bei Admiral Canaris, Gütersloh 1986, S. 15 f., 43 f., 49 f. und 123 f.
80 Leserbrief H. B., in: Der Spiegel 34/54 vom 18.8.1954, S. 34.
81 Herzer, Schwule Widerstandskämpfer, S. 144, hielt daher meines Erachtens zu Unrecht seine ursprüngliche Vermutung für unbegründet, „dass damals im Fall John die Homosexualität als Propagandamittel im Kalten Krieg erprobt werden sollte".
82 Zitiert nach Herzer, Schwule Widerstandskämpfer, S. 145.

Noch sehr viel später sollte 1968 „Der Spiegel" die 1954 gezogene Leserbrief-Parallele zwischen John, Putlitz und Burgess zu einer homosexuellen Beziehungsgeschichte verdichten. Es wurde behauptet, dass der damalige NS-Diplomat Putlitz in den 1930er Jahren vom Homosexuellen Burgess persönlich „für den britischen Geheimdienst angeworben" worden sei. Die reißerische Schlussfolgerung – „danach wußte Englands Regierung, was die Wilhelmstraße dachte" – übertrieb die Bedeutung des Übergelaufenen.[83] Von Putlitz zeichnete „Der Spiegel" erst in einem Nekrolog im Jahre 1975 ein halbwegs angemessenes Bild, indem darauf hingewiesen wurde, dass vielen westdeutschen Medien dessen reale „Anti-Hitler-Tätigkeit" für die Briten nach 1945 lange nicht ausgereicht habe, weshalb „der märkische Edelmann" als „ganz gesinnungsloser Agent" verzeichnet worden sei, „der mal für die Tschechen und Briten, mal für die Russen und Amerikaner spioniert habe". Der Homosexualitäts-Vorwurf gegen Putlitz tauchte in diesem „Spiegel"-Artikel überhaupt nicht mehr auf.[84] Seit 1969 hatte sich das Hamburger Magazin zum Wortführer der Homosexuellen-Emanzipation gewandelt.[85]

Was John selbst betrifft, so tauchte die Unterstellung homosexueller Neigungen nur im allerersten Artikel des „Spiegel" zum John-Skandal auf und kehrte in späteren Berichten nicht wieder.[86] Sie wurde damit – bezogen auf John selbst – zu keinem dauerhaften diskursiven Element der Skandalisierung; andererseits aber war sie trotzdem keine unwirksame Diffamierungsstrategie. Kurzfristige Breitenwirkung in der bundesrepublikanischen Öffentlichkeit erzielte der Homosexualitätsvorwurf gegen John selbst vor allem im Sommer 1954, als es – sowohl im Bundestag als auch in der Presse – um die größtmögliche Diskreditierung des vermeintlichen Überläufers ging. Als der britische Journalist Sefton Delmer den ihm seit langem gut bekannten Otto John in der britischen und deutschen Öffentlichkeit zu verteidigen wagte, kannte der Hass keine Grenzen. Delmer wurde von der Zeitung „Christ und Welt" am 19. August 1954 als „Star-Reporter" vorgestellt, der einen fragwürdigen „Weg vom Nazigünstling zum Deutschenhasser" hinter sich habe. Unmittelbar darauf attackierte der katholisch-konservative Oberstadtdirektor von Düsseldorf, Dr. Walther Hensel, in der Bundesrepublik doppelt beglaubigt durch einstige NSDAP-Mitgliedschaft und durch zeitweilige NS-Verfolgung, aufgrund derer er als Vorsit-

---

83 Suche nach dem dritten Mann. Der Fall Burgess – Maclean durchkreuzt Philbys Doppelspiel, in: Der Spiegel 5/68 vom 29.1.1968, S. 112–116, hier insb. S. 112. Putlitz hatte in London, wo er Mitte der 1930er Jahre vom britischen Geheimdienst angeworben wurde, die Konsularabteilung der deutschen Botschaft geleitet und war zu Kriegsbeginn 1939 – kurz bevor er nach London flüchtete – als Gesandschaftsrat zweithöchster Diplomat in den Niederlanden; vgl. „DDR: Letzter Junker", in: Der Spiegel 39/75 vom 22.9.1975, S. 37–38, hier insb. S. 37.
84 „DDR: Letzter Junker", S. 37. Es fehlte nicht der Hinweis, dass sich auch die einflussreiche Publizistin Marion Gräfin Dönhoff „angewidert" über den „Landesverräter" geäußert habe.
85 Vgl. Schwartz, „Warum machen Sie sich für die Homos stark?", S. 69–72.
86 Herzer, Schwule Widerstandskämpfer, S. 143 f.

zender des „Bundes der Verfolgten des Naziregimes" fungierte, am 26. August 1954 Delmer in einem „Offenen Brief" auf das Heftigste. Daraufhin feierte in den Folgetagen ein breiter Querschnitt der deutschen Presselandschaft – von der „Frankfurter Neuen Presse" über „Die Welt" und die „Rheinpfalz" bis zum „Flensburger Tageblatt", der Regensburger „Deutschen Tagespost" und dem West-Berliner „Telegraf" – diese klare „Antwort an Sefton Delmer" als „kalte Dusche" oder demütigende „Abfuhr". Der prominente Kommunalpolitiker Hensel, der eine Zeit lang auch als Vizepräsident des Deutschen Städtetages amtierte, hatte sich vehement gegen Delmers Diagnose einer Renazifizierung der Bundesrepublik gewandt und Delmers Kronzeugen Otto John für absolut unglaubwürdig erklärt: „Sie halten also einen Mann, dessen Urteilskraft durch pathologische Komplexe verfault, der an homosexuelle Kreise gebunden ist, der schon in seiner Jugend ein Luderleben ohnegleichen geführt hat, der schließlich zu einem Verräter an der Sache des Westens wurde, für einen hinreichend zuverlässigen Zeugen für ihre von Haß gegen Deutschland triefenden, jeder Objektivität [...] baren Berichte?"[87]

Zu diesem Zeitpunkt griff der vom „Spiegel" – wahrscheinlich mit Hilfe Gehlens und seiner „Organisation", die beste Beziehungen zum Hamburger Magazin pflegten[88] – im Juli entfachte homophobe Mediendiskurs auf den Bundestag über. Auf der Unions-Fraktionssitzung vom 24. August 1954 bezichtigte der CDU-Abgeordnete Paul Leverkuehn den mutmaßlichen Überläufer Otto John nicht nur der Herabsetzung des einstigen Widerstandsführers Carl Goerdeler, der nach vom NS-Regime hingerichtet worden war, sondern auch des Alkoholismus. Umgekehrt musste Leverkuehn sich vor der Fraktion wegen in der DDR-Presse erhobener Vorwürfe Otto Johns rechtfertigen, er sei „ein ausgesprochener Nazi", der ein „Erinnerungsbuch" für die beim Hitler-Putsch von 1923 umgekommene NS-Größe Max Erwin von Scheubner-Richter verfasst und noch in jüngster Zeit Kontakt zu einem „französischen Neofaschisten" gehabt habe. Zumindest Leverkuehns NS-Gedenkbuch gab es wirklich. Der unter Rechtfertigungsdruck stehende Abgeordnete brachte das Thema der angeblichen Homosexualität Johns in die Fraktionsdebatte ein, indem er nach kryptischen Andeutungen über die „Rote Kapelle" forderte: „Auch sollte man die Unregelmäßigkeiten des Geschlechtslebens viel ernster nehmen. Man wisse doch schließlich, daß diese Menschen über alle Grenzen hinweg zusammenhielten." Zwar wies der Berliner CDU-Abgeordnete Ferdinand Friedensburg umgehend darauf hin, dass Bundesinnenminister Schröder mit Blick auf John bereits dargelegt habe, „daß über seine homosexuelle Veranlagung nichts bekannt geworden sei", doch

---

87 Bayer, „How dead is Hitler?", S. 230 f., auch Anm. 290, und 237.
88 Vgl. Henke, Geheime Dienste, S. 528 f. Demnach pflegte Hans-Heinrich Worgitzky, ein ehemaliger Generalstabsoberst der Wehrmacht, Mitarbeiter der „Org" Gehlens und späterer Vizepräsident des BND, enge Kontakte zum „Spiegel"-Redakteur Horst Mahnke, mit dem er sich ebenso duzte wie mit „Spiegel"-Chef „Rudi" Augstein, der 1953 „einiges Nette" über Gehlen verlauten ließ.

der Bochumer Abgeordnete Franzjosef Müser unterstützte Leverkuehn mit der Behauptung, wenn man John gründlich überprüft hätte, „dann hätte man erfahren können, daß er schon 1934 mit seiner Familie [...] im Verdacht der Homosexualität gestanden" habe; das hätte reichen müssen, „diesen Mann überhaupt nicht einzustellen". Bundestagsvizepräsident Richard Jaeger (CSU), ein späterer Bundesjustizminister, ächtete John daraufhin als „Charakterlump". Zwar erklärte Innenminister Schröder, er sei zwar darüber informiert worden, dass sowohl Otto John als auch dessen 1944 vom NS-Regime hingerichteter Bruder „immer etwas unter dieser Annahme" der „Homosexualität" gestanden hätten, selbst „im innersten Kreis des 20. Juli", doch „bis jetzt seien diese Dinge unbelegt geblieben". Das hinderte den CDU-Abgeordneten und späteren Bundeskanzler Kurt Georg Kiesinger nicht, auf der folgenden Fraktionssitzung am 15. September 1954 ein Sündenregister Johns zu entfalten, das den Vorwurf der Homosexualität erneut beinhaltete. Da es dafür keine Beweise gab, zitierte Kiesinger geschickt nur Gerüchte: „Es hieß, er sei Emigrant. [...] Dann hieß es, *Dr. John* sei sogar Mitglied des englischen Geheimdienstes gewesen. Dann [...] habe man erfahren, daß dieser Mann in Nürnberg der Staatsanwaltschaft, also der Anklage der Besatzungsmächte, Hilfe geleistet habe. Dann habe es geheißen, er sei ein Trunkenbold und Homosexueller. [...] Jeder habe verfolgen können, wie stark die Erschütterung in der Bevölkerung gewesen sei."[89]

Einen Tag später erklärte der Bundesinnenminister in der Plenarsitzung des Bundestages aufs Neue wahrheitsgemäß, „für die in der Presse nach dem Übertritt Johns wiederholt aufgetauchte Behauptung einer homosexuellen Betätigung Johns" hätten sich „keine Verdachtsgründe ergeben".[90] Es war kein Redner der Oppositionsparteien, die aus anderen Gründen am „Verräter" John kein gutes Haar ließen[91], sondern wiederum Kurt Georg Kiesinger, der schon die Ernennung des früheren Widerstandskämpfers zum Verfassungsschutzpräsidenten bekämpft hatte[92] und nun als Sprecher der CDU/CSU-Fraktion bedenkenlos sämtliche Vorwürfe gegen John in scheinbarer Neutralität wiederholte. Geschickt kolportierte Kiesinger die Debatten der Medienöffentlichkeit, in denen John vorgeworfen worden sei, „nicht nur ein Emigrant" zu sein, sondern auch jemand, der – „ob das nun stimmte oder nicht, die Meldung wurde verbreitet" – im Zweiten Weltkrieg für den britischen Geheimdienst gearbeitet habe; der ein Helfershelfer der alliierten Entnazifizierungspolitik gewesen und „in gewissen Prozessen [...] als Zeuge der alliierten Anklagebehörde gegen die deutschen Angeklagten aufgetreten sei"; und von dem es heiße, „dieser Herr sei

---

89 Die CDU/CSU-Fraktion im Deutschen Bundestag 1953–1957, Teilband 1, S. 259–263, 267, 269, 274 und 310; vgl. auch Paul Leverkuehn, Posten auf ewiger Wache. Aus dem abenteuerlichen Leben des Max Erwin von Scheubner-Richter, Essen 1938.
90 2. Deutscher Bundestag, 42. Sitzung vom 16.9.1954, S. 1957.
91 Vgl. Friedrich, Die Affäre John, S. 28.
92 Philipp Gassert, Kurt Georg Kiesinger 1904–1988. Kanzler zwischen den Zeiten, München 2006, S. 236.

überdies ein Trunkenbold und ein Homosexueller und im ganzen [sic!] eine ungemein zweifelhafte und problematische Persönlichkeit". Aus dieser Melange von Fakten, Halbwahrheiten und Gerüchten zog Kiesinger den Schluss, es sei „mehr als selbstverständlich", dass sich die schockierte Bevölkerung die Frage stelle: „Wie war es überhaupt möglich, daß eine solche Persönlichkeit in die Leitung eines so hohen Amtes gelangte?"[93]

Auch Johns früherer Geheimdienst-Mentor Sefton Delmer sah sich 1954 – ebenso wie John – „der Perversion bezichtigt", nachdem er es gewagt hatte, in der westdeutschen Öffentlichkeit entlastende Argumente zugunsten Johns vorzubringen. Delmer resümierte 1963: „In den Tagen des Dritten Reichs, erzählte man, hätte ich mit dem Stabschef der SA Ernst Röhm an homosexuellen Orgien teilgenommen." Hinzu trat die Behauptung, John und Delmer seien „beide Mitglieder des berühmten kommunistischen Spionagenetzes, der sogenannten ‚Roten Kapelle', gewesen".[94] In der Unionsfraktion war Delmer im Sommer 1954 als journalistischer Kritiker des Wiederaufstiegs zahlreicher ehemaliger Nationalsozialisten in Politik und Verwaltung geradezu verhasst: Der CDU-Abgeordnete Müser berichtete, „von allen Leuten würde man gefragt", weshalb sich Delmer „immer noch im Lande herum[treiben]" dürfe. Und der CSU-Politiker Franz Josef Strauß, kurz vor seiner ersten Berufung zum Bundesminister, vertrat die „Ansicht, daß [...] die heimtückischen Angriffe eines *Sefton Delmer*, daß bei uns die Nazis fröhliche Urständ feierten, entschieden zurückgewiesen werden müssten".[95]

1962 war das Magazin „Der Spiegel" erneut an Mythenbildung über Verrat und Homosexualität beteiligt – just zur selben Zeit, als es sich durch seine Konfrontation mit dem damaligen Bundesverteidigungsminister Franz Josef Strauß über einen vermeintlichen „Abgrund von Landesverrat" durch Veröffentlichung geheimen Regierungsmaterials aus medialer Gewinnsucht (Bundeskanzler Adenauer) den Nimbus als regierungskritisches „Sturmgeschütz der Demokratie" (Rudolf Augstein) erwarb.[96] Hinsichtlich jenes britischen Journalisten jedoch, der in der Endphase des Zweiten Weltkrieges nicht nur Otto John und Wolfgang zu Putlitz, sondern auch andere NS-Gegner – vom späteren DDR-Propagandisten Karl Eduard von Schnitzler[97]

---

93 2. Deutscher Bundestag, 42. Sitzung vom 16.9.1954, S. 1960: vgl. auch den Hinweis auf die subtil diffamierende Kiesinger-Rede bei Conze u.a, „Das Amt und die Vergangenheit", S. 551.
94 Delmer, Die Deutschen und ich, S. 699; dabei bestritt Delmer nicht, gemeinsam mit Röhm – zu dem er vor 1933 journalistischen Kontakt hatte und von dem er auch Hitler vorgestellt worden war – auf Einladung hin gelegentlich Berliner Szenelokale besucht zu haben; vgl. ebenda, S. 111 und 123 f.
95 Die CDU/CSU-Fraktion im Deutschen Bundestag 1953–1957, Teilband 1, S. 263 und 317, Fraktionssitzung vom 24.8.1954.
96 Zum Verdikt Bundeskanzler Adenauers aus der Bundestagsdebatte 1962 vgl. David Schoenbaum, Ein Abgrund von Landesverrat. Die Affäre um den „Spiegel", Wien 1968, Neudruck Berlin 2002, S. 117; zum Selbstlob des „Spiegel"-Chefs vgl. Rudolf Augstein an die Leser, in: Der Spiegel Nr. 3/1963 vom 16.1.1963, zitiert nach http://www.spiegel.de/spiegel/print/d-45141914.html (2.1.2019).

bis zu künftigen Bundestagsabgeordneten – für den britischen Geheimdienst rekrutiert hatte, glaubte das „Sturmgeschütz" des „Spiegel" im Oktober 1962 berichten zu müssen, Delmer sei Hitler durch SA-Stabschef Röhm vorgestellt worden, „mit dem er durch Berlins Homosexuellen-Kneipen zog".[98] Das Faktum wurde bekanntlich von Delmer nie bestritten. Nur: Was wollte man den Lesern damit sagen? Dass auch Delmer „so einer" war?

John selbst, der nach seiner 1955 erfolgten fluchtartigen Rückkehr nach Westdeutschland 1956 zu seiner Überraschung wegen Landesverrats zu vier Jahren Zuchthaus verurteilt, aber 1958 von Bundespräsident Heuss begnadigt worden war[99], hat in späteren Verteidigungsschriften den im Skandaljahr 1954 gegen ihn erhobenen Vorwurf der Homosexualität nie berührt. Erst gegen Ende seines Lebens hat er 1996 auf Anfrage erklärt, niemals homosexuell gewesen zu sein.[100] John führte allerdings 1969 seine behauptete Entführung nach Ost-Berlin auf eine Verwicklung seiner Widerstandsbiographie mit den homosexuellen Cambridge Five zurück, insbesondere mit dem KGB-Agenten im britischen Geheimdienst Kim Philby.[101] Sefton Delmer hatte schon 1963 den DDR-Überläufer Putlitz mit der Behauptung wiedergegeben, er – Putlitz – sei „vielleicht der indirekte Anlaß dazu" gewesen, „daß Guy Burgess zu uns [i. e. zu den Kommunisten] gekommen ist".[102] Die vom „Spiegel" 1954 lancierten Homosexualitäts-Unterstellungen gegen John suchte Delmer in seinen auch auf Deutsch publizierten Erinnerungen durch die Schilderung seiner ersten Begegnung mit John 1944 zu entkräften. Darin wurde der aus Hitler-Deutschland geflohene Widerstandskämpfer vorteilhaft von einem ebenfalls für die Briten arbeitenden deutschen Diplomaten abgehoben, über dessen Bekleidungsvorliebe für „lange seidene Strümpfe" sich Delmer mokierte, um dann erleichtert anzufügen,

---

97 In Schnitzlers Memoiren taucht Delmer 1944 als „permanenter Gegenspieler" und als „Feind" auf, dessen „‚schwarze Propaganda' [„‚] verlogen, spekulativ, antideutsch statt antifaschistisch" gewesen sei. Nach dem Hauptkriegsverbrecherprozess in Nürnberg 1946 habe der „Agentenwerber Sefton Delmer" versucht, kommunistisch gesonnene Journalisten wie den späteren Chef der DDR-Auslandsspionage „Mischa Wolf" oder ihn selbst „unbedingt mit dem freigesprochenen Goebbels-Journalisten Fritzsche bekannt" zu machen, worauf man „dankend" verzichtet habe; vgl. Karl-Eduard von Schnitzler, Meine Schlösser oder Wie ich mein Vaterland fand, Berlin [Ost] 1989, S. 129 und 179.
98 Sefton Delmer: Der Chef vom Dienst, in: Der Spiegel 44/62 vom 31.10.1962, S. 41–49, hier insb. S. 42 und 49.
99 Bayer, „How dead is Hitler?", S. 243–248. Generalbundesanwalt Max Güde bezeichnete John im Prozeß als „Schwächling", als zerbrochenen Mann und als bürgerlich Toten; vgl. Friedrich, Die Affäre John, S. 29.
100 Vgl. Herzer, Schwule Widerstandskämpfer, S. 145; auch im BGH-Urteil wurde der Vorwurf der Homosexualität als „unbewiesen" und „falsch" bewertet; vgl. Klaus Schaefer, Der Prozess gegen Otto John. Zugleich ein Beitrag zur Justizgeschichte der frühen Bundesrepublik Deutschland, Marburg 2009, S. 91–93 und 264.
101 Otto John, Zweimal kam ich heim. Vom Verschwörer zum Schützer der Verfassung, Düsseldorf/Wien 1969, S. 352–356.
102 Delmer, Die Deutschen und ich, S. 698, mit Skepsis zum Wahrheitsgehalt dieser Äußerung.

Otto John habe glücklicherweise nicht zu den Menschen „mit exotischen Geschmacksrichtungen" gezählt.[103] Trotzdem wucherten Unterstellungen, in denen Johns Umfeld als partiell homosexuelles Netzwerk gezeichnet wurde, bis in die 1970er Jahre hinein.[104]

Als der westdeutsche Regierungschef 1962 Augsteins Magazin öffentlich vorwarf, „systematisch, um Geld zu verdienen, Landesverrat getrieben" zu haben, kehrte eine kritische Teilöffentlichkeit diese schwere Anklage ironisch gegen deren Urheber: Kölner Journalisten zeigten Bundeskanzler Adenauer, Bundesverteidigungsminister Strauß und Bundesinnenminister Hermann Höcherl „wegen Landesverrats an, weil diese das Ansehen der Bundesrepublik geschädigt und den Rechtsstaat gefährdet hätten".[105] Auch die alte These vom engen Zusammenhang zwischen Homosexualität und Verrat fand damals in der westdeutschen Öffentlichkeit Widerspruch. In der freilich auf intellektuelle Kreise beschränkten Zeitschrift „Merkur" wurde im Oktober 1963 ein fiktives „Streitgespräch" über den „zweifelhaften Strafrechtsparagraphen" 175 publiziert, das viele homophobe Stereotype berührte – bezeichnenderweise beginnend mit dem Verratsvorwurf. Der Autor ließ einen hochgestellten älteren Juristen unter Bezugnahme auf bekannte homosexuelle Verratsfälle – von Oberst Redl bis zum 1962 verhafteten Briten Vassall – die Überzeugung vertreten, Homosexuelle seien „häufig der Gefahr der Verführung [...], stets aber der Erpressung ausgesetzt, zu schweigen davon, daß sie auch als Charaktere meistens labil oder indiskret oder gar neurotisch seien und daß man sich nur in Ausnahmefällen auf ihre Loyalität verlassen könne". Im arrangierten „Merkur"-Streitgespräch waren es bürgerliche *Frauen*, die der Unterstellung des Juristen, wonach ein Homosexueller „mit Sicherheit ein Sicherheitsrisiko" sei, mit Hinweisen auf den heterosexuellen Profumo-Skandal widersprachen: „Nach dem Prozeß des englischen Marinespions Vassall schien die englische Presse überzeugt zu sein, die nationale Sicherheit sei gewährleistet, wenn künftig sich alle Homosexuellen von verantwortlichen Posten fernhalten ließen; und für das Foreign Office gilt heute bereits ein Junggeselle als a priori verdächtig. – Nach dem Profumo-Skandal, der immerhin gewisse politische Implikationen hatte, schrieb ein Witzbold von Leser an eine große englische Sonntagszeitung, man sähe doch nun, daß normal-heterosexuelle Männer nicht mehr Minister werden dürften: weil sie für die Reize von Callgirls nicht unempfänglich seien."[106] Auch hier wurde Ironie genutzt, um ein festgefügtes Stereotyp in Frage zu stellen. Zwei Jahrzehnte später sollte die Vorstandssprecherin der Grünen, die Bundestagsabgeordnete Petra Kelly, angesichts des Skandals um

---

103 Ebenda, S. 588.
104 Vgl. Hans Frederik, Das Ende einer Legende. Die abenteuerlichen Erlebnisse des Towarischtsch Alexander Busch, München 1971.
105 Schoenbaum, Ein Abgrund an Landesverrat, S. 117 und 174.
106 Bratt, Über einen zweifelhaften Sittlichkeitsparagraphen, S. 941 und 944.

den als angebliches homosexuelles „Sicherheitsrisiko" entlassenen Bundeswehr-General Günter Kießling an diesen Vassall-Profumo-Vergleich anknüpfen, um die ungleiche und folglich ungerechte Reaktion auf homosexuelle und heterosexuelle Erpressbarkeit anzuprangern.[107]

Tatsächlich hatte der Vassall-Skandal um einen verführten und dann erpressten Geheimnisträger an der britischen Botschaft in Moskau nach Bekanntwerden der Homosexualität des Verräters in Großbritannien „ein mediales Kesseltreiben" ausgelöst, so die Historikerin Ute Daniel, „als die Londoner Journalisten im Marineministerium [...] nach hochrangigen Bettgenossen des Spions zu suchen begannen, die womöglich eine schützende Hand über ihn gehalten hatten". Die Verurteilung Vassalls im Herbst 1962 erzeugte nur geringes Presseecho, weil sie von der zeitgleich eskalierenden Kuba-Krise zwischen den Atommächten USA und UdSSR vollkommen in den Schatten gestellt wurde. Dennoch hatte die britische Presse die Homosexualität des Verräters gezielt thematisiert – nach Einschätzung Daniels vor allem, weil die sexuelle Orientierung des Spions „Spielraum für Andeutungen möglicher Beziehungen Vassalls mit höhergestellten Angehörigen der Administration" bot, „die ihn geschützt und befördert haben könnten". Tatsächlich schien der unbeanstandete luxuriöse Lebensstil des Agenten (der seiner Gehaltsstufe ebenso wenig entsprach wie einst jener des Obersten Redl) „erklärungsbedürftig", war er doch bei Sicherheitsüberprüfungen ebenso wenig aufgefallen wie Vassalls Homosexualität. Nicht einmal gezielte Hinweise von Mitarbeitern der britischen Botschaft in Moskau hatten in der Londoner Zentrale Beachtung gefunden. Als die Presse Privatbriefe veröffentlichte, die Vassall mit seinem damaligen Vorgesetzten in der Admiralty gewechselt hatte und daran den Verdacht einer homoerotischen Beziehung knüpfte, wurde dieser Ex-Vorgesetzte – der zum Unterstaatssekretär eines anderen Ressorts aufgestiegene Thomas Galbraith – vom konservativen Premier Harold Macmillan zum Rücktritt genötigt. Die politische Karriere von Galbraith war dauerhaft zerstört, obwohl es sich um ganz unverfängliche freundschaftliche Briefinhalte gehandelt hatte.[108] Auch der Erste Lord der Admiralität (Marineminister) Lord Carrington befand sich durch die Pressekampagne zeitweilig in Absturzgefahr.[109]

Die Regierung reagierte, sobald sie sich gefangen hatte, mit massiver Einschüchterung der Presse. Ein gerichtliches Tribunal zum Fall Vassall wurde einberufen, bei dem es wesentlich um die Offenlegung der geheimen Informanten ging,

---

[107] Petra Kelly, Homosexuelle sind Opfer dieser Affäre, in: Abendzeitung (München) vom 16.2.1984.
[108] Ute Daniel, Beziehungsgeschichten. Politik und Medien im 20. Jahrhundert, Hamburg 2018, S. 205 f. und 212–215.
[109] John Ramsden, The Winds of Change. Macmillan to Heath, 1957–1975, London/New York 1996, S. 183 f. Nachdem die Substanzlosigkeit der Vorwürfe erwiesen war, konnte Carrington vom Premier nur mit Mühe davon abgehalten werden, die Zeitung „Daily Express" wegen Verleumdung zu verklagen.

auf welche sich die Skandalpresse berufen hatte. Am Ende wurden zwei Journalisten, welche die Preisgabe ihrer (womöglich gar nicht existierenden) „Whistleblower" verweigerten, zu Haftstrafen verurteilt. Für unser Thema ist bedeutsam, das vor dem Tribunal – das laut Macmillan „eine Flut von Denunziationen und Gerüchten im Stil des amerikanischen McCarthyismus" verhindern sollte, laut Labour-Opposition solchem McCarthyismus hingegen Tür und Tor öffnete – die Homosexualität des Verräters eine zentrale Rolle spielte: „Es war bereits durch die Auswahl der vorgeladenen Journalisten sichergestellt, dass die Presseberichterstattung über Vassalls sexuelle Orientierung und seinen relativ aufwendigen Lebensstil im Mittelpunkt des Tribunals stehen würden." Im Verfahren wurden primär Journalisten verhört, die zum Thema Homosexualität berichtet hatten, und das Ergebnis war ein Desaster für die Glaubwürdigkeit der Presse: „Gerüchte und vage Assoziationen waren als Tatsachen ausgegeben, Interviews teilweise erfunden worden; und für viele Tatsachenbehauptungen waren Quellen nicht beizubringen. Ein Journalist verweigerte die Offenlegung jener Informanten, auf deren angebliche Hinweise hin er in Artikeln auf ‚Förderer Vassalls in der höheren Administration' des Foreign Office oder der Admiralität angespielt hatte, ‚die den Spion durch die Sicherheitsüberprüfungen geschleust hätten'. Die Presse-Legende vom homosexuellen Eliten-Netzwerk brach krachend zusammen. Zugleich hatte die Regierung diese ‚intensive Thematisierung der Homosexualität' genutzt, ‚um von tatsächlichem Sicherheitsversagen abzulenken'".[110]

Wenig später eskalierte 1963 der Skandal um den britischen Kriegsminister John Profumo, der eine sexuelle Beziehung zu einer Tänzerin unterhielt, welcher eine gleichzeitige Beziehung zum sowjetischen Marineattaché in London nachgewiesen werden konnte. Das Ganze endete mit dem Rücktritt des Spitzenpolitikers, wurde jedoch laut Ute Daniel im Unterschied zum Vassall-Skandal zunächst gar „kein Presseskandal", weil die Presse von der Regierung durch das Vassall-Tribunal massiv eingeschüchtert war. Freilich entschied sich Premier Macmillan, der sein Regierungsmitglied Galbraith im Vassall-Skandal voreilig geopfert hatte und diesen Schritt offenkundig bereute, seinen wankenden Kriegsminister umso treuer im Amt zu halten – womit er einen Fehler auf den anderen häufte. Denn nachdem klar wurde, dass Profumo hinsichtlich seiner außerehelichen Beziehung das Parlament belogen hatte, wurde dieser Sexualskandal doch noch „zu einem internationalen Medienereignis".[111] Dabei nahm die britische Presse, wie ein deutscher Beobachter notierte, „Rache dafür, daß Profumo sie mit Hilfe der Pressegesetze so lange am Reden gehindert hatte". Die Zeitungen begannen „zu schwelgen, und selbst konservative Blätter ergingen sich in beißenden und eiskalten Artikeln". Alles, was über die Beteiligten berichtet werden konnte, war von öffentlichem Interesse, und eine Serie

---

110 Daniel, Beziehungsgeschichten, S. 218–220.
111 Ebenda, S. 31 und 215; Ramsden, The Winds of Change, S. 184 f.

von Gerichtsverfahren erwies sich als „erstklassiger Unterhaltungsstoff". Bei alledem, so Christian Schütze im Rückblick von 1967, habe sich die britische Öffentlichkeit jedoch vor der unzulässigen Verallgemeinerung gehütet, Profumo als „Produkt eines morschen Systems" zu betrachten. Der gestrauchelte Minister sei als individuell Verantwortlicher dargestellt worden; der Schaden „wurde ernst genommen, doch er ließ sich reparieren".[112] Eben dies war der gravierende Unterschied zwischen diesem heterosexuellen Skandal und seinen homosexuellen Pendants, die fast immer noch verallgemeinert wurden zu Beweisen für die generelle *Gefährlichkeit* und *Verratsanfälligkeit* von Homosexuellen und homosexuellen Seilschaften.

Doch dieses Stereotyp stieß in den 1960er Jahren immer öfter auf Widerspruch. Der deutsche Geheimdienst-Historiker Gert Buchheit zitierte 1969 den britischen Schriftsteller John Le Carré, der in seinem Erfolgsroman „Der Spion, der aus der Kälte kam" Spione generell als „eine schmutzige Prozession von hohlen Narren und Verrätern" bezeichnet habe: „Ja, auch von Schwulen, Sadisten und Trinkern, von Leuten, die Räuber und Gendarm spielen, um ihrem erbärmlichen Leben etwas Reiz zu geben." Buchheit, ein bekannter Apologet des BND und seines Präsidenten Gehlen, widersprach dieser Sicht des früheren britischen Geheimdienstmitarbeiters: „Gewiß gibt es unter den Agenten unter anderem auch Homosexuelle und Hohlköpfe. Wo gäbe es sie nicht? Aber objektiv betrachtet, sind Geheimagenten weder seelenlose Figuren noch leidenschaftslose Akteure; sie rekrutieren sich vielmehr aus allen Berufen, aus allen Ständen, und die Motive, die sie zur Ausübung des Spionagehandwerks bewegen, sind so mannigfaltig, wie Motive überhaupt sein können." Damit wandte sich Buchheit auch gegen die vorherrschende Sichtweise der westdeutschen Medien: „Wir sollten daher endlich mit den phrasenhaften Übertreibungen Schluß machen, die in Spionageromanen und Fernsehsendungen gang und gäbe sind."[113]

Bereits 1957 hatte sich der Kriminalsoziologe Herbert Jäger mit der Frage befasst, ob homosexuelle Gruppen- oder Cliquenbildung tatsächlich eine Gefahr für den Staat darstelle, die eine Aufrechterhaltung des § 175 StGB rechtfertige. Jäger verneinte dies entschieden. Unter Berufung auf neueste ausländische Studien betonte er, die Vorstellung von den „Homophilen" als „eine Art international organisierter, geheimer Genossenschaft" sei wirklichkeitsfremd und lediglich der Phantasie ängstlicher Menschen entsprossen. Zwar gebe es homosexuelle Verbindungen und „Interessengemeinschaften", die auch „gewisse Einflüsse auf Verwaltung und Institutionen" gewinnen könnten, doch insgesamt handle es sich bei den Homosexuellen um eine „soziologisch, kulturell und ideologisch heterogene ‚Gruppe'", deren „Zusammenschluß" wesentlich durch das Bedürfnis befördert werde, „in einer feindlichen Welt nicht allein zu stehen". Jäger fand es bedeutsam, „daß in anderen Ländern, in

---

112 Schütze, Die Kunst des Skandals, S. 119 und 138.
113 Buchheit, Die anonyme Macht, S. 139 f.

denen die einfache Homosexualität straffrei ist, solche Cliquenbildungen offenbar nicht oder doch nicht in gleichem Maße wie bei uns zu bemerken" seien.[114] 1959 stellten Jäger und der Jurist Karl Siegfried Bader in einer Studie ausdrücklich fest, „daß kein begründeter Anlaß bestände, über den Einzelfall hinausreichende Zusammenhänge zwischen Verrat und Homosexualität zu erblicken".[115]

Doch solche kritischen Tropfen höhlten den Stein nur langsam. Noch Mitte der 1960er Jahre konnte sich der Mainzer Kriminologe Armand Mergen über den konservativen Regierungsentwurf zur Strafrechtsreform von 1962 empören, der kryptisch von interessierten Kreisen spreche, die an der Entkriminalisierung von Homosexualität interessiert seien, ohne diese konkret zu benennen. Mergen nahm heftig Anstoß an einer Bemerkung des Senatspräsidenten beim Bundesgerichtshof Paulheinz Baldus über angebliche „Drahtzieher" der Liberalisierung, womit offenkundig „Gruppen von Homosexuellen" gemeint seien, und konterte: „Da drängt sich nun doch die Frage auf, ob der Homosexuelle, der keinen Schaden anrichtet und kein Rechtsgut verletzt, in Deutschland unwidersprochen zum Gegenstand öffentlicher und offizieller Anprangerungen gemacht werden kann, ob man ihm die Würde absprechen will. Hat man vor, eine Minderheit der Verachtung und der Verfolgung zu überantworten?"[116]

Auch der DDR-Sexualwissenschaftler Rudolf Klimmer, der sein Plädoyer für Entkriminalisierung der Homosexualität freilich nur in der Bundesrepublik publizieren lassen konnte, attackierte darin 1958 und erneut 1965 die „immer wieder" auftauchende „Behauptung der Hochverratsanfälligkeit und des umstürzlerischen Extremismus der Homosexuellen" als „‚Stereotyp' der Meinungsbildung". Klimmer zitierte 1965 die scharfe Kritik des Erlanger Historikers Hans-Joachim Schoeps am Strafrechtsreformentwurf der Bundesregierung von 1962. Schoeps hatte „die durch die Kommissionsdiskussionen und die Begründungen des Entwurfs immer wieder durchschimmernde Vorstellung von äußerlich unsichtbaren Gruppenbildungen der Homosexuellen im öffentlichen Leben" attackiert, da diese „geradezu fatal an Ludendorffs ‚Geheime Mächte' oder an Rosenberg-Hitlers ‚Weise von Zion' erinnern" würden.[117] Tatsächlich hatte das Bundesjustizministerium damals „die Gefahr homosexueller Cliquenbildung [...] kurioserweise immer wieder beschworen".[118] In den Beratungen der Großen Strafrechtskommission hatten sich hochrangige Vertreter des Justizressorts – nicht nur der schon zitierte Staatssekretär Walter Strauß,

---

114 Herbert Jäger, Strafgesetzgebung und Rechtsgüterschutz bei Sittlichkeitsdelikten. Eine kriminalsoziologische Untersuchung, Stuttgart 1957, S. 81.
115 Zitiert nach Schumann, Homosexualität und Selbstmord, S. 88.
116 Armand Mergen, Einspruch gegen die generelle Kriminalisierung der Homosexualität, in: Tobias Brocher u. a., Plädoyer für die Abschaffung des § 175, Frankfurt a. M. ²1967, S. 41–71, hier insb. S. 67 f.
117 Klimmer, Die Homosexualität als biologisch-soziologische Zeitfrage, S. 304 und 422.
118 Görtemaker/Safferling, Die Akte Rosenburg, S. 375.

sondern auch Strafrechts-Unterabteilungsleiter Eduard Dreher, einst Ankläger an einem NS-Sondergericht – vom Feindbild der homosexuellen „Cliquenbildung" im Staatsapparat regelrecht fasziniert gezeigt.[119] Dabei hatten auf den Kommissionssitzungen Stimmen überwogen, wonach solche Phänomene bedeutungslos seien und in ihrer Gefährlichkeit klar überschätzt würden.[120]

Für jüngere Juristen der 1970er Jahre war es im Rückblick „interessant zu verfolgen", wieso der Gedanke der homosexuellen „Gruppenbildung im öffentlichen Leben" im Regierungsentwurf von 1962 „einen so breiten Raum" hatte einnehmen können, „obwohl zugegeben wird, daß sich in diesem Punkt die Folgen der Straffreiheit nicht zuverlässig beurteilen lassen". Verwundert wurde festgehalten, dass die Verantwortlichen auf vergleichende „Erfahrungsberichte aus dem Ausland" völlig verzichtet hätten.[121] Kritiker machten auf die große Ähnlichkeit der Cliquen-Begründung des Entwurfs von 1962 mit Begründungen des NS-Regimes für die Strafrechtsverschärfungen von 1935 aufmerksam. Außerdem wiesen sie darauf hin, dass „die in jüngster Zeit in Zusammenhang mit homosexuellem Verhalten in verschiedenen Staaten aufgetretenen Landesverrats- und Spionagefälle [...] nicht auf homosexuelle Cliquen, sondern auf die erpresserische Ausnutzung der in den betreffenden Staaten für Homosexualität bestehenden Strafbestimmungen durch die gegnerischen Geheimdienste zurückzuführen" seien.[122] Das hatten schon 1963 die gegen homophobe Vorurteile argumentierenden klugen Damen im „Merkur"-Streitgespräch ähnlich gesehen.[123] Solche Einwände hielten jedoch den 1969 pensionierten Ministerialbeamten Dreher, der aber als Kommentator des Strafgesetzbuches weiterhin großen Einfluss behielt, nicht davon ab, 1974 in einer führenden juristischen Fachzeitschrift zu betonen, dass die Strafbarkeit des „Missbrauch[s] einer durch ein Dienst-, Arbeits- oder Unterordnungsverhältnis begründeten Abhängigkeit" für homosexuelle „Unzucht" dringend hätte beibehalten werden müssen, 1973 aber abgeschafft worden sei. Dreher warnte eindringlich: „Homosexuelle Herrschaft und homosexuelle Cliquen in Betrieben und Ämtern, die nicht in das Reich der Phantasie gehören und im heterosexuellen Bereich kaum Parallelen haben, sind sozialschädlich."[124]

Der Jurist Günther Gollner führte 1974 zwar immer noch die homophobe Volkswartbund-Publikation des Amtsgerichtsrats Gatzweiler von 1951 im Literaturver-

---

119 Siegfried Seelbach, Die Beratungen der Großen Strafrechtskommission über das Problem der Bestrafung gleichgeschlechtlicher Unzucht zwischen Männern, jur. Diss. Köln 1965, S. 241 f. und 244.
120 Siegfried Seelbach, Gleichgeschlechtliches Verhalten als Straftatbestand. Die Beratungen der Großen Strafrechtskommission, Stuttgart 1966, S. 153.
121 Gollner, Homosexualität, S. 205.
122 Werres, Homosexuelle Cliquenbildung?, S. 38 und 46.
123 Bratt, Über einen zweifelhaften Sittlichkeitsparagraphen, S. 944.
124 Zitiert nach Ralf Gnüchtel, Jugendschutztatbestände im 13. Abschnitt des StGB. Ihre Legitimation im Lichte eines zeitgemäßen Jugendschutzes, Berlin/Boston 2013, S. 58.

zeichnis auf, nutzte dieselbe jedoch inhaltlich nicht mehr, sondern griff auf zahlreiche Gegenpositionen zurück, um bisherige Argumente für die Strafverfolgung von Homosexualität zu dekonstruieren. Gollner erschien es „wahrscheinlich", dass „die Fälle Eulenburg, Redl und Röhm [...] in Deutschland den Verdacht bestärkten, daß Hs [i. e. Homosexualität] etwas mit Verrat im weitesten Sinne zu tun haben könnte". Dagegen stellte er die Ergebnisse einer sozialpsychologisch-kriminologischen Untersuchung von Arnold Mysior, der 1963 dreihundert Fälle von Homosexualität im Bereich des US-Militärs untersucht hatte. Laut Mysior hatten einige spektakuläre Fälle homosexueller Überläufer in die Sowjetunion – Burgess und Maclean in Großbritannien oder Mitchell und Martin in den USA – zu unzulässigen Verallgemeinerungen geführt. Gollner zitierte zustimmend Mysiors Schlussfolgerung: „In gewissen Kreisen innerhalb des amerikanischen Militärdienstes wird angenommen, daß zwischen der Hs und der Abtrünnigkeit (i. S. d. Landesverrats) ein Verhältnis besteht. Diese Vermutung fundiert auf keinem wissenschaftlich erfaßten Tatbestand, sondern ist eine, auf wenige Indizien gestützte, gefühlsmäßige Annahme."[125]

Dass Gollner nicht nur amerikanische Vorurteile kritisch betrachtete, sondern auch solche der deutschen Gesellschaft, machte nicht nur seine ausführliche Diskussion der Fälle Eulenburg und Röhm deutlich, sondern auch seine grundlegende Beobachtung: „Ein Denken, das in der Gesetzgebung die Möglichkeit sieht, ein angebliches Staatsinteresse zu verwirklichen, übersieht völlig die Gefahren, die es damit für eben diesen Staat schafft, denn so wie das Gesetz den Zweck erfüllen kann, durch eine bestimmte Art der Diffamierung eine Auslese zu treffen, können sich andere Kreise des Gesetzes mit entgegengesetzter Zielrichtung bedienen, um sich Persönlichkeiten des öffentlichen Lebens für ihre Zwecke erpresserisch dienstbar zu machen oder Nicht-H[omo]s[exuelle] durch falsche Anschuldigungen aus dem Amt zu drängen." Vor allem müsse man erkennen, dass die immer wieder angeführte negative Wirkung von Homosexuellen „auf Verwaltung und Staat nur auf Mutmaßungen beruht". Eindeutig feststellen lasse sich hingegen „das Unheil", das die politisch bedingten Hiomosexuellen-Verfolgungen angerichtet hätten: „Das gilt gerade für die Verfolgung im Dritten Reich, die heute noch schamvoll verschwiegen wird."[126]

Der deutsch-amerikanische Publizist Joachim Joesten erweckte im Jahre 1964 noch den Eindruck, namentlich bei der Diskussion des damals aktuellen schwedischen Spionagefalls Stig Wennerström von 1963, als gebe es einen konstitutiven Zusammenhang zwischen Homosexualität und Verrat. Obschon Joesten bekannt war, dass der sowjetische Geheimdienst diesen aus der Oberschicht stammenden Luftwaffenattaché, der zeitweilig Adjutant des schwedischen Kronprinzen gewesen war,

---

[125] Gollner, Homosexualität, S. 224 f.; Arnold Mysior, Sozialpsychologie und Homosexualität, Hamburg 1963, S. 72 f.
[126] Gollner, Homosexualität, S. 222.

nicht nur wegen homosexueller Beziehungen zu einem Jugendlichen, sondern zugleich wegen einstiger NS-Sympathien und vor allem wegen chronischer Geldbedürftigkeit in die Hand hätte bekommen können, betrachtete Joesten die Homosexualität des verheirateten Spions doch als Hauptursache für dessen Verrat: Wennerström sei, „wie so viele andere berüchtigte Spione – unter anderen Burgess und Vassall – homosexuell veranlagt und blieb es auch nach seiner Heirat". Dabei war Geld offensichtlich ebenfalls ein Motiv, sollten doch die Sowjets ihren „Starspion" im Laufe von fünfzehn Jahren mit 600 000 Mark versorgt haben.[127] Der deutsche Geheimdienstexperte Gert Buchheit argumentierte Ende der 1960er Jahre bereits deutlich differenzierter: Den Fall Wennerström erwähnte Buchheit knapp ganz ohne die für Joesten noch entscheidende homosexuelle Komponente, sortierte den Schweden vielmehr – neben dem homosexuellen Obersten Redl und heterosexuellen Spionen – in die Kategorie der in gegnerische Administrationen „eingebaute[n] Agenten". Außerdem wies Buchheit darauf hin, dass im Falle des Briten Vassall zwar tatsächlich die homosexuelle Veranlagung zum Ansatzpunkt für Erpressung geworden sei, dass jedoch andere homo- oder bisexuelle Top-Spione der Sowjets wie Alger Hiss, Noel Field, Whittaker Chambers, Richard Sorge oder die Cambridge-Gruppe zur sehr viel zahlreicheren Kategorie der „Agent[en] aus politischer Überzeugung" gehörten, für deren Spionagetätigkeit Homosexualität und Erpressung gar keine Rolle spielten.[128]

1967 fügte der Psychiater Hans-Joachim Bochnik einem an sich reformorientierten Plädoyer zur Entkriminalisierung der Erwachsenen-Homosexualität eine abschließende Warnung hinzu. Aus seiner Sicht bedurfte ein bestimmter Punkt weiterhin der „Aufmerksamkeit" von Politik und Öffentlichkeit: „Homosexualität neigt zur Bildung informeller Cliquen, die in Betriebe und besonders in männliche Organisationen einwachsen und eine starke Rolle spielen können. Sie ziehen sich gegenseitig an und begünstigen einander. Wenn man der Meinung ist, daß man eine Bundeswehr braucht, dann scheint es mir sehr fraglich, ob man homosexuelle Cliquenbildung dort dulden dürfe."[129] Die linksgerichteten Soziologen Martin Dannecker und Reimut Reiche, die der nach Entkriminalisierung der Erwachsenen-Homosexualität ab 1969 entstandenen linken „Schwulenbewegung" angehörten, kommentierten solche Ausführungen wenig später außerordentlich kritisch: „Bleiben die sozialen Ursachen für die Bildung der homosexuellen Subkultur unberücksichtigt", der die von Bochnik beschriebene homosexuelle Cliquenbildung zugerechnet wurde, so komme es zwangsläufig „zu den abstrusesten Einschätzungen dieses Ge-

---

127 Joachim Joesten, Im Dienste des Mißtrauens. Das Geschäft mit Spionage und Abwehr, Gütersloh o. J. [1964], S. 193–195.
128 Buchheit, Die anonyme Macht, S. 144, 148 und 175.
129 Hans-Joachim Bochnik, Ärztliche und soziale Aspekte des heutigen sexuellen Lebens, in: Karl Saller (Hrsg.), Sexualität heute, Bern/München/Wien 1967, S. 111–147, hier insb. S. 145 f.

bildes". Bochnik habe „der Homosexualität als solcher eine Tendenz zur Cliquenbildung" attestiert: „Es sind nicht mehr diskriminierte Individuen, die sich zu ihrem eigenen Schutz in die Subkultur zurückziehen, sondern der Homosexualität, also dem Triebgeschehen, ist eine Kraft zugesprochen, die zur Bildung informeller Gruppen treibt, die dann wie ein Krebsgeschwür in männliche Organisationen einwachsen, sich metastasengleich ausbreiten und den ganzen Organismus gefährden."[130]

Einen entscheidenden Schritt zur Dekonstruktion des Stereotyps der gefährlichen oder gar verräterischen homosexuellen Clique hatten somit die öffentlichen Debatten der 1960er Jahre über die Reform des Sexualstrafrechts gebracht. Ein Wortführer des liberalen „Alternativ-Entwurfs", der dem konservativen Entwurf der Bundesregierung entgegengestellt wurde und 1969 zur Grundlage einer liberalen Strafrechtsreform werden sollte, war der Strafrechtler und spätere FDP-Politiker Jürgen Baumann. Dieser stellte 1968 fest: „Eines der merkwürdigsten Argumente" für die Beibehaltung der Strafbarkeit der Erwachsenen-Homosexualität sei der Hinweis, „daß durch homosexuelle Cliquen die Integrität des öffentlichen Lebens gefährdet würde". Baumann hielt dieses in der juristischen Fachliteratur seiner Zeit verbreitete Argument für ein „Schreckgespenst eines völlig korrupten Staates [...], der von homosexuellen Cliquen, die sich gegenseitig fördern und protegieren, gelenkt" würde, das jedoch in der Wirklichkeit keinerlei Bestätigung fände. Vielmehr zeigten alle Erfahrungen aus dem Ausland, dass „eine derartige Gefahr eine Chimäre" sei: „Nirgends bestehen in Staaten, in denen die einfache H[omosexualität] straffrei ist, derartige Cliquen, die den Staat beherrschen und das öffentliche Leben in ihrem (homosexuellen) Sinne beeinflußten." Dieser empirischen Beobachtung fügte Baumann die Überlegung hinzu, falls eine solche Gefahr tatsächlich bestehen würde, „so wäre es nicht sinnvoll, die H[omosexualität], wohl aber sinnvoll, die Ämterpatronage unter Strafe zu stellen". Bezeichnenderweise gebe es „sehr viele andere Gruppen und Cliquen [...], die Ämterpatronage in hohem Maße betreiben, ohne daß deshalb jemand nach der Bestrafung derartiger Verbindungen gerufen hätte". Es existierten laut Baumann „zahlreiche andere Cliquen in unserer heutigen Gesellschaft [...], die wir doch nicht schon deshalb mit Strafe bedrohen, weil sie als Cliquen existieren, sondern nur deshalb und nur dann, weil und wenn sie strafbare Handlungen vornehmen oder planen". Wenn Baumann der konservativen Position zugestand, dass möglicherweise „ein gewisses Bedürfnis" existiere, „die einfache H[omosexualität] in ausgesprochenen Männerverbänden" wie der Bundeswehr „hintanzuhalten", so betonte er doch mit Nachdruck, „daß dazu das Mittel des Strafrechts nicht eingesetzt werden darf", zumal sich dieses „ohnehin weitgehend als unbrauchbar erwiesen" habe.[131]

---

[130] Martin Dannecker/Reimut Reiche, Der gewöhnliche Homosexuelle. Eine soziologische Untersuchung über männliche Homosexuelle in der Bundesrepublik, Frankfurt a. M. 1974, S. 73.
[131] Baumann, Paragraph 175, S. 164 f. und 173 f.

Das homophobe Stereotyp, das der Stalinismus in den 1930er Jahren für sich entdeckt hatte, zeitigte auch in der unter sowjetischer Oberherrschaft stehenden „Deutschen Demokratischen Republik" (DDR) Folgen. Zwar wurde der ostdeutsche Staat von westdeutschen Kalten Kriegern wie Richard Gatzweiler wegen seiner *relativen Liberalität* im Homosexuellen-Strafrecht argwöhnisch beäugt, hatte doch die SED-Diktatur ihrer Justiz gestattet, das NS-Strafrecht 1950/51 partiell durch die mildere Weimarer Fassung zu ersetzen – anders als die bundesrepublikanische Demokratie, die bis 1969 am NS-Strafrecht uneingeschränkt festhielt. Dennoch wurden homophobe Stereotype in den Krisen des Ulbricht-Regimes des Öfteren – namentlich gegen vermeintliche Verräter aus den eigenen Reihen – revitalisiert. Als der neben DDR-Ministerpräsident Otto Grotewohl prominenteste frühere Sozialdemokrat in der Führung der kommunistisch dominierten „Sozialistischen Einheitspartei Deutschlands" (SED), DDR-Justizminister Max Fechner, gegenüber dem Volksaufstand vom 17. Juni 1953 eine allzu laxe Haltung einnahm, folgten im Juli 1953 seine Verhaftung und Absetzung. Fechner erlebte sodann das gnadenlose Funktionieren der von ihm mitkonstruierten DDR-Justiz als Opfer. Vor dem Obersten Gericht wurde er 1955 nicht nur wegen „Hilfeleistung für die Provokateure des 17. Juni 1953" zu acht Jahren Zuchthaus verurteilt, sondern auch wegen angeblicher Verstöße gegen die Paragraphen 175 und 175a des Strafgesetzbuches. Fechner wurden – ohne echte Beweise – einvernehmliche homosexuelle Kontakte mit einem Untergebenen (seinem Chauffeur) sowie die versuchte sexuelle Nötigung eines untergebenen Volkspolizisten angelastet. Der durchaus populäre ehemalige DDR-Spitzenpolitiker sollte durch homosexuelle Skandalisierung diskreditiert und als „moralisch verkommen[er]" Sexualstraftäter stigmatisiert werden.[132] Nicht zufällig hatte das Ministerium für Staatssicherheit im Falle Fechners, der allein wegen der ihm angelasteten homosexuellen Delikte zu drei Jahren Haft verurteilt wurde, „erheblichen Untersuchungsaufwand betrieben, ihm Verstöße gemäß § 175 StGB auch nachweisen zu können".[133]

Kurz nach dem vom SED-Regime im August 1961 angeordneten Mauerbau zwischen Ost- und West-Berlin, der die vollständige Abriegelung der innerdeutschen Grenze zur Folge hatte, wurde eines der ersten „Maueropfer" überhaupt von der SED-Propaganda als angeblicher homosexueller Prostituierter diskreditiert – ein

---

132 Rudi Beckert, Lieber Genosse Max. Aufstieg und Fall des ersten Justizministers der DDR Max Fechner, Berlin 2003, S. 272f. und 283; Günter Grau, Sozialistische Moral und Homosexualität. Die Politik der SED und das Homosexuellenstrafrecht 1945 bis 1989 – ein Rückblick, in: Detlef Grumbach (Hrsg.), Die Linke und das Laster. Schwule Emanzipation und linke Vorurteile, Hamburg 1995, S. 85–141, hier insb. S. 110.
133 Siegfried Suckut, „Als wir in den Hof unserer Haftanstalt fuhren, verstummte Genosse Fechner". Neues aus den Stasi-Akten zur Verhaftung und Verurteilung des ersten DDR-Justizministers, in: Roger Engelmann/Clemens Vollnhals (Hrsg.), Justiz im Dienste der Parteiherrschaft. Rechtspraxis und Staatssicherheit in der DDR, Berlin 1999, S. 165–180, hier insb. S. 175.

Tatbestand, der seit 1935 nicht nur in Hitlers Deutschem Reich, sondern auch in beiden deutschen Nachkriegsstaaten bis zu deren Strafrechtsreformen Ende der 1960er Jahre mit Zuchthausstrafen bedroht war. Der Journalist Elmar Kraushaar stellte diese Hetzpropaganda später in die Tradition sowjetischer Homophobie, wie sie Maxim Gorki 1934 vorexerziert hatte.[134] Zugleich wissen wir heute, dass sich in der Nachkriegs-Trümmerstadt Berlin tatsächlich Prostitutions-Treffpunkte etabliert hatten, die polizeilich längere Zeit kaum zu kontrollieren waren.[135] Das galt für die 1950er Jahre nicht nur für West-Berlin, sondern auch für den von den Sowjets und der SED-Diktatur beherrschten Ost-Teil der Stadt.[136] Die staatlichen Repressions- und Diffamierungsversuche appellierten an gesellschaftliche Vorurteile gegen abweichende Sexualitäten und gegen jugendliche Devianz.[137] Dies geschah in brachialer Weise, als die Medien des SED-Regimes im August 1961 den 24-jährigen Ost-Berliner Günter Litfin, der bei seinem Fluchtversuch durch die Spree erschossen worden war, hemmungslos als Asozialen und mann-männlichen Prostituierten denunzierten. Im SED-Zentralorgan „Neues Deutschland" hieß es zu den angeblichen Fluchtursachen des jungen Mannes: „Der 13. August trennte ihn von seinen ‚Liebhabern', und in der Hauptstadt der DDR blieb sein Gewerbe aussichtslos."[138] Und die SED-gesteuerte „Berliner Zeitung" hetzte gegen „dieses arbeitsscheue Element, das unter dem Spitznamen ‚Puppe' in homosexuellen Kreisen in Westberlin sehr bekannt war und seit dem 13. August im demokratischen Berlin nach Opfern Ausschau hielt".[139]

Eine 2009 in einem Handbuch über die Maueropfer des SED-Regimes publizierte biographische Skizze zu Günter Litfin geht auf diese einschlägig sexualisierten Vorwürfe der DDR-Propaganda seltsamerweise gar nicht ein, sondern schildert in seltsam apologetisch wirkender Manier, dass der in einem West-Berliner Maßatelier als Schneider tätige Ost-Berliner, „wie es seinem Beruf entspricht, modebewusst" gewesen sei, sich „betont elegant" gekleidet und von einer Karriere als „Theaterschneider" geträumt habe. Die DDR-Propaganda mit ihrer infamen Skandalisierung der angeblichen homosexuellen Prostitution im Kontext von Asozialität und Kriminalität wird lediglich mit einem undeutlichen Zitat aus der „Berliner Zeitung" gestreift, bei dem Getöteten handle es sich um „eine wegen verbrecherischer Handlungen

---

134 Elmar Kraushaar, Bestaunt, bedroht, befreit, in: Potsdamer Neueste Nachrichten vom 12.5.1997.
135 Jennifer Evans, Life among the Ruins. Cityscape and Sexuality in Cold-War-Berlin, Houndmills/ New York 2011, S. 44 f. und 103.
136 Rolf Schneider, Das Lächeln des André Gide, in: FAZ Magazin vom 16.4.1987, S. 50–58, hier insb. S. 54.
137 Vgl. Michael Schwartz, Lebenssituationen homosexueller Männer im geteilten Berlin 1949 bis 1969, in: Bernhard Gotto/Elke Seefried (Hrsg.), Männer mit „Makel". Männlichkeiten und gesellschaftlicher Wandel in der frühen Bundesrepublik, Berlin/Boston 2017, S. 88–103.
138 Vgl. Kraushaar, Bestaunt, bedroht, befreit, in: Potsdamer Neueste Nachrichten vom 12.5.1997.
139 Olaf Brühl, Sozialistisch und schwul. Eine subjektive Chronologie, in: Wolfram Setz (Hrsg.), Homosexualität in der DDR. Materialien und Meinungen, Hamburg 2006, S. 89–152, hier insb. S. 104.

verfolgte Person". Immerhin macht der Handbuch-Artikel deutlich, wogegen die krude SED-Propaganda Front zu machen versuchte. Nach Litfins Erschießung an der innerdeutschen Grenze war es nämlich zu massiven Protestbekundungen der West-Berliner Bevölkerung und der bundesrepublikanischen Presse gekommen, die die Erschießung als brutalen Mord anprangerten. 1964 wurde auf der West-Berliner Seite der Mauer ein Gedenkstein für Günter Litfin enthüllt.[140] Der Versuch der SED-Diktatur, den getöteten „Republikflüchtling" durch homosexuelle Skandalisierung erinnerungspolitisch zu erledigen, war gescheitert.

Noch bedeutsamer als die Skandalisierung angeblicher Homosexualität in solch spektakulären Einzelfällen war die grundlegende Mentalität der DDR-Gesellschaft und ihrer Hegemonialpartei. Die ähnlich wie in Westdeutschland tendenzielle homophobe Grundhaltung – von der allenfalls der Kulturbereich ausgenommen wurde, wo Homosexuelle wie der Schauspieler und Theaterintendant Gustaf Gründgens oder der Schriftsteller und Nationalpreisträger Ludwig Renn zu Stars in West- oder Ostdeutschland aufstiegen – machte es erkennbaren oder erkannten Homosexuellen schwer, wenn nicht unmöglich, in gesellschaftliche Führungspositionen aufzusteigen. Die Einschätzung von Homosexuellen durch den SED-Machtapparat folgte den seit dem frühen 20. Jahrhundert etablierten und in der Sowjetunion unter Stalin bekräftigten homophoben Deutungsmustern: Den SED-Machthabern galten Homosexuelle als „politisch labil". Die negative Wertung basierte auf der „Vorstellung, Homosexuelle könnten Beziehungen mit dem Klassenfeind eingehen und seien dadurch erpressbar, könnten vom Feind daher gut auch zur Spionage und zum Verrat gezwungen werden". Dieses Grundmisstrauen führte dazu, dass Personen, deren Homosexualität bekannt wurde, als „untauglich" für die Mitarbeit im „politische[n] Kollektiv" galten – ein Exklusionsmechanismus, der die Gruppe unter Generalverdacht stellte.[141] Erst in den 1980er Jahren änderte sich daran etwas; jedenfalls gab es Berichte über vereinzelte Homosexuelle in DDR-Ministerien, die ihre sexuelle Orientierung offengelegt hätten und dennoch nach eigener Aussage keine Probleme am Arbeitsplatz erlebten.[142]

Letzten Endes teilte der kommunistische Osten mit dem kapitalistisch-demokratischen Westen das doppelte Stereotyp von der gefährlichen homosexuellen Vernetzung und deren Verratsanfälligkeit. Demokraten und Kommunisten hatten dieses Vorurteil seit Jahrzehnten gleichermaßen erlernt. Trotz solcher Kontinuitäten legte

---

140 Christine Brecht, Günter Litfin, in: Die Todesopfer an der Berliner Mauer 1961–1989. Ein biographisches Handbuch, hrsg. vom Zentrum für Zeithistorische Forschung Potsdam und der Stiftung Berliner Mauer, Berlin 2009, S. 37–39. Es mutet seltsam an, wie dieser Artikel Litfins Vorliebe für elegante Kleidung rechtfertigen zu müssen glaubt und zugleich die homosexuellen Prostitutions-Anschuldigungen des SED-Regimes nicht zu benennen wagt.
141 Angelika Holterman, Das geteilte Leben. Journalistenbiographien und Medienstrukturen zu DDR-Zeiten und danach, Opladen 1999, S. 211.
142 Schneider, Das Lächeln des André Gide, in: FAZ Magazin vom 16.4.1987, S. 58.

die kommunistisch beherrschte DDR Wert darauf, sich – im Unterschied zur Bonner Systemkonkurrenz – von offensichtlichen Kontinuitäten der NS-Diktatur abzugrenzen. Daher die 1950/51 erfolgte Abkehr der DDR vom NS-Strafrechtsparagraphen 175 durch Rückkehr zu dessen älterer Fassung von 1871, was zu einer im Vergleich mit Westdeutschland deutlich geringeren Strafverfolgung einvernehmlicher Erwachsenen-Homosexualität führte.[143] Bekanntlich hat diese Zurückhaltung der SED-Diktatur, die auch vom stalinistischen Verfolgungsmuster in der Sowjetunion abwich, westdeutsche Beobachter irritiert. Sie fand eine Fortsetzung in der Streichung des Paragraphen 175 StGB im Zuge der DDR-Strafrechtsreform von 1968 – ein Jahr vor der entsprechenden Entkriminalisierung einvernehmlicher homosexueller Handlungen zwischen erwachsenen Männern in der Bundesrepublik. 1988/89 schließlich beseitigte das SED-Regime auch die letzten Reste strafrechtlicher Schlechterstellung von homosexuellen Menschen gegenüber Heterosexuellen – im Unterschied zur Bundesrepublik, wo ein Homosexuelle weiterhin diskriminierender reformierter Paragraph 175 noch bis 1994 im Strafgesetzbuch verharrte. Dessen Abschaffung erfolgte unter den Bedingungen der 1990 erfolgten Vereinigung von Bundesrepublik und bisheriger DDR aufgrund des ausgerechnet durch den liberalen Gesetzgebungsakt der späten SED-Diktatur entstandenen Reformdrucks.[144]

An der systemübergreifenden Fortschreibung des homophoben Stereotyps von Cliquenbildung, Eigennutz und Verrat änderte der liberale strafrechtliche Sonderweg der DDR lange wenig. Dazu trug die ideologische Grundüberzeugung der 1950er Jahre bei, dass sexuelle „Abweichungen" wie Homosexualität „in einer sich auflösenden Gesellschaft häufiger" aufträten „als in einer jungen, aufbauenden". In einer sozialistischen Gesellschaft – so der als Sexualberater prominente Medizinprofessor Rudolf Neubert – fänden sich sexuelle „Verkrampftheiten und Verdrehtheiten" primär in zwei ohnehin problematischen Randgruppen: „Die Abweichungen sind am häufigsten unter genußsüchtigen Nachkömmlingen reicher Familien und bei asozialen Elementen aus anderen Gesellschaftsschichten zu finden."[145] Diese Behauptung vom Zusammenhang zwischen Homosexualität und Dekadenz oder Asozialität reichte über diverse Neuauflagen dieser Publikation weit in die 1960er Jahre hinein.[146] Dahinter stand die brisante stalinistische Interpretation der 1930er Jahre, die mindestens eine Generation lang nachwirkte.

---

143 Der 1935 vom NS-Regime zusätzlich eingeführte § 175a StGB, bei dem es um Strafverfolgung von Nötigung, von Missbrauch von Vorgesetztengewalt, von Verführung Minderjähriger und von Prostitution ging, wurde hingegen in beiden deutschen Staaten bis Ende der 1960er Jahre beibehalten.
144 Vgl. Schäfer, „Widernatürliche Unzucht", S. 209–214 und 251–254.
145 Rudolf Neubert, Die Geschlechterfrage. Ein Buch für junge Menschen, Rudolstadt 1956, S. 80–82.
146 Ebenda, Rudolstadt ^{9}[1965], S. 88–90, wo die Passage von 1956 unverändert beibehalten wurde.

Auch in der Ära Erich Honeckers blieb in den 1970er und 1980er Jahren die Situation für homosexuelle Männer und Frauen in der DDR ambivalent. Trotz weitgehender strafrechtlicher Entkriminalisierung[147] und trotz sich im Laufe der 1980er Jahre verbessernder Kommunikations- und Selbstorganisationsmöglichkeiten – insbesondere in „Arbeitskreisen" innerhalb der evangelischen Kirchen der DDR[148] – betrachteten die Sicherheitsapparate des SED-Regimes Homosexuelle bis zuletzt „vor allem als Sicherheitsrisiko".[149] Nachdem die Magdeburger „Stasi" im Oktober 1983 die Gründungsversammlung eines kirchlichen Arbeitskreises für Homosexuelle registriert hatte, erging am 30. November 1983 ein Rundschreiben des Leiters der dortigen MfS-Bezirksverwaltung, Generalmajor Wilfried Müller, über „erkannte Pläne und Aktivitäten zur Sammlung homosexueller Personen in einer ‚alternativen Bewegung' nach westlichem Vorbild und deren Mißbrauch zur Durchsetzung politisch-negativer und feindlicher Ziele". Diese Gruppen, so der Stasi-Bezirkschef, würden „von politisch-negativen und feindlichen Kräften als Basisgruppen einer politischen Untergrundtätigkeit betrachtet und zunehmend als eine innere Opposition profiliert". Der Alarm hatte neben Bespitzelung auch Repressionsmaßnahmen zur Folge.[150]

Diese in den Sicherheitsapparaten präsenten Feindbilder bündelte eine 1983 „im Auftrag der Abteilung Inneres" des Ost-Berliner Magistrats an der Humboldt-Universität als „Vertrauliche Dienstsache" entstandene Dissertation des Kriminalisten Gerhard Fehr. Darin wurden „seitenlang [...] unter Bezug auf zweifelhafte Recherchen alle gängigen Vorurteile und phobische Phantasien aneinandergereiht". Nicht fehlen durfte die Vorstellung vom eigennützig-karrieristischen homosexuellen Netzwerk, die der SED-Kriminalist in die Worte fasste: „Eine der sozialistischen Lebensweise diametral entgegengesetzte Tatsache ist es, daß sich Homosexuelle im Arbeitsbereich begünstigen und gegenseitig bevorteilen. Wenn dieser Umstand auch nicht immer zu erkennen ist und nicht täglich vorkommt, so besteht er trotzdem generell. Es konnte mehrfach beobachtet werden, daß in Verwaltungen, unter Künstlern, aber besonders im Gaststättenwesen, ein Homosexueller den anderen nachzieht." Fehr attestierte Homosexuellen eine Tendenz zu kriminellen Machenschaften und zur Konspiration. Sie seien durchweg „Personen, die sich oft von jungen Jahren an konspirativ gegenüber ihrer Umwelt verhalten und in ihren Bestrebungen, homosexuelle Partner zu gewinnen, rücksichtslos und immer zu ihrem

---

147 Dieser stand freilich zwischen 1968 und 1989 die erstmalige Einbeziehung lesbischer Frauen in staatliche Strafandrohung im Falle homosexueller Handlungen mit Minderjährigen gegenüber; vgl. Schäfer, „Widernatürliche Unzucht", S. 209–214.
148 Vgl. Christian Neuhierl, Homosexuelle Identitäten in der DDR im Umfeld der evangelischen Kirche in den 1980er Jahren, Masterarbeit Ludwig-Maximilians-Universität München 2016.
149 Kurt Starke, Schwuler Osten. Homosexuelle Männer in der DDR, Berlin 1994, S. 22.
150 Detlef Grumbach, „Wir dachten nicht nur anders, wir lebten auch anders". Homosexuelle in der DDR und die Staatssicherheit, in: Süddeutsche Zeitung vom 22./23.1.1994.

Vorteil handeln". Als besonders bedrohlich wurde der Versuch gewertet, „homosexuelle Kontakte zu Ausländern, besonders aus kapitalistischen Ländern, der BRD und Westberlin" anzuknüpfen, um „diese Kontakte zu persönlichen Vorteilen und einer evtl. Ausreise" aus der DDR zu instrumentalisieren. Solche Ausländer-Kontakte müssten umfassend registriert und kontrolliert werden, um „evtl. Feindtätigkeiten durch Homosexuelle entgegenzutreten". Insofern waren homosexuelle Männer eine für die DDR bedrohliche „Risikogruppe".[151] Außerdem transportierte Fehr die schon im Falle Litfin skandalisierten Phobien der Ulbricht-Ära, wenn er die „Homosexuellen in der Hauptstadt" der DDR pauschal als „kriminalitätsverdächtig" und „begünstigend für Asozialität" stigmatisierte.[152]

Hatte diese Dissertation den Homosexuellen in der DDR ihre angebliche Tendenz zur unsichtbaren Konspiration angelastet, sorgte sich die DDR-Staatssicherheit zur selben Zeit eher wegen des Gegenteils. Das Ministerium für Staatssicherheit meldete der SED-Führung Ende 1983, „daß die politisch-operative Lage unter homosexuellen Personenkreisen [...] durch die zunehmende Tendenz zum örtlichen und überörtlichen, republikweiten Zusammenschluß gekennzeichnet" sei, wobei „kirchliche Kräfte diese Tendenzen fördern und unterstützen" würden. Doch in völliger Verkennung dieses politisch ziemlich staatsloyalen Engagements vermochte die Staatssicherheit in eingeübter Feindperspektive in den Selbstorganisationsversuchen nur „Erscheinungsformen politischer Untergrundtätigkeit" zu erkennen. Als 1985 tatsächlich oppositionelle Strömungen in der DDR für das Regime spürbarer wurden, sorgte sich das Ministerium für Staatssicherheit darum, „einen politischen Mißbrauch homosexueller Personen durch feindlich-negative Kräfte nicht zuzulassen und die Bildung einer Homosexuellen-Organisation in der DDR zu verhindern".[153] So die Weisung des Stellvertretenden Ministers für Staatssicherheit, Generalleutnant Rudi Mittig, vom 20. März 1986.[154]

Wenngleich die sicherheitspolitischen Phobien der Staatssicherheits- und Innenministerien an politischer Durchschlagskraft im einheitssozialistischen Gesamtsystem deutlich verloren hatten, blieben sie in den Repressionsorganen bis zum Untergang des SED-Regimes präsent. Doch letzten Endes gewannen, wie nicht nur die späte Strafrechts-Reformgesetzgebung der Jahre 1988/89 zeigt, gemäßigte Strömun-

---

151 Bert Thinius, Erfahrungen schwuler Männer in der DDR und in Deutschland Ost, in: Wolfram Setz (Hrsg.), Homosexualität in der DDR. Materialien und Meinungen, Hamburg 2006, S. 9–88, hier insb. S. 25–28; vgl. Gerhard Fehr, Zu einigen Aspekten der Entwicklung der Risikogruppe der männlichen Homosexuellen und der Risikogruppe der kriminell gefährdeten, nicht lesbischen weiblichen Jugendlichen und Jungerwachsenen in der Hauptstadt Berlin, Berlin Dissertation A 1983, S. 54 f. und 115–118.
152 Sven Korzilius, „Asoziale" und „Parasiten" im Recht der SBZ/DDR, Köln u. a. 2005, S. 415.
153 Zitiert nach Grau, Sozialistische Moral und Homosexualität, S. 135 f.
154 Detlef Grumbach, „Wir dachten nicht nur anders, wir lebten auch anders". Homosexuelle in der DDR und die Staatssicherheit, in: Süddeutsche Zeitung vom 22./23.1.1994.

gen in der SED die Oberhand. Diese setzten auf politische Integrationsversuche gegenüber selbstorganisierten homosexuellen Organisationsformen – was öffentliche Anerkennung und zugleich verstärkte Kontrollversuche implizierte. Wortführer solcher SED-Integrationspolitik wie der Ost-Berliner Psychologieprofessor Reiner Werner gaben 1987 offen zu, dass ihre verstärkten Bemühungen zu „Kooperation und Kommunikation" darauf zurückgingen, dass zuvor „auch ein gesellschaftliches Bedürfnis seitens der zuständigen staatlichen Stellen artikuliert" worden sei. Zugleich forderte der Wissenschaftler in einem Interview mit dem DDR-Rundfunk: „Wir müssen die Berufseignungsfragen noch einmal gründlich durchdenken", denn auf manchen Feldern seien die tradierten Vorbehalte gegen Homosexuelle „völlig unbegründet".[155] In Teilen der DDR-Gesellschaft – namentlich in den akademischen und kirchlichen Eliten – brach sich eine neue Sichtweise Bahn. Das homophobe Stereotyp wurde in der DDR nicht nur jahrzehntelang tradiert, sondern gegen Ende der 1980er Jahre auch öffentlich in Frage gestellt.

---

155 Evangelisches Landeskirchliches Archiv Berlin-Brandenburg (ELAB), 55.5/194, „Alle waren eigentlich erleichtert, erlöst". Gespräch mit Prof. Rainer [i. e. Reiner] Werner, Autor des Buches „Homosexualität – Herausforderung an Wissen und Toleranz", in: Radio DDR II vom 6.8.1987, „Studio 80".

VIII „Sicherheitsrisiko" oder „Schmierenkomödie"? Der Wörner-Kießling-Skandal 1984 als Wendepunkt

> „Es kam und kommt nicht darauf an, ob der General Kießling schwul ist oder nicht. […] Es kommt vielmehr darauf an, daß der Minister die Schwulen und damit uns alle zivilisatorisch um viele Jahre zurückgeworfen hat."[1]
>
> (Rudolf Augstein 1984)

1984 wurde die Bundeswehr, der auch liberale Strafrechtsreformer um 1970 noch eine Sonderstellung bei der Abwehr homosexueller Verbindungen (und Verführungen) zugestanden hatten, zum Ort eines Skandals um homosexuelle Denunziation. Im Fokus stand einer der ranghöchsten Generale der Bundeswehr, der stellvertretende NATO-Oberbefehlshaber in Europa Günter Kießling. Dieser – gebildet, promoviert, unverheiratet – war mit seinem Vorgesetzten, dem als autoritär geltenden US-amerikanischen NATO-Oberbefehlshaber für Europa, General Bernard Rogers, in derartige Konflikte geraten, dass er 1983 über ein vorzeitiges Ausscheiden aus dem Dienst nachdachte.[2] Parallel dazu kamen in Kreisen der Bundeswehr, des „Militärischen Abschirmdienstes" (MAD) und des Bundesverteidigungsministeriums Gerüchte auf, Kießling sei homosexuell veranlagt. So informierte ein Personalratsmitglied des Verteidigungsministeriums einen befreundeten MAD-Mitarbeiter, Kießling sei angeblich „händchenhaltend" mit einem Offizier gesehen worden. Auch wurde behauptet, dass Kießling wegen seiner Homosexualität von seinem NATO-Vorgesetzten Rogers nicht mehr empfangen werde – quasi eine Neuauflage der Aversionen Hindenburgs gegen eine Begegnung mit Ernst Röhm. Der angebliche Homosexuelle wurde als Belastung für die NATO und das amerikanisch-deutsche Verhältnis diffamiert.[3]

Auch Offiziere, die sich kein derart eindeutiges Urteil über General Kießlings sexuelle Orientierung erlaubten, zeichneten das Bild eines Außenseiters – also einer Randfigur, die sich für sexuelle Diffamierung besonders gut eignete. Das verband Kießling in gewisser Weise mit dem französisch-jüdischen Hauptmann Alfred Drey-

---

[1] Rudolf Augstein, Der schwule General, in: Der Spiegel 4/1984, S. 16; zitiert nach http://www.spiegel.de/spiegel/print/d-13509738.html (11.7.2018).
[2] Heiner Möllers, Die Kießling-Affäre 1984. Zur Rolle der Medien im Skandal um die Entlassung von General Dr. Günter Kießling, in: Vierteljahrshefte für Zeitgeschichte 64 (2016), S. 517–550, hier insb. S. 520. Schon im Juli 1983 äußerte Kießling gegenüber Verteidigungsminister Wörner seine Unzufriedenheit über seine Stellung in der NATO unter Rogers und optierte für seine vorzeitige Versetzung in den Ruhestand: „Rogers lasse ihn an wesentlichen Prozessen im NATO-Hauptquartier nicht teilhaben und habe ihm lediglich nachrangige Aufgaben übertragen."
[3] Ramge, Die großen Polit-Skandale, S. 180.

fus, mit dessen beinahe einhundert Jahre zurückliegender Affäre der neue Skandal von den Medien denn auch öfters verglichen worden ist. Jürgen Reichardt, zum Zeitpunkt der Kießling-Affäre Sprecher des Bundesverteidigungsministers Manfred Wörner (CDU) im Range eines Obersten, skizzierte in seinen Erinnerungen an die „Strudel einer Affäre", in der aus seiner Sicht vor allem Wörner „übel mitgespielt worden" sei, Kießling als „Sonderling", als egozentrische Nervensäge: „Er pflegte [...] üblicherweise, selbst in laufenden Besprechungen, rasch das Gespräch an sich zu ziehen, was oftmals – nicht nur wegen seiner hohen Stimme – auf die Nerven gehen konnte." Reichardt wusste auch von Gerüchten im Oktober 1983, wonach Kießling im NATO-Hauptquartier nicht glücklich sei und sich um das Amt des Generalinspekteurs der Bundeswehr bemüht habe – was den erfolgreichen Konkurrenten, Generalinspekteur Wolfgang Altenburg, zu Ressentiments gegen Kießling geführt haben könnte, die Reichardt jedoch bestritt. Der Ministeriumssprecher wusste auch um einen sexuellen Außenseiter-Status des stellvertretenden NATO-Oberkommandierenden für Europa: „Gerüchte hatte es immer wieder über General Kießling, der Junggeselle war, gegeben. Und in Brüssel waren es mehr als Andeutungen gewesen. Andererseits: Man wußte ja von ihm, daß er als junger Hauptmann wegen [...] einer intimen Beziehung zu einer jungen Dame von der Generalstabsausbildung [zeitweilig] ausgeschlossen worden war".[4]

Nun waren einvernehmliche homosexuelle Handlungen zwischen Erwachsenen seit 1969 in der Bundesrepublik nicht mehr strafbar. Gleichwohl wurden sie in der Bundeswehr nicht toleriert und mussten deshalb geheim gehalten werden. Die „Frankfurter Rundschau" hatte 1981 der bundesrepublikanischen Gesellschaft eine nur oberflächliche Toleranz gegenüber Homosexuellen attestiert, die im Grunde weiterhin auf „Ablehnung" hinauslaufe, wie sie die Bundeswehr weiterhin offen praktiziere.[5] Polizei und Geheimdienste legten, wie „Der Spiegel" 1979 kritisch berichtet hatte, ungeachtet der Entkriminalisierung „einschlägige Datensammlungen" an, da die sogenannten „Homos" in den Sicherheitsapparaten weiterhin „als potentielle Triebverbrecher und Spione" betrachtet würden.[6] Für die Historikerin Katharina Ebner hat die Kießling-Affäre deutlich gezeigt, dass Homosexuelle als Soldaten in der Bundeswehr auch für die seit 1982 amtierende konservativ-liberale Bundesregierung unter Bundeskanzler Helmut Kohl *unerwünscht* gewesen seien. Dies habe nicht nur die Plenardebatte des Bundestages zum Fall Kießling vom 19. Januar 1984 demonstriert, sondern auch spätere parlamentarische Äußerungen, etwa die Antwort der Regierung auf eine Kleine Anfrage der Grünen 1986, aus der „die Vermei-

---

4 Jürgen Reichardt, Hardthöhe Bonn. Im Strudel einer Affäre, Bielefeld/Bonn 2008, S. 25, 45f., 64 und 179.
5 Renate Miehe, Im Käfig der Ängste. Homosexualität in der Bundesrepublik, in: Frankfurter Rundschau Nr. 28 vom 11.7.1981, Zeit und Bild.
6 „Der San.-St. Uffz. verfiel der Sinnlichkeit". Wie Polizei und Geheimdienste Homosexuellen-Daten sammeln, in: Der Spiegel vom 13.8.1979, S. 58–62.

dungshaltung der Regierung, Fragen zu homosexuellen Soldaten in der Bundeswehr zu beantworten, deutlich" hervorgegangen sei. Es habe sich gezeigt, so Ebner „dass weniger die Erpressbarkeit einer Einzelperson und das damit verbundene Sicherheitsrisiko, sondern vielmehr eine generelle Ablehnung von Homosexualität innerhalb der Bundeswehr dahinterstand". Besonders deutlich sei dies infolge der Frage der Grünen-Abgeordneten Antje Vollmer an den Parlamentarischen Staatssekretär im Bundesverteidigungsministerium Peter Kurt Würzbach (CDU) am 19. Januar 1984 geworden, ob der häufige außereheliche heterosexuelle Geschlechtsverkehr von Geheimnisträgern von der Bundesregierung als mit der Homosexualität vergleichbares Sicherheitsrisiko eingestuft würde. Würzbach habe geantwortet, dass dies im Einzelfall denkbar sei, habe jedoch weder Vorschriften noch Präzedenzfälle anzugeben gewusst, so dass laut Ebner „von einer Schutzbehauptung ausgegangen werden muss". Seither aber sei „die Analogie zu Ehebrechern, die ein größeres Sicherheitsrisiko darstellten, [...] als Argument auf Seiten der Opposition präsent" geblieben, „um ihre Unzufriedenheit mit der Haltung der Regierung und des Verteidigungsministeriums zum Ausdruck zu bringen".[7]

Die Publizistin Barbara Sichtermann stellte 1989 fest, die erst knapp fünf Jahre zurückliegende „Affäre Wörner/Kießling" sei „inzwischen weitgehend vergessen", doch das Wichtigste an diesem Skandal zwischen Jahresende 1983 bis Frühjahr 1984 sei, dass sich die Öffentlichkeit weniger mit „personellen und betriebsklimatischen Fragen innerhalb der Armee" als mit den „,zivilen' Implikationen des Falles" beschäftigt habe, mit dessen „Ausstrahlung auf den Rest der Gesellschaft". Für Sichtermann lautete die Kernfrage: „Wieviel Homosexualität verträgt die deutsche Gesellschaft? Wann endlich sind sexuelle Präferenzen die Privatsache, die sie in einer aufgeklärten, pluralistischen, der [...] Menschenwürde verpflichteten Gesellschaft zu sein haben? Ein schwuler General ist nur dann ‚erpreßbar', d. h. ein ‚Sicherheitsrisiko', wenn seine Neigung als sanktionierbare Verfehlung gilt. Man braucht diese Spielart von Sexualität nur ‚freizugeben', und schon ist man alle Sorgen los." Derart einfach war es aber laut Sichtermann im westlichen Teil Deutschlands Mitte der 1980er Jahre „nur im zivilen Leben": „Im militärischen bleibt die Homosexualität, ja die Sexualität überhaupt ein Problem, eine Wunde, die nicht zugehen will, egal wie liberal die Gesetze sind."[8]

Das war gut beobachtet: Was die Bundeswehr anging, machte der Zwang zur Geheimhaltung aus Sicht derselben Institution, die ihn erzeugte, homosexuelle Soldaten – zumal Offiziere und erst recht Generäle – für feindliche Geheimdienste erpressbar und damit hochgradig bedrohlich. Im Sommer 1983 begann ein Beamter

---

7 Ebner, Religion im Parlament, S. 259 f.
8 Barbara Sichtermann, Die Affäre Wörner/Kießling, in: Georg M. Hafner/Edmund Jacoby (Hrsg.), Die Skandale der Republik. 1949–1989: Von der Gründung der Bundesrepublik bis zum Fall der Mauer, Hamburg 1994 (Erstausgabe 1989), S. 244–248, hier insb. S. 246 f.

des „Amtes für die Sicherheit der Bundeswehr" auf Grundlage von sexuellen Gerüchten und zunächst auf eigene Faust mit Ermittlungen gegen General Günter Kießling. Wenn dieser homosexuell sein sollte, war er automatisch als „Sicherheitsrisiko" einzustufen und aus seiner hohen Führungsposition in der NATO zu entfernen.[9] Was die Karriere des Verdächtigen schlagartig beenden musste, konnte für die Karriere des Ermittelnden vielversprechend sein.

Einst war der erste Wehrbeauftragte des Bundestages zur Kontrolle der Bundeswehr, der ehemalige Wehrmachts-Generalleutnant und fünffache Vater Helmuth von Grolman, im Juli 1961 nach Bekanntwerden seiner homosexuellen Beziehung mit einem Siebzehnjährigen unverzüglich zurückgetreten.[10] Nach dem Bekanntwerden ihrer Liaison – das Magazin „Der Spiegel" berichtete weidlich über den „alternden General" und seinen „merkwürdig schön[en]" blonden Jungkellner –, hatten sich Grolman und sein Partner das Leben zu nehmen versucht. Der angesehene Spitzenbeamte stürzte ins gesellschaftliche Abseits und wurde im September 1961 zu einer Bewährungsstrafe verurteilt. Der jugendliche Partner, dessen voller Name bedenkenlos in den Medien genannt wurde und im „Spiegel" sogar die Schlagzeile füllte, weil er auf einen Romantitel Thomas Manns allzu gut passte („Die Bekenntnisse des Krull"), musste sich ebenfalls dem Strafprozess stellen; über sein weiteres Schicksal ist nichts bekannt.[11] Die skandalisierte homoerotische Beziehung des Wehrbeauftragten und Ex-Generals, die nach Einschätzung des „Spiegels" vor der 1935 erfolgten NS-Verschärfung des Homosexuellen-Strafrechts gar nicht strafbar gewesen wäre, führte zur Einstufung der Liaison als militärisches „Sicherheitsrisiko" durch den BND und zu entsprechenden Geheimermittlungen, weil der junge

---

9 Zum Verlauf des Skandals vgl. Ramge, Die großen Polit-Skandale, S. 180; Koch, Sexuelle Denunziation, S. 193 f.; Hans-Peter Schwarz, Helmut Kohl. Eine politische Biographie, München 2012, S. 365.
10 Schwartz, „Warum machen Sie sich für die Homos stark?", S. 62; Frank Bösch, Öffentliche Geheimnisse. Die verzögerte Renaissance des Medienskandals zwischen Staatsgründung und Ära Brandt, in: Bernd Weisbrod (Hrsg.), Die Politik der Öffentlichkeit – Die Öffentlichkeit der Politik. Politische Medialisierung in der Geschichte der Bundesrepublik, Göttingen 2003, S. 125–150, hier insb. S. 142, der mit diesem Fall eine für die Bundesrepublik neuartige mediale Skandalisierung sexueller Verhältnisse von Spitzenpolitikern beginnen sieht; ferner: Rudolf J. Schlaffer, Der Wehrbeauftragte des Deutschen Bundestages. Aus Sorge um den Soldaten, Berlin 2006, S. 346.
11 Grolman: Die Bekenntnisse des Krull, in: Der Spiegel vom 26.7.1961, zitiert nach http://www.spiegel.de/spiegel/print/d-43366138.html (9.7.2018); „Der Spiegel" nutzte den Nachnamen des jungen Mannes zur Anspielung auf einen 1957 mit Filmstar Horst Buchholz verfilmten Roman des Literaturnobelpreisträgers Thomas Mann, „Die Bekenntnisse des Hochstaplers Felix Krull", den der Autor selbst als „homosexuellen Roman" bezeichnet hatte; vgl. Harry Oosterhuis, Vom fragwürdigen Zauber männlicher Schönheit. Politik und Homoerotik in Leben und Werk von Thomas und Klaus Mann, in: Susanne zur Nieden (Hrsg.), Homosexualität und Staatsräson. Männlichkeit, Homophobie und Politik in Deutschland 1900–1945, Frankfurt a. M./New York 2005, S. 118–146, hier insb. S. 141.

Mann möglicherweise Zugang zu Geheimakten erhalten haben und deswegen das Interesse östlicher Geheimdienste auf sich gezogen haben könnte.[12]

Rückblickend betrachtete Heinrich Albertz – Sozialdemokrat, zum Zeitpunkt des Skandals West-Berliner Innensenator und später 1966/67 Regierender Bürgermeister – Grolman als „Opfer einer schmutzigen Intrige" im politischen Treibhaus Bonn. Albertz war Grolman seit langem freundschaftlich verbunden, denn im Zweiten Weltkrieg hatte der General den zur Bekennenden Kirche zählenden Pastor vor dem Zugriff der Gestapo geschützt. Umgekehrt hatte nach Kriegsende Albertz – unterdessen Vertriebenenminister in Niedersachsen – dem heimatvertriebenen Ex-General zu einer neuen Karriere in seinem Ressort verholfen, in dem Grolman nach Albertz' Abgang bis zum Staatssekretär aufstieg.[13] Interessant an der Stellungnahme des Spitzenpolitikers zum Grolman-Skandal ist vor allem, dass für den evangelischen Theologen nicht die homosexuelle Beziehung des langjährigen Berufsoffiziers das Skandalon war, sondern dass er Veröffentlichung und politische Instrumentalisierung als eigentlichen Skandal empfand. Auch nach 1961 hielt Albertz freundschaftlichen Kontakt mit dem zur Unperson Gewordenen.[14]

Die Unterstellung homosexueller Neigungen oder gar Handlungen bedeutete für jeden Angehörigen der Bundeswehr und erst recht für einen Offizier – unabhängig davon, ob sie zutraf oder nicht – eine Gefährdung der beruflichen und gesellschaftlichen Stellung. Seit den späten 1970er Jahren wurden Homosexuelle in der Bundeswehr als wehrdiensttauglich eingestuft, doch galt dies nicht für Führungsaufgaben; eine Karriere als Offizier oder Unteroffizier blieb ausgeschlossen oder war – bei nachträglichem Bekanntwerden der sexuellen Orientierung – gefährdet. Nach wie vor entließ die Bundeswehr homosexuelle Berufssoldaten; gleichzeitig wurde behauptet, es interessiere nicht, „was Soldaten privat tun".[15] Wie die Kießling-Affäre zu Bewusstsein bringen sollte, war Letzteres – die Duldung versteckter Homosexualität von Soldaten außerhalb der Kasernen – nicht durchgängig richtig. Denn Homosexualität galt für sämtliche Bundesbedienstete nach den 1971 formu-

---

12 Stefanie Waske, Mehr Liaison als Kontrolle. Die Kontrolle des BND durch Parlament und Regierung 1955–1978, Wiesbaden 2009, S. 234.
13 Heinrich Albertz, Blumen für Stukenbrock. Biographisches, Stuttgart ⁵1981, S. 111.
14 Jacques Schuster, Heinrich Albertz – Der Mann, der mehrere Leben lebte. Eine Biographie, Berlin 1997, S. 32, 148 f. und 246. Im Buch wird Helmuth von Grolman jedoch als „Hartmut von Grolmann" angesprochen. Grolmans Familie scheint ebenfalls zum Skandalisierten gestanden zu haben, jedenfalls wurde 2003 dessen Witwe an der Seite des 1977 Verstorbenen beigesetzt; vgl. https://www.google.de/search?biw=1460&bih=869&tbm=isch&sa=1&ei=611DW7qzEcqdkwWLkKuQBw&q=helmuth+von+grolman+renate+cramon&oq=helmuth+von+grolman+renate+cramon&gs_l=img.3..35i39k1l2.4720.5087.0.5361.2.2.0.0.0.0.136.272.0j2.2.0....0...1c.1.64.img..0.1.135....0.oWHDZ6QgoDs#imgrc=MDCi-vgAN2lcoM: (9.7.2018).
15 Vgl. Kein Platz für Homosexuelle in der Kaserne, in: Stuttgarter Zeitung vom 28.10.1978; Friedrich Kuhn, Eine Männergesellschaft hat ihre Probleme. Homosexuelle in der Truppe müssen ausscheiden, in: Südwest-Presse vom 3.11.1978.

lierten Sicherheitsrichtlinien des Bundesinnenministeriums grundsätzlich als Sicherheitsrisiko, da die homosexuelle Orientierung versteckt werden musste und dadurch der Erpressung durch feindliche Geheimdienste Vorschub leistete. Das bedeutete im Umkehrschluss: Je höher die Position, die ein klandestiner Homosexueller einnahm, desto eher der Generalverdacht, dass er zum Geheimnisverrat gezwungen werden könnte. Zudem entsprach ein homosexueller Soldat nicht dem damaligen Männerbild der Streitkräfte. Homosexuellen wurde nicht nur die grundsätzliche Neigung zur sexuellen Belästigung ihrer Untergebenen unterstellt, sie galten auch als „zersetzend" für den Kampfgeist der Truppe: „Zwar hat die Bundeswehr Ende der siebziger Jahre von der Maxime Abschied genommen, Homosexualität mache von vornherein [...] wehruntauglich. Aber nach wie vor gilt als höchstrichterlich abgesegnete[s] Prinzip, sie gefährde die ‚Mannszucht' und schließe ‚die Eignung eines Soldaten zum Vorgesetzten' aus, weil der dann nämlich seinen Untergebenen als ‚potentiellen Sexualpartner' sehen könnte."[16]

Damals galt in den Streitkräften „ein Urteil des Bundesverwaltungsgerichts", wonach „Homosexuelle nicht als Vorgesetzte geeignet" seien: „Wenn sie denn schon Offiziere sind, leben sie in der ständigen Angst, daß ihre Vorliebe bekannt und ihre berufliche und private Existenz zerstört wird. Dadurch sind sie erpressbar."[17] Homosexualität war das Fremde und Feindliche, das vom militärischen Männerbund unbedingt ferngehalten oder rücksichtslos hinausgedrängt werden musste. Noch 1992 urteilte das Bundesverwaltungsgericht: „In der engen Männergemeinschaft der Bundeswehr können homosexuelle Beziehungen unter keinen Umständen geduldet werden, weil sie zu Absonderung und Gruppenbildung, zu Eifersucht und gegenseitigem Mißtrauen führen und somit die soldatische Gemeinschaft sprengen."[18]

Da half es wenig, wenn die Boulevardpresse das höchstrichterliche Urteil persiflierte, indem sie auf die vielen Beispiele für militärtaugliche Homosexuelle in der Menschheitsgeschichte verwies – von Julius Cäsar über Spartaner und sagenhafte Amazonen bis zum „Alten Fritz", dem mutmaßlich homosexuell veranlagten Preußenkönig Friedrich II.[19] Wichtiger für einen Einstellungswandel in Deutschland waren womöglich Meldungen aus dem führenden NATO-Partnerland. Dort hatte eine vom US-Kongress in Auftrag gegebene Studie die homophobe Politik, die auch im US-Militär immer noch galt, hochgradig in Frage gestellt. Der Studie zufolge kosteten die Fahndung nach Homosexuellen in der US-Armee und deren Entlassungen jährlich etliche Millionen Dollar. Viele Experten glaubten mittlerweile zudem, „daß

---

16 fh, Das Tabu: Bundeswehr und Homosexualität, in: Nürnberger Nachrichten vom 26.1.1984.
17 Hermann Sülberg, Jetzt sind die Schwulen wieder dran, in: stern vom 26.1.1984.
18 Männerliebe gefährdet die Bundeswehr. BVG bestätigt ein Urteil gegen Analverkehr im Dienst, in: taz vom 3.6.1992.
19 Andreas Theyssen, Heißer Tip, in: Abendzeitung vom 1.7.1992.

die Politik des Militärs unbegründet, unfair und kontraproduktiv ist; daß ihr das derzeitige wissenschaftliche Denken jeden Sinn abspricht; und daß sie auf den gleichen Vorurteilen beruht, die früher zur Diskriminierung von Schwarzen und Frauen herangezogen wurden". Nur kurz zuvor hatte im August 1991 das Outing eines hohen Zivilbeamten des Pentagons den republikanischen US-Verteidigungsminister Richard Cheney zu der Bemerkung veranlasst, „das Argument, Homosexuelle seien ein besonderes Sicherheitsrisiko", sei ein alter Hut. Die Zersetzung der Kampfmoral durch Homosexuelle freilich hielt der Politiker weiterhin für eine berechtigte Befürchtung.[20]

Nicht so sehr der Fall Grolman, der zum Zeitpunkt seiner Skandalisierung kein aktiver Offizier mehr gewesen war, spielte im kollektiven Gedächtnis des deutschen Militärs der 1980er Jahre eine Rolle. Auch ranghohe Offiziere wie General Graf Kuno von Moltke, der zu Beginn des 20. Jahrhunderts das prominenteste militärische Opfer des Eulenburg-Skandals geworden war, waren nicht mehr deutlich präsent. Anders verhielt es sich mit Generaloberst Werner von Fritsch, der 1938 wegen angeblicher homosexueller Kontakte mit einem Prostituierten von Hitler aus seinem Amt als Heeresgeneralstabschef entfernt worden war. Der zu Unrecht Beschuldigte hatte in einem Militärgerichtsverfahren seine Rehabilitierung erzwungen, ohne jedoch seine Führungsposition wiedererlangen zu können.[21] Die Parallele zwischen den Fällen Fritsch und Kießling wurde 1984 nicht nur in westdeutschen Medien gezogen, sondern auch von Beobachtern in der DDR, die in der unter dem Vorwand der Homosexualität erfolgten Entmachtung der beiden Generäle dieselbe Grundentscheidung der jeweiligen Machthaber für einen Angriffskrieg witterten.[22] Das Hamburger Magazin „Der Spiegel" wiederum erinnerte daran, „wie die Obrigkeit von alters her Homosexuelle in Uniform bekämpfte", und zog eine lange Skandalkette von Eulenburg über Redl und Röhm bis zu Fritsch. Der Militärhistoriker Franz Seidler wurde als „Kenner" zitiert: „Wohl keine Armee der Welt war wohl so besessen von der Schädlichkeit der Männerbeziehungen wie die Wehrmacht im Dritten Reich." Und die „Spiegel"-Redaktion schloss die Frage an: „Hat die Bundeswehr daraus gelernt?"[23]

Einen anderen Ansatz zur Geschichte der Skandale wählte in der Hamburger Wochenzeitung „Die Zeit" Theo Sommer, der ein Plädoyer „zur Ehrenrettung der Skandale" formulierte, da er in den zahlreichen „Bonner Affären" stets auch „Chan-

---

20 Teure Jagd auf Homosexuelle. US-Studie rügt die Armee. Entlassungen kosten Millionen, in: Frankfurter Rundschau vom 22.6.1992.
21 Koch, Sexuelle Denunziation, S. 35–46.
22 Vgl. Michael Schwartz (Hrsg.), Ernst Schumacher – ein bayerischer Kommunist im doppelten Deutschland. Aufzeichnungen des Brechtforschers und Theaterkritikers in der DDR 1945–1991, München 2007, S. 545–554.
23 „Schwule wie die Brennesseln entfernen". Wie die Obrigkeit von alters her Homosexuelle in Uniform bekämpft, in: Der Spiegel vom 16.1.1984.

cen demokratischer Selbstreinigung" erblickte. Für Sommer war „der Skandal [...] eine nützliche Einrichtung", denn er lasse „uns wach werden, wo wir vielleicht lasch geworden sind", und schärfe „unsere Maßstäbe". Anders als „Der Spiegel" hatte der „Zeit"-Autor nicht nur Homosexuellen-Skandale im Sinn – sonst wäre womöglich sein Urteil nicht so versöhnlich ausgefallen. Die abgeklärt-allwissende Attitüde der von Sommer gewählten Perspektive erwies sich letztlich als urteilslos. Sommer zitierte Christian Schütze, der zwei Jahrzehnte zuvor (1967) ein Buch über „Die Kunst des Skandals" geschrieben habe: „Wer den großen Skandal betrachtet, empfindet Vergnügen und Schauder; wer ihn betreibt, braucht Nerven und altert; wer ihn erleidet, der wird verwandelt; wer ihn übersteht, bleibt gezeichnet." Der Liberale Sommer hatte dem nur hinzufügen: „Wohl wahr. Und es wird sich auch jetzt wieder bewahrheiten."[24]

Anders ging zur selben Zeit der Journalist und ehemalige Fremdenlegionär Peter Scholl-Latour im linksliberalen „stern" an das Thema heran. Scholl-Latour leitete seine historischen Reminiszenzen mit der Bemerkung ein, die „Hetzjagd gegen Kießling" werde „sogar schon mit der Dreyfus-Affäre verglichen". Doch das eigentliche, für Scholl-Latour schwer erträgliche Skandalon bestand in den „Reminiszenzen aus dem Dritten Reich", der Analogie zum Fall des Generalobersten von Fritsch: „Die jetzige deutsche Demokratie, das wird hier deutlich, trägt immer noch an ihrer schrecklichen Bürde". Im Fall Kießling hätte deshalb das Bundesverteidigungsministerium besonders behutsam vorgehen müssen, „verknüpft sich doch mit der Verdächtigung der – seit 15 Jahren straffreien – Homosexualität auch die Erinnerung an jenes rosa Dreieck, das in den KZs den Schwulen auf die Zebra-Uniform genäht wurde und sie den widerlichsten Schikanen ihrer Schergen aussetzte".[25]

Parallelen zur Fritsch-Affäre zu ziehen lehnte General Kießling persönlich übrigens ab: Die Bundesrepublik sei ein Rechtsstaat, die damaligen Umgangsformen seien daher für ihn nicht vorstellbar.[26] Zu den kategorialen Unterschieden gehörte auch Kießlings Schritt in die Medienöffentlichkeit einer Demokratie, der dem Generalobersten seinerzeit unmöglich gewesen war – und den dieser selbst womöglich auch dann als unmöglich betrachtet hätte, wenn er möglich gewesen wäre. Kießling hingegen ging am 8. Januar 1984 zu einer „Medienkampagne" über, indem er der „Welt am Sonntag" ein ausführliches Interview gab. Dieser Schritt des bis dahin in der Öffentlichkeit unbekannten Generals war „bemerkenswert" und erfolgte auf Anraten des „Welt"-Chefredakteurs Claus Jacobi, der ihn zur „Flucht nach vorn" gedrängt hatte.[27] Damit veränderte sich der Umgang der gesamten Generalität mit der

---

24 Theo Sommer, Zur Ehrenrettung der Skandale. Die Bonner Affären: Chancen demokratischer Selbstreinigung, in: Die Zeit vom 27.1.1984.
25 Peter Scholl-Latour, Eine tiefe Verwundung, in: stern vom 26.1.1984.
26 Möllers, Die Kießling-Affäre 1984, S. 534.
27 Ebenda, S. 531 und 533.

Medienöffentlichkeit schlagartig. Wenn auch die Mehrheit der Bundeswehrgeneräle zum Fall Kießling weiterhin betreten schwieg, solidarisierte sich doch Kießlings Vorgänger als stellvertretender europäischer NATO-Oberbefehlshaber, General a. D. Gerd Schmückle, wiederholt mit dem Angeprangerten in der Medienöffentlichkeit. Dies wiederum bewirkte „scharfe Kritik" eines Granden der Gründungszeit der Bundeswehr, General a. D. Johann Adolf Graf von Kielmansegg, wie die „Frankfurter Allgemeine" am 26. Januar 1984 berichtete: Demnach griff Kielmansegg Schmückle vehement als geltungssüchtig und pflichtvergessen an. Schmückle berufe sich auf seine Eigenschaft als Staatsbürger und vergesse völlig, dass er sich als General seinem Minister gegenüber anständig zu verhalten habe.[28] Kurz zuvor hatte Ex-General Schmückle wesentlich dazu beigetragen, dass eine Sendung des „ARD-Brennpunkt" am 18. Januar 1984 für den Minister zum Desaster geworden war. Denn statt des ursprünglich vorgesehenen Moderators Friedrich Nowottny war plötzlich der als links geltende Gerd Ruge angetreten, und statt auf wohlgesonnene Verteidigungspolitiker wie Erwin Horn (SPD) und Uwe Ronneburger (FDP) und auf seinen medialen Verbündeten Karl Feldmeyer von der „Frankfurter Allgemeinen" zu treffen, hatte sich der wankende Ressortchef mit dem ehemaligen SPD-Bundesjustizminister Gerhard Jahn und dem extrem kritisch argumentierenden Gerd Schmückle konfrontiert gesehen.[29] Ironischerweise musste nun aber auch jener Ex-General, der einem anderen Ex-General das Wirken in der Medienöffentlichkeit verübelte, selbst den Weg in die verpönte Medienwelt antreten. Und es mutete seltsam an, dass Graf Kielmansegg jene kritisierte, die Kießling in der Not öffentlich beistanden – obwohl er doch selbst „im Jahre 1938 – damals an der Kriegsakademie in Berlin, die entwürdigenden Umstände der Entlassung seines Onkels, des Generalobersten von Fritsch, beinahe hautnah miterlebt" hatte.[30]

Auf das neue Agieren von Generälen in der Öffentlichkeit hatte diese prompt reagiert – nicht nur die ARD durch Nutzung des bereitwilligen Wörner-Kritikers Schmückle. Auch Schmückle-Kritiker Kielmansegg fand ein geeignetes Forum. Der Militärhistoriker Heiner Möllers vermutet, es habe damals eine Achse zwischen dem Kießling-feindlichen Ex-General und dem Bonner FAZ-Korrespondenten Karl Feldmeyer gegeben, dessen Blatt als „einzige der auflagenstarken überregionalen Zeitungen" in der Affäre kontinuierlich zu Wörner stand.[31] Hingegen attackierte die konservative „Deutsche Tagespost" aus Würzburg zwar einen weiteren Ex-General – den unterdessen als Grünen-MdB agierenden Gert Bastian –, aber nur deshalb, weil ein General einen anderen (also Bastian Kießling) nicht überzeugend verteidigen

---

28 Scharfe Kritik an Schmückle. Graf Kielmansegg äußert sich zur Affäre Kießling, in: Frankfurter Allgemeine Zeitung vom 26.1.1984.
29 Möllers, Die Kießling-Affäre 1984, S. 544 f.
30 Dieter E. Kilian, Elite im Halbschatten. Generale und Admirale der Bundeswehr, Bielefeld 2005, S. 298.
31 Möllers, Die Kießling-Affäre 1984, S. 542 f.

könne, wenn er ansonsten seine ganze Armee-Vergangenheit verleugne. Dieses Problem hatte Ex-General Schmückle aus Sicht der „Tagespost" aber gerade nicht: Wohlwollend wurde berichtet, Schmückle habe seinen Kritiker Kielmansegg im Rundfunk gefragt, wie dieser es denn mit dem Ziel des Staatsbürgers in Uniform halte. „Damit war das Stichwort gefallen, das den Fall Kießling kennzeichnet: Weder ist Kießling anfangs als Staatsbürger in Uniform behandelt worden, noch hat ein Teil der Generale begriffen, welche Rechte einem Soldaten in seiner Eigenschaft als Bürger in Uniform zustehen. Dieser Skandal [...] hat viele Schwächen des Verteidigungsministeriums aufgedeckt. Darunter die, daß die Thesen der Inneren Führung nicht Wirklichkeit wurden, sondern Anspruch geblieben sind."[32]

In der Frage, ob die Entlassung des als homosexuelles Sicherheitsrisiko verdächtigten Generals berechtigt gewesen sei, funktionierte die kritische Medienöffentlichkeit der Bundesrepublik erstaunlich rasch. Schon am 13. Januar 1984 brachte die Wochenzeitung „Die Zeit" einen ganzseitigen Beitrag von Nina Grunenberg zur Affäre: „So jäh verblaßten die vier Sterne". Dieser mündete in die kritische Frage: „Werden die Ermittlungen [...] so harte Fakten zutage fördern, daß sie der forensischen Brillanz des Bonner Rennomieranwalts Redeker standhalten, der Kießling juristisch vertritt? Mit einem Wort: Haben die Behörden – und auch die einschlägigen Dienste – saubere, gerichtsfeste Arbeit geleistet?" Kurz darauf erschien das Magazin „Der Spiegel" mit einem Kießling-Interview und einem bemerkenswert scharfen Augstein-Kommentar, der gegen die „Vorhinrichtung" des Generals durch das Ministerium Stellung bezog. Zu diesem Zeitpunkt hatte der Kölner „Expreß" am 13. Januar bereits einen angeblichen Doppelgänger Kießlings präsentiert, der tatsächlich – freilich als untergeordneter ziviler Bundeswehrmitarbeiter – in der Kölner Homosexuellenszene unterwegs gewesen und mit dem der NATO-General vom MAD offenbar verwechselt worden sei: „Express enthüllt: General: Es war ein Doppelgänger! Er heißt Jürgen und ist Wachmann beim Bund. Stürzt Wörner?" Am 20. Januar 1984 schließlich – dem Tag, an dem Wörner den Schweizer Homosexuellen-Aktivisten Alexander Ziegler als vermeintlichen Hauptbelastungszeugen Kießlings auf der Hardthöhe empfing – schlug die Affäre schließlich „vollkommen zugunsten Kießlings" um.[33]

Die mediale Konfliktdynamik in der nunmehrigen Wörner-Kießling-Affäre war folglich rasant. Der Soziologe Rainer Mathes hat 1989 eine Halbjahres-Analyse von vier überregionalen Zeitungen (Welt, Frankfurter Allgemeine, Süddeutsche, Frankfurter Rundschau) und des Magazins „Der Spiegel" vorgenommen, die ein breites

---

32 Adelbert Weinstein, Gefahr einer Staatskrise droht. Wie der Fall Kießling zur Affäre Wörner wurde, in: Deutsche Tagespost (Würzburg) vom 3.3.1984.
33 Möllers, Die Kießling-Affäre 1984, S. 535 f. und 539. Laut Reichardt, Hardthöhe Bonn, S. 112, war die Geschichte des Kießling-Doppelgängers vom homosexuellen „Milieu" in Köln erfunden worden, obschon es besagten Bundeswehr-Wachmann tatsächlich gegeben habe.

publizistisches Spektrum abdeckten und von denen drei „eine Meinungsführer-Position im Mediensystem" besaßen (SZ, FAZ, Spiegel). Zudem wertete er die Fernseh-Nachrichtenmagazine „Tagesthemen" (ARD) und „heute journal" (ZDF) sowie alle politischen Magazine beider Sender aus. Dabei kam Mathes zu dem Resultat, dass im ersten Halbjahr 1984 „insgesamt 810 Beiträge mit 6387 wertenden Aussagen über den Konflikt und die Konfliktparteien" gemacht wurden. Besonders in den ersten drei Wochen des Januar 1984 sei ein sprunghafter Anstieg der Berichterstattung erfolgt. Dabei hätten „die untersuchten Massenmedien [...] dem Konflikt in dieser Phase eine völlig außergewöhnliche Beachtung" geschenkt: In der dritten Konfliktwoche hätten sämtliche Tageszeitungen im Durchschnitt drei bis vier Artikel pro Ausgabe zum Thema publiziert, die FAZ einmal sogar sieben Artikel. Eine ähnlich hohe mediale Bedeutung wie die Skandal-Berichterstattung hätten zur selben Zeit nur der Deutschland-Besuch des US-Präsidenten Reagan und das Genfer Gipfeltreffen zwischen Reagan und dem sowjetischen Parteichef Gorbatschow gewinnen können. Qualitativ beobachtete Mathes im medialen Skandal eine rasante Verlagerung der Konfliktthemen: Sei es zuerst um die unterstellte Homosexualität des Generals gegangen, sei alsbald die Frage in den Vordergrund gerückt, ob der Verteidigungsminister „sorgfältig geprüft und richtig entschieden" habe. Sodann seien die gesamte Bundesregierung und auch Kanzler Kohl ins Blickfeld der Medien gerückt, die in der Endphase des Skandals dann die Arbeit des MAD unter Beschuss genommen hätten – „während General Kießling, von dem der Konflikt seinen Ausgang genommen hatte, praktisch keine Rolle mehr spielte".[34]

Mit einer zunehmend negativen Charakterisierung Wörners war es den beiden führenden linken Tageszeitungen (Frankfurter Rundschau und Süddeutsche Zeitung) sowie der ARD laut Mathes gelungen, „einen deutlichen Meinungstrend" zu bestimmen, dem auch die konservativen Zeitungen „Frankfurter Allgemeine" und „Die Welt" sowie das unionsnahe ZDF nach etwa vierzehn Tagen gefolgt seien. Dabei sei der Konflikt „neu definiert und damit neu bewertet" worden: Der unter Beweisdruck gesetzte Minister habe bei seinen Rechtfertigungsversuchen den „entscheidenden Fehler" gemacht, „sich mit dubiosen und unglaubwürdigen ‚Zeugen' aus Homosexuellen-Kreisen" zu treffen. „Dies war mit einem drastischen Meinungswandel der konservativen Medien verbunden", so Mathes, die auf die von linker Seite vorgegebene negative Beurteilung Wörners eingeschwenkt seien: „Das Treffen mit den angeblichen Zeugen besaß somit eine Schlüsselrolle für den Konfliktverlauf."[35]

---

[34] Rainer Mathes, Medienwirkung und Konfliktdynamik in der Auseinandersetzung um die Entlassung von General Kießling. Ein Fallstudie und ein Drei-Ebenen-Modell, in: Max Kaase/Winfried Schulz (Hrsg.), Massenkommunikation. Theorien, Modelle, Befunde, Opladen 1989, S. 441–458, hier insb. S. 443, 445 f. und 448.
[35] Ebenda, S. 450 f.

Zugleich zeitigte der Medienskandal bedenkliche Nebenwirkungen. Oberst Jürgen Reichardt, der Sprecher des Bundesverteidigungsministeriums, erinnerte sich mit Blick auf die Presseberichterstattung des Januars 1984 nicht nur an „skeptische Analysen" oder „scharfsinnige Fragen", sondern berichtete auch von „haltlosen Spekulationen und hemmungslosen Phantasien": „Vom ‚Tanz in Frauenkleidern' war die Rede, von anrüchigen Lokalen in Köln, Essen, Düsseldorf oder Berlin, von Exzessen, von Geheimdiensten und Agenten, von kompromittierenden Fotos. An der Spitze der ‚Kölner Express', der sich später zum Beschützer des Entrechteten aufspielen sollte." Währenddessen brachte das höchst einflussreiche Boulevardblatt „Bild" die ebenso skandalöse wie entwürdigende „‚Bademantel'-Geschichte" mit der dubiosen, Kießling der Homosexualität bezichtigenden Aussage eines hohen Militärarztes. Oberst Reichardt erinnerte sich auch an eine parallele nichtöffentliche Denunziationswelle gegen Kießling. Diesem einst unterstellt gewesene Offiziere hätten im Ministerium angerufen und den General a. D. als homosexuell bezeichnet: „Hat er nicht sogar das Duschen beaufsichtigt?" Die Frau eines früheren Staatsanwalts habe dem Ministerium gemeldet, ihr Mann habe einst im Fall einer geheimen Homosexuellen-Organisation namens „Club 7" ermittelt, deren Erkennungszeichen spezielle Krawatten mit der Ziffer 7 gewesen seien; genau eine solche Krawatte trage Kießling ständig bei seinen Fernsehinterviews. Reichardt zufolge war ein Teil dieser Vorwürfe überprüft und als absolut haltlos festgestellt worden. So sei Kießling, anders als von manchen behauptet, „nie in der SS gewesen". Und: „Auf seiner Krawatte war keine 7, sondern ein Wikingerbeil, welches das Wappen der damaligen ‚NORTHAG' war, einer NATO-Kommandobehörde, von der er die Krawatte auch hatte."[36]

Während viele Medien im Zuge der Affäre zu Kritikern des Bundesverteidigungsministers wurden, verteidigte die FAZ beharrlich die Richtigkeit der Kießling-Entlassung durch Wörner: Der Verdacht, dieser könne ein homosexuelles Sicherheitsrisiko sein, habe die Entlassung zwingend gemacht. FAZ-Mitherausgeber Fritz Ullrich Fack lenkte die Beweislast zunächst von Wörner auf Kießling, was allerdings juristisch nicht tragfähig war. Um Wörner weiter verteidigen zu können, musste selbst die FAZ alternative Schuldige für das zu Tage tretende Chaos präsentieren – zuerst Staatssekretär Hiehle, der als einst von der SPD geförderter Spitzenbeamter leichten Herzens geopfert werden konnte, sodann den MAD, dessen unzureichendem Material der Minister habe Glauben schenken müssen.[37]

Im Fall Kießling hatten die in der Tat abgrundtief dilettantisch betriebenen Ermittlungen des „Militärischen Abschirmdienstes" (MAD) und der Amtshilfe leistenden Kölner Kriminalpolizei bis September 1983 zu der Auffassung geführt, der Vorwurf homosexueller Kontakte sei zutreffend. Der Leiter des MAD informierte Verteidigungsminister Wörner, der den ihm seit Jahren persönlich bekannten Gene-

---

[36] Reichardt, Hardthöhe Bonn, S. 70, 85, 110 f. und 152.
[37] Möllers, Die Kießling-Affäre 1984, S. 542 f.

ral mit den Vorwürfen konfrontierte. Kießling bestritt vehement, ein Homosexueller zu sein, und gab dem Minister sein Ehrenwort. Thomas Ramge kommentierte: „Der Begriff – 1983 noch nicht durch die Barschel-Affäre diskreditiert – hatte unter Militärs der alten Schule großes Gewicht. Kießling war sich der historischen Dimension wohl bewusst: Preußische Offiziere griffen zur Pistole, wenn ein ‚Ehrenwort' nicht standhielt." Der Minister erklärte dem General zwar, ihm persönlich zu glauben, ihn aber dennoch nicht im Amt belassen zu können. Doch zunächst beschloss man einvernehmlich einen ehrenvollen Abschied in den vorgezogenen Ruhestand für Ende März 1984. Noch glaubten beide Seiten, die Affäre „möglichst geräuschlos aus der Welt" schaffen zu können.[38]

Im Dezember 1983 aber hatte sich der Minister plötzlich umentschieden – offenbar von seinem höchsten zivilen Untergebenen, Staatssekretär Hiehle, unter Druck gesetzt.[39] Der Abschlussbericht des MAD hatte Kießling scheinbar eindeutig der Homosexualität überführt.[40] Wörner ordnete nun an, den General unverzüglich bereits zum Jahresende und ohne militärische Ehren in den Ruhestand zu versetzen. Kießling musste diesen demütigenden Schritt hinnehmen, beantragte jedoch zur Aufklärung aller gegen ihn gerichteten Vorwürfe unverzüglich ein Disziplinarverfahren gegen sich selbst. Dieses rechtsstaatliche Verfahren brachte – wie schon 1938 im Fall Fritsch – nunmehr die Ankläger in Beweisnot. Da das Verteidigungsministerium über keine stichhaltigen Beweise verfügte, griffen Wörner und sein Umfeld zu immer dubioseren Mitteln, um mit Hilfe von Belastungszeugen aus der rheinischen und schweizerischen Homosexuellen-Szene Belastungsmaterial gegen den General erlangen zu können.

Damit entwickelte sich der Fall zu jener „Schmierenkomödie", die den Ruf des Verteidigungsministers schwer beschädigte und die „Affäre Kießling" zu einer „Affäre Wörner" werden ließ.[41] Nach einigen Wochen veranlasste Bundeskanzler Kohl den Justitiar der Unionsfraktion, Paul Mikat, zu diskreten Verhandlungen mit Kießling über dessen gütliche Rehabilitierung und nahm damit dem Verteidigungsminister das Heft aus der Hand. Zugleich aber nahm Kohl das Rücktrittsangebot Wörners nicht an, weil dadurch auch die Koalition mit der FDP ins Rutschen hätte

---

38 Ramge, Die großen Polit-Skandale, S. 180–183; Klaus Dreher, Helmut Kohl. Leben mit Macht, Stuttgart 1998, S. 333–335; Günter Kießling, Versäumter Widerspruch, Mainz 1993, S. 334 und 413–416.
39 Zur Rolle Hiehles vgl. Dreher, Helmut Kohl, S. 335 und 337.
40 Möllers, Die Kießling-Affäre 1984, S. 525, betrachtet Hiehle als hauptverantwortlich für die vorgezogene Entlassung Kießlings, denn alle Untergebenen hätten nicht dafür optiert, seien aber Konflikten aus dem Weg gegangen. Offenkundig habe die Erwähnung von – faktisch nie erfolgten – Ermittlungen des LKA Nordrhein-Westfalen gegen Kießling im MAD-Abschlussbericht Wirkung entfaltet.
41 Andreas Wirsching, Abschied vom Provisorium. Geschichte der Bundesrepublik Deutschland 1982–1990, München 2006, S. 60 und 63.

kommen können, deren in Parteienfinanzierungsskandale verwickelter Bundeswirtschaftsminister Otto Graf Lambsdorff dann ebenfalls seinen Hut hätte nehmen müssen. Der Militärhistoriker Heiner Möllers: „Die Parallelität dieser beiden Skandale wurde bislang kaum untersucht."[42] Doch obwohl der Minister am Ende den General öffentlich rehabilitieren musste, blieb der Ruf Kießlings zwangsläufig „schwer beschädigt"[43], wenn nicht „ruiniert".[44] Für den Rest seines Lebens blieb er jener General, den man der Homosexualität bezichtigt hatte. Bundespräsident Karl Carstens (CDU), der Kießling binnen weniger Monate zuerst hatte entlassen, dann wieder einsetzen und schließlich erneut entlassen müssen, zählte den Abschiedsbesuch des Generals im März 1984 rückblickend zu den „am meisten bedrückenden Gesprächen", die er je geführt hatte.[45]

Bald nach Neujahr 1984 war die Entlassung Kießlings in die Medien geraten. Als erste meldete am 5. Januar 1984 die „Süddeutsche Zeitung" die Personalentscheidung Wörners, am Abend desselben Tages war in der ARD-Tagesschau kryptisch vom „Verdacht auf Sicherheitsrisiko" die Rede, und am nächsten Tag ließ das Boulevardblatt „Bild" die Katze aus dem Sack: „Homosexualität? – Hoher deutscher General gestürzt". Daraufhin versicherte Kießling öffentlich, keinesfalls homosexuell zu sein, während sich Wörner zu der unhaltbaren Aussage verstieg, bei den Vorwürfen sei „jeder Irrtum ausgeschlossen".[46] Einige Wochen später behauptete derselbe Minister plötzlich im Bundestag, er „habe General Kießling nicht wegen Homosexualität in den einstweiligen Ruhestand geschickt" und er habe niemals „die Behauptung der Homosexualität" erhoben. Als der Grünen-Abgeordnete und frühere Generalmajor der Bundeswehr Gert Bastian an den Vorwurf Kießlings erinnerte, Wörner habe ihn im September 1983 mit dem Vorwurf konfrontiert, „sich in der Homoszene zu bewegen", gab es Zurufe aus der Unionsfraktion: „Das ist ein Unterschied!" Auch SPD-Abgeordnete setzten in der Fragestunde des Bundestages am 20. Januar 1984 Minister Wörner unter Druck, doch am deutlichsten wurde der Grünen-Abgeordnete Roland Vogt, der an die in einer Pressekonferenz gestellte Frage eines Journalisten erinnerte, „ob hinter der ganzen Angelegenheit möglicherweise doch eine hochgradige Verratsgeschichte stünde". Diese Frage sei verneint worden, so Vogt, doch er sei davon überzeugt, dass es in der Tat um Verrat gehe: „Aber ich meine, es handelt sich um eine hochgradige Verratsgeschichte völlig anderer Art,

---

42 Möllers, Die Kießling-Affäre 1984, S. 541 und 549.
43 Eckart Conze, Die Suche nach Sicherheit. Eine Geschichte der Bundesrepublik Deutschland von 1949 bis in die Gegenwart, München 2009, S. 594.
44 Edgar Wolfrum, Die geglückte Demokratie. Geschichte der Bundesrepublik Deutschland von ihren Anfängen bis zur Gegenwart, Stuttgart 2006, S. 362.
45 Dreher, Helmut Kohl, S. 344. Zur erst mit Abstand zur Affäre gewachsenen kritischen Sicht des Bundespräsidenten vgl. Tim Szatkowski, Karl Carstens. Eine politische Biographie, Köln u. a. 2007, S. 328.
46 Ramge, Die großen Polit-Skandale, S. 186 f.

nicht im militärischen Bereich, sondern um einen Verrat an der *Menschenwürde*, um einen Anschlag auf den gesunden Menschenverstand und auf das Anstandsgefühl." Unter dem Beifall der Opposition fügte Vogt hinzu, bei der „Selbstverteidigung für einen Minister" bleibe „die Menschenwürde eines Generals oder überhaupt eines Bundesbürgers [...] auf der Strecke".[47]

In der linksliberalen „Frankfurter Rundschau" wurde die Frage gestellt, was denn mit einem einfachen Soldaten geschehen könnte, wenn der Minister schon mit einem General derart verfahre und seine Sorgfaltspflicht so eklatant verletze. Für General Kießling sei das Ganze ein echtes persönliches Drama. „Und ganz nebenbei wird ein Stück liberaler Bewußtseinsbildung zertrümmert, die sich seit vielen Jahren darum bemüht hat, die alte Spießerweisheit aus der Welt zu schaffen, Homosexualität sei nichts anderes als ein Nährboden für Kriminalität."[48] Die Hamburger „Zeit" zog einen Vergleich zwischen Kießling-Affäre und Fritsch-Affäre 1938 – nachdem bereits ein Kießling unterstützender Ex-General in einem Brief an Bundeskanzler Kohl von einem „Fall Generaloberst von Fritsch im Rechtsstaat" gesprochen hatte.[49] Die „Zeit"-Redaktion beschlich am rechtsstaatlichen Charakter des Regierungsvorgehens hingegen Zweifel: Man hielt nicht nur die Parallelen zur Fritsch-Affäre für „geradezu tragikomisch verblüffend". Man betonte auch einen „große[n] Unterschied: Die Affäre Fritsch spielte sich in einem Unrechtsstaat ab – wir aber leben in einem Rechtsstaat. Da berührt es schon merkwürdig, was unter der Hitler-Diktatur dennoch möglich war." Denn der Anwalt des Wehrmachts-Generalobersten habe unverzüglich die Akten des Verfahrens einsehen dürfen, was dem Anwalt des Bundeswehr-Generals Kießling nach wie vor als „Geheimsache" verwehrt werde. Und binnen fünf Wochen sei Fritsch rehabilitiert gewesen, während sich die Affäre im demokratischen Rechtsstaat bereits Monate lang hinziehe. Aus alledem zog „Die Zeit" kritisch den Schluss, dass Kießling derzeit „ein Recht verwehrt" werde, „das jedem Bürger in diesem Staate zusteht".[50]

Wenig zimperlich war der Großteil der deutschen Medienlandschaft bei der Beschreibung der in den Skandal involvierten Homosexuellen, die demnach sämtlich aus dem Kriminellen- oder Prostituiertenmilieu zu stammen schienen. Die Presse attackierte inhaltlich berechtigt, aber oft mit homophoben Untertönen die Glaubwürdigkeit jener Belastungszeugen, die Wörner zum Teil persönlich zum Gespräch empfangen hatte. „Frappierend" ist für Norman Domeier „in diesem Fall nach wie vor die Eigendynamik, die von der Boulevardpresse erzeugt wurde". Deren sexuelle Denunziationen hätten sich „gegen alle möglichen Politiker richten" können, und vor

---

[47] Deutscher Bundestag, 10. Wahlperiode, Plenarprotokoll 10/48, Stenographischer Bericht der 48. Sitzung vom 20. Januar 1984, S. 3439, 3443, 3446 und 3450.
[48] Werner Holzer, Bonner Schmierentheater, in: Frankfurter Rundschau Nr. 22 vom 26.1.1984, S. 3.
[49] Zitiert nach Kießling, Versäumter Widerspruch, S. 423.
[50] Erwin Brunner/Karl-Heinz Janßen, Die schmutzige Schlacht, in: Die Zeit Nr. 4 vom 20.1.1984, S. 9–11.

allem habe „Bild" als auflagenstärkste Zeitung der Bundesrepublik „immer noch darauf vertrauen" können, „dass in der Bevölkerung die Verächtlichmachung von Homosexuellen als ‚Homos' und die Grundannahme, sie verkehrten durchweg im kriminellen Milieu und stellten in verantwortlichen Positionen automatisch ein Sicherheitsrisiko für den Staat dar, auf breite Zustimmung stoßen würde".[51]

Das ist tendenziell richtig beobachtet, lässt sich jedoch nicht nur auf die Boulevard-Presse beziehen. Auch der gehobene Journalismus lieferte Beschreibungen der homosexuellen Belastungszeugen, die in ähnliche Richtungen führten. Im Wochenmagazin „Die Zeit" war die Rede von der „Homo-Szene", vom „‚Tom-Tom'-Wirt und seinen schicken Schankburschen", von „Strichjungen" und „Edelstricher[n]", ergänzt um den Hinweis, dass zwar der Minister all diese Leute für „gute Zeugen" halte, dass jedoch kurz zuvor dessen „Pressesprecher Bonner Journalisten zu verstehen gegeben" habe, „durch die Bank seien alle, die solche Lokale aufsuchten, irgendwie polizeibekannt, will sagen: kriminell".[52] Der Chefredakteur der „Frankfurter Rundschau", Werner Holzer, attackierte Wörner und dessen Ministerium, in einem „Schmierentheater" geradezu „in jedem Dreckhaufen" herumzuwühlen, in der Hoffnung, doch noch etwas gegen den voreilig entlassenen General zu finden.[53] Dieselbe Zeitung druckte das Tondbandprotokoll eines Prostituierten ab, um „zu verdeutlichen, in welchen Schlamm sich Wörner begeben hat".[54]

Besondere Furore machte es, als bekannt wurde, dass Wörner auf der Hardthöhe den homosexuellen Schriftsteller Alexander Ziegler zu einem mehrstündigen Gespräch empfangen hatte. Es war Ziegler, der Wörner die Kießling angeblich belastenden Tonbandprotokolle offeriert hatte.[55] Dieser wegen homosexueller Kontakte zu Jugendlichen in der Schweiz vorbestrafte Schauspieler und Autor hatte in den 1970er Jahren in der Bundesrepublik eine gewisse Berühmtheit in den linksliberalen Medien erlangt – zunächst als erfolgreicher Chefredakteur der bekanntesten deutschen Homosexuellen-Zeitschrift „Du & ich", dann als Drehbuchautor des von Bernd Eichinger produzierten und von Wolfgang Petersen für das öffentlich-rechtliche Fernsehen verfilmten TV-Dramas „Die Konsequenz". Die Ausstrahlung dieses Fernsehfilms über eine homosexuelle Liebe zwischen einem Erwachsenen und einem Jugendlichen, die durch Staat und Gesellschaft zerstört wird, durch die ARD wurde 1977 infolge des Boykotts des Bayerischen Rundfunks zum Politikum.[56] Der einstige emanzipatorische Medienheld verwandelte sich jedoch 1984 durch seine (in der Tat dubiose) Rolle in der Wörner-Kießling-Affäre in einen verachteten Outcast.

---

51 Domeier, Die sexuelle Denunziation, S. 109f.
52 Erwin Brunner/Karl-Heinz Janßen, Die schmutzige Schlacht, in: Die Zeit Nr. 4 vom 20.1.1984, S. 9–11.
53 Werner Holzer, Bonner Schmierentheater, in: Frankfurter Rundschau Nr. 22 vom 26.1.1984, S. 3.
54 Herrn Wörners Zeuge, in: Frankfurter Rundschau vom 26.1.1984.
55 Möllers, Die Kießling-Affäre 1984, S. 540.
56 Vgl. Schwartz, „Warum machen Sie sich für die Homos stark?", S. 66f., 80f. und 83–85.

Denn die Presse entlarvte Ziegler umgehend als zwischenzeitlich überführten Erpresser des österreichischen Außenministers Willibald Pahr, dem er einige Jahre zuvor auf ähnliche Weise Homosexualität unterstellt hatte wie nun Kießling.[57] Wörners Sprecher Reichardt musste späterhin das Versagen seines Ministeriums einräumen: Nach dem Treffen Wörners mit Ziegler habe die Presse eine Menge über dessen dubiosen Hintergrund ausgebreitet. „Nur bei uns hatte niemand einen Argwohn gehabt. Diese Welt war unseren Beamten einfach zu fremd."[58] Noch in der Entschuldigung schwang der Abscheu mit gegen „diese Welt".

Tatsächlich verwies die „Frankfurter Rundschau" auf leicht zu recherchierende „Affären" des „sonderbaren Gewährsmanns" Wörners: „Was auch Abgeordnete der Union nun vollends am Verstande ihres einst hoffnungsvollen Verteidigungsministers zweifeln" lasse, sei „der untaugliche Versuch Wörners, mit Hilfe des schweizerischen Homo-Schriftstellers und Schauspielers Alexander Ziegler" Belastungsmaterial gegen Kießling zu erlangen. Nicht nur seien die angeblichen Beweise ebenso dünn wie „ekelerregend" – so das Verdikt des Ex-Generals Schmückle. Auch die Glaubwürdigkeit Zieglers sei vom Ministerium vorab nicht geprüft worden, obwohl dieser als „windiger Zeitgenosse" von jedem Pressearchiv hätte entlarvt werden können. Nicht Wörners Sicherheitsapparat, sondern erst eine Sekretärin des Bundestages habe in dessen Presseausschnittssammlung eine alte Geschichte über Ziegler gefunden, wonach dieser behauptet hatte, ein prominenter CDU-Bundestagsabgeordneter habe ihm sehr viel Geld angeboten, wenn seine homoerotischen Kontakte nicht in Zieglers Schlüsselroman „Die Konsequenz" offengelegt würden.[59] Die Münchner „Abendzeitung" war eine weitere Stimme, die Wörners Kronzeugen als „Skandalbruder erster Güte" bezeichnete, der durch frühere haltlose Anschuldigungen – insbesondere gegen den österreichischen Außenminister – völlig unglaubwürdig geworden sei: „Den Zeitungen genügte ein Blick in die Archive. Wörners Geheimdienst und der Riesenapparat seines Ministeriums waren indes nicht in der Lage herauszufinden, daß man diesen Zeugen nicht einmal mit der Beißzange anfassen darf."[60] Mit der „Beißzangen"-Metapher wurde dem Homosexuellen die bürgerliche Wertschätzung abgesprochen, und Ziegler geriet auf ähnlich randständiges Terrain wie einst Ernst Röhm, dem der spätere Reichskanzler Kurt von Schleicher die Wohlanständigkeit abgesprochen hatte mit der Bemerkung, er würde ihn „am liebsten, statt ihm die Hand zu geben, nur mit der Zange anfassen".[61]

---

57 Möllers, Die Kießling-Affäre 1984, S. 540.
58 Reichardt, Hardthöhe Bonn, S. 133.
59 Eghard Mörbitz, Schon ein Ortsgespräch hätte den „Zeugen" entlarvt. Minister Wörner und die Affären seines sonderbaren Gewährsmanns aus der Schweiz, in: Frankfurter Rundschau Nr. 22 vom 26.1.1984, S. 3.
60 Ernst Fischer, Minister im Beweis-Elend, in: Abendzeitung vom 26.1.1984.
61 Brüning, Memoiren, S. 473.

Die einst von Ziegler geleitete Homosexuellen-Zeitschrift „Du & ich" stellte irritiert die Frage: „Leben wir im Operettenstaat?"[62] Was hier als Empörung über mangelnde Rechtsstaatlichkeit zum Ausdruck kam, ließ auch „Spiegel"-Herausgeber Rudolf Augstein nicht ruhen. Dieser wollte „die Verantwortlichen der Hardthöhe" am liebsten ins Theater nach Hamburg schicken, wo gerade die Jacques-Offenbach-Operette „Die Großherzogin von Gerolstein" gegeben werde: „Duodez-Militärs treiben dort ihr Wichtigtuer-Unwesen, werte Schwule eingeschlossen." Leider übertreffe „das Stück", das in Bonn aufgeführt werde, „alle Musical-Phantasien" eines Jacques Offenbach. Minister Wörner plappere fortwährend von der „Sicherheit der Bundesrepublik Deutschland" – „als ob diese durch einen in seiner Persönlichkeit vernichteten Nato-General nicht dringlicher gefährdet würde als durch einen in Ehren entlassenen Günter Kießling (wenn man denn Kießling überhaupt zutraut, er wisse etwas, das zu verraten sich lohnt, und er sei des Verrats, Grund hin, Grund her, auch nur fähig)." Augstein apodiktisch: „Es kam und kommt nicht darauf an, ob der General Kießling schwul ist oder nicht. Er bestreitet, schwul zu sein. Es kommt vielmehr darauf an, daß der Minister die Schwulen und damit uns alle zivilisatorisch um viele Jahre zurückgeworfen hat."[63]

Im folgenden Heft des „Spiegel" sah dessen Redaktion Wörner auch noch „der Lächerlichkeit preisgegeben", da sein Gesprächspartner Alexander Ziegler das zunächst vertrauliche mehrstündige Gespräch auf der Bonner Hardthöhe öffentlich gemacht hatte. Dem „Spiegel" besonders angetan hatte es Wörners angebliche Antwort auf die Frage des Schweizers nach seiner Einstellung zur Homosexualität: „O-Ton Ziegler: ‚Da ging er dann sehr in die Details. Er könne das mit gutem Gewissen sagen, er habe gegen diese Leute überhaupt nichts. Seine Frau habe sehr viele Bekannte aus der homosexuellen Szene [...], die in seinem Haus ein- und ausgingen. Er selbst sei ein leidenschaftlicher Ballett-Fan, dadurch habe er zu diesen Kreisen Zugang; keinen Zugang habe er zu der sogenannten Subkultur.'" Diese angeblichen Einlassungen des Bundesministers versah die „Spiegel"-Redaktion mit einer süffisanten Anmerkung zur homosexuellen Kamarilla um den deutschen Kaiser ein Dreivierteljahrhundert zuvor: „Das Stichwort Ballett erinnert an jenen General und Chef des Militärkabinetts Graf Dietrich Hülsen-Häseler, der 1908 in Donaueschingen, angetan mit Frauenkleidern, vor Kaiser Wilhelm II. tanzte und tot zusammenbrach."[64] Die Umstände des Todes dieses höfisch-aristokratischen Generals waren seinerzeit der Öffentlichkeit verheimlicht worden, die infolge der Eulenburg-Moltke-Affäre, aber auch wegen eines extrem ungeschickten Interviews des Kaisers mit einer briti-

---

62 Vgl. Die Affäre Kießling/Wörner/Kohl. Leben wir im Operettenstaat?, in: du&ich 1984, Nr. 3, S. 2 f.; zitiert nach Magdalena Beljan, Rosa Zeiten? Eine Geschichte der Subjektivierung männlicher Homosexualität in den 1970er und 1980er Jahren der BRD, Bielefeld 2014, S. 115, Anm. 95.
63 Rudolf Augstein, Der schwule General, in: Der Spiegel Nr. 4/1984, S. 16.
64 Wörner: Der Lächerlichkeit preisgegeben, in: Der Spiegel Nr. 5/1984, S. 17–26, hier insb. S. 22.

schen Zeitschrift („Daily-Telegraph-Affäre") in höchster Aufregung war.[65] Erst nach dem Sturz der Monarchie waren die an sich harmlosen, im Kontext diverser Affären aber hochbrisanten Details publik gemacht worden.[66]

Die Kießling-Wörner-Affäre weckte 1984 in Deutschland primär Reminiszenzen an die nicht-öffentliche Fritsch-Affäre des NS-Regimes und an den öffentlichen Skandal um die Eulenburg-Gruppe. Im Nachbarland Österreich wurde auch der Skandal um den Landesverräter Redl präsent. Im Januar 1984 nahm der Österreichische Rundfunk (ORF) in einer Sendung seiner Diskussionsreihe „Club 2" die deutsche Affäre zum Anlass für eine Debatte zum Thema „Homosexualität und Militär". Es diskutierten der ehemalige Oberbefehlshaber des österreichischen Bundesheeres, General Emil Spannocchi, der prominente Schauspieler Klaus Maria Brandauer und der Militärhistoriker Manfried Rauchensteiner mit einem ehemaligen Soldat der Légion Étrangère, einem weiteren Historiker, einem Mediziner und einem Journalisten.[67] Diese Diskussionsrunde entkam diversen Redl-Reminiszenzen nicht. So war der ehemalige Generaltruppeninspektor ein Neffe des einst in St. Petersburg amtierenden k. u. k. Militärattachés Graf Lelio Spannocchi, der dem Spion Redl 1909 beinahe auf die Spur gekommen wäre, deshalb von diesem gezielt in einer anderen Spionagesache bloßgestellt und dadurch 1911 zum Verlassen Russlands gezwungen worden war.[68] Brandauer wiederum war just damals mit den Dreharbeiten zum neuesten Spielfilm über „Oberst Redl" beschäftigt, in dem er die Titelrolle übernommen hatte. In der Fernsehdiskussion betonte der Ex-General, er sei während seiner über vierzigjährigen Dienstzeit „nicht mit Homosexualität konfrontiert" worden; im Übrigen betrachte er homosexuelles Verhalten in der Armee als „ein Problem, weil das sich nicht abspielen sollte". Der Mediziner kontrastierte dies mit der Erzählung von einem Offizier, der ihm bei seiner Musterung erklärt habe, homosexuell zu sein „wäre für die Tauglichkeit kein Problem, denn Prinz Eugen wäre es schließlich auch gewesen". Dies wurde vom Historiker Rauchensteiner bezweifelt, „wie überhaupt den anwesenden heterosexuellen Männern, mit Ausnahme des souveränen Klaus Maria Brandauer und des Moderators, die Vorstellung von schwulem Begehren in der Armee ein unangenehmes Thema" zu sein schien. Einen Kontrast stellten die

---

65 So wusste Graf Kessler, als er 1908 mit Freunden den Tod des Grafen Hülsen besprach, nichts von dessen Auftritt in Frauenkleidern; vgl. Kessler, Das Tagebuch, Bd. 4, S. 531; zur Rolle Hülsens in der Entourage des Kaisers: Winzen, Freundesliebe am Hofe Wilhelms II., S. 57–71 und 79–89.
66 Vgl. Zedlitz-Trützschler, Zwölf Jahre am deutschen Kaiserhof, S. 216 f.; Rudolf von Valentini, Kaiser und Kabinettschef. Nach eigenen Aufzeichnungen und dem Briefwechsel des Wirklichen Geheimen Rats Rudolf von Valentini dargestellt von Bernhard Schwertfeger, Oldenburg 1931, S. 103.
67 Alexander Hecht, Gay ORF?! Das ORF Fernsehprogramm durch die rosa Brille betrachtet – ein Streifzug durch das Archiv, in: medien & zeit. Kommunikation in Vergangenheit und Gegenwart 4/2007, S. 16–21, hier insb. S. 18.
68 Vgl. Moritz/Leidinger, Oberst Redl, S. 46–48.

Schilderungen des ehemaligen Fremdenlegionärs dar, der dieser Truppe nach eigenem Bekunden „auch aus sexueller Neugierde" beigetreten war.[69]

Auch in der deutschen Mediendebatte war 1984 das Thema Homosexualität eine schwer zu handhabende Irritation. General Kießling hatte Minister Wörner sein Ehrenwort gegeben, nicht homosexuell zu sein, und bekräftigte dies ab Januar 1984 öffentlich; zugleich wurde in den Medienberichten „ständig [...] darauf hingewiesen, daß der NATO-General ‚unverheiratet' geblieben war".[70] Im Zuge des Skandals sah sich unversehens auch der Minister, der Kießling wegen des Verdachts auf Homosexualität entlassen und einem homosexuellen Kronzeugen von seiner Ballett-Leidenschaft berichtet hatte, vom Boulevardblatt „Bild" der Homosexualität verdächtigt, denn die vielgelesene Zeitung stellte plötzlich die Frage, „ob der Verteidigungsminister mit seinem unwürdigen Verhalten seine eigene Homosexualität kaschieren wolle".[71] Schaut man genauer hin, so hatte die „Bild"-Zeitung nur einen Hinweis des „Spiegel" aufgegriffen, der schon am 30. Januar 1984 über Wörner berichtet hatte, seine Überreaktion gegen Kießling sei wohl damit zu erklären, dass er „panische Angst vor leichtfertigen Gerüchten habe, die seit längerem über ihn in Bonn umlaufen" würden – dass nämlich der Minister selbst „nicht frei von jenen Neigungen" sei, „die er und sein MAD dem General Kießling nachsagten". „Bild" machte daraus die den „Spiegel" zitierende Schlagzeile: „Homogerüchte um Wörner" und fügte wie zum Ausgleich hinzu: „Minister empört". Es war nicht das Springer-Massenblatt, sondern die linke Zeitschrift „konkret", deren Chefredakteur Hermann L. Gremlitza sich zu der unbeweisbaren Behauptung verstieg, Wörner, „der bei vielen in ähnlichem ‚Verdacht' steht wie Kießling", habe „deshalb gerade wieder geheiratet" – eine Unterstellung, wie sie drei Jahrzehnte zuvor gegen den US-Kommunistenjäger McCarthy erhoben worden war. Die „Frankfurter Rundschau" präsentierte ein Wörner-Foto mit der süffisanten Unterschrift „Ich bin der Manfred von der Bundeswehr".[72] Damit griff die „Gegendenunziation" des Ministers, die vorwiegend von linksliberalen und linken Printmedien ausging und von der „Bild"-Zeitung massenwirksam ausgeschlachtet wurde[73], nicht nur die substanzlosen Ermittlungsergebnisse des MAD auf, die Kießling in der Kölner Homosexuellen-Szene als angeblichen „Günther von der Bundeswehr" hatten identifizieren wollen[74], sondern ebenso jene beißende Häme, mit der der Grüne Joseph („Joschka") Fischer im Bundestag den Minister bereits als „Manfred von der Bundeswehr" verspottet hatte.

---

69 Hecht, Gay ORF?!, S. 18.
70 Vgl. Angelika Tramitz, Nach dem Zapfenstreich. Anmerkungen zur Sexualität des Offiziers, in: Ursula Breymayer/Bernd Ulrich/Karin Wieland (Hrsg.), Willensmenschen. Über deutsche Offiziere, Frankfurt a. M. 1999, S. 211–226, hier insb. S. 221.
71 Domeier, Die sexuelle Denunziation, S. 109.
72 Zitiert nach Koch, Sexuelle Denunziation, S. 202–204.
73 Ebenda, S. 204.
74 Wirsching, Abschied vom Provisorium, S. 61.

Auch Fischer hatte damit Wörner unterschwellig Homosexualität unterstellt – oder mit dieser Unterstellung polemisch-ironisch gespielt, indem er blumig ausmalte, wie der Minister den verdienten General mit einem „großen Zapfenstreich" mitsamt Choral „Ich bete an die Macht der Liebe" verabschieden würde.[75] Es soll Zeitungen gegeben haben, „in denen eine Karikatur Manfred Wörner sitzend im Bett mit General Kießling zeigte – womit ja auch dieser erneut denunziert wurde." Der treue Wörner-Sprecher Reichardt empörte sich: „Für Geschmacklosigkeiten waren längst alle Dämme gebrochen."[76]

Norman Domeier kann einen „Wertewandel" im Umgang der deutschen Medienöffentlichkeit mit dem Thema Homosexualität erst ab den 1990er Jahren erkennen.[77] Doch bereits in der Debatte um den Wörner/Kießling-Skandal gab es Stimmen, die dem Minister nicht nur die Entlassung eines Generals wegen (unbewiesener) Homosexualität zum Vorwurf machten, sondern auch die damit verbundene generelle Stigmatisierung aller Homosexuellen in Deutschland. Rudolf Augstein war hier die prominenteste, aber nicht die einzige Stimme. Auch die Berliner Jungsozialisten verurteilten die Diskriminierung einer abweichenden sexuellen Orientierung: „Es kann nicht hingenommen werden, daß staatliche Stellen mittels eines angeblichen ‚Sicherheitsrisikos' gleichberechtigte homosexuelle Mitbürger zu einer minderwertigen Randgruppe abstempeln. Erpreßbar werden Homosexuelle nur, wenn sie in einer an die 50er Jahre erinnernden Hexenjagd wieder aus der Gesellschaft herausgedrängt werden. Wörner selbst schafft durch sein Vorgehen erst jenes Klima der Intoleranz, in dem von Erpreßbarkeit die Rede sein kann."[78]

Bedeutsam war auch die „Streiflicht"-Rubrik der „Süddeutschen Zeitung" Mitte Januar 1984: Manchmal bedürfe es eines Skandals, so die SZ, „um herauszufinden, wie es um die politische und moralische Hygiene einer Gesellschaft bestellt ist". Im Alltag habe man sich bislang für aufgeklärt und tolerant gehalten, auch im Hinblick auf Homosexualität. „Dann aber wird plötzlich einem öffentlich nachgesagt, er sei *so einer* – und von einem Tag auf den anderen fällt die ganze Tünche ab, kommt der alte obszöne Voyeurismus zum Vorschein [...]. Das nämlich ist, schon vor der endgültigen Aufklärung der Affäre, das eigentlich Skandalöse an der Sache Kießling: die Ungeniertheit, mit der jeder meint, über die privatesten Dinge eines Menschen öffentlich debattieren zu dürfen [...]." Es sei schwer zu sagen, was dabei „am Unappetitlichsten" gewesen sei: „Ist es die schwitzige Phantasie, mit deren Hilfe manche Leute *sofort Bescheid wissen*, wenn ein Vorgesetzter ein paar Wochen lang einen Feldwebel in seiner Dienstvilla wohnen läßt? Oder ist es doch die fast un-

---

75 Zitiert nach Michael Schwelien, Joschka Fischer. Eine Karriere, Hamburg 2000, S. 47.
76 Reichardt, Hardthöhe Bonn, S. 141.
77 Domeier, Die sexuelle Denunziation, S. 109 f.
78 ELAB 55.5/0738, „Wörner muß den Hut nehmen". Presseerklärung des Landesverbands der Jungsozialisten Berlin, Pressesprecher Klaus-Peter Wolf, 132/133, o. D. [Januar 1984]; im Original ist durch mutmaßlichen Tippfehler von „Rabdgruppe" die Rede.

glaubliche Wichtigtuerei, die einen Militärarzt dazu bringt, eine angebliche (absolut unerhebliche [...]) Beobachtung nach Bonn zu melden, die er bei der Behandlung seines Patienten gemacht haben will?" Dabei ging es um die Behauptung, der General habe im Vorfeld einer ärztlichen Untersuchung an seinen Genitalien gespielt. Die „Süddeutsche" fragte, „was von einem Minister zu halten ist, der diese unsägliche Denunziation auch noch ernsthaft als Argument gegen seinen ihm schutzbefohlenen Untergebenen verwendet, nur weil er seine Haut retten will". Zugleich wurde den Lesern die empathische Frage gestellt, ob man sich vorstellen könne, wie das Objekt all dieser öffentlichen Debatten in Zukunft damit leben solle, dass „eine ganze Nation per Schlagzeile darüber ins *Bild* gesetzt wird, was es vielleicht bedeutet, daß er doch ‚Sex mit Mädchen' gehabt habe?" Selbst eine mögliche spätere Ehrenerklärung des Ministers werde die zerstörte Ehre des Generals nicht retten können.[79]

Vom prominenten evangelischen Theologen Helmut Thielicke – der sich schon seit den 1960er Jahren für einen offeneren Umgang seiner Kirche mit der von ihr verurteilten Homosexualität eingesetzt hatte – erschien Ende Januar 1984 im „Deutschen Allgemeinen Sonntagsblatt" eine Stellungnahme, in der er gegen das Vorgehen des Verteidigungsministers und der Bundeswehr gegen Kießling vor allem drei Kritikpunkte geltend machte. Dieser Artikel des angesehenen Theologen erregte, wie sich das Skandal-Opfer später erinnerte, „großes Aufsehen".[80] Zunächst warf Thielicke dem Verteidigungsministerium vor, das Ehrenwort eines jahrzehntelang unbescholtenen Generals zuerst akzeptiert, dann aber klammheimlich weiter gegen diesen ermittelt zu haben, ohne dem Betroffenen davon Kenntnis und Gelegenheit zur Stellungnahme zu geben. Ferner war es für Thielicke „ein Zeichen der Verelendung unseres Rechtsstaates, wenn es möglich ist, daß das Intimleben eines honorigen Mannes zum Gegenstand einer öffentlichen, auf jeden Fall herabwürdigenden Diskussion gemacht wird". Für besonders widerwärtig hielt der Theologieprofessor die Aussage des in den Medien zitierten Militärarztes gegen Kießling, womit dieser die Grundsätze seines Berufsethos geschändet habe. Was die von der Presse überwiegend herabgewürdigten homosexuellen Belastungszeugen anging, beabsichtigte Thielicke ausdrücklich nicht, „unseren homosexuellen Mitmenschen nun ihrerseits die Ehre abzuschneiden und ihre Aussagen gegenüber den sogenannten ‚normalen' abzuqualifizieren". Stattdessen kritisierte er das widersprüchliche Vorgehen von Wörners Ministerium, einerseits die Befragten dem kriminellen Milieu zugeordnet zu haben, andererseits dort gewonnene Aussagen höher gewichtet zu haben als das Ehrenwort Kießlings. Besonders irritierte den Theologen das Schweigen der Generalität zur öffentlichen Vorverurteilung eines Kameraden – von dem sich nur General a. D. Gerd Schmückle im Fernsehen rühmlich abgehoben habe. Die restliche Generalität erinnerte Thielicke fatal an jene Worte, die ihm der Widerstandskämpfer Carl

---

79 Das Streiflicht, in: SZ vom 17.1.1984.
80 Kießling, Versäumter Widerspruch, S. 433.

Goerdeler einst verzweifelt über die Passivität der Wehrmachtsgeneralität während der Fritsch-Affäre 1938 gesagt habe.[81]

Mit der Affäre Dreyfus wiederum, die in den 1890er Jahren das Ansehen des französischen Generalstabs schwer erschüttert hatte, verglich der Tübinger Rhetorikprofessor und linksliberale Publizist Walter Jens den Fall Kießling. Auch er lobte General Schmückle als mutige Ausnahme von der Regel der schweigenden Bundeswehrgeneräle: Warum hätten die Übrigen keine Solidarität gezeigt und damit der Bevölkerung demonstriert, was Kameradschaft unter Soldaten im Ernstfall bedeute – so fragte Jens in der Wochenzeitung „Die Zeit" in einer Betrachtung der Fernsehberichterstattung zum Fall Kießling. „Wenn es um den Außenseiter geht, den Juden Dreyfus, den Intellektuellen von Fritsch, den unbotmäßigen, von Kommißköppen wenig geachteten Kießling, dann müssen die großen Worte und die schäbigen Gesten [...] die kleine traurige Wahrheit verhüllen, daß einer um so leichter fällt und um so kaltblütiger vom Apparat preisgegeben wird, je weniger er sich ins Schema fügt und je leichter er als Außenseiter zu stigmatisieren ist." All die munter drauflos schwatzenden Fernsehdiskussionen hätten „nur selten" diesen Kern der Sache berührt – die „Brandmarkungsfähigkeit des Menschen" durch dessen Zuordnung zu einer „Randgruppe".[82] Wie zum Beweis der Richtigkeit dieser Analyse meldete im Sommer 1985 die „Bild"-Zeitung, der verheiratete Bundesanwalt und mehrfache Vater Manfred Bruns habe seiner Frau nach zwanzig Jahren gestanden, dass er homosexuell empfinde. Er lebe mittlerweile mit einem männlichen Partner zusammen. Kurz nach dem Ende der Kießling-Affäre im Frühjahr 1984 habe Bundesanwalt Bruns seinen Dienstvorgesetzten, Generalbundesanwalt Kurt Rebmann, über diesen Wandel seiner privaten Lebensumstände informiert. Seither habe der ranghohe Jurist keinen Zugang mehr zu geheimen Verschlusssachen seiner Behörde, sondern sei in die Revisionsabteilung versetzt worden.[83] Auch Bruns galt seither offenbar als „Sicherheitsrisiko".

Die Folgewirkungen der Kießling-Affäre waren jedoch nicht nur repressiver Natur. Sie lassen sich in aller Ambivalenz in der Debatte darüber veranschaulichen, ob und wann die Homosexualität eines deutschen Offiziers als Sicherheitsrisiko zu be-

---

[81] Helmut Thielicke, Verelendung des Rechtsstaates, in: Deutsches Allgemeines Sonntagsblatt vom 29.1.1984. Die öffentliche „Verrohung der Sitten" im Fall Kießling wirkte für Thielicke geradezu „grotesk auf dem Hintergrund dessen, was wir eben noch an Datenschutz-Diskussionen erlebt haben", womit er auf das umstrittene Volkszählungsvorhaben der Bundesregierung anspielte. Soeben sei es noch darum gegangen, selbst die geringsten privaten Informationen dem Staate vorzuenthalten – dann aber werde „ein Prominenter vor einem gaffenden Publikum öffentlich ausgezogen und gedemütigt".
[82] Momos [i. e. Walter Jens], Ein kleiner Fall Dreyfus. ARD und ZDF in den letzten Tagen: Nachrichten, Kommentare, Diskussionen zum Fall Kießling, in: Die Zeit vom 27.1.1984.
[83] Bundesanwalt bekennt: „Ich bin schwul", in: Bild vom 14.8.1985. Bruns wurde ein führender Aktivist der deutschen Schwulenbewegung.

trachten sei. Ausgerechnet die konservative „Frankfurter Allgemeine Zeitung" erinnerte auf dem Höhepunkt der Affäre Mitte Januar 1984 daran, dass einvernehmliche Homosexualität zwischen Erwachsenen in der Bundesrepublik bereits seit 1969 straffrei sei: „Dennoch erinnern Töne und Untertöne der öffentlichen Reden zum Fall Kießling fatal an die berüchtigten ‚Jagdszenen aus Niederbayern'. Der General sei ein ‚mutmaßlicher Homosexueller', hörte man am Wochenende in mehreren Nachrichtensendungen. Oder: Der General werde der Homosexualität ‚verdächtigt'. Auch wer solche Vokabeln in ein Plädoyer für Toleranz und Achtung der Intimsphäre bettet, verhindert nicht den Eindruck, im Grunde handle es sich bei solcher Abweichung von der sexuellen Norm (was immer das sein mag) um ein ‚Delikt'. Die Standardprägung ‚mutmaßlicher Terrorist' ist schließlich noch in jedermanns Ohr." Diese bemerkenswerte Medienkritik wies darauf hin, dass sich seit der Strafrechtsreform von 1969 „in den letzten fünfzehn Jahren [...] bei uns die Homosexuellen ähnlich ‚emanzipiert' [hätten] wie die Feministinnen, die Transvestiten, die Lesbierinnen und viele andere Außenseiter der Gesellschaft". Alle diese Gruppen verfügten längst über ihre eigene „‚Szene', ihre Zeitschriften, ihre Ausdruck[s]rituale, ihre Kultur". Vor diesem Hintergrund erscheine der öffentliche Diskurs über den Fall Kießling als tiefe negative Zäsur: „Die nun fast zur täglichen Übung gewordene, mit heuchlerischer ‚Objektivität' gestellte Frage, ob jener bedauernswerte, nun in aller Öffentlichkeit ausgezogene Mensch irgendwann ‚an seinen Genitalien gespielt' hat oder nicht, droht uns um Jahre zurückzuwerfen. Jene fast schon unbefangen und natürlich gewordene Liberalität aufgeklärter Bürger gegenüber den Homosexuellen scheint auf einmal wie weggeblasen." Es klang fast beschwörend, als der Kommentator schloss: „Diesen Terror der Intimität, diese muffige, kleinbürgerliche Republik, in der die Schnüffelnase zum Organ des politischen Handelns und der Blick unter den Bademantel zur geheimen Staatsaktion wird, will doch wohl niemand."[84]

Ein Flaggschiff der sexuellen Liberalisierung, das Hamburger Magazin „stern", stellte den Kießling-Skandal in eine Reihe paralleler historischer Rückschläge – von Kohl bis Aids: „Fast hätte man geglaubt, die Vorurteile gegenüber Homosexuellen seien weniger geworden. Doch nach den befreienden öffentlichen Bekenntnissen und der zunehmenden Toleranz in den siebziger Jahren kamen die Rückschläge: die Krankheit ‚Aids', eine konservative Wende im Land und jetzt die Affäre um den Bundeswehrgeneral Kießling." Plötzlich sei die vom MAD propagierte schlichte Schlussfolgerung in aller Munde: „Ein Schwuler als General – der ist erpreßbar – ein Sicherheitsrisiko – zum Abschuß freigegeben." Der „stern"-Autor verwies auf die trotz der liberalen Reformen der Zeit um 1970 nach wie vor homophoben Sicher-

---

84 m. s., Die Schnüffelnase, in: Frankfurter Allgemeine Zeitung vom 16.1.1984. „Jagdszenen aus Niederbayern" war der Titel eines bekannten sozialkritischen Dramas von Martin Sperr aus dem Jahre 1966, das 1968 von Peter Fleischmann mit Sperr in der Hauptrolle eines von der Dorfgesellschaft verfemten Homosexuellen auch verfilmt worden ist.

heitsbestimmungen der Bundesregierung: Insbesondere in der Bundeswehr sei „durch ein Urteil des Bundesverwaltungsgerichts geregelt, daß Homosexuelle nicht als Vorgesetzte geeignet sind". Das bedeute: „Wenn sie denn schon Offiziere sind, leben sie in der ständigen Angst, daß ihre Vorliebe bekannt und ihre berufliche und private Existenz zerstört wird. Dadurch sind sie erpressbar." Das Gericht halte außerdem homosexuelle Vorgesetzte dadurch für gefährlich, dass sie „Untergebene als potentielle Sexualpartner betrachten" könnten. Der „stern" räumte ein: „Das ist sicher schon vorgekommen." Doch er gab zu bedenken: „So wie es auch schon passierte, daß ein Lehrer eine Schülerin mit anderen als pädagogischen Blicken bedachte. Niemand kam bisher auf die Idee, deshalb vorbeugend allen Männern das Unterrichten von Mädchen zu verbieten."[85]

Auch in der liberalen „Zeit" wurde im Februar 1984 ganz ähnlich konstatiert: „Kein General wäre erpressbar, müßte er nicht fürchten, aus dem Amt entlassen zu werden, wenn sich tatsächlich seine Homosexualität erweisen sollte. Daß er dies fürchten muß, liegt nicht an ihm, sondern an den Vorurteilen, die über Homosexualität bestehen, und an der potentiellen Drohung, Amt und Würden zu verlieren, wenn dieser nicht strafbare Sachverhalt publik wird. Erpreßbarkeit wäre also aus der Welt zu schaffen, indem man die Homosexualität eines Militärs vom Odium der Verwerflichkeit befreien würde." Man könne nur hoffen, dass die „Tragikomödie" Wörner/Kießling den Anlass dazu biete, „das prinzipielle Problem, nämlich die Erpreßbarkeit des Homosexuellen, zugleich mit deren *Ursachen* aus der Welt zu schaffen". Wahrscheinlicher sei allerdings, so der Autor pessimistisch, „die Wende hin zum moralischen Muff der fünfziger Jahre und zu einer Verlogenheit, die weiterhin der Denunziation Tür und Tor öffnet".[86]

Diese liberale Haltung zum vermeintlichen Sicherheitsrisiko Homosexualität machte sich – was noch bemerkenswerter erscheint – nicht nur in den großen überregionalen Medien, sondern auch in der regionalen Presse bemerkbar. So thematisierten die „Nürnberger Nachrichten" das „Tabu" um Bundeswehr und Homosexualität und kritisierten die geltenden Sicherheits-Richtlinien des Bundesinnenministeriums vom Februar 1971, die unter „Sicherheitsrisiken, die in der Person des Betroffenen liegen", nicht zuletzt die „abnorme Veranlagung auf sexuellem Gebiet" rubrizierten. Die „Nürnberger Nachrichten" fragten: „Stutzt da keiner? Hält sich diese Gesellschaft nicht längst einiges darauf zugute, Homosexualität zwar als ‚anders', aber doch nicht mehr als abnorm einzuordnen? Daß die Affäre, die man endlich vom Namen des geschundenen Vier-Sterne-Generals lösen sollte, alte Vorurteile kräftig nährt, ist vornehmlich dem Eifer des Verteidigungsministers und seiner Helfer anzulasten, nachträglich ihren Vorwurf durch Recherchen in einem Milieu zu untermau-

---

[85] Hermann Sülberg, Jetzt sind die Schwulen wieder dran, in: stern vom 26.1.1984.
[86] Bernd Nitzschke, Der Mann als Frau. Über die Angst vor der Homosexualität, in: Die Zeit vom 3.2.1984.

ern, das mit normaler Homosexualität sowenig zu tun hat wie die Prostitution mit der Heterosexualität." Auch wenn dieser „Fall" abgeschlossen werden sollte, dürfe man das eigentliche „Kernthema" nicht erneut vergessen: „Zwar hat die Bundeswehr Ende der siebziger Jahre von der Maxime Abschied genommen, Homosexualität mache von vornherein den Rekruten wehruntauglich. Aber nach wie vor gilt als höchstrichterlich abgesegnete[s] Prinzip, sie gefährde die ‚Manneszucht' und schließe ‚die Eignung eines Soldaten zum Vorgesetzten' aus, weil der dann nämlich seinen Untergebenen als ‚potentiellen Sexualpartner' sehen könnte. Wie verkrampft diese Schlußfolgerung ist, zeigt schon der Verweis auf die vielen Armeen, in denen Soldatinnen dienen." Daraus resultierte die klare Forderung: „Die Bundeswehr wird das Tabu Homosexualität endlich aufzubrechen haben."[87]

Die negative Haltung der Bundeswehr oder zumindest ihrer Führung gegenüber Homosexuellen war vor der Kießling-Affäre nur vereinzelt zum Thema gemacht worden. Insofern hatte die Affäre eine Katalysatorenfunktion, um das merkwürdige Sonderrecht gegen Homosexuelle in der Armee, das der sonstigen Rechtslage klar entgegenstand, politisch in Frage zu stellen. Die „Stuttgarter Zeitung" hatte 1978 kritisch berichtet, dass „kein Platz für Homosexuelle in der Kaserne" sei, aber abmildernd hinzugefügt: „Aber was Soldaten privat tun, interessiert die Bundeswehr nicht."[88] Auch die „Südwest-Presse" hatte zur selben Zeit der „Männergesellschaft" Bundeswehr Probleme attestiert, weil sie Homosexuelle zum Ausscheiden aus dem Soldatenberuf zwinge.[89] Daran änderte sich durch die Debatten der Kießling-Affäre kurzfristig nichts – außer dass als homosexuell geltende Bundeswehroffiziere fortan nicht mehr entlassen, sondern (weil „nicht für Personalführung geeignet") ähnlich wie Bundesanwalt Bruns „auf Randpositionen" abgeschoben wurden.[90] Nach dem Abklingen der Aufregung über die Kießling/Wörner-Affäre scheint sich überhaupt nur noch die linksalternative Berliner „tageszeitung" des Themas Homosexualität und Militär kritisch angenommen zu haben. 1988 empfand es die „taz" als skandalös, dass ein „schwuler Unteroffizier der Bundeswehr zum zweiten Mal zwangsversetzt" werden sollte, und empörte sich über das homophobe Hantieren mit unterstellten Sicherheitsrisiken: „Homosexualität macht erpreßbar und wird zum Sicherheitsrisiko, glaubt der Geheimschutzbeauftragte, auch wenn man sich zu ihr bekennt".[91]

Auch beim 1984 auf Antrag der Oppositionsfraktionen der SPD und der Grünen eingesetzten Untersuchungsausschusses des Deutschen Bundestages stand der Konnex zwischen (unterstellter) Homosexualität und Sicherheitsrisiken im Zentrum.

---

87 fh, Das Tabu: Bundeswehr und Homosexualität, in: Nürnberger Nachrichten vom 26.1.1984.
88 Kein Platz für Homosexuelle in der Kaserne, in: Stuttgarter Zeitung vom 28.10.1978.
89 Friedrich Kuhn, Eine Männergesellschaft hat ihre Probleme. Homosexuelle in der Truppe müssen ausscheiden, in: Südwest Presse vom 3.11.1978.
90 Horst Peter Wickel, In einer Männergesellschaft nicht hinnehmbar, in: taz vom 21.8.1986.
91 Hans Thomas, MAD kann Schwulen-Hatz nicht lassen, in: taz vom 5.5.1988.

In einem Interview mit dem Hamburger Magazin „stern", das am 26. Januar 1984 erschien, nahm General Günter Kießling ausführlich Stellung. Bemerkenswert ist Kießlings Erinnerung, dass ihm, als ihn der Generalinspekteur der Bundeswehr mit dem Vorwurf der Homosexualität konfrontiert habe, spontan „zwei Gedanken" gekommen seien: „Da war fast eine Erleichterung. So etwa: ‚Na, wenn's weiter nichts ist.' Und der Fall Fritsch. Die Affäre von 1938, als dem Generalobersten fälschlich Homosexualität vorgeworfen wurde." Kießling machte geltend, was auch Ministeriumssprecher Reichardt und andere Offiziere wussten, dass er nämlich 1963 als junger Offizier wegen seiner Affäre mit einer Generalstochter auf einen Auslandsposten abgeschoben worden sei; das hätten doch alle „da oben" gewusst – und ihm werde unverständlicherweise nun dennoch Homosexualität unterstellt. Die Frage der „stern"-Reporterin, ob „er selbst nie Erlebnisse mit Homosexuellen gehabt" habe, verneinte Kießling: „Nein, sagt er, nie." Dienstlich sei er jedoch als Kommandeur 1967/68 einmal mit der Anschuldigung eines Soldaten konfrontiert worden, dieser sei von einem betrunkenen Oberfeldwebel sexuell belästigt worden. Es sei schnell klar gewesen, dass es sich um einen „Racheakt" gehandelt habe. „Er fragt sich: ‚Was ist zu retten?' Nicht: ‚Wie ist zu strafen?' Homosexualität ist damals noch strafbar. Die härteste Konsequenz wäre Entlassung ohne Dienstbezüge. Kießling läßt ihn 300 Mark zahlen. Das ist die härteste Geldstrafe. Er begründet sie dem Oberfeldwebel so: ‚Weil Sie sich leichtfertig in Verdacht gebracht haben.'" In seiner Haltung zur Homosexualität sei er, so Kießling im Interview, „doch immer ein Liberaler" gewesen: „Soll doch homosexuell sein, wer will. Er verabscheut es, ‚wenn der Staat ins Schlafzimmer guckt'. Er sagt: ‚Was nicht öffentlich ist, ist nicht.' Aber für die Öffentlichkeit muß er nun eine schizophrene Variante dieses Satzes auflösen: ‚Was nicht ist, ist.'"[92]

Der lange zurückliegende Vorfall mit der Generalstochter, der Kießlings Heterosexualität zu belegen schien, ließ im Januar 1984 das Bundesverteidigungsministerium nicht ruhen. Tatsächlich war Kießling als junger Offizier deswegen aus einem Generalstabslehrgang geworfen worden und hatte somit einen (zeitweiligen) Karriereknick hinnehmen müssen. Am 24. Januar 1984 wurde im Verteidigungsministerium nach Anhörung des damaligen Lehrgruppenkommandeurs Kießlings ein denkwürdiger Aktenvermerk angefertigt, in dem – ohne dass die in der Anlage beigefügte Aussage des früheren Kommandeurs dies so deutlich hergegeben hätte – die Behauptung niedergelegt wurde, Kießling habe die junge Frau damals nur deshalb auf seiner Stube nächtigen lassen, um zu „demonstrieren [...], daß er nicht anormal veranlagt sei" – ein Eindruck, der deswegen aufgekommen sei, „weil Dr. K. angeblich mit Mädchen nie etwas zu tun gehabt haben soll".[93]

---

92 Birgit Lahann, „Mir fehlt der nötige Schuß Brutalität", in: stern vom 26.1.1984.
93 Möllers, Die Kießling-Affäre 1984, S. 527 f.

"Die Frage, ob Kießling homosexuelle Neigungen hat oder nicht", sei „nicht das Hauptthema" des Untersuchungsausschusses, konstatierte im selben Januar 1984 die „Westdeutsche Allgemeine Zeitung". Es gehe „lediglich darum, ob der Minister zu Recht von einer mit einer solchen Möglichkeit verbundenen Erpressungsgefahr ausgehen konnte, und ob er dann umsichtig und fair vorgegangen ist".[94] Eine kleine Anfrage der Grünen-Abgeordneten Reents und Gottwald wurde vom Ältestenrat des Bundestages nicht zugelassen, „weil diese die Sicherheitsbestimmungen der Bundeswehr lächerlich machen würde"; die Anfrage zielte auch auf außereheliches Sexualverhalten von Regierungsmitgliedern und damit verbundene etwaige Sicherheitsrisiken.[95] Während sich die Grünen dem heiklen Thema satirisch näherten und es dadurch zu dekonstruieren hofften, verhielt sich die führende Regierungspartei bitterernst und arbeitete teilweise mit zweifelhaften Gerüchten, um ihren ins Wanken geratenen Minister zu schützen. Die „taz" wusste zu berichten: „Verzweifelt versucht die CDU/CSU-Fraktion, neue Gerüchte über die von Kießling ausgegangene ‚Sicherheitsgefährdung' auszustreuen. Das ‚Milieu' in Köln, mutmaßen CDU-Abgeordnete vor Journalisten, versuche sich und seine Geldgeber durch Lügen zu schützen." Nach einer Fernsehsendung, in der Wörner und Kießling aufgetreten seien, hätten sich zwei neue Zeugen gemeldet, die Kießling eindeutig identifiziert hätten. Doch mehrere Zeugen seien bedroht worden und hätten von der Polizei in Sicherheit gebracht werden müssen.[96]

Die Mainzer „Allgemeine Zeitung" stellte der Unions-Behauptung, Kießling sei ein Sicherheitsrisiko und deshalb zu Recht entlassen worden, deutliche Fragen entgegen: „Sicherheitsrisiko? Die Bedenken- und Rücksichtslosigkeit, mit der die Automatik des Behördenapparates gegen einen einzelnen, ausgelöst durch irgendeinen x-beliebigen Verdachtshinweis, eingesetzt wurde, erregt nicht nur die deutsche Öffentlichkeit. [...] Wer auch könnte verstehen, daß man einen bislang hoch angesehenen General in einer Spitzenposition des Bündnisses Knall auf Fall [...] unehrenhaft entlässt, weil er wegen angeblich gleichgeschlechtlicher Veranlagung zum Sicherheitsrisiko geworden sei? Wie ist es um die Qualität des Militärischen Abschirmdienstes (MAD) bestellt, wenn diese Sicherheitsbelastung erst kürzlich festgestellt wurde?" Kießling sei schließlich erst „nach ungezählten Sicherheitsüberprüfungen" in seine Spitzenstellung in der NATO gelangt.[97]

Als habe die Bundeswehr ihren Umgang mit Sicherheitsrisiken kabarettistisch persiflieren wollen, ging zu dieser Zeit die peinliche Meldung durch den Blätterwald, in einem Straßengraben nahe der Bundeshauptstadt seien Computerlisten

---

94 Siegfried Maruhn, Kein Ende in Sicht, in: Westdeutsche Allgemeine vom 21.1.1984.
95 ts, Wörner glaubt an sein „gutes Gewissen", in: taz vom 21.1.1984.
96 ts, Die Atmosphäre ist unbedingt konspirativ, in: taz vom 21.1.1984.
97 Hermann Dexheimer, Machtwort des Kanzlers nötig, in: Allgemeine Zeitung (Mainz) vom 21.1.1984.

des Bundesverteidigungsministeriums gefunden worden, welche Daten zum gesamten deutschen Rüstungsprogramm bis ins Jahr 1986 enthielten. Fremde Geheimdienste, so spottete eine Regionalzeitung, bräuchten keine komplizierten Operationen mehr, sie könnten in Zukunft einfach deutsche Straßengräben absuchen: „Die Beteuerung, aus diesen Computerlisten sei nichts weiter abzulesen, überwältigt geradezu in ihrer Harmlosigkeit. Wäre sie ernst gemeint, müßte sie erschrecken."[98]

Freilich gab es auch publizistische Unterstützung für Wörner. In der „Rhein-Neckar-Zeitung" fasste Winfried Knorr alle aus seiner Sicht gegebenen Indizien zusammen, die es rechtfertigten, Kießling als homosexuelles Sicherheitsrisiko entlassen zu haben. Kießling sei schon im September 1983 mit den Vorwürfen konfrontiert worden, habe diese zwar bestritten, aber eine Gegenüberstellung mit Belastungszeugen abgelehnt, damals auch keine Untersuchung verlangt und sich stattdessen mit seiner vorzeitigen Pensionierung zu Ende März 1984 einverstanden erklärt. Infolge dieses Verhaltens, so Knorr, „war er ein Sicherheitsrisiko". Minister Wörner habe dann Kießlings Pensionierung deshalb auf das Jahresende 1983 vorgezogen, weil Kießling eine Berlin-Reise „unter falschem Namen" angestrebt habe und auch wieder als aktiver General in der Öffentlichkeit aufgetreten sei. Vor allem die geplante Berlin-Reise sei ein „neues Verdachtsmoment" gewesen, auf das Wörner habe reagieren müssen: „Falls es zu einem Spionagefall gekommen wäre, dann hätte dies den Verteidigungsminister genauso hart getroffen wie einst der Spionagefall Guillaume den damaligen Kanzler Willy Brandt."[99] Spionage- und Überläufer-Insinuationen wurden hier der Unterstellung von Homosexualität locker hinzugefügt. Ähnlich wie im Fall John aus dem Jahre 1954 griff im Falle Kießling eine Verdächtigung in die andere. Das Bild eines weiteren homosexuellen Verräters gewann Konturen.

Auch Wörners Sprecher Oberst Reichardt erinnerte sich später, dass die Presse um den 23. Januar 1984 den angeblichen „Umstand" erwähnt habe, „daß General Dr. Kießling vor zwei Jahren mit einem Ausweis auf falschem Namen in Berlin gewesen sein soll". Er selbst, Reichardt, habe intern davon zuvor schon gehört, könne jedoch nicht sagen, ob die Behauptung zutreffend war und von wem sie gestreut wurde. Auffallend sei freilich gewesen, dass immer wieder der Ort Berlin in solchen Gerüchten eine Rolle gespielt habe, wo Kießling angeblich auch in Frauenkleidern getanzt haben sollte. Trotz solcher Skepsis zog auch Reichardt Jahrzehnte nach den Ereignissen Parallelen zu erwiesenen Verratsfällen, um seinen Minister zu rechtfertigen: „Man konnte zu jenem Zeitpunkt ja noch nicht einmal wissen, ob General Kießling nicht bereits von gegnerischen Geheimdiensten erpresst wurde. Darauf ist der Minister jedenfalls eindeutig hingewiesen worden, und der Fall Guillaume war

---

98 Alfred Brugger, Peinlich, peinlich, in: Hessische Allgemeine vom 25.1.1984.
99 Winfried Knorr, Der Fall Kießling, in: Rhein-Neckar-Zeitung vom 20.1.1984.

ihm sehr bewußt vor Augen."¹⁰⁰ Freilich übersah Reichardt bei dieser Erinnerung an den spektakulären Verratsfall des DDR-Spions Günter Guillaume im Bonner Kanzleramt, dessen Aufdeckung 1974 den Rücktritt des sozialdemokratischen Bundeskanzlers Willy Brandt ausgelöst hatte, dass dieser weder mit Homosexualität noch mit Erpressung zu tun gehabt hatte.

Freilich war im Fall Guillaume die DDR-Staatssicherheit federführend gewesen. Kein Wunder, dass auch in der Kießling-Affäre, die von Wörner-Anhängern als Hetzjagd auf den Minister und nicht auf den entlassenen General wahrgenommen wurde, die Verwicklung ausländischer Geheimdienste diskutiert wurde. Die Frage, ob Kießling ein solchen Diensten zuarbeitender homosexueller Verräter sei, geriet dabei in den Hintergrund. Reichardt berichtet in seinen erst 2008 publizierten Erinnerungen, wie ein enger Mitarbeiter Wörners im Januar 1984 stressbedingt zusammengebrochen sei, dabei aber inständig behauptet habe, der sowjetische Geheimdienst KGB stecke hinter alledem, alle Spuren führten nach Ostberlin. Reichardt erinnerte ferner, dass viele Zeitungen damals eher eine Intrige des US-Geheimdienstes CIA vermutet hätten, um den unbequemen Kießling aus seiner NATO-Position zu entfernen. Nur wenige Journalisten wie etwa Werner A. Perger, der Bonner Korrespondent des „Deutschen Allgemeinen Sonntagsblatts", hätten damals auf den KGB hingewiesen – ein Verdacht, den Wörner selbst immer abgetan habe, der sich aber später bestätigt habe. Denn 1990 sei der unterdessen verstorbene stellvertretende Chef des MAD zur Zeit der Kießling-Affäre, Oberst Joachim Krase, eindeutig als Spion der DDR-Staatssicherheit enttarnt worden. Reichardt bedauerte lebhaft, dass aber niemand mehr habe wissen wollen, in welcher Weise Krase auf die Kießling-Affäre Einfluss genommen habe: „Unzweifelhaft liefen aber 1983 alle Berichte des MAD an das BMVg über seinen Tisch." Laut Aussage eines ehemaligen MfS-Mitarbeiters habe DDR-Staatssicherheitsminister Erich Mielke den westdeutschen Verteidigungsminister unbedingt stürzen wollen.¹⁰¹ Britische Historiker stellten 1996 etwas distanzierter fest, viele würden glauben, dass hinter der Kießling-Affäre die „Stasi" gesteckt habe, deren Ziel es gewesen sei, mit Wörner einen mächtigen Gegner zu stürzen und zugleich die Beziehungen zwischen Bonner Regierung und Bundeswehr zu beschädigen.¹⁰²

Freilich erschien nicht allen die Rolle des Stasi-Verräters im MAD als derart eindeutig. Thomas Ramge wies 2003 darauf hin, dass Krase zwar tatsächlich Stasi-Agent gewesen sei, dass aber dem damaligen MAD-Vize 1983 die von Untergebenen vorgeschlagenen Recherchen gegen Kießling eindeutig als „zu heikel" erschienen seien, „zumal die Weisung nicht vom Verteidigungsminister persönlich kam". Der

---

100 Reichardt, Hardthöhe Bonn, S. 95 und 129.
101 Ebenda, S. 131, 139 und 176–178.
102 David Childs/Richard Popplewell, The Stasi. The East German Intelligence and Security Service, Houndmills u. a. 1996, S. 165.

ehrgeizige nachgeordnete Ermittler sei von Krase nicht angeheizt, sondern vielmehr ausgebremst worden und habe sich dann damit beholfen, ohne Genehmigung der eigenen Behördenspitze erst einmal die Kölner Kriminalpolizei um Amtshilfe zu bitten. Infolgedessen kam Ramge zu dem Schluss: „Bis heute bleibt unklar, welche Rolle die Staatssicherheit der DDR im Skandal um Günter Kießling spielte." Die Presse habe Anfang der 1990er Jahre spekuliert, Krase habe Wörner bewusst in die Affäre hineinziehen wollen, während der einst beim MfS für Kießling zuständige Offizier bestritten habe, „dass Ostberlin Einfluss auf die Geschehnisse ausübte". In der Tat sprach laut Ramge „wenig dafür, denn mit Ausnahme der Entscheidung über die Ermittlungen in Brüssel war Krase nur am Rande mit dem Fall befasst", und „durch eine offensive Einflussnahme hätte die Stasi im Zweifelsfall die Enttarnung ihres Agenten riskiert". Kießling selbst habe nicht das MfS in Verdacht gehabt, sondern eher eine Intrige des NATO-Geheimdienstes „Counter Intelligence" (CI) vermutet.[103] Letztlich bleiben alle Bezüge der Affäre zu ausländischen Geheimdiensten „Mutmaßungen".[104]

Aus Sicht der Medien hatte Verteidigungsminister Wörner Ende Januar 1984 durch seine Aussagen vor der Parlamentarischen Kontrollkommission des Bundestages stark an Vertrauen eingebüßt. Einen nach eigenen Worten für die Entlassung Kießlings mitentscheidenden Bericht des nordrhein-westfälischen Landeskriminalamts habe er nicht einmal zur Einsicht angefordert, wie sich herausstellte. Der belastende Bericht eines Admiralarztes, wonach Kießling anlässlich einer medizinischen Untersuchung in verdächtiger Weise an seinen Genitalien gespielt haben sollte, „spielte plötzlich keine Rolle mehr", wie der „stern" kritisch festhielt. Stattdessen habe Wörner darauf hingewiesen, dass Kießling beim MAD einen Sonderausweis mit Decknamen für eine Berlinreise beantragt habe. Doch die Insinuationsstrategie verfing nicht: „Was er mit dieser Story bezweckte, ließ Wörner offen. Lakonisch bemerkte er nur: ,Der Antrag des Generals Dr. Kießling auf einen solchen Sonderausweis mit Decknamen war außergewöhnlich.'"[105]

Was die Kießling unterstellte Verräter-Rolle angeht, widersprach der konservativen Legende von angeblichen geheimen Reisen Kießlings nach Berlin 1984 die

---

[103] Ramge, Die großen Polit-Skandale, S. 181 und 194 f. Noch weiter ging Lutz Lademann, Die Chronik eines angekündigten Falls: Zur Rolle des MAD in der Affäre Wörner/Kießling, in: Ulrike C. Wasmuth/Elisabeth Wollefs (Hrsg.), Konfliktverwaltung – Ein Zerrbild unserer Demokratie? Analysen zu fünf innenpolitischen Streitfällen, Berlin 1992, S. 316–333, hier insb. S. 330, der mit Blick auf den MfS-Agenten Krase im MAD feststellte: „Es erscheint aber so gut wie ausgeschlossen, daß er für die Affäre verantwortlich war."
[104] Daniela Wachsening, Vom Konflikt zum Skandal. Aspekte der Konfliktstruktur der Kießling-Affäre von 1984, in: Ulrike C. Wasmuth/Elisabeth Wollefs (Hrsg.), Konfliktverwaltung – Ein Zerrbild unserer Demokratie? Analysen zu fünf innenpolitischen Streitfällen, Berlin 1992, S. 290–304, hier insb. S. 300–302.
[105] Kohls Skandal-Minister. Die Affäre Kießling (2), in: stern vom 26.1.1984.

linksliberale „Frankfurter Rundschau", welcher „die Sicherheitsbedenken im Zusammenhang mit der Beantragung von Tarnausweisen durch Kießling" geradezu „merkwürdig" anmuteten. Das konnte Autor Ulrich Mackensen auch begründen: „Wollte man alle jene Personen zählen, die über zwei oder mehr Ausweise verfügen und damit [...] in West-Berlin herumlaufen, dann dürfte man wohl ein blaues Wunder erleben. [...] Auch dieses Argument steht auf tönernen Füßen." Mackensen warf jenen, „die öffentlich über solche Ausweise reden", ausdrücklich vor, die Sicherheit der Bundesrepublik stärker zu gefährden als solche, die derartige Ausweise benutzten. „Selbst wenn Kießling mehrfach derartige Ausweise beantragt und erhalten hätte, spräche das allein noch nicht gegen ihn, sondern bewegte sich im Rahmen des Üblichen. Oder witterte man einen Agenten im Hintergrund? Sah man eine Affäre Guillaume heraufdämmern?"[106]

Auch in der „Augsburger Allgemeinen" wurde dem Versuch Wörners und anderer CDU-Politiker widersprochen, Kießling zum verräterischen Sicherheitsrisiko zu stempeln. Georg Bartholy kritisierte: „Mit geheimnisvollen Hinweisen auf mögliche Parallelen" zur Guillaume-Affäre, wie sie der CDU-Abgeordnete Berger im Bundestag geäußert habe, sei „niemandem gedient, solange nicht bekannt wird, worin das eigentliche Sicherheitsrisiko Kießling bestand". Das sei bisher nicht nachgewiesen worden: „Denn hieß es zunächst, Kießling sei wegen seiner homosexuellen Veranlagung erpreßbar und damit ein Sicherheitsrisiko geworden (was durchaus zu Recht angezweifelt werden kann), zog sich Wörner, in die Enge getrieben, auf eine zweite Verteidigungslinie zurück, indem er sich auf den Paragraphen 50 des Soldatengesetzes berief, der es ihm ermögliche, sich wegen des gestörten Vertrauensverhältnisses von seinem Untergebenen auch ohne Angabe von Gründen zu trennen. Dieses merkwürdige Taktieren, charakterisiert durch ein ständiges Nachschieben von ‚Enthüllungen' aus dem einschlägigen Milieu, wobei Wörner wahrheitswidrig betonte, er habe die Homosexualität nicht ins Spiel gebracht, hat erst aus einer möglicherweise normalen Ablösung eines Offiziers eine völlig überflüssige [...] zweifelhafte Affäre gemacht." Als noch schwerwiegender machte Bartholy geltend, falls die Vorwürfe gegen Kießling zuträfen, müsse „die Kontrollapparatur der Sicherheitsorgane kläglich versagt" haben – und zwar über Jahrzehnte hinweg. „Ist es denn überhaupt vorstellbar, daß ein Offizier in dieser Männergesellschaft Bundeswehr einen kometenhaften Aufstieg nimmt, ohne daß von seiner angeblichen Veranlagung spätestens auf der Leutnants-Ebene etwas ruchbar wird?"[107]

---

106 Ulrich Mackensen, Wörner und die Kameradschaft, in: Frankfurter Rundschau vom 21.1.1984.
107 Dr. Georg Bartholy, Genug an kaputtem Porzellan, in: Augsburger Allgemeine vom 21.1.1984. Unverständlich allerdings war diesem Autor der späte Widerstand Kießlings gegen seine Entlassung. Bartholy fragte, warum sich der General auf den Kuhhandel vom September 1983 eingelassen habe.

Im März 1984 war selbst für regionale Medien klar, dass Kießling „über viele Wochen hinweg das Opfer einer geradezu militärisch-bürokratischen Verschwörung" geworden sei.[108] Der „Münchner Merkur" zitierte die Einschätzung des FDP-Verteidigungsexperten Uwe Ronneburger, dass „durch bewußte Manipulation aus einem Gerücht eine Akte [gemacht] wurde, die einen unschuldigen Menschen zu einem Sicherheitsrisiko abstempelte".[109] Die Grünen forderten weiterhin den Rücktritt Wörners, weil dieser der verantwortliche Urheber der „rechtsstaatswidrigen Einleitung der Sicherheitsüberprüfung" Kießlings sei. Wörner, so der Grünen-Abgeordnete Roland Vogt in Umkehrung des Sicherheitsrisiko-Vorwurfs gegen Homosexuelle, sei seinerseits „für den Rechtsstaat ein Sicherheitsrisiko".[110] Das sahen die Koalitionsfraktionen im Untersuchungsausschuss freilich anders und attestierten ihrem angeschlagenen Minister, „Wörner habe ‚pflichtgemäß und rechtmäßig gehandelt'".[111] Die Schuld wurde auf den Militärgeheimdienst und seine in den Ausschuss-Vernehmungen zutage tretenden haarsträubenden Aktenmanipulationen geschoben: „Nur der MAD ist schuld", titelte die „taz" ironisch im Juni 1984. Während sich die Koalition und die SPD-Opposition – mit Ausnahme der Frage des Wörner-Rücktritts – auf einheitliche Schlussfolgerungen im Ausschussbericht hätten einigen können, verträten die Grünen eine abweichende Bewertung: „Sie heben auf den eigentlichen Vorwurf der Homosexualität ab und verweisen darauf, daß mit dem Skandal auch die Würde einer [nach] Millionen zählenden Minderheit verletzt worden sei."[112]

Die bürgerliche Presse zeigte sich von diesen Enthüllungen über entweder chaotische oder gar gezielte Manipulationen seitens diverser Beamter des Militärischen Abschirmdienstes geschockt. „Es ist genug!", kommentierte die „Neue Osnabrücker Zeitung" angewidert schon im Februar 1984: „Genug, genug. Wer soll das alles noch glauben? Diesem Geheimdienst soll im Ernst die Sicherheit der Bundeswehr anvertraut sein? Ist es wirklich ein leibhaftiger General, der Dossiers frisiert, sind das wirklich Beamte und Offiziere, die aus Tratsch eine Affäre machen und damit einem ehrbaren Mann beinahe das Genick gebrochen hätten? [...] John Le Carré würde sich solcher Einfälle schämen."[113] Letzteres ließe sich angesichts der homophoben Botschaften des britischen Erfolgsautors zwar in Frage stellen, doch auch die „Stuttgarter Nachrichten" kommentierten mit Untertönen für den von seinem Sicherheitsdienst irregeführten Ressortchef: „Die ‚gesicherten Erkenntnisse' des MAD, aufgrund deren Verteidigungsminister Wörner in gutem Glauben eine Entscheidung traf, die ihn beinahe Amt und politische Karriere kostete, die einen hochdekorierten

---

108 Manfred Fritz, Verabschiedung, in: Rhein-Neckar-Zeitung vom 26.3.1984.
109 Karl Hugo Pruys, Kießling – und kein Ende, in: Münchner Merkur vom 4.4.1984.
110 Grüne zu Wörner: „Sicherheitsrisiko", in: taz vom 5.6.1984.
111 Grüne nennen Wörner ein „Sicherheitsrisiko", in: Frankfurter Allgemeine Zeitung vom 4.6.1984.
112 wom, Nur der MAD ist schuld, in: taz vom 8.6.1984.
113 Reinhold Wüst, Es ist genug!, in: Neue Osnabrücker Zeitung vom 17.2.1984.

Vier-Sterne-General fast um Ruf und Ehre brachte und die schließlich sogar den Kanzler in politische Bedrängnis brachte – diese ‚gesicherten Erkenntnisse' also beruhten auf Gerüchten, auf vagen Verdächtigungen, auf Irrtümern, auf Fälschungen und – wie wir jetzt wissen – auf ‚Spielmaterial', das mit dem Fall so gut wie nichts zu tun hatte. Der Skandal wird zur Klamotte [...]. Eine Polit-Komödie, die schlechter kaum erfunden werden könnte." Den Parlamentariern sei das Lachen jedenfalls „buchstäblich im Halse stecken" geblieben.[114] Die „Rheinische Post" wartete ergänzend mit der Schlagzeile auf, dass die angeblichen „MAD-‚Beweise' total zusammengebrochen" seien: „Auch die Ermittlungen der Kölner Kripo in Sachen Kießling waren nicht stichhaltig genug".[115]

Der linksgerichtete Sexualwissenschaftler Günter Amendt, der mit seinem Buch „Sexfront" ein wichtiges Stichwort für die sexuelle Revolution um 1970 gegeben hatte, erklärte in der Zeitschrift „konkret" im März 1984 die Diskriminierung und Skandalisierung der eventuellen Homosexualität eines Generals zum eigentlichen Skandal: „Der General ist ledig, der General ist anders. Daß er homosexuell sein soll, war zumindest zu diesem Zeitpunkt mehr schmückendes Beiwerk. Es ging nicht um Homosexualität, sondern um das, was dafür gehalten wird." Es gebe ein gemeinsames Foto der Generäle Rogers und Kießling, das bereits „alles" sage: „Es zeigt den NATO-Oberbefehlshaber und seinen bundesdeutschen Stellvertreter in Kampfuniformen, es zeigt einen ‚tough guy' und einen Weichling." Für den Skandal im Skandal hielt Amendt die Berichterstattung vieler deutscher Medien, denn: „Wirklich ernst wurde die Affäre erst, als die Medienmachos begannen, das Stück als Chance für eigene Galaauftritte zu begreifen. [...] Man muß Herrn Lueg (Tagesthemen) gesehen haben – man hat Herrn Lueg gesehen, wie er angewidert vom ‚miesen Milieu' sprach, um so die Kneipen der Kölner Altstadt und nicht etwa das Kasino der Brüsseler NATO-Zentrale zu beschreiben. Man muß auch gehört haben [...], wie flott einigen Kommentatoren das Wort ‚schwul' über die Lippen rutschte, von Tag zu Tag mehr mit einem Unterton der Verachtung und manchmal schon als unflätige Beleidigung all derer, die homosexuell sind." Das ARD-Magazin „Tagesthemen" habe allen Ernstes von einem sich verbreitenden „Geruch von Homosexualität" gesprochen. Amendt erinnerte auch an „ein Interview ganz zu Beginn der Affäre, als sich der ARD-Reporter Werner Schawer die Frage herausnahm, was der Minister ‚zum Vorwurf der Homosexualität' zu sagen habe. Anstatt die Frage des ARD-Mannes zurückzuweisen mit der Begründung, Homosexualität könne kein ‚Vorwurf' sein [...], starrte Wörner wie ein waidwundes Reh in die [...] Kamera und sprach vom Sicherheitsrisiko". Damit, so der linke Medienkritiker, sei „die Verbindung und die Gleichsetzung von Homosexualität und miesem Milieu, Erpressung und Sicherheitsrisiko, Prostitution und Denunziantentum regierungsamtlich hergestellt" worden. Wochen-

---

114 Bernd Stadelmann, Umkrempeln, in: Stuttgarter Nachrichten vom 17.2.1984.
115 MAD-„Beweise" total zusammengebrochen, in: Rheinische Post vom 18.2.1984.

lang habe sich die „Bild"-Zeitung darauf beschränken können, die Pressemeldungen des Bundesverteidigungsministeriums unverändert abzudrucken – so passend seien diese „bereits ‚Bild'-gerecht ‚vorformuliert'" worden. Erst später habe sich das Springer-Blatt von Wörner abgewandt und diesen selbst als schwul denunziert. Allerdings gestattete sich auch „Bild"-Kritiker Amendt längere Ausführungen über Wörners angeblich betont männliches Auftreten und seine gar nicht so eindeutig männliche Ausstrahlung, die ihn vermutlich auch mit den homosexuellen Kießling-Belastungszeugen in Verbindung gebracht habe.[116]

Amendt kritisierte auch liberale und linke Verteidiger der Homosexuellen-Emanzipation. Bezugnehmend auf das Diktum Rudolf Augsteins, die Kießling-Affäre habe „die Schwulen und damit uns alle zivilisatorisch um viele Jahre zurückgeworfen", attackierte Amendt „konkret"-Herausgeber Hermann L. Gremlitza, für den mit dieser Feststellung des „Spiegel"-Herausgebers „vom Standpunkt bürgerlicher Aufklärung aus Anlaß des Falles Kießling zur Diskriminierung und Diffamierung Homosexueller gesagt" worden sei, „was zu sagen ist". Amendt wandte ein: „Wirklich? Ist es nicht die Dialektik bürgerlicher Aufklärung, die es dem Nazi-Staat möglich machte, über Nacht von Liberalisierung auf Verfolgung und KZ umzusteigen? Wo sind die veränderten Bedingungen, die eine Wiederholung ausschließen? Und hat nicht gerade der ‚Spiegel' mit seiner zynischen AIDS-Berichterstattung offenbart, wie weit bereits die rückwärtsgewandte Einstellungsveränderung zur Homosexualität gediehen ist?"[117]

Nicht nur Amendt kritisierte die Fortexistenz homophober Sicherheitsnormen innerhalb der Streitkräfte.[118] Dasselbe artikulierten zur selben Zeit die oppositionellen Grünen im Bundestag. Roland Vogt hatte im Kießling-Untersuchungsausschuss Generalinspekteur Wolfgang Altenburg mehrfach gefragt, „ob Homosexualität ohne das Hinzutreten weiterer Umstände – Dienstvergehen oder Begehung von Straftaten – ein Sicherheitsrisiko sei", was der ranghöchste Offizier der Bundeswehr nicht hatte beantworten wollen. Dies sei, so Altenburg, eine juristische Frage, für die er „nicht sachkundig" genug sei. Für Vogt machte diese ausweichende Reaktion „auf erschreckende Weise deutlich, daß die Führung der Bundeswehr nicht imstande ist, zu einem für unzählige Soldaten schicksalhaften Problem im Sinn der veränderten gesellschaftlichen Bewertung der Homosexualität Stellung zu beziehen". Freilich hätte man in der Verunsicherung der Bundeswehrführung auch ein Indiz dafür erblicken können, dass sie nicht mehr gewillt war, weiterhin zu ihren Sicherheitskriterien zu stehen, die nur wenige Wochen zuvor zur vorzeitigen Dienstentlassung General Kießlings geführt hatten. Nach Auffassung des Abgeordneten Vogt lag jedoch

---

116 Günter Amendt, Der Minister und sein General, in: konkret vom März 1984.
117 Ebenda.
118 Ebenda.

exakt in dieser „nach wie vor verklemmten und inkonsequenten Behandlung sog. [enannter] homophiler Neigungen der eigentliche Auslöser der Affäre".[119]

Bereits im März 1984 zog die konservativ-liberale Bundesregierung verhaltene, aber reformorientierte Konsequenzen. Der Staatssekretär im Bundesinnenministerium Siegfried Fröhlich erklärte, dass die „Sicherheitsrichtlinien für Bundesbedienstete" dahingehend geändert werden sollten, „daß eine homosexuelle Veranlagung allein nicht mehr ausreicht, um einen Geheimnisträger als Sicherheitsrisiko einzustufen". Die „Möglichkeit der Erpressung" sei fortan das entscheidende Kriterium, das jedoch künftig individuell bewertet werden müsse. Auch müsse ein Betroffener künftig zu belastenden „Erkenntnissen" der Sicherheitsdienste angehört werden, bevor es zu dienstlichen Konsequenzen kommen dürfe.[120] Zur selben Zeit sorgte Verteidigungs-Staatssekretär Hiehle – der 1983 maßgeblich zur vorgezogenen Entlassung Kießlings als vermeintliches Sicherheitsrisiko beigetragen hatte[121] und deswegen zum April 1984 selbst in den vorgezogenen Ruhestand versetzt werden sollte – für einen entsetzlichen Eindruck auf den ihn vernehmenden Kießling-Untersuchungsausschuss. Die SPD-Parteizeitung „Vorwärts" zitierte den über diesen emotionslosen Bürokraten empörten CDU-Abgeordneten Peter Petersen: „Mit ähnlich gutem Gewissen und angeblich korrekter Handhabung der Bestimmungen hat man früher Hexen verbrannt."[122]

Insofern war es keine Überraschung, dass auch der Abschlussbericht der Mehrheit des Untersuchungsausschusses über eine unumgänglich scheinende Reform des MAD hinausgehende Reformvorschläge enthielt, die den Umgang der Bundeswehr mit der Homosexualität betrafen: „Der Wehrbeauftragte des Bundestages soll Schutzmaßnahmen für Minderheiten unter den Soldaten überlegen. Und die Grünen verlangen in ihrem eigenen Bericht, daß aus der Sicherheitsrichtlinie der Regierung diskriminierende Maßnahmen – beispielsweise ‚wegen abnormer Veranlagung auf sexuellem Gebiet' – gestrichen werden." Die linksliberale „Frankfurter Rundschau", die dies berichtete, glaubte das Fazit ziehen zu können, dass der Untersuchungsausschuss „manches in Bewegung gebracht" habe.[123] Auch für die konservative „Frankfurter Allgemeine" war die im Bericht enthaltene Forderung „von Gewicht [...], die Sicherheitsrichtlinien der Bundesregierung vom 15. Februar 1971 zu ändern". Insbesondere deren Ziffer 7.3, „in der die Sicherheitsrisiken beschrieben sind, deren Vorhandensein grundsätzlich Zweifel in die betreffende Person begrün-

---

119 Deutscher Bundestag, Pressedokumentation, 021/261 Bd. 2, Die Grünen im Bundestag – Pressedienst – Pressemitteilung 107/84 vom 23.2.1984.
120 Affäre Kießling: Bonn zieht Konsequenzen. Sicherheitsrichtlinien werden geändert, in: Express vom 22.3.1984.
121 Dreher, Helmut Kohl, S. 335 und 337.
122 Gode Japs, „So ähnlich hat man früher Hexen verbrannt". Vor dem Wörner-Kießling-Ausschuß als Zeugen vernommen: Kanzler Kohl, Schreckenburger und Hiehle, in: Vorwärts vom 22.3.1984.
123 Volkmar Hoffmann, Vernichtendes Dokument, in: Frankfurter Rundschau vom 9.6.1984.

den, sollte so geändert werden, daß erst im Einzelfall vorliegende Hinweise auf eine Erpreßbarkeit vorliegen müssen, um Zweifel an der Verläßlichkeit zu begründen". Die FAZ ließ leise Distanz zu dieser Reformempfehlung erkennen, wenn sie feststellte: „Die Parteien des Bundestages sind mithin der Ansicht, daß das Vorliegen von Trunk- und Rauschgiftsucht, Spiel- und Wettleidenschaft, Überschuldung und abnormem sexuellem Verhalten ‚an sich' keine Zweifel in die Zuverlässigkeit eines Beamten oder Soldaten rechtfertigt, wenn es nicht konkrete Hinweise auf Unzuverlässigkeit gibt." Erst in solchen Fällen solle der MAD künftig ermitteln dürfen.[124]

Innerhalb der Koalition war es der FDP-Abgeordnete Ronneburger, der dem Wehrbeauftragten des Bundestages – damals der Sozialdemokrat und frühere Parlamentarische Staatssekretär im Bundesverteidigungsministerium Karl Wilhelm Berkhan – die Anregung gab, „die Frage der Garantie eines Individualrechtes für Soldaten" zu prüfen: „Mit den falschen Anschuldigungen gegen Kießling sei eine Minderheit abgewertet worden, die einen Schutz beanspruchen könne. Das Problem einer vermeintlichen Erpressungsgefahr bei Homosexualität müsse geklärt werden."[125] Während die Oppositionsparteien lautstark den Rücktritt Wörners forderten, bildete sich in der Stille ein Bündnis aus FDP, SPD und Grünen, um gemeinsam „eine Änderung der Sicherheitsrichtlinin der Regierung beim Kriterium ‚abnorme Veranlagung auf sexuellem Gebiet'" zu fordern. Nach Auffassung des Grünen-Abgeordneten Vogt sei diese Bestimmung bisher stets „mißbräuchlich gegen gleichgeschlechtlich Liebende" angewandt worden.[126]

Dafür hatte auch der einflussreiche liberale Politiker Ronneburger in seiner Bundestagsrede im Juni 1984 klare Worte gefunden. Er zeigte „Betroffenheit" über „eine Reihe von Abläufen", die durch die Affäre sichtbar geworden seien: Ronneburger rügte unter anderem, dass „die rechtlich gesicherten Entscheidungen" im Fall Kießling auf den „Sicherheitsrichtlinien aus dem Jahre 1971" beruhten, die – so bemerkte er mit Blick auf die dafür verantwortliche seinerzeitige sozialliberale Koalition der Ära Brandt – „allerdings der Entwicklung des Rechts und des Rechtsempfindens nicht entsprachen". Dabei allein beließ es der FDP-Politiker jedoch nicht. Denn durch die Kießling-Affäre sei „eine Minderheit, die in den vergangenen Jahren aus Vorurteilen gelöst zu sein schien, […] erneut in einen Zustand der Diffamierung" geraten. Der Vorgang müsse „daher auch Anlaß sein, darüber nachzudenken, wie wir endlich eine gesellschaftliche Akzeptanz von Minderheiten erreichen, die die Fiktion der Erpreßbarkeit für Angehörige einer solchen Minderheit auflöst". Der derzeitige Zustand sei jedenfalls „für liberales Rechts- und Selbstverständnis

---

[124] Der Untersuchungsausschuß im Fall Kießling fordert Konsequenzen, in: Frankfurter Allgemeine Zeitung vom 8.6.1984. Tatsächlich sollte die Bundesregierung 1987 ihre Sicherheitsrichtlinien reformieren, was die Grünen jedoch nicht zufriedenstellte.
[125] Volkmar Hoffmann, SPD und Grüne beharren auf dem Rücktritt von Wörner, in: Frankfurter Rundschau vom 8.6.1984.
[126] Vogel bekräftigt: Wörner muß zurücktreten, in: Süddeutsche Zeitung vom 29.6.1984.

kaum erträglich". Tatsächlich kündigten die Liberalen wenig später im Juli 1984 an: „Die Sicherheitsrichtlinien werden auf Initiative der F.D.P. so gefaßt werden, daß sie Minderheiten nicht diskriminieren. Vielmehr soll allgemein auf Lebensumstände abgehoben werden, die zur Erpressung führen können. Gegenstand der Beurteilung, ob eine Erpressungsmöglichkeit vorliegt, soll der konkrete Einzelfall sein." Konkrete Sicherheitsermittlungen gegen Einzelpersonen dürften nach Auffassung der Liberalen „erst dann eingeleitet werden".[127] Damit war klar, dass das entsprechende Reformvorhaben der Bundesregierung auf liberalen Druck zurückzuführen war. Aber der Einfluss der FDP hatte Grenzen. Als im Januar 1985 der auf die Vorgänge des Vorjahres bezogene Bericht des Wehrbeauftragten Berkhan erschien, fand der die deutsche Gesellschaft und insbesondere die Bundeswehr erschütternde Kießling-Wörner-Skandal darin in keiner einzigen Zeile Erwähnung.[128]

In den Medien jedoch hatte dieser Skandal dazu beigetragen, bislang kaum miteinander sprechfähige gesellschaftliche Milieus in Kontakt zu bringen. Die linksalternativen Grünen hatten bei den Bundestagswahlen von 1983 5,6 Prozent der Stimmen gewonnen und waren damit als kleinste Fraktion des Bundestages noch eindeutiger Minderheitenpartei als die FDP, die mit 7 Prozent immerhin an der unionsgeführten Bundesregierung beteiligt war. Trotz dieser minoritären Position, die durch massive mehrheitsgesellschaftliche Aversionen gegen das linksalternative Milieu damals noch massiv verstärkt wurde, fand die während des Kießling-Skandals von den Grünen intensiv diskutierte Frage, wer nach der Rehabilitation des Generals denn nun die generell verunglimpften Homosexuellen rehabilitiere, im Februar 1984 Eingang in die Münchner Massenpresse.[129] Die bekannte Grünen-Bundestagsabgeordnete Petra Kelly konnte in der Münchner „Abendzeitung" einen längeren Gastbeitrag platzieren, in dem sie die Homosexuellen als eigentliche „Opfer dieser Affäre" kenntlich machte: „Der Fall Kießling/Wörner spricht Bände über die politisch-gesellschaftliche Moral der Bundesrepublik. Homosexuelles Verhalten wird grundrechtswidrig diskriminiert, Homosexuelle gelten als ‚erpreßbar'. Sind denn die Abgeordneten, die Herren Minister, die zu Callgirls und Prostituierten gehen, nicht in gleicher Weise erpreßbar? Und die, die Ehefrau und Freundin haben? Welch' doppelte Moral." Infolgedessen hielt Kelly nicht nur den politischen Einsatz für die „rechtliche Gleichbehandlung" von Homosexuellen in der Bundesrepublik für erforderlich, sondern auch für die gesamtgesellschaftliche Durchsetzung der Einsicht, „daß Schwule nicht abnorme oder kranke Gestalten sind, sondern Menschen mit einer anderen, gleichberechtigten sexuellen Orientierung, die die glei-

---

[127] C. S., FDP setzt sich mit rechtsstaatlichen Forderungen durch, in: Die neue Bonner Depesche vom Juli 1984.
[128] Kießling-Affäre totgeschwiegen. Keine Zeile im Bericht des Wehrbeauftragten, in: Express vom 31.1.1985.
[129] Grüne: Wer rehabilitiert nun die Homosexuellen?, in: Abendzeitung vom 3.2.1984.

chen Lebenschancen und demokratischen Rechte für sich beanspruchen, wie andere Bürger".[130]

Im Januar 1984 – unmittelbar nach der ersten Beschäftigung des Bundestages mit der Kießling-Affäre, bei der für die Grünen der Abgeordnete Vogt und der ebenfalls zur Fraktion gehörende ehemalige Bundeswehr-General Gert Bastian gesprochen hatten – war es in der Grünen-Bundestagsfraktion zu heftigem Streit über die Thematik gekommen. Teile der Fraktion hatten den eigenen Debattenrednern vorgeworfen, sich eher für die Ehrenrettung des Generals Kießling vor dem Vorwurf der Homosexualität als für die Gleichstellung der Homosexuellen in Deutschland eingesetzt zu haben. Damit hätten die Redner „fundamentale grüne Positionen verraten". Der Abgeordnete Jürgen Reents, laut „taz"-Bericht ohnehin ein „rotes Tuch für Bastian", habe die Gleichwertigkeit von Hetero- und Homosexualität betont und vor diesem Hintergrund kritisch gefragt, wie es „mit diesen Prinzipien zu vereinbaren sei, wenn Gert Bastian von Kießling als qualifiziertem, loyalem, untadeligem General spräche, dessen Ehre wiederherzustellen sei". Keiner der beiden grünen Redner habe, so Reents, „etwas gegen die gehässige Stimmungsmache gegen Homosexualität gesagt: ‚Nicht Kießling ist zu rehabilitieren, sondern die Homosexuellen, die das eigentliche Opfer dieser Affäre sind.'" Bastian erwiderte, „er begreife Reents nicht, ihm ginge es darum, wie man dem Verteidigungsminister am meisten schaden könne, außerdem wolle er einem Menschen beispringen, einem Menschen, der sich in den Regeln seines Systems nichts zuschulden kommen ließ". Dies löste laut „taz" ganz „unvermeidlich" den Einwurf aus, „Bastian hebe Sekundärtugenden hervor, die auch zu ganz anderen Dingen taugten". Die Abgeordnete Karin Zeitler postulierte, „es sei kein grünes Ziel, die Gerechtigkeit innerhalb militärischer Logik zu verteidigen". Der ebenfalls angegriffene Roland Vogt betonte, durch die Affäre sei „Kießlings Lebenswerk zerstört worden", und ihm selbst sei es um die Verteidigung von Menschenrechten zu tun gewesen, die im Umgang mit Kießling von der Regierung verraten worden seien. Gert Jannsen befand demgegenüber, es gebe wohl Schlimmeres, als dass ein General drei Monate früher pensioniert würde als geplant, und wies darauf hin, dass es angemessen gewesen wäre, „sich vor der Rede einmal mit Schwulen zu unterhalten, zumal man einen davon in der Fraktion habe".[131]

Ähnliche Unsicherheiten, wie sie die Grünen in der Frage zeigten, ob man sich mit einem Bundeswehrgeneral solidarisieren solle, zeigten laut Ministeriumssprecher Oberst Reichardt auch zahlreiche westdeutsche Printmedien. Denn viele beteiligte Journalisten hätten ihre Anfänge in der „APO" (Außerparlamentarischen Opposition) der linken Studentenbewegung um 1968 gehabt und seien daher militärskeptisch eingestellt gewesen. Insofern seien diese Medienvertreter sowohl

---

[130] Petra Kelly, Homosexuelle sind Opfer dieser Affäre, in: Abendzeitung vom 16.2.1984.
[131] peg, Grüne sorgen sich um Kießling. Sekundärtugenden und die Würde der Schwulen, in: taz vom 26.1.1984.

dem Minister als auch dem General gegenüber gleichermaßen feindselig eingestellt und daher unschlüssig gewesen, wer von beiden eher ihr Vertrauen verdiente: „Manche schreckten einfach davor zurück, ausgerechnet einem General zu seinem Recht und seiner Ehre zu verhelfen, gar den feudalistischen Kodex eines Ehrenwortes für ihn geltend zu machen und damit in den Kategorien einer überwundenen Epoche zu argumentieren. Manche linke Blätter waren deshalb unsicher in der Beurteilung der Vorgänge. Sie wußten nicht recht, wen sie verurteilen sollten, auf wessen Seite sie treten sollten."[132] Für manche Journalisten war womöglich der Militarismus in Zeiten der Auseinandersetzungen um die sowjetische Aggression in Afghanistan und die NATO-Nachrüstung im Vergleich zur homophoben Diskriminierung eines Generals das bedeutendere Zeitproblem.

Dennoch: Schon kurz vor Petra Kelly in der Münchner „Abendzeitung" hatte in der Essener „Neuen Ruhr-Zeitung" deren Chefredakteur Jens Feddersen die Frage gestellt, ob heterosexuelle Sicherheitsrisiken wirklich gleich bewertet und behandelt würden wie homosexuelle: „Was wäre gewesen, wenn General Kießling offen erklärt hätte: Ja, ich bin homosexuell, aber deshalb doch kein Risiko für die Sicherheit der Bundesrepublik. Politikern, die sich ihre Bonner Freundin halten oder beim nächstbesten Callgirl klingeln, wird ja auch niemand unterstellen, sie seien nicht mehr würdig, in vertrauliche Akten Einsicht zu nehmen." Feddersen kommentierte dieses „Beispiel doppelter Moral": „In der unterschiedlichen Bewertung privatester Empfindungen, Neigungen und Gefühle, wie sie in diesen Tagen diskutiert wurden, liegt ein betrüblicher, uns alle beschämender Verlust an Liberalität."[133] Einen Tag vor Feddersen hatte Anfang Februar 1984 Ralf Dose, Sprecher einer West-Berliner „arbeitsgemeinschaft humane sexualität" und engagierter Schwulen-Aktivist, in einem Leserbrief an die liberale „Zeit" betont: „Wie immer die ‚Affäre' ausgeht, das Ergebnis ist so oder so das gleiche: Entweder Kießling hat eine ‚rosa' Vergangenheit – dann könnte man seiner Erpreßbarkeit nur begegnen, indem man Tabui[si]erungen, Sensationslüsternheit, Diskriminierung aus der Welt schafft. Getan wird gerade das Gegenteil. Oder aber Kießling sollte aus anderen Motiven, und nur unter dem Vorwand angeblicher Homosexualität, vom Parkett gefegt werden – dann nutzt man nur bestehende Vorurteile als Vehikel und gibt ihnen neue Nahrung. Das Resultat geht in beiden Fällen zu Lasten aller Homosexuellen."[134]

Innerhalb der größten Oppositionsfraktion, der SPD, welche der einstige FDP-Koalitionspartner per Zwischenruf an den früheren Bundeskanzler Willy Brandt daran erinnert hatte, dass die nun so kritisch bewerteten Sicherheitsrichtlinien des Jahres 1971 doch unter sozialliberaler Ägide formuliert worden waren, fand Bundesge-

---

132 Reichardt, Hardthöhe Bonn, S. 116.
133 Jens Feddersen, Spuren einer Woche, in: Neue Ruhr-Zeitung (Essen) vom 4.2.1984.
134 Leserbrief von Ralf Dose, arbeitsgemeinschaft humane sexualität, Berlin, in: Die Zeit vom 3.2.1984.

schäftsführer Peter Glotz deutliche Worte. Er stellte „die Frage, wie die tiefgehenden Probleme der Bundeswehr von einem Manne" wie Wörner „gelöst werden könnten, ‚dessen sichtbarste politische Leistung eine politische Rekriminalisierung des Paragraphen 175' sei". Glotz machte deutlich: „Selbst wenn der General homosexuell gewesen wäre, zeige die Behauptung, ein solcher Mann könnte erpreßbar sein, ‚das ganze Ausmaß der Sicherheitshysterie, die in deutschen Amtsstuben verbreitet ist'."[135]

Redner von SPD und Grünen hatten die homophoben Folgen der Kießling-Affäre für die Homosexuellen schon am 8. Februar 1984 in einer Bundestagsdebatte thematisiert. Für die SPD hatte deren Parteivorsitzender Willy Brandt diese Frage kritisch angesprochen, für die Grünen wiederum deren angriffslustiger und rhetorisch begnadeter Abgeordneter Joschka Fischer, der es vierzehn Jahre später zum Bundesaußenminister und Vizekanzler der Bundesrepublik bringen sollte. 1984 galt der demonstrativ als „Turnschuh-Politiker" auftretende Grüne nicht nur der bürgerlichen Bundestagsmehrheit, sondern auch weiten Teilen der Öffentlichkeit noch als Provokateur mit inakzeptabler Straßenkämpfer-Vergangenheit. Die den Grünen gewogene West-Berliner „taz" berichtete ausführlich, wie Brandt und Fischer Kohls und Wörners „Bananenrepublik" ins „Kreuzfeuer" genommen hätten: „Sehr ernst kritisierten Brandt und Fischer [...] die mit der Affäre einhergegangenen Angriffe gegen Homosexuelle. Brandt kritisierte mit Blick auf den ‚Herrn Kollegen Genscher und andere von liberaler Überzeugung durchdrungene Träger öffentlicher Verantwortung', daß niemand von der FDP gegen die ‚Heuchelei' angegangen sei, ‚mit der ein von dem der Mehrheit abweichendes Sexualverhalten bedacht wird'." In der Tat kamen Ronneburgers deutliche Worte erst Monate später. Insofern fragte „Joschka Fischer" durchaus berechtigt, „wer sich denn bei den Homosexuellen entschuldigt habe, und erinnerte an die KZs von Nazideutschland", in denen zehntausende Homosexuelle gequält worden seien. „Die Streichung des ‚unseligen Paragraphen 175' stände heute noch an. Ebenso wie die materielle Entschädigung der überlebenden Opfer mit dem rosa Winkel und die historische Würdigung ihres Leids in den Konzentrationslagern." Fischer schloss mit einer Glosse auf das Ehrenzeremoniell der bevorstehenden Verabschiedung Kießlings: „Am 31. März wird der General Kießling in allen wiederhergestellten Ehren und unter klingendem Spiel mit einem Großen Zapfenstreich – welch Wort in dieser Affäre – von seinem Verteidigungsminister Manfred Wörner verabschiedet werden. Und die Augen werden tränen, wenn dann jener obligatorische Choral aus dem 18. Jahrhundert ertönt: ‚Ich bete an die Macht der Liebe...'."[136]

---

[135] Jürgen Lorenz, Affäre Kießling hat ein Nachspiel im Bundestag, in: Badische Neueste Nachrichten vom 3.2.1984.
[136] ts, Bananenrepublik im Kreuzfeuer, in: taz vom 9.2.1984.

Fischers Rede vom 8. Februar 1984 habe im Bundestag die Grünen mit ihrer Fundamentalkritik an der gesellschaftlichen und politischen Diskriminierung von Homosexualität „weitgehend allein" gelassen, meint die Historikerin Katharina Ebner. Auch wenn diese Wertung angesichts der Haltung von SPD und FDP überzogen erscheint, wird man der Beobachtung zustimmen, dass „Fischers Rede" von vielen Abgeordneten „als unpassend" kritisiert worden sei.[137] Zugleich aber – und im eklatanten Gegensatz zu dieser Reaktion der Parlamentsmehrheit – war diese provokative Rede ein gewaltiger Medienerfolg, der den Grünen und ihren Argumenten Aufmerksamkeit bis weit in die bürgerliche Presselandschaft hinein sicherte. Nicht der unglückselige Minister Wörner behauptete die Diskurshoheit über den von ihm mitverursachten Skandal, stattdessen eroberte sie ein bis dahin unbekannter und ungewohnt frecher politischer Neuling. Ähnlich wie Petra Kelly bewirkte Fischer damit einen Brückenschlag zwischen bislang kaum vernetzten Sozialmilieus. Der Bonner „General-Anzeiger" zeigte sich entzückt von dessen „büttenreif[er]" Rede: „In einer im Bundestag bisher einmaligen Mischung aus ätzender Satire, kabaretthaften Formulierungen und beißenden Taktlosigkeiten ließ Fischer die Koalition und die Regierungsbank in sprachloses Entsetzen versinken. Es gab keinerlei Unmutsäußerungen. Der ohne jede Rücksicht auf parlamentarische Gepflogenheiten fetzend vorgetragene Verriss verschlug der Union die Sprache. Kanzler und Minister hörten mit eisernen Mienen Worte wie ‚Polit-Klamotte', ‚Wörner und seine Kamarilla' und ‚Schmierenstück'."[138] Auch die „Frankfurter Rundschau" rekapitulierte wohlwollend: „Der Grüne[n]-Abgeordnete Joseph Fischer goß über Wörner, Kohl und die Koalition beißenden Spott aus und sprach von einem ‚widerwärtigen Schmierenstück vom Biedermann und seiner Machtgeilheit'. Der ‚wehrverliebte Minister' habe einen ‚Schwindler mit falschen Tonbändern' einfliegen lassen, um General Kießling als ‚Schwulen' zu überführen."[139] Als es Ende März 1984 tatsächlich zu jenem ehrenvollen Abschiedsritual mit Großem Zapfenstreich für den rehabilitierten General kam, das Fischer in seiner Rede gnadenlos persifliert hatte, konnte sich auch die „Rheinische Post" in ihrem Bericht über das Finale der „grotesk este[n] Schmierenkomödie, die bisher unseren Streitkräften zugemutet" worden sei, das Zitat des zündenden Fischer-Kalauers nicht versagen: „Nicht, daß man dem offenbar doch untadeligen General Kießling die traditionelle Ehrung mißgönnt hätte […]. Aber das abendliche militärische Schauspiel mit dem Choral ‚Ich bete an die Macht der Liebe' […] entbehrte im speziellen Falle doch nicht fast blasphemischer Züge."[140] Die grüne Blasphemie wirkte unwiderstehlich auf das etablierte Medienspektrum.

---

137 Ebner, Religion im Parlament, S. 263 f.
138 Ekkehard Kohrs, Klüger ist nach diesen rund zwei Stunden im Plenum niemand, in: General-Anzeiger vom 9.2.1984.
139 Eghard Mörbitz, Opposition macht Kohl für Fall Wörner haftbar, in: Frankfurter Rundschau vom 9.2.1984.
140 Joachim Sobotta, Helm ab!, in: Rheinische Post vom 27.3.1984.

Fragt man nach den Folgewirkungen des Skandals, gibt es sehr unterschiedliche Antworten. Norman Domeier hat die Wirkmächtigkeit der „Figur des homosexuellen Landesverräters" herausgestellt, die „vom Eulenburg-Skandal über die Traditionslinie" der Skandale um Oberst Redl, Ernst Röhm und Günter Kießling bis in die jüngste Vergangenheit reiche.[141] Die zeithistorische Forschung hat die bleibende Beschädigung des der Homosexualität bezichtigten Generals konstatiert.[142] Darüber hinausreichende negative Folgen betonte 1986 der Erziehungswissenschaftler Friedrich Koch: In der Kießling-Affäre sei zumindest „eine Denunziation nachhaltig wirksam" geblieben, „nämlich die der männlichen Homosexuellen in der Bundesrepublik". Bereits die ersten Presse-Schlagzeilen hätten deutlich gemacht: „Mochten die Anschuldigungen gegen General Kießling sich möglicherweise als unberechtigt herausstellen, bleiben würde auf jeden Fall die Verunglimpfung einer gesellschaftlichen Minderheit, die ohnehin unterdrückt und geächtet ist." Letzten Endes habe sich die Wörner/Kießling-Affäre nur um die „Kernfrage" gedreht, ob der General homosexuell sei oder nicht: „Ist er es nicht, dann sollte er ‚seine Ehre wiederhaben'. Wäre er es gewesen, dann durfte er getrost ehrlos bleiben. Denn – so der Tenor der Medien – Homosexuelle sind unzuverlässig; sie verkehren in schummrigen Bars, in halb- oder ganz kriminellen Kreisen; sie dürfen keine Träger von Staatsgeheimnissen sein; sie sind erpreßbar. Das Ehrenwort eines Generals zählt; das eines schwulen Generals nicht. Homosexuelle sind ein Sicherheitsrisiko." Vor diesen Wahrnehmungsmustern bedeute die Rehabilitierung des Generals „nichts anderes als die Feststellung, daß er nun doch nicht diesem Sumpf angehört, daß er ein Ehrenmann ist, der auf eine noble Art weiter verwendet werden kann".[143]

Zwanzig Jahre nach dieser bitteren Diagnose versuchte der Journalist Thomas Ramge eine Neubewertung. Er erkannte den Kern des Skandals in der Tatsache, dass zwar Minister Wörner nebst „einige[n] Parteigänger[n] der geistig-moralischen Wende" und vielen Militärs, die sich unverzüglich und ungeprüft von Kießling distanziert hätten, der Auffassung gefolgt sei, ein „homosexueller General" sei automatisch erpressbar, damit ein „Sicherheitsrisiko" und folglich aus dem Dienst zu entfernen – dass aber diese „moralischen Grundkoordinaten des Ministers nicht mit denen der Mehrheitsgesellschaft übereinstimmten". Die politische Öffentlichkeit der Bundesrepublik habe „sehr schnell und in deutlicher Mehrheit" mit dem um seine Rehabilitierung kämpfenden General sympathisiert. Damit sei der Kießling-Skandal ein wichtiges Indiz dafür, dass die Bundesrepublik im Jahre 1984 – der Zeit der Friedensbewegung und des parlamentarischen Siegeszuges der Grünen – „den Schritt zur durch und durch zivilen Gesellschaft endgültig vollzogen" habe. Diese „westdeutsche Zivilgesellschaft" sei wenig erpicht darauf gewesen, „Details aus

---

141 Domeier, Der Eulenburg-Skandal, S. 325.
142 Conze, Die Suche nach Sicherheit, S. 594; Wolfrum, Die geglückte Demokratie, S. 362.
143 Koch, Sexuelle Denunziation, S. 205 und 209.

dem soldatischen Liebesleben" zu erfahren. Und es sei ihr „nicht vermittelbar" gewesen, dass das, was offenbar sämtlichen Vorgesetzten Kießlings jahrzehntelang nie aufgefallen war, in den letzten drei Monaten im Amt plötzlich ein untragbares Sicherheitsrisiko hätte sein sollen. Schon vom Personentypus her sei der deutsche General, „tief gläubiger Protestant und Literaturliebhaber, [...] so zivil, wie ein hoher General nur sein konnte" – und damit das „Gegenbild zu seinem schneidig-zackigen NATO-Vorgesetzten Rogers". Damit berührte Ramge wichtige Aspekte der Kießling-Affäre, um sich gleichwohl in ein allzu positives Resümee zu versteigen: „Die Bundesrepublik erwies sich erneut als ausgesprochen unanfällig gegen das Genre der politischen Sittenaffäre."[144]

Die Publizistin Barbara Sichtermann hat bereits wenige Jahre nach dem Skandal ähnlich resümiert: „Kießling hatte Zugang zu Geheimmaterial – nicht mal diese Information brachte die deutsche Presse davon ab, den MAD wegen seiner mangelhaften Recherchen und Wörner wegen seiner voreiligen Konsequenzen einem Dauerbeschuß auszusetzen. Die neue militärische Heldengestalt der Bundesrepublik hieß Kießling; sie war korrekt, unscheinbar, durchaus konservativ eingestellt, aber weder zackig noch schneidig. Ein Militär, so zivil wie eben möglich. Nicht mal der Verdacht der Homosexualität [...] hat den General in der deutschen Öffentlichkeit Sympathien gekostet." Damit habe die Bundesrepublik in der Kießling-Affäre einmal mehr bewiesen, dass sie mittlerweile „zivil geworden" sei. Die Gesellschaft habe sich im Zweifel für einen Menschen entschieden: „Sie solidarisierte sich mit dem Düpierten und pfiff auf die Sicherheitserwägungen des Ministers."[145]

Tatsächlich aber war diese in den 1980er Jahren erkennbare Tendenz zur Immunisierung gegen (homo-)sexuelle Denunziation eine ziemlich neue Entwicklung, die zudem weitere zwei Jahrzehnte benötigen sollte, bis sie dominant werden konnte. Alles in allem erscheinen die Folgen des Wörner-Kießling-Skandals keineswegs als eindeutig homophob, vielmehr als zutiefst widersprüchlich und hochgradig ambivalent. In den Debatten um die Affäre zeigt sich das Verhältnis der Mehrheitsgesellschaft zur Homosexualität als gespalten und keinesfalls vorurteilsfrei. Neu war allerdings, dass das Stereotyp vom engen Konnex aus Homosexualität, Seilschaften und Verrat in den Diskursen des Jahres 1984 brüchig erschien und vielfach bestritten wurde. Insofern ist die Kießling-Affäre keine bloße Verlängerung früherer Skandale um tatsächliche oder angebliche homosexuelle Verräter, sondern tatsächlich ein wichtiger Wendepunkt – ein Umschlag von der Skandalisierung der Homosexualität zur Skandalisierung dieser homophoben Skandalisierungsstrategie. Bisherige Gewissheiten waren durch den Skandal fragwürdig und infolge der Missgriffe des Bundesverteidigungsministers und des MAD sogar lächerlich geworden. Das be-

---

144 Ramge, Die großen Polit-Skandale, S. 196 f.
145 Sichtermann, Die Affäre Wörner/Kießling, S. 247 f.

deutete keine abrupte Wende zur Emanzipation.¹⁴⁶ Doch die subversiven Wirkungen des Skandals trugen dazu bei, dass in Zukunft nicht mehr Homosexualität skandalisiert werden konnte, sondern immer stärker der Versuch solcher Skandalisierung zum eigentlichen Skandal wurde. Die „Skandalisierung des Skandals" zugunsten allmählicher gesellschaftlicher „Transgression"¹⁴⁷ in den medialen Diskursen des Jahres 1984 markiert die eigentlichen, langfristigen Nachwirkungen der Kießling-Affäre.

Was 1984 vielen noch als homophobe Hetzjagd erschien, wirkte nur eineinhalb Jahrzehnte später plötzlich sehr weit entfernt und im Rückblick beinahe surreal. Der beschleunigte Umbruch im Umgang der Gesellschaft mit Homosexualität und Homosexuellen muss zwischenzeitlich beträchtlich gewesen sein. Die Hamburger Zeitung „Die Woche" stellte 1998 die Kießling-Affäre in den Zusammenhang anderer Skandalisierungsversuche, die immer auch auf die Skandalisierer zurückgeschlagen seien: „Ob Manfred Wörner seinen General Kiessling [sic!] wegen eines angeblichen Homo-Bar-Besuchs kaltstellte, ob Uwe Barschels Pfeiffer versuchte, Björn Engholm eine HIV-Infektion anzuhängen – stets schädigten solche Schmuddelkampagnen ihre Opfer genauso wie die Betreiber." Die Autorin Irene Stratenwerth forderte angesichts dieses Wandels von den vielen immer noch klandestinen homosexuellen Politikern in Deutschland mehr Mut zum Coming-out. Denn die Wähler, so glaubte sie, seien doch „längst tolerant" geworden.¹⁴⁸

---

146 Laut Möllers, Die Kießling-Affäre 1984, S. 550, hat „die Kießling-Affäre keinen Durchbruch der Bundeswehr im Umgang mit Homosexuellen" bewirkt. Noch im Jahre 2000 habe sich das Verteidigungsministerium gegenüber einem Offizier auf das Urteil des Bundesverwaltungsgerichts von 1976 berufen.
147 Ingrid Gilcher-Holtey, Skandalisierung des Skandals: Intellektuelle und Öffentlichkeit, in: Andreas Gelz u. a. (Hrsg.), Skandale zwischen Moderne und Postmoderne. Interdisziplinäre Perspektiven auf Formen gesellschaftlicher Transgression, Berlin/Boston 2014, S. 217–233, hier insb. S. 219 f.
148 Irene Stratenwerth, Raunen, Zoten und Intrigen. Nur wenige Politiker bekennen öffentlich, dass sie homosexuell sind, in: Die Woche vom 20.11.1998.

IX Ausblick auf Überreste: Das homophobe Stereotyp und die gesellschaftliche Transformation

> „Die Homosexuellen sind auf dem Weg von der diskriminierten Minderheit zur vielbeachteten, [...] effizient vernetzten Elite schon weit vorangekommen."[1]
>
> („Tagesspiegel" 1999)

Gegen Ende des 20. Jahrhunderts stellte die „Frankfurter Allgemeine Zeitung" fest, wie hochgradig und rasant sich das Verhältnis zwischen Gesellschaft und Homosexualität gewandelt habe: „Toleranz gibt sich gerne geschichtslos", meinte Michael Allmaier und erinnerte verblüfft daran, dass die Kriminalisierung der Erwachsenen-Homosexualität gerade einmal dreißig Jahre zurücklag, und „die Hetzjagd auf den General Kießling" erst ganze fünfzehn Jahre zuvor erfolgt war. Eben wegen dieses rapiden Wandels sei eine „Zeitgeschichte der Homosexualität" sehr wichtig. Zumal in der so plötzlich gewandelten Gegenwart die „Schwulenbewegung" an ihren Erfolgen zu zerbrechen drohe. „Die Schwulenvertreter haben keine greifbaren Gegner mehr", stimmte Allmaier mit dem homosexuellen Publizisten Elmar Kraushaar überein, und eben deshalb tendierten sie mittlerweile zur überzogenen Konzentration auf den Kampf gegen „jedes Quentchen Diskriminierung".[2]

Ging es nur noch um Restbestände an Diskriminierung? Mathias Döpfner, damals Chefredakteur der Berliner Wochenzeitung „Wochenpost" und später Vorstandschef des Springer-Medienkonzerns, zeichnete 1995 anlässlich der Homosexualitäts-Affäre um den sächsischen CDU-Innenminister Heinz Eggert, der von untergebenen Polizisten sexueller Belästigung bezichtigt wurde, ein differenzierteres Bild: „Bei der Homosexualität klafft eine Lücke zwischen theoretischer und praktischer Toleranz. Im Dritten Reich endete Homosexualität im Konzentrationslager, heute zu oft noch in der Schmuddelecke. In der Kultur- und Kunstszene, diesem freizügigen – weil irrelevanten? – Spielraum, gereichen gleichgeschlechtliche Neigungen zwar eher zum Pluspunkt denn zum Makel. In Politik und Wirtschaft, der Sphäre der harten Männer und ganzen Kerle, aber gilt: Kein Problem, solange es die Öffentlichkeit nicht weiß, untragbar, wenn es bekannt wird." Dabei fielen diesem gut vernetzten Journalisten in der Bonner Politik „besonders viele Kandidaten" aus den Reihen der „liberal-konservativen Koalition" Helmut Kohls ein, die sich sofort würden outen können – und dies nach Döpfners Ansicht am besten in einem Aufsehen erregenden Kollektivschritt möglichst auch tun sollten. Nur dann bestehe „Hoffnung, daß kein Strafmechanismus, sondern ein Bewußtseinswandel einsetzt". Döpfner griff der Entwicklung aber doch ein wenig zu weit voraus, wenn er einen

---

[1] bul, Von der Diskriminierung zum Privileg, in: Tagesspiegel vom 7.5.1999.
[2] Michael Allmaier, Schwul zu sein bedarf es wenig. Warum Toleranz die Homosexuellenbewegung nicht nur froh stimmt, in: Frankfurter Allgemeine Zeitung vom 1.8.1998.

schwulen Bundeskanzler schon für das Jahr 2000 für „denkbar" erklärte. Entscheidend aber sei die Offenlegung der eigenen sexuellen Identität. Denn „ein Bundeskanzler, von dessen Homosexualität niemand erfahren" dürfe, bleibe „gefährlich".[3]

„Ich bin schwul, und das ist auch gut so", erklärte der sozialdemokratische Wahlkämpfer und künftige Regierende Bürgermeister von Berlin, Klaus Wowereit, im Juni 2001 öffentlich mit demonstrativer Lockerheit.[4] Die Berliner CDU erreichten wenig später zahlreiche Briefe bisheriger SPD-Wähler, die schworen, nie wieder für die SPD stimmen zu wollen. Der Grund war allerdings nicht Wowereits Coming-out, sondern die von der SPD angestrebte Koalition mit der Linkspartei PDS, der Nachfolgerin der einstigen DDR-Hegemonialpartei SED. „Kein einziger der Briefeschreiber, und das findet auch die Berliner CDU gut so, regt sich darüber auf, dass Klaus Wowereit homosexuell ist", berichtete der Berliner „Tagesspiegel". Dessen Autor Robert von Rimscha ergänzte dies um einen historischen Rückblick auf die rapiden gesellschaftlichen Veränderungen der jüngsten Vergangenheit: „Wie sich der Umgang mit Homosexualität verändert hat, lässt sich an den Affären der letzten 20 Jahre ablesen. General Günter Kießling wurde Ende 1983 gefeuert, weil er unter den Verdacht geriet, schwul zu sein. Weil sich dies nicht bewahrheitete, wäre fast Verteidigungsminister Manfred Wörner gestürzt. 1995 musste CDU-Vizeparteichef Heinz Eggert seinen Hut in Sachsen nehmen, weil er sexuelle Interessen und dienstliche Hierarchien miteinander vermengt haben soll. Geklärt wurde dies nie. In der Öffentlichkeit musste daher der Eindruck entstehen, Eggert habe sein Ministeramt verloren, weil herauskam, dass er schwul sei. Diesen falschen Eindruck nicht korrigieren zu können: Das war damals der Preis, den die politische Kultur bezahlte, weil der Vorwurf des konkreten Fehlverhaltens nicht vom angeblichen Vorwurf der Orientierung getrennt wurde." Im Jahre 2001 würde dergleichen nun viel klarer und differenzierter öffentlich verhandelt.[5]

Gleichwohl zeichnete auch Rimscha die Gesamtsituation zu Beginn des 21. Jahrhunderts trotz aller Fortschritte als ambivalent. Während das Hamburger Magazin „stern" den „schwulen Politikern einen Titel" widme, beteuere das Springer-Massenblatt „Bild" „unter dem Motto ‚Die Outing-Lüge', man habe Wowereit keineswegs genötigt, durch eine Selbstbezichtigung einem geplanten Artikel zuvorzukommen". Täglich kursierten Umfragen in den Medien, „wonach 89 Prozent ihre Wahlentscheidung nicht von der sexuellen Orientierung des Kandidaten abhängig machen wollen, elf Prozent sie aber berücksichtigen. Wobei im Fernsehen daraus die Meldung wird, elf Prozent lehnten schwule Regierende ab." Für Rimscha tobte

---

[3] Mathias Döpfner, Ein schwuler Kanzler? Homosexualität in der Politik. Gefahren und Chancen der Affäre Eggert, in: Wochenpost vom 29.6.1995.
[4] Zitiert nach Heilmann, Normalität auf Bewährung, S. 178 f.
[5] Robert von Rimscha, Offen gestanden. Der Sozialdemokrat Klaus Wowereit, Berlins neuer Regierender Bürgermeister, hat sich als schwul geoutet, in: Tagesspiegel vom 22.6.2001.

im Jahre 2001 ein Streit über die Grenzen zwischen Öffentlichem und Privatem: „Die Fronten sind unklar, es wird abgetastet, vorgefühlt, angedeutet. Die ‚taz' und Grünen-Parteichef [Fritz] Kuhn haben nach Wowereits Schritt andere Politiker als homosexuell bezeichnet – mit Namensnennung. Einige von diesen überlegen sich nun, ob sie, um derlei zuvorzukommen, den Befreiungsschlag riskieren sollen." Rimscha wusste, dass für einen führenden „Oppositionspolitiker" aus Union oder FDP sein bisheriges Versteckspiel vor allem mit der Furcht vor dem Wühlen der Boulevardpresse im Privatleben verbunden sei. Selbst Ute Vogt, Spitzenkandidatin der SPD in den baden-württembergischen Landtagswahlen, die „ledig, [aber] nicht lesbisch" sei, habe sich mit gezielten Nachforschungen konfrontiert gesehen, auch wenn am Ende kein Pressebericht erschienen sei. Insgesamt gebe es „viele deutsche Politiker, die homosexuell sind, und die breite Öffentlichkeit weiß es nicht", obschon im engeren Umfeld kein Versteckspiel mehr stattfinde.[6]

Weit düsterer zeichnete „taz"-Redakteur Jan Feddersen die damalige Situation: „Überall sind Homosexuelle, nur nicht allerorten öffentlich." Die liberalen Milieus bäten bis heute stets um Diskretion – angeblich um des Betreffenden willen, aber doch wohl auch um ihrer selbst willen. Die Berliner CDU habe den Aufstieg des – intern bekanntermaßen schwulen – SPD-Politikers Wowereit zum neuen Regierungschef gar nicht für möglich gehalten, denn dergleichen habe es noch nie gegeben. Wowereits Coming-out sei vor allem dadurch ein „Bruch mit dem moralischen Konsens" gewesen, dass es nicht im Tone des Bedauerns, sondern selbstbewusst erfolgt sei: „Genossinnen und Genossen, ich bin schwul – und das ist auch gut so." Dadurch sei die Berliner SPD plötzlich als frische, moderne Partei erschienen. Doch gerade angesichts dieses Einzelfalles „wirkten viele [andere] Politikerbiografien wie Erzählungen aus den Niederungen der Lebenslügen". Sämtlich „schwul oder lesbisch", hätten sie doch „nie den Mut gehabt", seien auch von ihrem Umfeld „nie ermutigt worden, der Öffentlichkeit nichts mehr vorzuspielen, etwa als ewiger Junggeselle oder taffe Karrierefrau, die keine Zeit für Männer hat". Zwar habe es homosexuelle Politiker und Politikerinnen schon „immer" gegeben, doch seien sie von einer „üblen Tradition" stets ins Klandestine gedrängt worden: „[...] Wenn sie es bis ganz nach oben schafften, einige gar bis in Ministerränge, waren sie immer ein Stück weit erpressbar, in innerparteilichen Rankünen, durch den politischen Gegner, durch die Medien." Dass das Schweigegebot, das in der stark NS-geprägten Frühzeit der Bundesrepublik immerhin verständlich gewesen sei, noch heute gelte, sei geradezu „obskur". Denn im Jahre 2001 müsse niemand mehr befürchten, derart gnadenlos öffentlich angeprangert zu werden wie 1984 Bundeswehrgeneral Kießling. „Im Gegenteil. Sie werden nur Teil des öffentlichen Gepränges um Privates. Also Objekte für Homestories und Urlaubsgeschichten in Illustrierten. Und das Volk genießt derlei Privates, wenn es denn nicht schlüpfrig ist, sehr sogar." Der in der

---

6 Ebenda.

„Süddeutschen Zeitung" erhobene liberale Vorwurf, Wowereit instrumentalisiere seine Homosexualität zugunsten seiner Karriere, gehe daher an der Sache völlig vorbei. „Nur das verkniffene Schweigen hat er gebrochen. Die Rolle des Klandestinen ist mit ihm nicht zu besetzen."[7]

Dass in den liberalen Medien noch längst nicht alles problemlos „gut so" war, demonstrierte nicht nur die von Feddersen zitierte „Süddeutsche" aus München, sondern auch der Berliner „Tagesspiegel", der kurz vor der Causa Wowereit mit Besorgnis einen regelrechten Paradigmenwechsel für Homosexuelle in Deutschland ausgemacht hatte, die in einer atemberaubend kurzen schlagartigen Wendung unterwegs „von der Diskriminierung zum Privileg", also zur bevorrechtigten Minderheit seien. „Homosexuelle, die Älteren wissen das, wurden früher sehr diskriminiert. Sie mußten ihre sexuelle Vorliebe geheimhalten, fanden nur schwer eine gemeinsame Wohnung und wurden in den Medien totgeschwiegen." Das aber, so der „Tagesspiegel", habe „sich radikal geändert: Die Schwulen sind integriert, bei allen Parties und auf allen Kanälen, jedenfalls in den Städten." An den im Jahre 1999 um das Projekt einer eheähnlichen, staatlich anerkannten „eingetragenen Lebenspartnerschaft" geführten heftigen gesellschaftlichen Disput knüpfte der Autor kritische Beobachtungen: „Denn die Homosexuellen sind auf dem Weg von der diskriminierten Minderheit zur vielbeachteten, einkommensstarken, effizient vernetzten Elite schon weit vorangekommen." Erneut schien hier der Topos einer nicht unbedingt positiv wirkenden homosexuellen Seilschaft auf. An deren Bewertung wurde die Bedingung geknüpft: „Ob Rot-Grün also die letzten Reste der Benachteiligung beseitigen oder aber die beginnende Privilegierung zementieren will, wird entscheidend sein." „Vorerst" wolle man noch nicht glauben, dass der grüne Homosexuellen-Lobbyist Volker Beck „für seine Klientel unter dem Banner der Benachteiligung unangemessene Vorteile herauszuwirtschaften" versuchen wolle. Mit drohendem Unterton wiederholte der Artikel: „Vorerst".[8]

Somit war zum Zeitpunkt des öffentlichen Bekenntnisses des Berliner Wahlkämpfers Wowereit von 2001, er sei schwul und das sei auch gut so, längst noch nicht alles gut. Das betraf nicht nur Pressereaktionen wie die des zu Beginn unserer Studie erwähnten Hamburger „Lifestyle"-Magazins, dass sich den politischen Erfolg Wowereits nur durch die Protektion von „Berlins Pink Connection" erklären konnte. Das betraf ebenso den Umstand, dass Wowereit – ähnlich wie zwei Jahre später sein Hamburger Bürgermeister-Kollege von Beust – sein „Coming-out" nur bedingt freiwillig vorgenommen hatte, da er durch Recherchen des Springer-Blattes „B.Z." erheblich unter Druck gesetzt worden war. Der Chefredakteur dieses „Rechtsausle-

---

[7] Jan Feddersen, Infames Diskretionsgebot. „Ich bin schwul, und das ist auch gut so". Das Outing des Berliner Regierungschefs Klaus Wowereit hat der Homosexualität etwas vom Ruch des Peinlichen genommen, in: taz-magazin vom 7./8.7.2001.
[8] bul, Von der Diskriminierung zum Privileg, in: Tagesspiegel vom 7.5.1999.

gers" der Springer-Presse, Georg Gafron, reagierte sichtlich verärgert, dass er durch Wowereits Vorpreschen um seinen Sensationserfolg gebracht worden war, und verkündete verschnupft das Ende jeder weiteren Berichterstattung über Wowereits sexuelle Identität. Im Kontext dieses Kampfes durfte sich – wie Elmar Kraushaar in der „taz" spottete – „der große Rest der Journaille" in der Causa Wowereit „locker und liberal präsentieren", nur um dabei den Fehlschluss zu offenbaren, sobald ein Schwuler von seinem Privatleben spreche, spreche er immer auch über sein Sexualleben.[9] Der prominente Grünen-Bundestagsabgeordnete Volker Beck litt überdies nach eigenem Bekunden unter der Tendenz, dass die Öffentlichkeit jeden offen „schwulen Politiker" nur als „Schwulenpolitiker" wahrnehme.[10] Klaus Wowereit selbst fand eine spezielle „Einlassung des journalistischen Rechtsaußen Georg Gafron, der [...] keine Kampagne gegen ihm unliebsame Minderheiten ausgelassen" habe, „besonders absurd". Demnach hatte der B.Z.-Chefredakteur behauptet, Wowereit „sei gar nicht schwul, [...] sondern tue nur so, aus strategischen Gründen".[11] Das überbot den von der „taz" kritisierten Instrumentalisierungs-Vorwurf der „Süddeutschen" ganz erheblich. Damit zielte Gafron auf das, was acht Jahrzehnte zuvor der Berliner Kriminalkommissar Hans von Tresckow schon behauptet hatte – dass man homosexuell sein oder dies vortäuschen müsse, um Karriere zu machen. Später spielte auch in den kruden Gedankenwelten des rechtsradikalen Oslo-Attentäters Anders Breivik, die 2011 öffentlich wurden, nicht nur die Überzeugung eine Rolle, dass „Schwule Verräter sein können und bestraft gehören". Breivik glaubte zudem, dass man sich in der Gesellschaft mittlerweile „als schwul tarnen sollte".[12]

Unser Ausblick auf unsere Gegenwart trifft primär auf diskursive Überreste eines großenteils vergangenen Narrativs. Zwischen 1965 und 1980 scheint die Dekonstruktion des homophoben Stereotyps über eine gefährliche homosexuelle Gruppenbildung entscheidende, vielleicht unumkehrbare Fortschritte gemacht zu haben. Auch die für Homosexuelle schwierigen 1980er Jahre – mit öffentlichen Stigmatisierungen, von der Kießling-Affäre bis hin zur „Risikogruppe" der AIDS-Welle – haben daran nichts geändert. Nicht zufällig erfolgte die Dekonstruktion des Stereotyps zu einer Zeit, in der die Rollenbilder der Geschlechter, die Abgrenzung zwischen normativer Maskulinität und Feminität durch die Tendenz zu geschlechterübergreifender Androgynität ins Wanken gerieten.[13] Die Veränderung der gesellschaftlichen Stellung homosexueller Männer und Frauen kann nicht isoliert erklärt werden, sondern nur im Zusammenhang mit tiefgreifenden Veränderungen der Gesamtgesellschaft und insbesondere der sozialen Rollen von Männern und Frauen, ja neuer-

---

9 Kraushaar, Der homosexuelle Mann ..., S. 171 und 173 f.
10 Rimscha, Offen gestanden. Der Sozialdemokrat Klaus Wowereit, Berlins neuer Regierender Bürgermeister, hat sich als schwul geoutet, in: Tagesspiegel vom 22.6.2001.
11 Klaus Wowereit, ... und das ist auch gut so. Mein Leben für die Politik, München ²2007, S. 190.
12 Vgl. Blech, Die kruden Homo-Theorien des Anders Breivik.
13 Mosse, Das Bild des Mannes, S. 240 f.

dings auch einer grundlegenden Infragestellung von Geschlechteridentitäten schlechthin.

Die Dekonstruktion vernichtete die Kohärenz des Stereotyps zumindest im gesellschaftlichen Mainstream, ließ jedoch frei flottierende Versatzstücke ebenso zurück wie Residuen in gesellschaftlichen Substrukturen. Was die flottierenden Versatzstücke angeht, so werden die im 20. Jahrhundert so intensiv als verräterische Homosexuelle Skandalisierten bis heute immer wieder thematisiert, aber in veränderten Kontexten mit gewandelten Konnotationen – sei es als historiographisch zu rehabilitierende Opfer wie Fürst Philipp Eulenburg[14], sei es als zugleich abstoßende und faszinierende „schwule Schurken" wie Alfred Redl oder Ernst Röhm.[15] So wie generell die Gefahr besteht, heutige Gruppenidentitäten unkritisch auf frühere Epochen zurück zu verlagern, wird Eulenburg gelegentlich dem ziemlich jungen Label der „Queers" zugeordnet[16] oder Röhm als „Hitlers schwuler Verräter" präsentiert.[17] Zugleich ist die alte kommunistische Erfindung der polemischen Gleichsetzung von Homosexualität und Faschismus mittlerweile zur homophob-konservativen Rechten in den USA hinübergewandert: Solche Autoren bekämpfen nicht nur die in der Schwulenbewegung gängig gewordene Deutung der Homosexuellen der NS-Zeit als verfolgte Opfergruppe, sondern behaupten, Homosexuelle seien die eigentlichen Erfinder des „Nazismus" und die treibende Kraft hinter zahlreichen NS-Verbrechen gewesen.[18] Beide Narrative stellen sich bei näherem Hinsehen als unhaltbare Vergröberungen heraus. Ins Positive gewendet wurde sogar das einstige Feindbild von den international vernetzten mächtigen homosexuellen Cliquen. Letztere werden mittlerweile von stolzen schwulen Kulturhistorikern sehr gern als einflussreiche „Homintern" präsentiert, der nicht weniger als die Befreiung unserer modernen Welt zugeschrieben wird. Diese „Homintern" ist zwar auf kulturell-künstlerische Eli-

---

[14] Zu Eulenburg vgl. Jungblut, Famose Kerle; Steakley, Die Freunde des Kaisers; Gauland, Fürst Eulenburg; Peter Winzen, Im Schatten Wilhelms II. Bülows und Eulenburgs Poker um die Macht im Kaiserreich, Köln 2011.

[15] Vgl. das zunächst in einem Verlag der Schwulenbewegung 2002 erschienene Buch von Eric Walz, Schwule Schurken, Hamburg 2011, in dem auch Redl und Röhm behandelt werden. Vgl. auch Guido Schmitz, Doppelagent auf höchsten Befehl? Egon Erwin Kisch und der Spionagefall um Oberst Alfred Redl, Nordstrand 2013; Otto Gritschneder, „Der Führer hat Sie zum Tode verurteilt...". Hitlers „Röhm-Putsch"-Morde vor Gericht, München 1993; Kurt Gossweiler, Der Putsch, der keiner war. Die Röhm-Affäre 1934 und der Richtungskampf im deutschen Faschismus, Köln 2009; Norbert Mahron, Röhm. Ein deutsches Leben. Romanbiographie, Leipzig 2011.

[16] Vgl. Martin Duberman, Jews, Queers, Germans. A Novel, New York 2017. Immerhin trifft diese Zuordnung womöglich besser als die übliche Wertung Eulenburgs als homosexuell, da der Fürst auch Frau und Kinder hatte und daher eher als bisexuell beschrieben werden müsste.

[17] Vgl. Tony Atcherley/Mark Carey, Hitler's Gay Traitor. The Story of Ernst Röhm, Chief of Staff of the S. A., Bloomington 2006.

[18] Vgl. Scott Lively/Kevin Abrams, The Pink Swastika. Homosexuality in the Nazi Party, Bd. 1, Springfield ^{5}2017, S. 9.

ten und deren transnationale Vernetzungen beschränkt, kann jedoch unter Betonung ihrer geistigen und räumlichen Beweglichkeit durchaus mit der neuerdings modisch werdenden globalen Migrationsgeschichte verknüpft werden: „The restless voyagers of the Homintern often thought of themselves as an interrelated tribe, happily inclined to congregate in locations and moments of mutually protective security. [...] Trapped by the social conventions of one place, they released themselves into those of another. They travelled from adversity to opportunity, in this respect resembling the migrants of many eras and areas."[19]

Zugleich sind im heutigen Zeitalter medial hochgeschätzter schwul-lesbischer Netzwerke die alten Stereotype nicht völlig verschwunden. Noch im Jahre 2010 warnte der österreichische Bischof Klaus Küng vor der „Gefahr homosexueller Netzwerke in Priesterseminaren und Teilen des katholischen Klerus", da solche Strukturen ein Kloster oder gar ein ganzes Bistum „existentiell bedrohen" könnten. Nähmen solche Gruppen überhand, entstehe eine Atmosphäre, „die ganz bestimmte Personen anzieht, andere dagegen abstößt zum großen Schaden der Seelsorge".[20] Zur selben Zeit berichtete die Medienwelt über „homosexuelle Netzwerke" unter Würdenträgern im Vatikan und brachte Geschichten über Korruption, Erpressung und „nächtliche Orgien". Papst Franziskus selbst, so hieß es, habe die Existenz einer „Gay-Lobby" oder „Schwulen-Lobby" im Zentrum der katholischen Kirche bestätigt. Umgehend war medial von „der dunklen Seite" die Rede, und ein italienischer Bischof wurde mit den Worten zitiert: „Leider nisten sich in verschiedenen Bereichen der Kirche Gruppen ein, die fürs Gute arbeitende Menschen erpressen können". Neben individuellen sexuellen Verfehlungen ging es vor allem um die imaginierte Macht jenes homosexuellen Netzwerks. Die einen behaupteten einen Zusammenhang zwischen „Homosexualität und Karrieresprünge[n] in der römischen Kurie", während andere diese Diagnose abschwächten – zwar gebe es „in der Kurie Homosexuelle, eine Homosexuellen-Seilschaft aber wohl nicht".[21] Dies sahen feministische Theologinnen, die sich in Österreich trotz des Verbots der katholischen Amtskirche zu „Priesterinnen" hätten weihen lassen, freilich anders. Zwei dieser Frauen attackierten in Interviews die „homosexuellen Seilschaften im Vatikan" – und zwar, wie sie betonten, nicht aus homophober Überzeugung, sondern deshalb, weil diese in mächtigen Netzwerken organisierten Amtsträger infolge ihrer Homosexualität „kein Interesse daran hätten, Frauen in Entscheidungsprozesse

---

19 Vgl. Woods, Homintern, hier insb. S. 340, mit dem keineswegs ironisch gemeinten Untertitel „How Gay Culture Liberated the Modern World". Demgegenüber ist der Inhalt des Buches differenzierter.
20 Bischof Küng: Homosexuelle Netzwerke bedrohen Kirche, in: Die Welt vom 24.5.2010, zitiert nach https://www.welt.de/politik/ausland/article7765283/Homosexuelle-Netzwerke-bedrohen-Kirche.html (1.12.2017).
21 Vgl. http://www.augsburger-allgemeine.de/panorama/Orgien-Erpressung-Korruption-Die-dunklen-Seiten-des-Kirchenstaats-id25647786.html (1.12.2017).

und Leitungspositionen mit hineinzunehmen".[22] Noch 2018 wurde im „Deutschlandfunk" diskutiert, „der Blick in den Vatikan" stimme „nicht gerade optimistisch", denn es werde „berichtet, dort trieben homosexuelle Seilschaften ihr Unwesen, die ihre nicht bewältigten sexuellen Neigungen in vormoderne Theologie und [...] Praxis ummünzen" würden. Mit Blick auf den negativen Einfluss homosexueller Netzwerke in der Führung der katholischen Kirche wurde gefragt: „Ist diese Kirche reformierbar?"[23]

Worin der Schaden konkret bestehen sollte, den eine „Homosexuellen-Seilschaft" angerichtet haben könnte, blieb auch bei den neuesten Vorwürfen der jüngsten Zeit weiterhin im Ungefähren. Bereits Maximilian Harden oder Hans von Tresckow hatten einhundert Jahre zuvor den insinuierten Verrat homosexueller Seilschaften und dessen Schadensausmaß nie konkret belegen können, sondern mit Vermutungen und Unterstellungen gearbeitet. Daran hatte sich – abgesehen von einigen Ausnahmefällen im Bereich der Spionage – das gesamte 20. Jahrhundert hindurch wenig geändert. Als der liberale Strafrechtsreformer Ulrich Klug, ein späterer FDP-Justizsenator der Freien und Hansestadt Hamburg, 1963 den ein Jahr zuvor dem Bundestag vorgelegten Strafrechtsreformentwurf der Regierung Adenauer kritisierte, konnte er schwerwiegende „methodische Bedenken [...] hinsichtlich der Vermutungen geltend" machen, „die in der amtlichen Begründung bezüglich der zu erwartenden Nachteile einer Aufhebung der Strafbarkeit der Homosexualität unter Erwachsenen angeführt" worden waren. Besonders störte den liberalen Rechtswissenschaftler die Argumentation mit bloßen Vorurteilen: „Ohne genaue Belege werden zahlreiche Vermutungen in der Form des ‚könnten', ‚würden', ‚muß damit gerechnet werden', ‚ist wahrscheinlich', ‚würde wohl auch', ‚aller Voraussicht nach' usw. geäußert."[24]

Solche Diskurse der Unterstellung sind, trotz gewichtiger Gegentendenzen seit den 1970er Jahren, noch immer nicht verschwunden. Ein französischsprachiger Autor, der im ersten afroamerikanischen Präsidenten der USA, Barack Obama, offenbar die Personifikation eines weltumspannenden Verrats erblickt, beschäftigt sich zugleich mit dem Willen der weltweiten homosexuellen Netzwerke zur Durchsetzung der Anerkennung von „Gay"-Rechten – ein Ziel, das nicht erst in unserer Gegenwart entstanden, sondern dauerhaft durch alle Generationen hinweg bis auf die Entstehung des Menschen zurückzuverfolgen sei.[25] Derartigen verschwörungstheo-

---

[22] Zitiert nach Barbara Velik-Frank, Die Donaupriesterinnen. Eine heterotope Provokation, Hamburg 2017, S. 174.
[23] Vgl. https://www.deutschlandfunk.de/mitbestimmung-der-kirche-bei-professurberufungen-als.694.de.html?dram:article_id=431010 (13.11.2018).
[24] Ulrich Klug, Rechtsphilosophische und rechtspolitische Probleme des Sexualstrafrechts, in: Fritz Bauer u. a. (Hrsg.), Sexualität und Verbrechen. Beiträge zur Strafrechtsreform, Frankfurt a. M. 1963, S. 27–47, hier insb. S. 41.
[25] Victor Joseph Bella, Obama. La Trahison?, Morrisville 2012, S. 63.

retischen Phantasien sind in heutigen Internet-Diskursen wohl erst recht keine Grenzen gesetzt.

Die Angst vor dem Diffamierungspotential des alten Vorwurfs von den homosexuellen Seilschaften schwingt auch in wohlmeinenden Medienbeiträgen mit. So in einer 2015 erschienenen Kritik des damals in die Kinos gelangten deutschen Spielfilms „Der Staat gegen Fritz Bauer", der den wichtigen Anteil des Frankfurter Generalstaatsanwalts am Zustandekommen des israelischen Prozesses gegen den Völkermörder Adolf Eichmann in einer überwiegend feindseligen Umgebung des damaligen Nachkriegs-Deutschlands thematisiert. Fritz Bauer war nicht nur ein NS-verfolgter deutscher Jude und Rückkehrer aus dem Exil, er war auch Sozialdemokrat und zugleich ein heimlicher Homosexueller. Silvia Hallensleben kritisierte in diesem Zusammenhang, dass im Film der Hauptfigur Fritz Bauer ein fiktiver junger Staatsanwalt an die Seite gestellt worden sei, der sein eigenes Coming-out als Homosexueller erlebte, als eine „zweifelhafte Entscheidung". Kritisiert werden sollte nicht, dass „damit auch Bauers Homosexualität thematisiert" worden sei, „was an seinem Nimbus kratzen könnte". Kritisiert wurde vielmehr als „problematisch [...], dass die enge und vertraute Zusammenarbeit" zwischen Bauer und dem jungen Strafverfolger „schwule Seilschaften im deutschen Justizwesen nahelegt". Gerügt wurde ebenfalls die Überzeichnung der NS-belasteten Gegenspieler Bauers in der Justiz, dessen zentraler Widersacher „mit bizarren *accessoires* wie Fistelstimme und Schoßhündchen ausgestattet" worden sei.[26]

Dass Letzteres auf die alte Strategie der Diffamierung von Nazis als effeminierte Homosexuelle zurückverweist, wurde freilich ebenso wenig bemerkt wie die Tatsache, dass der junge homosexuelle Staatsanwalt von den Feinden Bauers in flagranti ertappt und zur Ausspionierung seines Chefs erpresst wurde – dass hier also der klassische Fall eines *homosexuellen Verräters* inszeniert wurde. Genau besehen kreist der ganze Film um diverse *Varianten des Verrats*. Bauer und sein Helfer begehen Landesverrat, indem sie ihr Wissen über den Verbleib Eichmanns an den israelischen Geheimdienst weitergeben – womit sie moralisch gesehen das Richtige tun, da in Deutschland eine effektive Strafverfolgung blockiert wurde. Darum kann Bauer seinem jungen Adepten sagen: „Wenn wir etwas für unser Land tun wollen, müssen wir es verraten". Und darum stärkt das Bewusstsein einer verbindenden homosexuellen Orientierung „eine geheime Komplizenschaft", wie die „Frankfurter Allgemeine" treffend beobachtete[27]; und doch bleibt die homosexuelle Parallele gegenüber der vergangenheitspolitischen Haltung sekundär. Ein weiterer Verrat ereig-

---

[26] Silvia Hallensleben, Der Staat gegen Fritz Bauer, in: kunst&film vom 28.9.2015, zitiert nach http://kunstundfilm.de/2015/09/der-staat-gegen-fritz-bauer/ (20.3.2018).
[27] Verena Lueken, Der Mann, der nicht vergessen wollte, in: Frankfurter Allgemeine Zeitung vom 30.9.2015, zitiert nach http://www.faz.net/aktuell/feuilleton/kino/filmkritik-der-staat-gegen-fritz-bauer-13830565.html?printPagedArticle=true#pageIndex_0 (20.3.2018).

net sich, als der heimlich homosexuelle Staatsanwalt von seinem transsexuellen Liebhaber in die Falle der Bauer-Feinde gelockt wird, die ihn vor die Alternative stellen, entweder angeklagt zu werden (und seine bürgerliche Existenz zu verlieren) oder Bauer auszuspionieren. Indem der erpresste Homosexuelle sich vor den Augen Bauers am Ende der Polizei stellt, gesteht er seinen Verrat an Bauer ein, den er dadurch zugleich rettet, aber auch isolierter denn je zurücklässt im Heimat- und Feindesland Deutschland.[28]

„Wo hört das Alte auf? Wo läuft es weiter?", fragt Urs Jaeggi in seinem „Versuch über den Verrat", und meint damit „zum Beispiel das alte Männerspiel, das in der *fin-de-siècle*-Attitüde gewiß genüßlicher betrieben wurde als jetzt".[29] Wie also steht es um homosexuelle Stereotype heute? Diese haben sich nicht so sehr in Luft aufgelöst als vielmehr modifiziert und in ihre Einzelteile zerlegt. Andreas Heilmann, der 2011 noch relativ kurz zurückliegende Politiken homosexueller Outings wie die Fälle Klaus Wowereit, Ole von Beust und Guido Westerwelle untersucht hat, stellt eine Kontinuität der Stereotype fest, die uns in Teilen weiterhin an die Trias von Gisela Bleibtreu-Ehrenberg aus der Zeit um 1980 erinnert: „Der offen homosexuelle Politiker wird demnach typisiert als *Effeminierter*, als *Triebhafter*, als *besserer Mann*, als homosexueller *Männerbündler*, als *Spaßpolitiker*, als *Machtpolitiker*, als *urbaner Staatsmann*, als *bürgerlicher Schwuler* und als *Berufsschwuler*."[30] Neben erst in jüngster Zeit neu entstandenen Stereotypen, die die Zuschreibungen an homosexuelle Machthaber oder Netzwerke insgesamt ambivalenter – zum Teil eben auch positiv – gestalten als in der homophoben Hochphase des 20. Jahrhunderts, bleiben somit die zentralen Feindbilder der effeminierten „Tunte" und des in Netzwerken unsichtbar operierenden „Unholds" auch in unserer Gegenwart weiterhin präsent.

Lediglich der homosexuelle Verräter scheint abhandengekommen zu sein. Vielleicht besteht eben darin das, was wir „Fortschritt" nennen mögen in dieser hundertjährigen Geschichte homophober Stereotype.

---

28 Die Fritz-Bauer-Biographin Irmtrud Wojak wiederum fasste diesen Spielfilm – aus Sicht des Verfassers zu Unrecht – als denunziatorische Anklage gegen Fritz Bauer auf, der nicht nur des Landesverrats, sondern auch noch des Verrats an der Gemeinschaft der verfolgten Juden und schließlich – durch Hinweggehen über die Selbstauslieferung seines einstigen Helfers – auch des Verrats an den Homosexuellen bezichtigt worden sei; vgl. Irmtrud Wojak, „Der Staat gegen Fritz Bauer" oder „Der Jude ist schwul!", in: Forschungsjournal Soziale Bewegungen 4/2015, S. 1–6, zitiert nach forschungsjournal.de/sites/default/files/downloads/fjsb_2015-4_wojak.pdf (20.3.2018).
29 Urs Jaeggi, Versuch über den Verrat, Darmstadt/Neuwied 1984, S. 133.
30 Heilmann, Normalität auf Bewährung, S. 248.

Zeittafel

1813	Einvernehmliche homosexuelle Handlungen unter erwachsenen Männern werden – unter französischem Einfluss – in Bayern entkriminalisiert (bis 1872)
1851	Das neue preußische Strafgesetzbuch hält an der Strafbarkeit mannmännlicher homosexueller Handlungen fest und wird damit zum Vorbild für das Reichsstrafgesetzbuch von 1871
1852	Im Kaisertum Österreich werden homosexuelle Handlungen sowohl unter Männern als auch unter Frauen unter Strafe gestellt; dieses Recht bleibt bis 1971 auch in der späteren Republik Österreich in Kraft
1869	Der ungarische Arzt Karl Maria Kertbeny nutzt erstmals den Begriff „homosexual" als Bezeichnung für gleichgeschlechtlich orientierte Menschen; dieser setzt sich im medizinischen und später auch im sexualwissenschaftlichen Sprachgebrauch gegenüber Begriffen wie „Urningen", „Invertierten" oder traditionellen Bezeichnungen wie „Päderasten" oder „Sodomiten" durch
1871/72	Inkrafttreten des Homosexuellen-Strafrechtsparagraphen 175 in ganz Deutschland; damit werden in Süddeutschland einvernehmliche sexuelle Handlungen zwischen Männern rekriminalisiert
1876	Homosexualitäts-Skandal in Frankreich um den monarchistischen Politiker Graf Eugène de Germiny
1881	Homosexualitäts-Skandal in Frankreich um den dem monarchistischen Ex-Präsidenten Mac-Mahon nahestehenden Hauptmann Louis-Marcel Voyer
1886	Der homosexuelle König Ludwig II. von Bayern wird für regierungsunfähig erklärt und gefangengesetzt; der Monarch begeht vermutlich Selbstmord
1888	Öffentlicher Skandal um einen ausländischen Günstling des Königs Karl I. von Württemberg, der mit der durch Regierung und Öffentlichkeit erzwungenen Verbannung des Barons Woodcock-Savage endet
1889/90	Cleveland Street Scandal in Großbritannien um homosexuelle Prostitution; die Verwicklung von Mitgliedern der Oberschicht und möglicherweise sogar des damaligen britischen Thronerben, des Herzogs von Clarence, wird von Regierung und Presse kaschiert
1891	Homosexuellen-Skandal um die Pariser Bains de Penthièvre in Frankreich; Diskreditierung rechtsgerichteter Persönlichkeiten
1894	Verurteilung des angeblichen deutschen Spions Hauptmann Dreyfus in Frankreich; antisemitische Motive dominieren, doch erfolgen auch homophobe Attacken auf den Dreyfus-Entlastungszeugen Oberst Picquart

1895	Verleumdungsprozess des prominenten Schriftstellers Oscar Wilde in Großbritannien gegen Lord Queensberry, der ihn öffentlich als „Sodomiten" bezeichnet hatte; im Prozess treten Prostituierte als Belastungszeugen gegen Wilde auf, der daraufhin wegen „Sodomie" angeklagt und zu Zuchthaus verurteilt wird
1897	Gründung des für Entkriminalisierung von Homosexualität und für wissenschaftliche Aufklärung kämpfenden „Wissenschaftlich-humanitären Komitees" um den Berliner Mediziner Magnus Hirschfeld
1899	Wiederaufnahmeverfahren und erneute Verurteilung von Dreyfus; öffentliche Diffamierung des Entlastungszeugen Picquart als homosexuell; Begnadigung durch den französischen Präsidenten, dafür Verzicht von Dreyfus auf erneute Berufung
1902	Öffentliche Anprangerung des deutschen Großindustriellen Friedrich Alfred Krupp als homosexuell durch die italienische und deutsche sozialdemokratische Presse; Krupp stirbt unter Stress oder begeht Selbstmord
1904	Der Kaiser von Österreich, Franz Joseph I., verbannt seinen jüngeren Bruder Erzherzog Ludwig Viktor wegen homosexueller Skandale auf Lebenszeit aus Wien
1906	Offizielle Rehabilitierung von Dreyfus und Picquart in Frankreich
1906/08	Presseskandal um eine homosexuelle „Kamarilla" um Fürst Philipp zu Eulenburg und General Kuno von Moltke im Umfeld des deutschen Kaisers Wilhelm II., ausgelöst durch die bürgerliche Zeitschrift „Die Zukunft" des Publizisten Maximilian Harden; die Angegriffenen verlieren 1907 ihre Positionen, der französische Botschaftsrat Raymond Lecomte muss Deutschland verlassen
1907/08	Der Wiener Publizist Karl Kraus attackiert Hardens sexuellen Enthüllungsjournalismus („Maximilian Harden: Eine Erledigung" und „Maximilian Harden: Ein Nachruf")
	Verleumdungsprozesse Moltkes gegen Harden und Eulenburgs gegen einen anderen Journalisten; dabei wird ein Meineid Eulenburgs in Bezug auf frühere strafbare homosexuelle Handlungen offengelegt
1913	Aufdeckung des Landesverrats und der Homosexualität des österreichisch-ungarischen Generalstabsobersten Alfred Redl; der überführte Spion stirbt ohne Prozess nach Verhör, wohl durch einen ihm ermöglichten Selbstmord
1913–1927	Der französische homosexuelle Schriftsteller Marcel Proust veröffentlicht seinen Romanzyklus „Die Suche nach der verlorenen Zeit", in dem auch die Eulenburg-Affäre und die homophoben Wirkungen des Ersten Weltkrieges thematisiert werden
1914	Der Berliner Sexualwissenschaftler Magnus Hirschfeld publiziert sein Standardwerk „Die Homosexualität des Mannes und des Weibes"

1916	Hinrichtung des früheren britischen Diplomaten und irischen Freiheitskämpfers Sir Roger Casement wegen Verrats in Großbritannien; die Regierung lässt angebliche Beweise für die Homosexualität Casements öffentlich werden
1918	Verleumdungsprozess gegen den britischen Abgeordneten und Publizisten Noel Pemberton Billing, der im „Black Book"-Skandal homosexuelle Männer und Frauen des Verrats bezichtigt
1919	Magnus Hirschfeld gründet das Institut für Sexualwissenschaft in Berlin
	Der Wiener Arzt Eugen Fried betont die Bedrohlichkeit homosexueller Netzwerke für Staat und Gesellschaft; der Verräter Redl sei 1913 Teil einer großen homosexuellen Spionage-Organisation gewesen
1922	Öffentliches „Outing" des letzten kaiserlichen Reichskanzlers Prinz Max von Baden als homosexuell durch den früheren Kriminalkommissar Hans von Tresckow
1924	Egon Erwin Kisch veröffentlicht erstmals seine unzensierte Sicht auf den „Fall des Generalstabschefs Redl" von 1913
1927	Der frühere Abgeordnete Adalbert (Graf) Sternberg erhebt den öffentlichen Vorwurf, Redl sei durch eine homosexuelle Seilschaft am Wiener Hof und im Generalstab gefördert und gedeckt worden
1928	Ernst Röhm veröffentlicht seine autobiographische „Geschichte eines Hochverräters", die bis 1934 acht Auflagen erlebt; das Buch enthält einen deutlichen Angriff auf konservative Sittlichkeitsauffassungen und implizit auch auf das Homosexuellen-Strafrecht
1929	Der Strafrechtsreform-Ausschuss des Reichstages beschließt eine Reform des § 175 StGB: Entkriminalisierung einvernehmlicher Erwachsenen-Homosexualität, im Gegenzug verschärfte Bestrafung von Verführung Minderjähriger, Nötigung, Missbrauch von Vorgesetzten-Gewalt, Prostitution. Die Reform tritt nie in Kraft
1930/31	Posthume Memoiren des früheren Reichskanzlers Fürst von Bülow mit dessen Sicht auf den Eulenburg-Skandal
1931	Der von Konservativen und Nationalsozialisten angefeindete Magnus Hirschfeld verlässt Deutschland – wie sich zeigt – für immer
1931/32	Öffentliches „Outing" des prominenten Nationalsozialisten und Stabschefs der „Sturmabteilung" (SA) Ernst Röhm als homosexuell durch die sozialdemokratische Presse
1933	Die NS-Regierung lässt Magnus Hirschfelds Institut für Sexualwissenschaft in Berlin verwüsten und schließen
	Ernst Röhm wird Mitglied der deutschen Regierung als Reichsminister ohne Geschäftsbereich
1934	Ermordung Ernst Röhms und anderer, teilweise homo- oder bisexueller SA-Führer im angeblichen „Röhm-Putsch", der in Wahrheit ein

	Putsch Hitlers gegen die Röhm-Gruppe und konservative Regimegegner war
	Erneute Kriminalisierung homosexueller Handlungen in der Sowjetunion, in der diese nach 1917 straffrei gestellt worden war
1935	Das NS-Regime verschärft den § 175 StGB massiv und ergänzt diesen durch einen § 175a StGB gegen Verführung Minderjähriger, Nötigung, Missbrauch von Vorgesetzten-Gewalt und Prostitution
1936–1938	NS-Pressekampagne und Strafprozesse gegen katholische Priester und Ordensangehörige wegen angeblicher homosexueller oder pädophiler Handlungen
1948	Geständnis des homosexuellen Schriftstellers Whittaker Chambers vor dem Ausschuss für Ermittlung unamerikanischer Umtriebe des US-Kongresses, als Kommunist konspirativ für die Sowjetunion gearbeitet zu haben; zugleich beschuldigt Chambers zahlreiche angebliche Kommunisten, ein verräterisches Netzwerk in der US-Regierung gebildet zu haben
1949/50	Strafprozess gegen den Ex-Diplomaten Alger Hiss in den USA mit Chambers als Belastungszeugen; Hiss wird wegen Meineids verurteilt
1950	Deutsche Erst-Veröffentlichung des 1949 erschienenen Romans „Die Haut" des italienischen Schriftstellers Curzio Malaparte, der eine homophobe Darstellung internationaler homosexueller Netzwerke und ihrer Agententätigkeit enthält; zahlreiche Buchauflagen folgen
1950–1952	Medienkampagne und Kongressanhörung gegen die Gefahr homosexueller Verräter-Netzwerke in Regierungsbehörden der USA; der CIA-Direktor Roscoe H. Hillenkoetter beruft sich auf den Fall Redl, die Abgeordnete Katharine St. George erinnert an den Eulenburg-Skandal
1951	Flucht der homo- bzw. bisexuellen Spione Guy Burgess und Donald Maclean aus Großbritannien in die UdSSR; Enttarnung des homosexuellen Spions John Cairncross („Cambridge Five"-Skandal)
	Der Kölner Amtsgerichtsrat Richard Gatzweiler warnt vor verratsanfälligen homosexuellen Netzwerken und verweist auf Malapartes Roman „Die Haut" sowie auf das präventive Handeln der USA
1954	Politik- und Medien-Skandal um den „Seitenwechsel" des westdeutschen Verfassungsschutz-Präsidenten Otto John in die DDR; John wird in Öffentlichkeit und Bundestag als homosexuell diffamiert
1954–1959	Beratungen der „Großen Strafrechtskommission" der Bundesregierung über eine Reform des Strafgesetzbuches; dabei beruft sich Justiz-Staatssekretär Walter Strauß zur Verteidigung der Beibehaltung des NS-Homosexuellenstrafrechts auf das verräterische homosexuelle Netzwerk des SA-Stabschefs Röhm
1955	Verurteilung des früheren DDR-Justizministers und SED-Spitzenpolitikers Max Fechner in der DDR wegen Unterstützung des Aufstands

	vom 17. Juni 1953 und wegen homosexueller Handlungen Medienkampagne und Parlamentsdebatte um Burgess/Maclean in Großbritannien, deren Homosexualität nun im Fokus steht
1955/56	Verratsprozess gegen den aus der DDR in die Bundesrepublik zurückgeflüchteten Otto John, der vom Bundesgerichtshof zu Zuchthaus verurteilt wird; er wird vom Bundespräsidenten 1958 begnadigt
1961	Der Wehrbeauftragte des Bundestages, Wehrmachts-Generalleutnant a. D. Helmuth von Grolman, muss nach Entdeckung einer homosexuellen Beziehung zurücktreten und wird strafrechtlich verurteilt SED-Medienkampagne in der DDR zur Diffamierung des bei einem Fluchtversuch über die „Mauer" erschossenen Ost-Berliners Günter Litfin als angeblicher homosexueller Prostituierter
1962	Medien- und Politikskandal um den enttarnten homosexuellen Sowjet-Spion John Vassall in Großbritannien Homophober Entwurf der deutschen Bundesregierung zur Reform des Strafgesetzbuches (Entwurf 1962)
1963	Flucht des homosexuellen Spions Kim Philby aus Großbritannien in die UdSSR; spätere Enttarnung des weiteren homosexuellen Spions Sir Anthony Blunt („Cambridge Five"-Skandal) Der von Fritz Bauer herausgegebene Sammelband „Sexualität und Verbrechen" mit reformorientierten Beiträgen zur westdeutschen Strafrechtsreform erscheint
1963/64	Warren-Untersuchungskommission zum Kennedy-Attentat in den USA; Aussage über angebliche homosexuelle Kontakte des Attentäters Lee Harvey Oswald
1967	Entkriminalisierung der einvernehmlichen männlichen Erwachsenen-Homosexualität in England und Wales; doch erst nachdem 1981 Schottland und 1982 Nord-Irland folgten, endete die Strafandrohung in ganz Großbritannien
1967/68	Veröffentlichung eines liberalen „Alternativ-Entwurfs" zur westdeutschen Strafrechtsreform durch reformorientierte Juristen, der eine Entkriminalisierung einvernehmlicher Erwachsenen-Homosexualität vorschlägt
1967–1969	Ermittlungen und Strafprozess des Staatsanwalts Jim Garrison gegen den homosexuellen Geschäftsmann Clay Shaw aus New Orleans wegen Beteiligung am Kennedy-Attentat; Shaw wird freigesprochen
1968	Entkriminalisierung der einvernehmlichen männlichen Erwachsenen-Homosexualität in der DDR
1969	Entkriminalisierung der einvernehmlichen männlichen Erwachsenen-Homosexualität in der Bundesrepublik Deutschland und in Kanada
1971	Die neuen Sicherheits-Richtlinien des Bundesinnenministeriums definieren Homosexualität als Sicherheitsrisiko; daraus resultiert die

	regelmäßige Entfernung aus sicherheitsrelevanten Positionen; insbesondere in der Bundeswehr wird Homosexualität weiterhin streng geahndet – ähnlich wie in den Armeen der USA und Großbritanniens Entkriminalisierung der einvernehmlichen männlichen Erwachsenen-Homosexualität in der Republik Österreich
1974	Die linken homosexuellen Soziologen Martin Dannecker und Reimut Reiche veröffentlichen mit „Der gewöhnliche Homosexuelle" ihre Sicht zur Lage Homosexueller in der Bundesrepublik
1977	Weitere US-Untersuchungskommission zum Kennedy-Attentat; neue Aussage über angebliche homosexuelle Kontakte des Attentäters Oswald
1979	Öffentliches „Outing" des Kunsthistorikers und längst enttarnten Sowjetagenten Sir Anthony Blunt als Spion und Homosexueller durch eine Buchpublikation; der Sachverhalt wird durch die britische Premierministerin Margaret Thatcher offiziell bestätigt, Blunt wird gesellschaftlich geächtet und medial attackiert
1983	Vorzeitige unehrenhafte Entlassung des Bundeswehr-Generals und stellvertretenden NATO-Oberbefehlshabers für Europa Günter Kießling durch Verteidigungsminister Manfred Wörner als angebliches homosexuelles „Sicherheitsrisiko"
1984	Medienskandal um den Fall Kießling/Wörner; da das Verteidigungsministerium die Homosexualität Kießlings nicht beweisen kann, muss der General rehabilitiert und mit allen militärischen Ehren erneut entlassen werden
1988	Abschaffung des noch verbliebenen Homosexuellen-Sonderstrafrechts in der DDR (tritt Mitte 1989 in Kraft)
1994	Abschaffung des noch verbliebenen Homosexuellen-Sonderstrafrechts auch für den westlichen Teil der 1990 vereinigten Bundesrepublik Deutschland
2001	Begrenzte Mediendebatte über den Aufstieg des offen homosexuellen Berliner Regierungschefs Klaus Wowereit durch angebliche Förderung seitens elitärer homosexueller Seilschaften
2002	Abschaffung des restlichen Homosexuellen-Sonderstrafrechts für die Republik Österreich
2003	Die Hamburger Politik-Affäre Beust/Schill wird von einigen konservativen Medien zum Anlass genommen, nach Gefahren zu fragen, die von heimlichen homosexuellen Netzwerken in der Politik ausgehen könnten
2010–2019	Immer wieder Debatten über angeblich die katholische Kirche schädigende verdeckte homosexuelle Seilschaften im Vatikan

Abkürzungen

a. D.	außer Dienst
a. F.	alte Fassung
AIDS	Acquired Immune Deficiency Syndrome
APO	Außerparlamentarische Opposition
ARD	Arbeitsgemeinschaft der öffentlich-rechtlichen Rundfunkanstalten der Bundesrepublik Deutschland
Art.	Artikel
Bearb.	Bearbeiter(in)
BGH	Bundesgerichtshof
BMJ	Bundesministerium der Justiz
BMVg	Bundesministerium der Verteidigung
BND	Bundesnachrichtendienst
BRD	Bundesrepublik Deutschland
BVG	Bundesverfassungsgericht
CDU	Christlich-Demokratische Union Deutschlands
CI	Counter Intelligence
CIA	Central Intelligence Agency
CSU	Christlich-Soziale Union
DASB	Deutsches Allgemeines Sonntagsblatt
DDR	Deutsche Demokratische Republik
DFU	Deutsche Friedensunion
DNB	Deutsche Nationalbibliothek
e. V.	eingetragener Verein
ELAB	Evangelisches Landeskirchliches Archiv Berlin-Brandenburg
EU	Europäische Union
Ew.	Eure/Euer
FAZ	Frankfurter Allgemeine Zeitung
FBI	Federal Bureau of Investigations
FDP/F.D.P.	Freie Demokratische Partei
FDR	Franklin Delano Roosevelt
FKK	Freikörperkultur
FR	Frankfurter Rundschau
geb.	geboren

HIV	Human Immunodeficiency Virus
HJ	Hitlerjugend
Hrsg.	Herausgeber
Hs	Homosexualität
JFK	John F. Kennedy
k. u. k.	kaiserlich und königlich
KGB	Komitet gosudarstvennoj bezopasnosti (Komitee für Staatssicherheit)
Komintern	Kommunistische Internationale
KPD	Kommunistische Partei Deutschlands
KZ	Konzentrationslager
LKA	Landeskriminalamt
LSBTTIQ	lesbische, schwule, bisexuelle, transsexuelle, transgender, intersexuelle und queere Menschen
MAD	Militärischer Abschirmdienst
MfS	Ministerium für Staatssicherheit
NATO	North Atlantic Treaty Organization
NKVD	Narodnyj komissariat vnutrennych del (Volkskommissariat für Innere Angelegenheiten der UdSSR)
NS	Nationalsozialismus/nationalsozialistisch
NSA	National Security Agency
NSDAP	Nationalsozialistische Deutsche Arbeiterpartei
NORTHAG	Northern Army Group
o. D.	ohne Datum
o. J.	ohne Jahr
o. O.	ohne Ort
OGPU	Ob"edinennoe gosudarstvennoe političeskoe upravlenie (Vereinigte staatliche politische Verwaltung des Rats der Volkskommissare der UdSSR)
ORF	Österreichischer Rundfunk
OSS	Office of Strategic Services
PDS	Partei des Demokratischen Sozialismus
Rez.	Rezension

S. A./SA	Sturmabteilung (der NSDAP)
S. M.	Seine Majestät
San.-St. Uffz.	Sanitätsstabsunteroffizier
SBZ	Sowjetische Besatzungszone
Se.	Seine
SED	Sozialistische Einheitspartei Deutschlands
SPD	Sozialdemokratische Partei Deutschlands
SS	Schutzstaffel
StGB	Strafgesetzbuch
SZ	Süddeutsche Zeitung
taz	Die Tageszeitung
TV	Television
UdSSR	Union der Sozialistischen Sowjetrepubliken
UN	United Nations
US	United States
USA	United States of America
WhK	Wissenschaftlich-humanitäres Komitee
YMCA	Young Men's Christian Association
ZDF	Zweites Deutsches Fernsehen

Quellen und Literatur

Aballéa, Marion, Entre soumission politico-administrative et gout de l'initiative individuelle. Les diplomates français en poste à Berlin de 1871 aux années 1930, in: L'Europe, Nouvelles Approches. Cahiers de Fare No. 2, Paris 2012, S. 9–28.

Aballéa, Marion, Un exercice de diplomatie chez l'ennemi. L'ambassade de France à Berlin, 1871–1933, Villeneuve d'Asq 2017.

Abret, Helga (Hrsg.), Von Poesie und Politik. Hermann Hesse – Conrad Haußmann. Briefwechsel 1907–1922, Berlin 2011.

Abse, Leo, Margaret, Daughter of Beatrice. A Politician's Psycho-Biography of Margaret Thatcher, London 1989.

Agazzi, Elena/Schütz, Erhard (Hrsg.), Handbuch Nachkriegskultur. Literatur, Sachbuch und Film in Deutschland (1945–1962), Berlin/Boston 2016.

Aitken, Jonathan, Nixon. A Life, Washington 1995.

Albertz, Heinrich, Blumen für Stukenbrock. Biographisches, Stuttgart ^{5}1981.

Altenhöner, Florian, Kommunikation und Kontrolle. Gerüchte und städtische Öffentlichkeiten in Berlin und London 1914/1918, München 2008.

Andics, Helmut, Die Laster dieser Zeit, Wien 1964.

Andres, Dörte (Hrsg.), Dolmetscherinnen und Dolmetscher im Netz der Macht, Berlin 2017.

Applebaum, Anne, Der Eiserne Vorhang. Die Unterdrückung Osteuropas 1944–1956, München 2012.

Armbrecht, Sabine, Verkannte Liebe. Maximilian Hardens Haltung zu Deutschtum und Judentum, Oldenburg 1999.

Arnau, Frank, Jenseits der Gesetze. Kriminalität von den biblischen Anfängen bis zur Gegenwart, München 1966.

Arnaud, Claude, Jean Cocteau. A Life, New Haven/London 2016.

Atcherley, Tony/Carey, Mark, Hitler's Gay Traitor. The Story of Ernst Röhm, Chief of Staff of the S. A., Bloomington 2006.

Auffenberg-Komarów, [Moritz], Aus Österreichs Höhe und Niedergang. Eine Lebensschilderung, München 1921.

Baberowski, Jörg, Verbrannte Erde. Stalins Herrschaft der Gewalt, München ^{3}2012.

Bajohr, Frank/Strupp, Christoph (Hrsg.), Fremde Blicke auf das „Dritte Reich". Berichte ausländischer Diplomaten über Herrschaft und Gesellschaft in Deutschland 1933–1945, Göttingen 2011.

Balser, Kristof (Hrsg.), „Himmel und Hölle". Das Leben der Kölner Homosexuellen 1945–1969, Köln o. J. [1995].

Bandholdt, Heinrich, Der Fall des Generalstabschefs Redl, in: Zeitschrift für Sexualwissenschaft 12 (1925/26), S. 313 f.

Bang, Paul, Judas Schuldbuch. Eine deutsche Abrechnung, München 1919.

Bani, Luca, Curzio Malaparte: Die Haut (1950/EA 1949), in: Agazzi, Elena/Schütz, Erhard (Hrsg.), Handbuch Nachkriegskultur. Literatur, Sachbuch und Film in Deutschland (1945–1962), Berlin/Boston 2016, S. 536–540.

Barclay, David E., Anarchie und guter Wille. Friedrich Wilhelm IV. und die preußische Monarchie, Berlin 1995.

Bärsch, Claus-Ekkehard, Der junge Goebbels. Erlösung und Vernichtung, München 2004.

Bauer, Fritz u. a. (Hrsg.), Sexualität und Verbrechen. Beiträge zur Strafrechtsreform, Frankfurt a. M. 1963.

Bauman, Zygmunt, Moderne und Ambivalenz. Das Ende der Eindeutigkeit, Hamburg 2005.

Baumann, Jürgen, Paragraph 175. Über die Möglichkeit, die einfache, nichtjugendgefährdende und nichtöffentliche Homosexualität unter Erwachsenen straffrei zu lassen (zugleich ein Beitrag zur Säkularisierung des Strafrechts), Berlin/Neuwied 1968.

Baumont, Maurice, L'Affaire Eulenburg et les Origines de la Guerre Mondiale, Paris 1933.

Bayer, Karen, „How dead is Hitler?" Der britische Starreporter Sefton Delmer und die Deutschen, Mainz 2008.

Baynes, H. G., Germany Possessed, New York 1941.

Beachy, Robert, Das andere Berlin. Die Erfindung der Homosexualität. Eine deutsche Geschichte 1867–1933, München 2014.

Beckert, Rudi, Lieber Genosse Max. Aufstieg und Fall des ersten Justizministers der DDR Max Fechner, Berlin 2003.

Beljan, Magdalena, Rosa Zeiten? Eine Geschichte der Subjektivierung männlicher Homosexualität in den 1970er und 1980er Jahren der BRD, Bielefeld 2014.

Bella, Victor Joseph, Obama. La Trahison?, Morrisville 2012.

Bering, Dietz, Kampf um Namen. Bernhard Weiß gegen Joseph Goebbels, Stuttgart 1991.

Bernstorff, Graf Johann Heinrich, Erinnerungen und Briefe, Zürich 1936.

Bettauer, Fritz Ernst/Lichey, Georg, Die Kamarilla. Ein Stück deutschen Schicksals in zehn Bildern, Schweidnitz 1932.

Biedermann, Karl, Deutschlands geistige, sittliche und gesellige Zustände im Achtzehnten Jahrhundert, Bd. 2, Teilbd. 2, Leipzig 1880.

Bismarck, Otto Fürst von, Gedanken und Erinnerungen. Neue Ausgabe, Bd. 1, Stuttgart/Berlin 1915.

Black, James, The Politics of James Bond. From Fleming's Novels to the Big Screen, Lincoln/London 2005.

Bled, Jean-Paul, Franz Ferdinand. Der eigensinnige Thronfolger, Wien u. a. 2013.

Bleibtreu-Ehrenberg, Gisela, Homosexualität. Geschichte eines Vorurteils, Frankfurt a. M. 1981.

Bleuel, Hans Peter, Das saubere Reich. Die verheimlichte Wahrheit. Eros und Sexualität im Dritten Reich, Bergisch Gladbach 1979.

Bley, Wulf, Spionage und anormale Veranlagung, in: Die Weltkriegsspionage (Original-Spionage-Werk). Authentische Enthüllungen über Entstehung, Art, Arbeit, Technik, Schliche, Handlungen, Wirkungen und Geheimnisse der Spionage vor, während und nach dem Kriege auf Grund amtlichen Materials aus Kriegs-, Militär-, Gerichts- und Reichsarchiven. Vom Leben und Sterben, von den Taten und Abenteuern der bedeutendsten Agenten bei Freund und Feind, hrsg. mit einem Vorwort von Generalmajor von Lettow-Vorbeck von Ludwig Altmann u. a., München 1931, S. 378–383.

Bloch, Charles, Die SA und die Krise des NS-Regimes 1934, Frankfurt a. M. 1970.

Bloch, Michael, Closet Queens. Some 20th Century British Politicians, London 2015.

Blome, Kurt, Arzt im Kampf. Erlebnisse und Gedanken, Leipzig 1942.

Blüher, Hans, „Eine Kulturschande", in: Ders., Studien zu Inversion und Perversion. Das uralte Phänomen der geschlechtlichen Inversion in natürlicher Sicht, Schmiden bei Stuttgart 1965.

Blüher, Hans, Werke und Tage. Geschichte eines Denkers, München 1953.

Bochnik, Hans-Joachim, Ärztliche und soziale Aspekte des heutigen sexuellen Lebens, in: Saller, Karl (Hrsg.), Sexualität heute, Bern/München/Wien 1967, S. 111–147.

Böhm, Gottfried von, Ludwig II. König von Bayern. Sein Leben und seine Zeit, Berlin 1922.

Bonhorst, Rainer, Fernsehen bringt ein Tabu in die gute Stube. Angst vor der Seuche führt in Amerika zu einer Revolution der Sexual- und Sprach-Sitten, in: General-Anzeiger (Bonn) vom 17.2.1987.

Bösch, Frank, Öffentliche Geheimnisse. Die verzögerte Renaissance des Medienskandals zwischen Staatsgründung und Ära Brandt, in: Weisbrod, Bernd (Hrsg.), Die Politik der Öffentlichkeit –

Die Öffentlichkeit der Politik. Politische Medialisierung in der Geschichte der Bundesrepublik, Göttingen 2003, S. 125–150.

Bösch, Frank, Öffentliche Geheimnisse. Skandale, Politik und Medien in Deutschland und Großbritannien 1880–1914, München 2009.

Boveri, Margret, Der Verrat im 20. Jahrhundert, Bd. 2: Für oder gegen die Nation. Das unsichtbare Geschehen, Hamburg ²1956.

Boveri, Margret, Der Verrat im 20. Jahrhundert, Bd. 3: Zwischen den Ideologien. Zentrum Europa, Hamburg 1957.

Boveri, Margret, Der Verrat im 20. Jahrhundert, Bd. 4: Verrat als Epidemie – Amerika, Reinbek 1960.

Boxl, Peter, Die offenen Fenster am Schlosse zu Berlin, in: März. Halbmonatsschrift für deutsche Kultur 4 (1910), Bd. 1, S. 488 f.

Boyle, Andrew, The Climate of Treason. Five who Spied for Russia, London 1979.

Boyle, David, Scandal. How Homosexuality became a Crime, London 2016.

Bratt, Peter, Über einen zweifelhaften Sittlichkeitsparagraphen. Ein Streitgespräch, in: Merkur. Deutsche Zeitschrift für europäisches Denken 8 (1963), H. 10 (Nr. 188), S. 943–961.

Brecht, Christine, Günter Litfin, in: Die Todesopfer an der Berliner Mauer 1961–1989. Ein biographisches Handbuch, hrsg. vom Zentrum für Zeithistorische Forschung Potsdam und der Stiftung Berliner Mauer, Berlin 2009, S. 37–39.

Breymayer, Ursula/Ulrich, Bernd/Wieland, Karin (Hrsg.), Willensmenschen. Über deutsche Offiziere, Frankfurt a. M. 1999.

Brocher, Tobias (Hrsg.), Plädoyer für die Abschaffung des § 175, Frankfurt a. M. ²1967.

Broucek, Peter (Hrsg.), Ein General im Zwielicht. Die Erinnerungen Edmund Glaises von Horstenau, 3 Bde., Wien u. a. 1980–1988.

Brühl, Olaf, Sozialistisch und schwul. Eine subjektive Chronologie, in: Setz, Wolfram (Hrsg.), Homosexualität in der DDR. Materialien und Meinungen, Hamburg 2006, S. 89–152.

Brüning, Heinrich, Memoiren 1918–1934, Stuttgart 1970.

Bruns, Claudia, Der homosexuelle Staatsfreund. Von der Konstruktion des erotischen Männerbunds bei Hans Blüher, in: zur Nieden, Susanne (Hrsg.), Homosexualität und Staatsräson. Männlichkeit, Homophobie und Politik in Deutschland 1900–1945, Frankfurt a. M. 2005, S. 100–117.

Buchheit, Gert, Die anonyme Macht. Aufgaben, Methoden, Erfahrungen der Geheimdienste, Frankfurt a. M. 1969.

Bülow, Bernhard Fürst von, Denkwürdigkeiten, 4 Bde., Berlin 1930–1931.

Die CDU/CSU-Fraktion im Deutschen Bundestag 1953–1957, Teilbd. 1: 1953–1955, bearb. von Helge Heidemeyer (Quellen zur Geschichte des Parlamentarismus und der politischen Parteien. Vierte Reihe: Deutschland seit 1945. Band 11/II), Düsseldorf 2003.

C. S., FDP setzt sich mit rechtsstaatlichen Forderungen durch, in: Die neue Bonner Depesche vom Juli 1984.

Cecil, Robert, A Divided Life. A Biography of Donald Maclean, London 2017.

Cambon, Paul, Correspondance, 3 Bde., Paris 1940.

Canis, Konrad, Der Weg in den Abgrund. Deutsche Außenpolitik 1902–1914, Paderborn 2011.

Carlston, Erin G., Double Agents. Espionage, Literature, and Liminal Citizens, New York/Chichester 2013.

Childs, David/Popplewell, Richard, The Stasi. The East German Intelligence and Security Service, Houndmills u. a. 1996.

Clark, Christopher, Wilhelm II. Die Herrschaft des letzten deutschen Kaisers, München 2008.

Clark, Christopher, Die Schlafwandler. Wie Europa in den Ersten Weltkrieg zog, München 2013.

Cohn, Willy, Kein Recht, nirgends. Tagebuch vom Untergang des Breslauer Judentums 1933–1941, 2 Bde., Köln u. a. 2006.

Conrad, Feldmarschall [Franz], Aus meiner Dienstzeit 1906–1918, Bd. 3, Wien u. a. 1922.

Conze, Eckart u. a., Das Amt und die Vergangenheit. Deutsche Diplomaten im Dritten Reich und in der Bundesrepublik, München ²2010.

Conze, Eckart, Die Suche nach Sicherheit. Eine Geschichte der Bundesrepublik Deutschland von 1949 bis in die Gegenwart, München 2009.

Cook, Matt, London and the Culture of Homosexuality, 1885–1914, Cambridge u. a. 2003.

Coppi, Hans, Harro Schulze-Boysen – Wege in den Widerstand. Eine biographische Studie, Koblenz ²1995.

Cornwall, Mark, Traitors and the Meaning of Treason in Austria-Hungary's Great War, in: Transactions of the Royal Historical Society 25 (2015), S. 113–134.

Crouthamel, Jason, An Intimate History of the Front. Masculinity, Sexuality, and German Soldiers in the First World War, Basingstoke 2014.

Czedik, Alois (Freiherr von), Zur Geschichte der k. k. österreichischen Ministerien 1861–1916, 4 Bde., Teschen/Wien/Leipzig 1917–1920.

Dallek, Robert, John F. Kennedy. Ein unvollendetes Leben, München 2003.

Daniel, Ute, Beziehungsgeschichten. Politik und Medien im 20. Jahrhundert, Hamburg 2018.

Dannecker, Martin/Reiche, Reimut, Der gewöhnliche Homosexuelle. Eine soziologische Untersuchung über männliche Homosexuelle in der Bundesrepublik, Frankfurt a. M. 1974.

Davenport-Hines, Richard, Universal Man. The Lives of John Maynard Keynes, New York 2015.

Dean, Robert D., Imperial Brotherhood. Gender and the Making of Cold War Foreign Policy, Amherst 2001.

Delmer, Sefton, Die Deutschen und ich, Hamburg 1963.

Demblin, August, Minister gegen Kaiser. Aufzeichnungen eines österreichisch-ungarischen Diplomaten über Außenminister Czernin und Kaiser Karl, hrsg. und bearb. von Alexander Demblin, Wien u. a. 1997.

Deutscher Bundestag, 42. Sitzung vom 16.9.1954, S. 1960, zitiert nach: http://pdok.bundestag.de/index.php?qsafe=&aload=off&q=Otto+John&x=0&y=0&df=07.09.1949&dt=22.01.2018 (22.1.2018).

Deutscher Bundestag, 10. Wahlperiode, Plenarprotokoll 10/48, Stenographischer Bericht der 48. Sitzung vom 20. Januar 1984.

Deutscher Bundestag, Pressedokumentation, 021/261 Bd. 2, Die Grünen im Bundestag – Pressedienst – Pressemitteilung 107/84 vom 23.2.1984.

Deutschland-Berichte der Sozialdemokratischen Partei Deutschlands (Sopade) 1934–1940, Bd. 1, Nördlingen ⁶1982.

Dickinson, Edward Ross, Sex, Freedom and Power in Imperial Germany, 1880–1914, Cambridge 2014.

Diels, Rudolf, Der Fall John. Hintergründe und Lehren, Göttingen ³1954.

Diels, Rudolf, Lucifer ante Portas. Zwischen Severing und Heydrich, Zürich 1949.

Dietrichstein, Egon, Die Berühmten, Wien/Berlin 1920.

Dittrich, Lisa, Antiklerikalismus in Europa. Öffentlichkeit und Säkularisierung in Frankreich, Spanien und Deutschland (1848–1914), Göttingen 2014.

Dobai, Péter, Oberst Redl. Roman über die Donaumonarchie, Berlin/Weimar 1991.

Documents Diplomatiques Français (1932–1939), I.re Série (1932–1935), Tome I, Paris 1964.

Documents Diplomatiques Français (1932–1939), I.re Série (1932–1935), Tome V, Paris 1970.

Documents Diplomatiques Français (1932–1939), I.re Série (1932–1935), Tome VI, Paris 1972.

Documents Diplomatiques Français (1871–1914), 2e Série (1901–1911), Tome VIII, Paris 1938.

Documents Diplomatiques Français (1871–1914), 2e Série (1901–1911), Tome X, Paris 1948.

Documents Diplomatiques Français (1871–1914), 2e Série (1901–1911), Tome XI, Paris 1950.

Dodd, William E. jr./Dodd, Martha (Hrsg.), Diplomat auf heißem Boden. Tagebuch des USA-Botschafters William E. Dodd in Berlin 1933–1938 Berlin [Ost] ⁸1977.

Dollmann, Eugen, Dolmetscher der Diktatoren, Bayreuth 1963.
Dollmann, Eugen, With Hitler and Mussolini. Memoirs of a Nazi Interpreter, New York 2017.
Domeier, Norman, Der Eulenburg-Skandal. Eine politische Kulturgeschichte des Kaiserreichs, Frankfurt a. M./New York 2010.
Domeier, Norman, Imaginationen einer „homosexuellen Internationale" im 20. Jahrhundert, in: Lautmann, Rüdiger (Hrsg.), Capricen. Momente schwuler Geschichte, Hamburg 2014, S. 46–68.
Domeier, Norman, Die sexuelle Denunziation in der deutschen Politik seit dem frühen 20. Jahrhundert, in: Pretzel, Andreas/Weiss, Volker (Hrsg.), Politiken in Bewegung. Die Emanzipation Homosexueller im 20. Jahrhundert, Hamburg 2017, S. 101–113.
Dörner, Bernward, „Heimtücke". Das Gesetz als Waffe, Paderborn 1998.
Dornik, Wolfram, Des Kaisers Falke. Wirken und Nach-Wirken von Franz Conrad von Hötzendorf, Innsbruck u. a. 2013.
Dreher, Klaus, Helmut Kohl. Leben mit Macht, Stuttgart 1998.
Dreyfus, Jean-Marc (Hrsg.), Geheime Depeschen aus Berlin. Der französische Botschafter François-Poncet und der Nationalsozialismus, Darmstadt 2018.
Duberman, Martin, Jews, Queers, Germans. A Novel, New York 2017.
Dubout, Kevin, Aufklären, vernetzen, entgegnen. Zur unmittelbaren Vorgeschichte des WhK (1894–1897), in: Lautmann, Rüdiger (Hrsg.), Capricen. Momente schwuler Geschichte, Hamburg 2014, S. 15–39.
Dubout, Kevin, Der Richter und sein Tagebuch. Eugen Wilhelm als Elsässer und homosexueller Aktivist im Deutschen Kaiserreich, Frankfurt a. M./New York 2018.
Dupré, Guy, Les Manœuvres d'Automne, Paris 1989.
Easton, Laird M., Der rote Graf. Harry Graf Kessler und seine Zeit, Stuttgart ²2007.
Ebermayer, Erich, Denn heute gehört uns Deutschland ... Persönliches und politisches Tagebuch. Von der Machtergreifung bis zum 31. Dezember 1935, Hamburg/Wien 1959.
Ebner, Katharina, Religion im Parlament. Homosexualität als Gegenstand parlamentarischer Debatten im Vereinigten Königreich und in der Bundesrepublik Deutschland (1945–1990), Göttingen 2018.
Eckardstein, Hermann Freiherr von, Die Isolierung Deutschlands (Lebenserinnerungen und Politische Denkwürdigkeiten Bd. 3), Leipzig ²1921.
Eissler, W. U., Arbeiterparteien und Homosexuellenfrage. Zur Sexualpolitik von SPD und KPD in der Weimarer Republik, Hamburg 1980.
Ellmann, Richard, Oscar Wilde, New York 1987.
Engelmann, Roger/Vollnhals, Clemens (Hrsg.), Justiz im Dienste der Parteiherrschaft. Rechtspraxis und Staatssicherheit in der DDR, Berlin 1999.
Engelstein, Laura, The Keys to Happiness. Sex and the Search for Modernity in Fin-de-Siècle Russia, Ithaca/London 1992.
Epkenhans, Michael (Hrsg.), Friedrich Alfred Krupp. Ein Unternehmer im Kaiserreich, München 2010.
Erbe, Günter, Das vornehme Berlin. Fürstin Marie Radziwill und die großen Damen der Gesellschaft 1871–1918, Köln u. a. 2015.
Eschenburg, Theodor, Dokumentation: Die Rede Himmlers vor den Gauleitern am 3. August 1944, in: Vierteljahrshefte für Zeitgeschichte 1 (1953), S. 357–394.
Eulenburg-Hertefeld, Philipp Fürst zu, Erlebnisse, 2 Bde., hrsg. von Augusta Fürstin zu Eulenburg-Hertefeld, Leipzig 1934.
Eulenburg-Hertefeld Philipp zu, Aus 50 Jahren. Erinnerungen, Tagebücher und Briefe aus dem Nachlaß des Fürsten, Berlin ²1925.

Eulenburg-Hertefeld, Philipp Fürst zu, Das Ende König Ludwigs II. und andere Erlebnisse, hrsg. von Fürstin Augusta Eulenburg-Hertefeld, Bd. 1, Leipzig 1934.
Evangelisches Landeskirchliches Archiv Berlin-Brandenburg, 55.5/194, „Alle waren eigentlich erleichtert, erlöst". Gespräch mit Prof. Rainer [i. e. Reiner] Werner, Autor des Buches „Homosexualität – Herausforderung an Wissen und Toleranz", in: Radio DDR II vom 6.8.1987, „Studio 80".
Evans, Jennifer, Life among the Ruins. Cityscape and Sexuality in Cold-War-Berlin, Houndmills/New York 2011.
Fehr, Gerhard, Zu einigen Aspekten der Entwicklung der Risikogruppe der männlichen Homosexuellen und der Risikogruppe der kriminell gefährdeten, nicht lesbischen weiblichen Jugendlichen und Jungerwachsenen in der Hauptstadt Berlin, Berlin Dissertation A 1983.
Ferguson, Gary, Queer (Re)readings in the French Renaissance. Homosexuality, Gender, Culture, Aldershot/Burlington 2008.
Fernandez, Dominique, Der Raub des Ganymed. Eine Kulturgeschichte der Homosexualität, Freiburg ²1992.
Fesser, Gerd, Reichskanzler Fürst von Bülow. Architekt der deutschen Weltpolitik, Leipzig 2003.
Fest, Joachim C., Das Gesicht des Dritten Reiches. Profile einer totalitären Herrschaft, München ⁷1980.
Fest, Joachim C., Hitler. Eine Biographie, Frankfurt a. M. u. a. 1973.
Figes, Orlando, Die Flüsterer. Leben in Stalins Russland, Berlin ²2008.
Figes, Orlando, Die Tragödie eines Volkes. Die Epoche der russischen Revolution 1891 bis 1924, Berlin 1998.
Finch, Sebald's Bachelors. Queer Resistance and the Unconforming Life, New York 2013.
Fisher, H. H. (Hrsg.), Out of my Past. The Memoirs of Count Kokovtsov, Stanford/London/Oxford 1935.
Foldy, Michael S., The Trials of Oscar Wilde. Deviance, Morality, and Late-Victorian Society, New Haven/London 1997.
Fone, Byrne, Homophobia. A History, New York 2000.
Forel, Auguste, Die sexuelle Frage. Eine naturwissenschaftliche, psychologische, hygienische und soziologische Studie für Gebildete, München 1905.
Forth, Christopher E., The Dreyfus Affair and the Crisis of French Manhood, Baltimore/London 2004.
François-Poncet, André, Als Botschafter im „Dritten Reich". Die Erinnerungen des französischen Botschafters in Berlin September 1931 bis Oktober 1938, Mainz/Berlin 1980.
François-Poncet, André, Botschafter in Berlin. 1931–1938 (Souvenirs d'une ambassade à Berlin), hrsg. von Thomas Gayda, Berlin u. a. 2018.
Frank, Walter, „Höre Israel!" Studien zur modernen Judenfrage, Hamburg ²1942.
Fred, Sommer, Anthony Blunt and Guy Burgess, Gay Spies, in: Journal of Homosexuality 29 (1995), S. 273–293.
Frederik, Hans, Das Ende einer Legende. Die abenteuerlichen Erlebnisse des Towarischtsch Alexander Busch, München 1971.
Frey, Ludwig, Der Eros und die Kunst. Ethische Studien, Leipzig 1896.
Fried, Eugen, Das männliche Urningtum in seiner sozialen Bedeutung, Wien 1919.
Fried, Eugen, Zur Frage der sexuellen Aufklärung, in: Münchner Medizinische Wochenschrift 67 (1920), S. 1121.
Friedländer, Hugo, Interessante Kriminal-Prozesse von kulturhistorischer Bedeutung. Darstellung merkwürdiger Strafrechtsfälle aus Gegenwart und Jüngstvergangenheit, Bd. 11, Berlin-Grunewald 1920.
Friedrich, Jörg, Die Affäre John, in: Hafner, Georg M./Jacoby, Edmund, Die Skandale der Republik. 1949–1989: Von der Gründung bis zum Fall der Mauer, Reinbek, 1994, S. 22-30.

Fritsche, Victor von, Bilder aus dem österreichischen Hof- und Gesellschaftsleben, Wien 1914.
Fromm, Bella, Als Hitler mir die Hand küßte, Berlin 1993.
Frymann, Daniel [i. e. Claß, Heinrich], Wenn ich der Kaiser wär'. Politische Wahrheiten und Notwendigkeiten, Leipzig ³1912.
Fuhrmann, Joseph T., Rasputin. The Untold Story, Hoboken 2013.
Fuller, William C. jr., The Foe within. Fantasies of Treason and the End of Imperial Russia, Ithaca/London 2006.
Fülöp-Miller, René, Der heilige Teufel. Rasputin und die Frauen, Berlin u. a. 1927.
Funder, Friedrich, Vom Gestern ins Heute. Aus dem Kaiserreich in die Republik, Wien/München ²1953.
Galera, Karl Siegmar Baron von, Die Errichtung des deutschen Führerreiches, Leipzig 1935.
Gamm, Hans-Jochen, Der Flüsterwitz im Dritten Reich, München ³1984.
Gassert, Philip, Kurt Georg Kiesinger 1904–1988. Kanzler zwischen den Zeiten, München 2006.
Gatzweiler, [Richard], Gleichberechtigung der Homosexuellen? Neue Angriffe gegen den § 175 StGB, Köln-Klettenberg 1953.
Gatzweiler, Richard, Das Dritte Geschlecht. Um die Strafbarkeit der Homosexualität, Köln-Klettenberg 1951.
Gatzweiler, Richard, Homosexualität und Strafrechtsreform, Köln 1961.
Gauland, Alexander, Fürst Eulenburg – ein preußischer Edelmann, Potsdam 2010.
Die Geheimen Papiere Friedrich von Holsteins, hrsg. von Werner Frauendienst, Göttingen u. a. Bd. 1956–1963, Bd. 3 und 4.
Gehler, Michael, Deutschland. Von der Teilung zur Einigung, 1945 bis heute, Wien 2010.
Gelz, Andreas (Hrsg.), Skandale zwischen Moderne und Postmoderne. Interdisziplinäre Perspektiven auf Formen gesellschaftlicher Transgression, Berlin/Boston 2014.
Gerken, Richard, Spione unter uns. Methoden und Praktiken der Roten Geheimdienste nach amtlichen Quellen – Die Abwehrarbeit in der Bundesrepublik Deutschland, Donauwörth 1965.
Gervinus, Georg Gottfried, Geschichte des neunzehnten Jahrhunderts seit den Wiener Verträgen, Bd. 2, Leipzig 1856.
Getty John Arch/Naumov, Oleg V., Yezhov. The Rise of Stalin's „Iron Fist", New Haven/London 2008.
Gilcher-Holtey, Ingrid, Skandalisierung des Skandals: Intellektuelle und Öffentlichkeit, in: Gelz, Andreas (Hrsg.), Skandale zwischen Moderne und Postmoderne. Interdisziplinäre Perspektiven auf Formen gesellschaftlicher Transgression, Berlin/Boston 2014, S. 217–233.
Gisevius, Hans Bernd, Bis zum bitteren Ende. Vom Reichstagsbrand bis zum 20. Juli 1944, Hamburg o. J. [1960].
Gnüchtel, Ralf, Jugendschutztatbestände im 13. Abschnitt des StGB. Ihre Legitimation im Lichte eines zeitgemäßen Jugendschutzes, Berlin/Boston 2013.
Godau-Schüttke, Klaus-Detlef, Der Bundesgerichtshof. Justiz in Deutschland, Berlin 2005.
Gollner, Günthe, Homosexualität. Ideologiekritik und Entmythologisierung einer Gesetzgebung, Berlin [West] 1974.
Gollwitzer, Heinz, Die Standesherren. Die politische Stellung der Mediatisierten 1815–1918. Ein Beitrag zur deutschen Sozialgeschichte, Göttingen ²1964.
Gopčević, Spiridion, Österreichs Untergang – die Folge von Franz Josephs Mißregierung, Berlin 1920.
Görlitz, Walter, Wallensteins Lager 1920–1938. II: Die Generale unter Hitler, in: Frankfurter Hefte 3 (1948), S. 519–526.
Görtemaker, Manfred/Safferling, Christoph, Die Akte Rosenburg. Das Bundesministerium der Justiz und die NS-Zeit, München 2016.

Gossweiler, Kurt, Der Putsch, der keiner war. Die Röhm-Affäre 1934 und der Richtungskampf im deutschen Faschismus, Köln 2009.

Gotto, Bernhard/Seefried, Elke (Hrsg.), Männer mit „Makel". Männlichkeiten und gesellschaftlicher Wandel in der frühen Bundesrepublik, Berlin/Boston 2017.

Götz von Olenhusen, Irmtraud, Klerus und abweichendes Verhalten. Zur Sozialgeschichte katholischer Priester im 19. Jahrhundert: Die Erzdiözese Freiburg, Göttingen 1994.

Gotzmann, Joanna, Der Volkswartbund. Die Bischöfliche Arbeitsstelle für Fragen der Volkssittlichkeit im Kampf gegen Homosexuelle, in: Balser, Kristof (Hrsg.), „Himmel und Hölle". Das Leben der Kölner Homosexuellen 1945–1969, Köln o. J. [1995], S. 169–183.

Grau, Bernhard, Kurt Eisner 1867–1919. Eine Biographie, München 2001.

Grau, Günter, Lexikon zur Homosexuellenverfolgung 1933–1945. Institutionen – Personen – Betätigungsfelder, Münster 2011.

Grau, Günter, Sozialistische Moral und Homosexualität. Die Politik der SED und das Homosexuellenstrafrecht 1945 bis 1989 – ein Rückblick, in: Grumbach, Detlef (Hrsg.), Die Linke und das Laster. Schwule Emanzipation und linke Vorurteile, Hamburg 1995, S. 85–141.

Gritschneder, Otto, „Der Führer hat Sie zum Tode verurteilt ...". Hitlers „Röhm-Putsch"-Morde vor Gericht, München 1993.

Grose, Peter, Allan Dulles – Spymaster. The Life and Times of the First Civilian Director of the CIA, London 2006.

Gross-Dinter, Ursula, Dolce Vita am Rande des Abgrunds. Eugen Dollmann – SS-Verbindungsoffizier, Salonlöwe und Dolmetscher der Diktatoren, in: Andres, Dörte (Hrsg.), Dolmetscherinnen und Dolmetscher im Netz der Macht, Berlin 2017, S. 35–58.

Die Große Politik der Europäischen Kabinette 1871–1914. Sammlung der Diplomatischen Akten des Auswärtigen Amtes, im Auftrage des Auswärtigen Amtes hrsg. von Johannes Lepsius u. a., Bd. 20, Teilbd. 1, Berlin 1927.

Die Große Politik der Europäischen Kabinette 1871–1914. Sammlung der Diplomatischen Akten des Auswärtigen Amtes, im Auftrage des Auswärtigen Amtes hrsg. von Johannes Lepsius u. a., Bd. 21, Teilbd. 2, Berlin 1927.

Die Große Politik der Europäischen Kabinette 1871–1914. Sammlung der Diplomatischen Akten des Auswärtigen Amtes, im Auftrage des Auswärtigen Amtes hrsg. von Johannes Lepsius u. a., Bd. 27, Teilbd. 2, Berlin 1927.

Die Große Politik der Europäischen Kabinette 1871–1914. Sammlung der Diplomatischen Akten des Auswärtigen Amtes, im Auftrage des Auswärtigen Amtes hrsg. von Johannes Lepsius u. a., Bd. 35, Berlin 1927.

Grote, Hans Henning Freiherr von, Die Tragödie Roger Casement, in: Die Weltkriegsspionage (Original-Spionage-Werk). Authentische Enthüllungen über Entstehung, Art, Arbeit, Technik, Schliche, Handlungen, Wirkungen und Geheimnisse der Spionage vor, während und nach dem Kriege auf Grund amtlichen Materials aus Kriegs-, Militär-, Gerichts- und Reichsarchiven. Vom Leben und Sterben, von den Taten und Abenteuern der bedeutendsten Agenten bei Freund und Feind, hrsg. mit einem Vorwort von Generalmajor von Lettow-Vorbeck von Ludwig Altmann u. a., München 1931.

[Grotthuss, Jeannot Emil Freiherr von]: Türmers Tagebuch: Im Zeitalter des Verkehrs – National? – Ein Nörgler – Deutscher Jammer – Eulenburg und Harden, in: Der Türmer. Monatsschrift für Gemüt und Geist 10 (1908), Bd. 2 (April bis September 1908), Stuttgart 1908, S. 376–414.

Grumbach, Detlef (Hrsg.), Die Linke und das Laster. Schwule Emanzipation und linke Vorurteile, Hamburg 1995.

Gunther, John, So sehe ich Europa!, Amsterdam 1937.

Gurko, V.[ladimir] I., Features and Figures of the Past. Government and Opinion in the Reign of Nicholas II, Stanford/London/Oxford 1939.

Hack, Richard, Puppetmaster. The Secret Life of J. Edgar Hoover, Beverly Hills 2007.
Häfner, Heinz, Ein König wird beseitigt. Ludwig II. von Bayern, München 2011.
Halfond, Irwin, Maurice Paléologue. The Diplomat, the Writer, the Man, and the Third French Republic, Lanham 2007.
Hallensleben, Silvia, Der Staat gegen Fritz Bauer, in: kunst & film vom 28.9.2015, zitiert nach: http://kunstundfilm.de/2015/09/der-staat-gegen-fritz-bauer/ (20.3.2018).
Haller, Johannes, Aus dem Leben des Fürsten Philipp zu Eulenburg-Hertefeld, Berlin 1924.
Hammann, Otto, Um den Kaiser, Berlin 1919.
Hancock, Eleanor, Ernst Röhm. Hitler's SA Chief of Staff, New York 2008.
Hanisch, Ernst, Männlichkeiten. Eine andere Geschichte des 20. Jahrhunderts, Wien 2005.
Harcave, Sidney, Count Sergei Witte and the Twilight of Imperial Russia. A Biography, Armonk/London 2004.
Harden, Maximilian, Fürst Eulenburg, in: Ders., Köpfe, Bd. 3, Berlin ^{19}1923 (Erstauflage 1913), S. 167–283.
Harden, Maximilian, Holstein, in: Ders., Köpfe, Bd. 1, Berlin 1910, ^{46}1923, S. 89–145.
[Harden, Maximilian], Trigeminus. Redl, in: Die Zukunft 83 (1913), 7.6.1913, S. 304–321.
Harden, Maximilian, Um Naboths Weinberg, in: Die Zukunft 30 (1922), Nr. 28 vom 8.4.1922, S. 1–61.
[Harden, Maximilian], Cantate. Wider Lichnowsky, in: Die Zukunft 101 (1918), 27.4.1918, S. 85–96.
[Harden, Maximilian], Frankreich und Deutschland, in: Die Zukunft 60 (1907).
[Harden, Maximilian], Prozeß Eulenburg, in: Die Zukunft 64 (1908).
[Harden, Maximilian], Schlußvortrag, in: Die Zukunft 61 (1907).
[Harden, Maximilian], Symphonie, in: Die Zukunft 58 (1907).
[Harden, Maximilian], Zweite Epistel. An Herrn Poincaré, in: Die Zukunft 92 (1915), 7.8.1915, S. 157–188.
[Harden, Maximilian], Der zweite Prozeß. III, in: Die Zukunft 62 (1908).
Haußmann, Conrad, Politik und Sensation, in: März. Halbmonatsschrift für deutsche Kultur 1 (1907), Bd. 3, S. 1–5.
Healey, Dan, Homosexual Desire in Revolutionary Russia. The Regulation of Sexual and Gender Dissent, Chicago/London 2001.
Hecht, Alexander, Gay ORF?! Das ORF Fernsehprogramm durch die rosa Brille betrachtet – ein Streifzug durch das Archiv, in: medien & zeit. Kommunikation in Vergangenheit und Gegenwart 4 (2007), S. 16–21.
Heilmann, Andreas, Normalität auf Bewährung. Outings in der Politik und die Konstruktion homosexueller Männlichkeit, Bielefeld 2011.
Helfert, Joseph Alexander Freiherr von, Geschichte der österreichischen Revolution im Zusammenhange mit der mitteleuropäischen Bewegung der Jahre 1848–1849, Bd. 2, Freiburg/Wien 1909.
Henke, Klaus-Dietmar, Geheime Dienste. Die politische Inlandsspionage der Organisation Gehlen 1946–1953, Berlin 2018.
Hentig, Hans von, Die Kriminalität des homophilen Mannes (Beiträge zur Sexualforschung 20), Stuttgart 1960.
Hentig, Hans von, Das Verbrechen. Band 2: Der Delinquent im Griff der Umweltkräfte, Wiesbaden 1962.
Herbert, Ulrich, Geschichte Deutschlands im 20. Jahrhundert, München 2014.
Hergemöller, Bernd-Ulrich, Redl, Alfred, in: Ders. (Hrsg.), Mann für Mann. Biographisches Lexikon zur Geschichte mann-männlicher Sexualität im deutschen Sprachraum, Bd. 2, Berlin 2010, S. 960–962.
Hermann, Angela, Der Weg in den Krieg 1938/39. Quellenkritische Studien zu den Tagebüchern von Joseph Goebbels, München 2011.

Herrn, Rainer, Ein historischer Urning. Ludwig II. von Bayern im psychiatrisch-sexualwissenschaftlichen Diskurs und in der Homosexuellenbewegung des frühen 20. Jahrhunderts, in: Sykora, Katharina (Hrsg.), „Ein Bild von einem Mann". Ludwig II. von Bayern – Konstruktion und Rezeption eines Mythos, Frankfurt/New York 2004, S. 48–89.

Herzer, Manfred, Magnus Hirschfeld und seine Zeit, Berlin/Boston 2017.

Herzer, Manfred, Schwule Widerstandskämpfer gegen den Nationalsozialismus. Neue Studien: Wolfgang Cordan, Wilfrid Israel, Theodor Haubach, Otto John, in: Jellonnek, Burkhard/ Lautmann, Rüdiger (Hrsg.), Nationalsozialistischer Terror gegen Homosexuelle. Verdrängt und ungesühnt, Paderborn u. a. 2002, S. 127–146.

Herzog, Dagmar, Sex after Fascism. Memory and Morality in Twentieth-Century Germany, Princeton 2005.

Herzog, Dagmar, Sexuality in Europe. A Twentieth-Century History, Cambridge u. a. 2011.

Herzog, Wilhelm, Menschen, denen ich begegnete, Bern/München 1959.

Hildermeier, Manfred, Geschichte der Sowjetunion 1917–1991. Entstehung und Niedergang des ersten sozialistischen Staates, München 1998.

Hilmes, Oliver, Ludwig II. Der unzeitgemäße König, München 2013.

Hirschfeld, Magnus, Die Homosexualität des Mannes und des Weibes, Berlin 1914.

Hirschfeld, Magnus, Die Homosexualität des Mannes und des Weibes. Zweite, um ein Vorwort von Bernd-Ulrich Hergemöller ergänzte Neuauflage der Ausgabe von 1984, Berlin/New York 2001.

Hirschfeld, Magnus/Gaspar, Andreas (Hrsg.), Sittengeschichte des Ersten Weltkrieges, Hanau o. J. [1965].

Hirschfeld, Magnus/Gaspar, Andreas, Sittengeschichte des Weltkrieges, 2 Bde., Leipzig/Wien 1930.

Hitler, Mein Kampf. Eine kritische Edition, im Auftrag des Instituts für Zeitgeschichte München-Berlin hrsg. von Christian Hartmann u. a., Bd. 1, München 2016.

Hockerts, Hans Günter, Die Sittlichkeitsprozesse gegen katholische Ordensangehörige und Priester 1936/37, Mainz 1971.

Hodges, Andrew, Alan Turing: The Enigma, London 2012.

Hoffman, Nicholas von, Citizen Cohn. The Life and Times of Roy Cohn, New York 1988.

Hohenlohe, Alexander [Prinz] von, Aus meinem Leben, Frankfurt a. M. 1925.

Hohenlohe-Schillingsfürst, Fürst Chlodwig zu, Denkwürdigkeiten der Reichskanzlerzeit, hrsg. von Karl Alexander von Müller, Stuttgart/Berlin 1931.

Hohenlohe-Schillingsfürst, Fürst Chlodwig zu, Denkwürdigkeiten, 2 Bde., hrsg. im Auftrage des Prinzen Alexander von Hohenlohe-Schillingsfürst von Friedrich Curtius, Stuttgart/Leipzig 1907.

Holland, Vyvyan, Son of Oscar Wilde, London 1999.

Holterman, Angelika, Das geteilte Leben. Journalistenbiographien und Medienstrukturen zu DDR-Zeiten und danach, Opladen 1999.

Honeck, Jürgen, Der Liebhaber des Königs. Skandal am württembergischen Hof, Mühlacker/Irdning 2012.

Hosfeld, Rolf, Heinrich Heine. Die Erfindung des europäischen Intellektuellen. Biographie, München 2014.

Houlbrook, Matt, Queer London. Perils and Pleasures in the Sexual Metropolis, 1918–1957, Chicago/London 2006.

Hull, Isabell V., The Entourage of Kaiser Wilhelm II. 1888–1918, Cambridge 1982.

Hürter, Johannes, Wilhelm Groener. Reichswehrminister am Ende der Weimarer Republik (1928–1932), München 1993.

Hutten-Czapski, Bogdan Graf von, Sechzig Jahre Politik und Gesellschaft, 2 Bde., Berlin 1936.

Hutter, Dr. Heinrich [i. e. Conrad Haußmann], Die Gemeinschädlichkeit der Homosexuellen, in: März. Halbmonatsschrift für deutsche Kultur 1 (1907), Bd. 4 (Oktober-Dezember), S. 189–191.

Hutter, Dr. phil. et jur. Heinrich [i. e. Conrad Haußmann], Glossen: Männer mit Armbändern, in: März. Halbmonatsschrift für deutsche Kultur 2 (1908), Bd. 1, S. 570 f.
Ignatieff, Michael, Das russische Album. Geschichte einer Familie, Köln 1989.
Ihrig, Stefan, Atatürk in the Nazi Imagination, Cambridge/London 2014.
Inachin, Kyra T., Von Selbstbehauptung zum Widerstand. Mecklenburger und Pommern gegen den Nationalsozialismus 1933 bis 1945, Saal 2004.
Irving, David, Göring, München/Hamburg 1987.
Italiaander, Rolf (Hrsg.), Weder Krankheit noch Verbrechen. Plädoyer für eine Minderheit, Hamburg 1969.
Jäckh, Ernst, Der goldene Pflug. Lebensernte eines Weltbürgers, Stuttgart 1954.
Jäckh Ernst (Hrsg.), Kiderlen-Wächter. Der Staatsmann und der Mensch. Briefwechsel und Nachlaß, 2 Bde., Stuttgart 1924–1925.
Jaeggi, Urs, Versuch über den Verrat, Darmstadt/Neuwied 1984.
Jäger, Herbert, Strafgesetzgebung und Rechtsgüterschutz bei Sittlichkeitsdelikten. Eine kriminalsoziologische Untersuchung, Stuttgart 1957.
James, Harold, Krupp. Deutsche Legende und globales Unternehmen, München 2011.
Jansen, Marc/Nikita Petrov, Stalin's Loyal Executioner. People's Commissar Nikaoli Ezhov, 1895–1940, Stanford 2002.
Japs, Gode, „So ähnlich hat man früher Hexen verbrannt". Vor dem Wörner-Kießling-Ausschuß als Zeugen vernommen: Kanzler Kohl, Schreckenburger und Hiehle, in: Vorwärts vom 22.3.1984.
Jellonek, Burkhard, Staatspolizeiliche Fahndungs- und Ermittlungsmethoden gegen Homosexuelle, in: Ders./Lautmann, Rüdiger (Hrsg.), Nationalsozialistischer Terror gegen Homosexuelle. Verdrängt und ungesühnt, Paderborn u. a. 2002, S. 149–162.
Jellonnek, Burkhard/Lautmann, Rüdiger (Hrsg.), Nationalsozialistischer Terror gegen Homosexuelle. Verdrängt und ungesühnt, Paderborn 2002.
Jena, Detlef, Königin Olga von Württemberg. Glück und Leid einer russischen Großfürstin, Regensburg 2009.
Joachimsthaler, Jürgen, Max Bernstein. Kritiker, Schriftsteller, Rechtsanwalt (1854–1925), 2 Bde., Frankfurt a. M. u. a. 1995.
Joesten, Joachim, Im Dienste des Mißtrauens. Das Geschäft mit Spionage und Abwehr, Gütersloh o. J. [1964].
John, Otto, Zweimal kam ich heim. Vom Verschwörer zum Schützer der Verfassung, Düsseldorf/Wien 1969.
Johnson, David K., The Lavender Scare. The Cold War Persecution of Gays and Lesbians in the Federal Government, Chicago/London 2004.
Johnson, Gaynor (Hrsg.), Our Man in Berlin. The Diary of Sir Eric Phipps, 1933-1937, Houndmills/New York 2008.
Jungblut, Peter, Famose Kerle. Eulenburg – eine wilhelminische Affäre, Hamburg 2003.
Kann, Robert A., Geschichte des Habsburgerreiches 1526–1918, Wien u. a. ³1993.
Karlauf, Thomas, Stefan George. Die Entdeckung des Charisma, München ²2007.
Kaufmann, Max, Heinrich Heine contra Graf August von Platen und die Homo-Erotik, Leipzig o. J. [1907].
Keilson-Lauritz, Marita, Kentaurenliebe. Seitenwege der Männerliebe im 20. Jahrhundert, Hamburg 2013.
Keilson-Lauritz, Marita, Tanten, Kerle und Skandale. Die Geburt des ‚modernen Homosexuellen' aus den Flügelkämpfen der Emanzipation, in: zur Nieden, Susanne (Hrsg.), Homosexualität und Staatsräson. Männlichkeit, Homophobie und Politik in Deutschland 1900–1945, Frankfurt a. M./New York 2005, S. 81–99.
Kellen, Konrad, Katzenellenbogen. Erinnerungen an Deutschland, Wien 2003.

Kershaw, Ian, Hitler, Bd. 1, Stuttgart ²1998.
Kessler, Harry Graf, Das Tagebuch, Bd. 4, hrsg. von Jörg Schuster, Jörg, Stuttgart 2005.
Kessler, Harry Graf, Das Tagebuch, Bd. 9: 1926–1937, hrsg. von Sabine Gruber und Ullrich Ott, Stuttgart 2010.
Kettelhake, Silke, Erzähl allen, allen von mir. Das schöne kurze Leben der Libertas Schulze-Boysen 1913–1942, München 2014.
Kiekenap, Bernhard, SS-Junkerschule. SA und SS in Braunschweig, Braunschweig 2008.
Kielmansegg, Erich Graf, Kaiserhaus, Staatsmänner und Politiker. Aufzeichnungen des kk. Statthalters Erich Graf Kielmansegg, Wien 1966.
Kießling, Günter, Versäumter Widerspruch, Mainz 1993.
Kilian, Dieter E., Elite im Halbschatten. Generale und Admirale der Bundeswehr, Bielefeld 2005.
Kisch, Egon Erwin, Der Fall des Generalstabschefs Redl (Außenseiter der Gesellschaft – Die Verbrechen der Gegenwart, Bd. 2), Berlin 1924.
Kisch, Egon Erwin, Mein Leben für die Zeitung 1926–1947. Journalistische Texte Bd. 2, Berlin/Weimar ²1993.
Kisch, Egon Erwin, Wie ich erfuhr, daß Redl ein Spion war, in: Ders., Wie ich erfuhr, daß Redl ein Spion war. Zwölf Reportagen, Berlin [Ost] 1961, S. 5–22.
Klemperer, Ich will Zeugnis ablegen bis zum letzten, Bd. 1, Berlin 1995.
Klepper, Jochen, Unter dem Schatten deiner Flügel. Aus den Tagebüchern 1932–1942, München 1976.
Klimmer, Rudolf, Die Homosexualität als biologisch-soziologische Zeitfrage, Hamburg ³1965.
Klotz, Helmuth, Der Fall Röhm, Berlin-Tempelhof 1932, Reprint Bremen 1982.
Klug, Ulrich, Rechtsphilosophische und rechtspolitische Probleme des Sexualstrafrechts, in: Bauer, Fritz (Hrsg.), Sexualität und Verbrechen. Beiträge zur Strafrechtsreform, Frankfurt a. M. 1963, S. 27–47.
Knight, Peter, The Kennedy Assassination, Edinburgh 2007.
Köbler, Gerhard, Historisches Lexikon der deutschen Länder. Die deutschen Territorien vom Mittelalter bis zur Gegenwart, München ⁷2007.
Koch, Friedrich, Sexuelle Denunziation. Die Sexualität in der politischen Auseinandersetzung, Frankfurt a. M. 1986.
Kohlrausch, Martin, Der Monarch im Skandal. Die Logik der Massenmedien und die Transformation der wilhelminischen Monarchie, Berlin 2005.
Kollmeier, Kathrin, Ordnung und Ausgrenzung. Die Disziplinarpolitik der Hitler-Jugend, Göttingen 2007.
Kolmer, Gustav, Parlament und Verfassung in Österreich, Bd. 8, Wien/Leipzig 1914, Neudruck Graz 1980.
Kolonitskii, Boris, The Desacralization of the Monarchy. Rumors and ‚Political Pornography' during World War I, in: Halfin, Igal (Hrsg.), Language and Revolution. Making Modern Political Identities, London/Portland 2002, S. 38–68.
Komitee-Mitteilungen, in: Jahrbuch für sexuelle Zwischenstufen 13 (1913), Heft 4 vom Juli 1913, S. 494–501.
Korzilius, Sven, „Asoziale" und „Parasiten" im Recht der SBZ/DDR, Köln u. a. 2005.
Koss, Stephen, Asquith, London 1976.
Kotkin, Stephen, Stalin. Waiting for Hitler, 1929–1941, New York 2017.
Kramer, Franz Albert, Vor den Ruinen Deutschlands. Ein Aufruf zur geschichtlichen Selbstbesinnung, o. O. 1946.
Kraus, Hans-Christof, Ernst Ludwig von Gerlach. Politisches Denken und Handeln eines preußischen Altkonservativen, 2 Bde., Göttingen 1994.
Kraus, Karl, Die deutsche Schmach, in: Die Fackel 10 (1908), Nr. 253 vom 9.5.1908, S. 1–7.

Kraus, Karl, Deutschland, in: Die Fackel 10 (1908), Nr. 259–260 vom 13.7.1908, S. 1–17.
Kraus, Karl, Glossen. Erstens und zweitens, in: Die Fackel 15 (1913), Nr. 378–380 vom 16.7.1913, S. 42.
Kraus, Karl, Glossen: Heiteres aus ernster Zeit, in: Die Fackel 15 (1913), Nr. 378–380 vom 16.7.1913, S. 43–45.
Kraus, Karl, Glossen: Sie werden sich hüten, in: Die Fackel 15 (1913), Nr. 378–380 vom 16.7.1913, S. 42 f.
Kraus, Karl, Harden-Lexikon, in: März. Halbmonatsschrift für deutsche Kultur 2 (1908), Bd. 3, S. 441–447.
Kraus, Karl, Maximilian Harden. Ein Nachruf, in: Die Fackel 9 (1908), Nr. 242–243 vom 31.1.1908, S. 4–52.
Kraus, Karl, Maximilian Harden. Eine Erledigung, in: Die Fackel 9 (1907), Nr. 234–235 vom 31.10.1907, S. 1–36.
Kraus, Karl, Der Patriot, in: März. Halbmonatsschrift für deutsche Kultur 2 (1908), Bd. 4, S. 422–432.
Kraus, Karl, Psychiater, in: Die Fackel 4 (1902), Nr. 123 vom Anfang December 1902.
Kraus, Karl, Schoenebeckmesser, in: März. Halbmonatsschrift für deutsche Kultur 4 (1910), Bd. 3, S. 81–88.
[Kraus, Karl], Dr. Sigwart Graf zu Eulenburg, in: Die Fackel 11 (1909), 11.10.1909, S. 20 f.
Kronenbitter, Günther, „Krieg im Frieden". Die Führung der k. u. k. Armee und die Großmachtpolitik Österreich Ungarns (1906–1914), München 2003.
Kroth, Jerry, Conspiracy in Camelot. The Complete History of the Assassination of John Fitzgerald Kennedy, New York 2003.
Kühlmann, Mira von, Frieden ohne Widerruf. Erinnerungen aus meinem Leben, Berlin [Ost] 1975.
Kühlmann, Mira von, [Beitrag zum § 175 StGB], in: Italiaander, Rolf (Hrsg.), Weder Krankheit noch Verbrechen. Plädoyer für eine Minderheit, Hamburg 1969.
Kühlmann, Richard von, Erinnerungen, Heidelberg 1948.
La Chute de Régime Tsariste. Interrogatoires des Ministres, Conseillers, Généraux, Haut Fonctionnaires de la Cour Imperiale Russe par la Commission Extraordinaire du Gouvernement Provisoire de 1917. Comptes rendues sténographiques, Paris 1927.
Lademann, Lutz, Die Chronik eines angekündigten Falls: Zur Rolle des MAD in der Affäre Wörner/Kießling, in: Wasmuth, Ulrike C./Wollefs, Elisabeth (Hrsg.), Konfliktverwaltung – Ein Zerrbild unserer Demokratie? Analysen zu fünf innenpolitischen Streitfällen, Berlin 1992, S. 316–333.
Landy, Marcia, Diverting Clichés. Femininity, Masculinity, Melodrama, and Neorealism in „Open City", in: Gottlieb, Sidney (Hrsg.), Roberto Rosselini's „Rome Open City", Cambridge u. a. 2004, S. 85–105.
Lautmann, Rüdiger (Hrsg.), Capricen. Momente schwuler Geschichte, Hamburg 2014.
Lautmann, Rüdiger, Seminar: Gesellschaft und Homosexualität, Frankfurt a. M. 1977.
Le Moigne, Nicolas, L'Affaire Eulenburg. Homosexualité, Pouvoir Monarchique et Dénonciation Publique dans l'Allemagne Imperiale (1906–1908), in: Politix 2005/3 (n. 71), S. 83–106.
Lehmstedt, Mark, Bücher für das „Dritte Geschlecht". Der Max Spohr Verlag in Leipzig. Verlagsgeschichte und Bibliographie (1881–1941), Wiesbaden 2002.
Leonhard, Jörn, Die Büchse der Pandora. Geschichte des Ersten Weltkriegs, München 2014.
Lerchenfeld-Köfering, Hugo Graf, Erinnerungen und Denkwürdigkeiten 1843–1925, hrsg. von seinem Neffen Hugo Graf Lerchenfeld-Köfering, Berlin ²1935.
Leverkuehn, Paul, Posten auf ewiger Wache. Aus dem abenteuerlichen Leben des Max Erwin von Scheubner-Richter, Essen 1938.
Liebig, Hans Wilhelm Hermann Freiherr von, Der Betrug am deutschen Volke, München 1920.

Linder, Herbert, Von der NSDAP zur SPD. Der politische Lebensweg des Dr. Helmuth Klotz (1894–1943), Konstanz 1998.
Lindinger, Michaela, Sonderlinge, Außenseiter, Femmes fatales. Das „andere" Wien um 1900, Wien 2015.
Lingen, Kerstin von, Allen Dulles, the OSS, and Nazi War Criminals. The Dynamics of Selective Prosecution, Cambridge u. a. 2013.
Lively, Scott/Abrams, Kevin, The Pink Swastika. Homosexuality in the Nazi Party, Bd. 1, Springfield ^{5}2017.
Loewenstein, Karl, Staatsrecht und Staatspraxis von Großbritannien, Bd. 2, Berlin 1967.
Longerich, Peter, Goebbels. Biographie, München 2010.
Longerich, Peter, Heinrich Himmler. Biographie, München 2008.
Lorenz, Gottfried, Töv, di schiet ik an. Beiträge zur Hamburger Schwulengeschichte, Münster 2013.
Lützow, Heinrich Graf von, Im diplomatischen Dienst der k. u. k. Monarchie, hrsg. Peter von Hohenbalken, München 1971.
Machtan, Lothar, Hitlers Geheimnis. Das Doppelleben eines Diktators, Berlin 2001.
Machtan, Lothar, Prinz Max von Baden. Der letzte Kanzler des Kaisers. Eine Biographie, Berlin 2013.
Madol, Hans Roger [i. e. Salomon, Gerhard], Gespräche mit Verantwortlichen, Berlin 1933.
Mahron, Norbert, Röhm. Ein deutsches Leben. Romanbiographie, Leipzig 2011.
Malaparte, Curzio, Die Haut, Karlsruhe 1950
Malaparte, Curzio, Der Staatsstreich, Leipzig 1932.
Malaparte, Curzio, Der Zerfall, Karlsruhe 1961.
Mancini, Elena, Magnus Hirschfeld and the Quest for Sexual Freedom. A History of the First International Sexual Freedom Movement, New York 2010.
Mann, Thomas, Tagebücher 1933–1934, hrsg. von Peter de Mendelssohn, Frankfurt a. M. 1977.
Marcuse, Ludwig, Wie alt kann Aktuelles sein? Literarische Porträts und Kritiken, München 1989.
Marhoefer, Laurie, Sex and the Weimar Republic. German Homosexual Emancipation and the Rise of the Nazis, Toronto 2015.
Martus, Steffen, Aufklärung. Das deutsche 18. Jahrhundert – Ein Epochenbild, Berlin 2015.
Marwick, Arthur, The Sixties. Cultural Revolution in Britain, France, Italy, and the United States, c. 1958 – c. 1974, Oxford/New York 1998.
Der „März" [Redaktion], Rattenkönig, in: März. Halbmonatsschrift für deutsche Kultur 2 (1908), Bd. 3 (Juli-September), S. 1–6.
Mathes, Rainer, Medienwirkung und Konfliktdynamik in der Auseinandersetzung um die Entlassung von General Kießling. Ein Fallstudie und ein Drei-Ebenen-Modell, in: Max Kaase, Max/Schulz, Winfried (Hrsg.), Massenkommunikation. Theorien, Modelle, Befunde, Opladen 1989.
Matsch, Erwin (Bearb.), November 1918 auf dem Ballhausplatz. Erinnerungen Ludwigs Freiherrn von Flotow 1895–1920, Graz 1982.
Matthäus, Jürgen/Bajohr, Frank (Hrsg.), Alfred Rosenberg. Die Tagebücher von 1934 bis 1944, Frankfurt a. M. 2015.
Mauriello, Marzia, What the Body Tells Us. Transgender Strategies, Beauty and Self-Consciousness, in: Ries, Emma (Hrsg.), Talking Bodies. Interdisciplinary Perspectives on Embodiment, Gender and Identity, Basingstoke 2017, S. 55–73.
Mayer, Hans, Außenseiter, Frankfurt a. M. 1975.
McKenna, Stephen, While I Remember, London ^{2}1921.
McKinstry, Leo, Rosebery. Statesman in Turmoil, London 2005.
McLean, Roderick R., Royalty and Diplomacy in Europe 1890–1914, Cambridge u. a. 2001.
Mehring, Reinhard, Carl Schmitt. Aufstieg und Fall. Eine Biographie, München 2009.

Meier, Franziska, Emanzipation als Herausforderung. Rechtsrevolutionäre Schriftsteller zwischen Bisexualität und Androgynie, Wien u. a. 1998.
Meinecke, Friedrich (Hrsg.), Preußen und Deutschland im 19. und 20. Jahrhundert. Historische und politische Aufsätze, München/Berlin 1918.
Meinecke, Friedrich, Die Tagebücher des Generals v. Gerlach, in: Ders., Preußen und Deutschland im 19. und 20. Jahrhundert. Historische und politische Aufsätze, München/Berlin 1918, S. 248–278.
Meissner, Otto, Staatssekretär unter Ebert – Hindenburg – Hitler. Der Schicksalsweg des deutschen Volkes von 1918–1945, wie ich ihn erlebte, Hamburg ³1950.
Mergen, Armand, Einspruch gegen die generelle Kriminalisierung der Homosexualität, in: Brocher, Tobias (Hrsg.), Plädoyer für die Abschaffung des § 175, Frankfurt a. M. ²1967, S. 41–71.
Merseburger, Peter, Rudolf Augstein. Biographie, München 2007.
Micheler, Stefan, Homophobic Propaganda and the Denunciation of Same-Sex-Desiring Men under National Socialism, in: Herzog, Dagmar (Hrsg.), Sexuality and German Fascism, New York/Oxford 2005, S. 95–130.
Mickler, Anne, Der Krupp-Skandal und die Rolle der SPD, Saarbrücken 2008.
Miliukov, Pavel, Political Memoirs 1905–1917, hrsg. von Arthur P. Mendel, Ann Arbor 1967.
Miller, David, The JFK Conspiracy, San Jose u. a. 2002.
Miller, Neil, Out of the Past. Gay and Lesbian History from 1869 to the Present, New York/London 1995.
Mitchell, Angus, Roger Casement (16 Lives Series), Dublin 2013.
Moll, Albert, Berühmte Homosexuelle, Wiesbaden 1910.
Moll, Albert, Berühmte Homosexuelle, in: Grenzfragen des Nerven- und Seelenlebens, Bd. 75, Wiesbaden 1910.
Moll Albert, Die conträre Sexualempfindung, Berlin 1891.
Moll, Albert, Rez. zu Numa Praetorius, Das Liebesleben Ludwigs XIII. von Frankreich, Bonn 1919/20, in: Zeitschrift für Sexualwissenschaft 7 (1920/21), S. 266 f.
Möller, Horst, Franz Josef Strauß. Herrscher und Rebell, München u. a. 2015.
Möllers, Heiner, Die Kießling-Affäre 1984. Zur Rolle der Medien im Skandal um die Entlassung von General Dr. Günter Kießling, in: Vierteljahreshefte für Zeitgeschichte 64 (2016), S. 517–550.
Mommsen, Wolfgang J., War der Kaiser an allem schuld? Wilhelm II. und die preußisch-deutschen Machteliten, München ²2003.
Montefiore, Simon Sebag, The Romanovs 1613–1918, London 2016.
Montefiore, Simon Sebag, Stalin. The Court of the Red Tsar, London 2004.
Monts, Anton Graf, Erinnerungen und Gedanken, hrsg. von Karl Friedrich Nowak und Friedrich Thimme, Berlin 1932.
Moritz, Verena/Leidinger, Hannes, Oberst Redl. Der Spionagefall – Der Skandal – Die Fakten, St. Pölten u. a. ²2012.
Morus (Richard Lewinsohn), Eine Weltgeschichte der Sexualität, Hamburg ³1961.
Morus [i. e. Lewinsohn, Richard], Skandale, die die Welt bewegten, Berlin u. a. 1967.
Mosse, George L., Das Bild des Mannes. Zur Konstruktion der modernen Männlichkeit, Frankfurt a. M. 1997.
Müller, Rolf-Dieter, Reinhard Gehlen. Geheimdienstchef im Hintergrund der Bonner Republik. Die Biographie, 2 Bde., Berlin 2017.
Müller, Sven Oliver, Die Nation als Waffe und Vorstellung. Nationalismus in Deutschland und Großbritannien im Ersten Weltkrieg, Göttingen 2002.
Munier, Julia Noah, Sexualisierte Nazis. Erinnerungskulturelle Subjektivierungspraktiken in Deutungsmustern von Nationalsozialismus und italienischem Faschismus, Bielefeld 2017.
Münkler, Herfried, Der Große Krieg. Die Welt 1914–1918, Berlin 2013.

Münzner, Daniel, Kurt Hiller. Der Intellektuelle als Außenseiter, Göttingen 2015.
Muschler, Reinhold Conrad, Philipp zu Eulenburg. Sein Leben und seine Zeit, Leipzig 1930.
Mysior, Arnold, Sozialpsychologie und Homosexualität, Hamburg 1963.
Nasiri-Moghaddam, Nader, La Révolution Constitutionelle à Tabriz à travers les Archives Diplomatiques Françaises (1906–1909), Saint Denis 2016.
Natterstad, Jerry H., Francis Stuart, London 1974.
Neubert, Rudolf, Die Geschlechterfrage. Ein Buch für junge Menschen, Rudolstadt 1956, 9. Aufl. o. J. [1965].
Neuhierl, Christian, Homosexuelle Identitäten in der DDR im Umfeld der evangelischen Kirche in den 1980er Jahren, Masterarbeit Ludwig-Maximilians-Universität München 2016.
Neuhold, Helmut, Das andere Habsburg. Homoerotik im österreichischen Kaiserhaus, Marburg 2008.
Neumann, Helga/Neumann, Manfred, Maximilian Harden (1861–1927). Ein unerschrockener deutsch-jüdischer Kritiker und Publizist, Würzburg 2003.
Niederhut, Jens, Wissenschaftsaustausch im Kalten Krieg. Die ostdeutschen Naturwissenschaftler und der Westen, Köln u. a. 2007.
Niekisch, Ernst, Das Reich der niederen Dämonen, Berlin [Ost] 1957.
Nipperdey, Thomas, Deutsche Geschichte 1866–1918, Bd. 1: Arbeitswelt und Bürgergeist, München ^{2}1991
Nipperdey, Thomas, Deutsche Geschichte 1866–1918, Bd. 2: Machtstaat vor der Demokratie, München 1992.
Oever, Roel van den, Mama's Boy. Momism and Homophobia in Postwar American Culture, New York/Houndmills 2012.
Oosterhuis, Harry, Vom fragwürdigen Zauber männlicher Schönheit. Politik und Homoerotik in Leben und Werk von Thomas und Klaus Mann, in: zur Nieden, Susanne (Hrsg.), Homosexualität und Staatsräson. Männlichkeit, Homophobie und Politik in Deutschland 1900–1945, Frankfurt a. M./New York 2005, S. 118–146.
Ortmann, Alexandra, Machtvolle Verhandlungen. Zur Kulturgeschichte der deutschen Strafjustiz 1879–1924, Göttingen/Bristol 2014.
Oswald, Michael, Die Tea Party als Obamas Widersacher und Trumps Wegbereiter. Strategischer Wandel im amerikanischen Konservatismus, Wiesbaden 2018.
Paléologue, Maurice, Am Zarenhof während des Weltkrieges. Tagebücher und Betrachtungen, Bd. 2, München 1926.
Panzer, Karl, Der Katholik und die Strafrechtsreform, Köln 1964.
Patka, Marcus G., Egon Erwin Kisch. Stationen im Leben eines streitbaren Autors, Wien u. a. 1997.
Perrault, Gilles, Auf den Spuren der Roten Kapelle, Reinbek 1969.
Peukert, Detlef J. K., Die Weimarer Republik. Krisenjahre der klassischen Moderne, Frankfurt a. M. ^{5}1995.
Peyrefitte, Roger, Exil in Capri, Karlsruhe 1965.
Pflanze, Otto, Bismarck, Bd. 2: Der Reichskanzler, München 1998.
Picker, Henry, Hitlers Tischgespräche im Führerhauptquartier 1941–1942, neu hrsg. von Percy Ernst Schramm, Stuttgart ^{2}1965.
Pietrusza, David, The Rise of Hitler and FDR. Two Tales of Politics, Betrayal, and unlikely Destiny, Lanham 2016.
Pincher, Chapman, Traitors. The Labyrinths of Treason, London 1987.
Piper, Ernst, Alfred Rosenberg. Hitlers Chefideologe, München 2005.
Plädoyer für die Abschaffung des § 175. Beiträge von Tobias Brocher, Armand Mergen, Hans Bolewski und Herbert Ernst Müller, Frankfurt a. M. ^{2}1967. Auszug aus der Bundestagsdrucksache IV/650 vom 4. Oktober 1962 (Regierungsentwurf eines Strafgesetzbuches – E 1962).

Plehwe, Friedrich-Karl von, Reichskanzler Kurt von Schleicher. Weimars letzte Chance gegen Hitler, Esslingen 1983.
Polzer-Hoditz, Arthur Graf, Kaiser Karl. Aus der Geheimmappe seines Kabinettschefs, eingeleitet von Biehl, Wolfdieter, Wien ²1980.
Poschenrieder, Christoph, Das Sandkorn. Roman, Zürich 2014.
Pretzel, Andreas/Weiss, Volker (Hrsg.), Politiken in Bewegung. Die Emanzipation Homosexueller im 20. Jahrhundert, Hamburg 2017.
Pünder, Hermann, Von Preußen nach Europa. Lebenserinnerungen, München 1968.
Putlitz, Wolfgang Gans Edler Herr zu, Laaske, London und Haiti. Zeitgeschichtliche Miniaturen, Berlin [Ost] 1965.
Putlitz, Wolfgang Gans Edler Herr zu, Unterwegs nach Deutschland. Erinnerungen eines ehemaligen Diplomaten, Berlin [Ost] ⁶1958.
Pyta, Wolfram, Hindenburg. Herrschaft zwischen Hohenzollern und Hitler, München 2007.
Rabinbach, Anson, Van der Lubbe – ein Lustknabe Röhms? Die politische Dramaturgie der Exilkampagne zum Reichstagsbrand, in: zur Nieden, Susanne (Hrsg.), Homosexualität und Staatsräson. Männlichkeit, Homophobie und Politik in Deutschland 1900–1945, Frankfurt a. M./New York 2005, S. 193–213.
Radziwill, Fürstin Marie, Briefe vom deutschen Kaiserhof 1889–1915, Berlin 1936.
Ramge, Thomas, Die großen Polit-Skandale. Eine andere Geschichte der Bundesrepublik, Frankfurt a. M./New York 2003.
Ramsden, John, The Winds of Change. Macmillan to Heath, 1957–1975, London/New York 1996.
Rauchensteiner, Manfried, Der Erste Weltkrieg und das Ende der Habsburgermonarchie 1914–1918, Wien u. a. 2013.
Rauschning, Hermann, Gespräche mit Hitler, Zürich u. a. 1940.
Read, Piers Paul, The Dreyfus Affair. The Story of the Most Infamous Miscarriage of Justice in French History, London u. a. 2012.
Redaktionsartikel Die Affäre Kießling/Wörner/Kohl. Leben wir im Operettenstaat?, in: du & ich 1984, Nr. 3, S. 2 f.
Redlich, Joseph, Kaiser Franz Joseph von Österreich. Eine Biographie, Berlin 1929.
Redlich, Josef, Schicksalsjahre Österreichs. Die Erinnerungen und Tagebücher Josef Redlichs 1869–1936, hrsg. von Fritz Fellner und Doris A. Corradini, 2 Bde., Wien u. a. 2011.
Reich, Wilhelm, Die sexuelle Revolution. Zur charakterlichen Selbststeuerung des Menschen, Frankfurt a. M. 1971.
Reichardt, Jürgen, Hardthöhe Bonn. Im Strudel einer Affäre, Bielefeld/Bonn 2008.
Reinhardt, Volker, Das Liebchen, der Süße und der Harfner. Maximilian Harden und die „Liebenberger Tafelrunde", in: Karsten, Arne/Tiessen, Hillard von (Hrsg.), Nützliche Netzwerke und korrupte Seilschaften, Göttingen 2006, S. 70–87.
Revenin, Régis, Homosexualité et Prostitution Masculines à Paris 1870–1918, Paris u. a. 2005.
Richter, Dieter, Friedrich Alfred Krupp auf Capri. Ein Skandal und seine Geschichte, in: Epkenhans, Michael (Hrsg.), Friedrich Alfred Krupp. Ein Unternehmer im Kaiserreich, München 2010, S. 157–178.
Riedel, Manfred, Geheimes Deutschland. Stefan George und die Brüder Stauffenberg, Köln u. a. 2006.
Riess, Curt, Auch Du, Cäsar... Homosexualität als Schicksal, München 1981.
Robb, George, British Culture and the First World War, London 2002.
Rochelt, Hans (Hrsg.), Adalbert Graf Sternberg 1868–1930. Aus den Memoiren eines konservativen Rebellen, Wien 1997.
Roewer, Helmut, Kill the Huns – Tötet die Hunnen! Geheimdienste, Propaganda und Subversion hinter den Kulissen des Ersten Weltkrieges, Graz 2014.

Rohner, Ludwig, Die literarische Streitschrift. Themen – Motive – Formen, Wiesbaden 1987.
Rogge, Helmuth, Holstein und Harden. Politisch-publizistisches Zusammenspiel zweier Außenseiter des Wilhelminischen Reiches, München 1959.
Röhl, John C. G. (Hrsg.), Philipp Eulenburgs politische Korrespondenz, Bd. I: Von der Reichsgründung bis zum Neuen Kurs 1866–1891, Boppard am Rhein 1976.
Röhl, John C. G. (Hrsg.), Philipp Eulenburgs politische Korrespondenz, Bd. II: Im Brennpunkt der Regierungskrise 1892–1895, Boppard am Rhein 1979.
Röhl, John C. G. (Hrsg.), Philipp Eulenburgs politische Korrespondenz, Bd. III: Krisen, Krieg und Katastrophen 1895–1921, Boppard am Rhein 1983.
Röhl, John C. G., Wilhelm II., München 2013.
Röhl, John C. G., Wilhelm II. [Bd. 2:] Der Aufbau der Persönlichen Monarchie 1888–1900, München 2001.
Röhl, John C. G., Wilhelm II., Bd. 3: Der Weg in den Abgrund 1900–1941, München 2008.
Röhm, Ernst, Die Geschichte eines Hochverräters, München 1928 (^{7}1934).
Rose, Franz, Mönche vor Gericht, Berlin ^{2}1939.
Rosiejka, Gerd, Die Rote Kapelle. „Landesverrat" als antifaschistischer Widerstand, Hamburg 1986.
Rothe, Friedrich, Karl Kraus. Die Biographie, München/Zürich 2003.
Rudolph, Frank, 200 Jahre evangelisches Leben. Wetzlars Kirchengeschichte im 19. und 20. Jahrhundert, Marburg 2009.
Rumbold, Sir Horace, Final Recollections of a Diplomatist, London 1905.
Russell, Bertrand, Freedom and Organization 1814–1914, London 1934, Neudruck 2001.
Sabrow, Martin (Hrsg.), Skandal und Diktatur. Formen öffentlicher Empörung im NS-Staat und in der DDR, Göttingen 2004.
Sadler, John/Fisch, Silvie, Spy of the Century. Alfred Redl and the Betrayal of Austria-Hungary, Barnsley 2016.
Salburg, Edith Gräfin, Erinnerungen einer Respektlosen. Ein Lebensbuch, 3 Bde., Leipzig 1927–1928.
Saller, Karl (Hrsg.), Sexualität heute, Bern/München/Wien 1967.
Saltikow, Michael Graf, Im Zentrum der Abwehr. Meine Jahre bei Admiral Canaris, Gütersloh 1986.
Sauer, Paul, Regent mit mildem Zepter. König Karl von Württemberg, Stuttgart 1999.
Schäfer, Christian „Widernatürliche Unzucht" (§§ 175, 175a, 175b, 182 a. f. StGB). Reformdiskussion und Gesetzgebung seit 1945, Berlin 2006.
Schaefer, Klaus, Der Prozess gegen Otto John. Zugleich ein Beitrag zur Justizgeschichte der frühen Bundesrepublik Deutschland, Marburg 2009.
Schelsky, Helmut, Soziologie der Sexualität. Über die Beziehungen zwischen Geschlecht, Moral und Gesellschaft, Hamburg ^{15}1965.
Schieder, Wolfgang, Mythos Mussolini. Deutsche in Audienz beim Duce, München 2013.
Schier, Rolf, Standesherren. Zur Auflösung der Adelsvorherrschaft in Deutschland (1815–1918), Bonn 1975.
Schildt, Axel/Detlef Siegfried, Deutsche Kulturgeschichte. Die Bundesrepublik von 1945 bis zur Gegenwart, München 2009.
Schlaffer, Rudolf J., Der Wehrbeauftragte des Deutschen Bundestages. Aus Sorge um den Soldaten, Berlin 2006.
Schlegel, Willhart S. (Hrsg.), Das große Tabu. Zeugnisse und Dokumente zum Problem der Homosexualität, München 1967.
Schlosser, Friedrich Christian, Geschichte des achtzehnten Jahrhunderts und des neunzehnten bis zum Sturz des französischen Kaiserreichs, 7 Bde., Heidelberg 1836–1848.
Schmitz, Guido, Doppelagent auf höchsten Befehl? Egon Erwin Kisch und der Spionagefall um Oberst Alfred Redl, Nordstrand 2013.

Schnitzler, Karl-Eduard von, Meine Schlösser oder Wie ich mein Vaterland fand, Berlin [Ost] 1989.
Schoenbaum David, Ein Abgrund von Landesverrat. Die Affäre um den „Spiegel", Wien 1968, Neudruck Berlin 2002.
Schönburg-Waldenburg, Heinrich Prinz von, Erinnerungen aus kaiserlicher Zeit, Leipzig 1929.
Schramm, Wilhelm von, Verrat im Zweiten Weltkrieg. Vom Kampf der Geheimdienste in Europa. Berichte und Dokumentation, Düsseldorf/Wien 1967.
Schüddekopf, Otto-Ernst, Nationalbolschewismus in Deutschland 1918–1933, Frankfurt a. M. u. a. 1972.
Schulthess' Europäischer Geschichtskalender, 81 Bde. (1860–1940), hrsg. von H.[einrich] Schulthess u. a., Nördlingen bzw. München 1861–1942.
Schumann, Hans-Joachim von, Homosexualität und Selbstmord. Ätiologische und psychotherapeutische Betrachtungen, Hamburg 1965.
Schuster, Jacques, Heinrich Albertz – Der Mann, der mehrere Leben lebte. Eine Biographie, Berlin 1997.
Schütze, Christian, Die Kunst des Skandals. Über die Gesetzmäßigkeit übler und nützlicher Ärgernisse, Olten u. a. 1967.
Schwangerschaftsabbruch § 218 StGB. Dokumentation, hrsg. vom Katholischen Arbeitskreis für Strafrecht beim Kommissariat der Deutschen Bischöfe in Bonn, zusammengestellt und mit einem Vorwort versehen von Karl Panzer, Köln 1972.
Schwartz, Michael (Hrsg.), Ernst Schumacher – ein bayerischer Kommunist im doppelten Deutschland. Aufzeichnungen des Brechtforschers und Theaterkritikers in der DDR 1945–1991, im Auftrag des Instituts für Zeitgeschichte München-Berlin in Zusammenarbeit mit der Akademie der Künste, Berlin, hrsg., eingeleitet und kommentiert von Michael Schwartz, München 2007.
Schwartz, Michael, Ethnische „Säuberungen" in der Moderne. Globale Wechselwirkungen nationalistischer und rassistischer Gewaltpolitik im 19. und 20. Jahrhundert, München 2013.
Schwartz, Michael, „Warum machen Sie sich für die Homos stark?" Homosexualität und Medienöffentlichkeit in der Reformzeit der 1960er und 1970er Jahre, in: Jahrbuch Sexualitäten 2016, hrsg. im Auftrag der Initiative Queer Nations e. V. von Maria Borowski, Göttingen 2016, S. 51–93.
Schwartz, Michael, Kirchliche Karrieren im Umbruch. Der Adel und das Ende der Adelskirche (1750–1850), in: Rottenburger Jahrbuch für Kirchengeschichte 34 (2015), S. 77–98.
Schwartz, Michael, Lebenssituationen homosexueller Männer im geteilten Berlin 1949 bis 1969, in: Gotto, Bernhard/Seefried, Elke (Hrsg.), Männer mit „Makel". Männlichkeiten und gesellschaftlicher Wandel in der frühen Bundesrepublik, Berlin/Boston 2017, S. 88–103.
Schwartz, Michael, Die Mehrheit und die „Minderwertigen". Eine globalhistorische Sicht auf Eugenik und ‚Euthanasie' im 20. Jahrhundert, in: Ignacio Czeguhn u. a. (Hrsg.), Eugenik und Euthanasie 1850–1945. Frühformen, Ursachen, Entwicklungen, Folgen, Baden-Baden 2009, S. 127–146.
Schwartz, Michael, Sozialistische Eugenik. Eugenische Sozialtechnologien in Debatten und Politik der deutschen Sozialdemokratie 1890–1933, Bonn 1995.
Schwartz, Michael, Über Verfolgung – und darüber hinaus. Zur Vielfalt von Lebenssituationen homosexueller Menschen in Deutschland aus zeithistorischer Sicht, in: Cüppers, Martin/Domeier, Norman (Hrsg.), Späte Aufarbeitung. LSBTTIQ-Lebenswelten im deutschen Südwesten, Stuttgart 2018, S. 39–90.
Schwarz, Hans-Peter, Helmut Kohl. Eine politische Biographie, München 2012.
Schwelien, Michael, Joschka Fischer. Eine Karriere, Hamburg 2000.
Schwerin von Krosigk, Lutz Graf, Es geschah in Deutschland. Menschenbilder unseres Jahrhunderts, Tübingen/Stuttgart 1951.

Seelbach, Siegfried, Die Beratungen der Großen Strafrechtskommission über das Problem der Bestrafung gleichgeschlechtlicher Unzucht zwischen Männern, jur. Diss. Köln 1965.
Seelbach, Siegfried, Gleichgeschlechtliches Verhalten als Straftatbestand. Die Beratungen der Großen Strafrechtskommission, Stuttgart 1966.
Setz, Wolfram (Hrsg.), Homosexualität in der DDR. Materialien und Meinungen, Hamburg 2006.
Setz, Wolfram, Jacques d'Adelswärd-Fersen. Dandy und Poet, Hamburg 2006.
Sichtermann, Barbara, Die Affäre Wörner/Kießling, in: Hafner, Georg M./Jacoby, Edmund (Hrsg.), Die Skandale der Republik. 1949–1989: Von der Gründung der Bundesrepublik bis zum Fall der Mauer, Hamburg 1994 (Erstausgabe 1989).
Siegmund, Anna Maria, „Das Geschlechtsleben bestimmen wir". Sexualität im Dritten Reich, München 2009.
Singer, Ladislaus, Ottokar Graf Czernin. Staatsmann einer Zeitenwende, Graz u. a. 1965.
Smith, Douglas, Rasputin. Faith, Power, and the Twilight of the Romanovs, New York 2016.
Smith, Douglas, Rasputin. The Biography, London 2016.
Smith, Douglas, Und die Erde wird zittern. Rasputin und das Ende der Romanows, Darmstadt 2017.
Smith, Michael, ENIGMA entschlüsselt. Die „Codebreakers" von Bletchley Park, München 2000.
Sobánski, Antoni Graf, Nachrichten aus Berlin 1933–36, Berlin 2007.
Solschenizyn, Alexander, „Zweihundert Jahre zusammen", Bd. 1: Die russisch-jüdische Geschichte 1795–1916, München 2002.
Sombart, Nicolaus, Wilhelm II. Sündenbock und Herr der Mitte, Berlin ²1997.
Sommer, Fred, Anthony Blunt and Guy Burgess, Gay Spies, in: Journal of Homosexuality 29 (1995), S. 273–294.
Sösemann, Bernd, Theodor Wolff. Ein Leben mit der Zeitung, Stuttgart 2012.
Spectator alter, Der Prozeß Harden contra Philipp von Eulenburg. Juristische und diplomatische Glossen, in: März. Halbmonatsschrift für deutsche Kultur 1 (1907), Bd. 4, S. 348–352.
Speer, Albert, Erinnerungen, Berlin 1969.
Springer, Anton, Geschichte Österreichs seit dem Wiener Frieden 1809, Bd. 2, Leipzig 1865.
Stalmann, Volker, Fürst Chlodwig zu Hohenlohe-Schillingsfürst 1819–1901. Ein deutscher Reichskanzler, Paderborn 2009.
Stampfer, Friedrich, Erfahrungen und Erkenntnisse. Aufzeichnungen aus meinem Leben, Köln 1957.
Starke, Kurt, Schwuler Osten. Homosexuelle Männer in der DDR, Berlin 1994.
Staudigl-Ciechowicz, Kamila Maria, Das Dienst-, Habilitations- und Disziplinarrrecht der Universität Wien 1848–1938, Göttingen 2017.
Steakley, James D./Hermand, Jost, Die Freunde des Kaisers. Die Eulenburg-Affäre im Spiegel zeitgenössischer Karikaturen, Hamburg 2004.
Stekel, Dr. Wilhelm, Wien, Sammelreferat: Psychotherapie, in: Medizinische Klinik. Wochenschrift für praktische Ärzte 16 (1920), S. 210–213.
Stephan, Werner, Acht Jahrzehnte erlebtes Deutschland. Ein Liberaler in vier Epochen, Düsseldorf 1983.
Sternberg, Adalbert Graf, Warum Österreich zugrunde gehen musste. Teil I: Die österreichischen Hofwürdenträger, Giesshübel/Wien/Berlin 1927.
Stone, Oliver/Kuznick, Peter, The Untold Story of the United States, New York u. a. 2012.
Stoney, Barbara, Twentieth Century Maverick. The Life of Noel Pemberton Billing, East Grinstead 2004.
Storkmann, Klaus, „Moral Execution of a General". Shape's General Kießling Dismissal due to False Accusations 1983, in: International Journal of Military History and Historiography 37 (2017), S. 173–200.
Stöver, Bernd, Der Kalte Krieg. Geschichte eines radikalen Zeitalters 1947–1991, München 2007.
Strasser, Otto, Die deutsche Bartholomäusnacht, Zürich ⁵1935.

Strenge, Irene, Kurt von Schleicher. Politik im Reichswehrministerium am Ende der Weimarer Republik, Berlin 2006.
Stuart, Francis, Der Fall Casement. Das Leben Sir Roger Casements und der Verleumdungsfeldzug des Secret Service, Hamburg-Wandsbek 1940.
Stuhlmann, Andreas, Vom „Schlafwandler" zum Kriegsgegner: Die Wandlungen des Maximilian Harden, in: Jahrbuch des Simon-Dubnow-Instituts 13 (2014), S. 309–335.
Stürmer, Dietrich, Maximilian Harden: Der geheimnisvolle Gewaltige?! Eine Studie, Leipzig 1920.
Suchomlinow, W. A., Erinnerungen, Berlin 1924.
Suckut, Siegfried, „Als wir in den Hof unserer Haftanstalt fuhren, verstummte Genosse Fechner". Neues aus den Stasi-Akten zur Verhaftung und Verurteilung des ersten DDR-Justizministers, in: Engelmann, Roger/Vollnhals, Clemens (Hrsg.), Justiz im Dienste der Parteiherrschaft. Rechtspraxis und Staatssicherheit in der DDR, Berlin 1999, S. 165–180.
Suppan, Arnold, Hitler – Benes – Tito. Konflikt, Krieg und Völkermord in Ostmittel- und Südosteuropa, Bd. 1, Wien ²2014.
Szatkowski, Tim, Karl Carstens. Eine politische Biographie, Köln u. a. 2007.
Tabouis, Geneviève, The Life of Jules Cambon, London 1938.
Das Tagebuch der Baronin Spitzemberg, geb. Freiin von Varnbüler. Aufzeichnungen aus der Hofgesellschaft des Hohenzollernreiches, hrsg. von Rudolf Vierhaus, Göttingen 1960.
Die Tagebücher von Joseph Goebbels. Im Auftrag des Instituts für Zeitgeschichte und mit Unterstützung des Staatlichen Archivdienstes Rußlands hrsg. von Elke Fröhlich, Teil I: Aufzeichnungen 1923–1941, Bd. 2/II, bearb. von Angela Hermann, München u. a. 2004.
Die Tagebücher von Joseph Goebbels. Im Auftrag des Instituts für Zeitgeschichte und mit Unterstützung des Staatlichen Archivdienstes Rußlands hrsg. von Elke Fröhlich, Teil I: Aufzeichnungen 1923–1941, Bd. 2/III, bearb. von Angela Hermann, u. a. München 2006.
Die Tagebücher von Joseph Goebbels. Im Auftrag des Instituts für Zeitgeschichte und mit Unterstützung des Staatlichen Archivdienstes Rußlands hrsg. von Elke Fröhlich, Teil I: Aufzeichnungen 1923–1941, Bd. 3/I, bearb. von Angela Hermann, München u. a. 2005.
Die Tagebücher von Joseph Goebbels. Im Auftrag des Instituts für Zeitgeschichte und mit Unterstützung des Staatlichen Archivdienstes Rußlands hrsg. von Elke Fröhlich, Teil II, Bd. 15, bearb. von Maximilian Gschaid, München u. a. 1995.
Talbot, David, Das Schachbrett des Teufels. Die CIA, Allen Dulles und der Aufstieg Amerikas heimlicher Regierung, Frankfurt a. M. 2016.
Tamagne, Florence, A History of Sexuality in Europe. Vol. I & II, Berlin, London, Paris 1919–1939, New York 2006.
Taube, Otto von, Stationen auf dem Wege. Erinnerungen an meine Werdezeit vor 1914, Heidelberg 1969.
Teyssier, Arnaud, Lyautey. „Le ciel et les sables sont grands", Paris 2004.
Thamer, Hans-Ulrich, Adolf Hitler. Biographie eines Diktators, München 2018.
Thamer, Hans-Ulrich, Verführung und Gewalt. Deutschland 1933–1945, Berlin [West] 1986.
Thies, Ralf, Ethnograph des dunklen Berlin. Hans Ostwald und die „Großstadt-Dokumente" (1904–1908), Köln u. a. 2006.
Thimme, Friedrich, Aus den nachgelassenen Papieren eines deutschen Diplomaten. Aufzeichnungen des Gesandten Hans von Miquel, in: Berliner Monatshefte. Zeitschrift für Neueste Geschichte 16 (1938), H. 3, S. 212–249.
Thinius, Bert, Erfahrungen schwuler Männer in der DDR und in Deutschland Ost, in: Setz, Wolfram (Hrsg.), Homosexualität in der DDR. Materialien und Meinungen, Hamburg 2006, S. 9–88.
Thoma, Ludwig, Der große Skandal, in: März. Halbmonatsschrift für deutsche Kultur 1 (1907), Bd. 4, S. 269–273.
Thomas, Evan, Robert Kennedy. His Life, New York 2000.

Die Todesopfer an der Berliner Mauer 1961–1989. Ein biographisches Handbuch, hrsg. vom Zentrum für Zeithistorische Forschung Potsdam und der Stiftung Berliner Mauer, Berlin 2009.
Tramitz, Angelika, Nach dem Zapfenstreich. Anmerkungen zur Sexualität des Offiziers, in: Breymayer, Ursula/Ulrich, Bernd/Wieland, Karin (Hrsg.), Willensmenschen. Über deutsche Offiziere, Frankfurt a. M. 1999, S. 211–226.
Treitschke, Heinrich von, Deutsche Geschichte im Neunzehnten Jahrhundert, 5 Bde., Leipzig 1928.
Tresckow, Hans von, Von Fürsten und anderen Sterblichen. Erinnerungen eines Kriminalkommissars, Berlin 1922.
Trippen, Norbert, Josef Kardinal Frings (1887–1978). Band 1: Sein Wirken für das Erzbistum Köln und die Kirche in Deutschland, Paderborn u. a. ²2003.
Trotha, Friedrich von, Fritz von Holstein als Mensch und Politiker, Berlin 1931.
Turberfield, Peter James, Pierre Loti and the Theatricality of Desire, Amsterdam/New York 2008.
Ulrich, Volker, Adolf Hitler. Die Jahre des Aufstiegs, Frankfurt a. M. 2013.
Unruh, Fritz von, Kaserne und Sphinx, Frankfurt a. M. 1969.
Urbanski, August von, Ein Volk – ein Reich – ein Führer!, in: Berliner Monatshefte. Zeitschrift für Neueste Geschichte 16 (1938), H. 4, S. 292–294.
Urbanski von Ostrymiecz, August, Der Fall Redl, in: Die Weltkriegsspionage (Original-Spionage-Werk). Authentische Enthüllungen über Entstehung, Art, Arbeit, Technik, Schliche, Handlungen, Wirkungen und Geheimnisse der Spionage vor, während und nach dem Kriege auf Grund amtlichen Materials aus Kriegs-, Militär-, Gerichts- und Reichsarchiven. Vom Leben und Sterben, von den Taten und Abenteuern der bedeutendsten Agenten bei Freund und Feind, hrsg. mit einem Vorwort von Generalmajor von Lettow-Vorbeck von Ludwig Altmann u. a., München 1931, S. 89–98.
Urbanski von Ostrymiecz, August, Spionage und Freimaurertum, in: Die Weltkriegsspionage (Original-Spionage-Werk). Authentische Enthüllungen über Entstehung, Art, Arbeit, Technik, Schliche, Handlungen, Wirkungen und Geheimnisse der Spionage vor, während und nach dem Kriege auf Grund amtlichen Materials aus Kriegs-, Militär-, Gerichts- und Reichsarchiven. Vom Leben und Sterben, von den Taten und Abenteuern der bedeutendsten Agenten bei Freund und Feind, hrsg. mit einem Vorwort von Generalmajor von Lettow-Vorbeck von Ludwig Altmann u. a., München 1931, S. 312–322.
v. S., Ein Revolutiönchen, in: März. Halbmonatsschrift für deutsche Kultur 4 (1910), Bd. 3, S. 166 f.
Valentini, Rudolf von, Kaiser und Kabinettschef. Nach eigenen Aufzeichnungen und dem Briefwechsel des Wirklichen Geheimen Rats Rudolf von Valentini dargestellt von Bernhard Schwertfeger, Oldenburg 1931.
Vargas Llosa, Mario, Der Traum des Kelten, Berlin 2011.
Velik-Frank, Barbara, Die Donaupriesterinnen. Eine heterotope Provokation, Hamburg 2017.
Vietor-Engländer, Deborah, Alfred Kerr. Die Biographie, Reinbek 2016.
Vocelka, Michaela/Vocelka, Karl, Franz Joseph I. Kaiser von Österreich und König von Ungarn 1830–1916. Eine Biographie, München 2015.
Volkov, Shulamit, Walther Rathenau. Ein jüdisches Leben in Deutschland, München 2012.
Wachman, Gay, Lesbian Political History, in: Scott, Bonnie Kim (Hrsg.), Gender in Modernism. New Geographies, Complex Intersections, Urbana/Chicago 2007.
Wachsening, Daniela, Vom Konflikt zum Skandal. Aspekte der Konfliktstruktur der Kießling-Affäre von 1984, in: Wasmuth, Ulrike C./Wollefs, Elisabeth (Hrsg.), Konfliktverwaltung – Ein Zerrbild unserer Demokratie? Analysen zu fünf innenpolitischen Streitfällen, Berlin 1992, S. 290–304.
Walkowitz, Rebecca L., Cosmopolitan Style. Modernism beyond the Nation, New York u. a. 2006.
Wallbaum, Klaus, Der Überläufer. Rudolf Diels (1900–1957) – Der erste Gestapo-Chef des Hitler-Regimes, Frankfurt a. M. u. a. 2010.
Walz, Eric, Schwule Schurken, Hamburg 2011.

Waske, Stefanie, Mehr Liaison als Kontrolle. Die Kontrolle des BND durch Parlament und Regierung 1955–1978, Wiesbaden 2009.

Wcislo, Francis W., Tales of Imperial Russia. The Life and Times of Sergei Witte, 1849–1915, Oxford/New York 2011.

Wedderkopp, Frank, Harden im Recht? Eine Betrachtung, Berlin 1908.

Wehler, Hans-Ulrich, Deutsche Gesellschaftsgeschichte, Bd. 1: Vom Feudalismus des „Alten Reiches" bis zur „defensiven Modernisierung" der Reformära (1700–1815), München 1987.

Wehler, Hans-Ulrich, Deutsche Gesellschaftsgeschichte, Bd. 3: Von der „Deutschen Doppelrevolution" bis zum Beginn des Ersten Weltkrieges 1849–1914, München 1995.

Weller, Björn Uwe, Maximilian Harden und die „Zukunft", Bremen 1980.

Wengst, Udo, Thomas Dehler 1897–1967. Eine politische Biographie, München 1997.

Werres, Johannes, „Homosexuelle Cliquenbildung?", in: Schlegel, Willhart S. (Hrsg.), Das große Tabu. Zeugnisse und Dokumente zum Problem der Homosexualität, München 1967, S. 38–48.

Wilhelm II., Ereignisse und Gestalten aus den Jahren 1878–1918, Leipzig/Berlin 1922.

Williams, Robert C., Klaus Fuchs. Atom Spy, Cambridge/Mass. 2014.

Whisnant, Clayton J., Male Homosexuality in West Germany. Between Persecution and Freedom, 1945–69, Houndmills/New York 2012.

Whisnant, Clayton J., Queer Identities and Politics in Germany. A History 1880–1945, New York 2016.

Wilde, Harry, Das Schicksal der Verfemten. Die Verfolgung der Homosexuellen im „Dritten Reich" und ihre Stellung in der heutigen Gesellschaft, Tübingen 1969.

Winkler, Heinrich August, Geschichte des Westens, Bd. 1: Von den Anfängen in der Antike bis zum 20. Jahrhundert, München 2009.

Winkler, Martina, Karel Kramář (1860–1937). Selbstbild, Fremdwahrnehmungen und Modernisierungsverständnis eines tschechischen Politikers, München 2002.

Winterberg, Heinz G., Die gleichgeschlechtliche Prostitution in der männlichen Jugend und die Gesellschaft, Frankfurt a. M. ²1964.

Winzen, Peter, Das Ende der Kaiserherrlichkeit. Die Skandalprozesse um die homosexuellen Berater Wilhelms II. 1907–1909, Köln u. a. 2010.

Winzen, Peter, Freundesliebe am Hof Kaiser Wilhelms II., Norderstedt 2010.

Winzen, Peter, Im Schatten Wilhelms II. Bülows und Eulenburgs Poker um die Macht im Kaiserreich, Köln 2011.

Winzen, Peter, Reichskanzler Bernhard von Bülow. Mit Weltmachtphantasien in den Ersten Weltkrieg. Eine politische Biographie, Regensburg 2013.

Wirsching, Andreas, Abschied vom Provisorium. Geschichte der Bundesrepublik Deutschland 1982–1990, München 2006.

Witte, Emil, Aus einer deutschen Botschaft. Zehn Jahre deutsch-amerikanische Diplomatie, Leipzig 1907.

Witte, Emil, Drei Siegfrieds-Rufe. An alle Verantwortlichen in deutschen Landen. Erster Siegfrieds-Ruf: An die Väter, Mütter & Lehrer deutscher Jungen, Berlin-Friedenau 1914.

Witte, Emil, Wider das Juden- und Kynädenregiment! Offener Brief an den Reichskanzler, Berlin-Friedenau 1914.

Witte, Graf [Sergei], Erinnerungen, Berlin 1923.

Wojak, Irmtrud, Rezension „Der Staat gegen Fritz Bauer" oder „Der Jude ist schwul!", in: Forschungsjournal Soziale Bewegungen 4/2015, S. 1–6, zitiert nach: forschungsjournal.de/sites/default/files/downloads/fjsb_2015-4_wojak.pdf (20.3.2018).

Wolf, Thomas, Die Entstehung des BND. Aufbau, Finanzierung, Kontrolle, Berlin 2018.

Wölfling, Leopold [i. e. der ehemalige Erzherzog Leopold Ferdinand von Österreich-Toscana], Als ich Erzherzog war. Meine Erinnerungen, Berlin 1935.

Wolfrum, Edgar, Die geglückte Demokratie. Geschichte der Bundesrepublik Deutschland von ihren Anfängen bis zur Gegenwart, Stuttgart 2006.
Woods, Gregory, Homintern. How Gay Culture Liberated the Modern World, New Haven/London 2017.
Wortman, Richard S., Scenarios of Power. Myth and Ceremony in Russian Monarchy, Bd. 2, Princeton 2000.
Wowereit, Klaus, ...und das ist auch gut so. Mein Leben für die Politik, München ²2007.
Young, Harry F., Maximilian Harden – Censor Germaniae. Ein Publizist im Widerstreit von 1892 bis 1927, Münster 1971.
Young, Harry F., Maximilian Harden – Censor Germaniae. The Critic in Opposition from Bismarck to the Rise of Nazism, The Hague 1959.
Zedlitz-Trützschler, Graf Robert, Zwölf Jahre am deutschen Kaiserhof. Aufzeichnungen des ehemaligen Hofmarschalls Wilhelms II., Stuttgart u. a. ⁵1923.
Zeinar, Hubert, Geschichte des österreichischen Generalstabes, Wien u. a. 2006.
Zierenberg, Malte, Verrat und Volksgemeinschaft. Der Fall Ernst Röhm, in: André Krischer (Hrsg.), Verräter. Geschichte eines Deutungsmusters, Wien u.a. 2019, S. 281–296.
Zimmermann, Volker, Die Sudetendeutschen im NS-Staat, Essen 1999.
Zinn, Alexander, „Die Bewegung der Homosexuellen". Die soziale Konstruktion des homosexuellen Nationalsozialisten im antifaschistischen Exil, in: Grumbach, Detlef (Hrsg.), Die Linke und das Laster. Schwule Emanzipation und linke Vorurteile, Hamburg 1995, S. 38–84.
Zinn, Alexander, Die soziale Konstruktion des homosexuellen Nationalsozialisten. Zu Genese und Etablierung eines Stereotyps, Frankfurt a. M. 1997.
Zinn, Alexander, „Aus dem Volkskörper entfernt"? Homosexuelle Männer im Nationalsozialismus, Frankfurt a. M./New York 2018.
Zolling, Hermann/Höhne, Hein, Pullach intern. General Gehlen und die Geschichte des Bundesnachrichtendienstes, Hamburg 1971.
zur Nieden, Susanne (Hrsg.), Homosexualität und Staatsräson. Männlichkeit, Homophobie und Politik in Deutschland 1900–1945, Frankfurt a. M/New York 2005.
zur Nieden, Susanne, Aufstieg und Fall des virilen Männerhelden. Der Skandal um Ernst Röhm und seine Ermordung, in: Dies. (Hrsg.), Homosexualität und Staatsräson. Männlichkeit, Homophobie und Politik in Deutschland 1900–1945, Frankfurt a. M. 2005, S. 147–192.
zur Nieden, Susanne/Reichard, Sven, Zur Funktionalisierung der Homosexualität von Ernst Röhm, in: Sabrow, Martin (Hrsg.), Skandal und Diktatur. Formen öffentlicher Empörung im NS-Staat und in der DDR, Göttingen 2004, S. 33–58.
Zweig, Stefan, Die Welt von gestern. Erinnerungen eines Europäers, Frankfurt a. M. 1992.

Online zugängliche Quellen

http://www.augsburger-allgemeine.de/panorama/Orgien-Erpressung-Korruption-Die-dunklen-Seiten-des-Kirchenstaats-id25647786.html (1.12.2017)
http://www.imdb.com/character/ch0030418/?ref_=fn_al_ch_1 (23.11.2017)
http://www.otto-reutter.de/index.php/couplets/texte/352-der-hirschfeld-kommt.html (17.5.2018)
http://www.queer.de/detail.php?article_id=14693 (16.1.2018)
http://www.spiegel.de/politik/deutschland/schill-entlassung-schlammschlacht-um-beusts-sexualitaet-a-261860.html (1.12.2017)
http://www.zeit.de/2003/35/Hamburg/komplettansicht (1.12.2017)
https://de.wikipedia.org/wiki/Alfred_Redl#Dokumentarfilm (21.12.2018)

https://fr.wikipedia.org/wiki/Mikha%C3%AFl_Andronikov (12.11.2018)
https://gallica.bnf.fr/ark:/12148/bpt6k2805619/f2 (21.12.2018)
https://msuweb.montclair.edu/~furrg/research/translations/jeschows_vernehmungen.html (17.12.2018)
https://www.deutschlandfunk.de/mitbestimmung-der-kirche-bei-professurberufungen-als.694.de.html?dram:article_id=431010 (13.11.2018)
https://www.google.de/search?biw=1460&bih=869&tbm=isch&sa=1&ei=611DW7qzEcqdkwWLk-KuQBw&q=helmuth+von+grolman+renate+cramon&oq=helmuth+von+grolman+renate+cramon&gs_l=img.3..35i39k1l2.4720.5087.0.5361.2.2.0.0.0.0.136.272.0j2.2.0....0...1c.1.64.img..0.1.135....0.oWHDZ6QgoDs#imgrc=MDCi-vgAN2lcoM (9.7.2018)
https://www.imdb.com/title/tt0048651/?ref_=fn_al_tt_2 (21.12.2018)
https://www.imdb.com/title/tt0064118/?ref_=fn_al_tt_5 (21.12.2018)
https://www.imdb.com/title/tt0118698/?ref_=fn_al_tt_2 (21.12.2018)
https://www.imdb.com/title/tt0431952/?ref_=fn_al_tt_3 (21.12.2018)
https://www.imdb.com/title/tt1289493/?ref_=fn_al_tt_2 (21.12.2018)

Zeitungen und Zeitschriften
(einzelne Nummern, z. T. entnommen aus ELAB und der Pressedokumentation des Deutschen Bundestages)

Abendzeitung München
Allgemeine Zeitung
Augsburger Allgemeine
Badische Neueste Nachrichten
Berliner Sonntagsblatt
Bild
Express
FAZ
FAZ Magazin
Frankfurter Rundschau
General-Anzeiger
Hessische Allgemeine
Kolumne der taz
Münchner Merkur
Neue Osnabrücker Zeitung
Neue Ruhr-Zeitung
Nürnberger Nachrichten
Potsdamer Neueste Nachrichten

Rhein-Neckar-Zeitung
Rheinische Post
Der Spiegel
stern
Stuttgarter Nachrichten
Stuttgarter Zeitung
Süddeutsche Zeitung
Südwest Presse
Der Tagesspiegel
taz
Der Türmer
Wahrheit
Die Welt
Westdeutsche Allgemeine Zeitung
Die Woche
Die Zeit
Die Zukunft

Personenregister

Kursiv gesetzte Zahlen verweisen auf Namen in den Anmerkungen.

Aballéa, Marion 96
Abegg, Wilhelm 168
Abse, Leo 145, 148, 235 f.
Acheson, Dean 216, 225
Adenauer, Konrad 125, 246, 248, 253, 260, 262, 330
Adorno, Theodor W. 9
Ahlers, Conrad *254*
Albert Victor, Prinz von Großbritannien und Irland, Duke of Clarence and Avondale 39
Albert I. (Albert Honoré Charles Grimaldi), Fürst von Monaco 70, 90 f.
Albertz, Heinrich 282
Alexander III., russischer Kaiser 36
Alexandra (Alexandra Feodorowna), russische Kaiserin, geborene Prinzessin von Hessen und bei Rhein 37, 145 f.
Allan, Maud 156
Allmaier, Michael 323
Altenburg, Wolfgang 279, 312
Amendt, Günter 311 f.
Andronikow, Michail Fürst 37 f.
Antel, Franz 124, 222
Anton, Karl 124
Arnal, Pierre-Albert *124*
Arnau, Frank 208, 214
Arnaud, Claude 108
Ashbrook, John 227
Asquith, Herbert (ab 1925: 1st Earl of Oxford and) 148, 150, 156 f.
Asquith, Margot 156 f.
Auden, Whysten Hugh 10
Auffenberg, Moritz (ab 1869: Ritter von, 1915–1919: Freiherr Auffenberg von Komarów) 113 f.
Augstein, Rudolf 7, 9, 19, *258*, 260, 262, 278, 287, 295, 298, 312
Auguste Viktoria, Deutsche Kaiserin, Königin von Preußen 86

Bader, Emil *116*
Bader, Karl Siegfried 266
Baldus, Paulheinz 266
Balser, Ewald 124
Barrès, Maurice 241
Barron, Clarence 154
Barschel, Uwe *26*, 290, 322
Bartholy, Georg 309
Barthou, Louis *124*, 185, *186*, *191*
Bastian, Gert 286, 291, 316
Bauer, Fritz 245, 331 f., 337
Bauman, Zygmunt 6
Baumann, Jürgen 270
Bayer, Karen 189
Beaverbrook, Max Aitken (ab 1917: 1st Baron) 149, 189, 216
Bebel, August 33
Beck, Ludwig 188
Beck, Volker 326 f.
Becker, Hans Detlev *254*
Bell, Georg 181
Berchtold, Leopold (bis 1919: Graf) 114
Berija, Lawrenti 201
Berkhan, Karl Wilhelm 314 f.
Bernstein, Max 99
Bernstorff, Johann Heinrich Graf von 75
Best, Werner 205
Bethmann Hollweg, Theobald von 65
Beust, Ole von 1 f., 326, 332, 338
Bihourd, Georges 21, 51, 82 f.
Bismarck, Otto von (ab 1865: Graf, ab 1871: Fürst) 20, 34, 42, 55–57, 60, 65, 83, *97*, 100
Black, James 212
Bled, Jean-Paul 114
Bleibtreu-Ehrenberg, Gisela 10 f., *26*, 332
Bley, Wulf 144
Blome, Kurt 29
Blüher, Hans 24, *26*, 50, 71 f., 110, 202, 238
Blunt, (1956–1979: Sir) Anthony 234–236, 255, 337 f.
Bochnik, Hans-Joachim 269 f.
Bösch, Frank 16, 41
Böhm, Gottfried (ab 1900: Ritter von) 42
Bombelles, Heinrich Franz Graf von 32
Bondy, Josef Adolf 59
Boulanger, Georges 40
Boveri, Margret 74, 217, 247
Brand, Adolf 52, 55, 61, 67, *162*, 166
Brandauer, Karl Maria 125, 296

Brandt, Willy 306 f., 314, 317 f.
Brecht, Bertolt 196
Bredow, Ferdinand von 188, 190 f.
Breivik, Anders 327
Brentano, Heinrich von 249 f.
Bridges, Styles 218
Brüning, Heinrich 34, 171, 188 f., 194
Bruns, Manfred 300, 303
Buch, Walter 181
Buchheit, Gert 265, 269
Buchholz, Horst *281*
Bülow, Bernhard von (ab 1899: Graf, ab 1905: Fürst) 3, 20, 22 f., 33, 35, 51 f., 55, 60, 67, 71–73, 75, 83, 85–87, 89, 91 f., 97, 103, 110, 335
Burch, Dean 227
Burgess, Guy Francis de Moncy 145, 212–216, 224, 228, 232–236, 244, 253, 255–257, 261, 268 f., 336 f.

Cäsar, Caius Julius 283
Cairncross, John 233, 336
Calmes, Michael 246
Calmette, Gaston 100
Cambacérès, Jean-Jacques-Régis de (ab 1808: Duc de Parma) 68
Cambon, Jules 81–83, 96 f., 106 f.
Cambon, Paul 83
Cardinale, Claudia *242*
Carlier, François 30
Carlos IV., König von Spanien 68 f.
Carlston, Erin 11, 54, 159, 228
Carrington, Peter Carington, 6th Baron 263
Carstens, Karl 291
Casement, (1911–1916: Sir) Roger 15, 112, 145, 148–153, 157, 216, 236, 335
Castro, Fidel 231
Cavani, Liliana *242*
Cecil, David 234
Chamberlain, Houston Stewart 24
Chambers, Whittacker 217, 269, 336
Cheney, Richard 284
Churchill, (ab 1953: Sir) Winston 149, 158, 255
Cibbini, Katharina 32
Cocteau, Jean 84, 108 f., 241
Cohn, Roy 225 f.
Cohn, Willy 173, *179*

Conrad (von Hötzendorf), Franz (ab 1910: Freiherr, ab: 1918/19: Graf) 113 f., 117 f., 121, 126, 136 f.
Conrad von Hötzendorf, Kurt Freiherr 137
Cornwall, Mark 152
Crailsheim, Friedrich Kraft Freiherr von 42
Critchfield, James 252
Crossman, Richard 216
Czernin, Ottokar (bis 1919: Graf) 137 f.

D'Adelswärd-Fersen, Baron Jacques 109
Daeschner, Émile *103*
Daluege, Kurt 166
Daniel, Ute 263 f.
Dannecker, Martin 269, 338
D'Annunzio, Gabriele 241
Darling, Charles (ab 1897: Sir, ab 1924: 1st Baron Darling of Langham) 158
Delcassé, Théophile 90 f., 101
Delmer, Sefton *162*, 169, 178, 180, 185, 189, 191 f., 249–251, 257 f., 260 f.
Diels, Rudolf 168, 249, 256
Disraeli, Benjamin (ab 1876: 1st Earl of Beaconsfield) 135
Djaghilew, Sergej 241
Dobai, Péter 127, *128*
Dobelbower, Nicholas 52
Dodd, William E. *191*
Döpfner, Mathias 323
Dollmann, Eugen 239 f.
Domeier, Norman 13, 52, 112, 292, 298, 320
Dornik, Wolfram 117 f.
Dose, Ralf 317
Douglas, Lord Alfred 53, 109, 157 f.
Dreher, Eduard 267
Dreyfus, Alfred 24, 52–55, 151, 155, 285, 300, 333 f.
Driberg, Thomas (ab 1975: Baron Bradwell of Bradwell juxta Mare) 234 f.
Dubout, Kevin 68
Dulles, Allan 146, *220*
DuMoulin Eckart, Leonhard Graf *124*, 181

Ebermayer, Erich 174, 180, 192 f., 195 f.
Ebermayer, Ludwig *196*
Ebner, Katharina 215, 232, 279 f., 319
Edward II., König von England 44, 131
Edwards, Willard 225
Eggert, Heinz 323 f.

Ehlers, Hermann 249
Eichinger, Bernd 293
Eichmann, Adolf 331
Einem, Karl von 59 f., *98*, 99, 120
Eisenhower, Dwight D. 146, 228
Eisenstein, Sergej 202
Eisner, Kurt 169
Endres, Helene 1
Engels, Friedrich 77
Engholm, Björn *26*, 322
Enzensberger, Hans Magnus *7*
Ephialtes 120
Epp, Franz Ritter von 177
Ernst, Karl *173*, 175–178, 185, 195 f., *197*, 208 f.
Ernst Ludwig, Großherzog von Hessen und bei Rhein 104
Esterházy s. *Walsin-Esterházy*
Etienne, Eugène 90, *102*
Eugen, Prinz von Savoyen-Carignan 296
Eulenburg-Hertefeld, Augusta Fürstin zu 71 f.
Eulenburg-Hertefeld, Friedrich-Wend Graf zu 51, 72
Eulenburg-Hertefeld, Helene Gräfin zu, geb. Staegemann 72
Eulenburg-Hertefeld, Philipp Graf zu (ab 1900: Fürst) 3, 7 f., 11, 13–36, 40 f., 45, 47–52, 55–57, 59–64, 67 f., 70–81, 83–89, 91–106, 108–110, 112, 120 f., 125 f., *128*, 131 f., 153, 156, 161, 187, 192, 197, 205, 207 f., 211, 213 f., 223 f., 238, 244, 268, 284, 295 f., 320, 328, 334–336
Eulenburg-Hertefeld, Sigwart Graf zu 72 f.

Fack, Fritz Ullrich 289
Fechner, Max 271, 336
Feddersen, Jan 325 f.
Feddersen, Jens 317
Fehr, Gerhard 275 f.
Ferrie, David 229–231
Fest, Joachim C. 164, 208
Field, Noel 269
Fisch, Sylvie 53, 147
Fischer, Joseph („Joschka") 297 f., 318 f.
Fleischmann, Peter *301*
Fleming, Ian *212*
Flotow, Ludwig Freiherr von 72
Forel, Auguste 29 f.
Forest Divonne, Louis Comte de La 183
Forth, Christopher 52

Foucault, Michel 13
François-Poncet, André 105, 169 f., 180, 185, *186*, 187–191, 204
Frank, Walter 105
Franz Ferdinand, Erzherzog von Österreich, Thronfolger von Österreich-Ungarn 14, 126, 133 f.
Franz Joseph I., Kaiser von Österreich, König von Ungarn 115, 118, 132, 134 f., 138, 334
Franziskus, Papst 329
Frey, Ludwig 43
Fried, Eugen 29, 55, 140–143
Friedensburg, Ferdinand 258
Friedländer, Hugo 104
Friedrich II. (der Große), König von Preußen 68, 132, 283,
Friedrich, Erzherzog von Österreich *134*
Friedrich, Jörg 250, 253
Friedrich Wilhelm IV., König von Preußen 33 f.
Fritsch, Werner von 284–286, 290, 292, 296, 300, 304
Fritzsche, Hans *261*
Fröhlich, Siegfried 313
Fromm, Bella 123
Fuller, William C. jr. 146 f.
Funder, Friedrich 146
Funk, Walther *160*

Gabrielson, Guy George 221
Gafron, Georg 327
Galbraith, Sir Thomas 263 f.
Gallieni, Joseph 109
Gamm, Hans-Joachim 186
Garrison, John 229–232, 337
Gaspar, Andreas 122
Gatzweiler, Richard 237–239, 242, 245 f., 256, 267, 271, 336
Gehlen, Reinhard 251–254, 258, 265
Genscher, Hans-Dietrich 318
George V., König von Großbritannien und Irland, Kaiser von Indien *40*, 149
George, Stefan 170
Georges, Wilhelm 47
Georgi, Friedrich (ab 1901: Edler von, 1912–1919: Freiherr von) 120
Gerlach, Ernst Ludwig von 34
Gerlach, Leopold von 34
Germiny, Eugène Comte de 40, 333
Gervinus, Georg Gottfried 32

Gisevius, Hans Bernd 180
Glaise-Horstenau, Edmund (bis 1919: von) 121 f., 135
Glotz, Peter 318
Gobineau, Joseph Arthur Comte de 24
Godoy, Manuel de (ab 1792: Duque de Alcúdia, ab 1795: Principe de la Paz) 69
Goebbels, Joseph 25 f., 123, 160, 164–166, 169, 171, *172*, 175, 179, 182–184, 186 f., 192 f., 196, 199, 204–207, *261*
Goerdeler, Carl 258, 299 f.
Göring, Hermann 74, 124, 160, 165 f., 175–177, 186 f., 192, 196, 206
Goethe, Johann Wolfgang (ab 1782: von) 63, *71*
Goldschmidt, Familie 222
Goldwater, Barry 227 f.
Gollner, Günther 267 f.
Gonse, Charles-Arthur 54
Gopčević, Spiridion (oder Spiridon) 133 f.
Gorbatschow, Michail 235, 288
Gorki, Maxim 197 f., 200, 272
Gottwald, Gabriele 305
Gremlitza, Hermann L. 297, 312
Grey, Sir Edward 149
Grolman, Helmuth von 281 f., 284, 337
Grotewohl, Otto 271
Grotjahn, Alfred *213*
Grotthuss, Jeannot Emil Freiherr von 57
Gründgens, Gustaf 273
Grunenberg, Nina 287
Gudden, Bernhard von 41 f.
Güde, Max *261*
Guillaume, Günter 306 f., 309
Gustav Adolf, Kronprinz von Schweden 268
Gyp s. Riquetti

Häfner, Heinz 44, 47
Hall, Reginald (ab 1918: Sir) 148
Hallensleben, Silvia 331
Haller, Johannes 22, 48, 70, 94, 100
Hallier, Henri 138
Hammann, Otto 60
Hancock, Eleanor 182, 184
Harden, Maximilian *3*, 7 f., 16, 18–20, 22–29, 33–34, 49–51, 55–63, 65, 67–72, 78–88, 90–93, 95–101, 103–108, 110 f., 120 f., 126, 131–133, 139, 156, 192, 214, 256, 330, 334
Harlan, Veit 242
Hassell, Ulrich von 74

Haußmann, Conrad 64, 95, 99
Hayn, Hans 175, 178
Heilmann, Andreas 332
Heimsoth, Karl Günther 166, 168
Heine, Heinrich 23
Heines, Edmund 165, 172, *173*, 174–180, 192–197, 208
Heinrich, Prinz von Preußen 68, 131
Helfert, Joseph Alexander (ab 1854: Freiherr von) 32 f.
Helldorf, Wolf-Heinrich Graf von *124*, 166, *180*
Henckel von Donnersmarck, Guido Graf (ab 1901: Fürst) 90 f.
Henke, Klaus-Dietmar 250, 253
Henlein, Konrad 205
Henri III., König von Frankreich 44, 68, 131 f.
Hensel, Walther 257 f.
Hentig, Hans von 125, *182*
Herzer, Manfred 126, *254*, *256*
Herzog, Dagmar 186
Heß, Rudolf *183*, 195 f., 209
Hesse, Hermann 57
Heuss, Theodor 57, 249, 252, 261
Heydebreck, Hans Peter von 175, 178
Heydrich, Reinhard 205
Hiehle, Joachim 289 f., 313
Hillenkoetter, Roscoe 220, 224, 336
Hiller, Kurt 197
Himmler, Heinrich *124*, 181, 197, 203, 205–207, 239
Hindenburg, Paul von 34, 161, 169, 171, 182–184, 195, 278
Hirschfeld, Magnus VII, 11, 26 f., 43 f., *49*, 63–69, 84, 106, 110, 116, 122, 126, 139, 161 f., 197, 216, 334 f.
Hiss, Alger 217, 269, 336
Hitler, Adolf 3 f., 11 f., 14, 24, 28, 31, 34, 105, 112, 119, 121, 135, 160 f., *162*, 163–165, 167–177, 179–183, 186–197, 200, 205–209, 211–213, 218, 239, 249, 251–254, 257 f., *260*, 261, 266, 272, 284, 292, 328, 336
Hodges, Andrew 212
Höcherl, Hermann 262
Hoffman, Nicholas von 226
Hohenau, Friedrich Graf von 62, *71*, 73
Hohenau, Wilhelm Graf von 62, *71*, 84, 98, 100
Hohenlohe-Schillingsfürst, Alexander Prinz zu 91

Hohenlohe-Schillingsfürst, Chlodwig Fürst zu 20 f., 23, 91
Holland, Cyril (geb. Wilde) 73
Holstein, Friedrich von 23, 48, 50–52, 60, 79–81, 83, 91–94, 96, 100, *101*
Holzer, Werner 293
Honecker, Erich 275
Hoover, J. Edgar 76, 225 f.
Horkheimer, Max 9
Horn, Erwin 286
Hülsen-Häseler, Dietrich Graf von 295, *296*
Hutten-Czapski, Bogdan Graf von 23, *50*, 62, 91

Ihrig, Stefan 189 f.
Isabella, Erzherzogin von Österreich-Teschen, geb. Prinzessin von Croy *134*
Isidor, russisch-orthodoxer Bischof 37
Italiaander, Rolf 233, 247
Iwan IV. (der Schreckliche), russischer Zar 202

Jacobi, Claus 285
Jäger, Herbert 265 f.
Jaeger, Richard 246, 259
Jaeggi, Urs 332
Jagoda, Genrich 198 f., 201
Jagow, Gottlieb von *112, 117,* 120
Jahn, Gerhard 286
James I., König von England, Schottland und Irland 145
Jandrić, Alexander 136
Jandrić, Čedomil 136 f.
Jannsen, Gert 316
Jenkins, Walter 226–228
Jens, Walter 300
Jeschow, Nikolai 201 f.
Joesten, Joachim 253, 268 f.
John, Otto 9, 13–15, 248–262, 306, 336 f.
Johnson, David 226
Johnson, Lyndon B. 221, 226–228
Jokostra, Peter 242, *243*

Kaiser, der (deutsche) s. *Wilhelm II.*
Karl I., König von Württemberg 44–48, 333
Karl I., Kaiser von Österreich, König von Ungarn 137, 146
Keilson-Lauritz, Marita 3
Keim, August 60
Kellen, Konrad (bzw. Katzenellenbogen) 183
Kelly, Petra 262, 315, 317, 319

Kennedy, John F. 221, 227, 229–232, 337f.
Kennedy, Robert 225
Kerr, Alfred 25, 28
Kertbeny, Karl Maria 333
Kessler, Harry (1879–1881: von, ab 1881: Graf von) 16, 20, 24, 50, 55, 59, 61, 77, 172, 194, *296*
Keynes, John Maynard (ab 1942: 1st Baron Keynes of Tilton) 154
Kiderlen, Alfred (ab 1868: von Kiderlen-Wächter) 94
Kielmansegg, Erich Graf von 135, 137
Kielmansegg, Johann Adolf Graf von 286 f.
Kiesinger, Kurt Georg 259 f.
Kießling, Günter 9, 13, 15, *26*, 112, 117, 125, 263, 278–281, 284–325, 327, 338
Kisch, Egon Erwin 116 f., 122–127, 129 f., 194, *215*, 335
Kitchener, Herbert Horatio (ab 1898: Baron, ab 1902: Viscount, ab 1914: Earl) 158
Klemperer, Victor 173
Klepper, Jochen 173
Klimmer, Rudolf *170*, 266
Klotz, Helmuth 168 f., 172, 181 f., 184
Klug, Ulrich 330
Knorr, Winfried 306
Koch, Friedrich 320
Kohl, Helmut 279, 288, 290, 292, 301, 318 f., 323
Kokowzow, Wladimir (ab 1914: Graf) 36 f.
Kolzow, Michail J. 199, *200*
Koss, Stephen 150, 157
Krase, Joachim 307 f.
Kraus, Karl *7*, 8, 18, 26 f., 50, 59, 69 f., 82, 100, 105, 112, 117, 122 f., 147, 170, 334
Kraushaar, Elmar 1, 4, 272, 323, 327
Kronenbitter, Günther 130
Krull, E. 281
Krupp, Friedrich Alfred 17–20, 58, 66, 69, 126, 169, 334
Krylenko, Nikolai 200
Kühlmann, Mira von 73
Kühlmann, Richard von 73, 80 f., 92
Külz, Wilhelm 195, *196*
Küng, Klaus 329
Kuhn, Fritz 325
Kunze, Johannes 250
Kusch, Roger 1 f.
Kypke, Hedwig 94

Laguiche, Alix Marquise de, geb. Prinzessin von Arenberg 102
Laguiche, Pierre Marquis de 101–103
Lait, Jack 219
Lambsdorff, Otto Graf 291
Lancaster, Burt 242
Lebbin, Helene von 94
Le Carré, John 265, 310
Lecomte, Raymond 13, 51, 77, 79–88, 91–101, 103–108, 110, 187, 192, 207, 214, 238, 334
Leidinger, Hannes 138
Lenin, Wladimir I. 10, 198 f., 241
Leopold II., König der Belgier 148
Leopold Ferdinand, Erzherzog von Österreich-Toskana (bzw. Leopold Wölfling) 133
Lerchenfeld-Köfering, Hugo Graf von 42
Leverkuehn, Paul 258 f.
Lewinsohn, Richard 58, 63, 78, 125, 213 f.
Ley, Robert 182
Lichnowsky, Karl Max Fürst von 70 f.
Lippmann, Walter 227
Litfin, Günter 272 f., 276, 337
Lloyd George, David (ab 1945: 1st Earl Lloyd George of Dwyfor) 156 f.
Loewenstein, Hans Otto 124
Longerich, Peter 206
Loos, Theodor 124
Loti, Pierre 108
Louis XIII., König von Frankreich 68
Louis XIV., König von Frankreich 68, 132
Louis XVIII., König von Frankreich 68
Louis, Georges 97
Lubbe, Marinus van der 179, 180, 197
Ludendorff, Erich 266
Ludwig II., König von Bayern 40–44, 58, 65, 134, 333
Ludwig Viktor, Erzherzog von Österreich 132–136, 138, 334
Lueg, Ernst Dieter 311
Lützow, Heinrich Graf von 135 f.
Luise, Kronprinzessin von Sachsen (geb. Erzherzogin von Österreich-Toscana, geschieden 1903, sächsische Gräfin von Montignoso, 1907–1912 verheiratete Toselli) 27
Luitpold, Prinzregent von Bayern 42
Lutz, Johann (ab 1866: Ritter von, ab 1883: Freiherr von) 41
Lyautey, Hubert 108 f.
Lynar, Johannes Graf von 71, 73, 98, 100

Machtan, Lothar 3 f., 165, 182
Mackensen, Ulrich 309
Maclean, Donald 213, 215 f., 224, 228, 232–235, 244, 253, 268, 336 f.
Mac-Mahon, Patrice Comte de (ab 1859: Duc de Magenta) 40, 333
Macmillan, Harold (ab 1984: 1st Earl of Stockton) 263 f.
Madol, Hans Roger (bzw. Gerhard Salomon) 95
Mahnke, Horst 258
Maillinger, Joseph Ritter von 41
Malaparte, Curzio (bzw. Kurt Erich Suckert) 195, 209, 237–244, 336
Manassewitsch-Manuilow, Iwan F. 38
Mann, Klaus 197
Mann, Thomas 174, 281
Manstein, Erich von 250 f.
Manus, Ignati 37
Marcuse, Ludwig 28
Marschall von Bieberstein, Adolf Freiherr 47, 91
Martin, William H. 226, 268
Marx, Karl 77, 181, 215, 241
Mastroianni, Marcello 242
Mata Hari (bzw. Margaretha Zelle) 146
Mathes, Rainer 287 f.
Mathew, (ab 1946: Sir) Theobald 215
Matthews, Arthur Guy 219
Max, Prinz von Baden 59, 335
Mayer, Hans 17, 167, 182
McCarthy, Joseph 217 f., 221, 225 f., 264, 297
McKenna, Stephen 154 f., 159
Meier, Franziska 147
Meissner, Otto 161, 183 f.
Mellies, Wilhelm 248
Menès, Catulle 42
Mergen, Armand 266
Meschtscherski, Wladimir P. Fürst 36–38
Mielke, Erich 307
Mikat, Paul 290
Miljukow, Pawel N. 37
Miller, Arthur L. 218 f.
Miquel, Hans von 92 f., 95, 107
Mitchell, Angus 149
Mitchell, Bernon F. 226, 268
Mittig, Rudi 276
Mittnacht, Hermann (ab 1887: Freiherr von) 47 f.
Mjassojedow, Sergej 146
Moberg, Vilhelm 224

Möllers, Heiner 286, 291
Mohrenschildt, Walter von 176
Moll, Albert 42 f., 68 f., 143
Moltke, Helmuth (ab 1870: Graf) von 128
Moltke, Kuno Graf von 26 f., 29, 40, 49 f., 56, 60, 62, 64, 69, 71, 81 f., 84–86, 97 f., 104, 109 f., 120, 126, *128*, 284, 295, 334
Montgelas, Rudolf Graf von 135
Monts, Anton Graf von 62, 75
Moritz, Verena 138
Morrison, Herbert Stanley (ab 1959: Baron Morrisson of Lambeth) 215
Mortimer, Lee 219
Müller, Farid 2
Müller, Sven Oliver 155
Müller, Wilfried 275
Münkler, Herfried 114
Müser, Franjosef 259 f.
Mumm von Schwarzenstein, Herbert *124*
Munier, Julia Noah 240
Muschler, Reinhold Conrad 92–94, 96
Mussolini, Benito 190, 238 f.
Mustafa Kemal Pascha (ab 1935: Atatürk) 190
Mysior, Arnold 268

Napoleon I. Bonaparte, Kaiser der Franzosen 6, 32, 40, 68
Neubert, Rudolf 274
Neurath, Konstantin Freiherr von *191*
Nevinson, Henry 152
Niekisch, Ernst 164, *168*, 180
Nijinski, Vaclav 156
Nikolai II., russischer Zar 36, 39, 89, 146
Nikolajewski, Boris I. 198
Nixon, Richard M. 217, 227 f.
Norse, Harold 10
Nowottny, Friedrich 286

Obama, Barack H. 330
Oberreuter, Heinrich 2
Offenbach, Jacques 295
Olga, Königin von Württemberg 44 f.
Osborne, Sir Cyril 233
Ossietzky, Carl von 253
Oswald, Lee Harvey 229–231, 337

Pahr, Willibald 294
Paléologue, Maurice 37, 54, 95

Palladi, russisch-orthodoxer Bischof von Zwenigorod *37*, 203
Panizzardi, Alessandro 53
Panzer, Karl 246
Papen, Franz von *34*, 160, 187, 189
Parnell, Charles Stewart 149
Paul-Boncour, Joseph *183*
Pegler, Westbrook 76
Pellieux, Georges-Gabriel de 54
Pemberton Billing, Noel 148, 153–159, 221, 335
Perger, Werner A. 307
Perrault, Gilles 75
Petersen, Peter 313
Petersen, Wolfgang 293
Peyrefitte, Roger 108 f.
Pfeiffer, Reiner 322
Philby, Kim 232, 234–236, 261, 337
Philippe von Frankreich (Philippe I. de Bourbon), Herzog von Orléans 68
Phipps, Sir Eric *191*
Pichon, Stephen *21*, *51*
Picquart, Marie-Georges 54, 99, 333 f.
Pincher, Chapman 234, 255
Pitirim, russisch-orthodoxer Metropolit von Petrograd 37
Platen-Hallermund, August Graf von 23
Plehwe, Friedrich-Karl von 171, 188
Podewils, Clemens Freiherr (ab 1911: Graf) von 85
Polzer-Hoditz, Arthur Graf von 137 f.
Primrose, Neil 158
Profumo, John 263–265
Proust, Marcel 30, 108–110, 153, 222, 224, 241, 243, 334
Pünder, Hermann 182 f.
Putlitz, Wolfgang Gans Edler Herr zu 174, 250, 253–257, 260 f.
Pyta, Wolfram 184

Quadt-Wykradt-Isny, Albert Graf von *107*
Queensberry, John Sholto Douglas, 9th Marquess of *18*, *39*, 158, 232, 334
Queensberry, David Harrington Angus Douglas, 12th Marquess of 232

Radolin, Hugo Graf (ab 1888: Fürst) von 79, 87, 91
Radziwill, Marie Fürstin 92, 94 f.
Ramge, Thomas 290, 307 f., 320 f.

Rasputin, Grigori 37–39, 146
Rathenau, Walther 50
Rauchensteiner, Manfried 115, 296
Rauschning, Hermann 164, 172, *177*, 182
Reagan, Ronald 228, 288
Rebmann, Kurt 300
Redeker, Konrad 287
Redl, Alfred 13–15, 19, 35, 53, 55, 66, 112–131, 134, 136–148, 181, *182*, 192, 208, 213, 215 f., 220, 222, 224, 226, 234, 236, 262 f., 268 f., 284, 296, 320, 328, 334–336
Redlich, Joseph 134
Reents, Jürgen 305, 316
Reich, Wilhelm 199 f.
Reichardt, Jürgen 279, *287*, 289, 294, 298, 304, 306 f., 316
Reiche, Reimut 269
Renn, Ludwig (geb. Arnold Friedrich Vieth von Golßenau) 196, 273
Ressigner, Graf 77
Reutter, Otto 63
Revenin, Régis 30
Ribbentrop, Joachim (ab 1925: von) 255
Richelieu, Armand-Jean du Plessis, Kardinal (ab 1631 Duc) de 68 f.
Rimbaud, Arthur 213
Rimscha, Robert von 324 f.
Riquetti de Mirabeau, Sibylle Comtesse de 54
Ritter 139
Röhl, John C. G. 3, 87
Röhm, Ernst 3, 12–14, *26*, 28, 75, 105, 112, 123–125, 160–175, 177–200, 202–213, 237, 247, 260 f., 268, 278, 284, 294, 320, 328, 335 f.
Rogers, Bernard 278, 311, 321
Ronneburger, Uwe 286, 310, 314, 318
Roosevelt, Franklin D. 218, 223
Rosebery, Archibald Primrose, 5th Earl of 39, 158
Rosenberg, Alfred 160, 176, 179, 184 f., 194 f., 266
Rosenfeld, Viktor 139 f.
Rosenthal, Armand 46
Rosselini, Roberto 240
Rothschild, Evelyn de 158
Rothschild, Hannah de, verheiratete Primrose, Countess of Rosebery 158
Rothschild, Nathan Mayer Freiherr von (ab 1885: 1st Baron) 135
Rouvier, Maurice 83, 90

Ruby, Jack 229
Ruge, Gerd 230 f., 286
Russell, Bertrand (ab 1931: 3rd Earl) 52, 61

Sadler, John 53, 147
Saint-Cère s. *Rosenthal*
Salburg, Edith Gräfin (verheiratete Freifrau von Krieg-Hochfelden) 116, 122, 128–130
Salignac-Fénelon, Bertrand Comte de 108 f.
Schawer, Werner 311
Schelsky, Helmut 209 f., 247 f.
Scheubner-Richter, Max Erwin von (bis 1912: Richter) 258
Schill, Ronald 1 f., 338
Schiller, Friedrich (ab 1802: von) 63
Schirach, Baldur von 196–197
Schleicher, Kurt von 171, 187–191, 294
Schlesinger, Arthur jr. 221 f.
Schmid, Wilhelm 178
Schmidt, Hans Walter 176
Schmitt, Carl 177, 211
Schmückle, Gerd 286 f., 294, 299 f.
Schneidhuber, August 178
Schnitzler, Karl Eduard von 261
Schönburg-Waldenburg, Heinrich Prinz von 21 f.
Schoeps, Hans-Joachim 266
Scholl-Latour, Peter 285
Schostakowitsch, Dimitri 241
Schramm, Wilhelm von 74
Schröder, Gerhard 251, 258 f.
Schütze, Christian 22, 265, 285
Schulenburg, Günther Graf von der 61, 77
Schulze-Boysen, Harro 74 f.
Schulze-Boysen, Libertas 74 f.
Schulze-Wilde s. *Wilde*
Schumann, Hans-Joachim von 247
Schwabach, Paul von 91
Schwartzkoppen, Maximilian von 53
Schwerin von Krosigk, Lutz Graf 177, 207
Sebald, W. G. (Winfried Georg) 150
Seidler, Franz 284
Senarclens-Grancy, Alexander Freiherr von 66
Shakespeare, William 244
Shaw, Clay 229–231, 337
Shine, David 226
Sichtermann, Barbara 280, 321
Sixtus, Prinz von Bourbon-Parma 137, *138*
Sobánski, Antoni Graf 184

Sombart, Nicolaus 99
Somerset, Arthur Lord 39, *40*
Sommer, Theo 284 f.
Sorge, Richard 269
Spannocchi, Emil (bis 1919: Graf) 269
Spannocchi, Lelio (bis 1919: Graf) 269
Sperr, Martin *301*
Spitzemberg, Hildegard Freifrau von 91, *97*
Spitzemberg, Wilhelm Freiherr von 45
Spohr, Max *23*, 77
Spreti, Hans-Erwin Graf von *124*, 178, 181
Springer, Anton 33
Springer, Axel 2, 297, 312, 323 f., 326 f.
St. George, Katharine Price Collier 223
Stalin, Jossif W. 6, 10, 152, 195, 198–202, 218, 241, 271, 273 f.
Stampfer, Friedrich 72, 78, 181
Stauffenberg, Claus Schenk Graf von 170, 207, 252
Stennes, Walther 163
Sternberg, Adalbert (bis 1919: Graf) 115 f., 119, 130–133, 136–138, 140, 335
Stone, Oliver 229
Strasser, Gregor 187 f., 195
Strasser, Otto *173*, 174, *193*
Stratenwerth, Irene 322
Strauß, Franz Josef *211*, 249 f., 260, 262
Strauß, Walter 210, *211*, 266, 336
Stuart, Francis 151 f.
Sturm, Richard 246
Suchomlinow, Wladimir 146
Suchomlinowa, Jekaterina 146
Szábo, István 124 f., 127, *222*

Tamagne, Florence 79, 153, 159, 175, 214
Thatcher, Margaret (ab 1992: Baroness Thatcher of Kesteven) 234 f., 338
Thielicke, Helmut 299, *300*
Thoma, Ludwig 18, 32, 57
Thomas, Evan 225
Tirpitz, Alfred von 74
Treitschke, Heinrich von 32
Tresckow, Hans von 16, 23 f., 28–30, 59–61, 64, 77 f., 84, 96, 104 f., 107, 214, 237, 327, 330, 335
Trohan, Walter 227
Truman, Harry S. 218, 225
Tschirschky, Heinrich von 81, 83, 87, 112, 117

Tucholsky, Kurt 170, 197
Turing, Alan 212 f., 233

Ulbricht, Walter 271, 276
Ullstein, Familie 214, 222
Ulrichs, Karl Heinrich 77
Unruh, Fritz von 76
Urbanski (1908–1919: von Ostrymiecz), August 31, 118 f., 121 f., 127, 144, 234

Vansittard, Sir Robert (ab 1941: Baron Vansittard of Denham) 154, 255
Vargas Llosa, Mario *148*, 150
Vassall, John 216, 232, 236, 262–264, 269, 337
Verlaine, Paul 213
Visconti, Luchino, Conte di Modrone 125
Vogt, Roland 291 f., 310, 312, 314, 316
Vogt, Ute 325
Vollmer, Antje 280
Voyer, Louis-Marcel 40, 333

Wagner, Richard 43, 64, 244
Waldeck, Rosie G. (Rosa Gräfin von Waldeck, geb. Goldschmidt) 222–224
Walsin-Esterházy, Ferdinand 53 f.
Warnawa, russisch-orthodoxer Bischof 37
Warren, Earl 229–231, 337
Wassermann, Jakob 28
Wedel, Edgard Graf von 23 f., 98
Weiß, Bernhard 26, 172
Wennerström, Stig 268 f.
Werner, Reiner 277
Westerwelle, Guido 332
Wherry, Kenneth 221 f.
Whisnant, Clayton 80, *117*, 192, 218
White, Harry Dexter *217*
White, Richard 234
Wilde, Harry *110*, *170*, 216
Wilde, Oscar 18 f., 35, 39, 49, 53, 73, 108 f., 149, 153, 156–158, 213, 232, 241, 334
Wilhelm II., Deutscher Kaiser, König von Preußen 3, 11, 16–23, *24*, *25*, 28, 32, 34 f., 40, 44, 47–49, 51, 55 f., 59–63, 66, 69 f., 72, 75 f., 78–81, 83, 85–97, 100–106, 110 f., 156, 161 f., 182, 197, 208, 238, 295, 334
Wilhelm, Deutscher Kronprinz, Kronprinz von Preußen 61
Wilhelm, Eugen 68 f.

Wilhelm, Prinz zu Wied, Fürst von Albanien 155
Winzen, Peter 3
Witkowski, Felix Ernst bzw. „Isidor" s. Harden
Witte, Emil 64–69, *93*, *94*, 138–140
Witte, Sergej (ab 1905: Graf) 21 f., 38, 87–89
Wittek, Heinrich (bis 1919: Ritter von) *133*, 135 f.
Wittje, Kurt 206
Wölfling s. *Leopold Ferdinand, Erzherzog von Österreich*
Wörner, Manfred *26*, 278–280, 286–299, 302 f., 305–312, 314 f., 318–322, 324, 338
Wojak, Irmtrud *332*
Wolf, Thomas 249, 252
Wolff, Karl 239
Wolff, Theodor *27*, 169, 194
Woodcock, Charles (ab 1888: Freiherr von Savage) 44–47, 333
Woods, Gregory 5, 11, *170*, *195*, 198, 224, 241, *329*
Worgitzky, Hans-Heinrich *258*
Wowereit, Klaus 4, 324–327, 332, 338
Würzbach, Peter Kurt 280, 286

Zarin s. *Alexandra*
Zedlitz-Trützschler, Robert Graf von 62, *86*, *94*, 101
Zeitler, Katrin 316
Ziegler, Alexander 287, 293–295
Zinn, Alexander *173*, 205
Zita, Kaiserin von Österreich, Königin von Ungarn (geb. Prinzessin von Bourbon-Parma) 146
Zweig, Stefan 119 f.